浙江省文物考古研究所学刊

第十辑

浙江省文物考古研究所　编

文物出版社

北京·2014

责任印制 梁秋卉

责任校对 孙 蕾 李 薇 安艳娇

封面设计 卜 早

责任编辑 张昌倬 王 媛

图书在版编目（CIP）数据

浙江省文物考古研究所学刊. 第 10 辑／李小宁主编. —北京：

文物出版社，2015.7

ISBN 978－7－5010－4322－4

Ⅰ.①浙… Ⅱ.①李… Ⅲ.①考古学－丛刊 Ⅳ.①K85－55

中国版本图书馆 CIP 数据核字（2015）第 130380 号

浙江省文物考古研究所学刊

（第十辑）

浙江省文物考古研究所 编

＊

文 物 出 版 社 出 版 发 行

（北京市东直门内北小街 2 号楼）

http：//www.wenwu.com

E-mail：web@wenwu.com

北 京 宝 蕾 元 公 司 制 版

中 国 铁 道 出 版 社 印 刷 厂 印 刷

新 华 书 店 经 销

889×1194 1/16 印张：35.25

2015 年 7 月第 1 版 2015 年 7 月第 1 次印刷

ISBN 978－7－5010－4322－4 定价： 280.00 元

浙江省文物考古研究所学刊
第十辑

主　编：李小宁

副主编：沈岳明　刘　斌　王海明　黄　斌

编　委（以下按姓氏笔画为序）：

丁　品　方向明　王宁远　王海明　田正标　刘　斌

孙国平　李小宁　芮国耀　沈岳明　张书恒　张　苹

陈元甫　陈云根　邵浦建　郑云飞　郑嘉利　胡继根

赵　晔　徐新民　黄　斌　蒋乐平

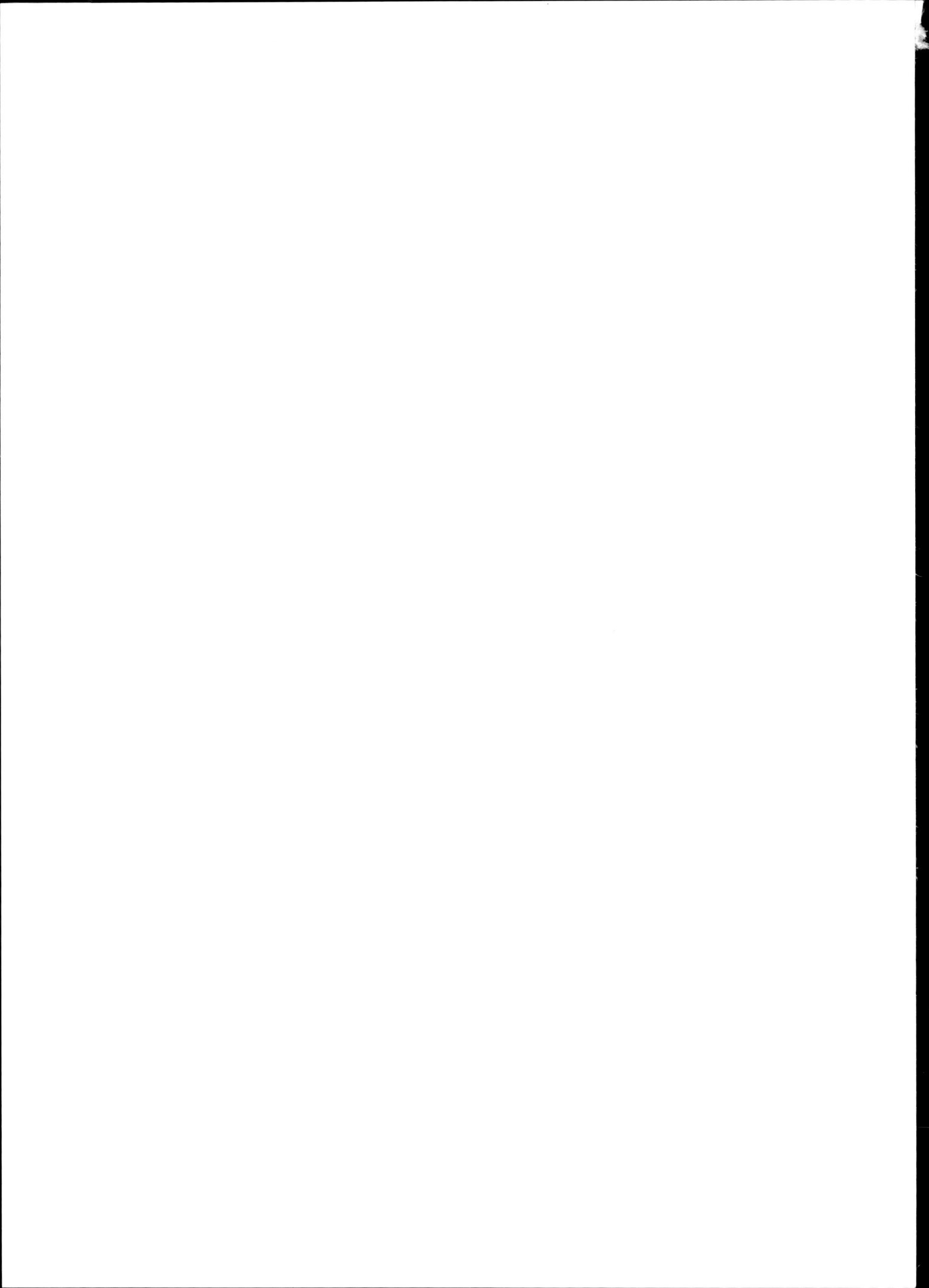

目　录

长兴王家山遗址试掘简报

徐新民　梅亚龙

王家山遗址位于长兴县林城镇方山窑村上窑头自然村，东距县城 10 公里，地理坐标为北纬 30°58′12.3″、东经 119°47′0.8″，海拔高度 46 米。2011 年 3 月 25 日 ~ 4 月 9 日，浙江省文物考古研究所和长兴县文物保护管理所对其进行了试掘。现将试掘情况简报如下。

一、发现与试掘

长兴县位于浙江省北部，全境地势由浙北低山丘陵向太湖平原过渡。地貌特征表现多低丘土岗和小盆地，第四纪堆积物则分布于河流阶地和盆地边缘。

从 2002 年至今，该县已发现近 60 处旧石器地点，是浙江省发现旧石器地点最多的县。2011 年 3 月下旬，县文物保护管理所在林城镇方山窑村进行野外工作时，发现了王家山遗址（野外编号 CP055），采集到 100 余件石制品。① 该遗址处在一条呈东南—西北走向的岗地上，岗地两侧有小溪流经长兴港入太湖（图一）。因采集标本丰富，浙江省文物考古研究所和长兴县文物保护管理所联合对该遗址进行了试掘，试掘面积 4 × 5 米，正方向布方，以进一步了解该遗址的地层及石制品埋藏概况。

松土清理完毕后，即出露灰褐色黏土层，有少量铁锰结核，土质较结实。按 10 厘米一个水平层的深度往下清理，清理了 5 个水平层之后，出露网纹红土层，遂暂停。因林地改造，表土层及其下的灰褐色黏土层上部遭推土机破坏，故试掘探方的灰褐色黏土层原有厚度应该超出 50 厘米。与附近暴露的剖面比照，这层灰褐色黏土层的最厚处可达 80 厘米（彩版一：1、2）。

二、石制品及砾石标本的埋藏

试掘共获得 200 余件石标本。其中砾石 117 件、石制品 162 件。

绝大部分砾石的岩性为石英砂岩，少量砂岩，个别的石英岩和硅质泥岩。最重的有 952 克、最轻的不足 10 克。长度 20 ~ 148、宽度 14 ~ 108、厚度 10 ~ 81 毫米。这些砾石中的一部分可能作为制作石器的备料，从附近河漫滩搬运而来，在王家山遗址东 1 公里的砾石层中可以找到相同岩性、相同大小的砾石。

① 胡秋凉：《长兴县新发现的一个旧石器地点》，《东方博物》第 52 辑。

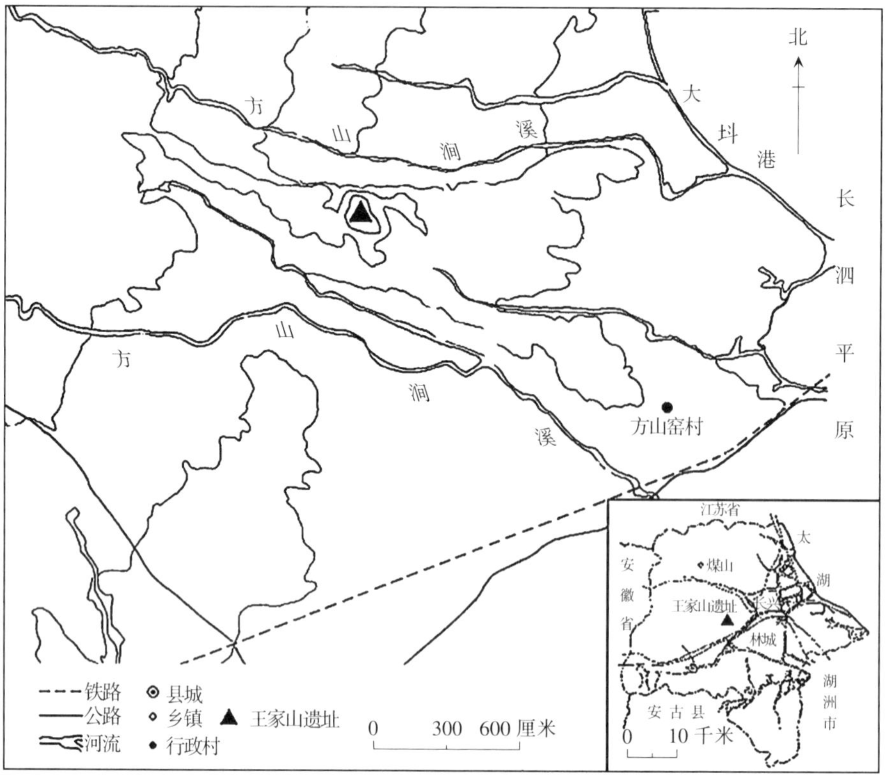

图一　2011 年长兴县王家山遗址的地理位置

石制品的岩性中石英砂岩占了绝大部分，燧石只有 15 件，砂岩有 4 件，这与地层中出土砾石的岩性比例相接近。这些石制品标本中有 4 组可拼合，其中 2 组为断块与断块拼合、1 组为石核与石片拼合、另 1 组为石核与刮削器拼合。拼合组中的燧石断块标本间距只有 24 厘米，更多的可能是在埋藏过程中断裂而成，而石英砂岩断块标本之间的间距为 114 厘米。石核与刮削器拼合标本间距为 106 厘米，石核与石片拼合标本间距为 90 厘米。

三、石　制　品

试掘获得 162 件石制品，除个别为砂岩和硅质泥岩，少量为燧石外，其余均为石英砂岩，数量分别为 1、1、16、144 件。全部为采用锤击法生产的石片和修理工具，可分为石核、石片、刮削器、断块等种类，其中石片占了一半以上，达 82 件，其余依次为石核 39、刮削器 5、断块 36 件。这个石制品组合很单一，与调查所获石制品组合比较接近，在浙江地区已发掘的遗址中仅见，值得我们重视。其中有 2 个拼合组，分别为石核与石片、石核与刮削器的组合。

1. 石核

共 39 件，占本次试掘石制品总量的 24.1%。一部分石核比较大，小部分石核的重量不足 100 克。其中 10 件单台面、12 件双台面、17 件多台面石核。单台面者均为自然台面，而双台面中，有 10 件为自然台面，2 件为自然和打击台面共存；在 17 件多台面石核中，全部自然台面的 4 件，全部打击台面的 1 件，余为自然与打击台面共存。如此共有 38.5% 的石核具有打击台面。多台面石核大多只有 3 个台面，个别的为 4 或 4 个以上台面。最小台面角 66°、最大台面角 128°，主要在 80°～115°变异，平均值为 102.6°。石核的最大长和最小长分别为 157 和 14 毫米，绝大部分在 30～60 毫米之间；最大宽和最小宽分别为 124、11 毫米，多数在 40～90 毫米之间。一半以上的石核重量在 300 克以下。

剥片方式在双台面中以转向为主，其次为错向和对向，而多台面中则较为多样。其中有周边剥片和类似盘状石核存在，如 CP055：24 原料为扁圆状的砾石，沿其周边朝向工作面中央进行剥片，形成类似圆盘状的石核。台面形态有梯形、不规则形、三角形、长方形等，工作面多数为 2～3 个、最多的 5 个；1/3 以上石核的片疤数量在 5 个以上，10 个以上的也习见。片疤间有叠压，打击点集中和散漫基本相当，半锥体阴痕绝大多数微凹，凹的不多。放射状线痕稀疏居多。

1.1 单台面石核

CP055：42　岩性为石英砂岩，形状为梯形。台面为梯形的节理面，台面角为 66°～115°，周边剥片，采用单向方式锤击剥制了梯形、三角形的 17 个片疤，片疤间有叠压关系。打击点大多数集中和散漫，放射状线痕清楚和稀疏，半锥体阴痕凹和微凹。该件石核剥制充分，利用率高。长 105、宽 52、厚 89 毫米，重 678 克（图二：1）。

1.2 双台面石核

CP055：24　岩性为石英砂岩，形状为梯形。均为自然台面，台面形态为梯形，台面角为 67°～81°，1 个工作面，采用对向方式锤击剥制了梯形的 10 个片疤，片疤间有叠压。打击点大多数集中和散漫，放射状线痕清楚和稀疏，半锥体阴痕微凹。工作面中央突起，均向中央方向剥取石片。长 124、宽 124、厚 67 毫米，重 953 克（图二：2）。

1.3 多台面石核

CP055：16　岩性为石英砂岩，形状为三角形。有 2 个自然台面、3 个打击台面，台面形态为梯形、不规则形，台面角为 86°～120°，4 个工作面，采用多向方式锤击剥制了梯形、三角形、不规则形的 17 个片疤，该件标本保留的自然砾石面很少。打击点大多数集中、散漫，放射状线痕清楚和稀疏，半锥体阴痕微凹或平。长 83、宽 119、厚 126 毫米，重 1338 克（图二：3；彩版一：5）。

CP055：62　岩性为石英砂岩，形状为椭圆形。有 3 个自然台面，台面形态为梯形、长方形，台面角为 99°～114°，3 个工作面，采用多向方式锤击剥制了梯形、不规则形的 11 个片疤，片疤间有叠压。打击点大多数集中、散漫，放射状线痕稀疏，半锥体阴痕微凹。长 51、宽 112、厚 74 毫米，重 555 克（图二：4）。

2. 石片

共 82 件，占石制品总量的 50.6%。以小型石片占绝对多数，重量超过 100 克的石片只占了 15.9%。岩性绝大多数为石英砂岩，少量为燧石，个别为砂岩和硅质泥岩。石片形态以梯形占多数，其他为三角形，个别为不规则形、长方形、铲形等，其中有半边石片 5 件、远端断片 3 件、近端断片 2 件。有自然台面的 49 件、打击台面的 29 件。长宽指数等于或超出 100 的有 43 件，台面形态有三角形、梯形、长方形、不规则形、半月形等。打击点集中与散漫相当。半锥体微凸和凸的占多数，少量的略平和微凹。放射状线痕稀疏较多。最大石片角有 134°，最小的 68°，超过 90°的占了 80%。背面完全保留自然面的只有少量，一部分只保留一半或更少的，近一半的石片背面已没有自然面，在保留部分自然面的石片背面绝大多数有 2 个以上的片疤，背脊上绝大多数有打击与自然或打击的交脊。石片的最大长和最小长分别为 100 和 19 毫米，最大宽和最小宽分别为 131 和 12 毫米，2/3 以上石片长或宽在 50 毫米以下。重量不足 100 克的达 84.1%，而 30 克以下的却占了 2/3。

CP055：136 系燧石的三角形石片，梯形的自然台面，石片角 134°，台面面积 8×4 毫米，台面比 3.2，为小型。打击点集中，半锥体微凸，放射状线痕稀疏。台面后缘特征为三角形、有 1 个打击点，4 个片疤，背面保留 1/2 的自然面，并有 1 道打击纵脊和 1 道打击与自然横脊相交。长 27、宽 37、厚 16 毫米，重 13 克（图二：5）。

CP055：192 系燧石的梯形石片，不规则形的打击台面，石片角 105°，台面面积 12×8 毫米，台面比 10.4，为中型。打击点集中，半锥体凸，放射状线痕稀疏。台面后缘特征为三角形、有 2 个打击点，3 个片疤，背面已无自然面，呈凹面。侧边有微小的碎疤。长 37、宽 25、厚 17 毫米，重 5 克（图二：6）。

CP055：86 系石英砂岩的梯形石片，为三角形的自然台面，石片角 113°，台面面积 19×12 毫米，台面比 17.6，为中型。打击点集中，半锥体凸，放射状线痕稀疏。台面后缘特征为三角形、有 2 个打击点，2 个片疤，背面保留 1/3 的自然面，背脊 1 道打击纵脊和 1 道打击与自然横脊相交。远端有 1 小疤。长 48、宽 27、厚 12 毫米，重 12 克（图二：7）。

3. 石器

只有刮削器 1 种，共 5 件。其中 4 件用石英砂岩的石片做毛坯、1 件燧石的石核做毛坯修理而成。刃部均为单刃，有凸刃、直刃 2 种。加工方式有复向、单向 2 种，以在毛坯的端部修理为主，只 1 件对石片左侧边进行修理。修疤比全部在 10% 以下。刃角大多数在 60°~90° 之间，相对偏钝。

CP055：176 为单端直刃刮削器。在毛坯一端的 2/3 进行复向修理，形成波纹形刃缘的直刃，刃长 20、刃宽 2 毫米，刃角为 68°~112°，为浅宽修理，修疤比为 8%，属微小。毛坯为燧石的石核。长 20、宽 32、厚 32 毫米，重 21 克（图二：8）。

CP055：4 为单边凸刃刮削器。采用在毛坯一侧边的 1/2 进行复向修理，形成曲折形刃缘的凸刃，其刃长为 65、刃宽 5 毫米，端刃角为 76°~83°，均为浅宽、深宽型修疤，修疤比为 10%，属微小。毛坯为石英砂岩的自然台面石片，其后缘 2 个打击点 2 片疤，右侧边 2 个打击点，2 个长片疤，远端被打去。长 73、宽 131、厚 25 毫米，重 273 克（图二：9；彩版一：6）。

4. 石制品的拼合组

4.1 石核与石片的拼合

CP055：58 为石英砂岩多台面石核，有 3 个自然台面、1 个打击台面，4 个工作面，台面角为 99°~123°，有梯形的 8 个片疤，其中在打击台面上的 1 个梯形片疤系生产 CP055：45 石片所留。打击点大多数集中，放射状线痕稀疏，半锥体阴痕凹和微凹。该石片的石片角 112°，其台面后缘有 1 个打击点，背面也有片疤。石核长 51、宽 99、厚 74 毫米，重 381 克；石片长 42、宽 51、厚 17 毫米，重 32 克（图二：10；彩版一：3、4）。

4.2 石核与石器的拼合

CP055：6 为不规则形的石英砂岩双台面石核，均为自然台面，遗留 2 个错向的梯形片疤，台面角为 111°，打击点散漫，放射状线痕稀疏，半锥体阴痕微凹。CP055：11 是利用从 CP055：6 剥制的石片

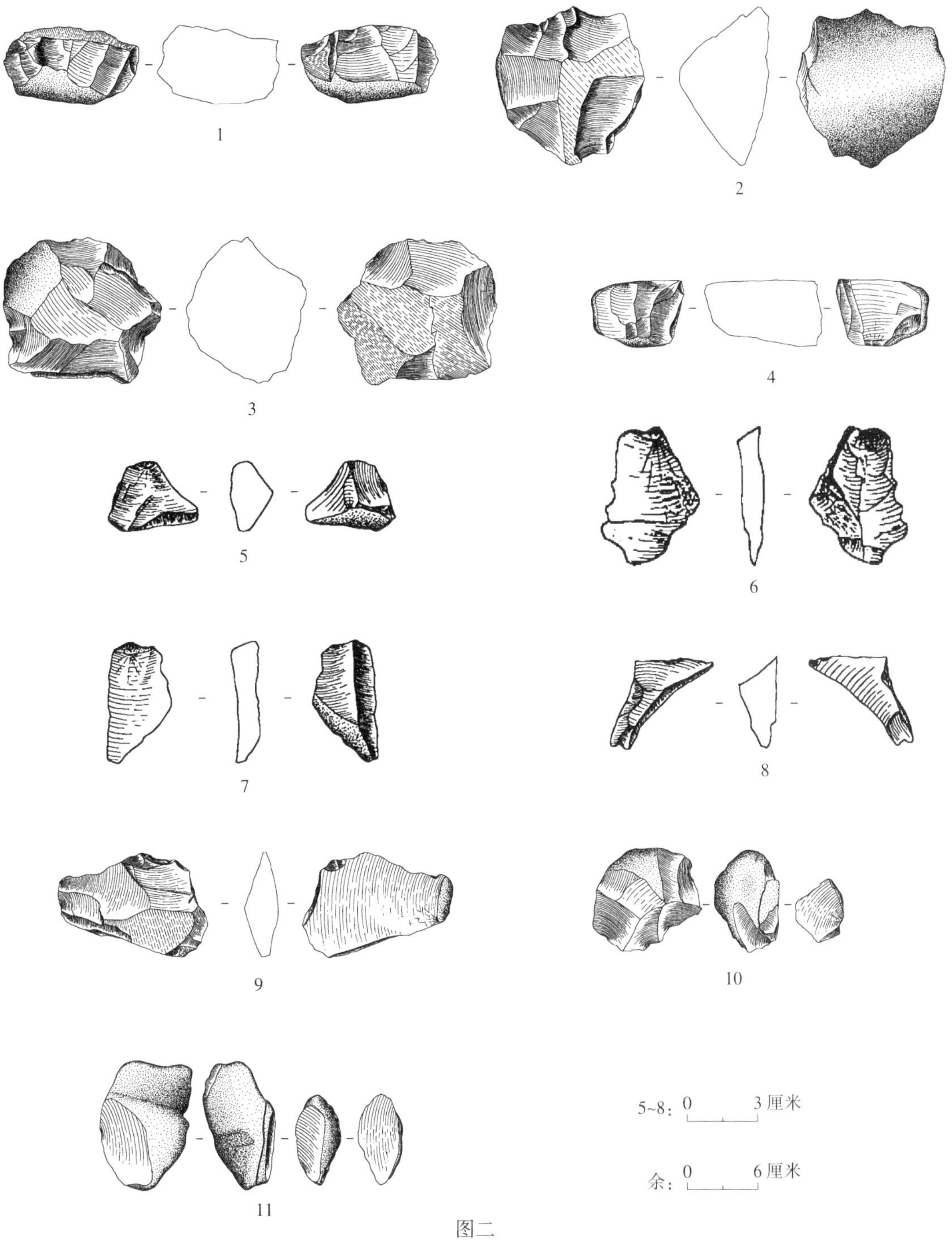

图二

1. 单台面石核 CP055：42　2. 双台面石核 CP055：24　3. 多台面石核 CP055：16　4. 多台面石核 CP055：62　5. 石片 CP055：136
6. 石片 CP055：192　7. 石片 CP055：86　8. 单端直刃刮削器 CP055：176　9. 单边凹刃刮削器 CP055：4　10. 拼合组 CP055：58 和
CP055：45　11. 拼合组 CP055：6 和 CP055：11

修理而成的单边凸刃刮削器。修理者以向背面修理的方式修理了石片毛坯一个侧边的 1/2 部分，形成刃长 44、刃宽 5 毫米，侧刃角为 80°～94°的凸刃。石核长 75、宽 42、厚 54 毫米，重 31 克；刮削器长 35、宽 69、厚 10 毫米，重 27 克（图二：11）。

四、小结

1. 石制品的年代

本次试掘只发掘至出露网纹红土就停止了，因此这些石制品的最早年代不会超过网纹红土的最晚年代。王家山遗址灰褐色黏土基本可与七里亭遗址的上文化层地层相对应，因此，王家山遗址的该地层年代与长兴七里亭遗址上文化层的年代相当，石制品年代属旧石器时代早期的偏晚阶段。

2. 石制品的特征

石制品的岩性非常单一，绝大部分为石英砂岩，比例达到88.9%。在浙江已发掘的几个遗址中未见这种现象。

石片数量占据石制品总量的一半以上。采用锤击法剥制石片，台面未见修理者，但石核及石片的打击台面占了相当的比例。多台面石核的比例达43%多，出现周边剥片者和形如盘状的石核，说明石核的利用率较高。

粗大的石核较少，缺乏如砍砸器、手镐等大型工具，而数量占了一半以上的石片以及刮削器等的形态和重量则偏小、偏轻。因此，尽管不能排除因试掘面积小，所获石制品信息的完整度受到一定程度限制，但总体看，该遗址试掘所获的石制品明显小型化。

用锤击法剥制石片和修理工具。石器类型极度单一，只有刮削器一种。刮削器毛坯以片状的石片居多，以复向修理居多，修理工作仍显简单，刃口偏钝。

3. 石制品的工业属性

根据试掘所获石制品的组合及表现出的文化特征，本次试掘获得的王家山遗址石制品的工业属性总体仍归属于南方主工业。但石制品小型化较为明显，与长兴七里亭遗址上文化层的工业属性相当。

发　掘：徐新民　梅亚龙　梁亦建

　　　　胡秋凉　何　炜

绘　图：梅亚龙

嘉兴吴家浜遗址发掘报告

浙江省文物考古研究所　嘉兴市博物馆

一、地理位置

吴家浜遗址位于嘉兴市西部的新塍镇来龙桥村，东距嘉兴市区约 18 公里，地理坐标为北纬 30°48′15.8″，东经 120°37′8.8″。这里地处杭嘉湖平原腹部，地势低平，平均海拔不足 3 米。平原被纵横交错的塘浦河渠分割，形成"六田一水三分地"的格局，江南水乡地貌非常典型。季风盛行，形成四季分明、雨水丰沛、日照充足的气候特点。

经考古钻探，探明该遗址面积约 1 万平方米，北部是高出周围水田 70~100 厘米的土墩，其余均为水田，遗址的北边和东北边有一条宽约 7 米的小河汊，名曰吴家浜（图一）。

二、发现与发掘

1986 年，当地农民在农田里开挖鱼塘时发现新石器时代遗物，嘉兴市博物馆专业人员进行了抢救性发掘，面积 47 平方米，发现有马家浜文化时期的墓葬，出土陶豆和玉玦等器物。后来，此处挖成面积约 200 平方米的鱼塘。

2001 年 11 月 16 日~2002 年 1 月 15 日，因农田基本建设需要，由浙江省文物考古研究所主持，与嘉兴市博物馆联合对该遗址再次进行抢救性考古发掘。首先紧贴池塘的南边布 5×10 米探方 6 个，分别编为 T0305、T0405、T0505、T0306、T0406、T0506。随着发掘工作的进展，在此发掘区东 25 米处布 10×10 米探方一个，编为 T1007。如此，本次发掘的面积共计 400 平方米。同时，在本次发掘中，我们还对整个遗址进行了考古钻探，对该遗址的分布范围和堆积情况有了比较全面的了解。现将 2001 年发掘情况报告如下。

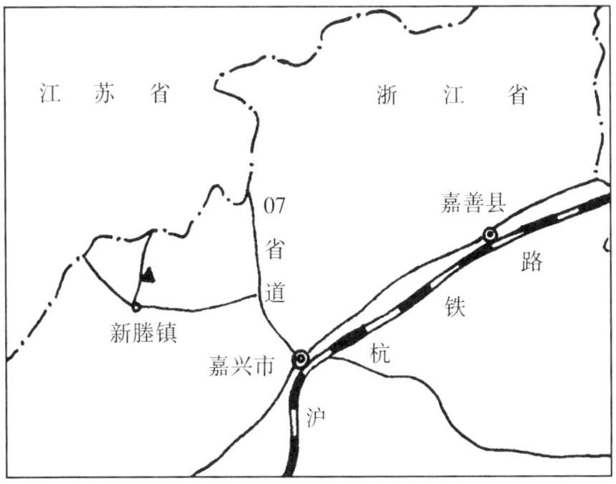

根据揭露出的遗迹现象分析，吴家浜遗址似乎有着相对比较明显的功能布局。在 T0306、T0406 探方北部发现 2 座墓葬，在 T0406、T0506 两个探方中发现 3 座带有灶坑的房子遗迹，绝大

图一　吴家浜遗址位置示意图

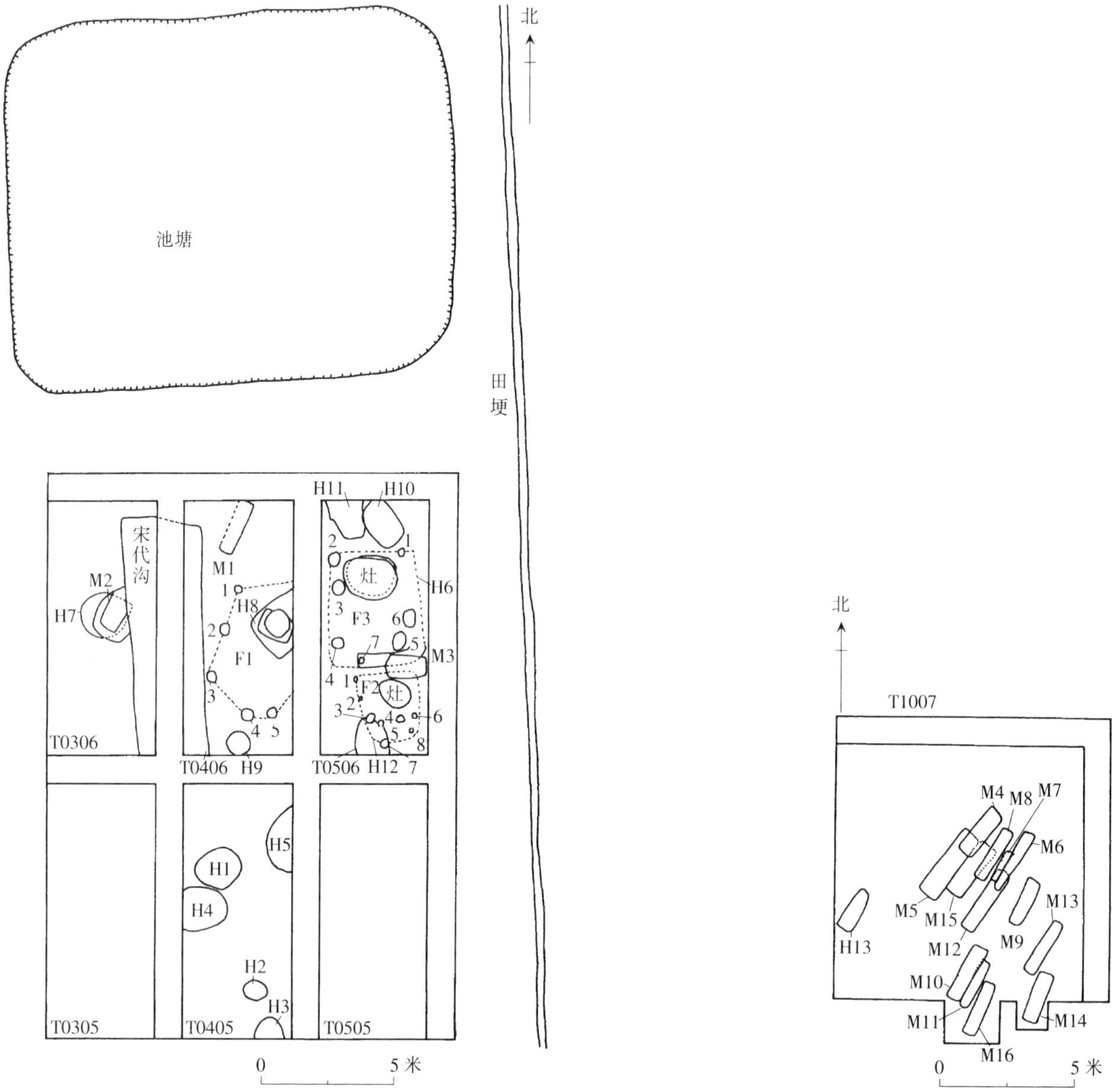

图二　吴家浜遗址 2001 年发掘探方分布和遗迹平面图

部分灰坑位于西部，有些灰坑则围绕在房子遗迹的周围。只有 1 个灰坑位于东部的 T1007 探方西侧，同时此探方的西部发现较多的柱洞，由于发掘面积受限，我们无法确定这些柱洞是否属于同一个遗迹单元。绝大部分墓葬发现于 T1007 探方东侧，而且有 3 组共 9 座墓葬存在叠压打破关系（图二；彩版二：1）。

三、地层堆积

从探明的整个遗址情况看，1986 年和 2001 年的两次发掘均位于吴家浜遗址的西北部。2001 年发掘各探方的地层堆积情况基本相同，现以 T0505 的东壁剖面为例说明（图三）。

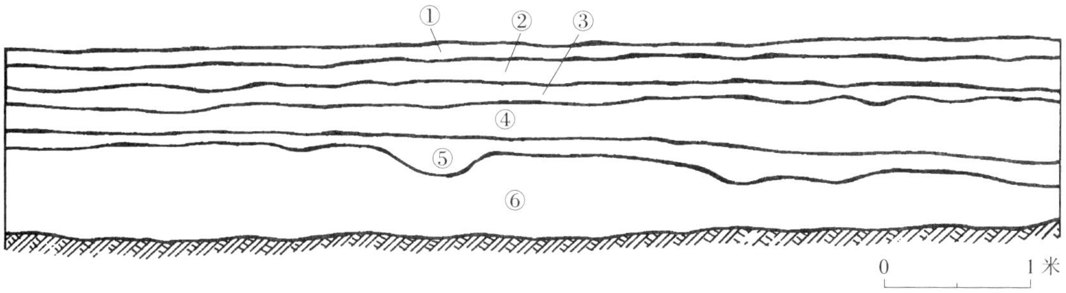

图三 吴家浜遗址 T0505 东壁地层剖面图

第①层：厚 10~17 厘米。青灰色土，质地松软，为长年种植水稻的耕土层。

第②层：深 10~17、厚 15~30 厘米。黄褐色土，土质疏松，偶有瓷片。为扰土层。

第③层：深 30~45、厚 5~25 厘米。青褐色黏土，出土少量宋代瓷片。为宋代层。本次发掘的马家浜文化时期墓葬、房址及部分灰坑开口于此层下。

第④层：深 50~55、厚 20~60 厘米。灰花土，较硬，夹有大量红烧土颗粒，出土少量陶片和兽骨。为马家浜文化堆积层，大部分灰坑发现于该层下。

第⑤层：深 75~110、厚 5~35 厘米。青灰土，土质较松软，有黏性，出土极少量陶片。为马家浜文化堆积层。

第⑥层：深 85~140、厚 35~85 厘米。青花土，土质紧密，有黏性，无遗物。为马家浜文化堆积层。

四、遗 迹

本次发掘马家浜遗址的遗迹主要有灰坑、墓葬、房址、柱洞等。除个别灰坑为晚期，M3 为商周时期土坑竖穴墓以外，其余各遗迹均属于马家浜文化时期。

1. 灰坑

共发现 13 个，主要发现于西部的发掘区，在东部的发掘区只发现 1 个灰坑。而且大部分灰坑开口于第④层下，平面形状有圆形、椭圆形、长条形、不规则形等，坑壁明显，坑底平坦或圜底，大部分坑内发现少量陶片，部分坑内发现兽骨且有烧烤痕迹，个别灰坑出土骨笄等骨器。现举例介绍如下。

H2 位于 T0405 的东南部，开口于第④层下，打破第⑤层。平面呈圆形，直径约 84、深 45 厘米。直壁，底部平坦。坑内填土为黑土，土质松软，有黏性，夹有细小的黄土块。出少量的夹砂红褐陶片和兽骨，部分兽骨有烧烤痕迹（图四）。

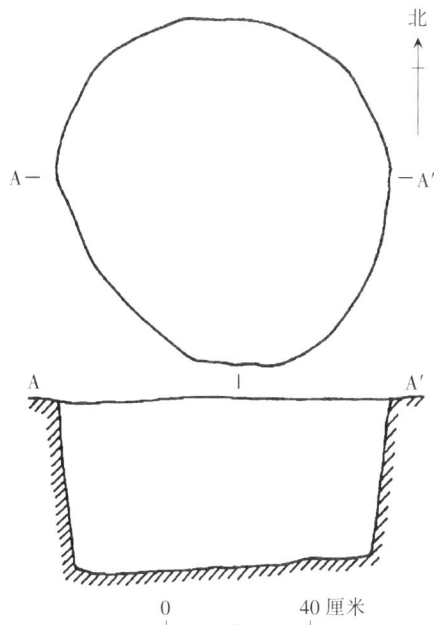

图四 H2 平、剖面图

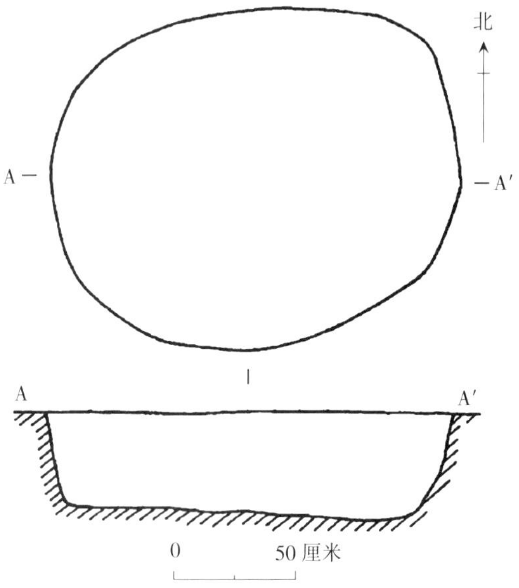

图五 H6 平、剖面图

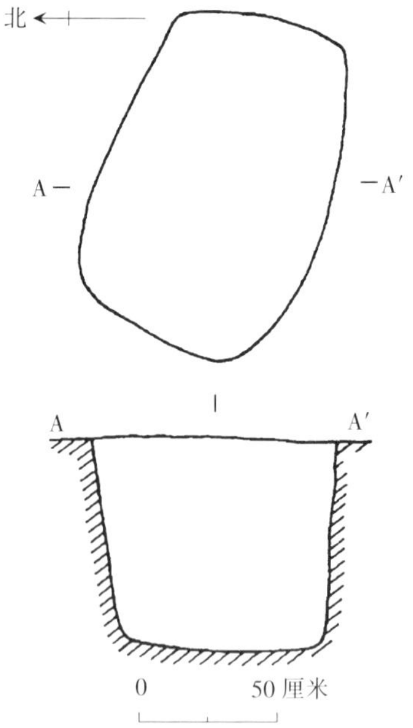

图六 H8 平、剖面图

H6   位于 T0506 的北部，开口于第③层下，打破第④、⑤、⑥层。平面略呈椭圆形，东西长185、南北宽 150、深 40 厘米。坑壁略有斜坡，不甚规整，底部较平。坑内填土为较松软的草灰土。出少量的泥质、夹砂褐陶，可辨器形有腰沿釜和器盖（图五）。

H8   位于 T0406 的东部，开口于第③层和 F1 下，打破第④、⑤、⑥层。平面呈圆角长方形，长130、宽 90、深 80 厘米。北壁斜直，其余三壁较直，底部平坦。坑内填土中间为草灰土，周围是灰花土，较松软，并有大块红烧土块。遗物仅夹砂褐陶釜碎片和碎兽骨（图六）。

H12   位于 T0506 的南部，开口于第⑤层下，打破第⑥层。平面略呈椭圆形，现长径 130、短径126、大部分深 25 厘米，在西南部又有一方形小坑，弧边，东西长 80、南北宽 70、深 35 厘米。西壁较直，其余三壁均为斜坡，底部均为平底。坑内填土为灰花土，土质松软。出少量夹砂灰褐陶片和兽骨（图七）。

H13   位于东部发掘区 T1007 的西南部，开口于第③层下，打破第④层。平面呈长条形，东北壁呈弧形，长 156、宽 58、深 26 厘米。直壁，底部平坦。坑内填土为灰土，土质松软，并有大量红烧土颗粒（图八）。

2. 建筑遗迹

在西部的发掘区发现 3 座房屋遗迹，房屋的形式基本相似，屋内中部有灶坑，坑内发现有颗粒状和块状红烧土。未见明显的墙体范围和门的位置，而仅以柱洞和垫土范围辨识出房屋遗迹的范围（房屋遗迹可参见图二）。

F1   位于 T0406 探方的中部，开口于第③层下，距地表 50 厘米。根据柱洞分布情况，可辨别其平面形状略呈长方形，南北长 435、东西宽 350 厘米，居住面为黄褐色土，夹杂少量的红烧土。有 5 个柱洞，柱洞内填满红烧土块，柱 5 内红烧土块略少。

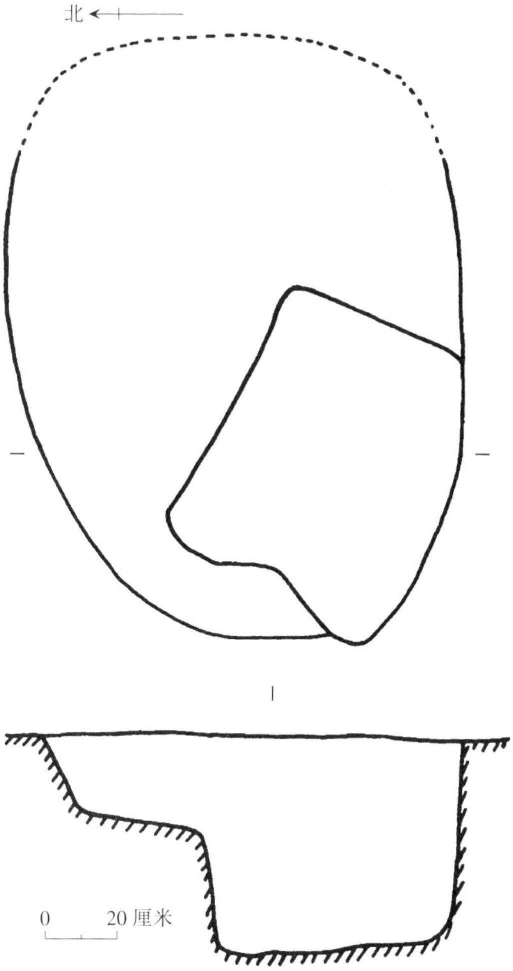

图七　H12 平、剖面图

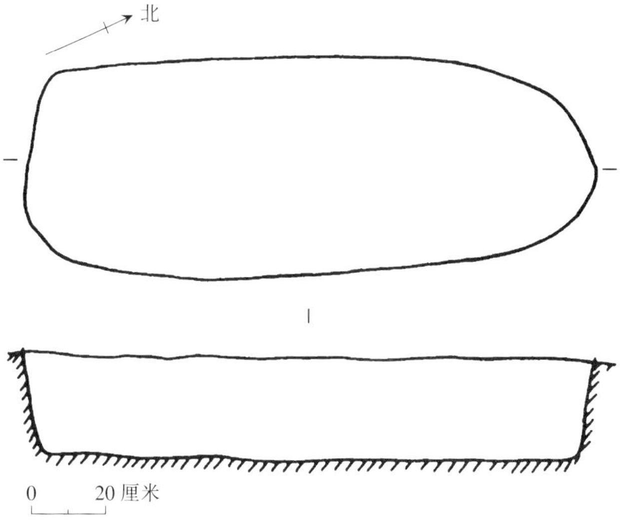

图八　H13 平、剖面图

柱 1，圆形，直径 30、深 20 厘米，斜坡状柱洞壁，圜底。

柱 2，在柱 1 南 160 厘米（指 2 个柱洞中心点间的直线距离，下同），椭圆形，长径 40、短径 37、深 20 厘米，斜坡状柱洞壁，平底。

柱 3，在柱 2 南 160 厘米，椭圆形，长径 50、短径 40、深 26 厘米，柱洞壁略直，平底。

柱 4，在柱 3 东南 192 厘米，圆形，直径 48、深 14～24 厘米，柱洞壁略斜，平底。

柱 5，在柱 4 东 100 厘米，椭圆形，长径 45、短径 38、深 24 厘米，柱洞壁略直，平底。

灶坑　位于 F1 的偏北部，平面约正方形，东北部被隔梁所压，在探方内长 190、宽 160 厘米。方形坑内有 1 个椭圆形坑，长 95、宽 82 厘米。坑内遗留有大块红烧土块，出有 1 块陶片和 1 件骨料。

F2　位于 T0506 探方的南部，开口于第③层下，北部被商周时期的 M3 打破，距地表 50 厘米。根据柱洞分布情况，可辨别其平面形状为长方形，北宽南窄，南北长 250、北部宽 240、南部宽 150 厘米，居住面为灰褐土，夹杂少量的红烧土。有 8 个柱洞和 1 个灶坑。柱洞内填灰褐色土夹铁锰结核。

柱 1，在 F2 西北角，圆形，直径 13、深 10 厘米，柱洞壁略斜，平底。

柱 2，位于柱 1 南 75 厘米，圆形，直径 8、深 9 厘米，柱洞壁略直，平底。

柱 3，位于柱 2 南 80 厘米，圆形，直径 30、深 10 厘米，柱洞壁直，平底。

柱 4，位于柱 3 东 40 厘米，椭圆形，长径 24、短径 20、深 12 厘米，柱洞壁直，底部倾斜。

柱 5，位于柱 4 东 70 厘米，圆形，直径 30、深 9 厘米，柱洞壁直，底部倾斜。

柱 6，位于柱 5 东 60 厘米，圆形，直径 15、深 7 厘米，柱洞壁直，底部倾斜。

柱 7，位于柱 4 南 70 厘米，西距柱 8 有 120 厘米，椭圆形，长径 36、短径 18、深 12 厘米，柱洞壁直，底部倾斜。

柱 8，位于 F2 东南角，东距柱 7 有 120 厘米，北距柱 6 有 60 厘米，圆形，直径 12、深 7 厘米，柱洞壁略直，平底。

灶坑位于 F2 内偏东北部，呈椭圆形，长径 120、短径 105 厘米，灶坑中部是结块红烧土，其余则夹杂红烧土颗粒。

F3　位于 T0506 探方的中部，开口于第③层下，其东南部被商周时期的 M3 所打破，破坏较甚，距地表 50 厘米。根据柱洞分布情况，可辨别其形状呈长方形，南北长 450、东西宽 350 厘米，居住面为青黄土，土质稍结实，夹杂少量的红烧土颗粒。有 7 个柱洞和 1 个灶坑。在东南部可能是一段墙基的痕迹，柱洞内填黄花土夹铁锰结核，个别柱洞内垫有陶片和红烧土颗粒（图九）。

柱 1，在 F3 东北角，为略圆形，长径 30、短径 28、深 12 厘米，柱洞壁较直，平底。

柱 2，位于柱 1 西 250 厘米，圆形，直径 50、深 18 厘米，柱洞壁直，平底。

柱 3，位于柱 2 南 100 厘米，椭圆形，长径 55、短径 40、深 10 厘米，柱洞壁略斜，平底。

柱 4，位于柱 3 南 200 厘米，椭圆形，长径 50、短径 43、深 6 厘米，柱洞壁斜，平底。柱洞内兽骨和陶片各一件。

柱 5，位于柱 4 东 230 厘米，椭圆形，长径 70、短径 50、深 9 厘米，柱洞壁斜，平底。

柱 6，位于柱 1 南 230 厘米，椭圆形，长径 59、短径 46、深 8 厘米，柱洞壁斜，底部呈斜坡状。

柱 7，位于柱 4 之东南，圆形，直径 18、深 7 厘米，柱洞壁斜，平底。

灶坑位于 F3 内偏北部，呈椭圆形，长径 198、短径 150 厘米，灶坑内的周边遗留有块状的红烧土，其余则夹杂红烧土颗粒。

在 F3 东南部仅残存一段墙基，东南部被 M3 打破，略呈西窄东宽，东部转向北延伸，残长约 200、西部宽 45、东部宽 60 厘米，墙基内残存 1 个柱洞即为柱 7。墙基内填土为青褐色，稍硬。

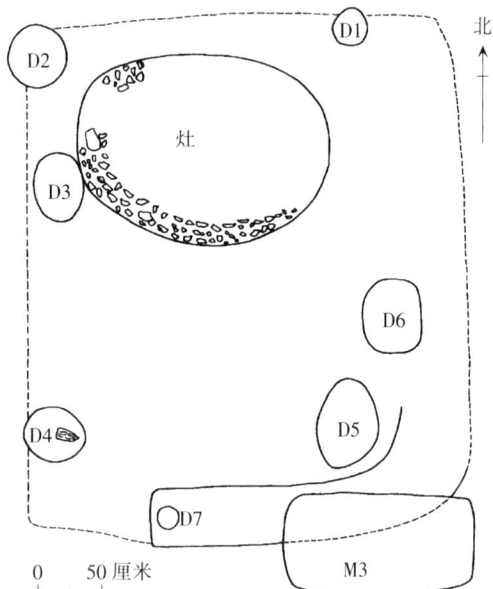

图九　F3 平面图

3. 墓葬

共发现马家浜文化时期墓葬 15 座，其中 M1、M2 位于西部发掘区的 T0306、T0406 以外，其余的 M4～M16 共 13 座墓葬位于 T1007 探方的东半部。墓葬均为长方形土坑竖穴墓，基本呈略偏东的南北向，有些还保存部分人骨架，随葬品较少，个别墓葬发现葬具。M3 为商周时期的土坑墓，不作介绍。

M1　位于 T0406 的北部，开口于第③层下，打破第④层。长方形土坑竖穴墓，长 190、宽 50～56、深 20 厘米，墓向 21°。葬式为俯身直肢葬，头向北，面朝下。头骨已朽，但可见痕迹，仅保存 4 颗牙齿；上肢骨残留少许，掌骨置于盆骨之下，部分盆骨清晰可见；下肢骨可辨，但已粉碎，跖骨残留痕迹。葬具不明。填土为灰花色土，土质松软。头骨右侧发现 1 件玉玦（图一○；彩版三：1）。

图一○　M1 平、剖面图

1. 玉玦

M2　位于 T0306 的中部，开口于第③层下，打破第④层。M2 的东北部被宋代沟打破。其结构是先挖出基本呈椭圆形的土坑，土坑长径残长 190、短径 150 厘米。坑内铺垫一层厚 10～15 厘米的红烧土，红烧土块多为不规则形，部分土块有植物杆茎的痕迹。再置葬具，形成长方形土坑竖穴墓，长 150、宽 55～75、深 5～10 厘米，墓向 23°。葬式为俯身直肢葬，头向北，面朝下。头骨已朽；胸部以上骨骼仅残留上肢骨、肩胛骨、肋骨等痕迹，盆骨残留少许；股骨粉碎，左胫骨与腓骨交叉压在右胫骨之上，右腓骨不见，跖骨已被破坏。在墓的东南角有葬具残痕。填土为黑花色土，土质松软。随葬品 2 件，玉璜置于人骨架右上部，石钺置于人骨架背部（图一一；彩版三：2）。

M4　位于 T1007 的中部，开口于③层下，打破第④层及 M5 和 M15。长方形土坑竖穴墓，长 193、宽 65～70、深 13 厘米，墓向 40°。葬式为俯身直肢葬，头向北，面朝下。颅骨经挤压变形，保留有牙齿；脊椎骨及肋骨已朽，但有迹可寻，残留有部分上肢骨，有盆骨痕迹；下肢骨较完好，跖骨已朽，略有痕迹。胸部至骨盆之下有大量陶片，骨架呈头脚两端低、胸部及骨盆略高的形态。葬具不明。填土为黄花色土，含大量红烧土颗粒，土质松软。随葬品 2 件，1 块小石块置于颅骨上；另 1 件陶豆被打碎，豆把在颅骨下、豆盘则置于胸和骨盆下（图一二；彩版三：3）。

M5　位于 T1007 的中部，开口于第③层下，被 M4 打破，并打破第④层和 M15（彩版四：1）。长方形土坑竖穴墓，墓口长 268、宽 75 厘米，墓底长 255、宽 65 厘米，墓深 43 厘米，墓向 40°。葬式为俯身直肢葬，头向北，面朝下，骨架保存较好，男性。颅骨被挤压变形，侧向左边；部分肋骨保存完

图一一　M2 平、剖面图

1. 玉璜　2. 石钺

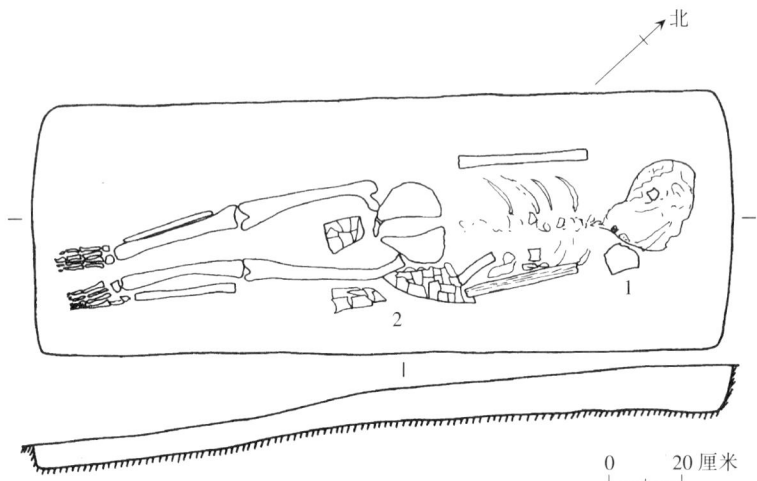

图一二　M4 平、剖面图

1. 石块　2. 陶豆

好，左尺骨与桡骨略向右歪斜，掌骨压在盆骨之下，右尺骨与桡骨上折与右肱骨平行，掌骨不见，盆骨虽朽，但可见痕迹；下肢较直，跖骨均向右偏斜。墓底发现木质葬具的痕迹，呈弧状，可能是独木棺。填土为灰褐土，土质较松。随葬品共5件，头部上端置1件陶豆和1件象牙梳，右肩部置1件动物肩胛骨，胸部下置1件石锛，左右跖骨处各置1件角质靴形器（图一三；彩版二：2；彩版三：4）。

　　M6　位于 T1007 的中部，开口于第③层下，打破第④层和 M7、M12。长方形土坑竖穴墓，长 228、

图一三　M5 平、剖面图

1. 陶豆　2. 象牙梳　3. 石锛　4. 靴形器

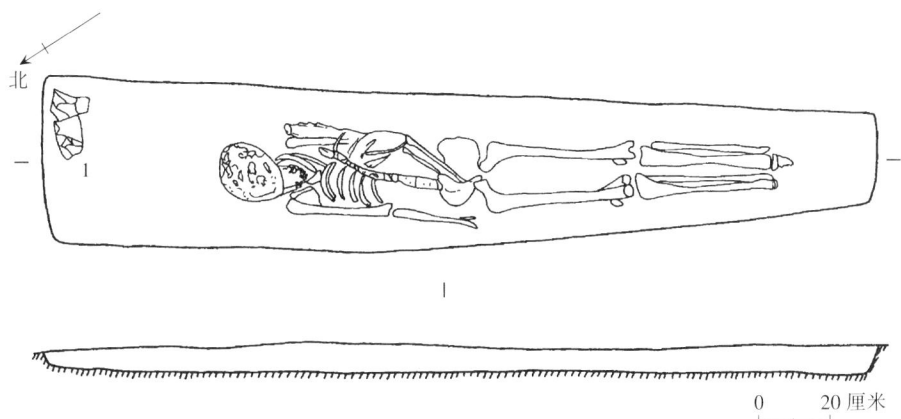

图一四　M6 平、剖面图

1. 陶豆

北宽45、南宽24、深7厘米，墓为向32°。葬式为俯身直肢葬，头向北，面朝下，骨架略好。颅骨已被压碎，下颌骨脱位，锁骨与肩胛骨均已朽，左上肢骨保存较好，掌骨不见；右肱骨压在肋骨之下，尺骨与桡骨内斜，掌骨置盆骨下；盆骨仅残留痕迹，脊椎骨已朽但有痕迹，部分肋骨保存；下肢骨较完好，跖骨不见。葬具不明。填土为灰色土掺红烧土颗粒。在头部上方随葬1件打碎的外红里黑泥质灰陶豆（图一四；彩版四：2；彩版五：1）。

M7　位于T1007的中部，开口于第③层下，被M6打破，并打破第④层和M12。长方形土坑竖穴墓，东壁被M6打破，长118、残宽18~30、深8厘米，墓向33°。葬式不明，仅残留部分下肢骨。葬具不明。填土为掺有红烧土颗粒的灰土。无随葬品（图一五；彩版四：2；彩版五：1）。

M8　位于T1007的中部，开口于第③层下，打破第④层和M15。长方形土坑竖穴墓，长207、宽43~45、深15厘米，墓向32°。葬式为俯身直肢葬，头向北，骨架保存较好。颅骨已被压碎，下颌骨脱位，颈椎骨已朽，肋骨保留少，右尺骨残留一小部分，右桡骨与右掌骨不见，左掌骨压在骨盆之下，

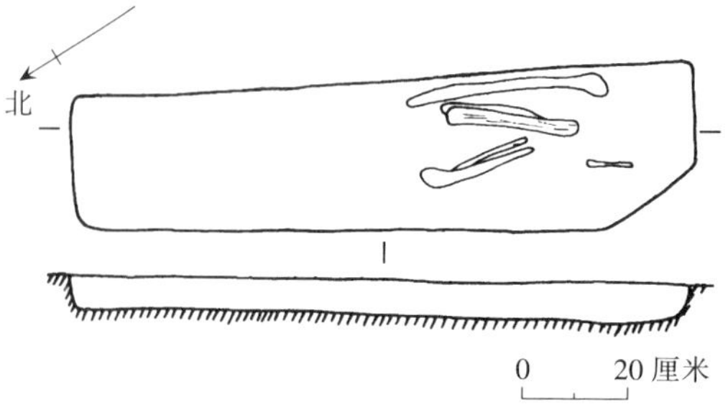

图一五　M7 平、剖面图

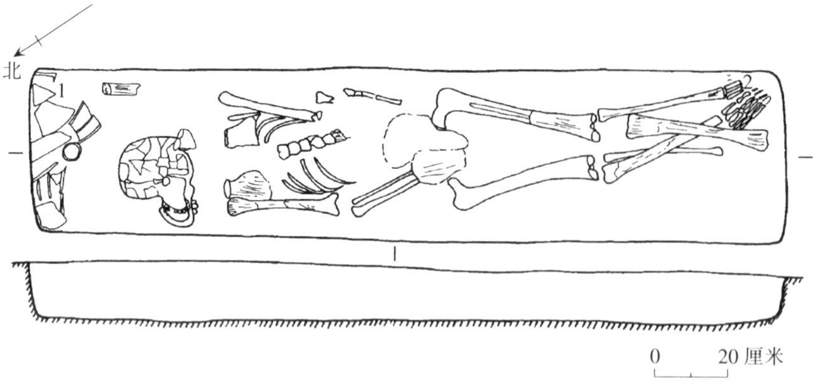

图一六　M8 平、剖面图

1. 陶豆　2. 兽牙

图一七　M9 平、剖面图

1. 陶片

盆骨已朽，仅有痕迹；下肢骨较完好，右胫骨交叉压在左胫骨之上，右跖骨不见。葬具不明。填土为杂有红烧土颗粒的灰土，土质较松。随葬品 2 件，头部上方置 1 件打碎的外红里黑的泥质灰陶豆，右跖骨处置 1 件兽牙（图一六；彩版四：2；彩版五：1）。

　　M9　位于 T1007 的中部，开口于第③层下，打破第④层。长方形土坑竖穴墓，长 174、宽 45～48、深 8 厘米，墓向 26°。葬式不明，头向北，骨架散乱残缺。颅骨与下颌骨分离，残留少些牙齿。葬具不明。填土为杂有红烧土颗粒的灰土。仅随葬数块碎陶片（图一七；彩版五：2）。

　　M10　位于 T1007 的南部，开口于第③层下，打破第④层。长方形土坑竖穴墓，两边略有弧形，长 215、宽 57、深 10 厘米，墓向 30°。葬式为俯身直肢葬，头向北，面朝下，骨架保存较好。头骨已碎，颈椎及脊椎骨均不见，肋骨杂乱，左右掌骨及盆骨不见，骶骨压在右股骨上；下肢骨较完好，但

图一八　M10 平、剖面图

1. 陶豆　2. 动物肩胛骨

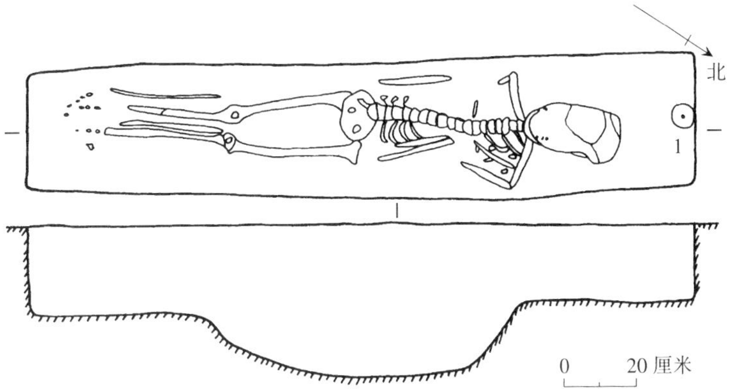

图一九　M11 平、剖面图

1. 陶纺轮

胫骨和腓骨错位，跖骨较清晰。葬具不明。填土为青灰土，土质松软。随葬品 2 件，颅骨顶端置 1 动物肩胛骨，1 件陶豆打碎后置于胸部之下及颅骨两侧（图一八；彩版六：1）。

M11　位于 T1007 的南部，开口于第③层下，被 M10 打破，打破第④层。不规则的长方形土坑竖穴墓，北部东边为弧形，长 182、宽 30～38 厘米，墓底南北两端近平，中部下凹，墓两端深 20 厘米，中部最深处 40 厘米，墓向 32°。葬式为仰身凹躯直肢葬，头向北，面向上。颅骨保存，右肱骨不见，左右掌骨不见，从颈椎至髋骨处向下凹陷，下肢骨平直。头部上方随葬 1 件陶防轮（图一九；彩版六：2）。

M12　位于 T1007 的中部，开口于第③层下，打破第④层，被 M6 和 M7 打破。长方形土坑竖穴墓，北端为圆角弧边，长 242、宽 62、深 10 厘米，墓向 36°。葬式为侧身直肢葬，头向北，面朝东，女性，骨架保存较完整。上肢骨残留少许，脊椎骨移位；下肢骨保存较完整。墓底南半部发现木质葬具痕迹。填土为青褐色土。头部上方随葬 1 件泥质灰陶豆（图二〇；彩版六：3）。

M13　位于 T1007 的南部，开口于第③层下，打破第④层。长方形圆角土坑竖穴墓，北部东边较弧，墓底不平，墓长 208、宽 45～50、深 27～36 厘米，墓向 35°。葬式为仰身直肢葬，头向北，面朝东，骨架保存较好。胸骨、腰椎骨、骶骨不见，两跖骨仅存数粒碎骨。葬具不明。填土为青褐土，土质较硬。无随葬品（图二一；彩版六：4）。

M14　位于 T1007 的南部，开口于第③层下，打破第④层。长方形土坑竖穴墓，残长 115、宽

图二〇　M12 平、剖面图

1. 陶豆

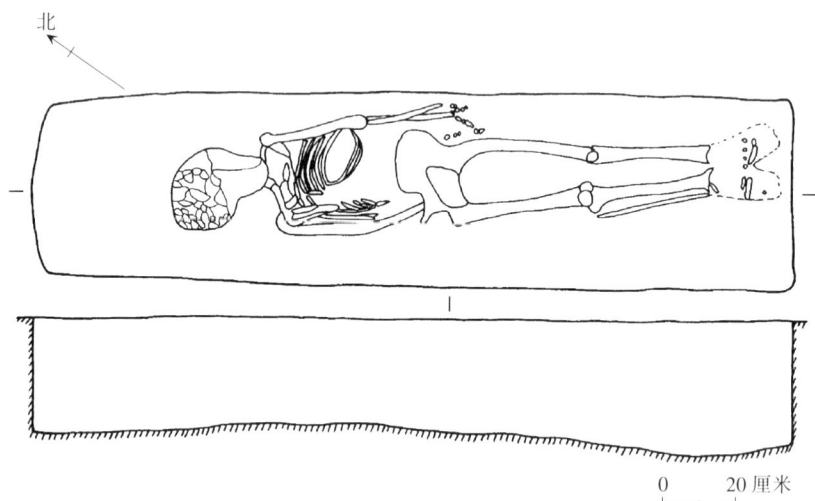

图二一　M13 平、剖面图

图二二　M14 平、剖面图

60、深 20 厘米，墓向 17°。葬式不明，仅发现许多碎骨，填土为青褐色土，无随葬品（图二二）。

M15　位于 T1007 的中部，开口于第③层下，打破第④层，被 M4、M5、M8 打破。长方形土坑弧穴墓，墓底横截面呈凹弧形，长 208、宽 67～76、最深处 52 厘米，墓向 40°。葬式为仰身直肢葬，头向北，面朝东。骨架被压扁，紧贴木质棺底，保存较好，部分肋骨移位，掌骨及跖骨不见。葬具为独木棺，墓底棺木保存较好，呈赭红色，较鲜艳。填土为青褐色土，土质较硬。无随葬品（图二三；彩版七：1）。

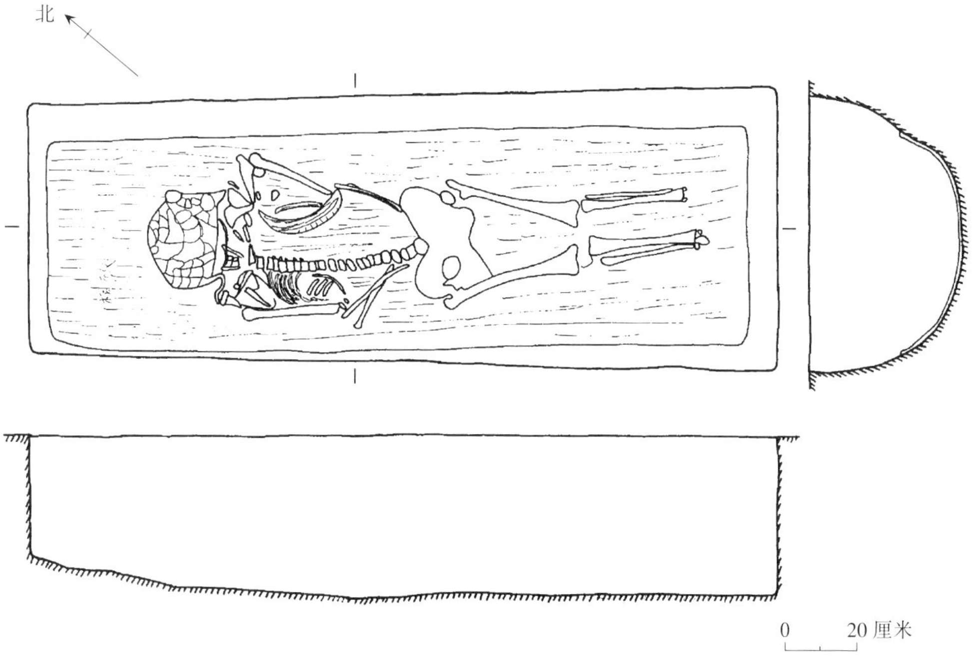

图二三　M15 平、剖面图

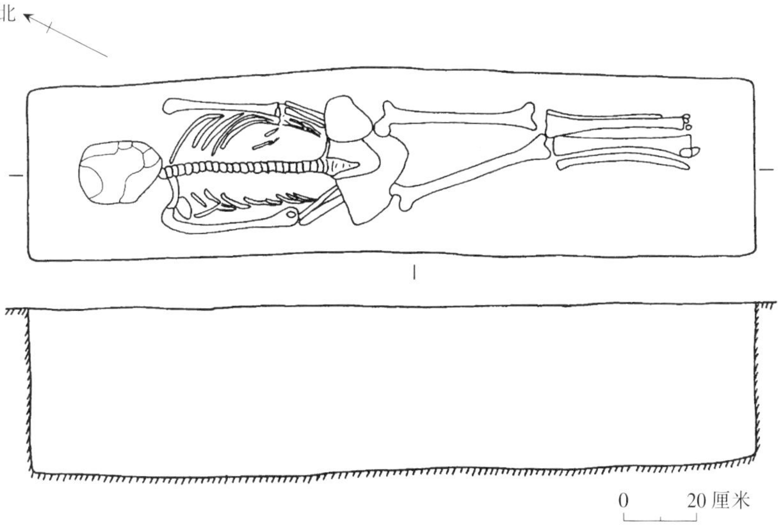

图二四　M16 平、剖面图

M16　位于 T1007 的南部，开口于第③层下，打破第④层。长方形土坑竖穴墓，墓东壁向东略凸，长 202、宽 46～49、深 43 厘米，墓向 27°。葬式为仰身直肢葬，头向北，面朝东，骨架保存较好。左肩胛骨及双跖骨已朽。葬具不明。填土为青褐色土。无随葬品（图二四；彩版七：2）。

五、遗　物

本次发掘出土的遗物不丰富，主要有陶器、石器、玉器、骨器和动物骨骼等。现按遗物的质地分类介绍如下（图二五、二六引自《文物》2005 年第 3 期）。

1. 陶器

吴家浜遗址所出陶器的陶质主要为泥质红陶、泥质灰陶和夹砂红陶，陶片数量很少，可复原器物均出自于墓葬。可辨的器类主要有鼎、豆、釜、罐等，因无明显的早晚变化，所以仅按器类举例介绍如下：

纺轮　1 件。

M11：1　夹砂灰褐陶，利用器物残片加工而成。直径 6.4、孔径 0.8、厚 0.3 厘米（图二五：1；彩版九：3）。

陶豆　共 6 件，泥质红陶和泥质灰陶各 3 件，其中 2 件复原完整，其余 4 件因酥碎而无法修复豆盘。

M10：1，泥质红陶，内侧呈黑色。豆盘残，矮把略粗束腰，下端外敞呈喇叭形。残高 26.5、底径 36.0 厘米（图二五：3）。

M4：2，泥质红陶，灰胎。豆盘残，细高形豆把，豆把上部有圆形镂孔，下端外敞呈喇叭形。残高 23.0、底径 22.0 厘米（图二五：2）。

M5：1，泥质灰陶，施红衣，有剥落现象。敞口，尖唇，斜弧腹似碗状，细高形豆把，豆把下端外敞呈喇叭形，近底部有二个圆形镂孔。通高 29.2、盘深 3.4、底径 28.0 厘米（图二五：4；彩版八：5）。

M12：1，泥质灰陶。敞口，平唇，浅斜腹豆，细高形豆把，下端外敞呈喇叭形。通高 24.0、口径 31.0、底径 25.8 厘米（图二五：5；彩版九：5）。

M8：1，泥质红陶，灰胎。细高形豆把，下端外敞，呈喇叭形。残高 23.0、底径 21.6 厘米。

M6：1，泥质灰陶，施红衣，但剥落严重。盘残，细高把柄，下端外敞，呈喇叭形。残高 22.0、底径 23.0 厘米。

豆把　可为分细高把和矮把二种。

T0406④：1，为夹砂黄褐陶，灰胎，细高把。残高 5.2 厘米。

H10：1，为泥质红褐陶。矮敞口，豆把的中部有圆形镂孔。残高 6.4 厘米（图二五：7）。

豆盘　均为敞口、并施红衣。

H10：2，为泥质灰陶，施红衣。圆唇，弧腹，浅盘。口径 27.4、残高 4.9 厘米（图二五：15）。

H3：1，为泥质灰陶，内外均施红衣。尖唇，内侧有折棱，浅盘。口径 17.0、残高 3.4 厘米（图二五：6）。

罐　以夹砂黄灰陶为主，大部分施红衣。

H8：1，为夹砂黄陶，施红衣，剥落严重。敞口，卷沿，圆唇，束颈。口径 28.0、残高 3.5 厘米（图二五：14）。

T0406④：10，为夹砂黄灰陶。敞口，卷沿，圆唇，束颈，内侧有折棱，略鼓腹。口径 17.0、残高 4.7 厘米（图二五：10）。

T0505④：6，为夹砂黄灰陶，施红衣，有剥落。敞口，微卷沿，圆唇，内侧有折棱，垂肩。口径 36.0、残高 5.0 厘米（图二五：11）。

T0505④：12，为夹砂灰陶，施红衣。敞口，折沿，圆唇，垂肩。口径 34.0、残高 4.6 厘米（图二

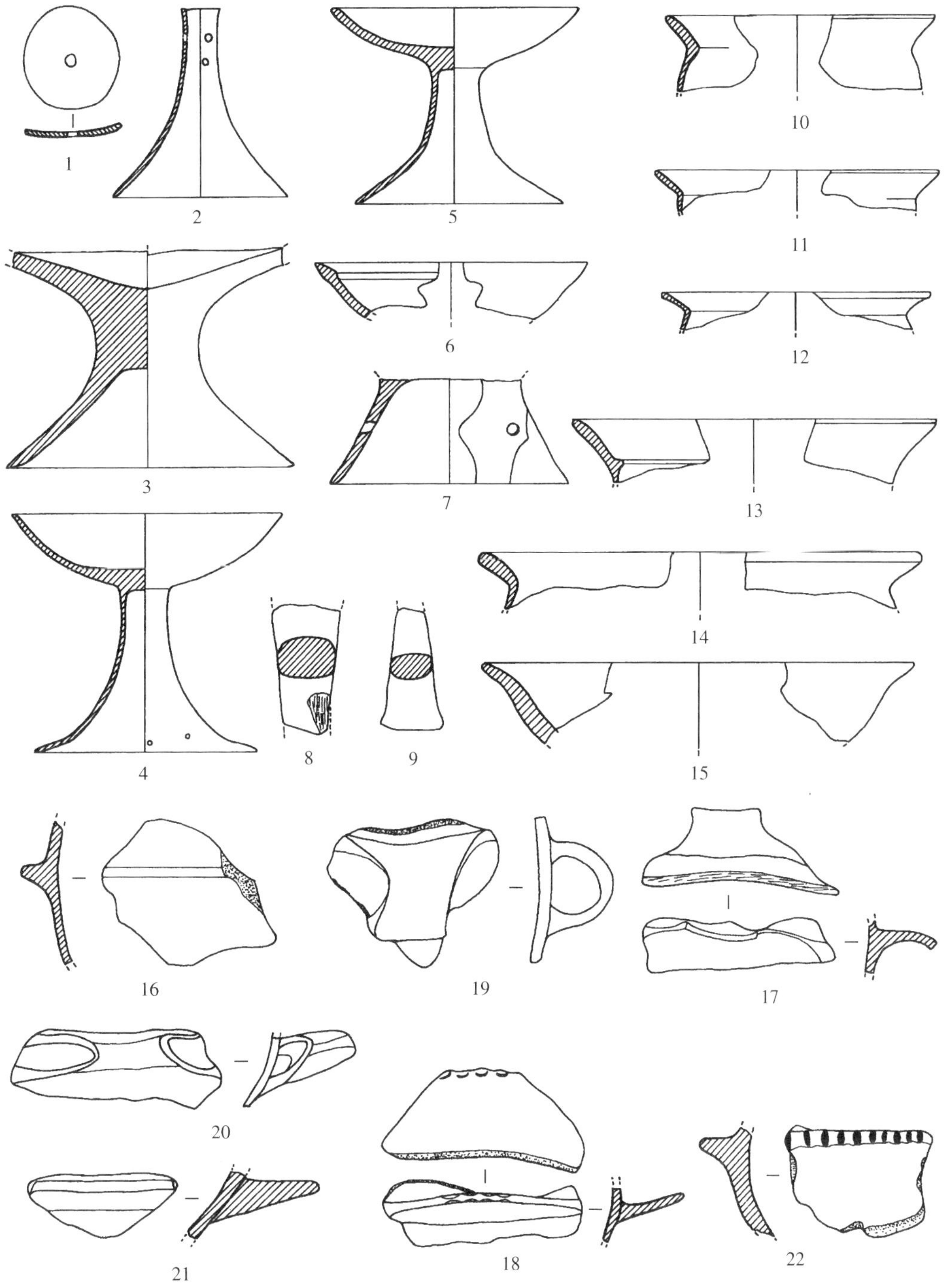

图二五　陶器示意图

1. 纺轮（M11:1）　3~5. 陶豆（M10:1、M5:1、M12:1）　6、15. 豆盘（H3:1、H10:2）　2、7. 豆把（M4:2、H10:1）
8、9. 鼎足（T0406④:14、T0505④:15）　10~12、14. 罐（T0406④:10、T0505④:6、T0505④:12、H8:1）
13、16、22. 釜（T0506④:5、H10:7、T0505④:11）　17、18、21. 器鋬（T0506④:8、T0505④:13、T0505④:8）
19、20. 器耳（T0506④:5、T0506③:1）

五:12）。

鼎足　呈扁圆柱状形。

T0406④:14，夹砂黄褐陶。残高8厘米（图二五:8）。

T0505④：15，夹砂黄灰陶。残高7.4厘米（图二五：9）。

釜　可辨的只有釜口沿和釜的腰沿部分。

T0506④：5，釜口沿。夹砂灰陶，施红衣。敞口内弧，尖圆唇，内侧有一凸棱。口径23、残高4厘米（图二五：13）。

T0505④：11，釜腰沿。夹砂黄灰陶，腰沿唇部有压印点纹（图二五：22）。

H10：7，为夹细砂灰陶，器表施红衣（图二五：16）。

器耳　有牛鼻形和半环形2种。

T0406④：5，为夹砂黄褐陶，耳略呈半环形（图二五：19）。

T0506③：1，为夹砂灰黄陶，耳呈牛鼻形（图二五：20）。

器錾

T0506④：8，夹砂灰黄陶，灰胎（图二五：21）。

T0504④：13，夹砂黄褐陶，錾呈梯形，錾面近缘处有4个指甲纹（图二五：18）。

T0505④：8，夹砂深灰陶，錾呈扇方形（图二五：17）。

2. 玉器

有玉玦、玉璜两种，皆磨制较精，并经抛光。

玉玦　1件。

M1：1，质料为玉燧，白中泛黄，略有斑点，玦口断面磨平，截面略呈椭圆形。直径5.6、孔径3.2、厚0.8厘米（图二六：5；彩版八：1）。

璜　2件。

M2：2，呈灰白色，略有黄斑点，已残。桥形，端部有一缺口和一个两面对钻的孔。残长7.2、厚0.6厘米（图二六：6；彩版八：2）。

T0405④：1，呈灰白色，已残。桥形，磨制较精，端部有一单面钻孔。残长6.5、宽0.9、厚0.4厘米（图二六：7；彩版八：3）。

3. 石器

砺石　2件。

T0306④：1，红砂岩，表面有使用痕迹，已残。残长6.4、宽6.5、厚1.3厘米（图二六：1）。

T0506④：6，青色泥岩，四面有使用痕迹，已残。残长5.7、残宽4.8、厚5.1厘米（图二六：2）。

石斧料　1件。

T0405⑤：3，红砂岩。残长5.6、厚2.9厘米（图二六：3）。

石锛　1件。

M5：3，青页岩，磨制精细，表面光滑，正面微弧，单面刃，刃部锋利，肩部微残，较厚重。长5.9、宽5.2、厚2.0厘米（图二六：4；彩版八：6）。

双孔石钺　1件。

M2：1，磨制较精，表面光滑，中部微鼓，上端有两个穿孔，对钻，穿透处不甚规整，肩部微残。残长12.8、宽6.2、厚1.6厘米（图二六：8；彩版八：4）。

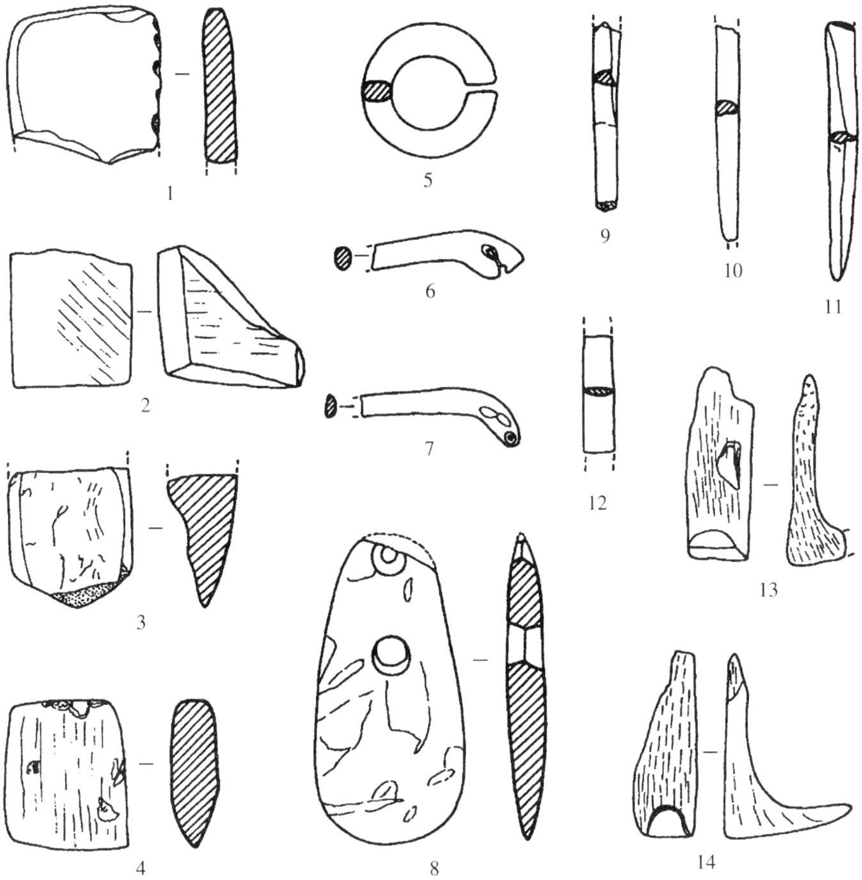

图二六　石、玉、骨、角器示意图

1、2. 砺石（T0306④：1、T0306④：6）　3. 石斧料（T0405⑤：3）　4. 石锛（M5：3）　5. 玉玦（M1：1）　6、7. 玉璜
（M2：2、T0405④：1）　8. 石钺（M2：1）　9. 骨料（T0406④：2）　10. 角质锥形器（T0405④：2）　11. 骨笄
（H3：1）　12. 象牙器（M2：3）　13、14. 角器靴形器（M5：4、M5：5）

石块　1件。

M4：1，青灰色，不规则形，一面磨光。残长3.6、宽3.9、厚1.4厘米。

4. 骨角牙器

共有8件，有笄、锥形器、管、骨料、靴形器、象牙器、象牙梳等。

骨笄　1件。

H3：1，由骨管加工而成，通体磨光。残长10.9厘米（图二六：11）。

骨角锥形器　1件。

T0405④：2，利用动物犄角加工而成，通体磨光，中间有一凹槽。残长9.1厘米（图二六：10）。

骨料　1件。

T0406④：2，呈白色，有磨制痕迹。残长3.9厘米（图二六：9）。

骨管　1件。

F1：1，呈白色，有磨制痕迹。残长3.7厘米。

象牙器　1件。

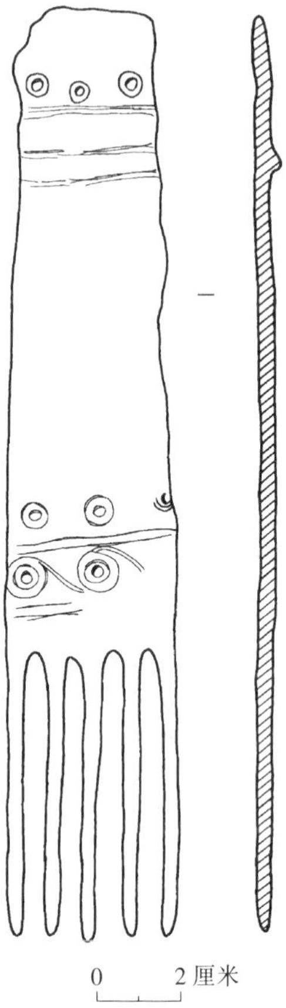

0　　　2厘米

图二七　M5：2象牙梳

M2：3，白色，经抛光。残长2.3、厚0.2厘米（图二六：12）。

靴形器　2件。呈褐色，用鹿角制作，均经磨制。

M5：4，残长8.1、宽2.7、靴端残长2.5厘米（图二六：13；彩版九：1）。

M5：5，残长7.8、宽2.6、靴端长5.4厘米（图二六：14；彩版九：2）。

象牙梳　1件。

M5：2，呈褐色，出土时锈蚀严重，象牙质，为长条扁平薄片状。上端并排有3个同心圆，其下有3道凹弦纹，下端有两排各3个同心圆，以两道凹弦纹隔开。靠下的一排同心圆之间有弧状的两条阴刻细线相连。全长21.1、宽4.1、厚0.4、梳齿长6.5厘米（图二七；彩版九：4）。

5. 动物骨骸

数量较少，主要出自地层堆积和遗迹单位。

经鉴定，这些动物遗骸均属于偶蹄目（Artiodactyla）的动物，有梅花鹿（*Cervus nippon Temminck*）、麋鹿（*Elaphurus davidianus*）、野猪（*Sus scrofa*）、水牛（*Bubalus* sp.）等4种。根据牙齿的磨损程度，出自T0505④猪的年龄偏大，而一件鹿头骨属幼年个体。部分麋鹿角和梅花鹿角属非自然脱落，其中出自T0505第④层的一件麋鹿角，角柄和眉枝上遗留人工砍痕，另一件鹿角的表面非常光滑，可能也为人工所致。出自T0305的鹿角柄的角节上部断口遗留有人工砍痕。H2内出土的一块碎骨片有经火烧变黑的痕迹。

六、结　语

在嘉兴地区，吴家浜遗址的发掘是继马家浜遗址、罗家角遗址发掘之后，对马家浜文化遗址的又一次较为重要的考古发掘。虽然吴家浜遗址经过1986年和2001年的两次抢救性考古发掘，但两次发掘的面积均较小，我们对该遗址的整体认识还是十分有限的。

从2001年度的发掘资料看，遗址的文化层堆积具有自己的特点，显示出与其他马家浜文化遗址明显不同的特点。吴家浜遗址的形成年代较为集中，主要为马家浜文化的晚期阶段。遗址保存较好，发掘区面积虽然不大，却清楚地揭示了马家浜文化晚期聚落形式的结构以及马家浜文化的墓葬和房屋的建筑形式等，为今后该遗址的进一步发掘以及马家浜文化的研究提供了重要资料和信息。

第一，该遗址的地层堆积比较单纯，包含的文化遗物极少，不似生活生产的废弃遗物堆积。3座房屋遗迹和15座墓葬的发现，表明该遗址具有一定的特殊性，初步判断该遗址在布局上可能有功能性分区。遗址反映了马家浜文化晚期即存在堆垫营建生活区并在房屋周围埋墓的聚落模式，房屋的方向与墓葬方向一致，也反映了一种信仰习俗。

第二，吴家浜遗址的墓葬有明确墓坑，有些墓葬还发现木质葬具，而M15的情况尤为特殊，葬式为仰身直肢葬，骨架除手掌及脚骨已腐烂不见、一部分肋骨有移位现象外，其余骨架保存较好。骨架紧贴在略显凹弧状的木质棺底，棺底木板保存较好，且无拼接的痕迹，推测该墓葬葬具为一具独木棺。

第三，发现的房屋遗迹是吴家浜遗址的又一个特点，柱洞内包含有少量的陶片、红烧土等，而且在房屋的南半部均发现椭圆形灶坑，这在马家浜文化遗址中较为少见。房屋方向与墓葬方向基本一致，两者之间似乎有一定的内在联系。

第四，从墓葬中出土的陶器以及地层中的遗物分析，该遗址的相对年代应属于马家浜文化晚期。

附记：参加本次发掘的工作人员有楼航、刘斌、郭留通、韩泽源、孟正兴、郭黎辉、智建荣、关新宇、徐新民（领队）等，绘图为郭留通、许慈波，器物摄影为李永嘉。此次发掘得到嘉兴市文化体育局的重视和资助，沈坤荣、陈建江、方包清等先生给予了关心和支持，谨表感谢。

本简报的大部分内容已在《文物》2005 年第 3 期发表，这里将 2001 年发掘的墓葬资料全部公布，以资马家浜文化研究。

执　笔：徐新民　楼　航

浙江省海宁市杨家角遗址的发掘

浙江省文物考古研究所

海 宁 市 博 物 馆

一、海宁市地理环境与历史沿革

海宁地处长江三角洲杭嘉湖平原南端，地理坐标为北纬 30°15′~30°35′，东经 120°18′~120°52′。东邻海盐县，南濒钱塘江，与上虞市、杭州市萧山区隔江相望，西接杭州市余杭区，北连桐乡市、嘉兴市秀洲区，市治硖石镇。沪杭铁路、101 省道杭沪复线东西横贯市域，沪杭高速公路、320 国道越过北境。

内陆面积 699.92 平方公里，其中平原占 87.94%、山丘占 1.81%、水域占 10.25%。地形狭长，东西长 51.65、南北宽 28.94 公里。地势平坦，自西南向东北倾斜，地面高程约海拔 4~8 米（吴淞高程）。海宁属太湖流域水网地带，水资源以河网径流量为主，境内有上塘河和运河两个水系，河道总长 1865.4 公里，河网率为 5.1%。河流众多，主干航道多与京杭大运河相连，是典型的江南水乡。

海宁属北亚热带海洋性湿润气候区，气候温和，雨量丰沛，日照充足，四季分明。常年平均气温 15.9°C，年均降雨量 1187 毫米，日照 2002.9 小时，无霜期 233.5 天。因地处中纬度，冷暖空气经常在此交会，有旱、涝、风等灾害性天气出现。耕地土质南砂北黏，结构良好，水气协调，酸碱度适中，适宜多种作物生长。

西周时属越，名御儿乡，包括今海宁和桐乡、嘉兴一带。春秋战国时，今硖石北部一带称为檇李，地处吴越边境，屡有争战，时而归吴，时而属越。至公元前 306 年，越国被楚国兼并，海宁地区遂划入楚境。秦时分属由拳（初为长水县，治硖石）及海盐县。东汉建安八年（203 年），陆逊任海昌屯田都尉，并领县事，为海宁建县之始。三国吴黄武二年（223 年），改盐官县。南朝陈永定二年（558 年），割吴郡盐官、海盐、前京三县置海宁郡，始有海宁之名，郡治盐官。陈末废海宁郡，又并海盐入盐官，属钱塘郡。唐武德四年（621 年），盐官县属东武州，七年（624 年），盐官县并入钱塘县。贞观四年（630 年）复置。元元贞元年（1295 年），升盐官州。盐官南濒钱塘江，唐宋以来，屡受潮害，元延佑、泰定间尤甚，海塘几经修筑，至天历二年（1329 年）塘岸渐就，海患始宁，遂改称海宁州。明洪武二年（1369 年）复改州为县。清乾隆三十八年（1773 年）又改为海宁州。民国元年（1912 年）改州为县，直属浙江省。1949 年 5 月解放，以硖石镇为县治，属嘉兴专区。1986 年 11 月撤县设市，市治硖石镇，隶属于嘉兴市。

海宁自古学风兴盛，民风淳厚，名人辈出，为文化之邦。名胜古迹众多，形成了富有特色的"三大文化",即潮文化、名人文化、灯文化。素有"鱼米之乡、丝绸之府、文化之邦、旅游之地、皮衣之都"美誉。

二、遗址发现和发掘经过及资料的整理和报告的编写

2002 年 12 月初,该遗址因土地平整和疯狂的盗挖而发现,遗址西部已遭到毁灭性的破坏,一些媒体曾做过报道。

杨家角遗址位于海宁市周王庙镇星火村二组杨家角自然村南,东距硖石镇约 20 公里。遗址坐落在一个边长约 100 米的土墩上,周(王庙)斜(桥)公路穿过土墩的西北角,周围水网密布,土墩最高处海拔约 6.7 米,高出周围水田约 2 米。经过发掘及钻探,确认遗址的主体范围东西长约 70、南北宽约 50 米,面积约 3500 余平方米。通过调查和地表采集,发现土墩的北部应当还存在遗址,但已被推土、平整所破坏,与杨家角遗址是否为一个整体已经无法判断(图一;彩版一〇:1)。

2002 年 12 月 12 日,浙江省文物考古研究所联合海宁市博物馆对遗址进行了抢救性发掘,布列 10×10 米探方 6 个,2×5 米、2×9 米探沟各一条(T0801 和 T0204,以了解遗址的西、南边界),至 2003 年 1 月 10 日发掘暂时告一段落,除 T0801,其余探方均未完成发掘。主要收获是清理了良渚文化墓葬、灰坑各 2 座。浙江省文物考古研究所徐新民(领队)、海宁市博物馆胡桂林以及技工周建初参加了发掘工作。

3 月 13 日,前述人等均因故未能参加发掘,改由浙江省文物考古研究所方向明(负责)、楼航以及技工方忠华继续发掘,技工马竹山参加了部分工作,野外发掘工作至 5 月 14 日结束。除了对未完成

图一　杨家角遗址地理位置示意图

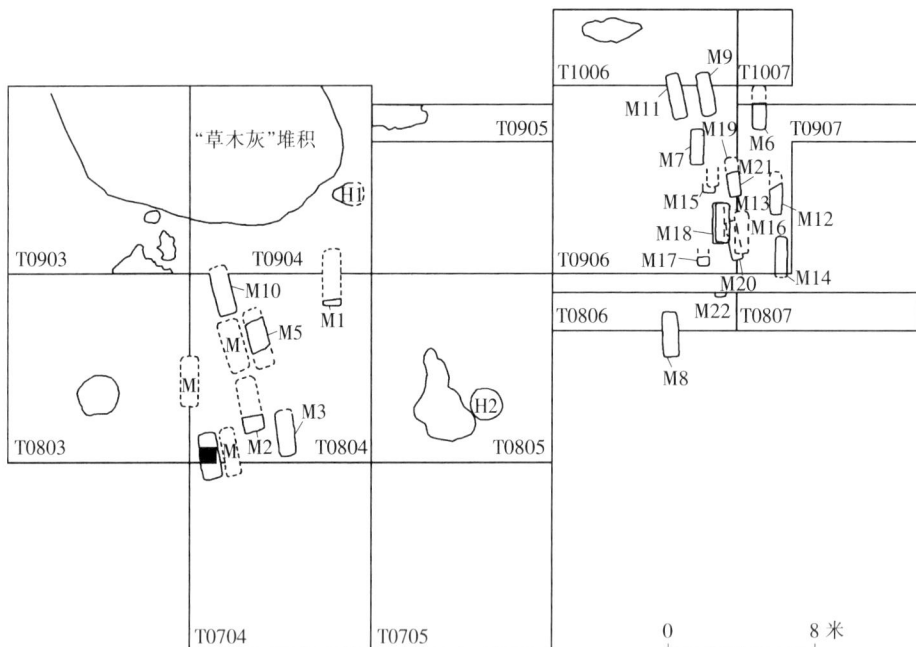

图二　布方及主要遗迹平面图

的探方继续发掘，为了解遗址堆积情况和分布范围，新布列的探方主要以探沟的形式向东进行了发掘，部分探方采用了四分法发掘。

总发掘面积 900 余平方米，主要收获为共清理了良渚文化墓葬 22 座、灰坑 2 座（图二）①。

发掘结束之前，经方向明先生提议并与徐新民领队协商后，决定由楼航完成资料的整理和报告的编写。2003 年 9 月 27 日~11 月 4 日，由楼航率队对遗物和资料进行了整理，在完成了对发掘日记、野外图纸和探方小结的梳理之后，进行了陶片统计、拼对、地层遗物编号、修复、绘图等一系列工作。整理工作结束距今已 12 年，报告迟至今日才面世，颇感辜负方向明和徐新民二位先生之美意。

遗物修复主要由方忠华、周建初、陈孔杨、陈家东等完成；野外和遗物绘图主要由方向明、方忠华、楼航、周建初等完成；遗物摄影由盛文嘉完成；清绘由楼航应用计算机辅助制图软件（AutoCAD）完成。

三、地层堆积和层位关系

发掘区内遗址的堆积主要分为东西两块区域。由于西南部被推土以及盗挖破坏，具体的地层分析难以展开。东部考虑到今后遗址的保护，仅做了简单的了解，没有继续下挖。

以 T0904 西壁地层为例说明②（图三；彩版一〇：2）。

第①层，现代耕作层，厚约 25 厘米。

① 不含西部探沟 T0801、南部探沟 T0204；仅标注 "M" 却没有墓号的，是根据盗挖后残存的墓坑、葬具痕迹记录的墓葬平面位置示意；未标注遗迹名称的图形为红烧土堆积范围示意。

② 标高测量以竺桥护栏底面为基点（0 厘米），下同。

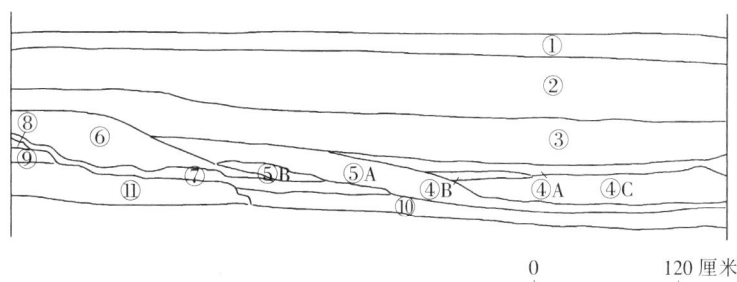

图三　T0904 西壁地层剖面图

第②层，深 20～110、厚 50～75 厘米，宋以后地层，此层下为良渚文化堆积。

第③层，深 70～105、厚 20～60 厘米，灰褐色土，夹杂红烧土颗粒，陶片较为碎小。在地层上可以明确的是 M1、M10 打破该层。

第④层，呈由南向北的倾斜状堆积，可分为三小层：

第④A 层，深 145～160、厚 0～22 厘米，黄土，出土少量陶片；

第④B 层，深 165～170、厚 0～20 厘米，黑土，夹杂大量的草木灰；

第④C 层，深 160～177、厚 0～45 厘米，黄土。

第⑤层，黑土，夹杂大量的草木灰，呈由南向北的倾斜状堆积，可分为两小层：

第⑤A 层，深 125～207、厚 0～35 厘米，呈由南向北的倾斜状堆积，黑土，夹杂大量的草木灰，出土较多的陶片和可复原陶器，其中后者出土时呈堆状，器类以鼎为主，主要有粗泥陶的凿形足鼎和夹砂陶的鱼鳍形足鼎，后者较多；

第⑤B 层，深 155～180、厚 0～20 厘米，黄土，为堆积形成过程中扰动第⑥层所致。

第⑥层，深 95～185、厚 0～65 厘米，黄土，质地较为纯净，为堆筑土台，从目前的现象分析，堆积的范围可至 T0903、T0904 的南部和 T0804 的全部，面积约 400 平方米。考虑到 T0804 清理的一些墓葬墓底较低（M3～M5），原开口层面被推土和盗挖破坏，所以我们判断这些墓葬可能为此土台层面开口。而 T0903、T0803、T0805 所发现的局部的红烧土堆积可能也与此有关。对位于 T0805 的红烧土堆积以及坑、沟迹象进行了清理，推测应与建筑遗迹有关，但具体性质不明。

第⑦层，深 125～197、厚 0～15 厘米，黑土，夹杂草木灰，堆积较薄，仅分布于探方的南部。

第⑧层，深 130～140、厚 0～15 厘米，黄土，堆积较薄，仅分布于探方的南部。

第⑨层，深 140～157、厚 0～20 厘米，黑土，草木灰层，堆积较薄，仅分布于探方的南部。

第⑩层，深 185～220、厚 0～22 厘米，青色淤泥，极少包含遗物，属于水相堆积。

第⑪层，深 160～170、厚 0～45 厘米，黄土，堆筑土台的起始，仅分布于探方的南部。

第⑫层以下为黄色粉性生土。

四、遗迹

（一）灰坑

清理良渚文化灰坑 2 座、灰沟 1 条。

H1

位于 T0904 北部，延伸进隔梁，开口于②层下，平面呈不规则半圆形，最大直径 120、深 50 厘米，斜弧形坑壁，剥剔清晰。包含物有红烧土颗粒及细碎的夹砂红陶片（图四：1）。

H2

位于 T0805 中部偏南，开口于②层下，平面近圆形，坑壁较陡直，底近平，直径 90、深 77 厘米，填土为黑灰色。出土泥质灰陶假圈足小罐等陶片（图四：2）。

G1

位于 T0805 东北部，开口于②层下，平面呈长条形，坑壁较陡直，尖圜底，长 475、宽 45、深 83 厘米，填土为黑灰色。出土泥质红陶罐片（口沿上有戳点、外壁有细弦纹）、夹砂缸片等（图四：3）。

（二）墓葬

本次发掘共清理良渚文化墓葬 22 座，分为东、西两区块，东、西部墓葬均存在上下两层堆积。西部清理墓葬 6 座：M1～M5、M10，东部清理墓葬 16 座：M6～M9、M11～M22。共出土编号遗物 114 件（组），其中陶器 68 件（组），以鼎、罐、圈足盘、簋、双鼻壶、尊、盆为主；石器 10 件，其中石钺 4 件，石锛 3 件，石镰、石刀、网坠各 1 件；玉器 36 件（组），其中锥形器 10 件、管珠 26 件（组）。

1. 西部墓葬

共清理墓葬 6 座，均不同程度遭到破坏，另有盗挖后仅存葬具痕迹或墓底而无人骨架和随葬品的

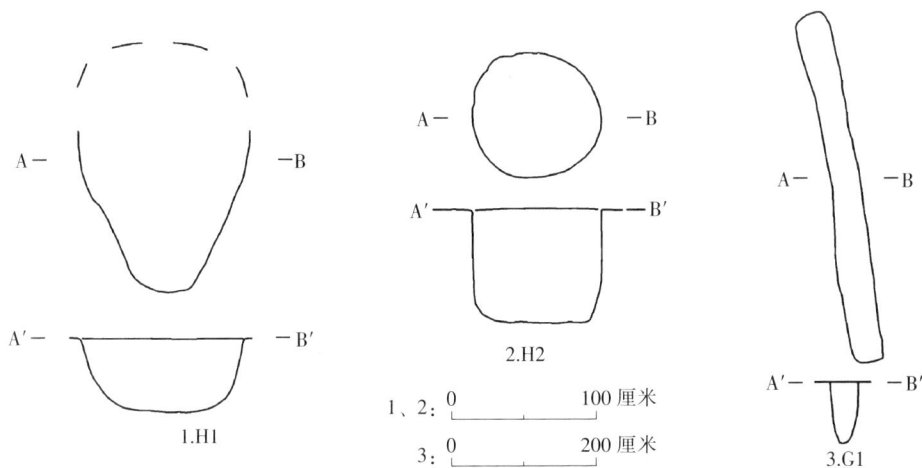

图四　H1、H2、G1 平、剖面图

不少于 3 座，仅做平面位置上的记录，未编号。

M1

位于 T0804 东北角，②层下开口，清理盗坑时发现，破坏严重，原应为长方形竖穴土坑墓，残长 30、残宽 60 厘米，填土黄褐色，方向约为 180°。头骨、牙齿依稀可辨（图五）。

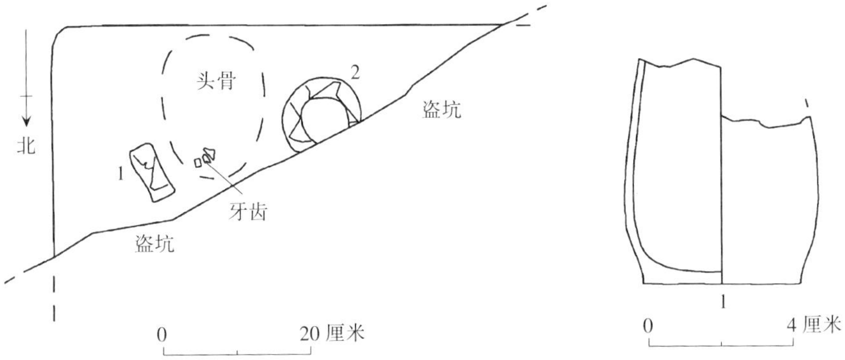

图五　M1 平面图和出土遗物杯（图号即器物号，下同）

M1:1，杯，泥质灰陶，口残，假圈足。残高 6、底径 4.4 厘米。

M1:2，盆，泥质灰陶，仅存平底，未能修复。

M2

位于 T0804 西南部，②层下开口，清理盗坑时发现，北段无存，原应为长方形竖穴土坑墓，残长 100～108、宽 110、存深 20 厘米，填土黄褐色，方向 168°。存零星骨渣，葬具上有少许朱漆（图六）。

M2:1，玉锥形器，白色，局部有黄斑，横截面呈五边形，锥尖略残，尾部对钻小孔。长 6.3、最大径 0.5 厘米（彩版一一：1）。

M2:2，玉管，深黄褐色，截面呈圆形，一端残缺，对钻孔，孔内有台痕。残高 1.1、直径 1.1 厘米（彩版一一：2）。

M2:3，玉管，黄褐色，截面呈圆形，对钻孔。高 0.6、直径 0.6 厘米（彩版一一：2）。

M2:4，玉坠，白色，局部呈绿色，坠体由众多不规则的块面组成，在底端面留有片切割痕迹，榫头亦为片切割而成，上有对钻孔。直径 0.95 厘米（彩版一一：2）。

M2:5，玉坠，白色，局部黄色，坠体呈椭圆形，榫头为片切割而成，上有对钻孔。直径 0.9 厘米（彩版一一：2）。

M2:6，玉管，红褐色，截面呈圆形，对钻孔。高 0.7、直径 0.65 厘米（彩版一一：2）。

M2:7，玉管，红褐色，截面呈椭圆形，一端略残，对钻孔。高 1.4、直径 1.0 厘米（彩版一一：2）。

M2:8、10，双鼻壶，附盖，泥质灰陶，盖面较平，杯形纽略残；壶口残，折腹，底近平，矮圈足。通高（残）9、盖径 7.4、圈足径 8.0 厘米（彩版一一：4）。

M2:9，玉管，红褐色，截面呈圆形，单面钻孔。高 0.6、直径 0.7 厘米（彩版一一：2）。

M2:11，玉管，红褐色，截面呈圆形，单面钻孔。高 0.65、直径 0.6 厘米（彩版一一：2）。

M2:12，玉管，青绿色，夹褐斑，截面呈圆形，对钻孔。高 1.5、直径 0.9 厘米（彩版一一：2）。

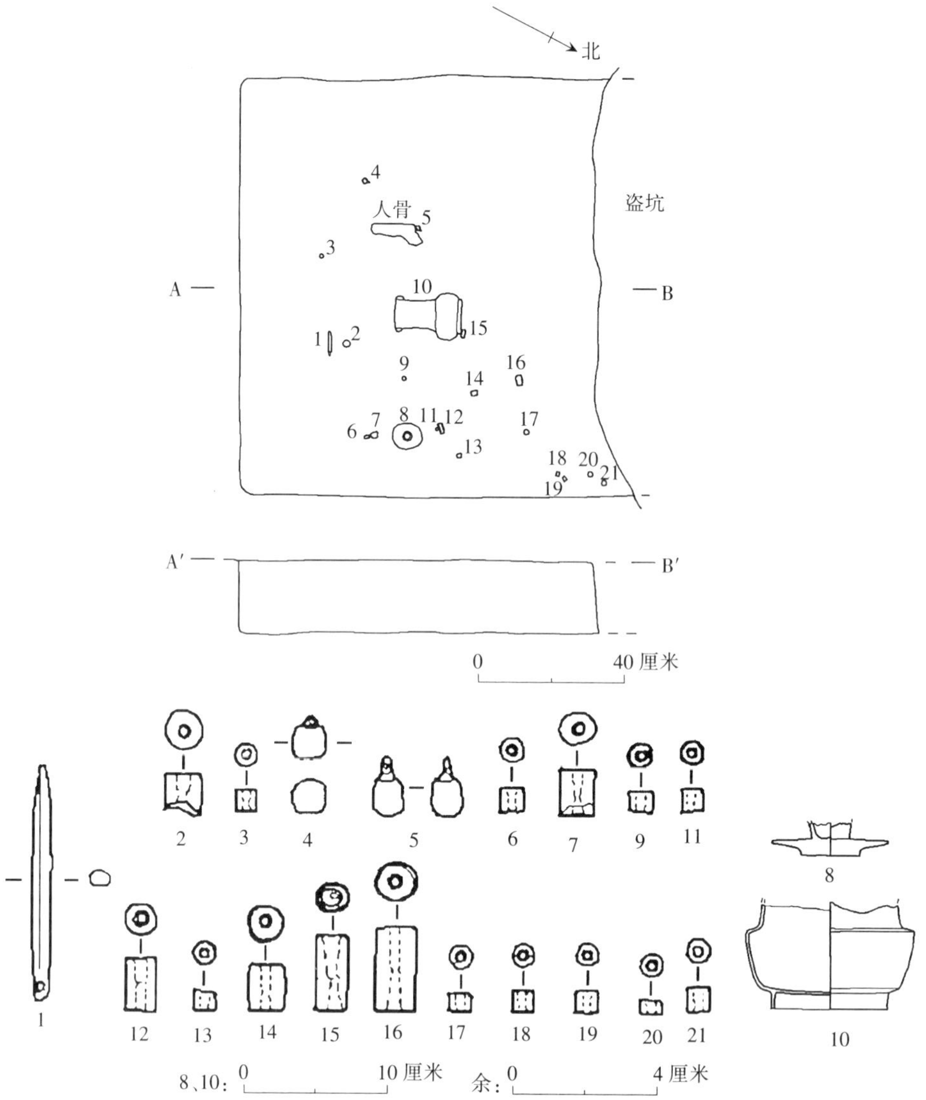

图六　M2 平、剖面图和出土遗物

M2：13，玉管，褐色，截面呈圆形，单面钻孔。高 0.55、直径 0.6 厘米（彩版一一：2）。

M2：14，玉管，黄褐色，局部呈红色，截面呈圆形，对钻孔。高 1.3、直径 1.1 厘米（彩版一一：2）。

M2：15，玉管，白色，夹紫褐色斑，截面呈椭圆形，外壁有片切割痕迹，对钻孔。高 2.1、直径 0.95 厘米（彩版一一：2）。

M2：16，玉管，紫褐色，局部有黄斑，截面呈圆形，对钻孔，孔内有台痕。高 2.4、直径 1.1 厘米（彩版一一：2）。

M2：17，玉管，黄褐色，截面呈圆形，单面钻孔。高 0.5、直径 0.65 厘米（彩版一一：2）。

M2：18，玉管，黄褐色，截面呈圆形，一端面上有凹痕，形如弧边三角，单面钻孔。高 0.6、直径 0.6 厘米（彩版一一：2）。

M2：19，玉管，黄褐色，截面呈圆形，单面钻孔。高 0.6、直径 0.6 厘米（彩版一一：2）。

M2：20，玉管，黄褐色，截面呈圆形，单面钻孔。高 0.4、直径 0.65 厘米（彩版一一：2）。

M2：21，玉管，深褐色，截面呈圆形，单面钻孔。高 0.7、直径 0.6 厘米（彩版一一：2）。

M3

位于 T0804 南部，③层下开口，清理盗坑时发现，北端局部遭破坏，长方形竖穴土坑墓，长 253、宽 103、深 68 厘米，黄褐色填土夹杂红烧土颗粒，方向 165°。仰身直肢葬，性别不明。从盗坑剖面上观察，棺的板灰痕迹明显，存在凸弧状的棺盖以及凹弧状棺底。随葬品编号 6 件（组），其中头端部位出土玉管珠 1 组（15 件）、双鼻壶、盆各 1 件；锥形器 1 件斜插状出土于头骨右侧南部；右股骨下出土石钺 1 件，刃部朝西，东高西低；约两股骨之间出土石锛 1 件，背朝下，刃部朝西北。墓底标高 -127 厘米（图七；彩版一二）。

M3：1，玉管珠，共 15 件。其中 M3：1 - 5 因受沁甚而呈灰白色，圆柱体形，对钻孔，高 3.9、直径 1.1 厘米；余皆叶蜡石质地，红褐色，圆柱体，直径皆约在 0.8 厘米左右、高在 0.4 ~ 1.2 厘米之间（彩版一三：1）。

M3：2，盆，泥质灰陶，敞口，平唇，略鼓肩，平底。高 9.0、口径 13.6、底径 8.2 厘米（彩版一三：2）。

M3：3，石钺，青灰色，对钻孔。长 14.0、宽 10.1 ~ 11.2、厚 0.9 厘米（彩版一三：3）。

M3：4，石锛，有段，青白色。长 6.4、宽 3.4、厚 1.2 厘米（彩版一三：4）。

M3：5，双鼻壶，附盖，泥质灰陶，杯形纽，侈口，口沿外附对称双鼻，长弧颈，中部微束，折肩，斜收，矮圈足上等分分布长方形镂空一周共 10 个。通高 16.0、口径 8.3、底径 8.0 厘米（彩版一三：6）。

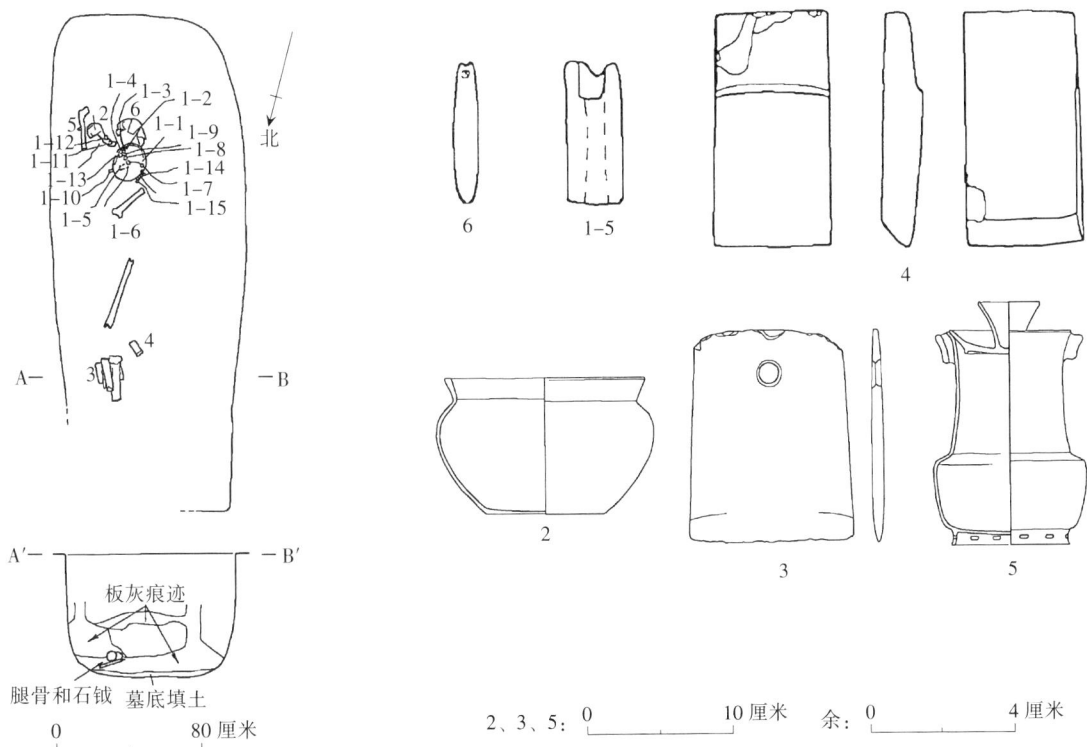

图七　M3 平、剖面图和出土遗物

M3：6，玉锥形器，青色有白斑，无榫头，尾端有对钻孔，尖部圆钝，横截面呈圆形。高3.8、直径0.7、孔径0.1厘米（彩版一三：5）。

M4

位于T0804西南部，③层下开口，南部被盗坑所破坏，仅余墓坑北部分。长方形竖穴土坑墓，残长165、宽130、深53厘米，填土黄褐色，方向170°。有葬具痕迹，墓底标高约－106厘米（图八；彩版一四）。

发掘时利用盗坑观察，墓坑剖面可分为七层：

第①层，黄褐色土，夹杂质，为墓坑回填土。

第②层，清淤泥，呈片状结构，分布于两侧，为葬具的两侧档板痕迹。

第③层，青淤泥，色黑，呈波浪片状，为葬具的盖板痕迹。

第④层，青淤泥，呈横向的片状结构，西部一侧上翘，为葬具底部痕迹。其中③、④层之间剖面上还可观察到肢骨。

以上特征与平面清理时相符。

第⑤层，黄褐色，回填土。

第⑥层，青淤泥，呈横向片状结构，为葬具两侧的纵向枕木痕迹。

第⑦层，褐色土，夹杂少量的杂质，墓坑底部的回填土。

墓葬残存遗物7件。陶器5件置于脚端部位，清理时均为葬具痕迹所压，所以陶器等物品均应随葬于葬具内，有鼎、罐、器盖各1件，簋2件，器盖出土时内面朝上，内有一段动物肢骨。石器2件，其中石锛1件，大致于两小腿部位之间；石镰1件，于陶簋之下。另外，下肢部位局部残留朱痕，经清理发现朱痕位于动物肢骨和人骨之间，说明可能是墓主身上某种物质的残留。

M4：1，石锛，有段，青白色。长7.3、宽2.9、厚1.0厘米（彩版一五：1）。

M4：2，器盖，夹砂黑陶，呈覆盘形，杯形纽。高6.0、直径21.0厘米（彩版一五：2）。

M4：3，鼎，夹砂红陶，侈口，平唇，沿面微内凹，略垂腹，圜底，鱼T形足上刻划线条。高16.8、口径12.4厘米（彩版一五：4）。

M4：4，罐，夹砂红陶，敞口较直，鼓肩，圜底近平，矮圈足。高18.5、口径13.0、圈足径13.4厘米（彩版一五：5）。

M4：5，簋，泥质红陶，子母口，口沿上饰等分分布的3鼻，浅圜底，圈足上饰凸弦纹2道及长方形镂孔8个。高10.0、口径22.0、圈足径15.6厘米（彩版一五：6）。

M4：6，簋，泥质红陶，子母口微敛，沿略内凹，口沿上饰4个竖向穿孔的等分分布的鼻子，底近平，圈足上饰圆形镂孔。高9.8、口径21.6、圈足径15.6厘米（彩版一五：7）。

M4：7，石镰，灰褐色，月牙形，单面刃，可能存在捆扎痕迹。长17.8、最宽处7.5、厚0.95厘米（彩版一五：3）。

M5

位于T0804中部，③层下开口，北端被盗坑所破坏，仅余南端部分。长方形竖穴土坑墓，从葬具痕迹测量长约263、宽约95、存深41厘米，填土黄褐色，方向163°。出土随葬品3件（组），其中头

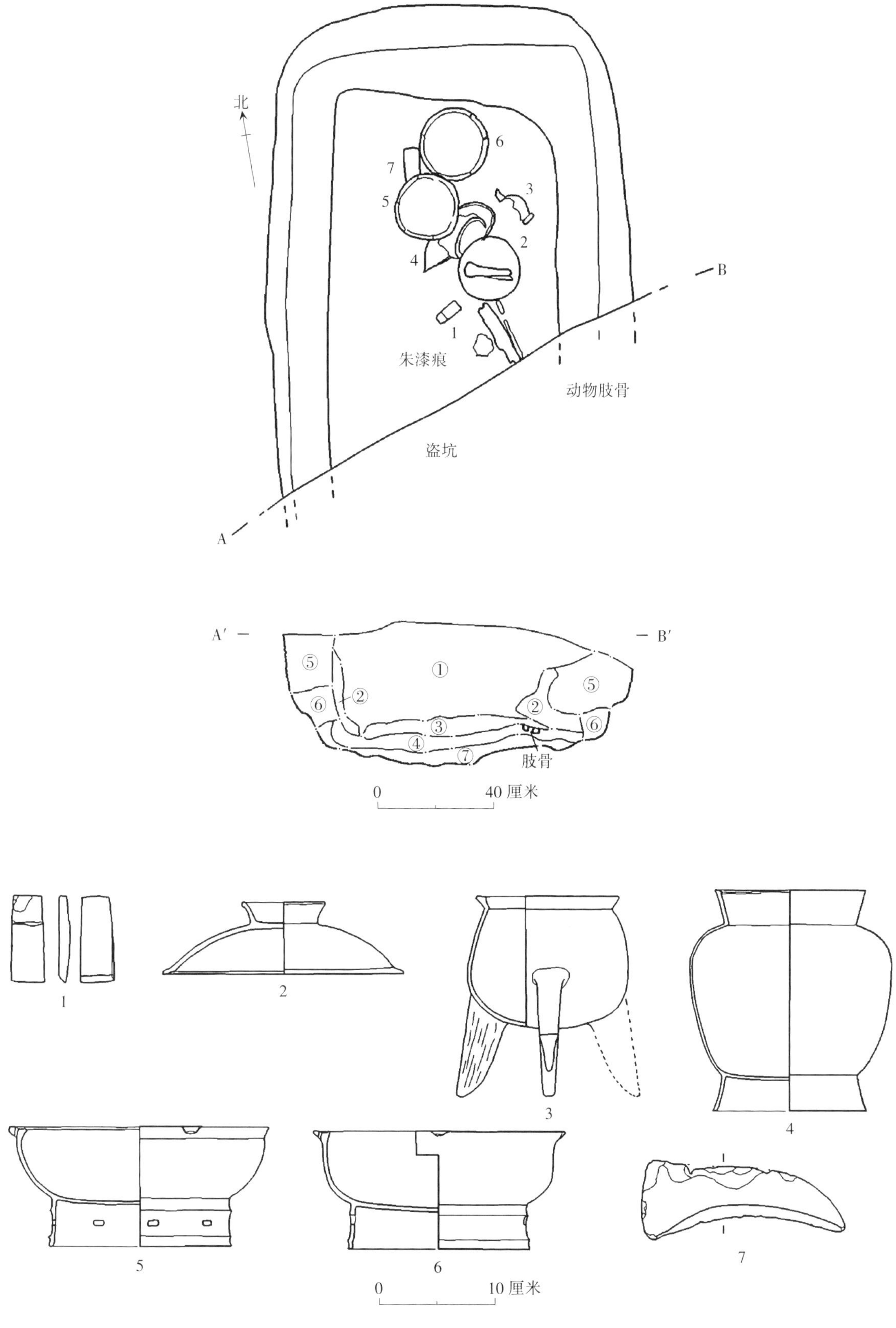

图八　M4 平、剖面图和出土遗物

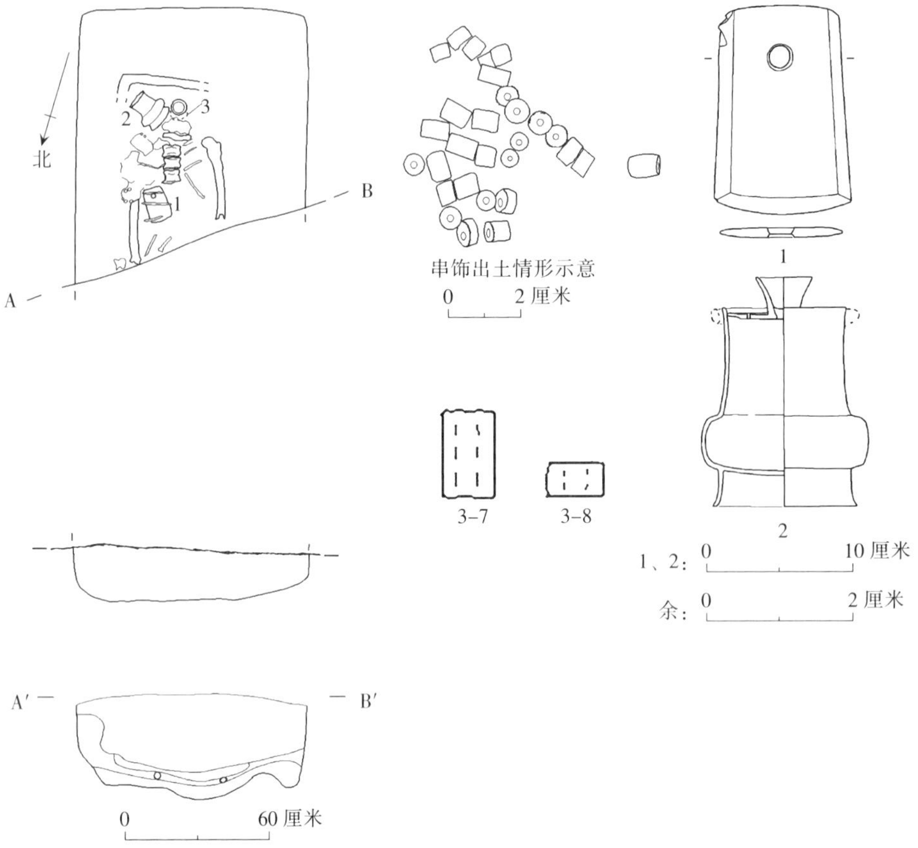

串饰出土情形示意
0　　　2 厘米

3-7　　3-8

1、2：0　　　　　　　10 厘米

余：0　　　2 厘米

0　　　60 厘米

图九　M5 平、剖面图和出土遗物

端部位随葬双鼻壶 1 件，侧置，盖内面朝上；盖下出土管串 1 组，共 30 件玉管；肋骨下随葬石钺 1
件，刃部朝北。墓底标高约 - 100 厘米（图九）。

利用盗坑观察，剖面可分四层：

第①层，黄褐色，为墓坑填土。

第②层，青淤泥，为葬具盖板痕迹。

第③层，青淤泥，有杂质，此层中出露人骨。

第④层，青淤泥，应为葬具底部痕迹，在纵向剖面上发现南部底板痕于档板痕处外伸。

M5:1，石钺，对钻孔，整体打磨精致，顶端及钻孔附件两面均有朱砂痕，三边双面刃，长 13.8、
宽 8.0 ~ 9.4、厚 0.6 厘米（彩版一一：3）。

M5:2，双鼻壶，附盖，泥质黑陶，杯形纽，敞口，双鼻残，长颈，扁鼓腹，浅圈底，矮圈足。通
高 15.0、口径 8.4、9.8 厘米（彩版一一：5）。

M5:3，管串，多数出于双鼻壶盖之下，共有 30 件玉管。M5:3 - 7，高 1.1、直径 0.7 厘米；M5:
3 - 8，高 0.4、直径 0.75 厘米（彩版一一：6）。

西部墓葬出土的较为短小的玉管，颜色大部分呈红褐色，叶蜡石质地，直径差别不大，孔径在
0.2 ~ 0.3 厘米之间，钻孔直，表面上显示为"单面钻"，实际上应该还是长料钻后再切割。

M10

位于 T0804 北隔梁部位，其中南部遭到盗挖，北部略伸入 T0904，②层下开口，打破② ~ ⑤层，

长方形竖穴土坑墓，存长233、宽91、深47厘米，填土灰褐色，方向164°。出土随葬品14件（组）。其中头端部位有陶盆、双鼻壶、圈足盘、纺轮各1件，双鼻壶置于圈足盘内；锥形器1件位于盆下，锥尖朝北；头端部位另有管串1组，由34件玉管组成；下肢部位有玉管2件；脚端部位有陶器4件，计有圈足盘、鼎、罐各1件。墓底标高约-95厘米（图一〇；彩版一六：1）。

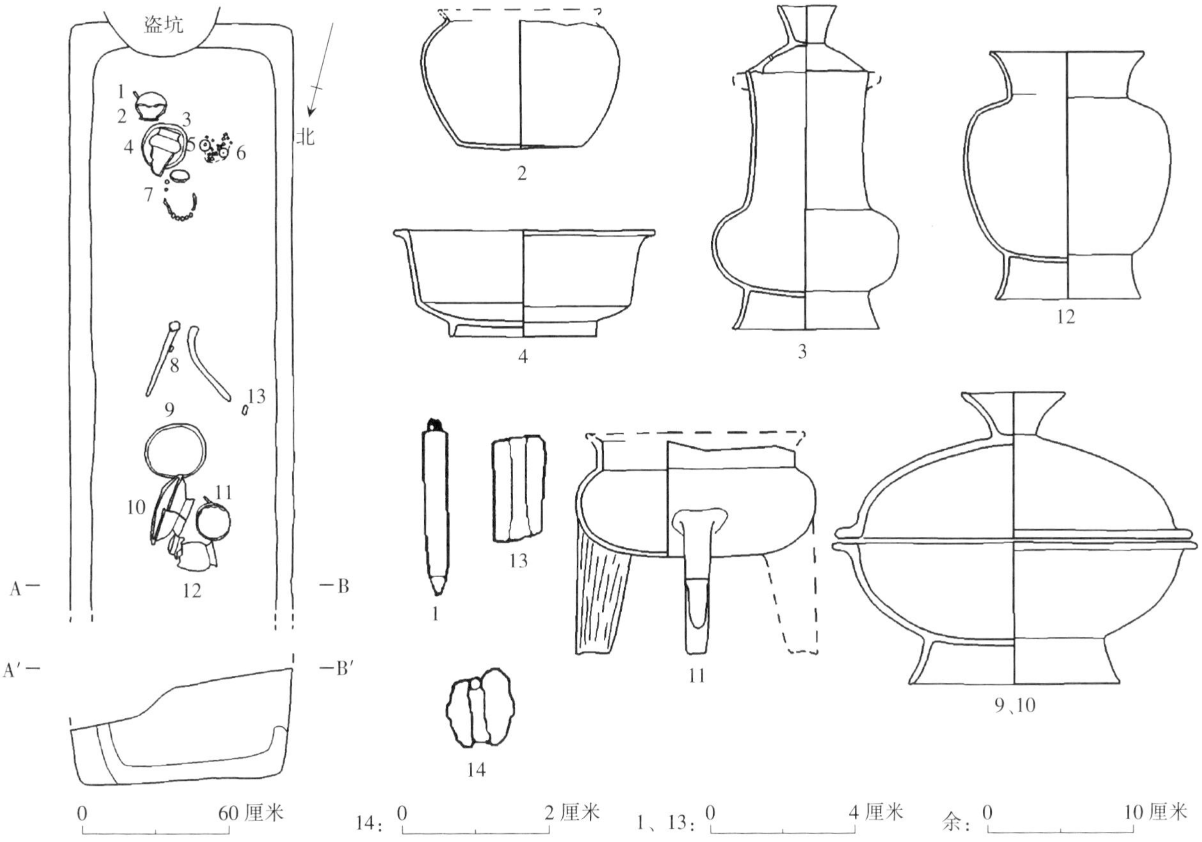

图一〇　M10平、剖面图和出土遗物

M10：1，玉锥形器，白色，榫略残，榫上对钻小孔，锥体横截面呈圆形。长4.8、直径0.6厘米（彩版一六：2）。

M10：2，盆，泥质灰陶，口残，平底。残高9.2、底径8.4厘米（彩版一六：3）。

M10：3，双鼻壶，附盖，泥质红褐胎黑衣陶，盖为杯形纽，侈口，圆唇，鼻残，长颈，扁鼓腹，矮圈足。通高21.2、口径8.0、圈足径10.0厘米。

M10：4，圈足盘，泥质灰陶，敞口，宽沿，圆唇，直壁，折腹，浅圜底，矮圈足。高7.0、口径17.8、圈足径10.0厘米。

M10：5-1~34，管串，叶蜡石，红褐色，与6号陶纺轮一起整体保存。

M10：6，纺轮，泥质灰陶，圆饼形。直径4.0、厚1.4厘米。

M10：7-1、2，玉管，叶蜡石，红褐色（彩版一七：1）。

M10：8，玉管，叶蜡石，红褐色（彩版一七：1）。

M10：9、10，圈足盘，附盖，泥质黑陶，盖为覆盘形，杯形纽，敞口，宽沿，浅圜底，矮圈足。

通高 19.0、盖径 24.8、口径 25.1、圈足径 14.4 厘米（彩版一七：2）。

M10：11，鼎，夹砂红陶，口残，直领，扁鼓腹，浅圜底近平，足上刻划线条。残高约 14.5、口径约 15.0 厘米（彩版一七：3）。

M10：12，尊，泥质红陶，敞口，鼓肩，浅圜底，矮圈足。高 16.4、口径 10.6、圈足径 10.0 厘米（彩版一七：4）。

M10：13，玉管，因受沁甚而呈白色，圆柱体形，对钻孔，横截面呈圆形。高 2.8、直径 1.4 厘米（彩版一七：1）。

M10：14，玉珠，修复时发现，受沁甚，白色，腰鼓形，对钻孔。高 1.1、直径 0.9 厘米（彩版一七：1）。

2. 东部墓葬

东部墓葬因为墓坑存深较浅、平面上较难辨认、剖面上难以观察堆积状况，所以未多做作剖面上的记录和观察。墓葬之间叠压、打破关系有：M13→M18、M20 和 M16→M20。

M6

2003 年 4 月 11 日清理，位于 T0907 西北部，②层下开口，北段在隔梁内，考虑到今后遗址的保护，未打隔梁清理。长方形竖穴土坑墓，清理长 140、宽 64、存深 20 厘米，填土灰褐色，方向 175°。于墓室南部出土双鼻壶 1 件，侧置，口向南。墓底标高 -27 厘米（图一一）。

M6：1，双鼻壶，泥质灰陶，侈口，尖圆唇，长弧颈，圆鼓腹，矮圈足。高 11.8、口径 6.8、圈足径 6.8 厘米（彩版一一：7）。

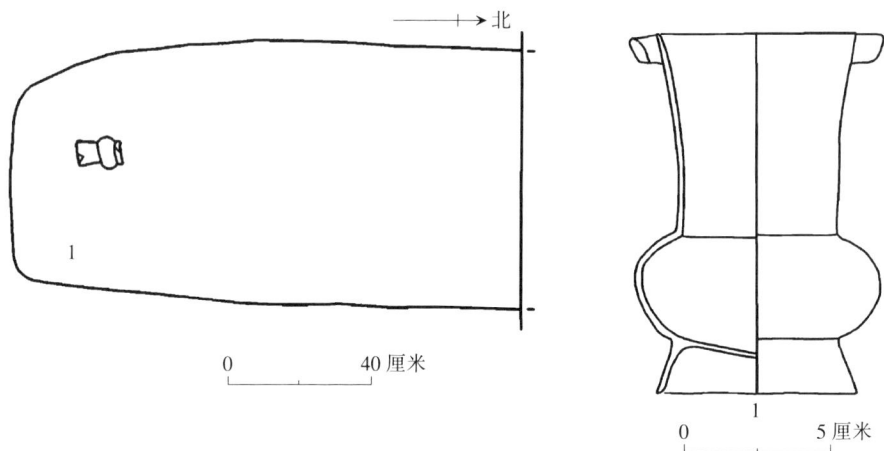

图一一　M6 平面图和出土遗物

M7

位于 T0906 东北部，②层下开口，墓坑南部为后期堆积破坏，长方形竖穴土坑墓，残长 191、宽 67、深 20 厘米，填土黄褐色，方向 177°。出土随葬器物 6 件，其中墓室西南部出土锥形器 1 件（锥尖朝北），另有石钺 1 件，刃部朝东，出土时呈西低东高状；墓室中部尊 1 件；墓室中部偏北出土陶器 3 件，计有鼎、圈足盘、罐各 1 件。墓坑北端之外另清理豆 1 件，但不能明确是否为 M7 之随葬品。墓坑底部标高 -47 厘米（图一二；彩版一八：1）。

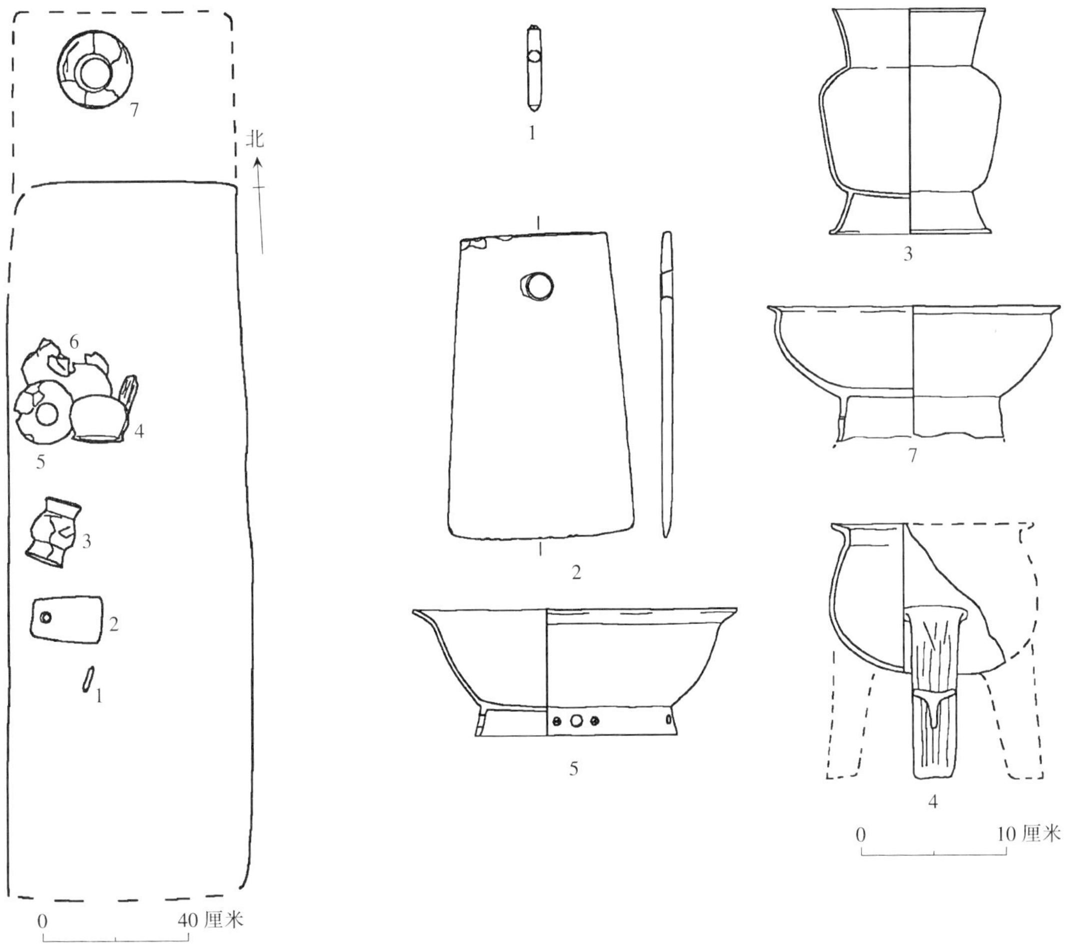

图一二　M7 平面图和出土遗物

M7：1，玉锥形器，受沁呈白色，榫略残，上存对钻孔，锥体横截面略呈椭圆形。长 5.8、直径 0.9 厘米（彩版一八：2）。

M7：2，石钺，顶端经打磨，对钻孔，双面刃。长 20.4、宽 10.0～12.8、厚 0.8 厘米（彩版一八：3）。

M7：3，尊，泥质红陶，敞口，略折肩，腹壁斜直，浅圜底，矮圈足。高 15.0、口径 10.6、圈足径 11.2 厘米（彩版一八：4）。

M7：4，鼎，夹砂红陶，敞口、短直颈、浅圜底，T 字形足上饰刻划，外侧略内凹。高 17.0、口径 14.0 厘米。

M7：5，圈足盘，泥质灰陶，敞口，斜宽沿，浅圜底近平，矮圈足上饰圆形镂孔和戳印。高 8.4、口径 22.4、圈足径 14.0 厘米（彩版一八：5）。

M7：6，罐，泥质灰陶，未能修复。

M7：7，豆，泥质灰陶，敞口，尖圆唇，浅圜底近平，圈足残。圈足上饰凹弦纹 1 道，弦纹上饰对称长方形镂孔 2 个。存高 8.5、口径 20.2 厘米。

M8

位于 T0806 东北角，②层下开口，长方形竖穴土坑墓，长 243、宽 93、深 35 厘米，填土黄褐色，方向 175°。出土随葬品共 9 件，其中头端部位有圈足盘 1 件、圈足盘口沿有玉管 1 件、双鼻壶 1 件，双鼻壶下残留有牙齿；墓室中部有锥形器和石锛各 1 件，石锛叠压锥形器，锥形器锥尖朝东北，石锛刃部朝上；石钺 1 件，大致在右下肢部位，刃部朝东，出土时东高西低；脚端随葬陶器 3 件，计有鼎、尊、簋各 1 件。墓底标高 -64 厘米（图一三；彩版一九：1）。

M8：1，玉珠，叶蜡石，红褐色，腰鼓形。高 1.1、直径 0.8 厘米（彩版一九：2）。

M8：2，圈足盘，泥质灰陶，敞口，宽沿，折腹，浅圜底近平，矮圈足。高 6.2、口径 24.4、圈足

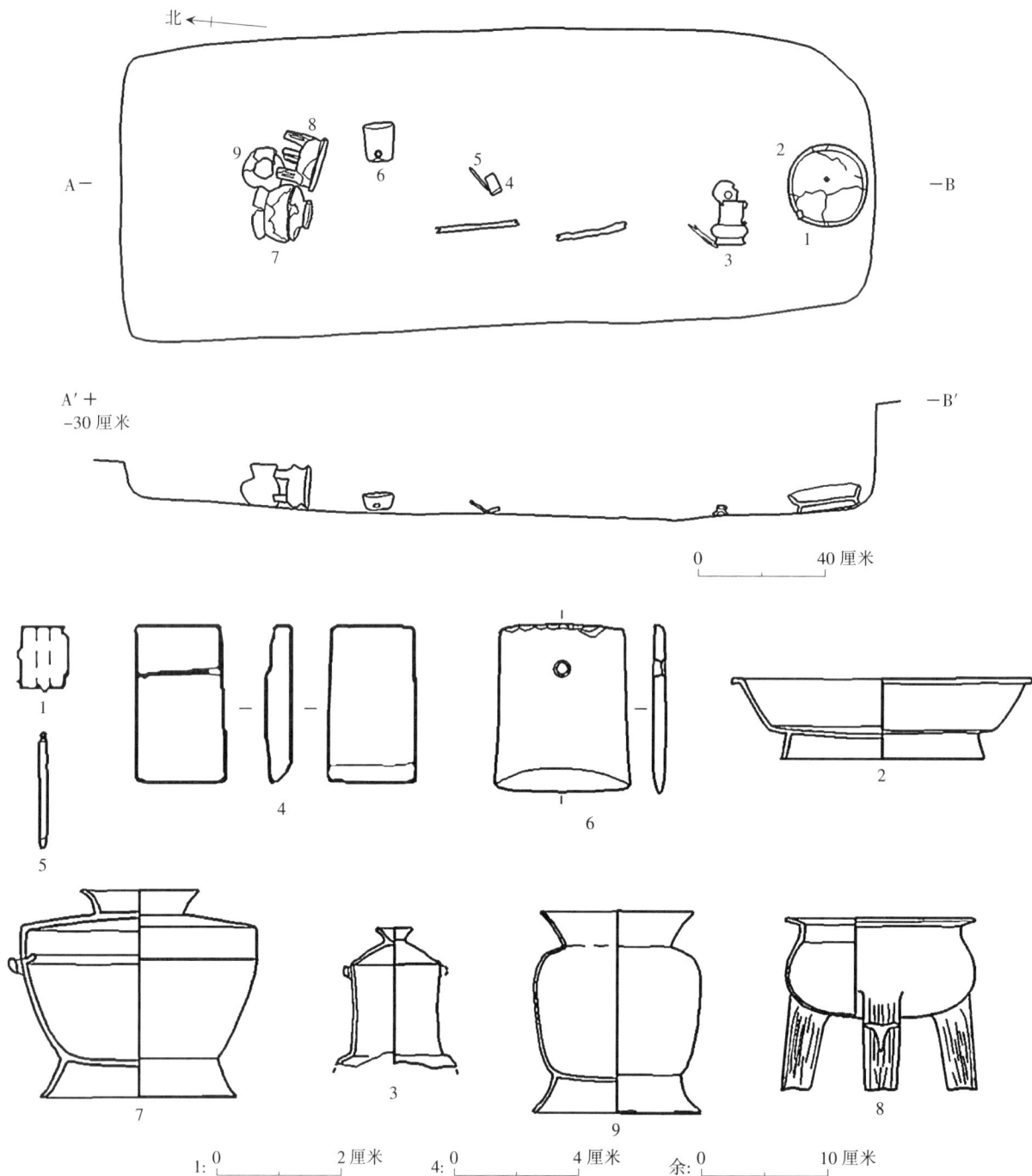

图一三　M8 平、剖面图和出土遗物

径 16.4 厘米（彩版一九：3）。

M8：3，双鼻壶，附盖，泥质灰陶，腹部以下残，盖为斗笠式喇叭形纽。残高 10.8、口径 7.2、盖高 2.8 厘米（彩版二〇：1）。

M8：4，石锛，有段，灰白色，段上有片状疤痕。长 5.0、宽 3.0、厚 0.7 厘米（彩版二〇：2）。

M8：5，玉锥形器。黄褐、灰白色，榫上有对钻孔，锥体横截面呈圆形。长 8.9、直径 0.6 厘米（彩版一九：4）。

M8：6，石钺，对钻孔。长 13.0、宽 10.0~10.9、厚 0.9 厘米（彩版二〇：3）。

M8：7，簋，附盖，泥质灰陶，盖的形状如倒扣的折腹豆，杯形纽，子母口，口沿上存鼻 1 个，浅圈底，矮圈足。通高 16.0、口径 19.0、圈足径 15.6 厘米（彩版二〇：4）。

M8：8，鼎，夹砂红陶，侈口，斜宽沿，显领，浅圈底，T 字形足上刻划线条，足外侧面略内凹。高 13.2、口径 15.0 厘米（彩版二〇：5）。

M8：9，尊，泥质红陶，敞口，尖圆唇，鼓肩，浅圈底近平，圈足外撇。高 15.6、口径 12.2、圈足径 13.4 厘米（彩版二〇：6）。

M9

位于 T0906 东北部，③层下开口，长方形竖穴土坑墓，长 205、宽 41、深 29 厘米，填土灰褐色，方向 162°。出土随葬品 5 件，其中头端部位圈足盘、双鼻壶以及陶纺轮各 1 件；脚端部位鼎、簋各 1 件。墓底标高 -65 厘米（图一四；彩版二一：1）。

M9：1，圈足盘，泥质灰陶，侈口，盘外壁饰 3 道凸弦纹，浅圈底，矮圈足。高 8.0、口径 26.0、圈足径 7.2 厘米（彩版二一：4）。

M9：2，双鼻壶，泥质黑皮陶，侈口，长颈，颈上饰 5 道凸弦纹，圆鼓腹，喇叭形矮圈足。高 14.5、口径 8.0、圈足径 9.2 厘米（彩版二一：5）。

M9：3，纺轮，泥质黑陶，中部穿孔，纵截面呈梯形。直径 4.0、厚 1.4 厘米（彩版二一：3）。

M9：4，簋，附盖，泥质红陶，盖的形状如倒扣的折腹豆，杯形纽，子母口，口沿上存鼻 1 个，浅圈底，矮圈足上饰小圆孔一周。通高 16.0、口径 20.0、圈足径 15.0 厘米（彩版二一：2）。

M9：5，鼎，夹砂红陶，敞口，尖圆唇，斜沿，短直颈，浅圈底近平，T 字形足外侧平，足上饰线条刻划。高 15.0、口径 15.0 厘米（彩版二一：6）。

M11

位于 T0906 东北部，M11 之西侧，③层下开口，长方形竖穴土坑墓，墓坑长 230、宽约 70、存深 10 厘米，方向 170°。共出土随葬品编号 10 件，其中头端部位出土盆和双鼻壶各 1 件；墓室南部出土玉管 2 件；中部出土锥形器 1 件，锥尖朝南；脚端部位随葬陶器 5 件，计有尊、簋、鼎、盆、纺轮各 1 件。墓底标高约 -65 厘米。（图一五；彩版二二：1）

M11：1，盆，泥质黑陶，口沿上切分 4 个缺口，平底。高 5.5、口径 19.0、底径 15.6 厘米（彩版二二：4）。

M11：2，双鼻壶，附盖，泥质灰陶，口、底残，扁鼓腹，盖为斗笠式喇叭形纽。盖高 1.5、盖径 5.2、腹径 7.8 厘米（彩版二三：1）。

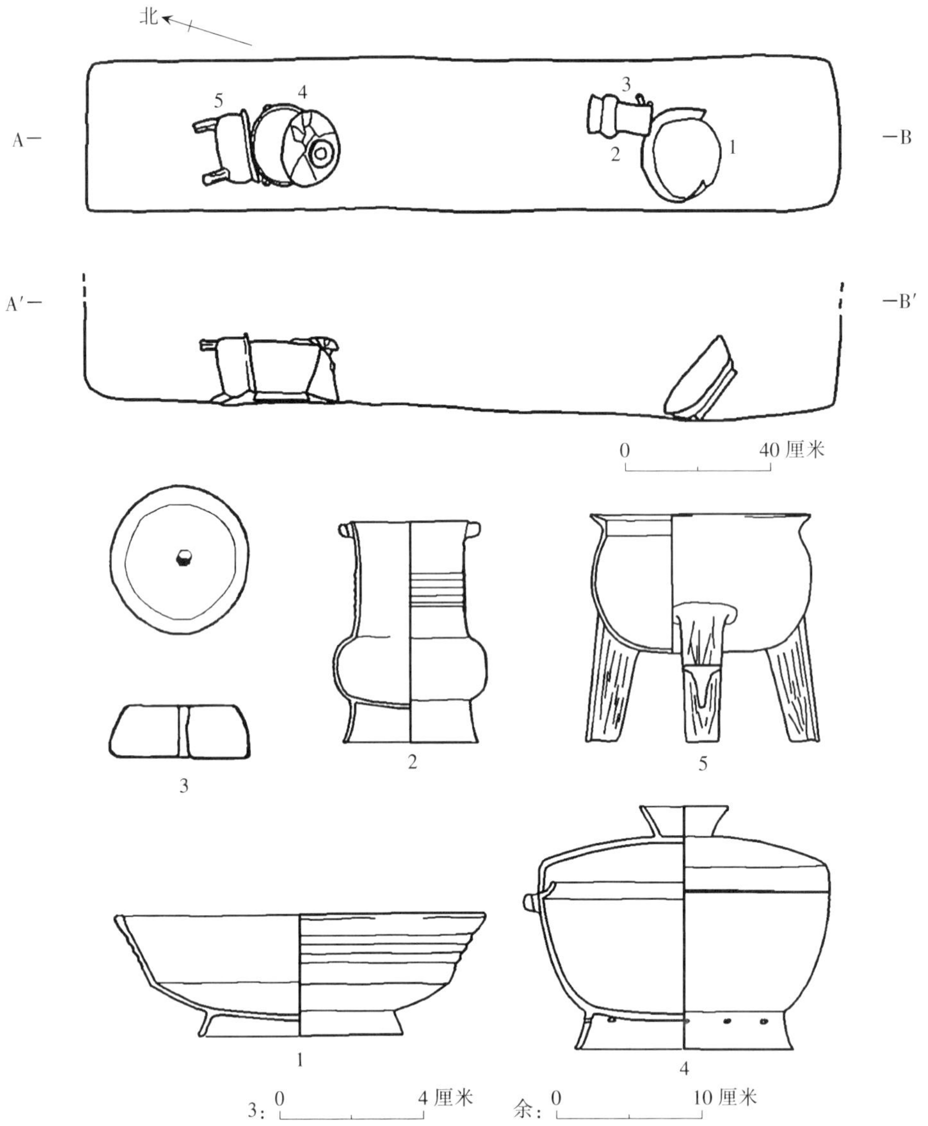

图一四　M9 平、剖面图和出土遗物

M11：3，玉管，叶蜡石，红褐色。高 0.8、0.6 厘米（彩版二二：2）。

M11：4，玉管，叶蜡石，红褐色。高 1.3、直径 0.9 厘米（彩版二二：2）。

M11：5，锥形器，青绿色，榫上无孔，锥体横截面近圆形。长 5.7、直径 1.0 厘米（彩版二二：3）。

M11：6，尊，泥质灰陶，器形不规整，敞口，鼓肩，矮圈足。高 14.0、口径 10.0、圈足径 11.0 厘米（彩版二三：2）。

M11：7，簋，附盖，泥质灰陶，覆盘形盖，杯形纽，口沿上饰 3 个纵向穿孔的鼻，底近平，矮圈足上饰小圆孔。通高 15.5、口径 17.6、圈足径 14.0 厘米（彩版二三：3）。

M11：8，鼎，夹砂红陶，口残，浅圜底近平，鱼鳍形足上饰线条刻划。残高 12.0 厘米（彩版二三：4）。

M11：9，盆，泥质红陶，敞口，平底。高 9.5、口径 16.6、底径 11.6 厘米（彩版二三：5）。

M11：10，纺轮，泥质红陶，中间穿孔，截面略呈梯形。直径 4.0、厚 0.9 厘米。

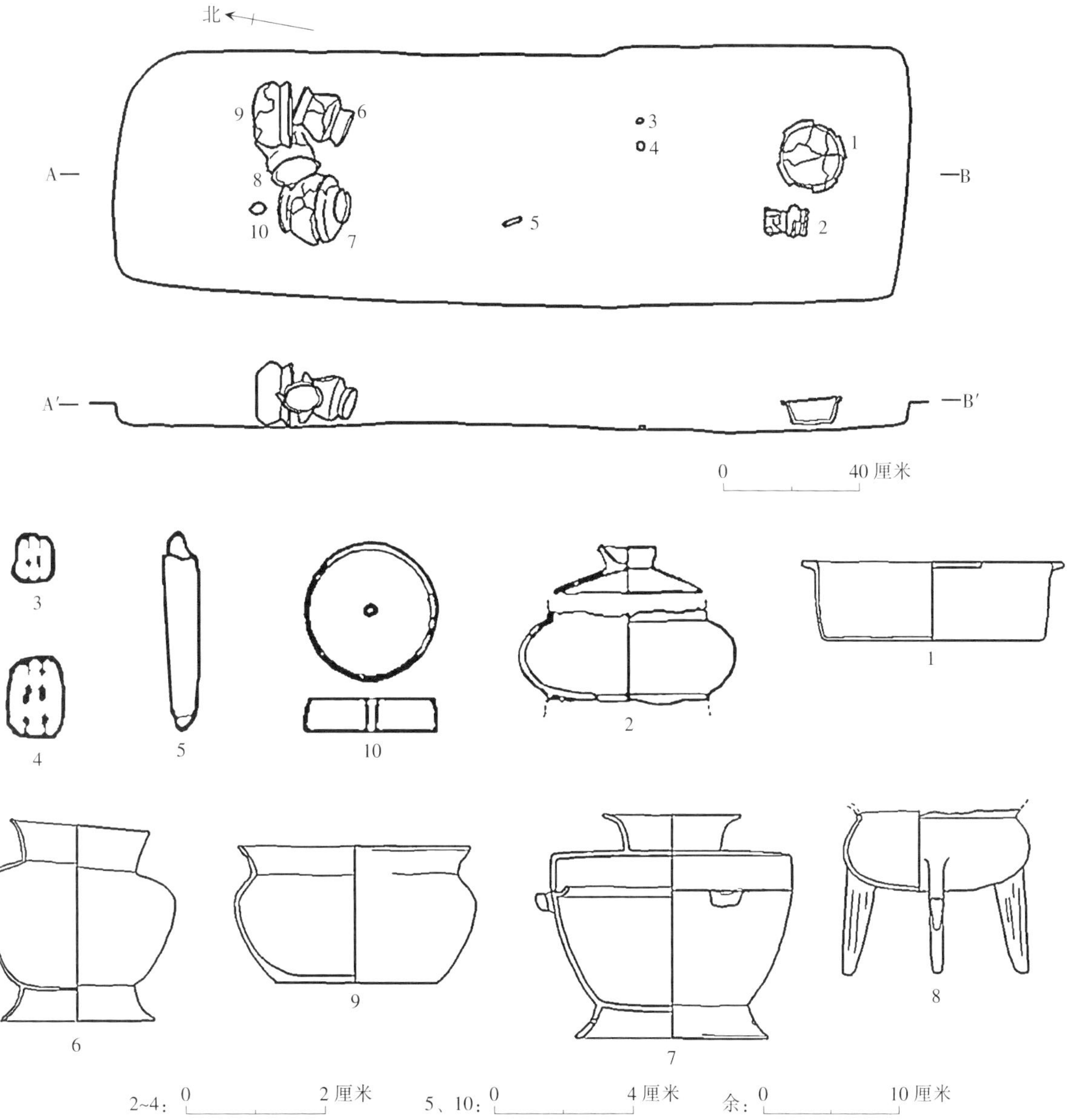

图一五　M11 平、剖面图和出土遗物

M12

位于 T0907 西部，②层下开口，北端部分为后期堆积所破坏。长方形竖穴土坑墓，残长 155、宽 42、存深 13 厘米，填土灰褐色，方向 180°。墓坑南部出土双鼻壶、三足盘各 1 件。墓底标高 −30 厘米（图一六）。

M12：1，双鼻壶，泥质灰陶，口残，弧颈，圆鼓腹，喇叭形矮圈足。残高 8.0、圈足径 7.2 厘米（彩版二四：1）。

M12：2，三足盘，泥质灰陶，口残，腹部饰三道凹弦纹，浅圜底，足上饰以五道为主体的交叉线条刻划。残高 8.6 厘米（彩版二四：2）。

M13

位于 T0907 西部，②层下开口，长方形竖穴土坑墓，墓坑难以辨认，长 190（或可略长些）、宽 69

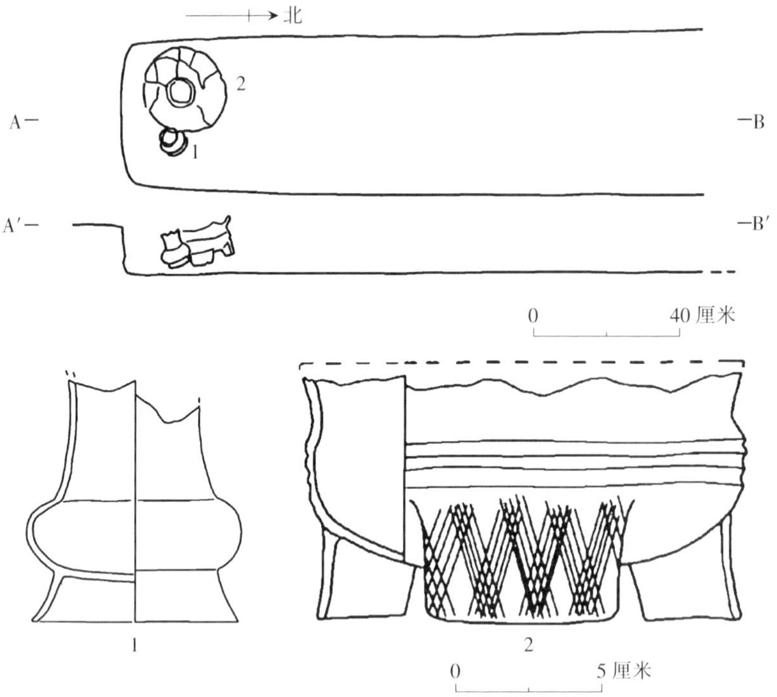

图一六　M12 平、剖面图和出土遗物

图一七　M13 平面图和出土遗物

厘米，填土灰褐色，方向 180°。仅于墓坑南部出土双鼻壶及残圈足各 1 件（图一七）。

M13：1，双鼻壶，泥质灰陶，未能修复。

M13：2，圈足，泥质灰陶，未能修复。

M14

位于 T0907 西南角，②层下开口，南部为扰坑所破坏。长方形竖穴土坑墓，存长 171、宽 54、存深 12 厘米，填土灰褐色，墓向约 180°。出土随葬品编号 5 件，南部出土锥形器 1 件，锥尖朝东北；脚端有陶器 4 件，计有鼎、簋、尊、圈足盘各 1 件（图一八；彩版二四：5）。

M14：1，锥形器，黄白色，榫上有对钻孔，锥体横截面呈近圆形。长 6.3、直径 0.7 厘米（彩版二四：4）。

M14：2，鼎，夹砂红陶，T 字形足，未能修复。

M14：3，圈足盘，泥质灰陶，碎，未能修复。

M14：4，尊，泥质灰陶，敞口，鼓肩，腹部弧收，圜底，喇叭形矮圈足。高 16.0、口径 11.2、圈足径 10.8 厘米。

M14：5，簋，泥质灰陶，子母口上饰 3 个鼻，圜底，矮圈足略残。残高 8.0、口径 17.4 厘米（彩版二四：3）。

图一八 M14 平、剖面图和出土遗物

M15

位于 T0906 东部，②层下开口。仅余墓坑南端，原应为长方形竖穴土坑墓，长残余 26、宽 54、存深 15 厘米，填土灰褐色，方向约 180°。出土双鼻壶 1 件。墓底标高约 −15 厘米（图一九）。

M15：1，双鼻壶，泥质灰陶，有黑衣，侈口，尖圆唇，扁鼓腹，浅圜底，矮圈足。高 10.1、口径 5.4、圈足径 5.5 厘米（彩版二五：1）。

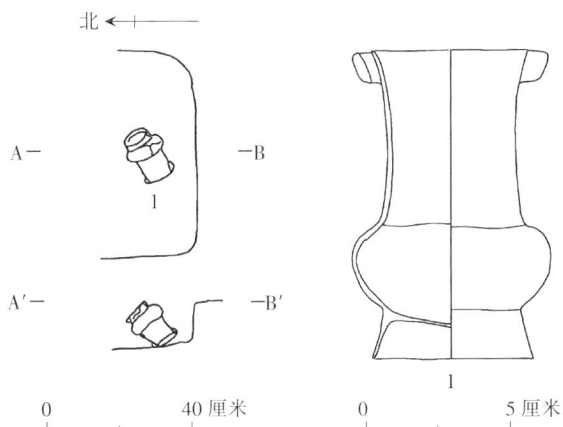

M16

位于 T0907 西南部，②层下开口。墓

图一九 M15 平、剖面图和出土遗物

坑范围不甚清楚，宽约 65 厘米，填土灰褐色，方向约 180°。出土随葬品 2 件，其中石网坠出土时位置较高，大致与圈足盘口沿齐平，不能明确是否为随葬品（图二〇）。

M16：1，圈足盘，泥质灰陶，未能修复。

M16：2，石网坠，灰褐色，形体扁薄，两端割成凹缺。长 3.0、宽 1.7、厚 0.5 厘米（彩版二五：2）。

M17

位于 T0906 东南部，②层下开口。宽约 60 厘米，填土灰褐色，方向约 180°。墓坑南部出土双鼻壶

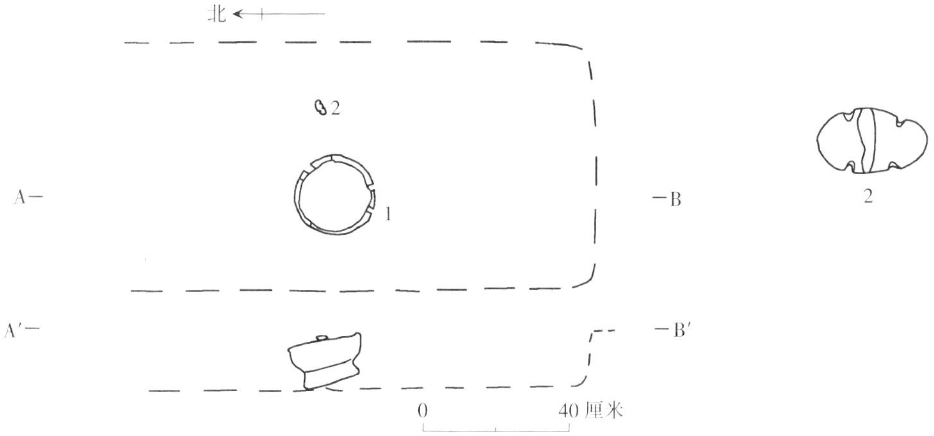

图二〇　M16 平、剖面图和出土遗物

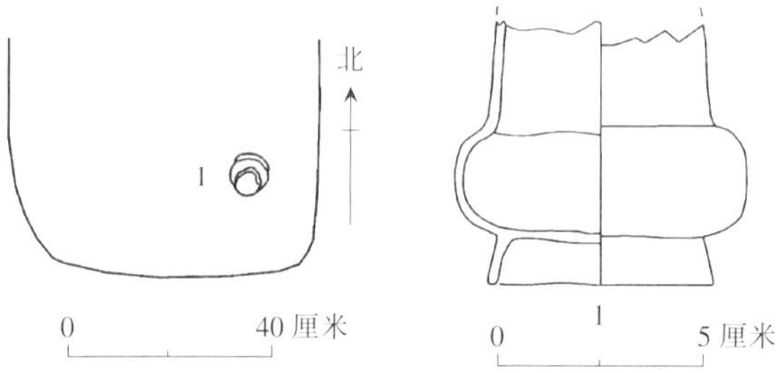

图二一　M17 平面图和出土遗物

1 件。墓底标高约 –20 厘米（图二一）。

　　M17：1，双鼻壶，泥质灰陶，口残，长颈，扁鼓腹，矮圈足。残高 6.4、圈足径 5.6 厘米（彩版二五：3）。

　　M18

　　位于 T0906 东南部，③层下开口，被 M13 打破。长方形竖穴土坑墓，墓坑很难辨认，长约 190、宽约 60、深 20 厘米，方向 174°。出土随葬器物编号 5 件，墓坑西南部出土石刀 1 件，西高东低，高出墓底约 15 厘米；脚端有陶器 4 件，计有尊、簋、鼎、盆各 1 件（图二二；彩版二六：3）。

　　M18：1，石刀，凝灰岩，孔为打制，或为石犁改制而成，双面刃。长 17.6、宽 10～11、厚 0.8 厘米（彩版二六：2）。

　　M18：2，尊，泥质灰陶，敞口，尖圆唇，鼓腹，浅圈底，矮圈足外撇。高 15.5、口径 9.9、圈足径 10.4 厘米（彩版二七：1）。

　　M18：3，簋，附盖，泥质灰陶，盖为斗笠式，杯形纽，子母口，口沿上等分分布 3 个纵向穿孔的鼻，浅圈底，喇叭形圈足。通高 16.2、口径 17.2、圈足径 14.4 厘米（彩版二七：2）。

　　M18：4，鼎，夹砂红陶，尖圆唇，斜直沿，短直颈，略垂腹，浅圈底，T 字形足上刻划线条。高 14.5、口径 16.0 厘米（彩版二七：3）。

　　M18：5，盆，泥质黑陶，敞口，平底。高 5.6、口径 13.0 厘米（彩版二七：4）。

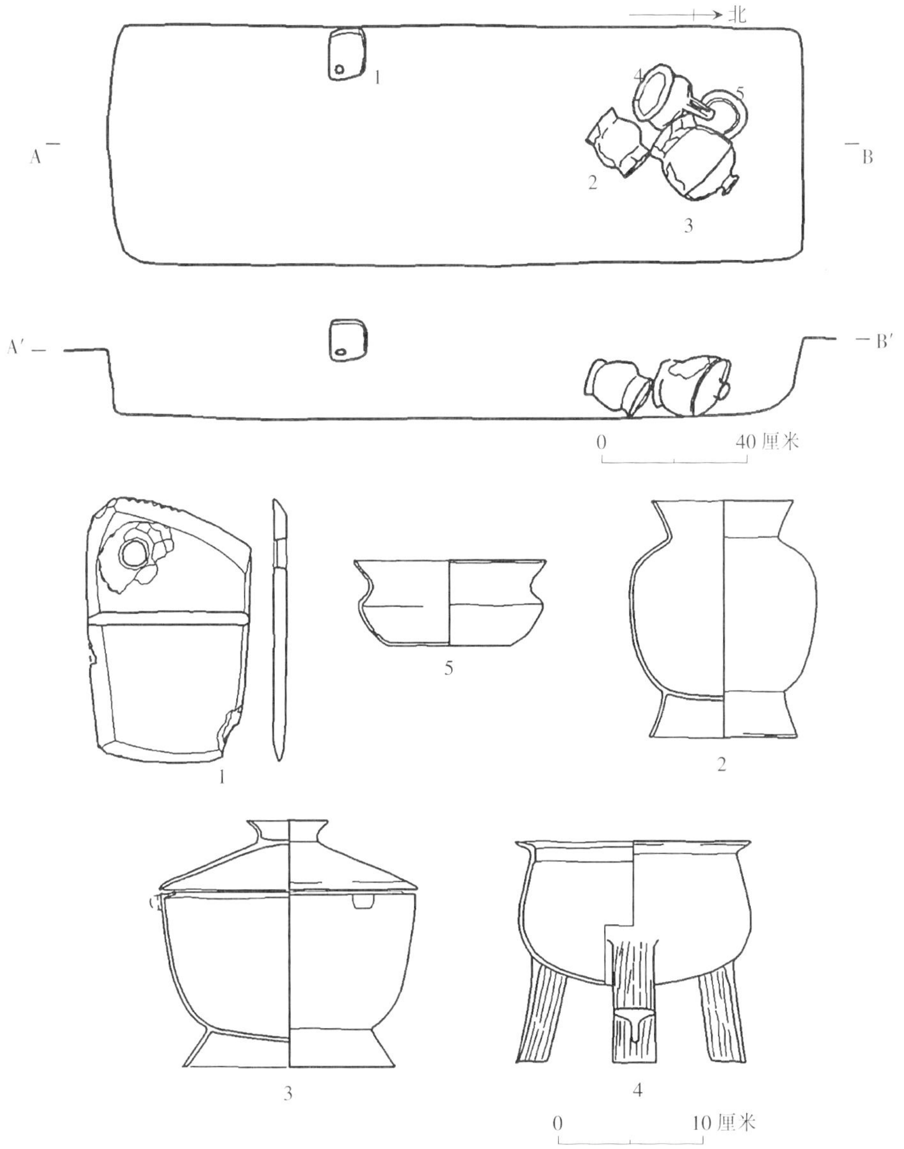

图二二 M18 平、剖面图和出土遗物

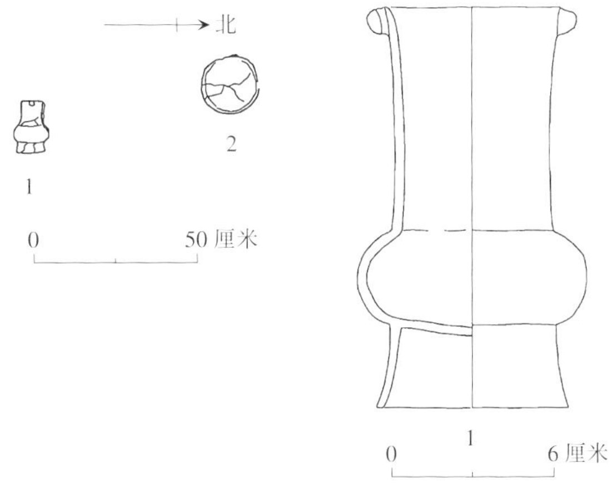

图二三 M19 平面图（未找到墓坑）和出土遗物

M19

位于 T0906 东部，②开口被 M15 打破。难以辨认墓坑，填土灰褐色，方向约 180°。墓坑南部出土双鼻壶 1 件；中部出土残器盖 1 件，盖内面朝上。墓底标高约 −45 厘米（图二三）。

M19∶1，双鼻壶，泥质灰陶，侈口，长颈，扁鼓腹，喇叭形圈足。高 14.4、口径 6.6、圈足径 7.2 厘米（彩版二五∶4）。

M19∶2，器盖，泥质灰陶，未能修复。

M20

位于 T0906 东南，③层下开口，被 M13、M16 打破。长方形竖穴土坑墓，墓坑长 205、宽约 55、深 21 厘米，填土灰褐色，方向 172°。出土随葬器物编号 7 件，墓坑南部出土圈足盘、双鼻壶各 1 件；中部出土锥形器 1 件，锥尖朝北；脚端部位有鼎、罐、盆、簋各 1 件。墓底标高 −65 厘米（图二四；彩版二八∶1）。

M20∶1，玉锥形器，受沁呈白色，残留有红褐色皮，榫上对钻小孔，锥体横截面呈圆形。长 5.9、直径 1.0 厘米（彩版二八∶2）。

M20∶2，圈足盘，泥质灰陶，侈口，尖圆唇，折腹，浅圜底，矮圈足。高 7.7、口径 21.6、圈足径 12.0 厘米（彩版二八∶7）。

M20∶3，双鼻壶，泥质灰陶，盖为斗笠式，杯形纽，敞口，长弧颈，扁鼓腹，圜底，圈足外撇。通高 17.9、口径 9.2、圈足径 10.8 厘米（彩版二八∶3）。

M20∶4，簋，附盖，泥质红陶，盖为斗笠式，杯形纽，口沿上饰等分分布 3 个横向穿孔的鼻，浅圜底，矮圈足。通高 18.0、口径 18.8、圈足径 13.0 厘米（彩版二八∶4）。

M20∶5，鼎，夹砂红陶，圆唇，平沿，短直颈，浅圜底，T 字形足。高 14.0、口径 14.8 厘米。

M20∶6，盆，泥质黑陶，敞口，平底。高 8.5、口径 15.2 厘米（彩版二八∶6）。

M20∶7，罐，泥质灰陶，敞口，尖圆唇，圆鼓腹，浅圜底近平，矮圈足。高 14.1、口径 10.0、圈足径 10.4 厘米（彩版二八∶5）。

M21

位于 T0906 东部，②层下开口，长方形竖穴土坑墓，墓坑北部残，存长 148、宽 46 厘米，填土灰褐色，方向 173°。墓坑南部出土双鼻壶 1 件，口侧向西北；中部有簋 1 件，正置，盖侧置依靠。墓底标高大致同 M18（图二五）

M21∶1，双鼻壶，泥质灰陶，侈口，长颈，扁鼓腹，矮圈足。高 13.5、口径 7.4、圈足径 8.2 厘米（彩版二五∶5）。

M21∶2，簋，附盖，泥质红陶，覆盘形盖，条块状纽，直口，口沿外侧等分分布 3 个纵向穿孔的鼻，圆鼓腹，浅圜底，矮圈足。通高 12.5、口径 11.0、圈足径 9.0 厘米（彩版二五∶6）。

M22

位于 T0806 东北部，②层下开口。宽约 60 厘米，填土灰褐色，方向约 180°。墓坑南部出土双鼻壶 1 件，未打隔梁清理（图二六）。

M22∶1，双鼻壶，泥质灰陶，侈口，尖圆唇，长弧颈，圆鼓腹，矮圈足。高 7.1、口径 5.4、圈足径 4.5 厘米（彩版二六∶1）。

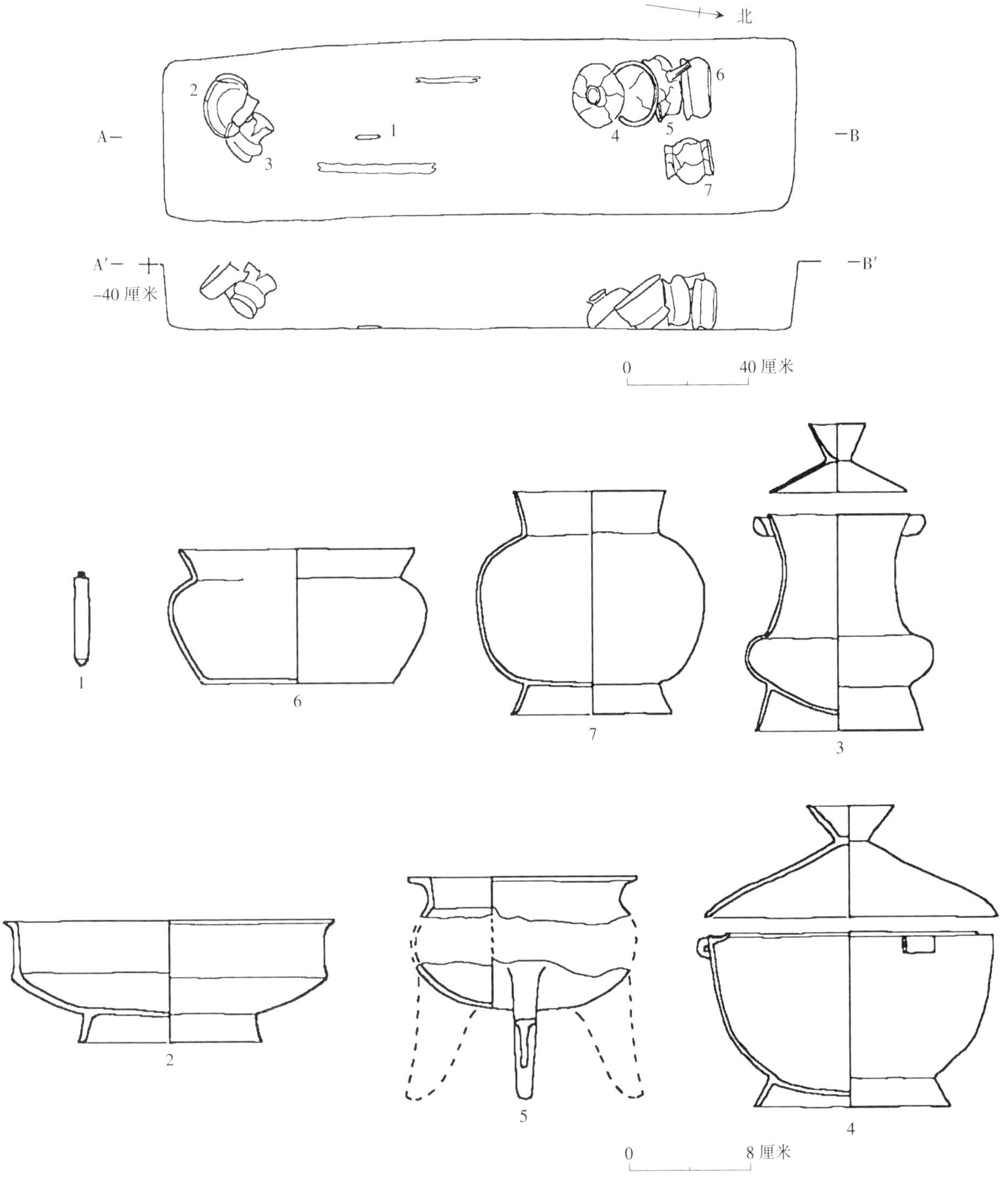

图二四　M20 平、剖面图和出土遗物

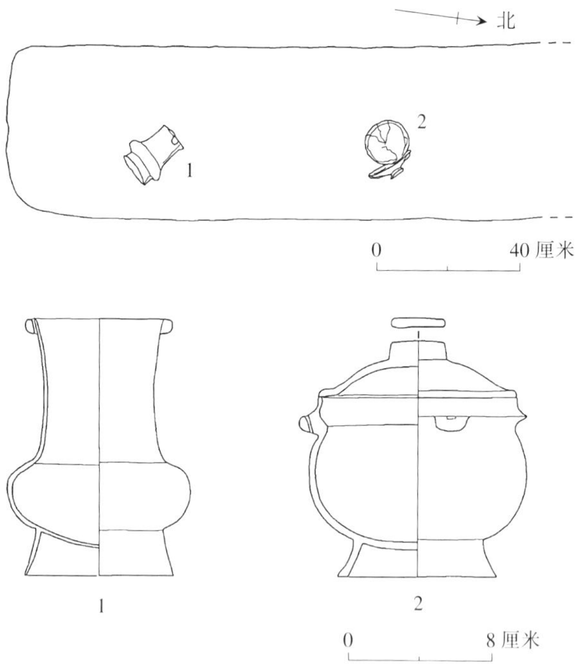

图二五　M21 平面图和出土遗物

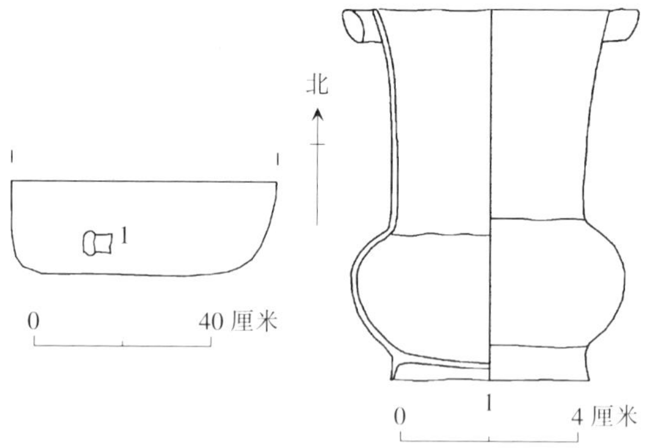

图二六　M22 平面图和出土遗物

3. 墓葬形制

位于遗址西部的早段墓葬墓坑宽大，如 M3 长度为 253 厘米、M4 宽度为 130 厘米。均有葬具。方向约在 160°～170°之间。

东部的早段墓葬长度接近 200 厘米，个别较长，如 M8 长度为 243 厘米，一般宽度约 80 厘米左右。晚段墓葬尺寸较小，长、宽在 170、50 厘米左右。均未发现葬具，这可能与时段、习俗及埋藏环境有关。方向约在 170°～180°之间。

五、地层遗物

堆筑土台上出土的陶片较少。以 T0904⑤层为代表的草木灰层出土了较多可复原实用陶器，故整理时着重对 T0904④、⑤层的陶片进行了拼对和统计（单位：片），主要器形有鼎、罐、豆等，以鼎为主。一般夹砂陶的碎片比泥质陶小。

T0904④层：夹砂红陶 181，夹砂黑陶 34，泥质灰陶 105，泥质红陶 27，泥质黑陶 5，夹砂灰陶 2。

T0904⑤层：粗泥红陶 67，夹砂红陶 515，夹砂黑陶 58，泥质灰陶 183，泥质红陶 52。

鼎（实用器的大小约是明器的 2 倍）：

T0904⑤:4，夹砂红陶，大敞口，束颈，圆鼓腹，圜底，足残无。余高 20.6、口径 28.4 厘米（图二七：1；彩版二九：1）。

T0903④:1，夹砂黑陶，敞口，方唇，腹部饰一周凸棱，浅圜底，素面凿形足。高 27.0、口径 32.0 厘米（图二七：2；彩版二九：2）。

T0904⑤:14，夹砂黑陶，侈口，折沿，鼓腹，浅圜底，足残，分析应为圆柱形足。残高 12、口径

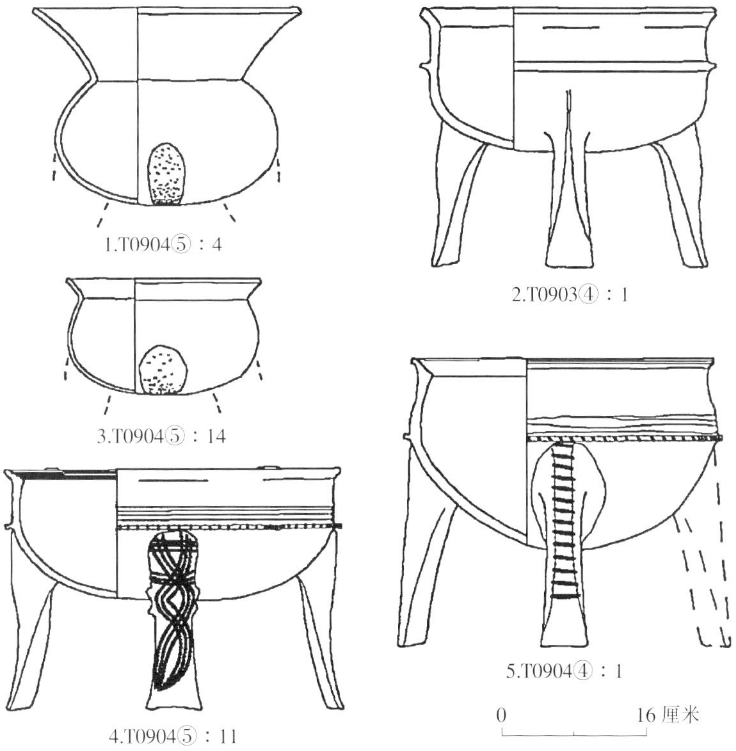

1.T0904⑤：4

3.T0904⑤：14

2.T0903④：1

4.T0904⑤：11

5.T0904④：1

0　　　　　　16 厘米

图二七　鼎

21.0 厘米（图二七：3）。

　　T0904⑤：11，盆形，泥质红陶，口沿上粘贴等分分布的 4 个鼻，沿面纵向内饰 4 道凹弦纹，腹部饰 3 道凹弦纹和附加堆纹，附加堆纹上饰竖向刻划和 4 个鼻，鼻与口沿上的鼻位置相同，浅圜底近平，凿形足上饰绞索形刻划。高 25.0、口径 36.0 厘米（图二七：4；彩版二九：3、4）。

　　T0904④：1，粗泥红陶，侈口，腹上抹划 3 道凹弦纹，腹部饰附加堆纹，附加堆纹上有竖向刻划及捺窝，圜底，凿形足上饰横向线条刻划，器身附有烟炱。高 30.0、口径 32.6 厘米（图二七：5；彩版二九：5）。

　　T0904④：3，夹砂红陶，沿面上饰 1 道凹弦纹，腹上部饰凸弦纹 2 道，浅圜底，鱼鳍足上以刻划浅、短线条为主，外表附有烟炱。高 32.0、口径 20.0 厘米（图二八：1；彩版二九：6）。

　　T0904④：71，盆形，粗泥红陶，侈口，尖圆唇，浅圜底，存鱼鳍形足 1。高 25.0、口径 26.0 厘米（图二八：2）。

　　T0904⑤：5，夹砂红陶，敞口，圆唇，沿面上饰 1 道凹弦纹，腹上部饰 2 组凸弦纹，每组各 2 道，圆鼓腹，圜底，鱼鳍足上以刻划浅、短线条为主，外表附有烟炱。高 32.0、口径 18.0 厘米（图二八：3；彩版三〇：1）。

　　T0904⑤：6，夹砂红陶，敞口，圆唇，沿面上饰 1 道凹弦纹，腹上部饰 2 道凸弦纹，圆鼓腹，圜底，鱼鳍足上以刻划浅、短线条为主，外表附有烟炱。高 30.8、口径 24.0 厘米（图二八：4；彩版三〇：2）。

　　T0904⑤：7，夹砂红陶，沿面上饰 2 道凹弦纹，口沿不甚规整，腹上部饰 2 道凸弦纹，鼓腹，圜底，鱼鳍足上以刻划浅、短线条为主，外表附有烟炱。高 31.0、口径 26.5 厘米（图二八：5；彩版三〇：3）。

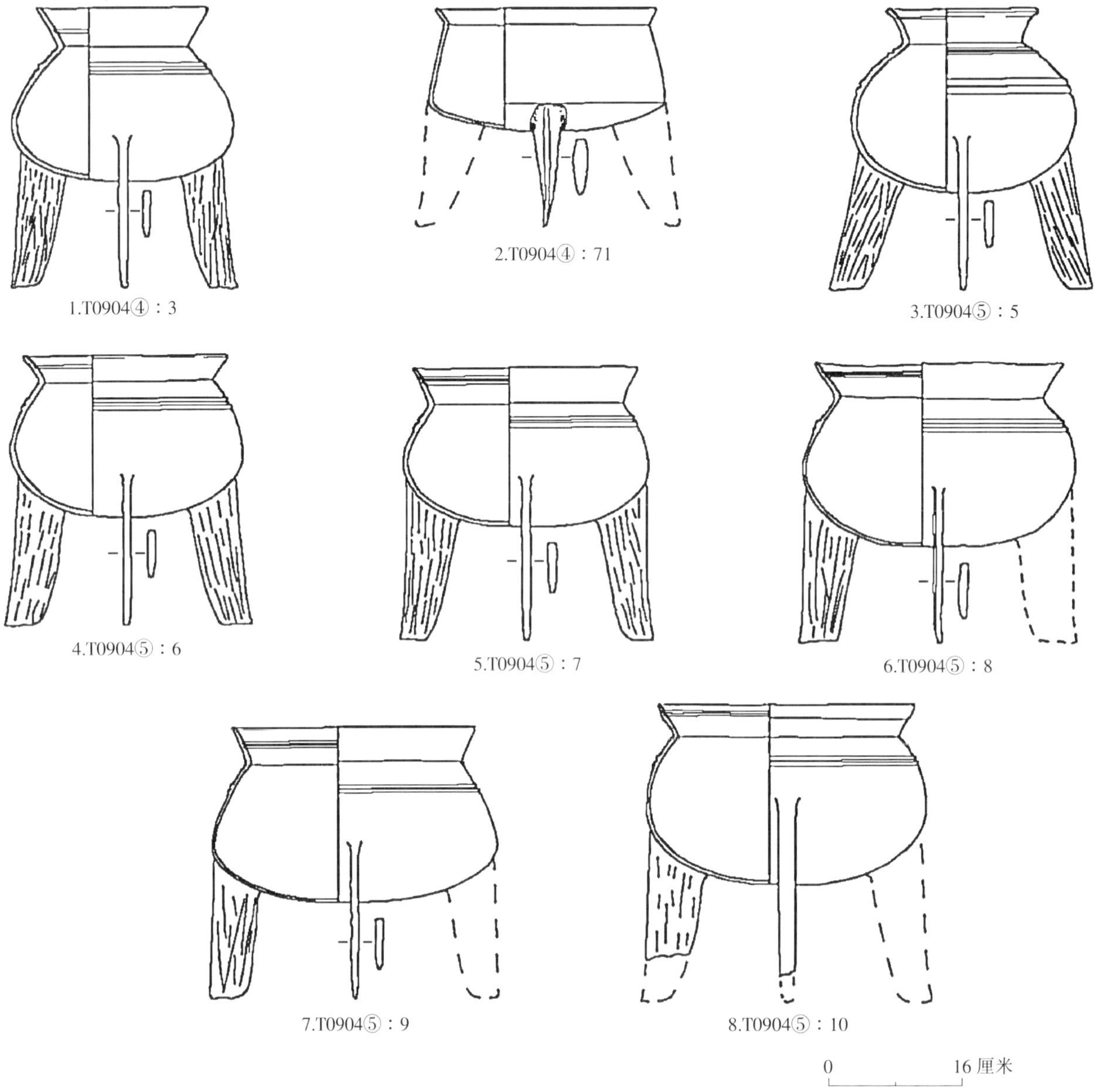

1.T0904④：3

2.T0904④：71

3.T0904⑤：5

4.T0904⑤：6

5.T0904⑤：7

6.T0904⑤：8

7.T0904⑤：9

8.T0904⑤：10

0　　　　　16 厘米

图二八　鼎

T0904⑤：8，夹砂红陶，鱼鳍足鼎，沿面上饰 2 道凹弦纹，腹上部饰 2 道凸弦纹，圆鼓腹，浅圜底，鱼鳍足上以刻划浅、短线条为主，外表附有烟炱，器身较薄，壁厚约 0.4 厘米。高 32.0、口径 29.2 厘米（图二八：6；彩版三〇：4）。

T0904⑤：9，夹砂红陶，沿面上饰 2 道凹弦纹，腹上部饰 2 道凸弦纹，浅圜底，鱼鳍足上以刻划浅、短线条为主。残高 31.0、口径 28.8 厘米（图二八：7；彩版三〇：5）。

T0904⑤：10，夹砂红陶，沿面上饰 2 道凹弦纹，腹上部饰 2 道凸弦纹，圆鼓腹，浅圜底，鱼鳍足刻划浅、短线条，外表附有烟炱。残高 31.0、口径 30.0 厘米（图二八：8；彩版三〇：6）。

鼎口沿

T0904③：90，夹砂红陶，敞口，尖圆唇，沿面上饰 1 道浅凹弦纹。口径约 22 厘米（图二九：1）。

T0904⑤：19，夹砂红陶，敞口，方唇，腹上部外壁饰 2 道凸弦纹。口径约 32 厘米（图二九：2）。

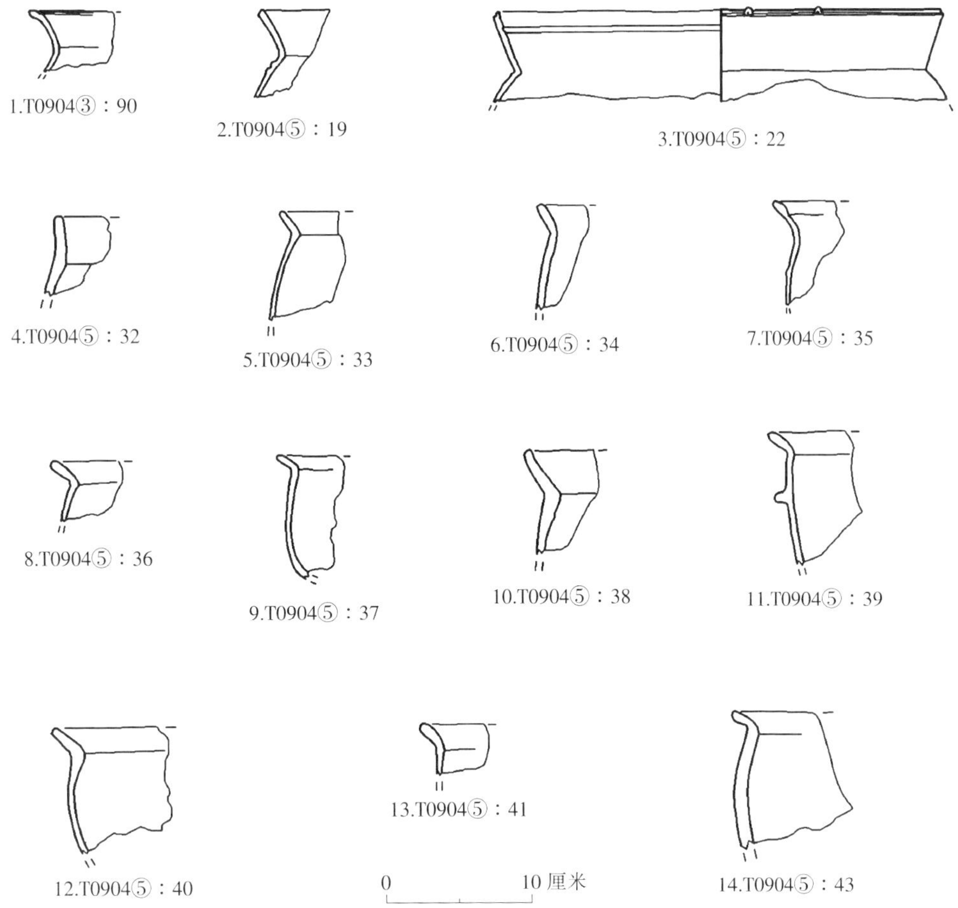

1.T0904③：90

2.T0904⑤：19

3.T0904⑤：22

4.T0904⑤：32

5.T0904⑤：33

6.T0904⑤：34

7.T0904⑤：35

8.T0904⑤：36

9.T0904⑤：37

10.T0904⑤：38

11.T0904⑤：39

12.T0904⑤：40

13.T0904⑤：41

0　　　　　　　10 厘米

14.T0904⑤：43

图二九　鼎口沿

T0904⑤：22，夹砂红陶，口沿上饰三对小乳钉，沿面微内凹，饰凹弦纹一道。口径约 31 厘米（图二九：3）。

T0904⑤：32，粗泥红陶，近直口，圆唇，沿面微弧凸，口径约 24 厘米（图二九：4）。

T0904⑤：33，粗泥红陶，敞口，圆唇，沿面微弧凸，口径约 24 厘米（图二九：5）。

T0904⑤：34，粗泥红陶，敞口，圆唇，沿面微弧凸，口径约 26 厘米（图二九：6）。

T0904⑤：35，粗泥红陶，敞口，圆唇，沿面上饰 1 道凹弦纹，腹上部外壁附加锯齿形堆纹，口径约 18 厘米（图二九：7）。

T0904⑤：36，粗泥红陶，敞口，圆唇，口径约 32 厘米（图二九：8）。

T0904⑤：37，粗泥红陶，敞口，尖圆唇，外壁附烟炱，口径约 26 厘米（图二九：9）。

T0904⑤：38，粗泥红陶，敞口，沿面略内凹，口径约 32 厘米（图二九：10）。

T0904⑤：39，粗泥红陶，敞口，圆唇，外壁附长度约 5 厘米的小錾，口径约 28 厘米（图二九：11）。

T0904⑤：40，粗泥红陶，敞口，方唇，外壁附烟炱，口径约 24 厘米（图二九：12）。

T0904⑤：41，粗泥红陶，敞口，圆唇，外壁附烟炱，口径约 32 厘米（图二九：13）。

T0904⑤：43，粗泥红陶，敞口，圆唇，口径约 28 厘米（图二九：14）。

鼎足

T0903⑥：1，鱼鳍形，夹砂红陶，截面呈扁平长方形，两侧刻划浅、长线条。残高约 19 厘米（图三○：1）。

T0903⑥：2，鱼鳍形，夹砂红陶，截面呈扁平长方形，两侧以刻划浅、短线条为主。残高约 15.5 厘米（图三○：2）。

T0904⑤：26，鱼鳍形，夹砂红陶，截面呈扁平长方形，两侧刻划浅、长线条。残高约 14 厘米（图三○：3）。

T0904③：88，鱼鳍形，夹砂红陶，截面呈扁平长方形，两侧以刻划浅、长线条为主。残高约 15.6 厘米（图三○：4）。

T0904⑤：29，鱼鳍形，夹砂红陶，截面近扁平长方形，内侧略薄，两侧刻划较深的短线条。残高约 11.6 厘米（图三○：5）。

T0904⑤：27，夹砂红陶，截面呈扁平长方形，两侧刻划菱格纹。残高约 13 厘米（图三○：6）。

T0904⑤：31，鱼鳍形，夹砂红陶，从外侧向内渐薄，略呈 T 字足雏形，刻划浅线条和雨点纹。残高约 12 厘米（图三○：7）。

罐

T0904③：89，罐口沿，泥质红陶，敞口，尖圆唇。口径约 26 厘米（图三一：1）。

T0904⑤：60，罐口沿，泥质灰陶，敞口，翻沿，颈部两道凹弦纹，肩上饰四道凸弦纹。口径约 18

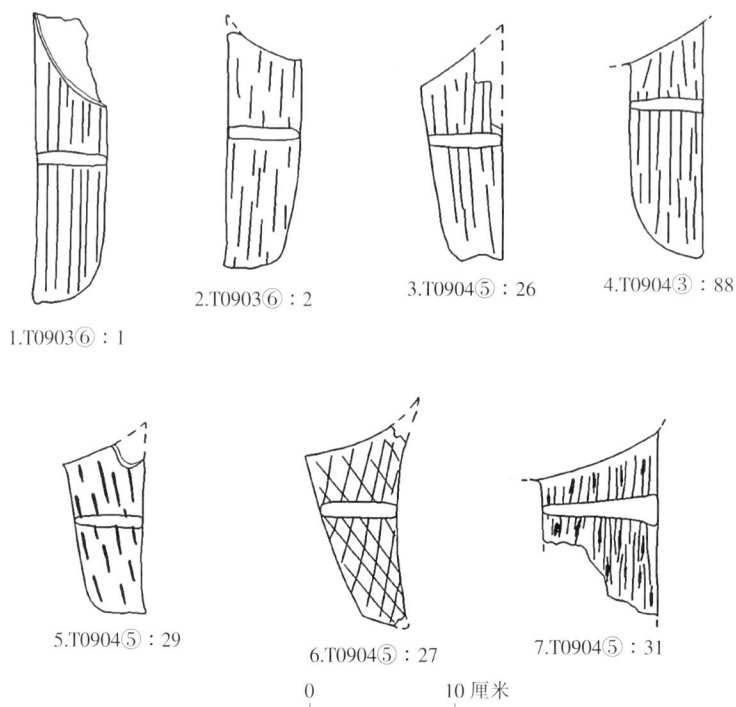

1.T0903⑥：1　　2.T0903⑥：2　　3.T0904⑤：26　　4.T0904③：88

5.T0904⑤：29　　6.T0904⑤：27　　7.T0904⑤：31

0　　　　　　10 厘米

图三○　鼎足

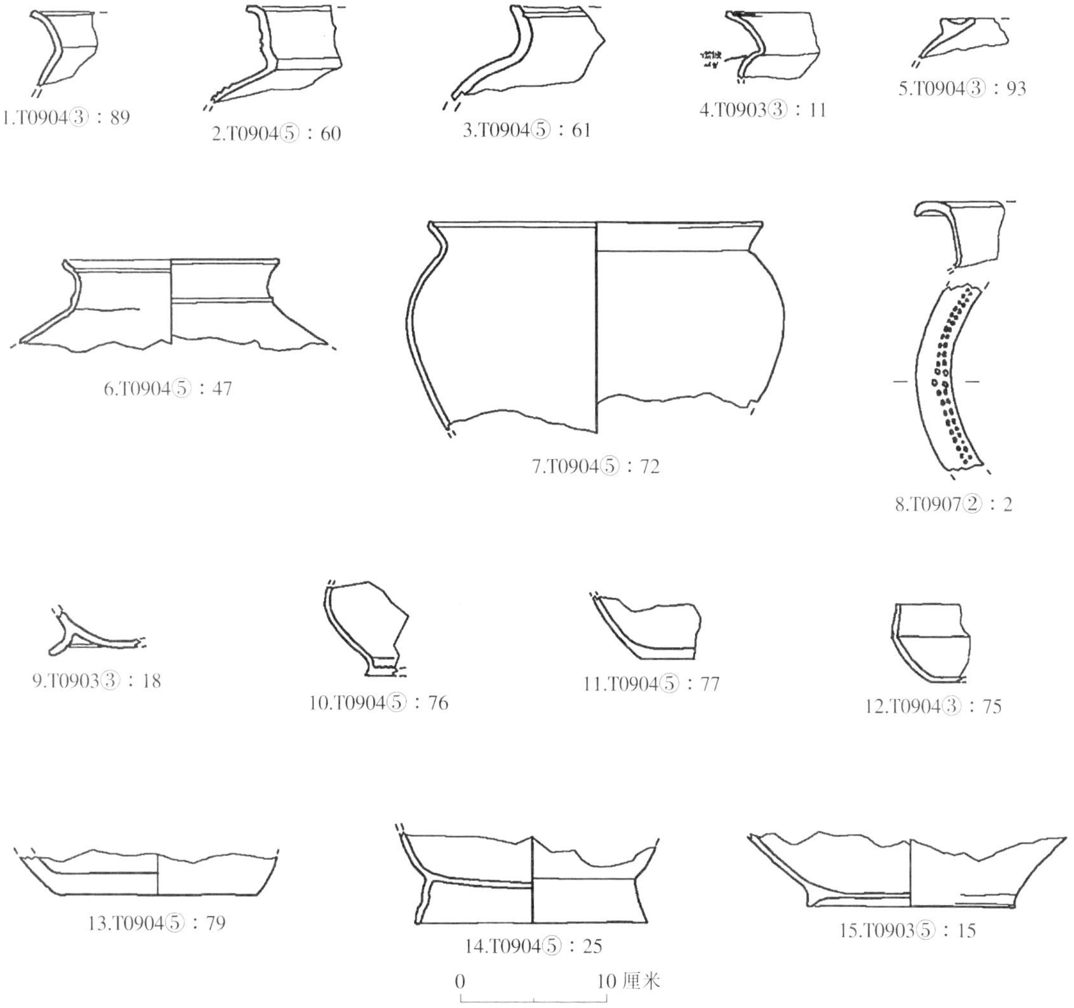

1.T0904③：89　　2.T0904⑤：60　　3.T0904⑤：61　　4.T0903③：11　　5.T0904③：93

6.T0904⑤：47　　7.T0904⑤：72　　8.T0907②：2

9.T0903③：18　　10.T0904⑤：76　　11.T0904⑤：77　　12.T0904③：75

13.T0904⑤：79　　14.T0904⑤：25　　15.T0903⑤：15

0 _____ 10 厘米

图三一　罐

厘米（图三一：2）。

　　T0904⑤：61，罐口沿，泥质灰陶，敞口，方唇，沿内面上饰一周凹弦纹。口径约 16 厘米（图三一：3）。

　　T0903③：11，罐口沿，泥质红陶，敞口，口沿内壁饰一道凹弦纹，肩部经刮削修整。口径约 34 厘米（图三一：4）。

　　T0904③：93，罐口沿，泥质红陶，双唇。口径约 16 厘米（图三一：5）。

　　T0904⑤：47，罐口沿，泥质灰陶，敞口，外壁饰一周凸弦纹。口径约 15 厘米（图三一：6）。

　　T0904⑤：72，泥质灰陶，敞口，沿内有一道凹弦纹。残高 14、口径约 23 厘米（图三一：7）。

　　T0907②：2，泥质红陶，宽沿外翻，口沿上饰戳点纹。口径约 21 厘米（图三一：8）。

　　T0903③：18，罐圈足，泥质灰陶，足内壁有凸弦纹一道。圈足径约 14 厘米（图三一：9）。

　　T0904⑤：76，泥质灰陶，平底内部有螺旋纹。底径约 5 厘米（图三一：10）。

　　T0904⑤：77，泥质灰陶，平底。底径约 7.2 厘米（图三一：11）。

T0904③：75，泥质灰陶，微敛口，口外及折腹处各饰一周凹弦纹，平底。高5.2、口径10.0、底径4.8厘米（图三一：12）。

T0904⑤：79，泥质灰陶，平底。底径约13.4厘米（图三一：13）。

T0904⑤：25，夹砂红陶，浅圜底，矮圈足。圈足径约16厘米（图三一：14）。

T0903③：15，夹砂灰陶，浅圜底近平，矮圈足。圈足径约14.5厘米（图三一：15）。

盆

T0904⑤：13，泥质红陶，侈口，微翻沿，深腹，平底，罐底刻划"中"字形纹饰。高9.4、口径15.0、底径8.2厘米（图三二：1；彩版三一：1、2）。

T0904⑤：42，泥质灰陶，敞口，圆唇，口沿内面饰两道凹弦纹，平底。高5.7、口径20.6、底径12.3厘米（图三二：2）。

T0904⑤：18，泥质灰陶，沿上附錾，盘壁上钻1组2个小孔，浅圜底，上部有刻划。直径17.4厘米（图三二：3；彩版三一：4）。

豆

T0803③：1，泥质灰陶，敛口，宽沿，底近平，矮圈足上饰4个近等分分布的圆孔。高8.6、口径23.0、圈足径15.4厘米（图三二：4）。

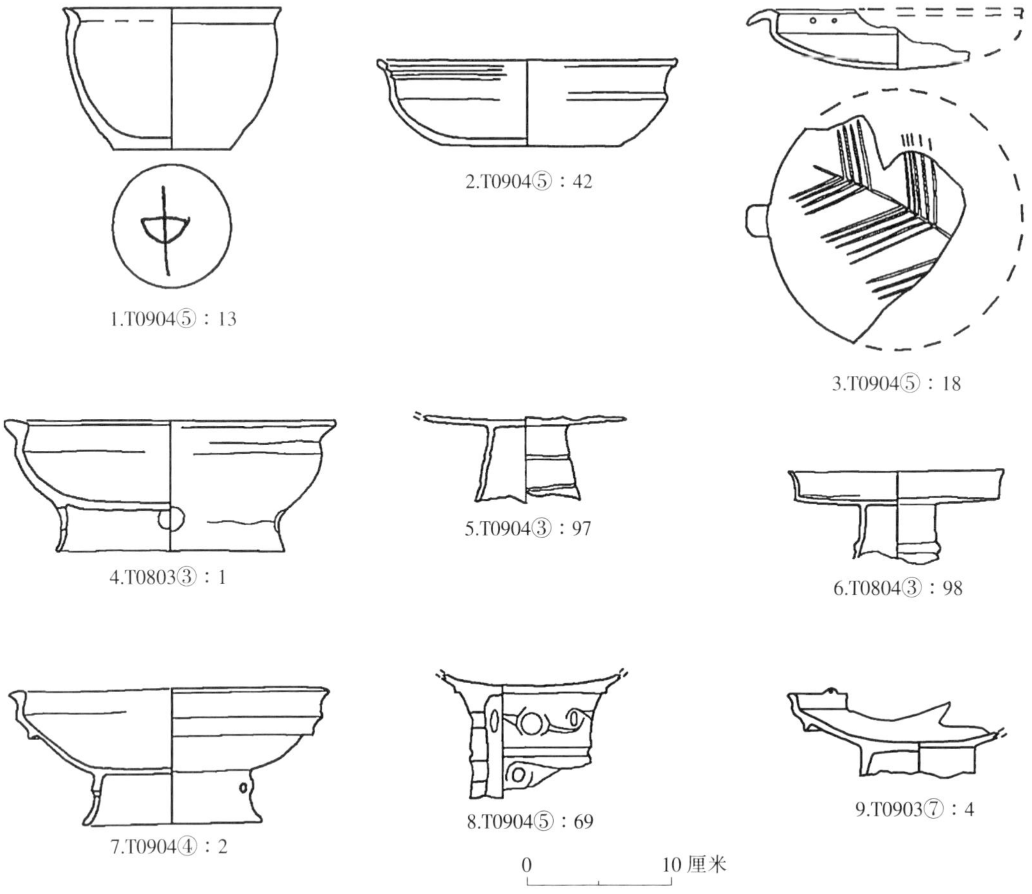

图三二　盆、盘、豆

T0904③：97，豆把，泥质灰陶，盘底近平，豆把上饰两道凹弦纹。残高约 5 厘米（图三二：5）。

T0904③：98，豆盘，泥质灰陶，敞口，尖唇，底近平，把上饰凸弦纹。口径约 14.4 厘米（图三二：6）。

T0904④：2，泥质黑衣陶，微敛口，平唇略外展，腹部外侧有一周垂棱，盘底近平，矮圈足上饰 1 道凸弦纹，凸弦纹上近对称分布 2 个小圆孔。高 9.0、口径 22.0、圈足径 12.4 厘米（图三二：7；彩版三一：5）。

T0904⑤：69，豆把，泥质灰陶，残把分两节，每节上饰 3 组共 6 个镂孔及纹饰（图三二：8）。

T0903⑦：4，豆口沿，泥质黑陶，略敞口，尖圆唇，口沿上附小鼻，鼻上有穿孔，腹壁有垂棱。口径约 18 厘米（图三二：9）。

豆、盆、盘类口沿

T0903③：10，豆口沿，泥质灰陶，敛口，口沿厚实，口沿上有 2 个相邻的凸块，豆盘外饰一道凸弦纹，口径约 18 厘米（图三三：1）。

T0903③：17，豆口沿，泥质灰陶，微敛口，口沿厚实，盘壁较薄，外饰 2 周凸弦纹。口径约 20 厘米（图三三：2）。

T0904③：91，豆口沿，泥质灰胎黑皮陶，微敛口，尖唇，外壁有垂棱。口径约 16 厘米（图三三：3）。

T0903④：7，盆口沿，泥质灰陶，敞口，圆唇，外饰凸弦纹。口径约 45 厘米（图三三：4）。

T0904⑤：49，豆口沿，泥质灰陶，外壁是一道凸弦纹。口径约 22 厘米（图三三：5）。

T0904⑤：50，豆口沿，泥质灰陶，微敛口，折腹。口径约 16 厘米（图三三：6）。

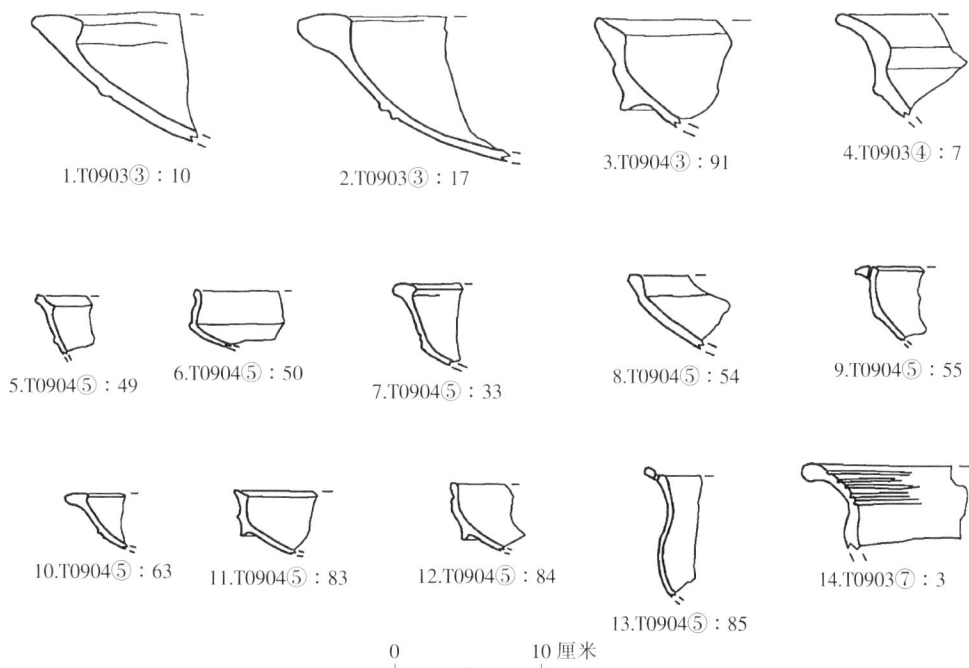

图三三　豆、盆、盘类口沿

T0904⑤:53，豆口沿，泥质灰陶，敞口，口沿厚实，外壁饰两道凹弦纹。口径约34厘米（图三三:7）。

T0904⑤:54，豆口沿，泥质灰陶，敞口，折腹。口径约28厘米（图三三:8）。

T0904⑤:55，豆口沿，泥质灰陶，翻沿上贴附两个竖向穿孔的鼻。口径约18厘米（图三三:9）。

T0904⑤:63，豆口沿，泥质灰陶，微敛口，盘外饰两道凸弦纹。口径约18厘米（图三三:10）。

T0904⑤:83，豆口沿，泥质灰胎黑皮陶，微敛口，尖唇，有垂棱。口径约11厘米（图三三:11）。

T0904⑤:84，泥质灰胎黑皮陶，敞口，圆唇，外壁饰一周凹弦纹，有垂棱。口径约22厘米（图三三:12）。

T0904⑤:85，盆口沿，泥质灰胎黑皮陶，沿上附竖向穿孔的鼻。口径约16厘米（图三三:13）。

T0903⑦:3，盆口沿，泥质灰陶，敞口，圆唇，口沿内饰五道凸弦纹。口径约22厘米（图三三:14）。

杯

T0904⑤:17，筒形，泥质黑陶，直口，尖唇，肩、腹部饰凸棱，假圈足。高14.0、口径6.4、底径6.0厘米（图三四:3；彩版三一:3）。

T0904⑤:67，泥质灰陶，口残，腹部外壁饰三道凹弦纹，内壁有数周轮制形成的凹弦纹，假圈足上切削出三个凹缺。残高5.0、底径4.5厘米（图三四:2）。

T0904⑤:78，较残，存局部底，腹部外壁存两道凹弦纹，平底。底径约6.4厘米（图三四:1）。

甑

T0904⑤:12，夹砂红陶，斜宽沿，斜直壁，腹部的附加堆纹上饰斜向棍按及錾，底部中间一个大圆孔。圆孔旁围绕着五个半圆形孔。高14.0、口径28.2厘米（图三四:4）。

缸

T0904⑤:44，夹砂红陶，直口，直壁，饰三道凹弦纹及斜线纹。口径约36厘米（图三四:5）。

器盖

T0904③:92，泥质灰陶，覆盘形，杯形纽。纽径约9厘米（图三四:6）。

纺轮

T0904③:100，夹砂红陶，不甚规整，应为鼎残片改制而成。直径6.0厘米（图三四:7）。

有段石锛

T0903③:1，青白色，页岩。长8.8、宽4.8、厚1.4厘米（图三四:8）。

砺石

T0904⑤:46，四面有磨砺痕迹，其中一面磨出一道深约1厘米的凹槽。长12.2、厚5.0厘米（图三四:9）。T0904⑤:23，三面有磨砺痕迹。长约22厘米（图三四:10）。

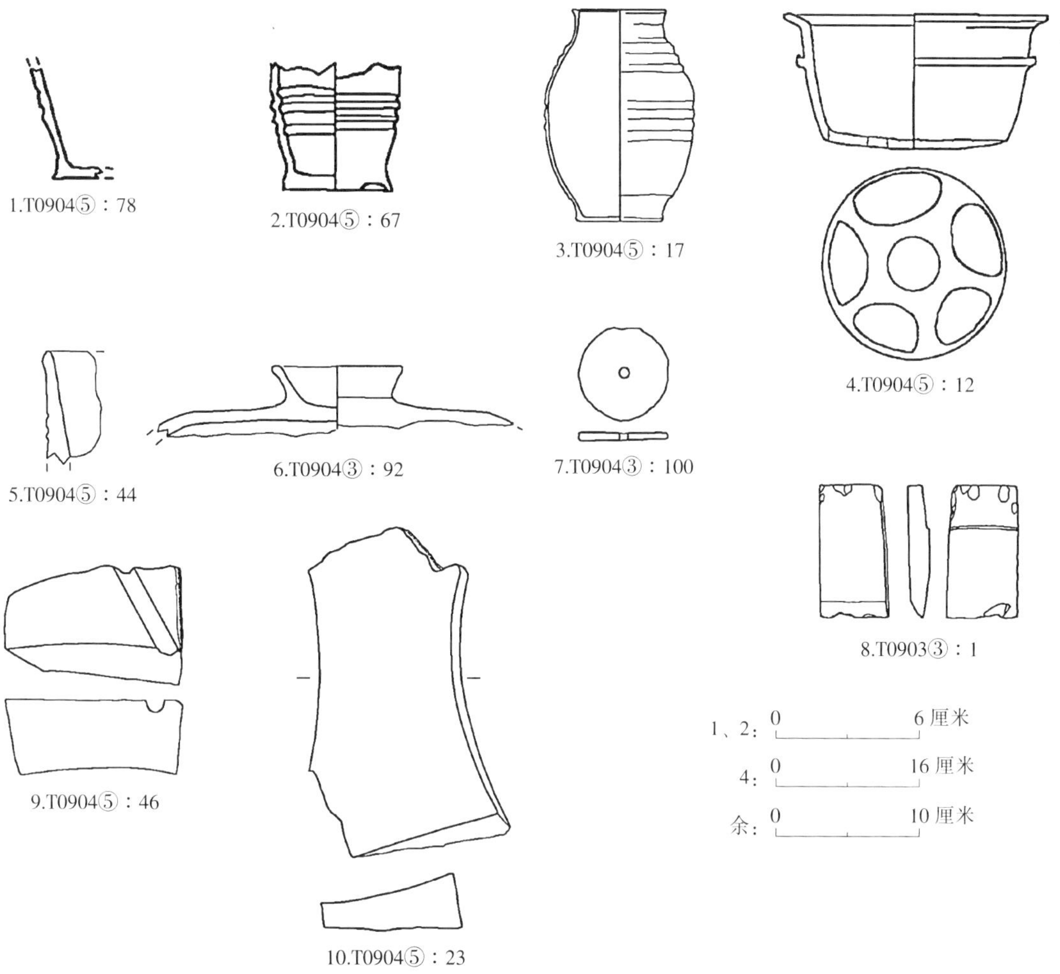

1.T0904⑤：78　　2.T0904⑤：67　　3.T0904⑤：17　　4.T0904⑤：12　　5.T0904⑤：44　　6.T0904③：92　　7.T0904③：100　　8.T0903③：1　　9.T0904⑤：46　　10.T0904⑤：23

图三四　甗、缸、器盖、纺轮、有段石锛、砺石

六、研究与认识

（一）随葬陶器的类型学分析

鼎　9件，修复8件。均夹砂红陶，依鼎足与器身特征，分4式：

Ⅰ式　1件（M4：3）。罐形，鼓腹，圜底，鱼鳍足外侧增厚。

Ⅱ式　3件（M11：8、M20：5、M10：11）。圜底渐平，鱼鳍足外侧增厚，束颈。

Ⅲ式　2件（M9：5、M18：4）。T字形足足面宽度增加，但仍小于纵深，足面平。

Ⅳ式　2件（M7：4、M8：8）。T字形足足面宽度与纵深相近，足面内凹，最大腹径下移，颈腹交接处不甚明显。

双鼻壶　16件。均为泥质陶，多数有黑衣，胎色以灰色为主，也见红褐色。相对完整、可辨器形的13件。依口、颈、腹、圈足特征，分4式：

Ⅰ式　2件（M2∶10、M3∶5）。直口微侈，圆鼓腹，圜底，圈足稍高，外撇。

Ⅱ式　5件（M5∶22、M10∶3、M12∶1、M9∶2、M17∶1）。侈口，折肩，腹部较高，圈足矮直。

Ⅲ式　5件（M22∶1、M6∶1、M20∶3、M15∶1、M21∶1）。敞口，束颈，圜底近平，圈足外撇。

Ⅳ式　1件（M19∶1）。侈口，斜直颈，高圈足。

簋　9件，均为泥质红陶和泥质灰陶，依口、腹特征，分2型：

A型　8件。子母口，斜弧腹。依腹、圈足特征，分2式：

Ⅰ式　2件（M4∶5、M4∶6）。浅腹，圈足较高较直。

Ⅱ式　6件（M8∶7、M9∶4、M11∶7、M15∶5、M18∶3、M20∶4）。深腹，圈足较矮，外撇明显。

B型　1件（M21∶2）。侈口，鼓腹。

尊　6件。相对完整、可辨器形的5件。均为泥质红陶和泥质灰陶，依领口、肩、圈足特征，分3式：

Ⅰ式　1件（M10∶12）。侈口，圆肩微折，斜弧腹，圈足稍外撇，底径略小于口径。

Ⅱ式　3件（M8∶9、M11∶6、M18∶2）。侈口，圆折肩，上腹部弧度变小，近底处略有急收趋势，圈足外撇更甚，且有增高的趋势，底径等于或略大于口径。

Ⅲ式　1件（M7∶3）。高斜领，圆折肩折意更甚，上腹近直，近底处急收明显，底径略大于口径。

圈足盘　8件，相对完整、可辨器形的6件。均为泥质灰陶，个别有黑衣。依口部、腹特征，分3型：

A型　4件。敞口，斜折腹。依口沿、腹特征，分为：

Aa型　3件。平折沿或沿部略平翻，圆唇或尖圆唇，折腹较明显。依腹、圈足特征，分3式：

Ⅰ式　1件（M10∶4）。盘腹较深，圈足矮直。

Ⅱ式　1件（M20∶2）。盘腹变浅，圈足稍高，外撇。

Ⅲ式　1件（M8∶2）。盘腹更浅，圈足更高。

Ab型　1件（M9∶1）。厚方唇，折腹较缓，上腹部饰凸弦纹。

B型　1件（M10∶10）。敞口，平折沿，圆唇，斜弧腹。

C形　1件（M7∶5）。敞口，宽折沿略内凹，斜弧腹。

盆　7件。相对完整、可辨器形的6件。泥质灰陶为主，个别为泥质红陶。依形态特征，分2型：

A型　5件。侈口，斜弧腹，平底。依形态特征，分2式：

Ⅰ式　2件（M3∶2、M10∶2）。圆肩，口径远小于肩径，腹较深。

Ⅱ式　3件（M20∶6、M11∶9、M18∶5）。近折肩状，腹更浅。

B型　1件（M11∶1）。直口，平折沿，近直腹，平底。

（二）分期与年代

1. 墓葬分期

表 1　随葬陶器型式统计表

	鼎	双鼻壶	簋	尊	圈足盘	盆
M2		I				
M3		I				A I
M4	I		A I			
M5		II				
M10	II	II		I	Aa I 、B	A I
M11	II		A II	II		A II 、B
M20	II	III	A II		Aa II	A II
M9	III	II	A II		Ab	
M18	III		A II	II		A II
M8	IV		A II	II	Aa III	
M7	IV			III	C	
M6		III				
M15		III				
M21		III	B			
M22		III				
M14			A II			
M17		II				
M12		II				
M19		IV				

根据随葬陶器情况，可将参与分期的墓葬分为三组：

第一段为 M2、M3、M4；

第二段为 M10、M11、M20；

第三段为 M7、M8、M9、M18。

表 2　杨家角遗址墓葬分期表

	鼎	双鼻壶	簋	尊	圈足盘	盆
一段	I	I	A I			A I
二段	II	II 、III	A II	I 、II	Aa I 、B、A II	A II 、B
三段	III 、IV	II ～IV	A II	II 、III	Aa III 、C	A II

鉴于第一段与第二段之间的变化较大，可将三段墓葬进一步划分为早晚两期，即第一段为早期，第二、三段为晚期。

2. 墓葬年代

杨家角遗址良渚文化墓葬，一段约属良渚早期。对照新地里遗址①建立的嘉兴—沪南地区良渚文化中晚期分期二期六段标尺，二段约相当于新地里墓葬第三段；三段约相当于新地里墓葬第四、五段。整个杨家角遗址良渚文化遗存时间跨度较长，中间有缺环，可综合分为三期，第一期以西部下层墓葬为代表，第二期以西部上层和东部下层墓葬为代表，第三期以东部上层墓葬为代表。

3. 遗址形成过程分析

早期在西部以黄土堆筑土台，生活、埋墓（M4 等）于其上，在土台的北坡倾倒生活垃圾；之后，西部土台至少向北进行了扩展，堆筑灰褐色土，埋设 M1 等；与此同时或稍后，东部以灰褐色土堆筑土台，埋设 M11 等；晚期，垫高土台，埋设 M19 等。

七、结语

发掘区西部的墓葬遭严重破坏，尽管我们在葬具痕迹研究方面做了一些工作，但由于均为残墓，获得的信息不够全面。西部墓地与红烧土等迹象是否存在一定的关系，以及与以 T0904 地层所反映出来的堆筑土台之间的关系只能通过判断分析得出。

以 T0904⑤层为代表的草木灰堆积，可以帮助我们从堆积层次上分析南部土台的存在过程，草木灰中出土的大量可复原陶器，对于我们认识这一时段的实用陶器的形态有很大的帮助。

红烧土堆积的性质还不十分清楚，这也是一直令人困惑的问题，依据一些红烧土的解剖情况分析，多为坑状堆积。但是 T0903 东南部分的红烧土堆积属于直接堆积于土台层面上，是否有明确的目的，以及红烧土从何而来还需要今后进一步的工作。

为了解遗址东部的堆积状况和性质，我们先进行了探沟式的发掘，发现墓葬后进行了扩方。由于墓葬堆积也一般，所以于 T0907 未再有进一步的扩方，东部墓地的范围不清楚。

因探方位置的选择、发掘面积较小、钻探所得对遗址的认识以及考虑到遗址发掘之后的保护等诸因素，遗址的整体面貌不明朗。海宁市文化广电新闻出版局于 2005 年 5 月立牌——"杨家角遗址——海宁市文物保护点"。

杨家角遗址周边存在较多的同时期遗址，主要有海宁徐步桥、盛家埭、千金角、荷叶地和桐乡新地里等，在相同的时空中，它们之间存在着许多共性。

执　笔：楼　航　方忠华

---

① 浙江省文物考古研究所、桐乡市文物管理委员会：《新地里》，文物出版社，2006 年。

浙江余杭三亩里遗址发掘简报

浙江省文物考古研究所

杭州余杭区中国江南水乡博物馆

三亩里遗址位于杭州市余杭区星桥街道南星村北，西距良渚遗址群约 16 公里。遗址处于一片以主峰海拔为 93.1 米的横山及其余脉构成的小山地的北侧。遗址现为海拔约 4.2 米的水田，面积约 1 万平方米（图一、二）。

2004 年 2~6 月，因宣杭铁路复线工程建设，浙江省文物考古研究所和余杭区中国江南水乡博物馆联合对遗址进行了抢救性发掘，布 5×10 米探方 28 个、2×10 米探沟 6 个、5×5 米探方 3 个、5×4 米探方 1 个，加上局部扩方，共发掘面积约 1660 平方米（图三；彩版三二）。三亩里遗址为一处新石器时代晚期的聚落遗址，清理有居住遗迹、墓葬、灰坑、沟和水井等遗迹，出土陶、石、玉等各类器物百余件。

横山周边在新石器时代晚期形成过一定规模的聚落。1993 年在横山的东南坡清理过两座规格较高的良渚文化时期墓葬。① 2004 年 9~11 月，在三亩里遗址发掘结束后，我们又在三亩里遗址西侧约 300 米的后头山遗址发掘一处小型良渚文化时期墓地，清理墓葬 21 座。②

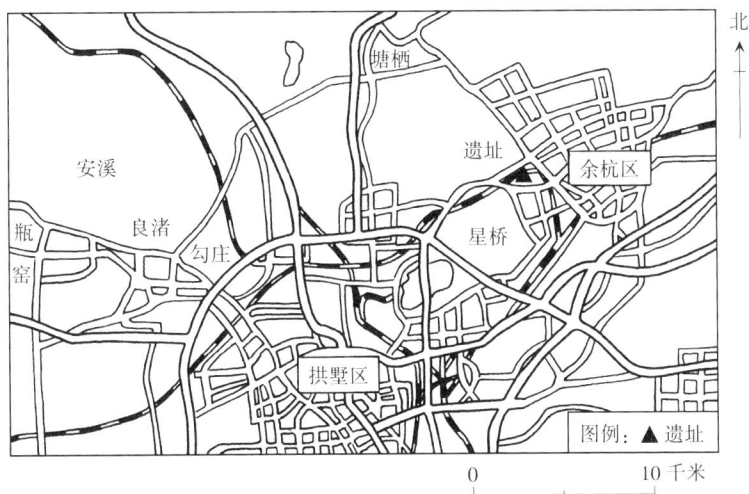

图一　遗址位置图

---

① 浙江省余杭市文管会：《浙江余杭横山良渚文化墓葬清理简报》，《东方文明之光——良渚文化发现 60 周年纪念文集》，河南国际新闻出版中心，1996 年。

② 浙江省文物考古研究所、余杭区博物馆：《浙江余杭星桥后头山良渚文化墓地发掘简报》，《南方文物》2008 年第 3 期。

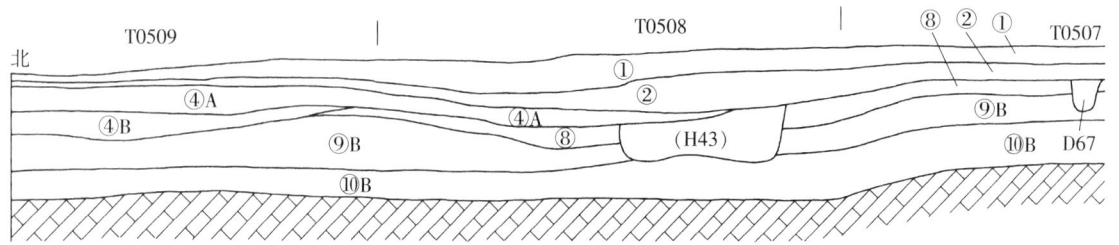

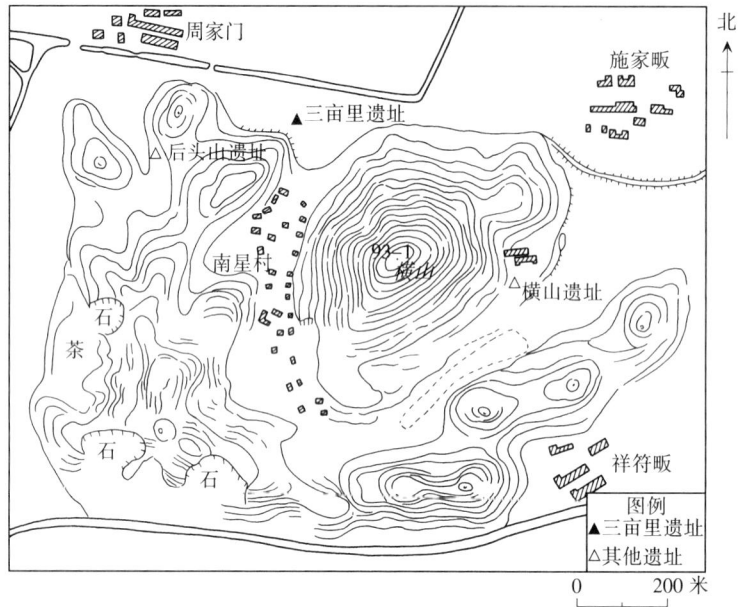

图二　遗址地形图

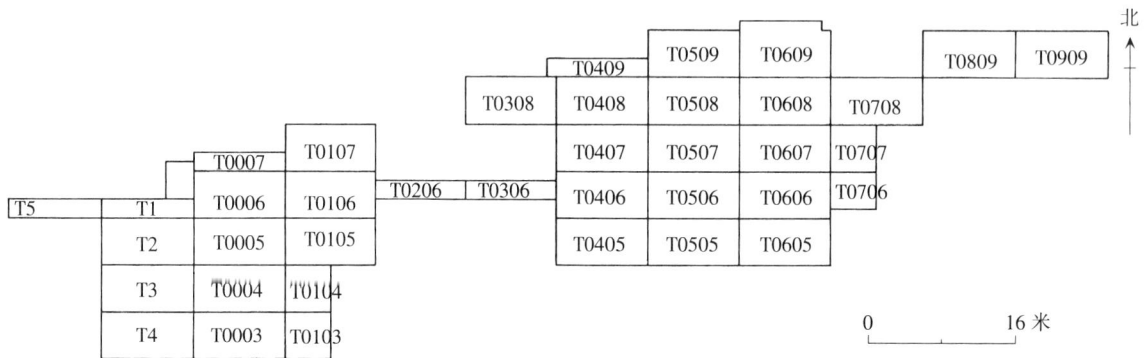

图三　探方平面分布图

一、地层堆积

三亩里遗址主体是一处经人工营建及居住生活形成的新石器时代晚期聚落遗址。村落营建的地点选择在一片山地的北侧坡下。早期为东西两座独立的土台，其中西侧土台依托山地北坡而建，东侧土台则为平地起建。在土台使用过程中，先民们又在土台周围和两个土台之间地势低洼处陆续经过几次

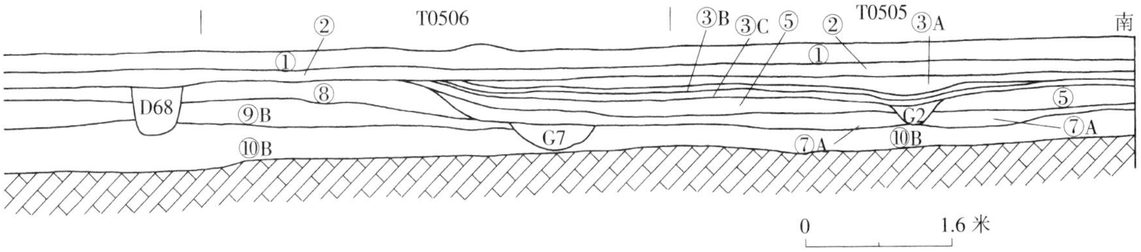

图四　T0505、T0506、T0507、T0508、T0509 东壁地层剖面图

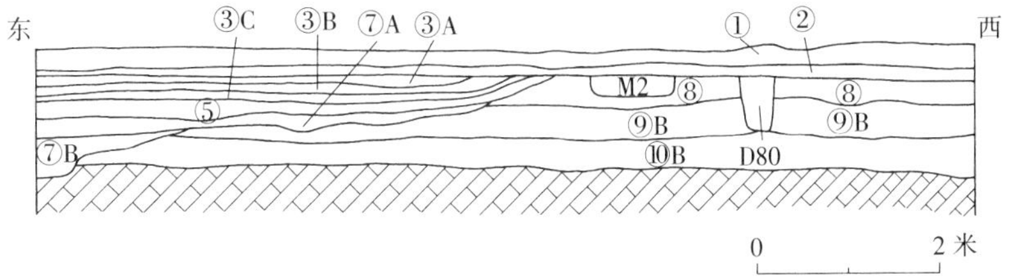

图五　T0608 南壁地层剖面图

小规模的堆土营建，最后将两个土台基本合二为一。

东侧土台的范围从 T0306 和 T0308 以东至 T0708。以 T0505、T0506、T0507、T0508、T0509 的东壁剖面和 T0608 的南壁剖面为例说明（图四、五）：

第①层：耕土层。厚 8～40 厘米。土质疏松。包含有少量近代瓷片和良渚文化时期陶片。

第②层：灰黄土。厚 5～40 厘米。包含少量近代瓷片。灰坑 H1、H2、H4、H5、H7、H26、H41、墓葬 M1、M2、M5 和居住遗迹之大部分柱洞（坑）在该层下开口。

第③层：可分 3 小层。分布在土台台面外围的地势较低处，土质纯净。

第③A 层，黄粉土。厚 0～25 厘米。灰坑 H3、H6 在该层下开口。

第③B 层，褐斑粉土。厚 0～8 厘米。出土石锛 1 件。灰坑 H23、H24 在该层下开口。

第③C 层，青灰淤泥。厚 0～10 厘米。出土石刀 1 件。G2 在该层下开口。

第④层：可分 2 小层。主要分布在土台北部的 T0509，T0408 东部和 T0508 北部也有少量分布。

第④A 层，灰黑土。厚 0～30 厘米。包含有较多陶片和残石器，陶片以夹砂陶居多，泥质陶次之，可辨器形有鼎、豆、罐、杯等。石器有锛、镞、犁、刀等。灰坑 H43 在该层下开口。

第④B 层，浅灰土。厚 0～30 厘米。包含物略少，特征与 4A 层同。

第⑤层：青灰褐斑土。厚 0～23 厘米。有少量陶片，为人工营建层。灰坑 H40 在该层下开口。

第⑥层：褐斑灰黑土。主要分布在土台的西南部和东北部。包含物以部分陶片为主，属于土台居住使用期间形成的生活堆积。举例剖面不见。灰坑 H8、H25、H29、H37～39 和 H44 在该层下开口。

第⑦层：可分 2 小层。

第⑦A 层，黄褐色土。厚 0～20 厘米。包含物仅少量陶片，为人工营建层。灰坑 H36、G5 和沟 G7 在该层下开口。

第⑦B层，棕褐土，夹细条状青灰泥，含少量细砂和红烧土颗粒。为人工营建层。分布在土台西南和东侧斜坡。灰坑 H30、H34、H35 和 H42 在该层下开口。

第⑧层：桔黄褐斑土。厚 0～30 厘米。土质坚硬。

第⑨层：可分 2 小层。

第⑨A 层，黄褐土。仅分布在 T0308、T0407 和 T0408。举例剖面不见。

第⑨B 层，深褐斑黄土，局部夹棕褐色细砂或细砂条。厚 0～105 厘米。

地⑩层：可分 2 小层。

第⑩A 层，夹细砂黄粉土。仅分布在 T0308 和 T0408。举例剖面不见。

第⑩B 层，深褐黏土。厚 0～105 厘米。

第⑧～⑩层为东侧土台营建的核心地层。第⑩B 层下为黑褐淤土，系生土。

西侧土台的范围从 T0206 以西至 T5。以 T0006、T0106 北壁剖面为例说明（图六）：

第①～③层：土质和包含物特征与东侧土台同，其中第③层也分布在土台周围地势低洼处。第②层下开口的遗迹有灰坑 H9～H22、H27、H28、H31～H33，沟 G3、G6，墓葬 M3、M4 和柱洞 D1～D20 等。第③C 层下开口的遗迹有柱洞 D21～D26。

第④层：青灰褐斑土。厚 0～20 厘米。与东侧土台第⑤层同。沟 G4 和柱洞 D27～D31 在该层下开口。

第⑤层：黄褐色土。厚 0～47 厘米。与东侧土台第⑦A 层同。

第⑥层：分 2 小层。

第⑥A 层，棕褐斑黄土。厚 0～35 厘米。分布在土台中北部。

第⑥B 层，褐斑浅黄花土。厚 0～25 厘米。分布在土台中南部，本剖面不见。

第⑦层：黄褐土。厚 0～20 厘米。

第⑧层：浅褐斑黄花土。厚 0～25 厘米。

第⑨层：分 2 小层。

第⑨A 层，黄花土，夹青灰泥条。厚 0～40 厘米。

第⑨B 层，棕褐色土，局部夹细砂。厚 15～40 厘米。

第⑩层：青灰斑深褐黏土，板结。厚 15～37 厘米。

第⑪层：青黄泥夹褐色砂土。厚 0～22 厘米。为土台营建前的平整层，仅分布在 T0206 和 T0306 的地势低洼处。本剖面不见。

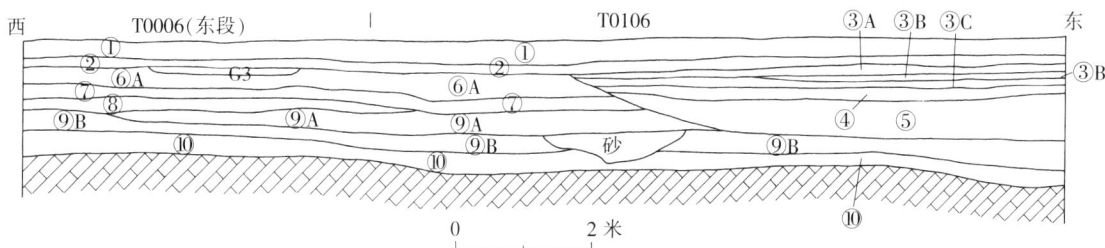

图六　T0006、T0106 北壁地层剖面图

第⑥～⑩层为西侧土台营建的核心地层，土质纯净，少包含物。

第⑪层下为黑褐淤土，系生土。

二、堆积形成过程和分期

由于受发掘范围所限，没能完全揭露土台，土台的完整形状无法得知。

东侧土台完全由堆土营建而成，从发掘揭露的东侧土台南侧部分看，土台台面略呈不规则的 U 形，东西最宽约 29 米，南北残长约 18.5 米，土台还要往北延伸。

东侧土台的形成大致可分 3 个阶段：

第 1 阶段：土台的核心堆筑层，即第⑧～⑪层及土台外围第⑦层下开口的遗迹。由于在第⑧层以下均未发现遗迹，可推断第⑧～⑩层基本由一次营建而成。土台南侧坡度较缓，东西两侧坡略陡，现存台面与台基的高差约为 0.8～1 米。[①] 此阶段，在土台东侧和西南坡下分别形成有 H30、H34、H35、H36 和 H42 等灰坑，在土台南坡有一东西向沟 G7，土台西外侧有一南北向沟 G5。

第 2 阶段：先在土台的东侧和西南侧坡上堆土覆盖形成第⑦B 层，然后在土台周围大范围堆土覆盖形成了第⑦A 层，最后在土台台面的东北和西南部形成生活堆积第⑥层。这个阶段遗迹主要包括第⑤层或第⑥层下开口的 H8、H25、H29、H37～H40 和 H44 等。

第 3 阶段：又在土台周围堆土形成第⑤层。此时，土台台面仍高出周边约 0.2～0.25 米。这个阶段可以明确的遗迹只有在土台南部形成的沟 G2。

由于现存土台台面集中了 3 个阶段良渚先民生活和各种活动留下的遗迹，尽管部分遗迹之间有打破关系可以确定相对早晚关系，但要准确地判断各遗迹的早晚关系、并与土台形成和使用的不同阶段相对应已较困难（图七）。

西侧土台依托南侧自然山坡营建。土台东侧南北向台缘分界比较清楚，往北至 T0107 内，折向东扩展，形成转角。

西侧土台的形成过程也为 3 个阶段，可与东侧土台对应。土台核心堆筑层共 5 层，即第⑥～⑩层为第 1 阶段，现存土台台面与台基高差约 0.8 米。后来在土台外围堆土覆盖了第⑤层和第④层后分别进入土台使用的第 2 和第 3 阶段。遗迹方面，除 G4 和柱洞 D27～D31 开口于第④层下，可确定形成于土台使用的第 2 阶段外，其他遗迹均开口于第②层下，也难以与土台形成使用的不同阶段相对应（图八）。

东西两座土台除土台的核心堆积层位略有区别外，之后形成的堆积可基本对应。根据地层堆积和文化遗物特征，我们将东侧土台第⑤～⑩B 层和西侧土台第④～⑪层归为遗址的早期文化遗存；将东侧土台的第④A、④B 层归为遗址的晚期文化遗存。另外，关于遗址第③层的性质和形成时间将在结语中予以讨论。

---

① 考虑到晚期的破坏，原土台应更高些。

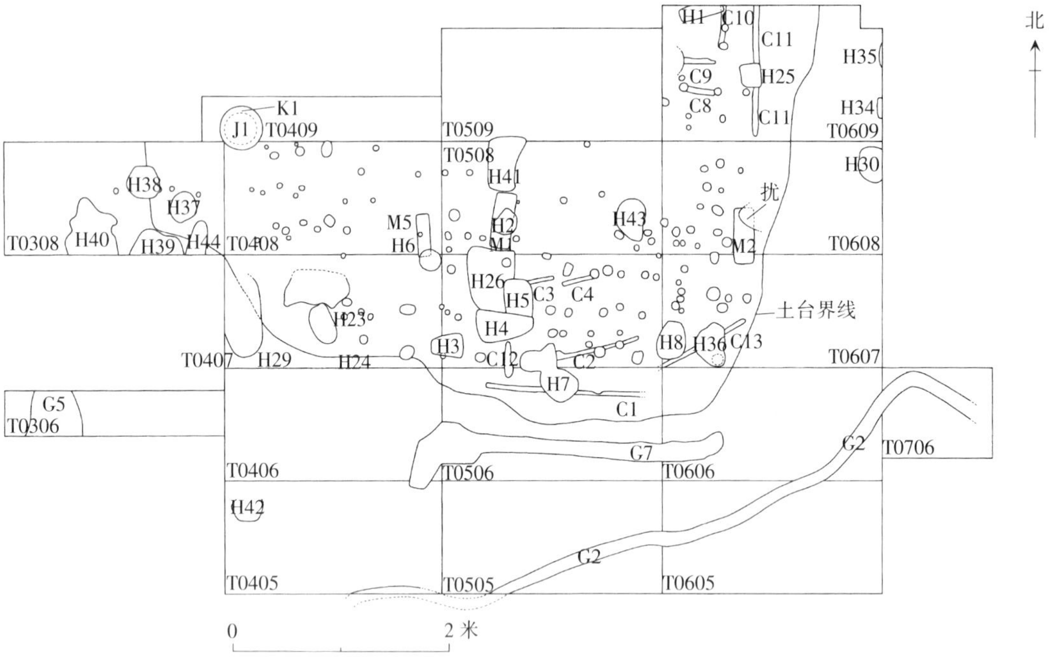

图七　东侧土台遗迹平面分布图

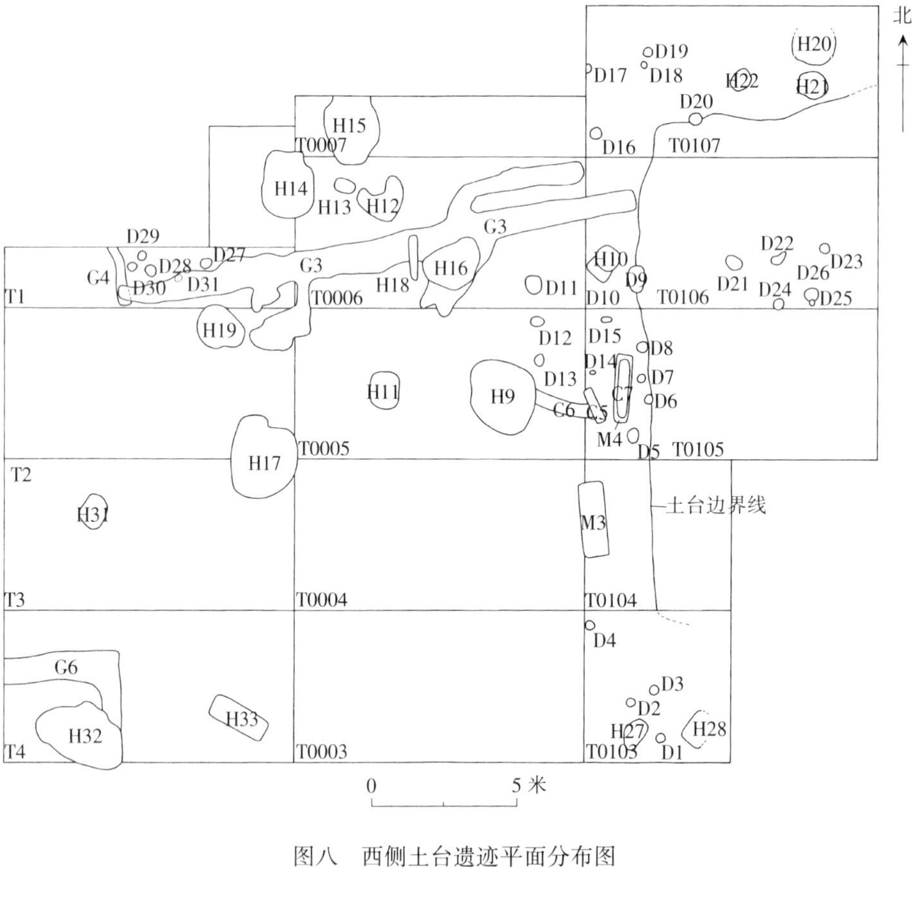

图八　西侧土台遗迹平面分布图

三、早期文化遗存

（一）遗迹

1. 居住遗迹

东、西两侧土台上均发现有较多的柱洞（坑）和沟槽。以下分别介绍：

A. 东侧土台

柱洞（坑）　共清理116个（编号D1～D116，图九）。这些柱洞大多数为第2层下开口，也有开口于漫溢到土台西南侧的第3B层下和留在土台上的生活废弃堆积第6层下，但均直接打破东侧土台台面的第⑧层，因而将其视为同一时期遗迹考察。

柱洞（坑）平面多呈近圆形或椭圆形，直径多在0.2～0.5米之间，深多在0.1～0.3之间。柱洞（坑）内填土多为黄褐色土，部分为灰褐色土。

根据柱洞（坑）的平面分布位置，大致可分三个单元：

第Ⅰ单元为位于T0408和T0508西部的D1～D34，大致构成一东西向长方形的单元，由东西成排的南北三排柱洞组成。东西长约12.4米，南北宽约4.5米。

第Ⅱ单元为位于T0407、T0507和T0607的D35～D79，柱洞（坑）共45个。与第Ⅰ单元相近，

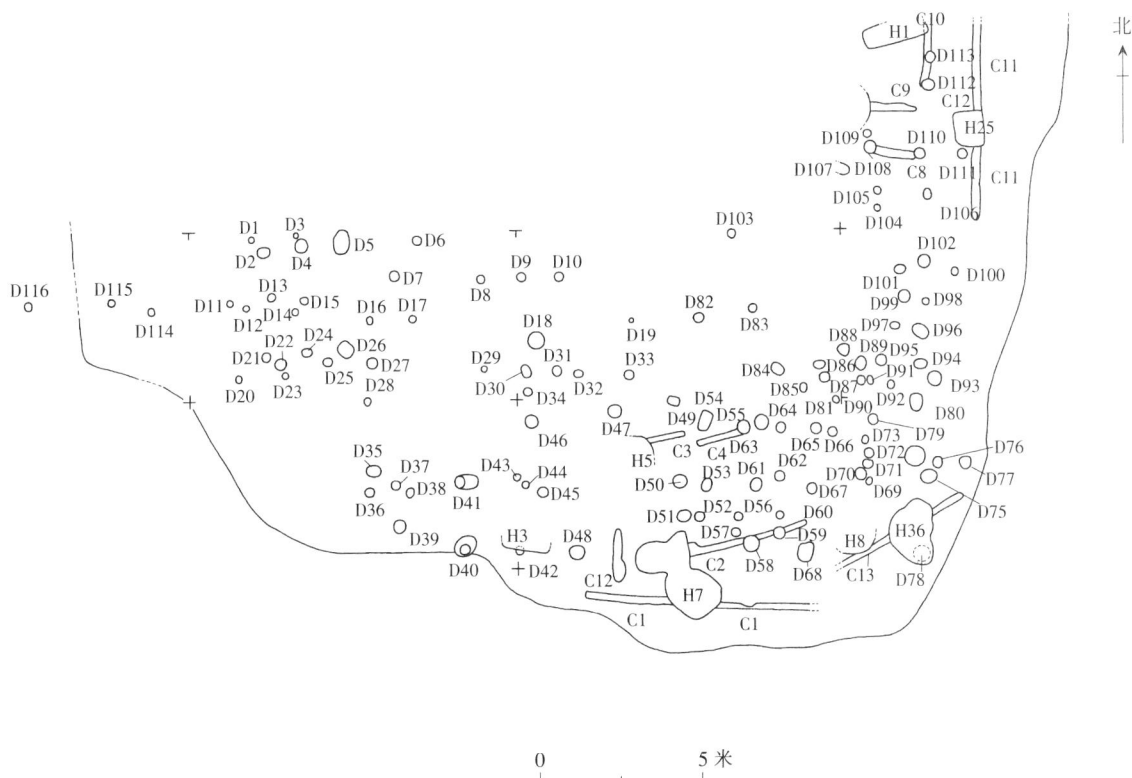

图九　东侧土台柱洞（坑）和沟槽平面分布图

D40 ~ D79 也大致构成一东西向的长方形单元，由东西成排的南北三排组成。东西长约 14.9 米，南北宽 4.2 米。D40 和 D41 位于此单元的西侧，柱坑大，柱痕明显，柱痕直径约 0.3 米，柱痕南北间距（内壁）约 1.7 米，推测为门道。

第Ⅲ单元为位于 T0508 东部以及 T0608 和 T0609 的 D80 ~ D113，柱洞（坑）共 34 个。大致构成一南北向的长方形单元，柱洞排列略显凌乱。南北残长 11.4 米，东西宽约 6.5 米。

从柱洞（坑）的排列情况判断，东侧土台上的建筑形式应该为史前时期江南地区流行的干栏式建筑。东西向的第Ⅰ单元与第Ⅱ单元基本平行分布，其中第Ⅰ单元东部与第Ⅱ单元西部重合，可能互相通连。而东西向的第Ⅱ单元东端与南北向的第Ⅲ单元南端也可能相通连。

这样建筑在营建土台上、互相通连的长廊状干栏式建筑在良渚文化中还是首见。

沟槽　共清理 10 条。根据分布位置，可分 2 组：

第Ⅰ组有 C1 ~ C4、C12、C13 等 6 条。相对集中分布 T0506、T0507 和 T0607 等探方内，处于东侧土台的最南部。除 C1 部分被第③A 层叠压、C13 开口于第 6 层下外，余均开口于第②层下，打破第⑧层。沟槽和其他遗迹间的打破关系有：C1 被 H7 打破，C2 被 H7 和 D58、D59 打破，C3 被 H5 打破，C4 被 D55 打破，C13 被 H8、H36 打破。沟槽均呈细长的条状，其中 C12 呈南北向，其余大致呈东西向或略偏东北—西南向。沟槽的长在 1.15 ~ 6.9 米之间，宽多在 0.15 ~ 0.2 米之间，局部较宽的达 0.4 米，深在 0.06 ~ 0.28 米不等。沟槽均为斜弧壁，底近平或略圜。槽内填带棕褐斑的黄褐色土，质地致密，基本不见包含物。

第Ⅱ组有 C8 ~ C11 等 4 条。集中分布在 T0609 及往北扩方处，处于东侧土台的东北部。均于第⑥层下开口，打破第⑧层。沟槽和其他遗迹间的打破关系有：C8 被 D108、D110 打破，C9 西侧被第⑥层打破，C10 被 H1 和 D112、D113 打破，C11 被 H25 打破。沟槽呈东西向（C8、C9）或南北向（C10、C11）的细长条状。沟槽的长在 1.4 ~ 5.8 米之间，宽在 0.15 ~ 0.3 米之间，沟槽的深度，C8 ~ C10 较浅，在 0.07 ~ 0.09 米之间；C11 略深，在 0.16 ~ 0.32 米之间，沟底由北往南倾斜。沟槽均为斜弧壁，底近平或略圜。槽内填灰褐色土，夹杂草木灰，包含物仅见少量陶片。

第Ⅰ组、Ⅱ组沟槽代表的居住遗迹应属于土台形成使用的较早阶段遗迹。从柱洞（坑）多处打破沟槽判断，以沟槽代表的居住遗迹要早于以柱洞（坑）为代表的居住遗迹。

B. 西侧土台

柱洞（坑）　共清理 31 个。其中位于土台台面上的柱洞共 20 个，均第②层下开口，打破第⑥A 或⑥B 层。分布区域由南往北可大致分 3 块：第一块区域位于 T0103 内，柱洞共 4 个（D1 ~ D4）。第二块区域位于 T0005 东部、T0006 东南部、T0105 西部和 T0106 西南部。柱洞共 11 个（D5 ~ D15），似可围成一个大致呈南北向的长方形单元，南北长约 6.3 米，东西宽约 4 米，其中 D10 北部被 H10 打破。柱洞（坑）多呈圆形或椭圆形，大小深浅不一，洞内均填灰褐色土，夹杂少量红烧土颗粒（图一〇）。第三块区域位于 T0107 的中西部，柱洞共 5 个（D16 ~ D20）。

另外，位于土台东侧坡下的柱洞共 6 个（D21 ~ D26），于第③C 层下开口，打破第④层。位于土台西侧坡上的柱洞共 5 个（D27 ~ D31），于第④层下开口，打破第⑦层。

沟槽　共清理 3 条（C5 ~ C7），似成一组。集中分布在 T0005 东部和 T0105 西部，处于西侧土台

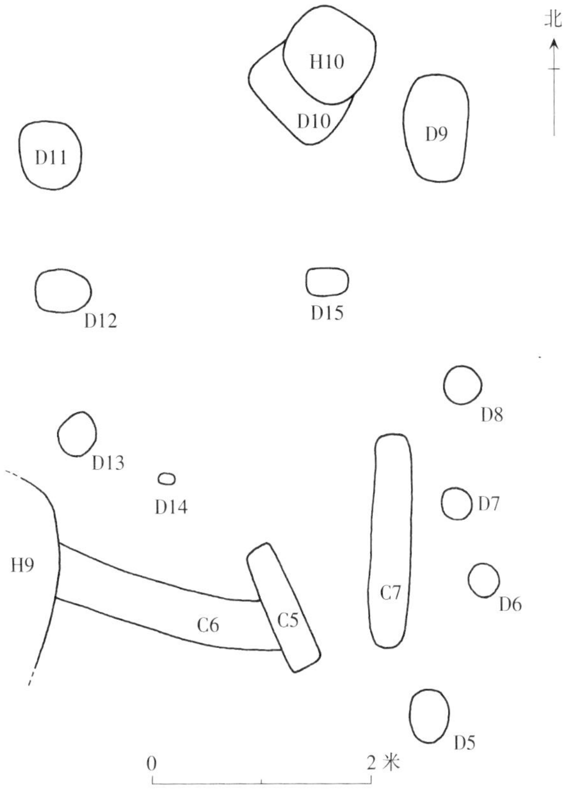

图一〇 西侧土台 D5～D15 和沟槽平面分布图

的东部。均于第②层下开口，打破西侧土台台面。沟槽和遗迹间的打破关系有：C5 打破 C6，H9 打破 C6，C7 打破 M4。C5 平面略呈西北—东南向的长条状，长 1.15、宽 0.3、深 0.15～0.3 米，槽底由西北向东南倾斜。C6 平面呈东西向的长条状，残长 2.1、宽 0.45、深 0.12～0.31 米，槽底由东往西倾斜。C7 平面为南北向的长条状，长 1.9、宽 0.37、深 0.15 米，槽底近平。沟槽内填土均为黄褐色土，无包含物。

2. 墓葬

共 5 座。其中 3 座在东侧土台上（M1、M2、M5），2 座在西侧土台上（M3、M4），均第②层下开口。墓葬都有长方形竖穴土坑，骨架均已腐朽不存。除 M4 外，其余墓葬均受到不同程度的破坏，墓葬随葬品1～5件之间，随葬品种类有陶器、玉器和石器。以下分别介绍。

M1 位于东侧土台的 T0508 中西部，中部被 H2 打破。长方形竖穴土坑墓，墓口长 2.45、宽 0.95、深 0.19 米。墓向 190°。灰褐色填土。随葬品共 4 件，石钺、玉珠各 1 件置于墓坑中部偏北处，墓坑北端有鼎（朽）、豆等陶器 2 件（图一一；彩版三三：1）。

M2 位于东侧土台的 T0608 中西部，东北部被晚期扰坑破坏。长方形竖穴土坑墓，墓口长 2.45、宽 0.9、深 0.12 米。墓向 182°。黄褐色填土。随葬品仅石钺 1 件，置于墓坑中部（图一二）。

M3 位于西侧土台的 T0104 西部。长方形竖穴土坑墓。墓口长 2.42、宽 0.88、深 0.1 米。墓向 175°。灰褐色填土。随葬品共 4 件，鼎（朽）、豆、罐（朽）、圈足盘（朽）等置于墓坑北部（图一三）。

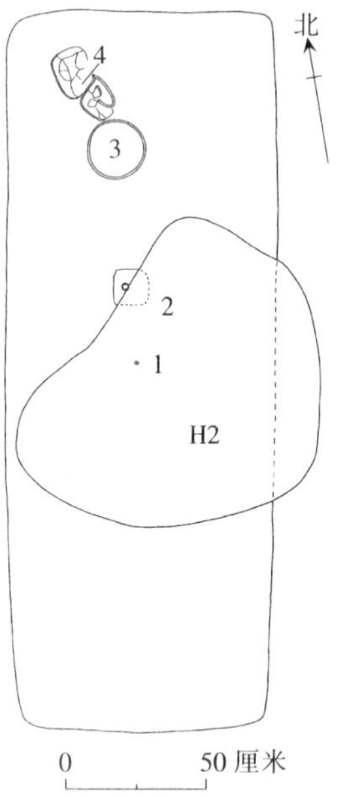

图一一   M1 平面图

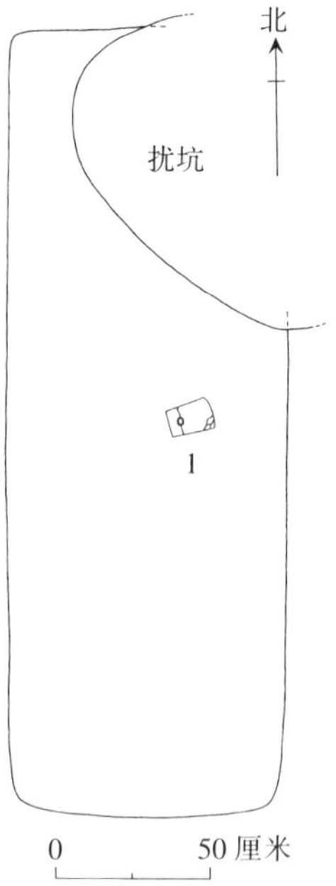

图一二   M2 平面图

M4   位于西侧土台的 T0105 西部，墓坑上部被沟槽 C7 打破。长方形竖穴土坑墓。墓口长 2.32、宽约 0.55、深 0.13 米。墓向 185°。黄褐色填土。随葬品共 5 件，其中壶、杯各 1 件置于墓坑南端，鼎、豆（朽）、盆各 1 件置于墓坑北部（图一四；彩版三三：2）。

M5   位于东侧土台的 T0408 东隔梁，中部和南部分别被柱洞 D29 和 H6 打破。长方形竖穴土坑墓，墓口长 1.9、宽 0.55、深 0.1 米。墓向 180°。灰褐色填土。随葬品共 4 件，石钺 1 件置于墓坑中部，墓坑北部有鼎（朽）、豆（朽）、罐（朽）等 3 件陶器（图一五）。

3. 水井

1 口。

J1   位 T0409 的西南部和 T0408 的西北部，处于东侧土台的西北部。平面近圆形。残存口径约 1.4、残深 1.35。井壁斜直，坑壁清晰，能自然剥脱，井底近平。井内的堆积为黄褐色土，夹杂细砂和小块红烧土，局部又有青灰泥小夹层。包含物有少量陶片。J1 上部被一第 2 层下开口的晚期坑 K1 打破（图一六；彩版三四：1）。

K1 平面近圆形。直径 1.91 ~ 1.98 米。圜底。K1 内的堆积可分 3 层，分别与遗址土台外围地势较低处的第 3A、3B、3C 层相同，均土质纯净，无包含物。推测 K1 的形成年代也与遗址的第 3 层年代相当。

4. 沟

共 6 条。编号为 G2 ~ G7。①

①   G1 位于 T0306 和 T0308 中西部，系晚期扰沟。

图一三　M3 平面图 　　图一四　M4 平面图 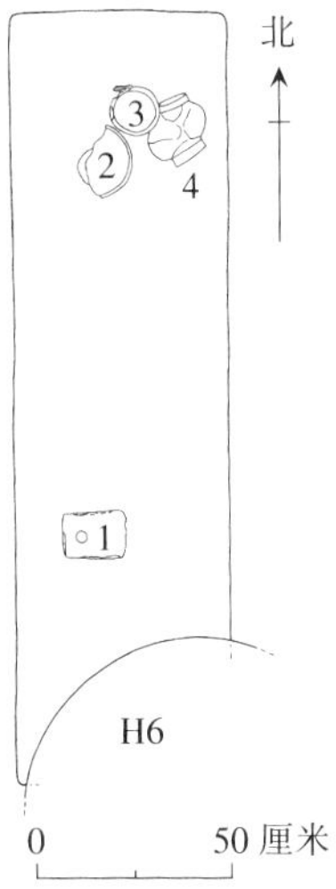　　图一五　M5 平面图 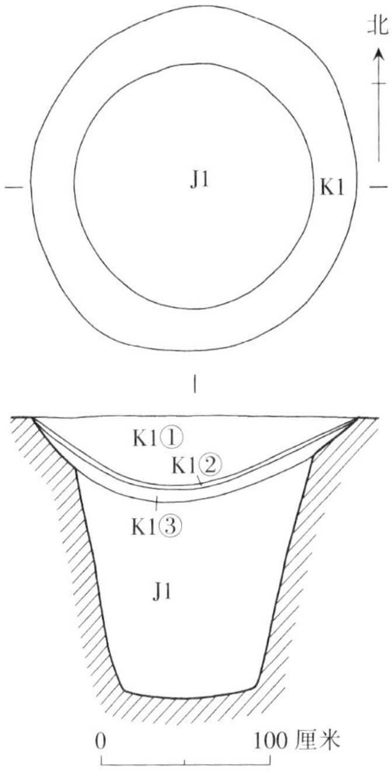　　图一六　J1 平、剖面图

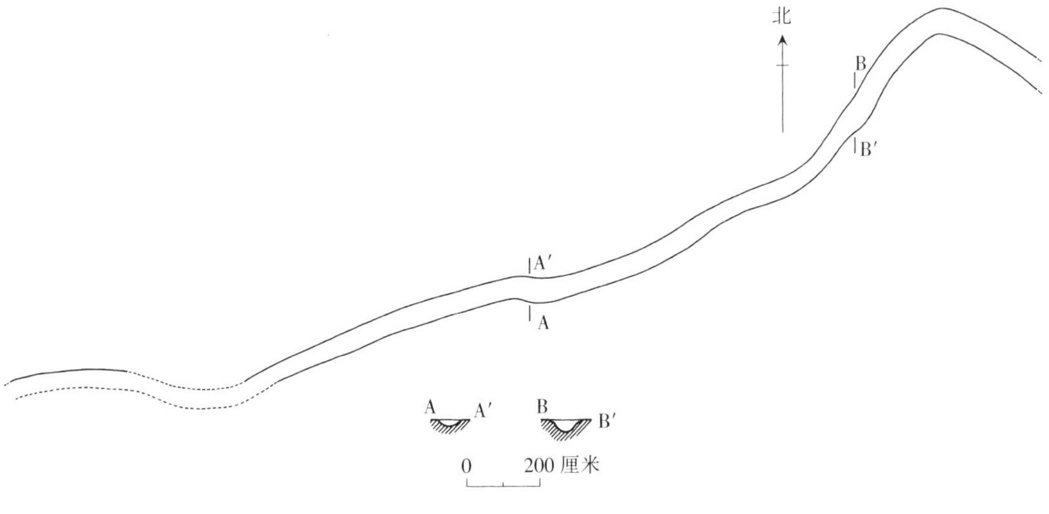

图一七　G2 平、剖面图

G2　位于东侧土台东南侧坡下。第③C 层下开口，打破第⑤层和⑦A 层。G2 平面大致呈蜿蜒的东北—西南向，横跨 T0405、T0505、T0605、T0606、T0706 等 5 个探方，东西两端均延伸出发掘区外。G2 东西残长约32.5、宽0.45~0.66、深0.18~0.25 米。沟壁斜弧，圜底。沟内堆积为棕褐色细砂土，包含物少，仅出土几片泥质和夹砂陶片（图一七；彩版三四：2）。结合 G2 的位置和堆积特点，G2 应该是一条排水沟，是以东侧土台为中心的当时聚落的重要组成部分。

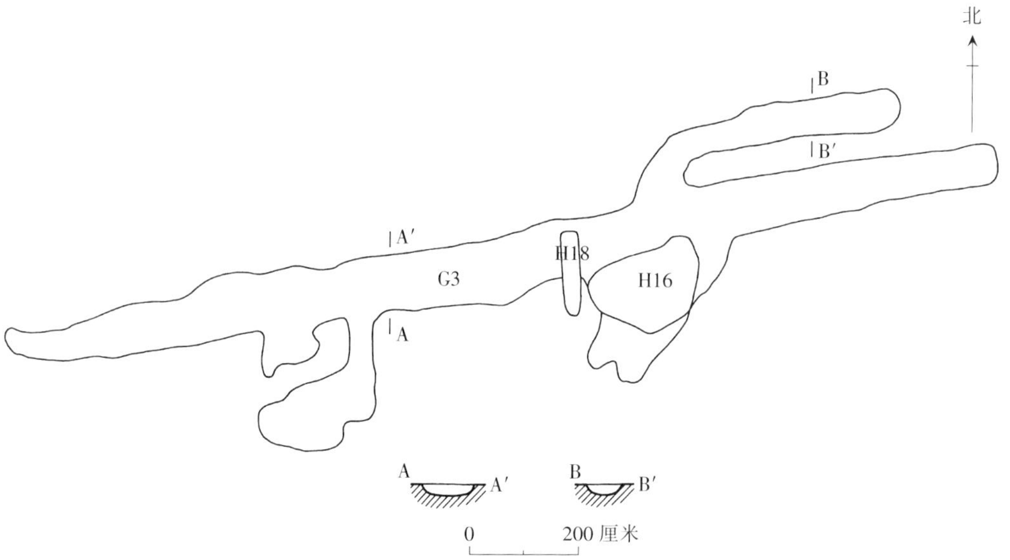

图一八　G3 平、剖面图

G3　位于西侧土台中部。第②层下开口，打破土台台面，又被 H16、H18 打破。G3 平面大致呈东西向的长条形，中部有向南北伸出的枝杈状小沟，形态特别。平面由东往西跨 T0106、T0006 和 T1 等探方。沟东西长 17.85、宽 0.4～1.1、深 0.18～0.2 米。沟壁斜弧，底近平或略圜。沟内堆积为灰褐色土，夹杂红烧土颗粒。包含物有少量陶片，器形有盆、器盖等（图一八）。

G4　位于西侧土台的 T1 中部。第④层下开口。G4 呈南北向，北端往北伸出发掘区外。南北残长1.9、宽 0.3～0.4、深 0.25 米。斜弧沟壁，圜底。沟内堆积为黄褐色土，无包含物（图一九）。

G5　位于 T0306 的中西部。第⑦A 层下开口，打破第⑩B 层。沟平面南北向，往南和往北伸出发掘区外。南北残长 2、宽 1.7～2.72、深 0.58 米。斜弧沟壁，圜底。沟内堆积为青灰色土，质软。包含物有部分陶片和石器，器形有陶盆、陶杯、石锛、石钺等（图二〇）。

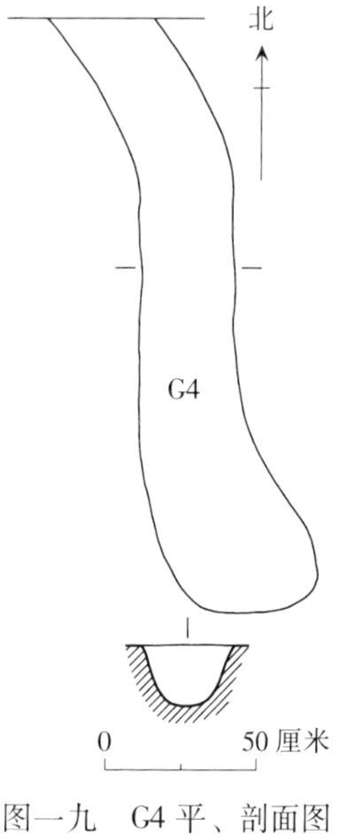

图一九　G4 平、剖面图

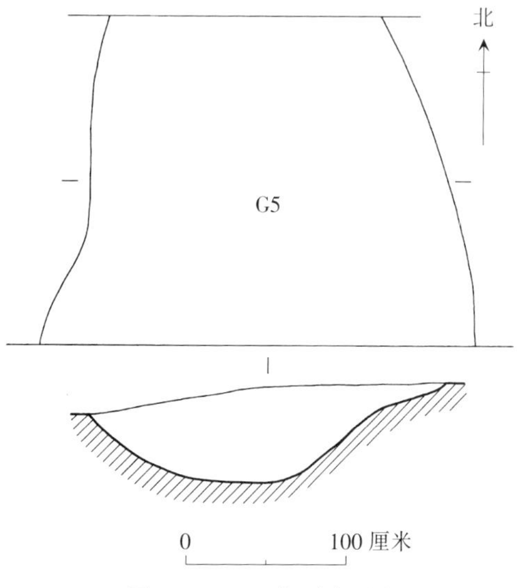

图二〇　G5 平、剖面图

G6　位于西侧土台 T4 西南部。第②层下开口，南部被 H32 打破。平面残呈曲尺形，南侧和西侧还往外延伸。残长 3.9、宽 0.62～1.1、深 0.18 米。斜弧沟壁，底略向里侧倾斜。沟内堆积为灰黑土，包含物有部分陶片和砺石等（图二一）。

G7　位于东侧土台的南坡。第⑦A 层下开口，打破第⑨B 和⑩B 层。平面呈不规则东西向长条形，西端较宽，平面由西往东跨 T0405、T0406、T0506 和 T0606 等探方。沟东西长 14.25、宽 0.6～1.8、深 0.26～0.5 米。沟壁斜弧，圜状沟底深浅不一，东部较浅，往西渐深。沟内堆积为灰土，夹杂红烧土颗粒。包含物有部分陶片，可辨器形有鼎、豆、罐等（图二二）。

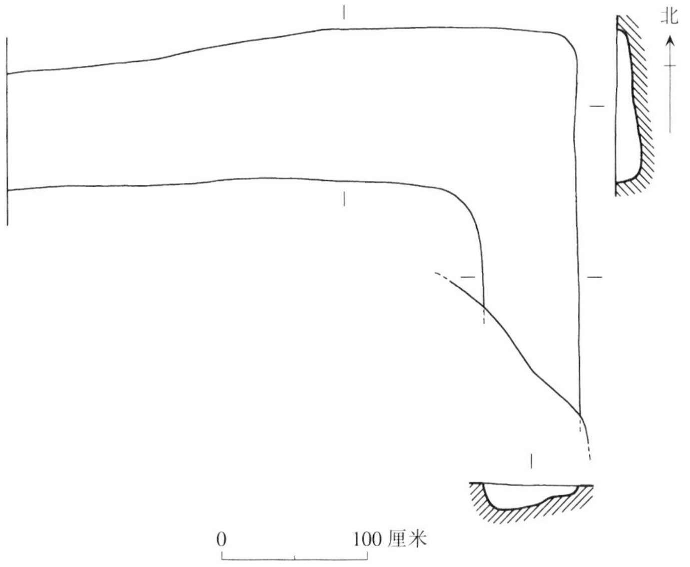

图二一　G6 平、剖面图

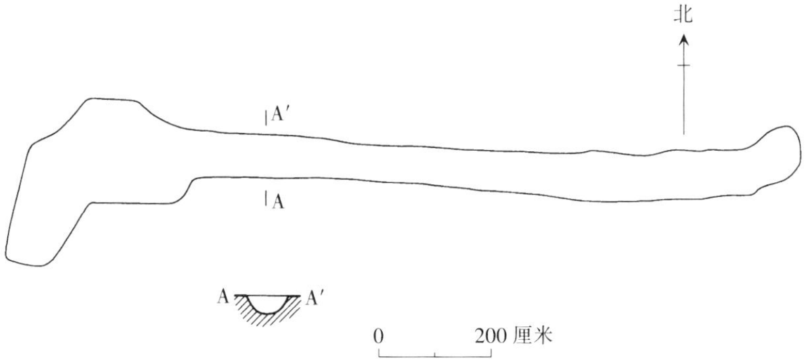

图二二　G7 平、剖面图

5. 灰坑

共 44 座。其中除 H30、H34、H35 和 H42 等 4 座灰坑位于东侧土台坡下外，其余灰坑均发现于东、西两侧土台台面上或台缘附近。坑口形状有近圆形、圆角长方形、圆角梯形、不规则长条形、不规则椭圆形和不规则形等六种，灰坑内包含物普遍较少（表 1）。分别介绍如下：

表1　早期文化遗存灰坑一览表

编号	位置	开口层位及打破关系	形状	坑口尺寸（米）	坑内堆积	包含物
H2	T0508 中西部	第②层下，打破 M1	不规则椭圆形；斜弧壁，平底	直径 0.91~1.18、深 0.11	灰褐色土	少量陶片
H11	T0005 中西部	第②层下	不规则椭圆形；斜弧壁，近平底	直径 1.07~1.22、深 0.11	灰褐色土	少量陶片
H13	T0006 西北部	第②层下	不规则椭圆形；斜壁，底不平	直径 0.5~0.75、深 0.25	灰黑色土夹草木灰	部分陶片
H15	T0006 北扩处	第②层下	不规则形；斜壁，平底	最长 2.3、深 0.49	分 3 层，分别为深灰褐色土、灰褐色土和青灰土	少量陶片
H17	T2 东南部和 T3 东北部	第②层下	不规则椭圆形；斜弧壁，圜底	直径 2.27~2.62、深 0.49	分 2 层，上层为灰褐色土，下层为灰黑色土	部分陶片
H19	T2 北部	第②层下	不规则形；斜弧壁，圜底	残长 1.41、深 0.29	灰黑色土	部分陶片
H20	T0107 东北部	第②层下	不规则椭圆形；斜壁，圜底	残径 0.97~1.56、深 0.39	分 2 层，上层为灰褐色土，下层为灰黑色土	少量陶片
H21	T0107 东部	第②层下	不规则椭圆形；斜弧壁，圜底	直径 0.98~1.12、深 0.32	灰褐色土	少量陶片
H22	T0107 中东部	第②层下	不规则椭圆形；斜弧壁，圜底	直径 0.61~0.85、深 0.16	灰褐色土	少量陶片
H23	T0407 北部	第③B 层下	不规则形；斜弧壁，圜底	残长 3.08、深 0.32	灰黑色土	部分陶片
H24	T0407 中部	第③B 层下	不规则椭圆形；斜弧壁，底不平	直径 1.02~1.82、深 0.28	灰黑色土夹草木灰	部分陶片
H25	T0609 中北部	第⑥层下，打破沟槽 C11	不规则椭圆形；斜弧壁，圜底	直径 0.94~1.03、深 0.16	灰色土夹草木灰	少量陶片
H26	T0507 西北部	第②层下，被 H4、H5 和 D47 打破	不规则形；斜弧壁，圜底	残长 2.73、深 0.54	灰色土	少量陶片
H27	T0103 中部	第②层下	不规则形；斜壁，平底	长 1.14、深 0.08	灰黑色土	少量陶片

续表1

编号	位置	开口层位及打破关系	形状	坑口尺寸（米）	坑内堆积	包含物
H28	T0103 东南部	第②层下	不规则椭圆形；斜弧壁，圜底	残径 0.65 ~ 1.58、深 0.27	灰黑色土	少量陶片
H29	T0407 西部	第⑥层下	不规则椭圆形	残径 1.7 ~ 3.5、深 0.44	灰黑色土夹草木灰	圈足盘等
H31	T3 中西部	第②层下	不规则椭圆形；斜弧壁，圜底	直径 0.92 ~ 1.16、深 0.24	灰褐色土	少量陶片
H32	T4 西南部	第②层下，打破 G6	不规则椭圆形；斜弧壁，圜底	直径 2 ~ 3.18、深 0.27	灰褐色土	杯等
H34	T0609 东南部	第⑦B 层下	不规则椭圆形；斜弧壁，深圜底	残径 0.25 ~ 0.9、深 0.43	灰黑色土夹草木灰	少量陶片
H35	T0609 东北部	第⑦B 层下	不规则椭圆形；斜壁，近平圜底	残径 0.17 ~ 1.05、深 0.31	灰黑色土夹草木灰	少量陶片
H36	T0607 西南部	第⑦A 层下，打破沟槽 C13	不规则椭圆形；斜弧壁，浅圜底	直径 1.34 ~ 1.96、深 0.09	灰褐色土	少量陶片
H37	T0308 东部	第⑥层下	不规则椭圆形；斜弧壁，平底	直径 1.25 ~ 1.32、深 0.16	灰褐色土	少量陶片
H38	T0308 北部	第⑥层下	不规则椭圆形；斜弧壁，圜底	直径 1.4 ~ 1.47、深 0.54	灰褐色土	少量陶片
H39	T0308 东南部	第⑥层下	不规则形；斜弧壁，底不平	最长 2.5、深 0.5	分 2 层，上层为灰黑色土，下层为青灰土	部分陶片
H40	T0308 中部	第⑤层下	不规则形；斜弧壁，浅圜底	残长 2.55、深 0.2	灰褐色土	少量陶片
H42	T0405 西北部	第⑦B 层下	不规则椭圆形；斜弧壁，近平底	残径 0.75 ~ 1.41、深 0.38	青灰土	少量陶片
H43	T0508 东部	第④A 层下	不规则椭圆形；斜弧壁，圜底	直径 1.2 ~ 1.84、深 0.36	黄褐色土	无
H44	T0308 东南部	第⑥层下	不规则形；斜弧壁，圜底	最长 1.56、深 0.32	灰褐色土	少量陶片

近圆形灰坑　1 个。

H6　位于 T0407 的东北角。第③A 层下开口，打破东侧土台台面和 M5。坑口直径 0.96 ~ 0.98、深 0.11 米。坑壁斜弧，圜底。坑内堆积为灰褐色土，略松。包含物仅少量碎陶片（图二三）。

图二三　H6 平、剖面图

圆角长方形灰坑　3 个。

H1　位于 T0609 往北扩方处，往北伸出发掘区外，未清理。第②层下开口，打破东侧土台台面和沟槽 C11。坑口长约 2、宽 0.64、深 1.32 米。东侧坑壁较陡，西侧坑壁倾斜，尖圆底。坑内堆积为浅灰色土，较疏松，夹杂有少量草木灰。包含物仅少量碎陶片（图二四）。

H5　位于 T0507 中北部。第②层下开口，打破东侧土台台面、沟槽 C3 和 H26，灰坑南部又被 H4 打破。坑口残长 1.59、宽约 1.26、深 0.2 米。坑壁斜弧，坑底略由西向东倾斜。坑内堆积为灰褐色土，土质较硬。包含有少量陶片（图二五）。

H33　位于 T4 的东南部。第②层下开口，打破西侧土台台面。坑口长 2.1、宽 0.8、深 0.66 米。坑壁陡直，底近平。坑内堆积为灰褐色土，含细砂，质地坚硬。包含物仅少量碎陶片（图二六）。

不规则长条形灰坑　1 个。

H18　位 T0006 中部。第②层下开口，打破西侧土台台面和 G3。坑口长 1.47、宽 0.32、深 0.12 米。坑壁斜弧，浅圜底。坑内堆积为灰黑色土，质松，含较多草木灰。包含物有少量陶片（图二七）。

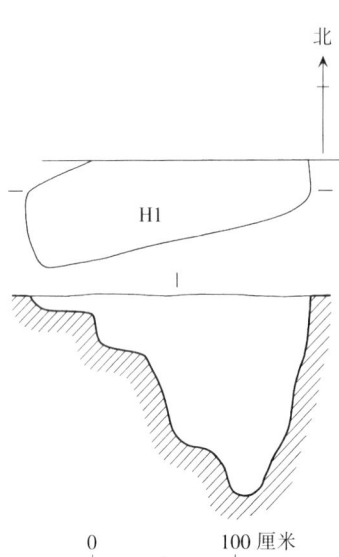

图二四　H1 平、剖面图

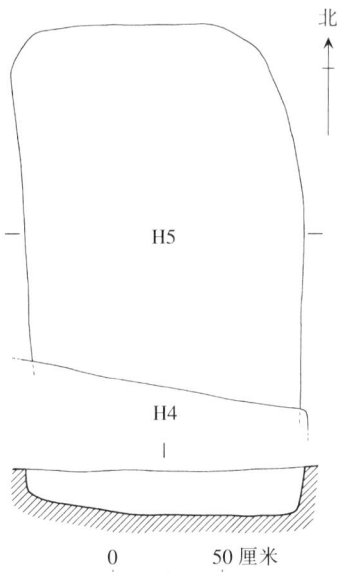

图二五　H5 平、剖面图

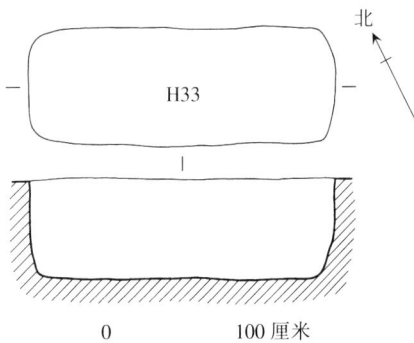

图二六　H33 平、剖面图

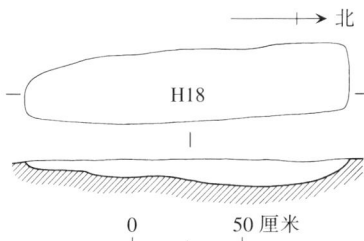

图二七　H18 平、剖面图

圆角梯形灰坑 1个。

H3 位于 T0507 西南部和 T0407 东隔梁。第③A 层下开口，打破东侧土台台面和柱洞 D42。坑口长 1.5 米、宽 0.5～1.05 米、深 0.1 米。坑壁斜弧，浅凹弧底。坑内堆积为浅灰色填土，略松。包含有少量鼎口沿、豆盘等残片（图二八）。

不规则椭圆形灰坑 25个。举5例。

H8 位于 T0607 西南部，部分伸入 T0507 东隔梁。第⑥层下开口，打破东侧土台台面和沟槽 C13。坑口直径1.27～1.7、深 0.2 米。坑壁斜弧，底近平。坑内堆积为灰褐色土。包含物有少量陶片（图二九）。

H9 位于 T0005 东部。第②层下开口，打破西侧土台台面和沟槽 C6。坑口直径 2.14～2.39、深 0.24 米。坑壁斜弧，浅圜底。坑内堆积为灰黑色土，夹杂有草木灰、红烧土颗粒等，土质稍松。灰坑底部发现有多块石块，包括 1 件砺石，出土有少量陶片，可辨器形有鼎、尊等（图三〇）。

图二八 H3 平、剖面图

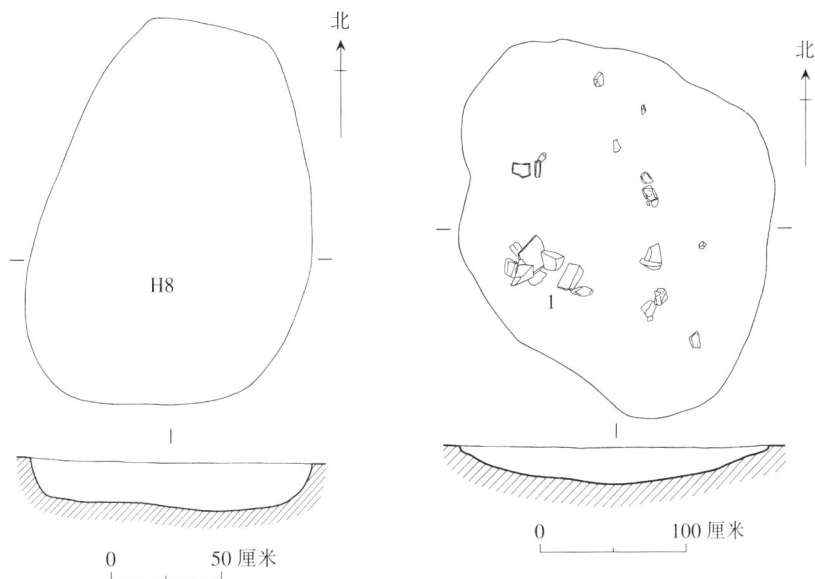

图二九 H8 平、剖面图

图三〇 H9 平、剖面图

H10 位于 T0106 西部。第②层下开口，打破西侧土台台面和柱洞 D10。坑口直径 0.8～0.87、深 0.12 米。坑壁斜弧，浅圜底。坑内堆积为灰黑色土，质地较硬。包含物有鼎足、鼎口沿和罐等残陶片（图三一）。

H14 位于 T0006 西北及往西扩方处。第②层下开口，打破西侧土台台面。坑口直径 1.82～2.2、深 0.24 米。坑壁斜弧，坑底西高东低呈二层台状。坑内堆积为灰黑色土，夹杂有红烧土颗粒。包含物有少量陶片，器形有圈足盘等（图三二）。

图三一　H10 平、剖面图

图三二　H14 平、剖面图

H30　位于 T0608 东北部，东侧土台东坡下，东半部伸入隔梁中，未清理。第⑦B 层下开口，打破第⑩B 层。坑口直径 1.6、深约 0.4 米。坑壁斜弧，坑底近平。坑内堆积为灰黑色土，夹杂有草木灰和红烧土颗粒。包含物主要有少量陶片，可辨器形有鼎、豆、罐等（图三三）。

不规则形灰坑　13 个。举 5 例。

H4　位于 T0507 中西部。第②层下开口，打破东侧土台台面和灰坑 H5、H26。坑口最长 2.58、深 0.22 米。坑壁斜弧，坑底西高东低呈二层台状。坑内堆积为灰褐色土，含有少量红烧土颗粒。包含物仅有少量陶片（图三四）。

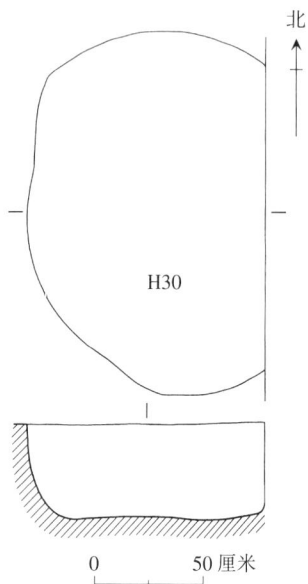

图三三　H30 平、剖面图

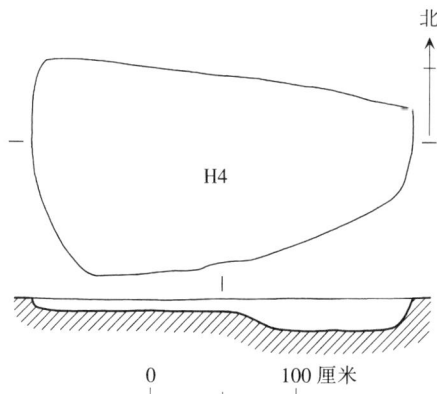

图三四　H4 平、剖面图

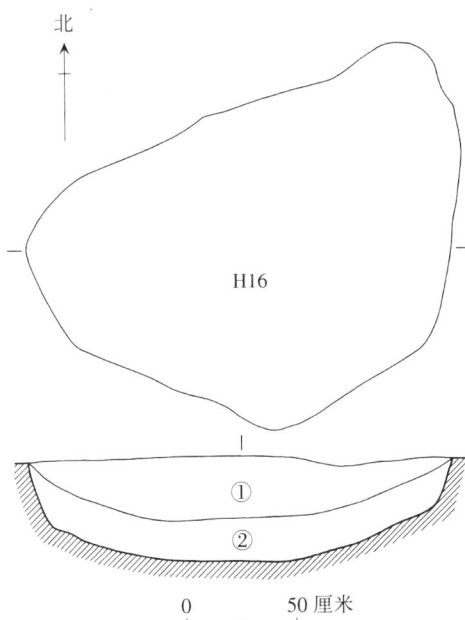

图三五　H7 平、剖面图

图三六　H12 平、剖面图

H7　位于 T0506 北部和 T0507 南部。第②层下开口，打破东侧土台台面和沟槽 C1、C2。坑口最长 3.1、深 0.3 米。坑壁较陡，底近平。坑内堆积为灰褐色土，略松。包含物仅有少量陶片（图三五）。

H12　位于 T0006 的北部。第②层下开口，打破西侧土台台面。坑口最长 1.6、深 0.16 米。坑壁斜弧，底不平。坑内堆积为灰黑色土，夹杂较多草木灰和红烧土颗粒。包含物有部分陶片（图三六）。

H16　位于 T0006 中部。第②层下开口，打破 G3。坑口最长 1.92、深 0.47 米。坑内堆积可分 2 层：第 1 层为灰褐色土，夹杂红烧土颗粒，厚 0 ~ 0.29 米，出土物主要为陶片；第②层为灰黑色土，夹杂有较多草木灰，包含物有少量陶片和 1 件石镞（图三七）。

H41　位于 T0508 北部，略伸入 T0509 南部。第②层下开口，打破东侧土台台面。坑口最长 2.36、深 0.36 米。坑壁斜弧，圜底。坑内堆积为灰褐色土，质硬。包含物仅少量陶片（图三八）。

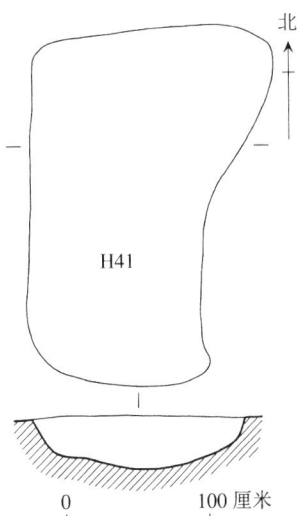

图三七　H16 平、剖面图

图三八　H41 平、剖面图

（二）遗物

1. 陶器

标本 30 件，其中复原器 10 件。陶片数量不多，修复的陶器较少。器形有鼎、豆、壶、圈足盘、罐、盆、杯、尊、袋足鬶、缸、器盖和纺轮等。

鼎　标本 2 件，其中复原器 1 件。复原器 M4:4，夹砂红陶。敞口，斜弧腹，浅圜底，凿形足。口径 12.6、高 10.2 厘米（图三九:1；彩版三五:1）。标本 T0405⑦B:1，夹砂红陶。折沿，沿面内侧有折棱，浅圜底，鱼鳍形足外侧略加厚。口径 28.2、残高 16 厘米（图三九:2；彩版三五:2）。鼎足基本为鱼鳍形足，足两侧饰竖向刻划纹，一些鼎足外侧稍加厚（图三九:3~5）。

豆　标本 4 件，其中复原器 3 件。复原器 T0306⑦B:1，泥质灰陶。平沿，直口微敞，斜弧腹，柄上端一周凸棱，上饰组合小圆形戳印纹。口径 23.2、底径 16.8、高 12.8 厘米（图三九:6；彩版三五:3）。标本 T0407⑥B:5，泥质灰陶。敞口，浅盘，细柄残。口径 17.6、残高 3 厘米（图三九:

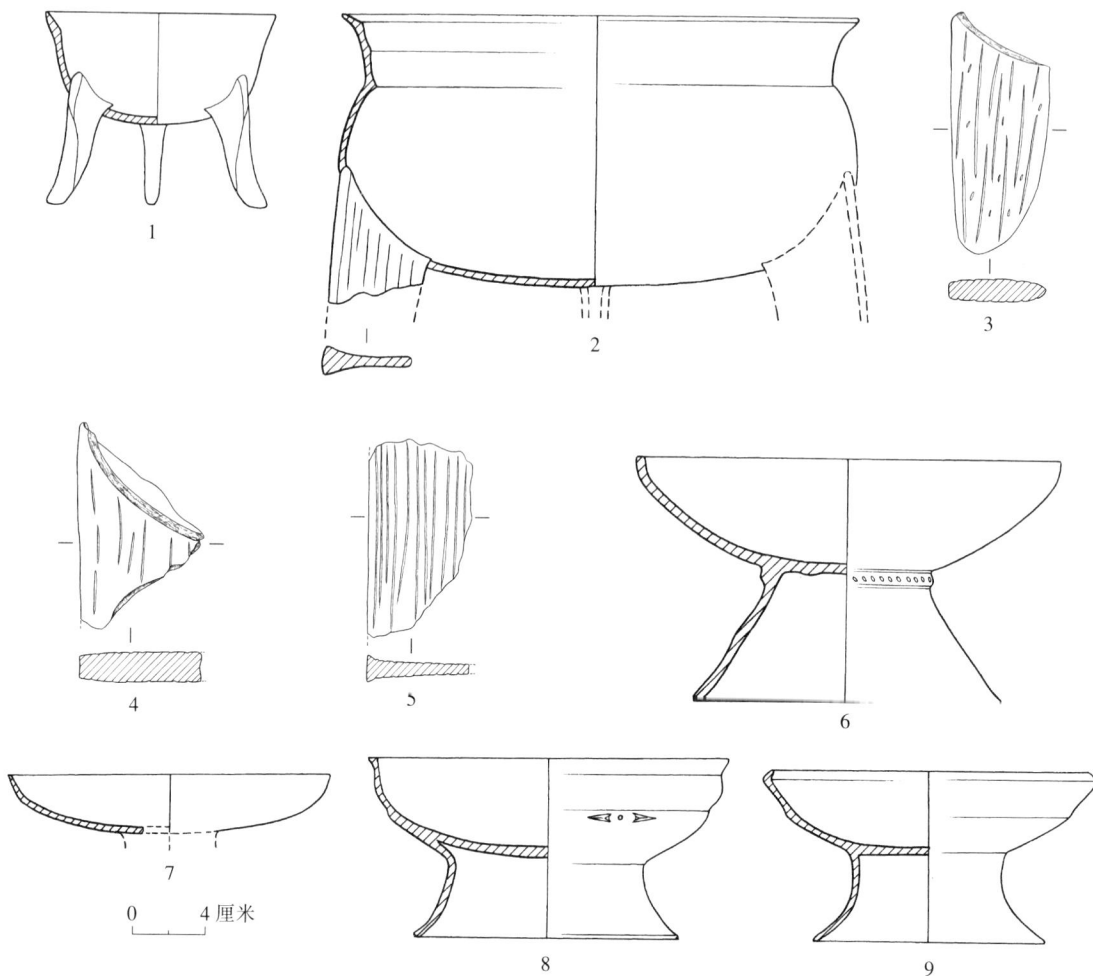

图三九　早期文化遗存陶鼎、豆

1、2. 鼎（M4:4、T0405⑦B:1）　3~5. 鼎足（T0405⑦B:2、G7:1、H21:1）　6~9. 豆（T0306⑦B:1、T0407⑥B:5、M1:3、M3:4）

7）。复原器 M1：3，泥质黄胎黑陶，器表脱落严重。侈口，平沿，盘腹一道凹弧折。腹部一周饰 3 组三角形与小圆形剔刻组合纹。口径 19.6、底径 14.4、高 9.4 厘米（图三九：8；彩版三五：4）。复原器 M3：4，泥质灰陶。敛口，折腹。口径 17.0、底径 12.4、高 9.0 厘米（图三九：9；彩版三五：5）。

壶 1 件。复原器 M4：1，泥质黄陶。侈口，直领，球腹，假圈足平底。口径 6.0、底径 5.8、高 10.6 厘米（图四〇：1；彩版三五：6）。

圈足盘 标本 2 件，其中复原器 1 件。复原器 H14：1，泥质灰陶。侈口，微束颈，折肩折腹，矮圈足。口肩部设一对半环状耳。口径 18.0、底径 15.2、高 6.6 厘米（图四〇：2；彩版三六：1）。标本 H29：2，泥质灰陶。敞口，折腹。盘腹有一道突棱，圈足下部残。口径 21.0、残高 3.2 厘米（图四〇：3）。

罐 标本 8 件。有泥质和夹砂两种质地。

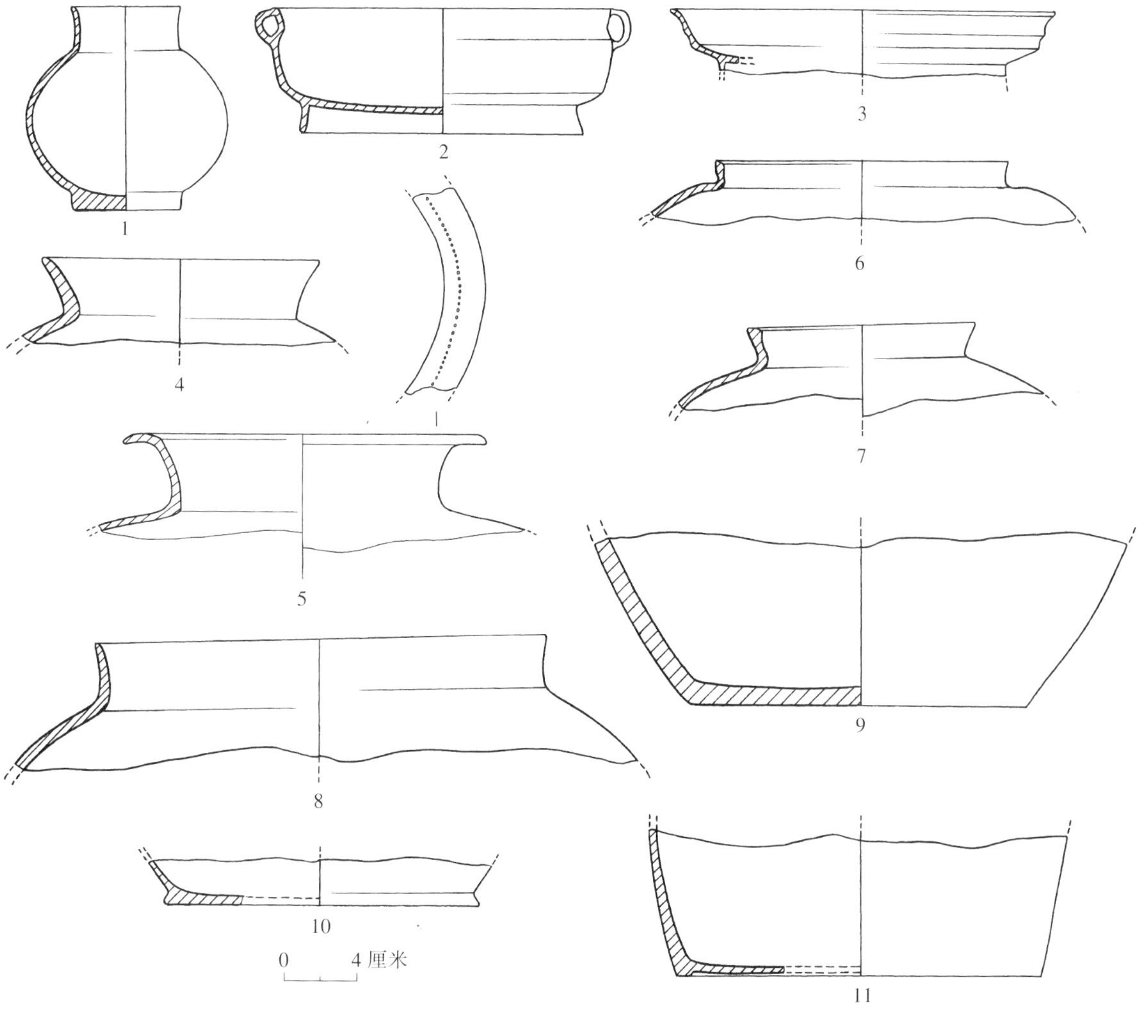

图四〇 早期文化遗存陶壶、圈足盘和罐

1、壶（M4：1）　2、3. 圈足盘（H14：1、H29：2）　4～8. 罐口沿（T0308⑦B：3、T0308⑦B：2、H30：1、T0308⑦B：4、T0609⑥：6）　9～11. 罐底（T0405⑦B：8、T0405⑦B：7、T0609⑥：8）

　　罐的口沿形态有侈口、折沿和翻沿等。标本 T0308⑦B：3，泥质灰陶。折沿。口径 15.0 厘米（图四〇：4）。标本 T0308⑦B：2，泥质橘红陶。翻沿，有领。沿面一周锥刺纹。口径 19.7 厘米（图四〇：5）。标本 H30：1，泥质灰陶。直口。口径 16.0 厘米（图四〇：6）。标本 T0308⑦B：4，泥质灰陶。侈口，束颈。口径 12.4 厘米（图四〇：7）。标本 T0609⑥:6，夹砂红陶。直口微侈，溜肩。口径 24.4 厘米（图四〇：8）。

　　罐的底部形态有平底、假圈足平底和圈足等。标本 T0405⑦B：8，泥质灰陶。平底。底径 18.4 厘米（图四〇：9）。标本 T0405⑦B：7，泥质橘红陶锥刺纹罐的底部。假圈足平底。底径 16.8 厘米（图二四：10）。标本 T0609⑥:8，泥质灰陶。矮圈足。底径 20.0 厘米。（图四〇：11）。

　　盆　标本 3 件，其中复原器 2 件。复原器 G3：1，泥质灰黄陶。敞口，微鼓肩，瘦弧腹，平底。口径 20.2、底径 10.2、高 5.2 厘米（图四一：1；彩版三六：2）。复原器 M4：5，泥质灰陶。敞口，弧腹，假圈足平底。口径 22.6、底径 10.6、高 5.6 厘米（图四一：2；彩版三六：3）。标本 G5：5，泥质黑陶。侈口，束颈，鼓肩。口径 27.0 厘米（图四一：3）。

　　杯　标本 5 件，其中复原器 2 件。可分三种不同形态：第一种为圈足杯。复原器 M4：2，泥质黄

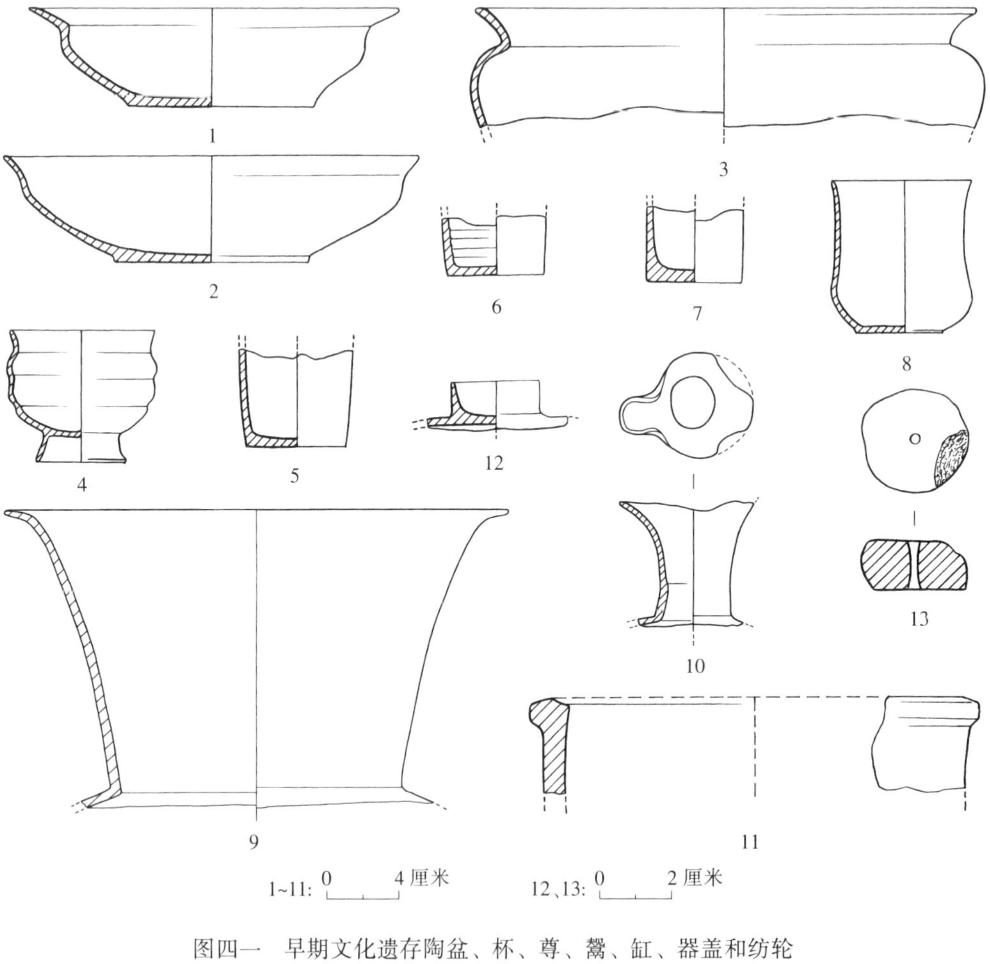

图四一　早期文化遗存陶盆、杯、尊、鬶、缸、器盖和纺轮

1～3. 盆（G3：1、M4：5、G5：5）　　4～8. 杯（M4：2、G5：3、G5：4、T0405⑦B：5、H32：1）　　9. 尊（T0406⑦B：2）　　10. 袋足鬶（T0609⑦A：7）　　11. 缸（T0608⑧：7）　　12. 器盖（G3：2）　　13. 纺轮（T0607⑤：1）

陶。侈口，腹部有二道凹弧，圈足。口径7.8、底径4.8、高6.9厘米（图四一：4；彩版三六：4）。第二种为平底直腹杯。标本G5：3，泥质黄陶。口残。直腹，平底。底径5.6厘米（图四一：5；彩版三六：5）。标本G5：4，泥质黑皮陶。内壁可见制作旋痕。底径5.2厘米（图四一：6）。标本T0405⑦B：5，泥质灰陶。底径5.1厘米（图四一：7）；第三种为平底鼓腹杯。复原器H32：1，泥质黑皮陶。侈口，下腹略鼓，平底。口径7.6、底径4.6、高8.0厘米（图四一：8；彩版三六：6）。

尊　1件。标本T0406⑦B：2，泥质灰陶。高领。口径27.6厘米（图四一：9）。

袋足鬲　1件。标本T0609⑦A：7，夹细砂红陶。残存颈部。颈部高约6厘米（图四一：10）。

缸　1件。标本T0608⑧：7，夹砂红陶。直口，厚唇（图四一：11）。

器盖　1件。标本G3：2，泥质灰陶。残存圈足纽。纽径2.4厘米（图四一：12）。

纺轮　1件。标本T0607⑤：1，泥质红陶。略残。平面圆形，中有一小孔。直径约2.8、高1.3厘米（图四一：13）。

2. 石器

23件。除砺石外，均经磨制。器形有钺、锛、镞、凿、犁和砺石等。

钺　4件。标本M2：1，灰色石质，受侵蚀严重。平面长方形，刃部略宽。双面刃，近顶中部一对钻圆孔。高13.8、刃宽9.4、厚约1厘米（图四二：1；彩版三七：1）。标本M1：2，黑色石质。器平薄，磨制精。平面近方形，双面刃，刃部有崩缺。中部一对钻圆孔。高12.4、刃宽约12.5、厚0.7厘米（图四二：2；彩版三七：2）。标本G5：1，青灰色石质。残存近顶部和半个对钻圆孔。宽8.1、厚1.2厘米（图四二：3）。标本M5：21，灰黄色石质。残，受侵蚀而酥软。近顶中部一对钻圆孔。残高13.7、厚0.6厘米（图四二：4）。

锛　5件。均为平面长方形无段石锛。标本T0105④：1，青灰色石质，磨制精。单面刃。长7.2、刃宽3.7、厚1.5厘米（图四二：5；彩版三七：3）。标本T0107⑥A：1，灰黑色石质。刃部一角残缺。单面刃。长11.7、刃宽5.5、厚1.8厘米（图四二：6）。标本T0407⑦B：2，灰色石质。顶部残。单面刃。残长8.8、刃宽4.7、厚2.4厘米（图四二：7）。标本T0608⑦A：6，青灰色石质。刃部略残。残长6、刃宽约3.2、厚2.1厘米（图四二：8）。标本G5：2，淡绿色石质。器形平薄。单面刃，刃部有崩缺。残长4.7、刃宽3.1、厚0.6厘米（图四二：9）。

镞　4件。均平面柳叶形，截面菱形。标本T0104⑥B：1，灰色石质。锋尖稍残，短铤截面扁平。残长9.4厘米（图四三：1；彩版三七：4）。标本T0609⑤：2，灰黑色石质。无铤。长9.3厘米（图四三：2）。标本H16②：1，黑色石质。无铤，尾端略残。残长6.4厘米（图四三：3）。标本T0609⑤：1，青灰色石质。残。残长6.2厘米（图四三：4）。

凿　1件（标本T0006⑥A：1）。浅灰色石质。平面长条形，单面刃。长8.2、刃宽1.6、厚2.2厘米（图四三：5）。

犁　2件。标本T0608⑤：3，青灰色石质。平面近等腰三角形，犁首残，两侧边起单面刃。犁身中部竖向排列三个两面打制圆孔。残高13.5、厚0.5厘米（图四三：6；彩版三七：5）。标本H29：1，黑色石质。仅存三角形犁首，残断面存半个圆孔。残长6.4、厚0.6厘米（图四三：7）。

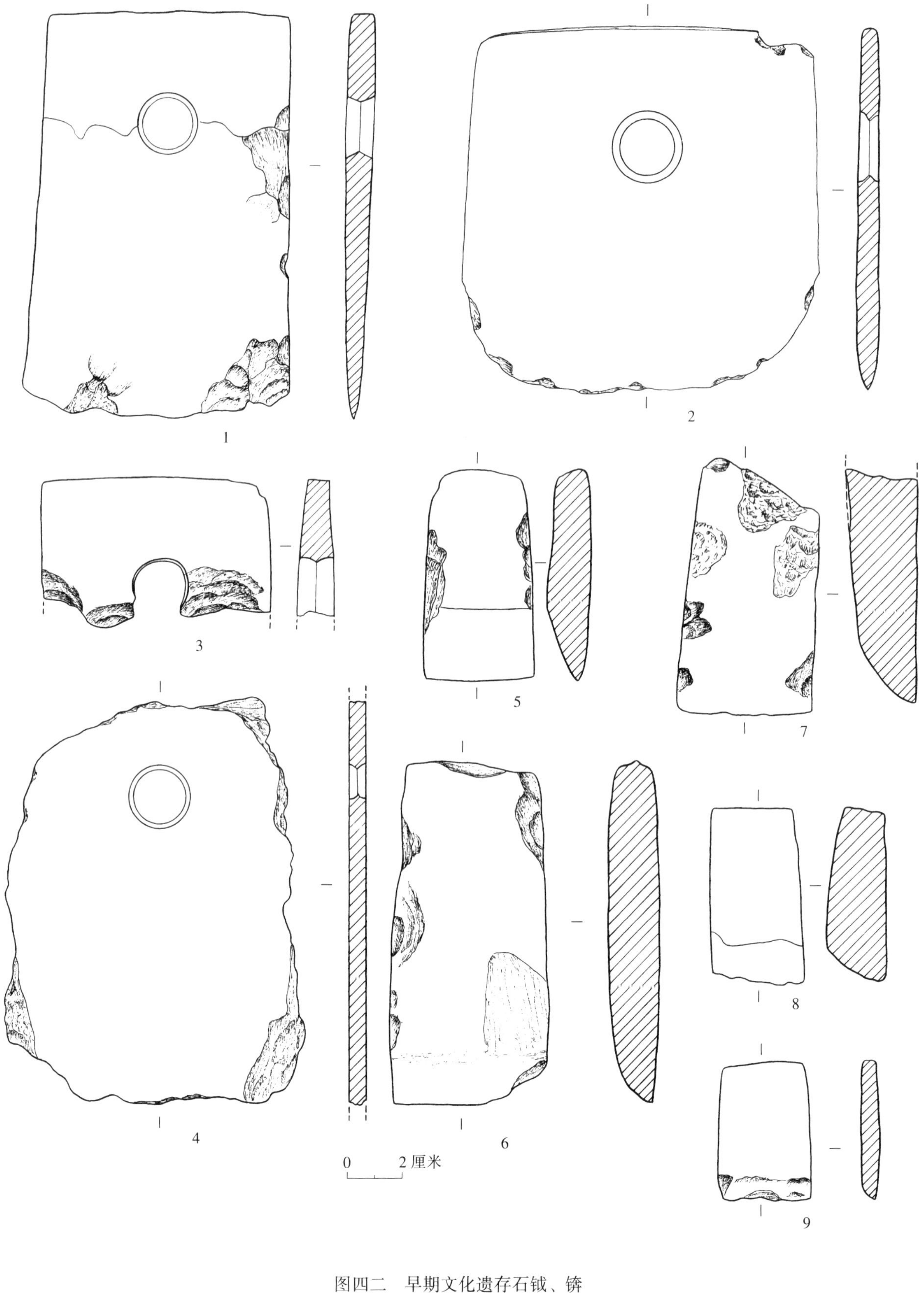

图四二　早期文化遗存石钺、锛

1~4. 钺（M2∶1、M1∶2、G5∶1、M5∶21）　　5~9. 锛（T0105④∶1、T0107⑥A∶1、T0407⑦B∶2、T0608⑦A∶6、G5∶2）

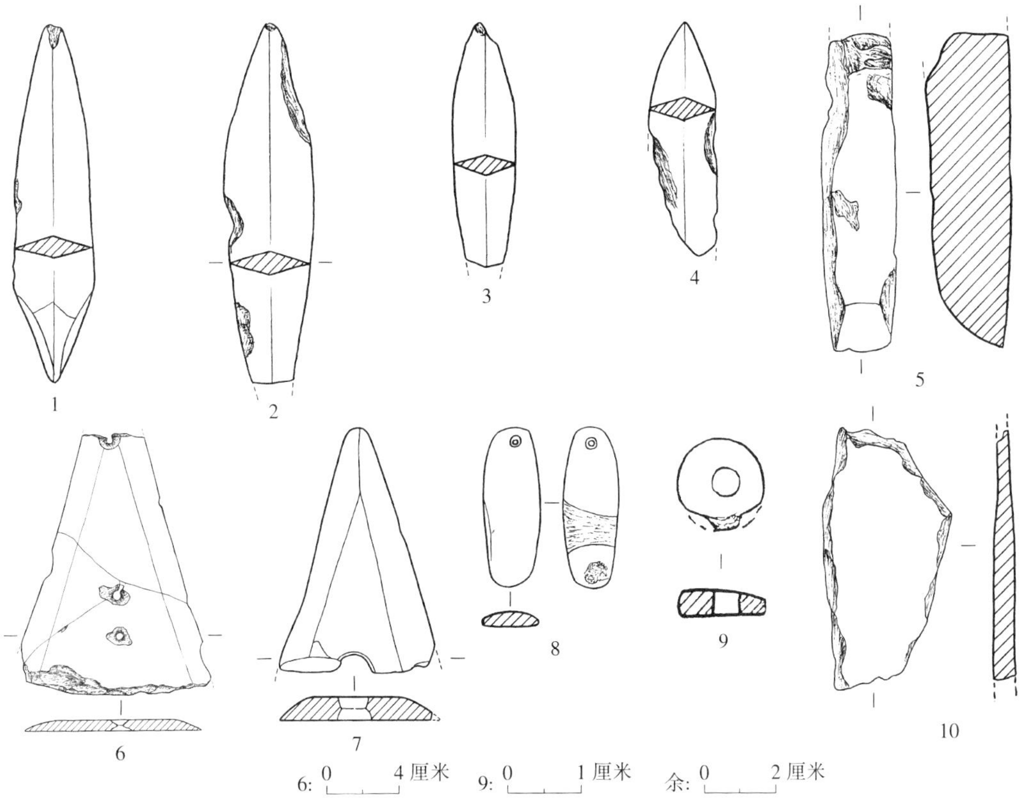

图四三　早期文化遗存石器和玉器

1~4. 石镞（T0104⑥B∶1、T0609⑤∶2、H16②∶1、T0609⑤∶1）　5. 石凿（T0006⑥A∶1）　6~7. 犁（T0608⑤∶3、H29∶1）　8. 玉挂饰（D98∶1）　9. 玉珠（M1∶1）　10. 残玉器（T0407⑤∶1）

砺石　7件。平面均不规则形。标本 G6∶1，灰色砂岩。一个微凹的磨砺面。最长 19.5 厘米（图四四∶1）。标本 T5④∶1，灰色砂岩。二个磨砺面。最长 25 厘米（图四四∶2）。标本 H9∶1，灰黑色砂岩。一个磨砺面。最长 17.3 厘米（图四四∶3）。标本 T0609⑥∶3，灰色砂岩。一个磨砺面。最长 25 厘米（图四四∶4）。标本 T0106④∶2，灰色砂岩。一个磨砺面。最长 33.2 厘米（图四四∶5）。标本 T0609⑥∶5，浅褐色砂岩。一个磨砺面。最长 12.3 厘米（图四四∶6）。标本 T0809⑤∶1，浅褐色砂岩。一个磨砺面。最长 5.0 厘米（图四四∶7）。

3. 玉器

3件。器形有挂饰、珠等。

挂饰　1件。标本 D98∶1，出土于 T0608 居住遗迹柱洞（坑）D98 内。南瓜黄夹青灰斑玉色。平面圆角长方形，一面平整，一面略凸弧。一端有对钻小孔。长 4.2、宽 1.5、厚 0.4 厘米（图四三∶8；彩版三七∶6）。

珠　1件。标本 M1∶1，玉色灰黄。直径 1.2、高 0.3 厘米（图四三∶9）。

残玉器　1件。标本 T0407⑤∶1，玉色深褐，夹白斑。器平薄，疑是玉璧残片。厚 0.6 厘米（图四三∶10）。

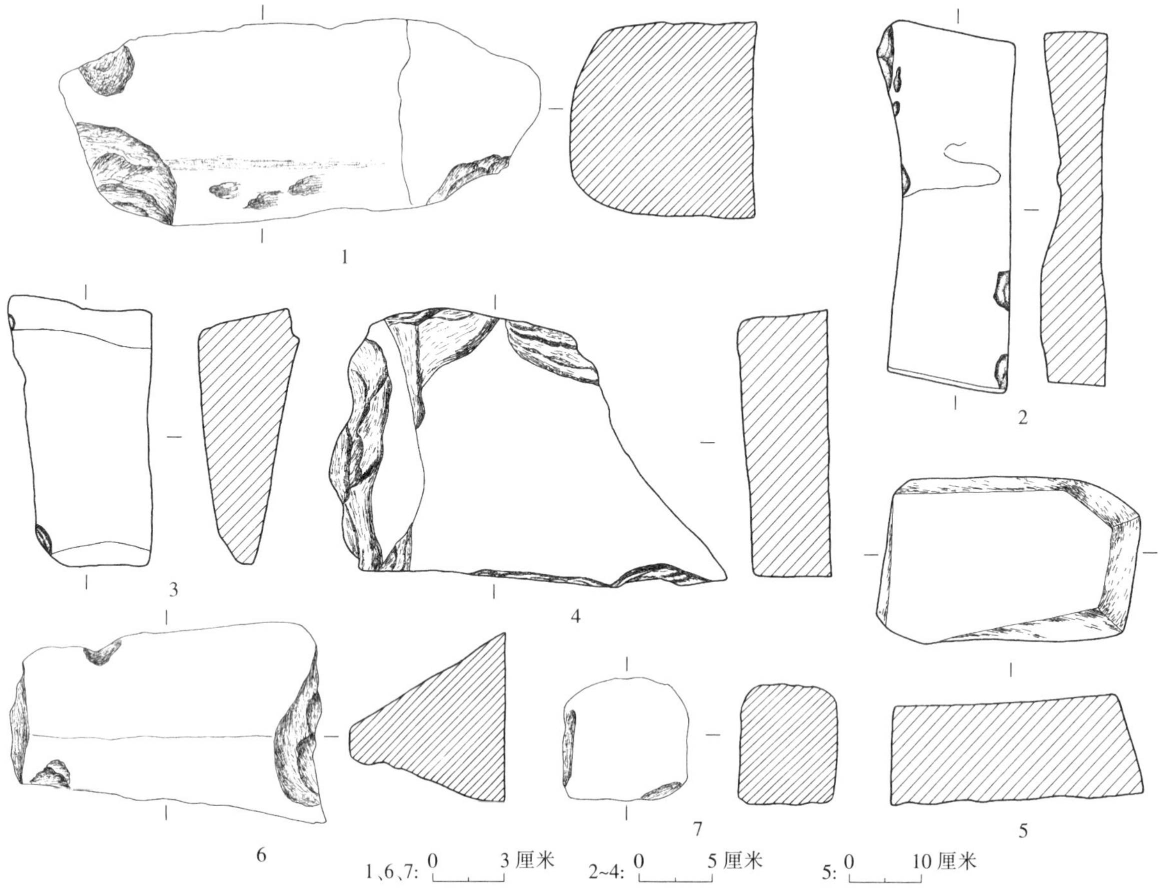

图四四　早期文化遗存砺石

1~7. 砺石（G6：1、T5④：1、H9：1、T0609⑥：3、T0106④：2、T0609⑥：5、T0809⑤：1）

四、晚期文化遗存

晚期文化遗存主要为分布在东侧土台北部的第 4A 层和第 4B 层，没有发现遗迹。出土遗物主要有陶器和石器。

1. 陶器

以夹砂陶为主，占 74%，泥质陶次之，占 23.9%，还有少量粗泥陶（表 2）。夹砂陶中又以红陶数量最多，灰陶和灰黑陶次之。泥质陶中以灰黄陶数量居多，其他依次有红陶、黑皮陶、灰陶和黑陶。夹砂陶制作工艺上有一个特点，就是在夹砂红陶的器表或内壁另加一层灰白色涂抹层，似陶衣，甚至在部分夹砂红陶侧扁鼎足的一侧也可见这种灰白色涂抹层。

陶器以素面为主，装饰方法有压（拍）印、刻划、附加堆和镂孔等多种。压（拍）印纹样有篮纹、绳纹、方格纹和交错绳纹，但数量不多，仅占陶片总数的 0.7%。直线刻划纹主要出现在鼎足的一侧或两侧，水波纹则是这个时期比较有特色的一种刻划纹，主要装饰在泥质陶罐的腹部（图四五；彩版三八：1~4）。

表2　晚期文化遗存陶系纹饰统计表　　　　　　　　　　　　（单位：片）

	泥质陶					夹砂陶			粗泥灰陶	合计	百分比
	灰陶	红陶	黑陶	黑皮陶	灰黄陶	红陶	灰陶	灰黑陶			
篮纹	3						15	15	1	34	0.29%
绳纹						12	4	3		19	0.16%
方格纹	1		14		1					16	0.14%
交错绳纹						1	4	1		6	0.05%
直线刻划纹						20	15			35	0.3%
凹弦纹	4		7		3	1				15	0.13%
刻划水波纹	6		28		8					42	0.36%
镂孔	6		5	3	5					19	0.16%
附加堆纹						5	1	2		8	0.07%
凸棱纹	1		1				1	1		4	0.03%
素面	127	354	72	251	1864	5627	2016	759	242	11312	98.3%
合计	148	354	127	254	1881	5665	2057	781	243	11510	
合计	2764					8503			243	11510	
比例	23.9%					74%			2.1%		100%

陶器标本共117件，其中复原器12件。器形有鼎、豆、圈足盘、袋足鬲、罐、盆、杯、缸、器盖和纺轮等。分类介绍如下。

鼎　43件。鼎是晚期文化遗存最主要的器形。质地以夹砂红陶为主。分口沿和鼎足两部分介绍。

鼎口沿　25件。依据口腹部特征和参考复原器形态，分三型。

A型　22件。侧扁足鼎，出土数量最多。鼎内壁或外壁流行涂抹一层灰白色泥层。依口腹部形态，分两亚型：

Aa型　12件，其中复原器3件。折沿，束颈，腹部形态有鼓腹的，也有微折腹的，或有早晚演变发展关系，因变化方向不明确，暂不予分式。

鼓腹　6件。标本T0408④A：7，夹砂红陶。侧扁足残。口径31.6、残高14.7厘米（图四六：1）。标本T0509④A：56，夹砂红陶。器内壁有灰白色涂抹层。口径30.6厘米（图四六：2）。标本T0509④A：57，夹砂红陶。胎厚。口径22.8厘米（图四六：3）。标本T0509④A：58，夹砂红陶。器内壁有灰白色涂抹层。口径27.0厘米（图四六：4）。标本T0509④B：64，夹砂红陶。器内壁有灰白色涂抹层。口径24.0厘米（图四六：5）。标本T0509④A：67，夹砂红陶。器内壁有灰白色涂抹层。口径27.0厘米（图四六：6）。

微折腹　6件。复原器T0509④B：47，夹砂红陶。足下部残。折腹位置偏上。口径30.0、高约

图四五　晚期文化遗存陶器纹饰示意图

1～3. 绳纹　4. 篮纹　5. 交错绳纹　6、7. 方格纹　8～10. 水波纹　11. 锯齿状堆纹

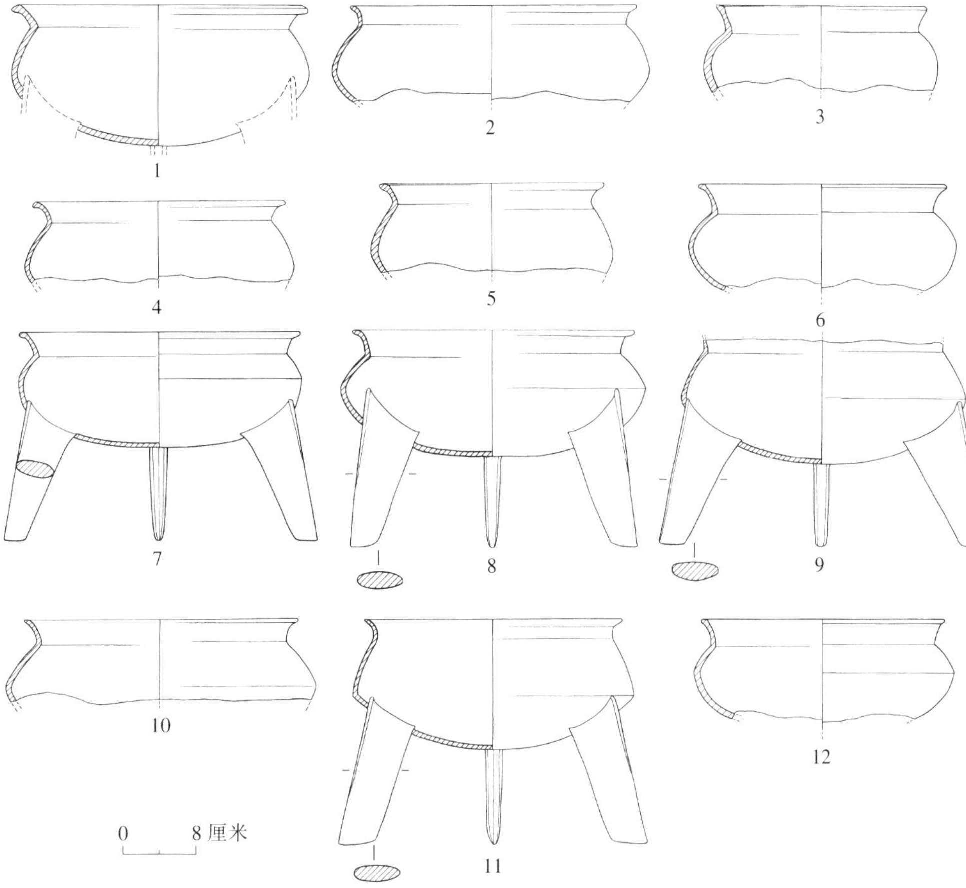

图四六　晚期文化遗存陶鼎（一）

1~12. Aa 型鼎（T0408④A：7、T0509④A：56、T0509④A：57、T0509④A：58、T0509④B：64、T0509④A：67、T0509④B：47、T0509④A：45、T0509④A：48、T0509④A：59、T0509④A：49、T0509④B：63）

21.8 厘米（图四六：7；彩版三九：1）。复原器 T0509④A：45，夹砂红陶。折腹位置略偏上。器内壁和鼎足两侧均有灰白色涂抹层。口径 30.2、高 22.6 厘米（图四六：8；彩版三九：2）。标本 T0509④A：48，夹砂红陶。口沿残。折腹位置居中。器表有灰白泥涂抹层。残高 21.6 厘米（图四六：9）。标本 T0509④A：59，夹砂红陶。折腹位置居中。口径 29.2 厘米（图四六：10）。复原器 T0509④A：49，夹砂红陶。折腹位置偏下。器内壁有灰白泥涂抹层。口径 27.8、高 23.4 厘米（图四六：11；彩版三九：3）。标本 T0509④B：63，夹砂红陶。器内壁有灰白泥涂抹层。口径 26.6 厘米（图四六：12）。

　　Ab 型　10 件。折沿，束颈，颈部显领，一般腹较浅。依据腹部形态分两式。

　　Ⅰ式　4 件。厚唇，鼓腹。T0509④A：66，夹砂红陶。器内壁有灰白色涂抹层。口径 23.2 厘米（图四七：1）。T0509④A：61，夹砂红陶。器表内外均有灰白色涂抹层。口径 26 厘米（图四七：2）。T0509④A：62，夹砂红陶。器内壁有灰白色涂抹层。口径 28 厘米（图四七：3）。T0509④A：73，夹砂红陶。器表有灰白色涂抹层。肩部略折。口径 22.8 厘米（图四七：4）。

　　Ⅱ式　6 件，其中复原器 3 件。扁鼓腹或微折腹。复原器 T0509④A：46，夹砂红陶。扁鼓腹微折。器内壁有灰白色涂抹层。口径 26.4、高 18.6 厘米（图四七：5；彩版三九：4）。复原器 T0509

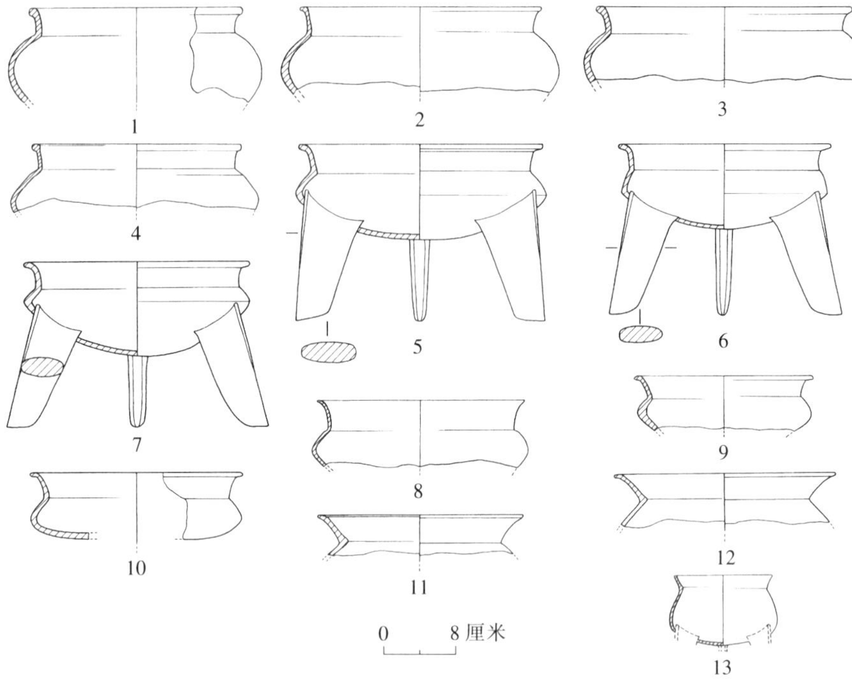

图四七　晚期文化遗存陶鼎（二）

1~4. Ab 型鼎（T0509④A：66、T0509④A：61、T0509④A：62、T0509④A：73）　　5~10. B 型鼎（T0509④A：46、T0509④A：50、T0509④A：54、T0509④A：69、T0508④A：3、T0509④A：53）　　11、12. B 型鼎（T0509④A：84、T0509④A：85）　　13. C 型鼎（T0408④A：70）

④A：50，夹砂红陶。扁鼓腹微折。器内壁有灰白色涂抹层。口径 23、高 18 厘米（图四七：6；彩版三九：5）。复原器 T0509④A：54，夹砂灰陶。扁鼓腹微折。器内壁有灰白色涂抹层。口径 24.8、高 17.6 厘米（图四七：7；彩版三九：6）。标本 T0509④A：69，夹砂红陶。扁鼓腹。器内壁有灰白色涂层。口径 22.4 厘米（图四七：8）。标本 T0508④A：3，夹砂红陶。扁鼓腹。口径 19.2 厘米（图四七：9）。标本 T0509④A：53，夹砂红陶。扁鼓腹。器内壁有灰白色涂层。口径 23.2 厘米（图四七：10）。

　　B 型　2 件。弧背鱼鳍形足鼎。折沿，束颈，沿面外缘有小平台。T0509④A：84，夹砂红陶。口径 22.4 厘米（图四七：11）。标本 T0509④A：85，夹砂红陶。口径 24.0 厘米（图四七：12）。

　　C 型　1 件。标本 T0408④A：70，夹砂黑陶。足残。胎薄，器形较小。口径 10.6 厘米（图四七：13）。

　　鼎足　18 件。鼎足形态有多种，以截面扁圆的侧扁足数量最多（表3）。侧扁足以素面为主，有少量仅在侧扁足一侧饰有 1~4 道竖向直线刻划纹的，颇具特色（图四八：1~8；彩版三八：5）。鱼鳍形足也有一定数量，依形态可分 A、B 两型。A 型为弧背鱼鳍形足，背部拱弧明显（图四八：9~11）。B 型为背部较直，足两侧往往有多道刻划纹，部分足跟内壁可见椭圆形凹窝（图四八：12、13）。此外，还有少量的扁方足、圆锥足、凿形足和个别出现、应为早期残留的 T 字形足等（图四八：14~18；彩版三八：6）。

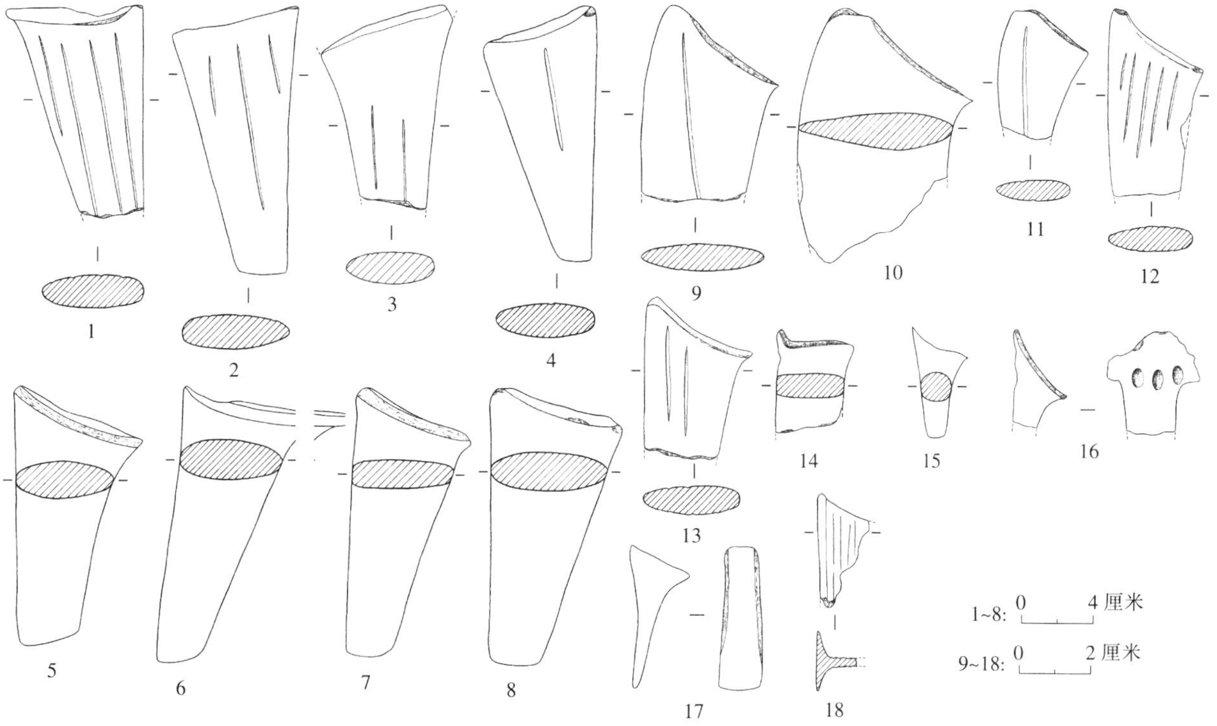

图四八 晚期文化遗存陶鼎足

表3 晚期文化遗存鼎足种类统计表 （单位：个）

	侧扁足		弧背鱼鳍形足		圆锥足	凿形足	扁方足	T字形足	合计
	素面	两侧饰直线刻划纹	A型	B型					
数 量	488	22	33	18	7	5	3	1	577
比 例	84.5%	3.8%	5.7%	3.1%	1.2%	0.9%	0.5%	0.2%	100%

豆 14件。依豆柄形态，分两型。

A型 11件。宽柄豆。盘外壁常常有1~2道弧凸棱。根据豆盘形态分三式。

Ⅰ式 4件。近直口，折腹明显。标本T0509④A：104，泥质黑皮陶。口径30.0厘米（图四九：1；彩版四○：1）。标本T0509④A：105，泥质黑皮陶。口径32.0厘米（图四九：2）。标本T0509④A：107，泥质黑陶。口径28.0厘米（图四九：3）。标本T0509④A：108，泥质灰黄陶。口径19.2厘米（图四九：4）。

Ⅱ式 4件。口微敞，折腹。标本T0509④A：12，泥质灰陶。口径28.0厘米（图四九：5）。标本T0509④A：102，泥质黑皮陶。口径26.8厘米（图四九：6；彩版四○：2）。标本T0509④A：103，泥质灰陶。口径19.2厘米（图四九：7；彩版四○：3）。标本T0509④A：128，泥质黑皮陶。柄残。口径19.0厘米（图四九：8）。

Ⅲ式 3件。敞口，折腹不太明显。标本T0509④A：134，泥质灰陶。口径24.0厘米（图四九：9）。标本T0509④A：133，泥质灰陶。口径24.0厘米（图四九：10）。标本T0509④A：106，泥质黑陶。

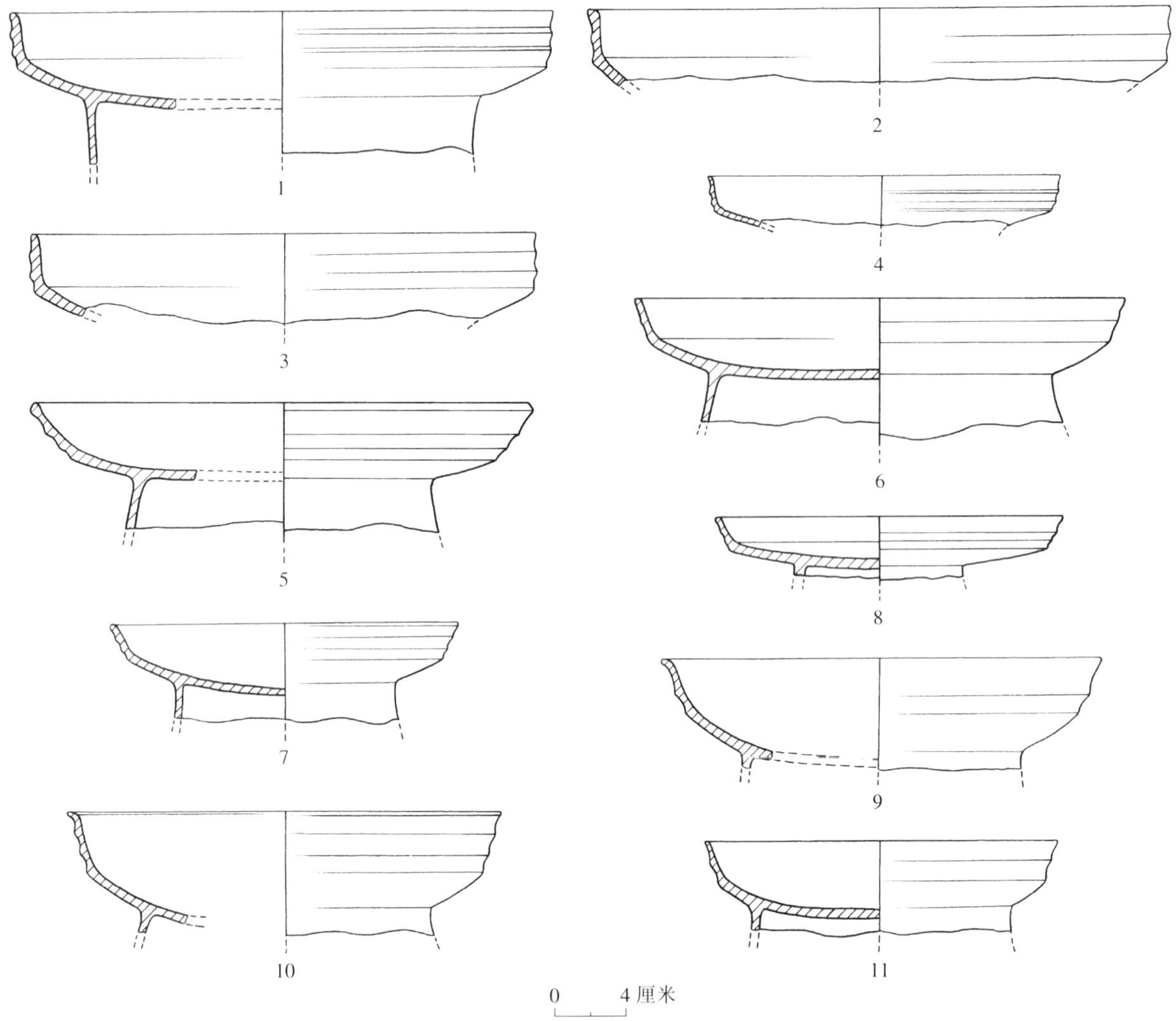

图四九　晚期文化遗存陶豆

1～4. A I 式豆（T0509④A：104、T0509④A：105、T0509④A：107、T0509④A：108）　5～8. A II 式豆（T0509④A：12、T0509④A：102、T0509④A：103、T0509④A：128）　9～11. A III 式豆（T0509④A：134、T0509④A：133、T0509④A：106）

口径19.2厘米（图四九：11）。

B型　3件。细柄豆。标本T0509④A：109，泥质黑皮陶。敞口，浅盘，柄残。口径18.4厘米（图五〇：1；彩版四〇：4）。标本T0509④A：110，泥质灰黄陶。细柄。柄部一周凸棱并饰有圆形镂孔（图五〇：2）。标本T0509④A：112，泥质黑陶。喇叭状细柄。柄下部饰组合弦纹。底径16.6厘米（图五〇：3）。

　圈足盘　6件，其中复原器3件。分两型。

　A型　3件。敞口。复原器T0509④A：44，泥质黑皮陶。翻沿，略折腹，浅盘，矮圈足。口径23.8、底径18.0、高3.2厘米（图五〇：4；彩版四〇：5）。标本T0509④A：132，泥质灰黄陶。弧腹。口径28.0厘米（图五〇：5）。标本T0509④A：135，泥质灰黄陶。腹部有一道弧凸棱。口径24.8厘米（图五〇：6）。

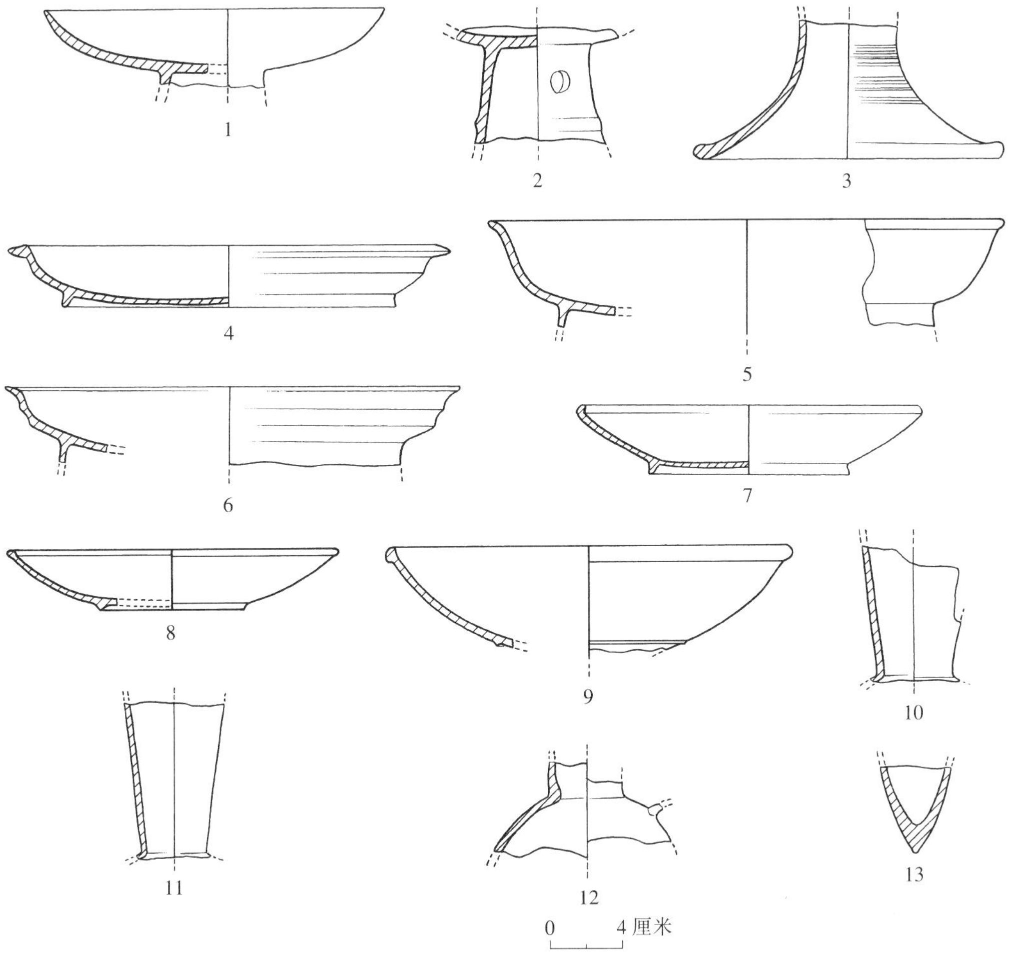

图五〇　晚期文化遗存陶豆、圈足盘和袋足鬶

1~3. B 型豆（T0509④A：109、T0509④A：110、T0509④A：112）　　4~6. A 型圈足盘（T0509④A：44、T0509④A：132、T0509④A：135）
7~9. B 型圈足盘（T0509④A：129、T0509④A：130、T0509④A：131）　　10~13. 袋足鬶（T0509④A：149、T0509④A：76、T0509④A：75、T0509④A：148）

B 型　3 件。敛口或微敛口。复原器 T0509④A：129，泥质灰黄陶。矮圈足。口径 18.8、底径 10.8、高 3.6 厘米（图五〇：7；彩版四〇：6）。复原器 T0509④A：130，泥质灰黄陶。矮圈足。口径 18.0、底径 7.8、高 3.2 厘米（图五〇：8）。标本 T0509④A：131，泥质灰陶。微敛口。盘腹一周凸棱。圈足残。口径 22.0 厘米（图五〇：9）。

袋足鬶　4 件。标本 T0509④A：149，夹砂红陶。细长颈（图五〇：10）。标本 T0509④A：76，夹砂红陶。细长颈（图五〇：11）。标本 T0509④A：75，夹砂红陶。肩部一侧有把痕（图五〇：12）。标本 T0509④A：148，夹砂红陶（图五〇：13）。

泥质罐　7 件。口沿形态有折沿、侈口、敛口、短直口和直口等多种。标本 T0509④A：117，泥质灰黄陶。折沿，束颈。口径 23.6 厘米（图五一：1）。标本 T0509④B：115，泥质灰陶。侈口，微束颈，圆弧腹。中腹一周凸弦纹。口径 20.0 厘米（图五一：2）。标本 T0509④B：116，泥质灰黄陶。敛口。肩部有对称錾痕。口径 18.0 厘米（图五一：3）。标本 T0509④A：119，泥质灰陶。短直口。口径

7.6 厘米（图五一：4）。标本 T0509④A：113，泥质灰黄陶。直口微侈。口径 22.8 厘米（图五一：5）。标本 T0509④A：114，泥质灰陶。直口。鼓肩。口径 19.2 厘米（图五一：6）。标本 T0509④A：121，泥质灰陶。口沿残。鼓腹，圈足。底径 19.2 厘米（图五一：7）。

　　夹砂罐　11 件。口沿形态多种，其中以直口数量最多，其他还有折沿、侈口、敛口等。标本 T0509④A：78，夹砂灰陶。直口，肩部有二道凹弧。口径 23.6 厘米（图五二：1）。标本 T0509④A：68，夹砂灰陶。直口。折肩，肩部有两周凹弦纹。口径 30.0 厘米（图五二：2）。标本 T0509④A：86，夹砂红陶。直口微侈。口径 23.0 厘米（图五二：3）。标本 T0509④A：82，夹砂红陶。局部可见灰白色涂抹层。口径 17.0 厘米（图五二：4）。标本 T0509④A：88，夹砂红陶。短直口。口径 12.8 厘米（图五二：5）。标本 T0509④A：85，夹砂红陶。折沿，束颈。口径 22.8 厘米（图五二：6）。标本 T0509④A：84，夹砂红陶，折沿，束颈。口径 22.4 厘米（图五二：7）。标本 T0509④A：60，夹砂红陶。微束颈。口径 21.2 厘米（图五二：8）。标本 T0509④A：65，夹砂红陶。侈口。肩部有两周凹弦纹。口径 23.2 厘米（图五二：9）。标本 T0509④A：79，夹砂灰陶。敛口。口径 25.2 厘米（图五二：10）。标本 T0509④A：80，夹砂红陶。敛口，鼓肩。肩部一侧有一鸡冠状小錾。口径 22.4 厘米（图五二：11）。

　　盆　标本 4 件。分两型。

　　A 型　3 件。侈口，微束颈，鼓肩，斜弧腹。标本 T0509④B：100，泥质黄陶。口径 15.6 厘米

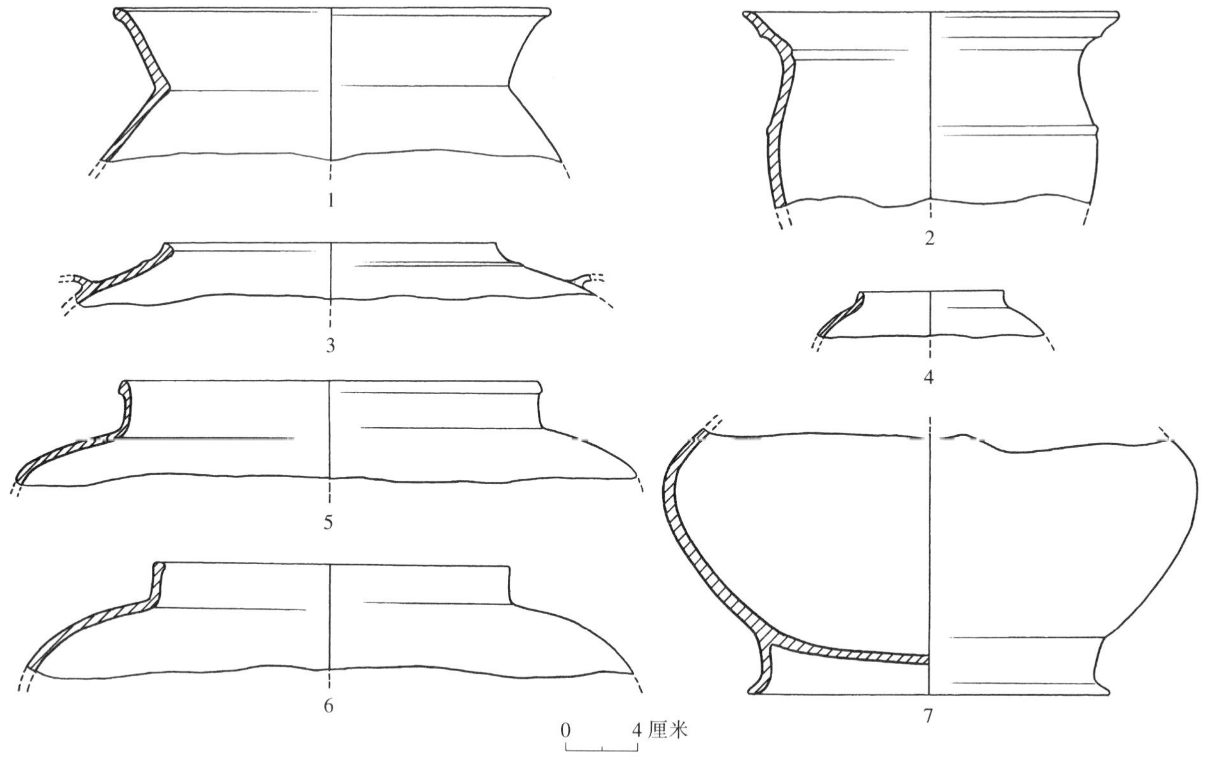

图五一　晚期文化遗存泥质陶罐

1~7. 泥质陶罐（T0509④A：117、T0509④B：115、T0509④B：116、T0509④A：119、T0509④A：113、T0509④A：114、T0509④A：121）

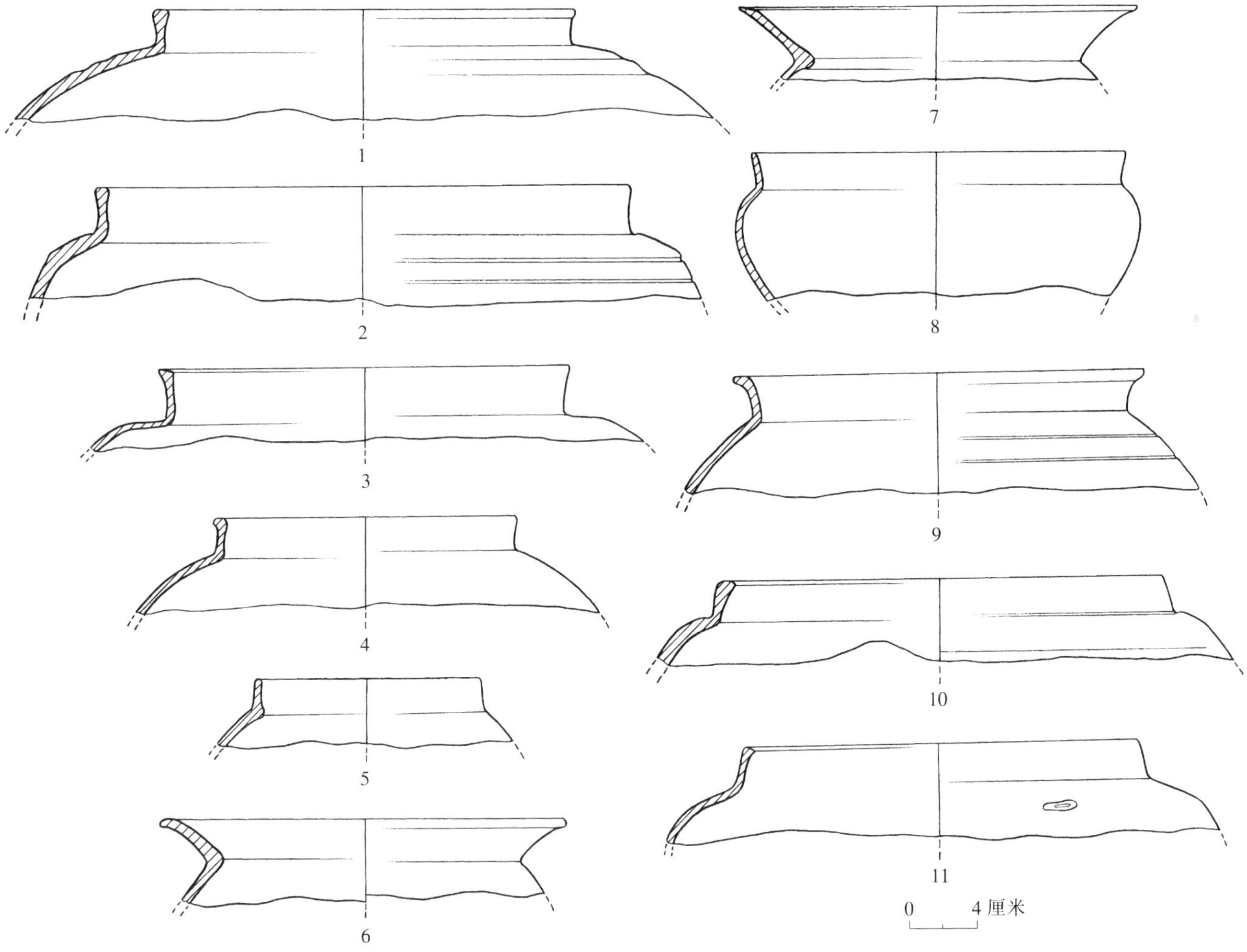

图五二　晚期文化遗存夹砂陶罐

1~11. 夹砂陶罐（T0509④A：78、T0509④A：68、T0509④A：86、T0509④A：82、T0509④A：88、T0509④A：85、T0509④A：84、T0509④A：60、T0509④A：65、T0509④A：79、T0509④A：80）

（图五三：1）。标本 T0509④A：99，泥质黑陶。口径 20.0 厘米（图五三：2）。标本 T0509④A：101，泥质黄陶。口径 18.0 厘米（图五三：3）。

B 型　1 件。标本 T0509④A：98，泥质黑皮陶。侈口，方唇，束颈，腹微鼓。口径 32.0 厘米（图五三：4）。

杯　9 件。分两型。

A 型　7 件。带把圈足杯。一般近圈足的下腹略折，扁条半环状把手。标本 T0408④A：125，泥质黑陶。矮圈足。底径 6.5 厘米（图五三：5）。标本 T0408④A：4，泥质灰黄陶。腹部一侧设把手。底径 5.8 厘米（图五三：6，彩版四〇：7）。标本 T0509④A：143，泥质黑皮陶。圈足略高，并饰四个圆形镂孔。底径 6.0 厘米（图五三：7）。标本 T0509④A：144，泥质黑皮陶，黑皮脱落严重。底径 6.4 厘米（图五三：8）。标本 T0509④A：141，泥质灰黄陶。腹部一侧见把手痕。底径 7.0 厘米（图五三：9；彩版四〇：8）。标本 T0509④A：142，泥质灰黄陶。腹部一侧把手残。底径 7.5 厘米。

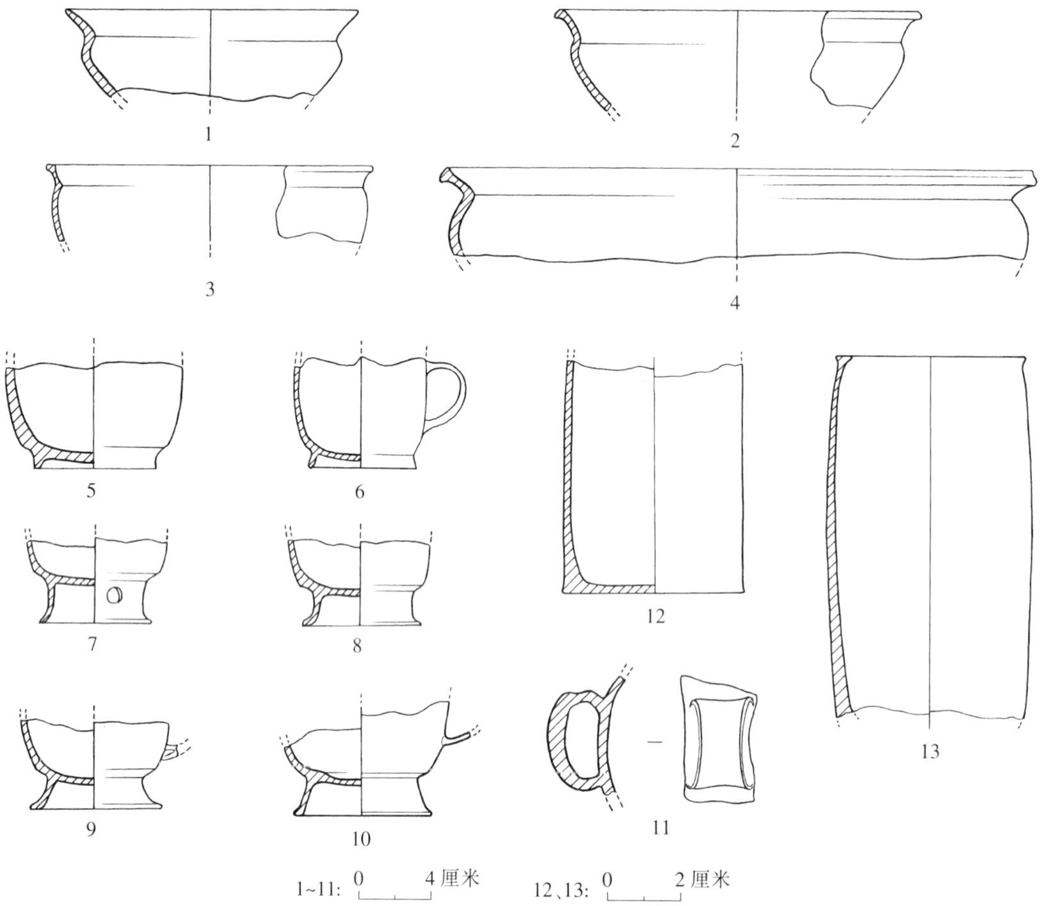

图五三　晚期文化遗存陶盆和杯

1~3.A型盆（T0509④B：100、T0509④A：99、T0509④A：101）　4.B型盆（T0509④A：98）　5~11.A型杯（T0408④A：125、T0408④A：4、T0509④A：143、T0509④A：144、T0509④A：141、T0509④A：142、T0509④A：77）　12、13.B型杯（T0509④A：126、T0509④A：127）

（图五三：10；彩版四〇：8）。标本T0509④A：77，泥质灰陶。残留杯把（图五三：11）。

B型　2件。筒腹平底杯。标本T0509④A：126，泥质灰黄陶。底径4.8、残高6厘米（图五三：12）。标本T0509④A：127，泥质灰陶。直口微侈，底残。口径5.0、残高9.5厘米（图五三：13）。

缸　标本4件。标本T0509④A：51，夹砂黑陶。平折沿，方唇。上腹近直。腹部浅刻由兽面纹和草叶纹组成的图案，兽面重圈为眼，比较抽象。从一起出土的其他碎片看，腹部饰横向篮纹（图五四：1、2；彩版四〇：9）。T0509④A：52，夹砂灰陶。敞口，厚唇，上腹斜直。沿下一周凸棱纹，弦纹以下饰斜向篮纹。口径40.4厘米（图五四：3）。标本T0508④A：2，夹砂红陶。直口微敛，斜弧腹。口径34.0厘米（图五四：4）。标本T0509④A：147，腹部残片。夹砂红胎灰黑陶，胎厚。腹部饰两周凸棱纹和斜向篮纹（图五四：5）。

器盖　4件。标本T0509④A：96，夹砂红陶。纽残。盖径21.4厘米（图五五：1）。标本T0509④A：95，夹砂红陶。纽残。盖径21.2厘米（图五五：2）。标本T0509④A：91，夹砂红陶。残存圈足纽。纽径7.8厘米（图五五：3）。标本T0509④A：92，夹砂红陶。残存圈足纽。纽径5.6厘米（图五五：4）。

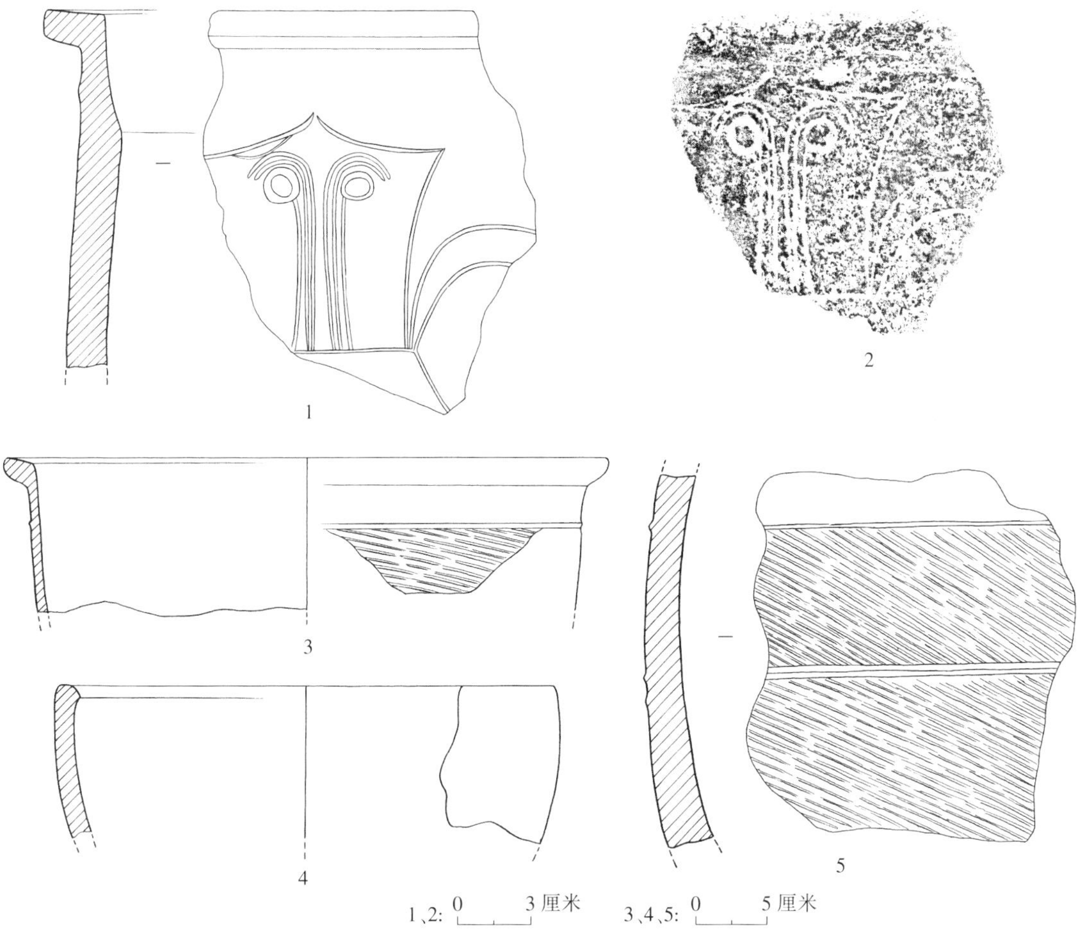

图五四　晚期文化遗存陶缸

1~2.刻纹陶缸（T0509④A∶51）　　3~5.陶缸（T0509④A∶52、T0508④A∶2、T0509④A∶147）

　　器底　8件。分三型。

　　A型　6件。矮圈足。主要为罐或盘的圈足。标本T0509④A∶120，泥质灰陶。底径15.6厘米（图五五∶5）。标本T0509④A∶122，泥质灰陶。底径14.2厘米（图五五∶6）。标本T0509④A∶123，泥质灰陶。底径6.8厘米（图五五∶7）。标本T0509④A∶89，夹砂红陶。底径8.4厘米（图五五∶8）。标本T0509④A∶136，泥质灰陶。底径16.9厘米（图五五∶9）。标本T0509④B∶137，泥质灰陶。底径23.6厘米（图五五∶10）。

　　B型　1件。高圈足。标本T0509④A∶93，夹砂红陶，局部可见灰白色涂抹层。器形较大，疑是尊的圈足。底径28.4厘米（图五五∶11）。

　　C型　1件。平底。标本T0509④A∶90，夹砂红陶。底径16.0厘米（图五五∶12）。

　　纺轮　3件。均截面梯形。标本T0509④A∶9，泥质红陶。上径2.8、下径3.2、孔径0.5、高1.0厘米（图五五∶13）。标本T0509④A∶30，泥质红陶，局部泛黑。一面饰有小圆形组合纹。上径2.9、下径3.3、孔径0.5、高1.2厘米（图五五∶14；彩版四〇∶10）。标本T0509④A∶39，夹砂红陶。侵蚀严重。下径3.3、孔径0.45、高1.3厘米（图五五，15）。

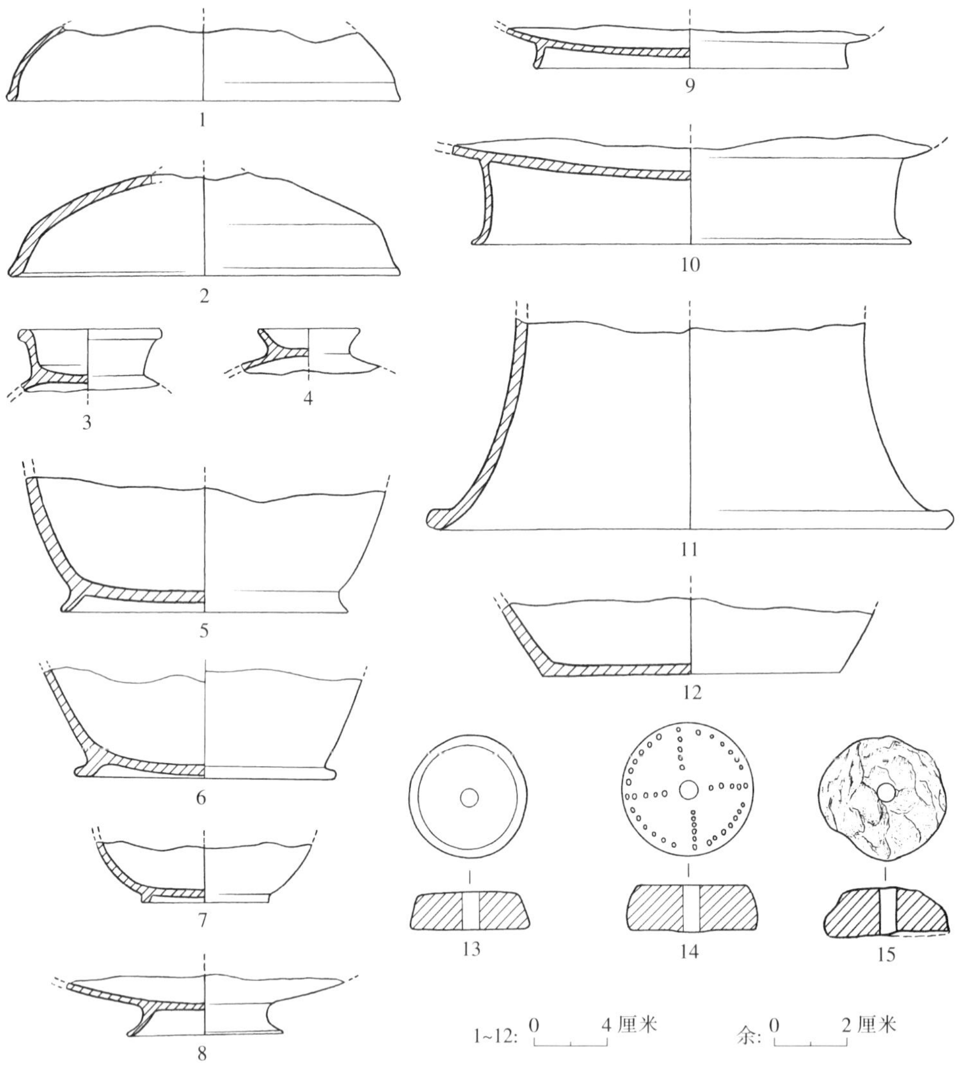

图五五　晚期文化遗存陶器盖、器底和纺轮

1～4. 器盖（T0509④A：96、T0509④A：95、T0509④A：91、T0509④A：92）　5～10. A 型器底（T0509④A：120、T0509④A：122、T0509④A：123、T0509④A：89、T0509④A：136、T0509④B：137）　11. B 型器底（T0509④A：93）　12. C 型器底（T0509④A：90）　13～15. 纺轮（T0509④A：9、T0509④A：30、T0509④A：39）

2. 石器

共 32 件。均经磨制，器形有斧、钺、锛、镞、刀、耘田器、犁和砺石等。

斧　2 件。标本 T0509④A：24，灰绿色石质。刃端残，截面椭圆形，器形厚重。残高约 9 厘米（图五六：1）。标本 T0408④A：3，灰黑色石质，残存一纵向薄片，双面刃。残高 14.1 厘米（图五六：2）。

钺　1 件。标本 T0509④A：25，灰色石质。刃部残，平顶，单面钻孔。残高约 7、厚 1.0 厘米（图五六：3）。

锛　7 件。平面长方形，单面刃。依形态分两型。

A 型　6 件。无段。标本 T0509④A：29，浅灰色石质。磨制较精。长 6.5、刃宽 4.0、厚 1.8 厘米

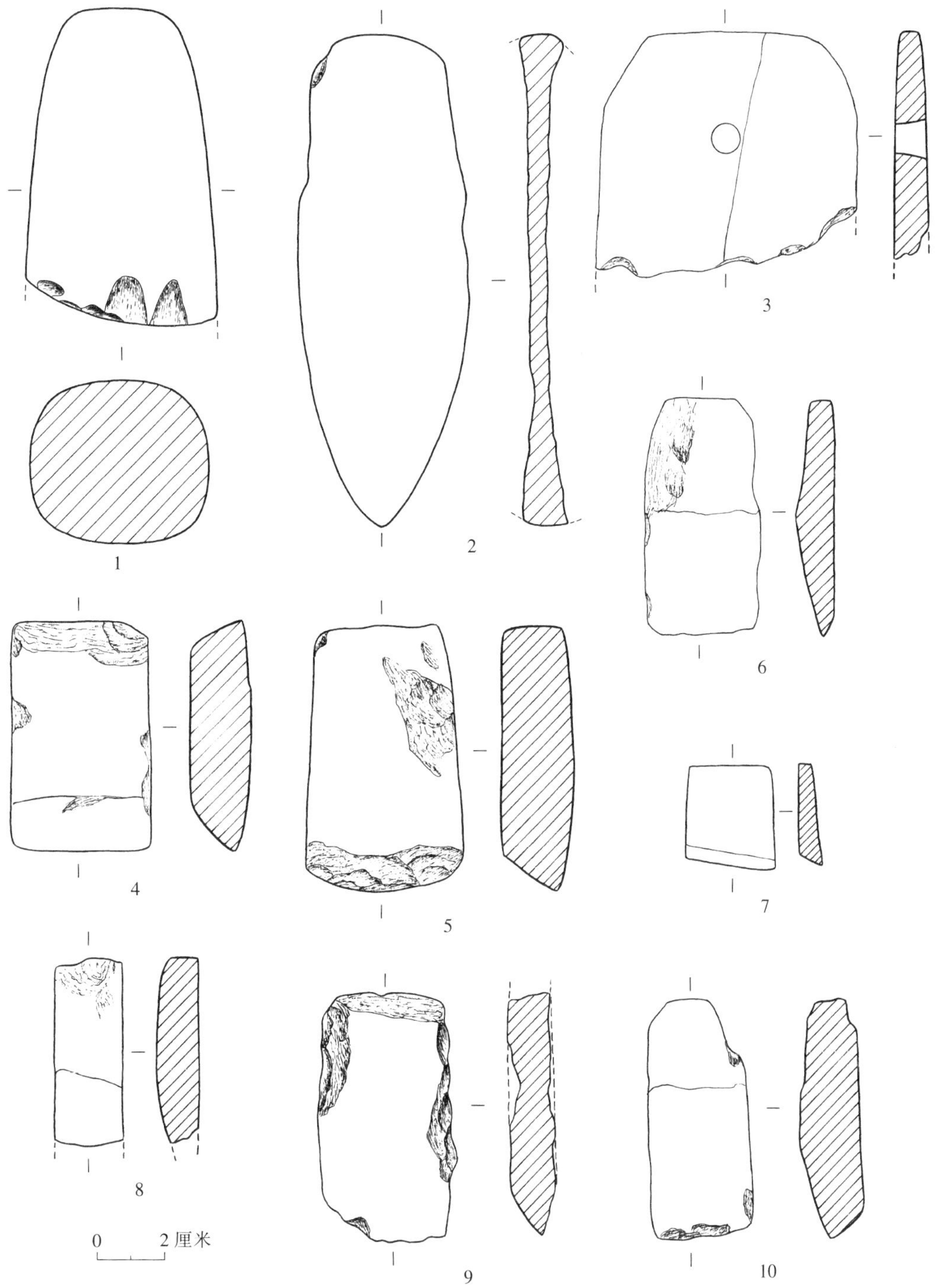

图五六　晚期文化遗存石斧、钺和锛

1、2. 斧（T0509④A：24、T0408④A：3）　3. 钺（T0509④A：25）　4～9. A 型锛（T0509④A：29、T0509④A：19、T0509④A：10、T0509④A：27、T0509④B：37、T0408④A：2）　10. B 型锛（T0509④A：41）

（图五六：4）。标本 T0509④A：19，灰白色石质。刃部略残。长 7.6、刃宽 4.6、厚 2.1 厘米（图五六：5）。标本 T0509④A：10，灰色石质。一面平整，一面中部横向脊线明显。长 6.7、刃宽 3.5、厚 1.2 厘米（图五六：6）。标本 T0509④A：27，灰绿色石质。单面斜刃。器形小巧。长 2.9、刃宽 2.6、厚 0.6 厘米（图五六：7；彩版四一：1）。标本 T0509④B：37，灰白色石质。残。器形较瘦。残长 5.3、宽

2.0、厚1.2厘米（图五六：8）。标本T0408④A：2，青灰色石质。残。残长7.1、宽3.9、厚1.3厘米（图五六：9）。

B型　1件。有段。标本T0509④A：41，灰色石质。长6.8、刃宽2.7、厚1.9厘米（图五六：10；彩版四一：2）。

镞　11件。锋部截面均菱形。依形态分两型：

A型　6件。柳叶形。依形态分两亚型。

Aa型　5件。铤部不明显。标本T0408④A：5，灰色石质。尾端略残。残长7.2厘米（图五七：1）。标本T0509④A：4，黑色石质。一侧略残。长8.0厘米（图五七：2）。标本T0509④A：32，灰黄色石质。前锋略残。残长7.5厘米（图五七：3；彩版四一：3）。标本T0509④A：3，黑色石质。长5.3厘米（图五七：4；彩版四一：4）。标本T0509④A：13，黑色石质。前锋残。残长7.2厘米（图五七：5）。

Ab型　1件。铤部明显。标本T0509④A：16，淡褐色石质。扁圆铤。磨制精。长7.0厘米（图五七：6；彩版四一：5）。

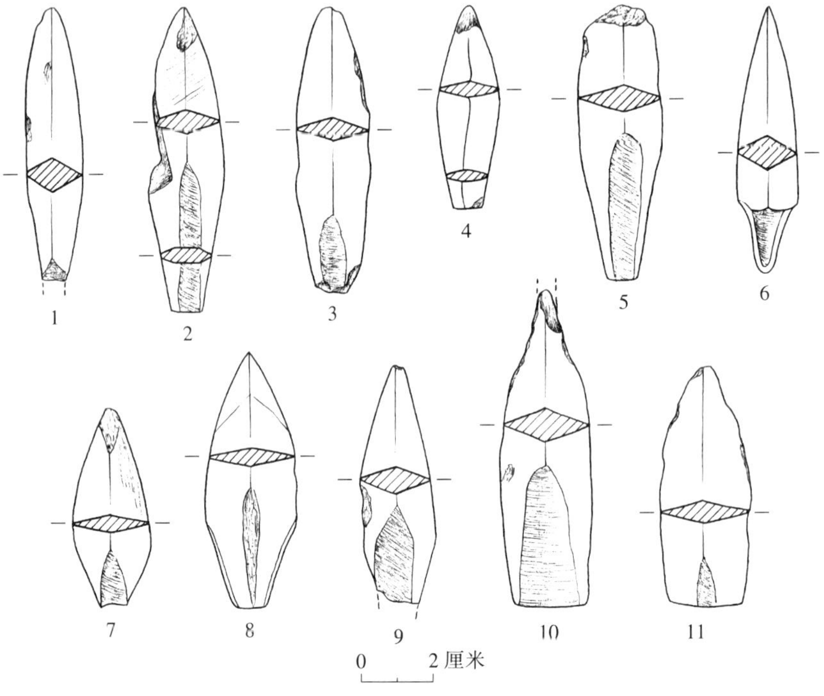

图五七　晚期文化遗存石镞

1～5. Aa型镞（T0408④A：5、T0509④A：4、T0509④A：32、T0509④A：3、T0509④A：13）　6. Ab型镞（T0509④A：16）

7～9. Ba型镞（T0509④A：11、T0509④A：17、T0509④A：38）　10、11. Bb型镞（T0509④A：15、T0509④A：35）

B型　5件。桂叶形。可分两亚型。

Ba型　3件。标本T0509④A：11，黑色石质。长5.2厘米（图五七：7；彩版四一：6）。标本T0509④A：17，灰黑色石质。器形扁平。精磨。长6.7厘米（图五七：8；彩版四一：7）。标本T0509④A：38，黑色石质。略残。残长6.2厘米（图五七：9）。

Bb型　2件。尾端宽而平整。标本T0509④A：15，黑色石质。长8.3厘米（图五七：10）。标本 T0509④A：35，黑色石质。长6.3厘米（图五七：11；彩版四一：8）。

刀　3件。标本 T0509④A：7，青灰色石质。残呈长梯形，斜边起单面刃。残高10.4、厚0.8厘米（图五八：1；彩版四二：1）。标本 T0509④A：26，青灰色石质。两端均残。器扁平，一边起单面刃。厚0.5厘米（图五八：2；彩版四二：2）。标本 T0509④A：8，灰绿色石质。残呈长方形。器厚实，一侧边有未开的刃部。厚1.2厘米（图五八：3）。

耘田器　1件。标本 T0509④A：23，灰色石质，磨制精。一侧翼残。残高8、厚0.5厘米。两侧翼外边起双面刃，器身中部一对钻圆孔。可能为早期文化遗存残留（图五八：4；彩版四二：3）。

犁　2件。标本 T0509④A：1，灰色石质。器形平薄，平面呈瘦高的等腰三角形，两边起单面刃。犁身中部上下各有两个纵向排列的双面打制小孔。通高52.4、厚0.9厘米（图五八：5；彩版四二：4）。标本 T0509④A：22，青灰色石质。残。犁身残存一个半双面打制小孔。厚1.0厘米（图五八：6）。

5:　0 ___ 4厘米　　余：0 ___ 2厘米

图五八　晚期文化遗存石刀、耘田器和犁

1~3. 刀（T0509④A：7、T0509④A：26、T0509④A：8）　4. 耘田器（T0509④A：23）　5、6. 犁（T0509④A：1、T0509④A：22）

砺石　5件。标本 T0509④A：14，灰色砂岩。平面不规则形，上下两个磨砺面。最长 15.0、厚约 4 厘米（图五九：1）。标本 T0509④A：33，灰黑色细砂岩。平面残呈不规则长方形，有四个磨砺面。残长 8.5 厘米（图五九：2）。标本 T0509④A：43，灰色砂岩。残呈不规则形。一个磨砺面。最长 8.0 厘米（图五九：3）。标本 T0408④A：6，褐色砂岩。不规则形，一个磨砺面。最长 12.8 厘米（图五九：4）。标本 T0509④A：21，淡紫色砂岩。残呈不规则形。两个磨砺面。最长 11.7 厘米（图五九：5）。

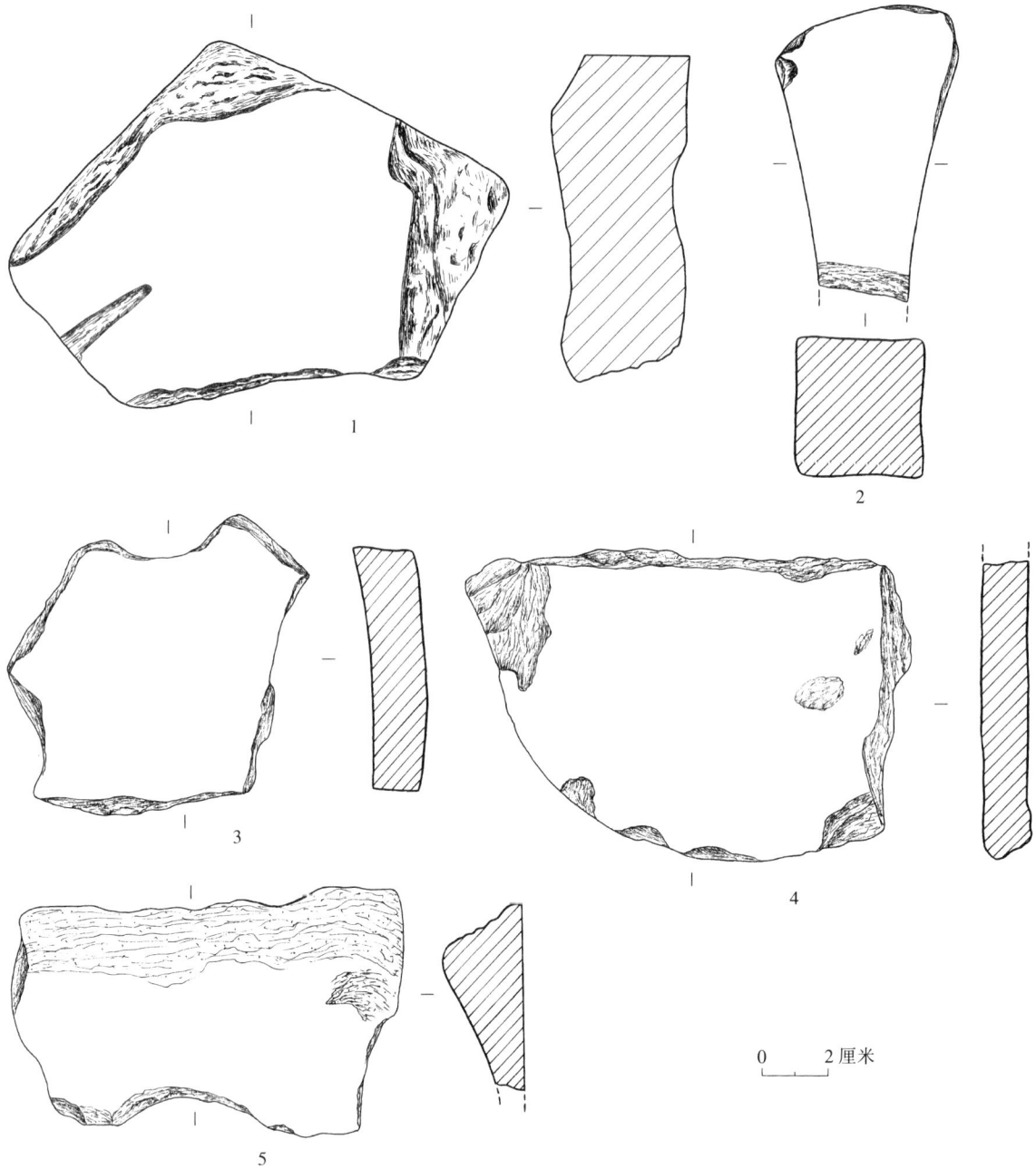

图五九　晚期文化遗存砺石

1~5. 砺石（T0509④A：14、T0509④A：33、T0509④A：43、T0509④A：6、T0509④A：21）

五、结　语

1. 关于早期文化遗存

三亩里遗址早期文化遗存主体约当良渚文化早中期，部分堆积的形成年代可能至良渚文化晚期。

从修复的 4 件 M4 随葬陶器看，凿形足鼎、假圈足平底壶、假圈足平底盆和圈足杯仍具有一定的崧泽文化风格。由于遗址包括土台的早期营建地层或使用堆积中都只见典型良渚文化遗物，而不见崧泽文化时期遗物，所以，我们将 M4 归为良渚文化早期。M1∶3 豆的形态特征与良渚庙前遗址第一、二次发掘的 M7∶10[①] 以及后头山遗址 M18∶13、M16∶15 和瑶山 M9∶80[②] 等相同或相近。庙前 M7 在庙前遗址总六次发掘共 69 座墓葬的四期四段分期中为第一期晚段。瑶山 M9 的相对年代一般被研究者认为属于良渚文化中期偏早。地层出土的陶器中，有截面扁平或外侧略加厚的鱼鳍形足鼎、圈足盘、袋足鬶和泥质橘红陶锥刺纹罐等，其中袋足鬶和泥质橘红陶锥刺纹罐一般被认为是良渚文化晚期始出现的器形。

早期文化遗存代表的良渚文化聚落在村落地址的选择、营建及聚落布局上颇有特点。2004 年 9～12 月，三亩里遗址发掘结束后，我们又在遗址西侧约 300 米、同是横山余脉的一座低山（后头山）的西坡坡脚清理了一处小型良渚文化墓地，清理墓葬 21 座。据分析，后头山良渚文化墓地由四个阶段墓葬组成。从出土器物的比较看，三亩里遗址早期遗存的主体部分可与后头山第一～三阶段墓葬相对应。我们据此认为，三亩里遗址和后头山墓地应同属于该良渚文化聚落的有机组成部分。这为良渚文化聚落形态研究提供了有价值的材料。

2. 关于晚期文化遗存

三亩里遗址晚期遗存反映的文化面貌比较有特色。陶系中以夹砂陶为主，占 74%，泥质陶占 23.9%。陶器制作上的一个特点是，在夹砂红陶器（器形主要为鼎，包括部分罐）的内壁或外壁流行涂抹一层灰白色泥层。陶器装饰纹样有绳纹、篮纹、交错绳纹和方格纹等，但发现数量不多，占比不到陶片总数的 0.7%。陶器器类上以鼎数量最多，鼎足的形态有侧扁足、弧背鱼鳍形足、凿形足、圆锥足和扁方足等，其中以侧扁足鼎最为盛行，也最具特点。侧扁足两侧以素面为主，也有在其中一侧刻划 1～4 道不等的竖向刻划纹。陶器器类其他还有豆、罐、圈足盘、杯、盆、袋足鬶和夹砂缸等。石器中比较有特色的是梯形斜刃石刀。

从晚期遗存文化面貌上看，尽管还有少量传统良渚文化因素如个别的 T 字鼎足和石耘田器等，但主体文化面貌已与典型良渚文化有明显区别，年代上应晚于良渚文化。晚期文化遗存在地层上叠压住良渚文化时期的村落遗址，可印证这点。

三亩里遗址晚期文化遗存与诸暨尖山湾早期文化遗存[③]在文化面貌上有较多的共同点。如陶器

---

① 浙江省文物考古研究所：《庙前》，文物出版社，2005 年。

② 浙江省文物考古研究所：《瑶山》，文物出版社，2003 年。

③ 浙江省文物考古研究所、诸暨博物馆、浦江博物馆：《楼家桥、螺塘山背、尖山湾》，文物出版社，2010 年。

装饰上都出现了部分篮纹、绳纹和交错绳纹等，陶器器类上都存在一定数量的弧背鱼鳍形足鼎。尖山湾的侧扁足扁鼓腹鼎（Aa、Ab 型鼎）、豆（Aa 型、Ba 型豆）、单把杯（圈足 T25⑤：26、T24④：26）等都与三亩里的同类器相同，圈足盘、袋足鬶、夹砂缸也具有相近的形态和风格。当然，两者文化面貌上也存在着明显差异，如尖山湾颇具特色的陶盉（A、B 型）、腹部设对称双把的壶或罐等，目前尚不见于三亩里。鼎足中，尖山湾出土数量最多的圆锥足在三亩里数量较少，而三亩里流行的在夹砂红陶器外壁或内壁流行灰白色涂抹层的制作特征也不见于尖山湾。但总体上，我们认为尖山湾早期文化遗存和三亩里晚期文化遗存应是属于同一时期、同一性质的新石器时代晚期文化。2000 年发掘的萧山茅草山遗址晚期文化遗存的年代与性质也与此相同。①

近年来，在良渚古城及周边一带遗址的（试）发掘中也普遍发现有这个阶段的遗存，如文家山遗址（第 2 层）②、良渚古城的葡萄畈遗址（壕沟的晚期堆积）、江家山遗址和扁担山遗址③等。文化面貌上的主要特征包括陶器装饰上出现少量的篮纹、绳纹等，发现的鼎足普遍以素面侧扁足为主，有少量的弧背鱼鳍形足、扁方足和圆锥足等，其他比较典型的陶器还有豆、圈足盘和袋足鬶等。经初步比较，我们认为良渚古城及周边一带发现的这些遗存与三亩里遗址晚期文化遗存文化面貌具有较多的一致性，因而年代与性质也相同。

我们知道，在环太湖核心地区，这个阶段遗存的文化面貌及性质已比较清楚，我们称之为钱山漾文化④。钱山漾文化是环太湖核心地区继良渚文化之后新诞生的一支新石器时代晚期考古学文化，典型遗址有浙江湖州钱山漾遗址和上海松江广富林遗址⑤。

将钱山漾文化与余杭三亩里、文家山、葡萄畈和诸暨尖山湾、萧山茅草山等太湖核心地区以南的太湖南部地区文化遗存比较，文化面貌上既有许多相同或相似之处，反映出一种时代共性，同时也存在着显著的差异。

相同或相近之处主要包括陶器装饰上开始出现的绳纹、篮纹、交错绳纹或弦断篮纹等；鼎足形态上都有弧背鱼鳍形足、侧扁足和凿形足等。其他形态接近的陶器器类还有细长颈袋足鬶、圈足盘、垂棱豆和管流圈足盉等。此外，石器上都新出现梯形斜刃石刀。

明显差异表现在绳纹、篮纹特别是弦断绳（篮）纹等陶器纹饰在钱山漾文化中比较流行，而在太湖南部地区诸遗存中则流行程度明显减弱；钱山漾文化的鼎以弧背鱼鳍形足为主，有少量侧扁足，而太湖南部地区诸遗存则以侧扁足为主，有部分弧背鱼鳍形足。陶器器类上的差别还有如钱山漾文化中流行的腹部装饰弦断绳（篮）纹的瓮或大口罐在太湖南部地区遗存中少见甚至不见。豆、罐、夹砂缸等形态也都有一定的区别。

---

① 浙江省文物考古研究所、萧山区文物管理委员会：《杭州市萧山区茅草山遗址发掘报告》，《东南文化》2003 年第 9 期。

② 浙江省文物考古研究所：《文家山》，文物出版社，2011 年。

③ 刘斌、陈明辉：《关于"良渚文化后段"的考古学思考》，《禹会村遗址与淮河流域文明研讨会论文集》，2013 年。

④ 浙江省文物考古研究所、湖州市博物馆：《浙江湖州钱山漾遗址第三次发掘简报》，《文物》2010 年第 7 期。

⑤ 上海博物馆考古研究部：《上海松江区广富林遗址 2001～2005 年发掘简报》，《考古》2008 年第 8 期。

这种文化面貌的相似性和差异性，笔者更愿意从一支考古学文化的形成与发展过程中的多样性和复杂性角度去考虑。就目前资料和研究阶段而言，我们认为可以暂时将年代相当、文化面貌上存在共性的环太湖核心地区及南部地区这个阶段遗存都称之为钱山漾文化。

此外，还必须谈谈浙西南地区的好川文化。好川文化就像是我们考察环太湖地区这个时期遗存文化面貌时的一座桥梁或一根联系的纽带。经过比较和梳理，我们将好川墓地代表的好川文化分为前后发展的两个阶段，即早、晚两期。其中，好川早期文化相当于环太湖地区的良渚文化晚期至末期，好川晚期文化相当于环太湖地区的钱山漾文化。

我们发现，好川晚期文化与钱山漾文化存在着比较多的文化互动，如陶器中的袋足鬶、垂棱豆、管流圈足盉和单把杯等，这种文化互动也是这两支文化基本共时的证据。关于这点，笔者已在其他文章中提及，本文不再赘述。①

环太湖地区后良渚阶段的新石器时代晚期文化除钱山漾文化外，还有年代再晚些的广富林文化。余杭茅山遗址、临安青山湖遗址、宁波小东门遗址都发现了特征比较一致的广富林文化遗存。可以初步明确，到广富林文化时期，环太湖核心地区与南部地区文化面貌的一致性得到明显加强。

3. 遗址第 3 层的性质和形成时间

三亩里遗址的第 3 层为黄褐色或淡黄色粉砂土。土质比较纯净，分布在原来地势低洼处，斜压住早期文化遗存营建土台和晚期文化遗存。根据土色的差异，第 3 层又分为 3A、3B、3C 三小层，代表了不同的形成阶段。从钻探情况看，第 3 层在地势较低的遗址北、东部均有大范围分布。

三亩里遗址发掘之后，又先后在余杭茅山遗址、余杭玉架山遗址和良渚古城遗址的地势低洼处发现了与三亩里遗址第 3 层相近的黄褐色或淡黄色粉砂土层。其中余杭茅山遗址覆盖在史前稻田遗迹上面的黄褐色或淡黄色粉砂土可分四小层，经分析均属于洪水过后的静水沉积层。三亩里遗址的第 3 层性质也应与此相同。

由于该静水沉积层土质纯净，包含物罕见，所以难以确定其形成年代。余杭茅山、玉架山和良渚古城等遗址的静水沉积层中均没有发现文化遗物。余杭茅山遗址的沉积层压住广富林文化时期的农耕层和牛脚印，所以可大致确定最下部沉积层的形成年代为广富林文化晚期或稍晚于广富林文化。我们采集了 2 个茅山遗址广富林时期农耕层层面的草木灰标本，请北京大学作加速器质谱—碳十四年代测定，树轮校正后的年代分别为 1900～1770BC 和 1740～1630BC（均置信度 68.2%）。

难得的是，在三亩里遗址的第 3B 层和第 3C 层中各出土了一件石锛和一件半月形石刀。其中 T0406③B：1，石锛。顶部残，平面残呈刃部较宽的梯形（图六〇：1；彩版四二：5）。T0909③C：1，半月形石刀。青灰色石质。单面刃，弧背直刃。近背中部有三个对钻小孔（图六〇：2；彩版四二：6）。残石锛的年代难以明确。半月形石刀在环太湖地区从广富林文化时期开始出现，流行在马桥文化时期。在茅山遗址广富林时期农耕层中出土过多件与 T0909③C：1 形态相近的半月形石刀。

尽管第 3 层是次生堆积，三亩里遗址出土的这两件石器对于判断地层的年代也只能是一种参考。

---

① 丁品：《距今 4400～4000 年环太湖和周边地区古文化及相关问题》，《禹会村遗址研究——禹会村遗址与淮河流域文明研讨会论文集》，科学出版社，2014 年。

图六○　第 3 层出土的石锛和半月形石刀

1. 石锛 T0406③B：1　　2. 半月形石刀 T0909③C：1

但考虑到留在茅山遗址广富林农耕层上的牛脚印比较清晰和新鲜，茅山遗址经历第一次洪水的时间应
该与牛脚印的滞留时间比较接近。结合三亩里遗址出土的石器和前述茅山遗址年代测定数据，我们初
步判断，导致三亩里遗址第 3 层形成的洪水最早发生在距今 3800 年前后。

领　　队：丁　品
发　　掘：丁　品　　方忠华　　陈　武
　　　　　　陈庆胜　　陈孔杨　　陈家东
　　　　　　张学武　　沈　宁
摄　　影：李永嘉　丁　品
绘　　图：齐东林　陈　武
执　　笔：丁　品

杭州市萧山区金山遗址和田螺山石室墓的发掘

浙江省文物考古研究所

杭州市萧山区博物馆

1999 年 4～7 月，为配合杭金衢高速公路建设，浙江省文物考古研究所和杭州市萧山区博物馆对萧山段公路沿线的所前镇金山遗址和临浦镇田螺山石室墓进行了抢救性发掘（图一）。①

一、金山遗址

（一）地理位置及地貌

金山遗址地处杭州市萧山区城区东南约 7 公里的所前镇张家坂村。所前镇在萧山区范围内处于中偏东南的位置，为南部山区、半山区向中部低山丘陵、冲积平原区的过渡地带。

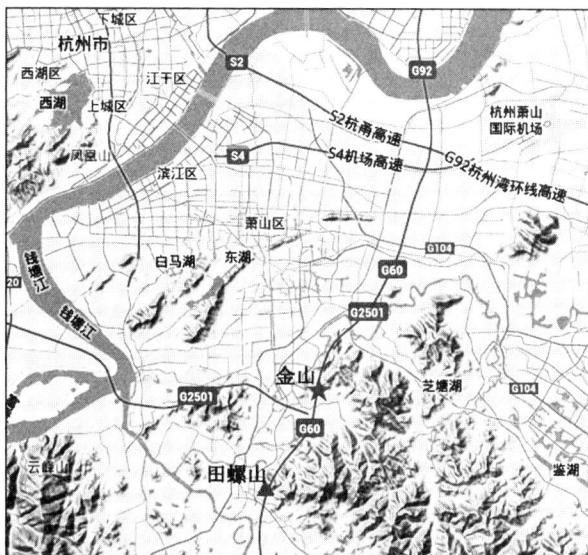

图一　萧山金山遗址、田螺山石室墓地理位置

---

① 浙江省文物考古研究所、萧山区博物馆：《杭金衢高速公路考古发掘获可喜成果》，《中国文物报》1999 年 10 月 6 日。

本次发掘的具体地点位于张家畈村北百余米的金山东南坡麓。金山所处山体呈东西走向，是会稽山余脉的分支，西小江流经其西麓，中部为其主峰救命山，海拔74.5米，东端为金山，海拔53.5米（图二；彩版四三：1）。

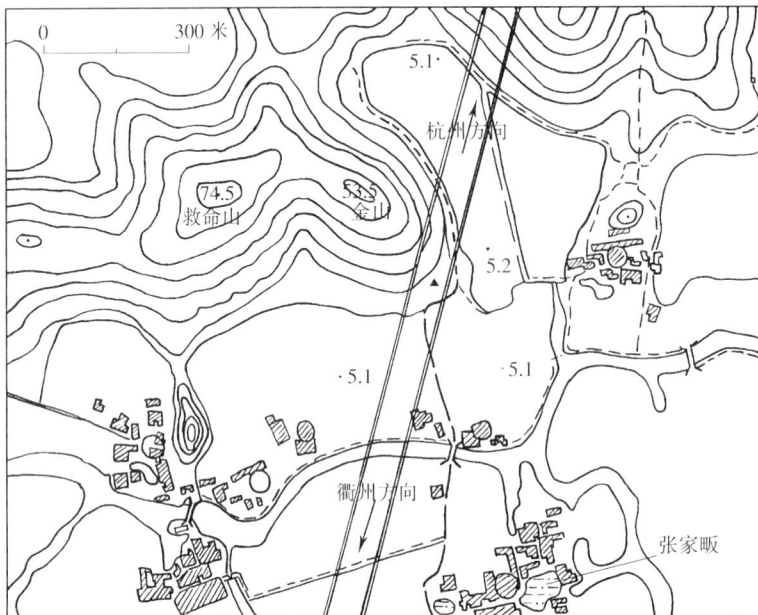

图二　金山遗址地形及发掘区位置

金山周围属典型的低山丘陵地貌，中间盆地为海拔5米左右的低地、水田，四周几乎全被绵延的低矮山体所环抱，唯西部山体时断时续并有小河流与西小江相通。金山遗址坐落于盆地北部中央山体的南麓，坐北朝南，有着比较优越的空间位置。

（二）遗存的空间分布、堆积层位及分期

发掘时首先在金山南麓水田以上的最低一级台地范围内，依着坡势布南北向探沟2条（T1、T2）。T1发现新石器时代遗存后，在其南侧水田里、东侧和西侧台地上分别布探沟2条（T3、T6）和5×10米探方2个（T4、T5）。随后，又在金山南坡和东坡依山势布方2个（T7、T8）。下面以T1、T3东壁（图三）和T7西壁（图四）、T8北壁（图五）为例，分别介绍山脚和山坡的堆积层位：

T1、T3东壁　依山势呈北高南低状倾斜，T1、T3分别位于上（坡脚台地）、下（坡下水田）坡。统层后可分为4层：

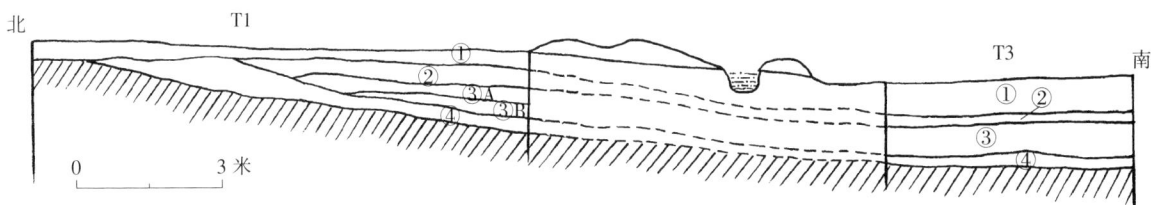

图三　T1、T3东壁地层剖面图

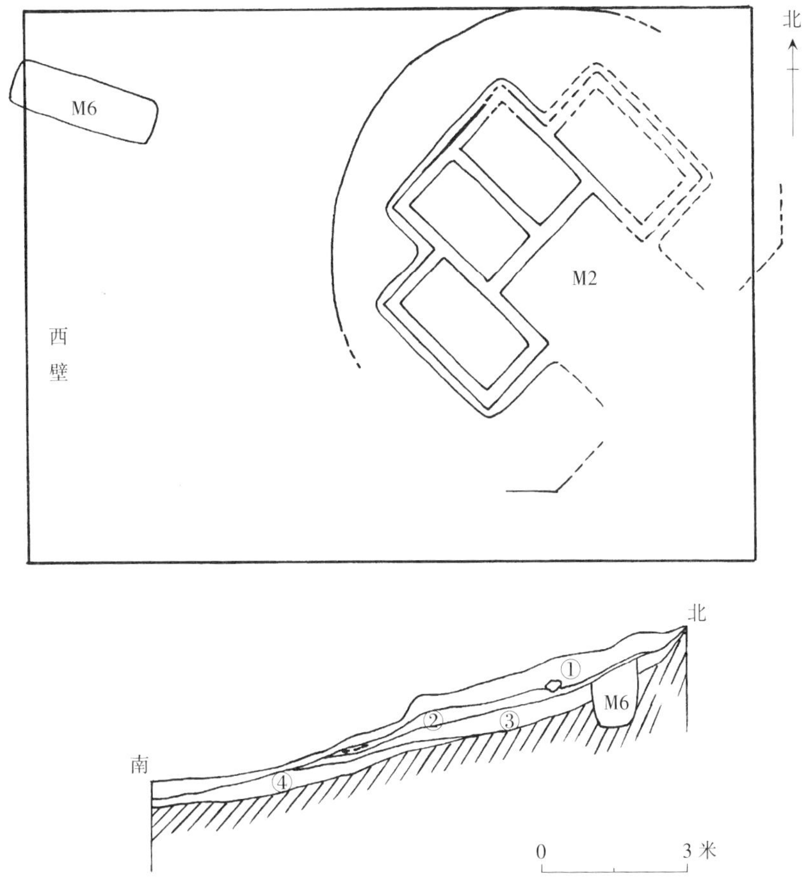

图四　T7 平面图、西壁地层剖面图

第①层，表土层，厚 18～72 厘米。浅灰黑松散泥、砂土。极少见文化遗物。上端层表海拔 6.18 米，下端层表海拔 5.1 米。

第②层，距地表 18～72 厘米，厚 0～42 厘米。灰褐色细、硬实土，含砂量少。出土宋代以后瓷片，汉、六朝残砖块和少量印纹陶片及夹砂陶片。

第③层，距地表 50～94 厘米，厚 0～70 厘米。上坡可分为 2 个小层，③A 层为黄、褐、灰杂色土，包含原始瓷器、印纹陶片；③B 层为青灰色细腻淤土（上部有少量灰黑色土），出土印纹陶片。下坡为青灰色细腻淤土层。堆积中多大石块。

第④层，距地表 20～160 厘米，厚 0～66 厘米。上坡处于灰黄杂褐色锈斑土，含砂量大，多小石块，出土的夹砂陶片质酥；下坡处土色偏青灰，含白色细砂粒和很多砾石块，包含的陶片多数碎小，似冲刷堆积。

T7 西壁　位于南坡，依山势呈北高南低状倾斜，海拔 15.2～18.5 米。可分为 4 层：

第①层，表土层，厚 10～65 厘米。灰褐色土，质松散，含泥砂。

第②层，距地表 15～65 厘米，厚 0～35 厘米。深灰褐色土，土质稍硬。含六朝至唐、宋时期的砖块和瓷片。

第③层，距地表 15～70 厘米，厚 0～45 厘米。深紫褐色土，很硬，砂较细，多石块。含印纹陶片，有肩石器多出于此层。

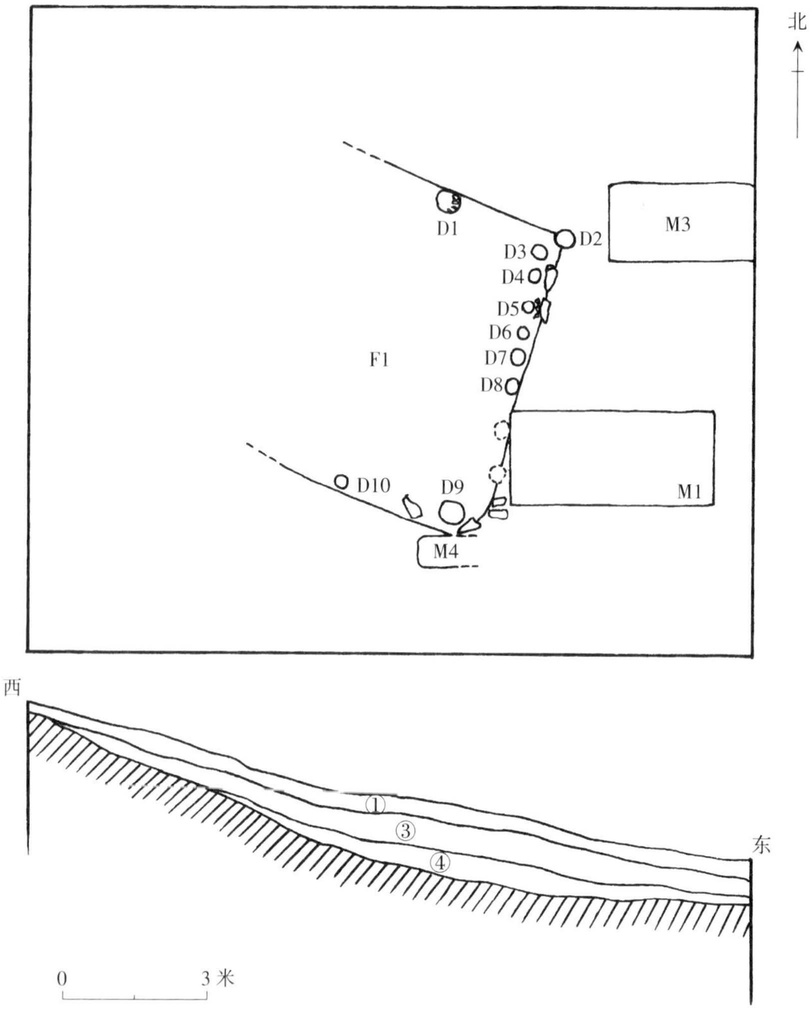

图五　T8 平面图、北壁地层剖面图

第④层，距地表 10～100 厘米，厚 0～35 厘米。黄灰褐色土，含细砂较多，并有少量石块。出土较多夹砂陶片、石器等。

T8 北壁　位于东坡，依山势呈西高东低状倾斜，柱洞开口复原海拔高度约为 22.2 米。堆积层位与 T7 相似，但未见明显的六朝唐宋层。与 T7 统层后堆积层位情况如下：

第①层，表土层，厚 20～45 厘米。灰褐色松散砂土层，种植茶树。

第②层，此地段未见明显的六朝唐宋层。

第③层，距地表 20～45 厘米，厚 0～70 厘米。深褐色砂土，含砂较多，砂质粗而松。此层底部和④层表面出土几件有肩石器和一组早期印纹陶器。

第④层，距地表 70～100 厘米，厚 0～45 厘米。浅灰褐色砂土，较松散，似表土。含一些夹砂红褐陶片和烧土块，并有少量石器残片和加工石器的废弃碎片。

根据对山坡中段 T7、T8，坡脚台地 T1 和坡下水田 T3 堆积层位的分析和相应层位出土遗物的比较，可以将此次发掘的文化遗存分为 4 期：

不同发掘区域遗存单元和年代分期对应表

	T7（南坡）	T8（东坡）	T1、T3
第四期	②层上部及 M2、M6	——	②层上部
第三期	②层下部	M1、M3	②层下部
第二期	③	③层及 M5	③
第一期	④	④层及 F1、M4	④

（三）第一期遗存（良渚文化时期）

1. 遗迹

F1　位于东坡 T8 内（图五；彩版四三：2）。遗迹略呈东南—西北向的长方形，方向 120°，坡度平缓，宽约 640 厘米，进深无法确定。叠压于③层下，属第④层。第④层上半层为较松散的浅灰褐色砂土，包含一些夹砂红褐陶片和烧土块，并有少量石器残片和加工石器的废弃碎片；下半层部分为建筑基石。F1 的建筑基石，尤其是上坡处，大多数是山体表面的天然裸露岩石，有一定的断裂皱折倾斜方向，但经长期风化崩解。下坡处、柱洞内侧的那些大小较一致的石块，应属人工搬运铺垫所致。北侧基石整齐划一，很可能经人为斧凿。

F1 东面、北面基石外侧各发现柱洞 6 个（D3～D8）和 2 个（D1、D2），南侧基石边缘发现柱洞 2 个（D9、D10）。东面南段因 M1 打破，推测原来可能还有 2 个柱洞。东北角柱洞构成明显的直角。柱洞内填土多为较单纯、色偏深的泥砂土，容易辨认。

D1 坑壁有小石块和夹砂陶片填塞，填土较松。坑口略呈椭圆形，现存口径 65～45、深 30 厘米。D2 填土较细软和单纯。现存口径 35、深 20 厘米。D3 为小圜底，填土浅黄褐色，较细软。现存口径 30、深 25 厘米。D4 底两侧为垫有石块。现存口径 26、深 30 厘米。D5 坑口周围一侧有小石块。现存口径 25、深 18 厘米。D6 填土较松软。现存口径 25、深 16 厘米。D7 坑底两侧有石块。现存口径 35、深 20 厘米。D8 填土为松软的深灰褐色土。现存口径 25、深 20 厘米。D9 残存较浅，坑底多是石头。坑口略呈椭圆形，现存口径 40～50、深 20 厘米。D10 较难确认，填土稍松。现存口径 20、深 20 厘米。东北角一块平石下叠压着一些红烧土块，这种红烧土块往往表面平整、背面带植物茎干印痕，较多地出土于柱洞附近地层堆积中，可能是墙体的残留。

东南角紧挨着 F1 的外侧，即为 M4。

M4　位于东坡 T8 内（图六）。长方形竖穴土坑墓。墓向 270°。残长 1.1、宽 0.7 米。出土随葬品 5 件，其中陶器 3 件，釜、鼎、圈足盘 3 个个体残甚，只可辨形而无法复原。石器 2 件，钺、锛各 1 件。

2. 遗物

只有陶器和石器两大类。

陶器以夹砂红陶为主，泥质红陶、泥质灰陶及黑皮陶次之。器物残损、碎小较甚，多数为残件，只可辨器形。器物组合以鼎、圈足罐、平底罐、盆、豆为主。鼎足的种类较为多样，以鱼鳍形、T 字形为主，尚有椭圆形足、圆柱形足、细锥足、铲形足和花边形足等。T字形足依据足面形态可分为较宽、较窄、微凹和深凹呈喇叭状4种。1件椭圆形足根部有2排竖向按窝。器耳有大、小牛鼻耳及半圆錾、鸡冠錾。鼎多呈宽折沿形态。另外，双鼻壶盖、泥质灰陶圈足盘、黑皮陶豆、镂空高柄豆、宽折沿鼎以及一些锥刺、刻划口沿也是第一期的特征。

陶器

陶纺轮　2件。截面略呈梯形，上面平，底微凹。T7④：16，残，底径4.1、孔径0.4厘米（图七：1）。F1：7，底径3.5、孔径0.3厘米（图七：2；彩版四四：1）。

石器

有锛、镞、斧、镰、凿、刀、破土器、纺轮、砺石等40多件，主要是手工工具、狩猎工具、农具。

石钺　1件。M4：2，浅黄褐色，显层状纹理，为沉积岩。磨制精细，抛光，顶端有加工痕迹。双面刃，孔对钻。长10.8、刃宽7.2、厚1.1、孔径1.5厘米（图七：3；彩版四四：2）。

石斧　2件。厚重，磨制均较粗。T4④：4，长11.4、刃宽6.7、厚4.4厘米（图七：4；彩版四四：3）。T4④：5，残。长10.4、刃宽8.5厘米（图七：5；彩版四四：4）。

石镞　8件。大致可分为短锋长铤、长锋短铤、无铤三种形态，以前者居多。

长锋短铤镞　1件。T4④：7，残长7.5厘米（图七：6；彩版四四：5）。

无铤镞　2件。T7④：15，残长7厘米（图七：7；彩版四四：6）。T7④：41，残长8.3厘米（图七：8）。

短锋长铤镞　5件。T7④：1，长7.2厘米（图七：9）。T7④：6，长7.1厘米（图七：10；彩版四四：7）。T7④：14，长6.2厘米（图七：11）。T7④：35，残长5.6厘米（图七：12）。T7④：36，长7.3厘米（图七：13）。

石镰　2件。均残。弯月形，单面刃。T7④：7，残长9.6厘米（图八：1；彩版四五：1）。T7④：17，残长10.1厘米（图八：2；彩版四五：2）。

图六　M4平、剖面图

1. 釜　2. 石钺　3. 石锛　4. 鼎　5. 圈足盘

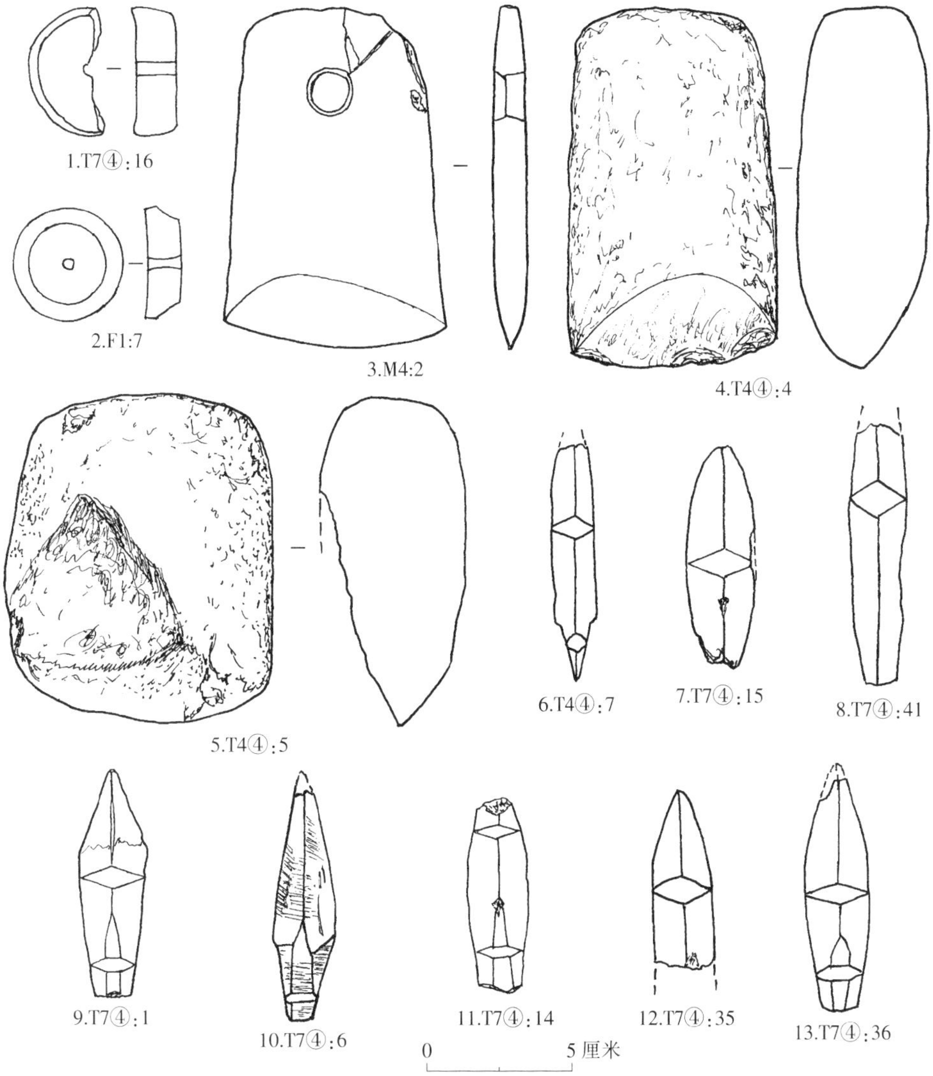

图七　第一期遗存陶器、石器

石凿　1件。F1:1，长6.9、刃宽2.2、厚1.1厘米（图八:3；彩版四五:3）。

石犁　1件。T7④:8，残，尚可见孔缘，厚1.1厘米（图八:4；彩版四五:4）。

石锛　12件。分直背、弧背、有段、有脊四种。

直背石锛　7件。M4:3，单面刃。长5.1、宽3.6、厚0.9厘米（图九:1；彩版四六:1）。T3④:2，残。宽3.6、厚2.1厘米（图九:2；彩版四六:2）。T4④:3，残，厚1.3厘米（图九:3）。T4④:6，单面刃。长4.7、宽1.3、厚1.6厘米（图九:4；彩版四六:3）。T7④:2，残。长5.1、厚1.0厘米（图九:5）。F1:6，长5.5、宽2.6、厚0.6厘米（图九:6）。T7④:39，残，单面刃，宽3.8、厚2.3厘米（图九:7）。

弧背石锛　3件。T7④:3，正面上部开一凹槽，单面刃。长6.2、宽2.2、厚0.7厘米（图九:8）。F1:3，单面刃。长7.5、宽2.6、厚1.2厘米（图九:9；彩版四六:4）。T7④:37，较厚重，单面刃。长10.0、宽4.3、厚3.9厘米（图九:10；彩版四六:5）。

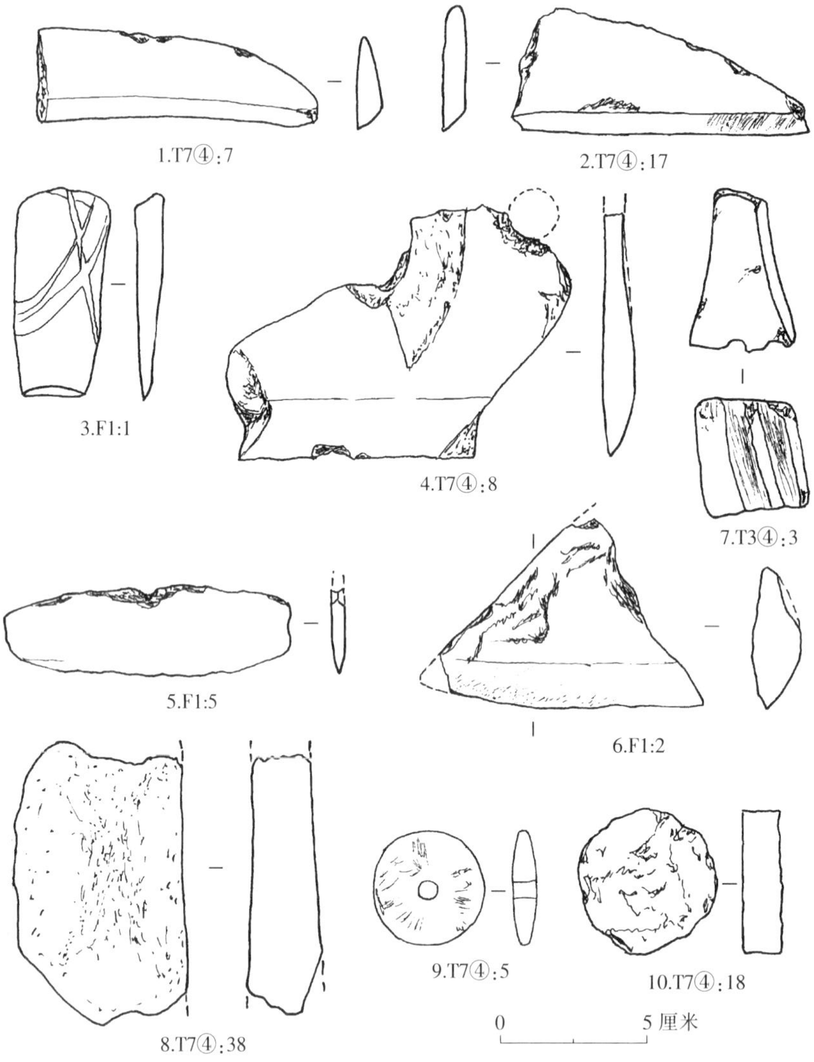

图八　第一期遗存石器

有段石锛　1件。T7④:4，单面刃，长7.4、宽4.1、厚1.8厘米（图九：11；彩版四六：6）。

有脊石锛　1件。F1:4，单面刃。长6.2、宽4.1、厚1.7厘米（图九：12）。

石刀　2件。F1:5，残，钻孔。长9.7、厚0.5厘米（图八：5；彩版四七：1）。F1:2，残甚，厚1.7厘米（图八：6；彩版四七：2）。

砺石　3件。T3④:3，截面略呈梯形，一面有磨槽二道。高5.2、带槽面边长约3.3厘米（图八：7；彩版四七：3）。T7④:38，残。厚2.5厘米（图八：8）。

石纺轮　1件。T7④:5，扁平圆形，单面钻孔。直径3.9、孔径0.6厘米（图八：9；彩版四七：4）。

石英圆饼形器　1件。T7④:18，直径4.7、厚1.4厘米（图八：10；彩版四七：5）。

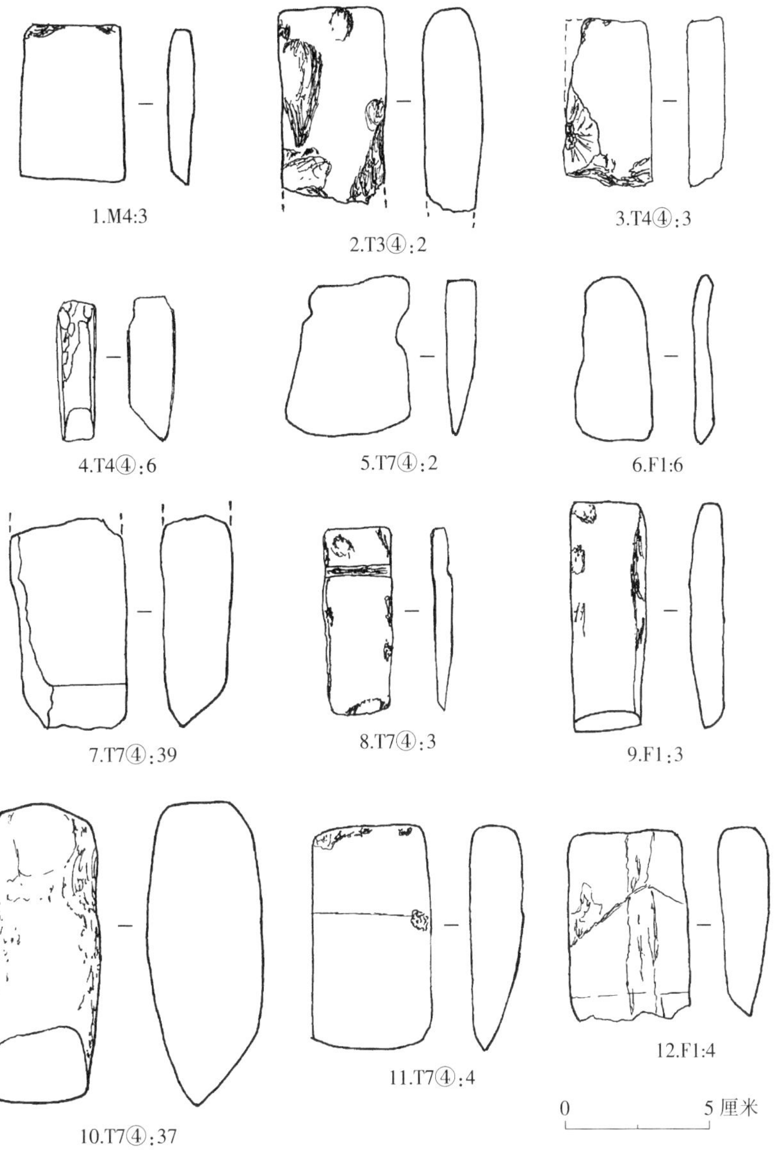

图九 第一期遗存石锛

（四）第二期遗存（夏、商、周时期）

1. 遗迹

M5 在 T8 发掘过程中，第④文化层表面，有几件破碎陶器出土，属 3 个个体，有鸭形壶、豆和罐，无法确定遗迹范围（图一〇）。根据成组器物的出土情形和以往的类似经验，大致认定这是一座墓葬。

2. 遗物

陶瓷器

有泥质陶、硬陶、原始瓷等质地，器形有壶、豆、钵、盉、碗等。

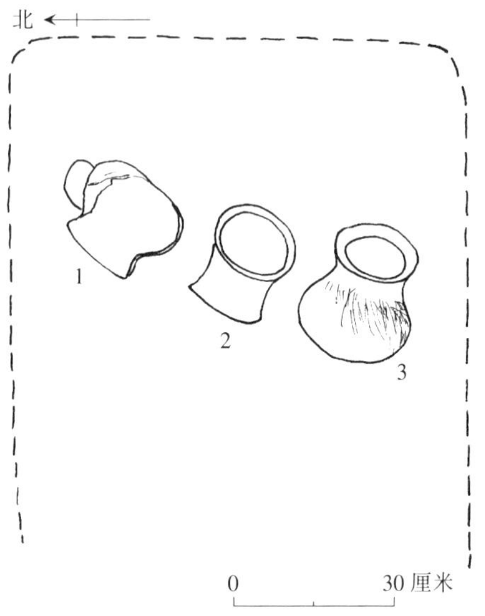

图一〇　M5 平面图

1. 鸭形壶　2. 豆　3. 罐

鸭形壶　1 件。M5：1。灰色硬陶，扁腹，凹圜底，扁鋬。腹部饰条纹，扁鋬上刻划斜线纹并贴饰圆形泥钉。口径 8.8、高 11.6 厘米（图一一：1；彩版四八：1）。

豆　1 件。M5：2，下部残，泥质灰胎黑皮陶，敞口，圆唇，浅盘，直柄。口径 14 厘米。（图一一：2；彩版四八：2）

钵　1 件。T3③：1，夹砂红陶，侈口，圜底近平。口径 15.0、高 7.4 厘米（图一一：3）。

盉　1 件。T4③：8，印纹硬陶，凹圜底，带流，鋬缺损，腹部饰方格纹。口径 12.0、底径 6.0、高 13.5 厘米（图一一：4；彩版四八：3）。

坛　1 件。T7③：35，印纹硬陶，口径 20.0、底径 16.6、高 36.0 厘米（图一一：5）。

盅式碗　4 件，原始瓷。

石器

数量和种类均较多。

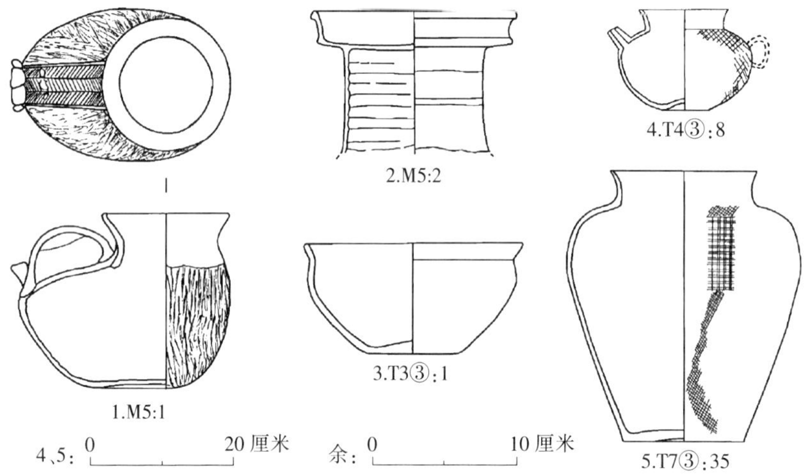

图一一　第二期遗存陶瓷器

石耘冠　1 件。T8③：1，残。长 12.6、厚 0.8 厘米（图一二：1；彩版四八：4）。

石耨　1 件。T8③：2，单面刃，柄部有捆扎痕。长 10.2、宽 6.5、厚 0.7 厘米（图一二：2；彩版四八：5）。

石镞　1 件。T7③：12，长锋长铤。长 8.4 厘米（图一二：3；彩版四九：1）。

有肩石斧　1 件。T7①：42，出土于地表浅层，厚重，磨制粗糙，肩部做出捆绑槽。长 9.6、宽 5.8、厚 3.3 厘米（图一二：4；彩版四八：6）。

有肩石铲　1 件。T7③：13，残，整体微凹。长 17.2、厚 1.0 厘米（图一二：5；彩版四九：2）。

有肩石锄　3 件。T4③：2，打制粗糙。长 11.8、厚 1.3 厘米（图一二：6；彩版四九：3）。T7①：

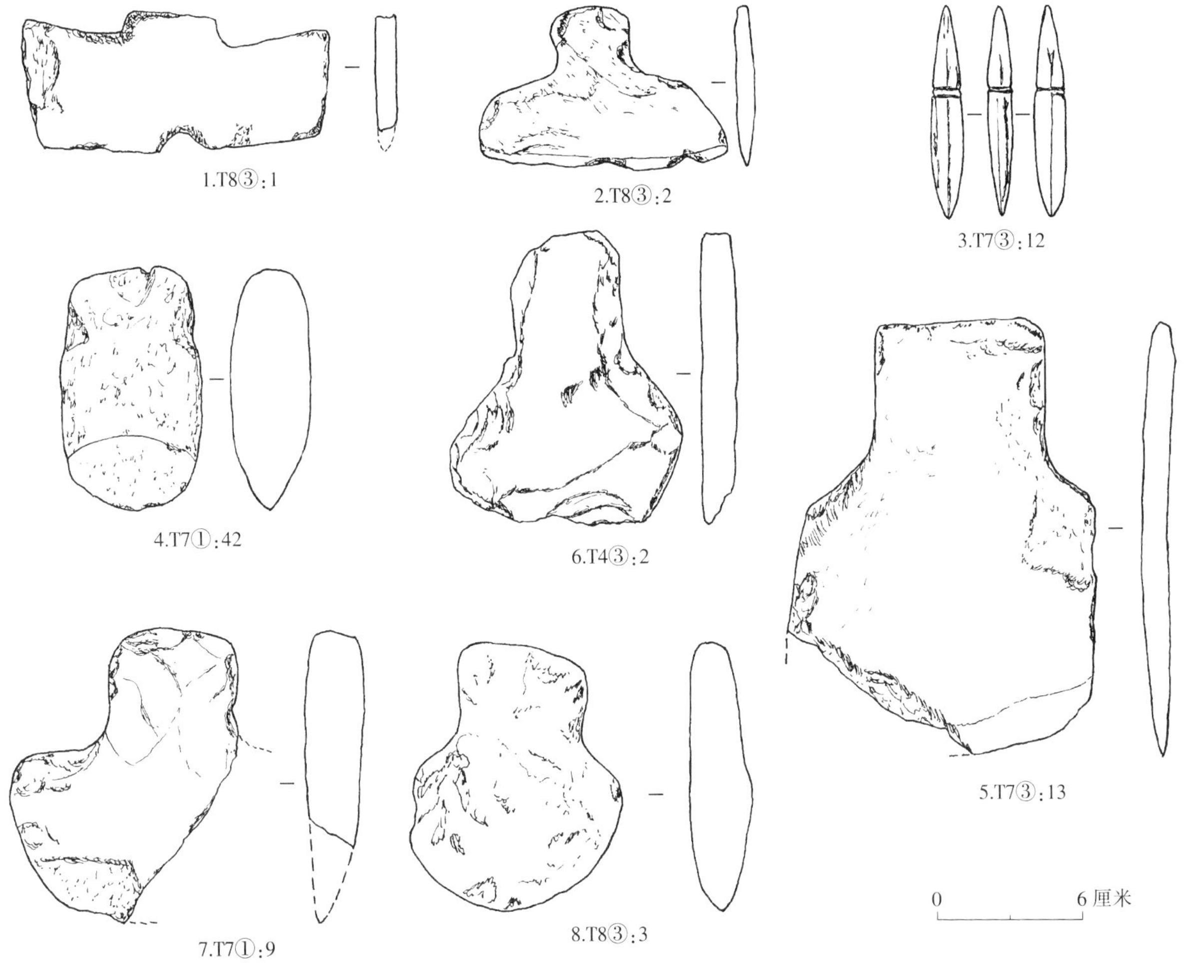

图一二　第二期遗存石器

9，出土于 M2 填土中，残，柄部有捆扎痕。长 11.7、厚 2.5 厘米（图一二：7；彩版四九：4）。T8③：3，锄面略呈圆形，柄部有捆扎痕。长 10.5、厚 2.6 厘米（图一二：8；彩版四九：5）。

　　石锄　1 件。T7③：11，单面刃。长 18.9、刃宽 8.5、厚 1.3 厘米（图一三：1；彩版四九：6）。

　　石锛　2 件。T8③：4，残，有段。长 7.2、厚 1.4 厘米（图一三：2；彩版五〇：1）。T7①：40，出土于地表浅层，残。长 5.3、厚 1.4 厘米（图一三：3）。

　　斜柄石刀　2 件。T7③：10，残甚，单面刃，残留有孔缘，厚 0.9 厘米（图一三：4；彩版五〇：2）。T8③：5，残甚，所剩两边都磨有单面刃，残留有孔缘。厚 0.8 厘米（图一三：5；彩版五〇：3）。

　　砺石　1 件。T4③：1，残，粗砂岩质，表面可见磨痕多处。最厚处 2.9 厘米（图一三：6；彩版五〇：4）。

　　石网坠　16 件。T7③：19 ~ 34，出土时同处一堆，可能是属同一渔网，网已烂尽，网坠因石质而得以保存下来。取鹅卵石制成，形状相似，近椭圆形，两端各刻二道捆绑凹缺。最长的一件长 5.1、宽 1.4、厚 0.5 厘米，最宽、最厚者长 4.3、宽 2.1、厚 0.8 厘米（图一四；彩版五〇：5）。

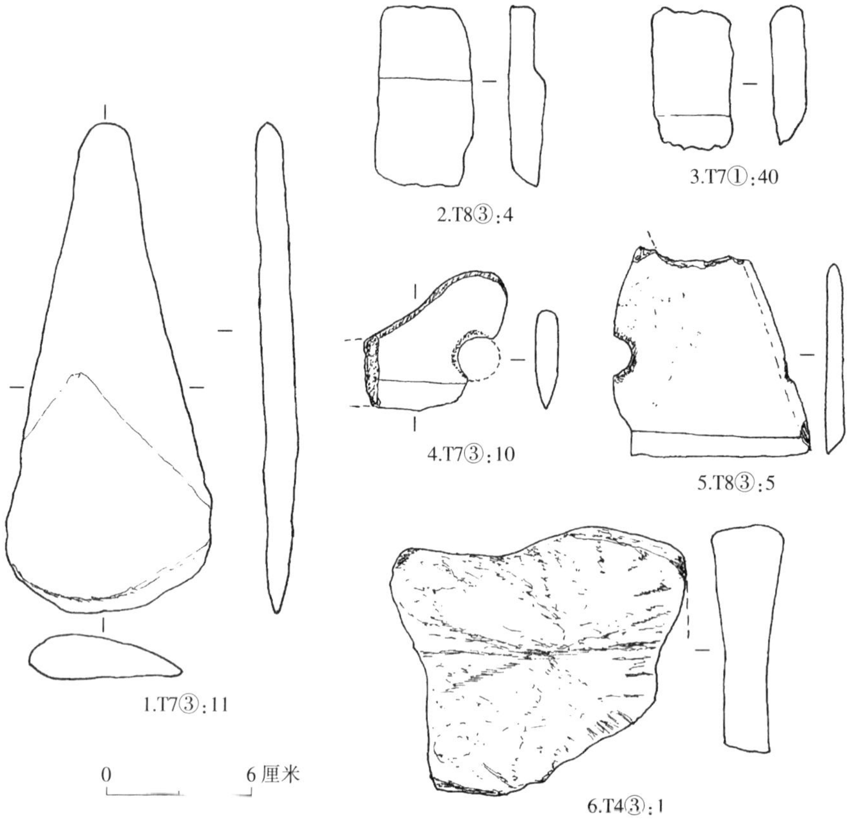

2.T8③:4

3.T7①:40

4.T7③:10

5.T8③:5

1.T7③:11

0 ⌐ 6 厘米

6.T4③:1

图一三 第二期遗存石器

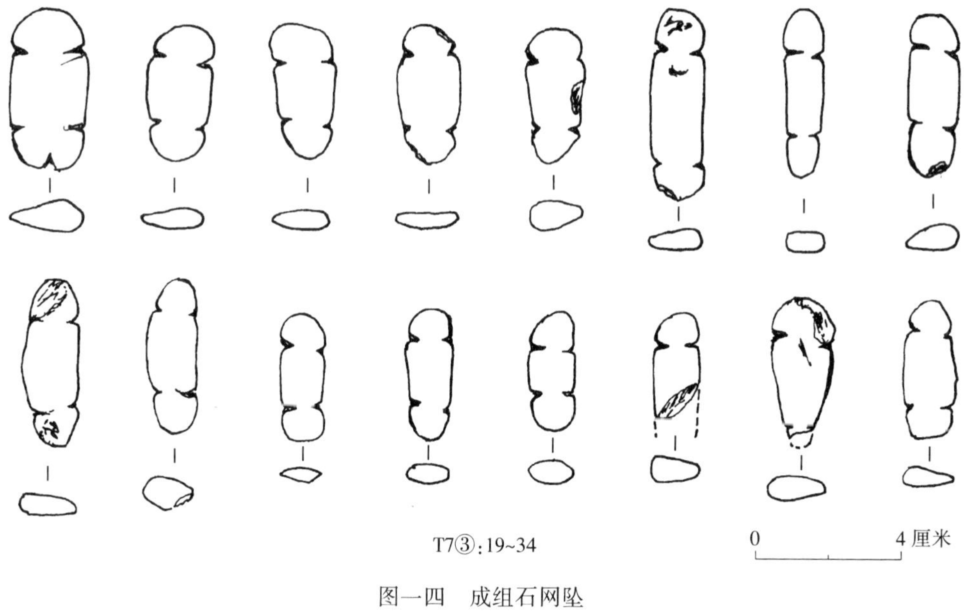

T7③:19~34

0 ⌐ 4 厘米

图一四 成组石网坠

（五）第三期遗存（汉、六朝时期）

1. 遗迹

M1 位于东坡 T8 内。长方形带墓门、券顶砖室墓。墓顶残缺。墓向 90°。长 4.2、宽 1.9 米。

墓底铺地砖由里而外铺设，越往外越草率，用断砖块铺就，至墓门处还凑用了一块砾石。墓内仅见几颗朽烂棺钉，无随葬品，应为早年被盗。墓砖上有斜方格纹。约为东汉时期（图一五；彩版五一）。

　　M3　位于东坡 T8 内。长方形带墓门、券顶砖室墓。墓顶残缺。墓向 90°。长 3.04、宽 1.61 米。葬具无存，仅见几颗朽烂棺钉，出土随葬品 5 件。墓砖上饰有放射状和斜方格纹。约为东汉时期（图一六；彩版五二：1、2）。

2. 遗物

　　盘口壶　1 件。M3：2，釉陶。双系。口径 12.5、底径 10.6、高 27.5 厘米（图一七：1；彩版五二：3）。

　　罐　2 件。M3：3、M3：4。M3：4，泥质灰陶。口径 9.0、底径 3.0、高 7.0 厘米（图一七：2）。

　　盆　1 件。M3：5，残甚。

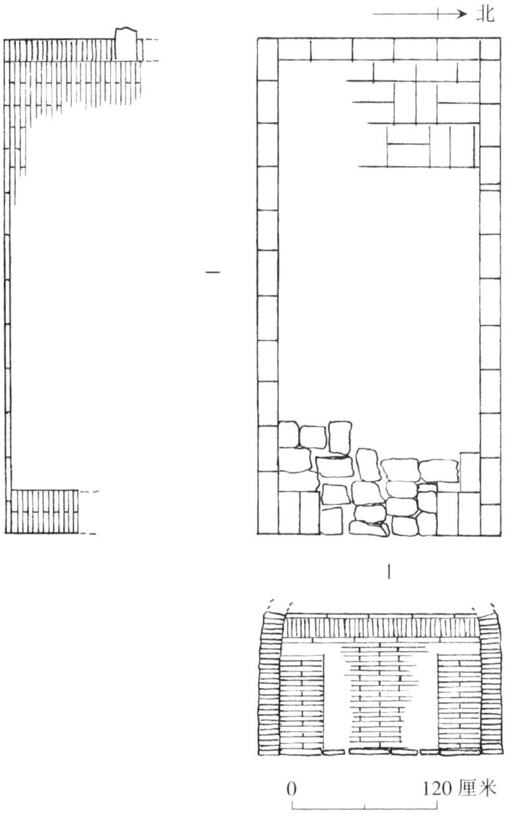

图一五　M1 平、剖面图

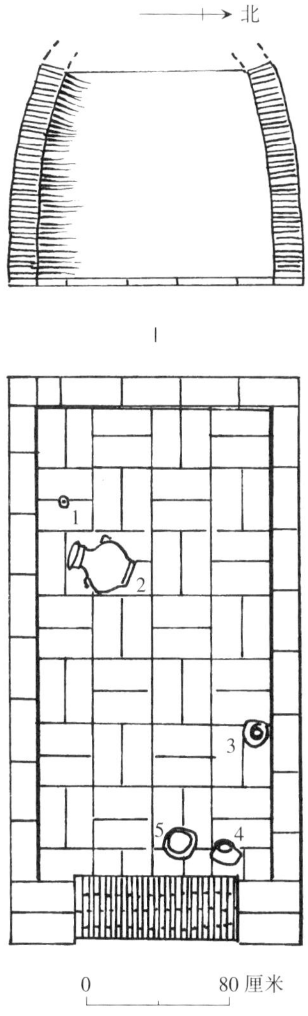

图一六　M3 平、剖面图

1. 五铢钱（3 枚）　2. 盘口壶
3. 罐　4. 罐　5. 盆

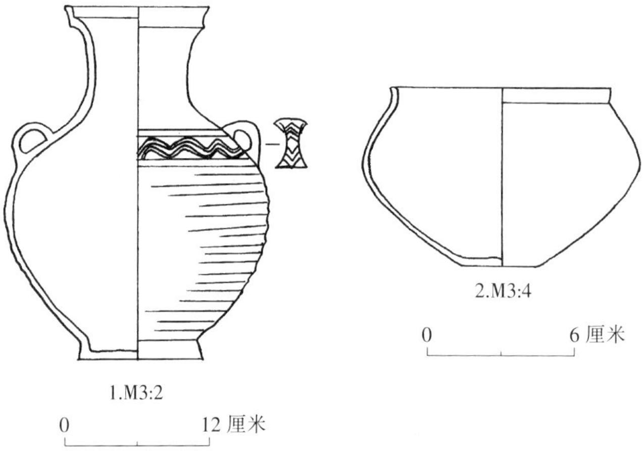

1.M3:2

0　　　　　12 厘米

2.M3:4

0　　　　　6 厘米

图一七　M3 随葬品图

（六）第四期遗存（唐、宋时期）

1. 遗迹

M6　位于南坡 T7 内。长方形竖穴土坑墓。墓向 290°。长 3、宽 0.85 米。墓坑填土极硬，为灰褐色砂土。从 8 枚棺钉的分布情况仍可辨别出已朽烂无存的葬具位置。出土随葬品 6 件（组），包括 2 组铜钱（有"开元通宝"）、1 件铜带扣、2 件铜带扣饰、1 件为完好的青瓷盘口壶（出土于脚端）。从器形和钱文看，属唐代（图一八）。

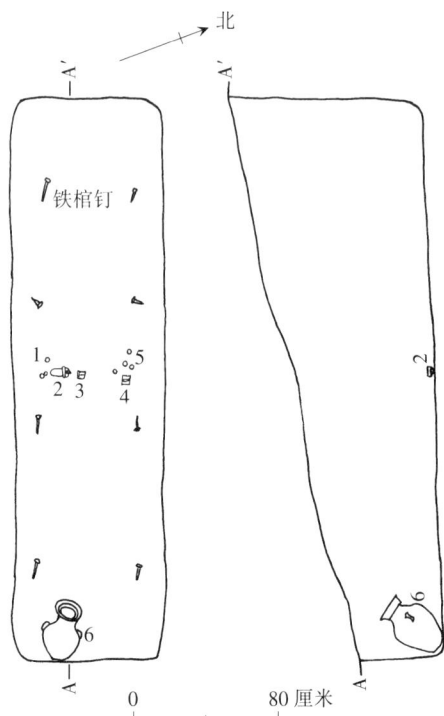

图一八　M6 平、剖面图

1. 铜铁钱　2. 铜带扣　3. 带扣饰　4. 带扣饰
5. 铜铁钱　6. 盘口壶

M2　位于南坡 T7 内。品字形竖穴岩坑砖室墓。被盗严重。墓向 135°。此墓为同穴多室墓，共 4 室。每室的长、宽相同，长 2.8、宽 1.8 米。墓上部已毁，尚可见到少量起券砖。墓室之间有砖砌排水暗沟相通。墓坑前后的地面，还残留有圆弧形附属设施等遗迹及仿木建筑构件——斗拱的陶质配件。墓室内仅存少量的粗瓷碎片，有灯盏及韩瓶个体。结合墓葬结构和砖的规格，应是南宋时期的遗存（图一九；彩版五三：1）。

2. 遗物

盘口壶　1 件。M6:6，青瓷，浸釉不到底部。双系。口径 15.2 厘米、底径 9 厘米、高 34 厘米（图二〇：1；彩版五二：4；彩版五三：2）。

铜带扣　1 件。M6:2，半环首，带梢。通长 5.4 厘米（图二〇：2）。

铜扣饰　1 件。M6:3，长 3.0、宽 2.4、厚 0.2 厘米（图二〇：3）。M6:4，长 2.8、宽 1.6、厚 0.2

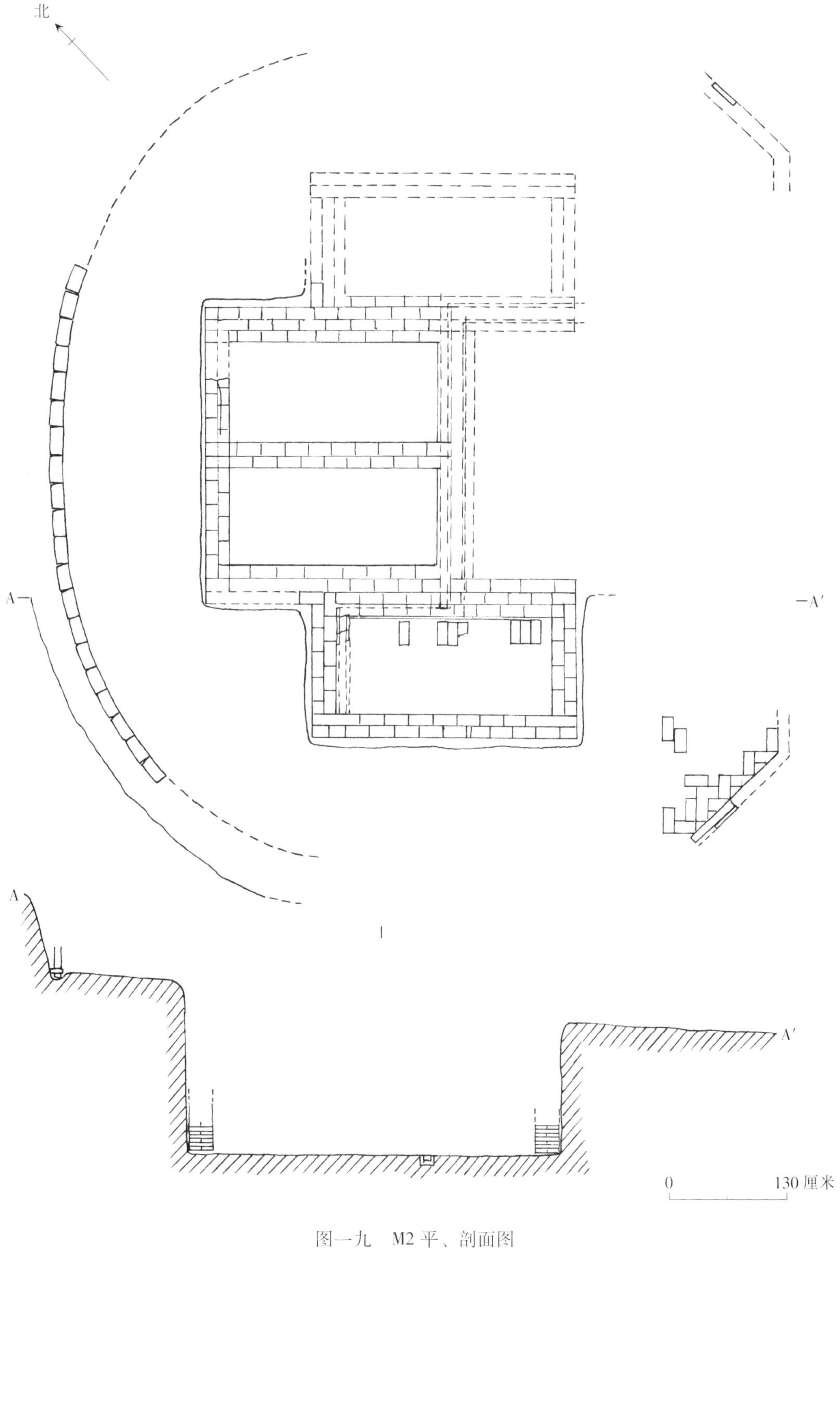

北

0　　　　　130 厘米

图一九　M2 平、剖面图

1.M6:6　2.M6:2　3.M6:3　4.M6:5　5.M2:1　6.M2:2　7.M2 斗拱砖（一）　8.M2 斗拱砖（二）

1:　0　12厘米　　7、8：　0　6厘米　　余：　0　3厘米

图二○　第四期遗存器物及墓砖

厘米。

　　铜钱　2 枚。M6:1、M6:5，开元通宝，直径 2.6 厘米（图二○：4）。

　　盏　2 件。残。瓷质。敞口，斜腹，平底微内凹。M2:1，胎粗，色绛紫。釉酱红色。口径 9.0、底径 3.0、高 2.8 厘米（图二○：5）。M2:2，灰胎。灰釉，无玻璃质感。口径 10.6、底径 3.6、高 3.2 厘米（图二○：6）。

　　M2 墓室出土仿斗拱砖构件，有多种规整的几何形体（图二○：7、8；彩版五三：3）。

（七）结语

1. 各期遗存年代

　　第一期遗存揭露建筑遗迹和墓葬各 1 处。反映器物分期的石器主要有钺、犁、有段锛等多种器形。从 T 字形鼎足的形态来看，具有良渚文化晚期阶段的特征。

　　第二期遗存揭露墓葬遗迹 1 处 M5，虽然无法确定遗迹范围，但是成组器物的年代特征较为明显。

M5 出土的鸭形壶尾部相对弱化；直柄豆与马桥遗址 Bc 亚型 II T1030③：1 陶豆相似。有肩石器在各地出土较多，但年代都不太明确。金山遗址的有肩石器绝大多数出土于各处探方的相似层位，即叠压于②层下面的第③层内，可以说明这类制作粗糙、呈双肩有柄状的各式石器的相对年代。三足盘在马桥遗址中出土较多，金山遗址 T1③、T5③ 也有出土。此期遗存年代跨度较大，属夏、商、周时期。

第三期墓葬为东汉时期遗存。

第四期遗存中的 M6 属唐代，M2 为南宋时期。

2. 对山脚遗存形成过程的推断

金山遗址第一期遗存呈垂直立体形态分布，在山坡中段、坡脚台地、坡下水田都有发现。T1、T3 第④层即良渚文化时期形成的堆积层位中含砂量大，并伴出较多的砾石和小石块，而且出土的陶片碎小、质酥。坡脚台地和坡下水田部位均未发现遗迹，那么形成上述现象的原因，很可能是第一期末持续的降雨，雨水沿山坡向下冲刷，夹带着一定重量的石块、泥沙和石器、陶片。较重的小石块在滑落过程中由于水作用力的减弱而更多地止于坡脚台地，砾石、石器及陶片由于重量较轻则更容易被水冲刷到坡下水田地带。易碎的陶片随水的冲刷经历了自上而下的搬动过程，加上水的长时间浸泡作用，崩解是不可避免的，因此多碎小、酥松。

第二期，可能与气候转好有关，地势低洼的地方积水成湖，从而逐渐形成淤积层位，在坡下水田③层和坡脚台地③B 层可以观察到一层青灰色的细腻淤土，也就是说水面范围已经到达坡脚台地部位。随着时间的推移和水位的逐渐下降，地势稍高的坡脚台地渐渐出露于水面，T1③A 层呈现黄、褐、灰杂色土堆积。

坡下水田（T3）的现今海拔高度为 5.1 米。根据堆积层位厚度计算，第一期堆积形成之前，坡下水田的海拔约为 3.3 米，人类活动面比今天低 1.8 米。第二期青灰色细腻淤土层，坡下水田位置厚达 0.7 米，T3③层上海拔约为 4.2 米，但坡脚台地 T1③B 层上海拔约为 5.1 米，因此应根据后者推测当时湖面海拔高度，即湖面海拔超过 5.1 米。从青灰色细腻淤土层形成以前计算水深程度，即坡下水田 T3④层上（海拔约 3.5 米）至水面，水深约 1.6 米以上。在水面范围已达坡脚台地部位、水深超过 1.6 米的环境下，第二期出土的石镞比第一期明显减少，这可能说明了狩猎活动因环境变化而衰弱。第二期遗存中 16 件一组的石网坠的出土，也正是在水环境下狩猎经济下降而渔猎经济上升的最好证明。

3. 史前人类对生活空间的选择

建筑遗迹 F1 的筑造与使用应是在水患以前。在 F1 范围内外出土不少石质遗物，如石坯、废料、卵石、残石器和锛、凿、纺轮、砺石等石器，因此这应该是一处良渚文化时期人类居住、生活及加工石器的房屋遗址。共性：房址近旁埋设墓葬，也见于良渚文化的其他大小遗址中。随葬磨制精细、没有使用迹象的石钺，墓葬的主人可以确定为一定人群单位的首领。差异：利用自然裸露基岩构筑房屋。在钱塘江以南地区，利用自然条件构筑居住建筑，与钱塘江以北地区是有明显差别的，对研究良渚文化中心区域以外的人类活动规律具有启示意义。

金山遗址在三个不同的垂直高度，即山坡中段、坡脚台地、坡下水田的发掘范围内都找到了良渚文化时期的遗存，进一步说明了这个时期的人们在低山丘陵地带为适应与杭嘉湖平原地区不同的生存环境选择了多样性的生活空间。这不仅仅为研究钱塘江以南地区史前文化的发展历程和地域特征提供了重要的资料，而且通过对环境变迁的解读，还为探索良渚文化晚期至商周时期各种文化消涨、经济活动变化的原因，以及今后在浙江中、南部地区确定考古发掘范围带来了启发性的线索。

金山遗址环境变迁造成的结果，是水面面积的扩大和人类生存空间面积的相对缩小，这直接影响了更晚的马桥文化时期人们对生活空间和经济手段的选择。

二、田螺山石室墓

（一）地理位置及地貌

田螺山石室墓（M1）位于临浦镇木汀徐村东北的两座连为一体的小山头的南侧山头上（图二一）。南侧山头当地人称为"小山"，地势低缓，海拔12米，揭露石室墓一处；北侧山头称"田螺山"，海拔17米。两个山头也统称"田螺山"。田螺山孤立于田坂间，其周围数百米范围内，分布着众多关于传说中与西施相关的古迹，如红粉石、浣纱溪，紧挨着木汀徐村西侧的村，村名为施家渡，居民多施姓。

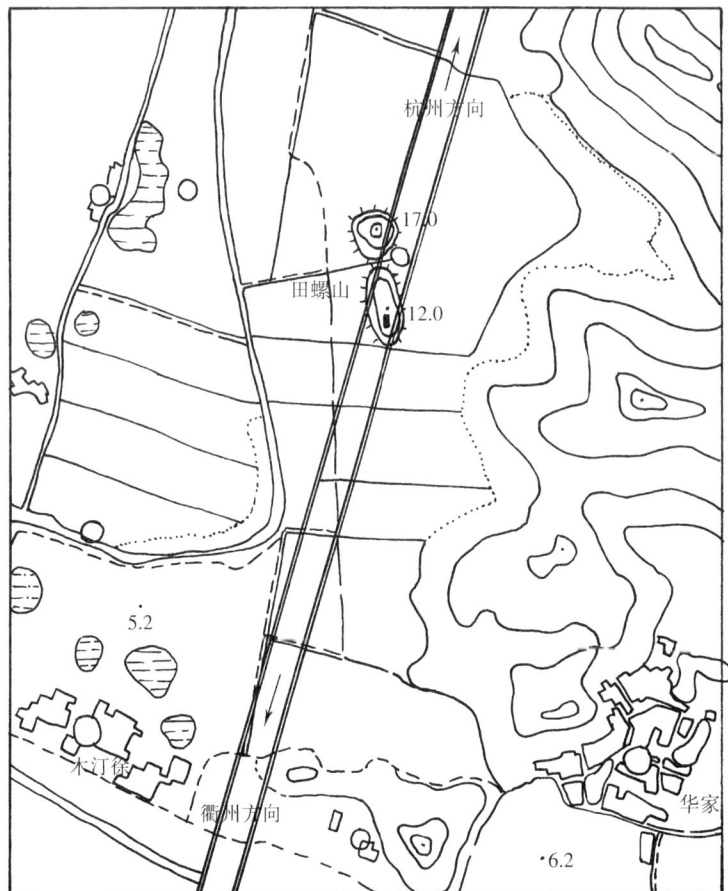

图二一　田螺山石室墓位置与周边地形示意图

（二）遗迹

M1　长方形石室墓。方向200°。墓室残长4.1、宽1.5米。墓壁用块石筑成，发掘前已出露。石室内壁较整齐，外壁凹凸不平。块石现状：后壁1块，封门一侧残失，东壁残存3块，西壁残存2块，石室西南角外散落着大量小块石，原来可能起护坡的作用（图二二）。

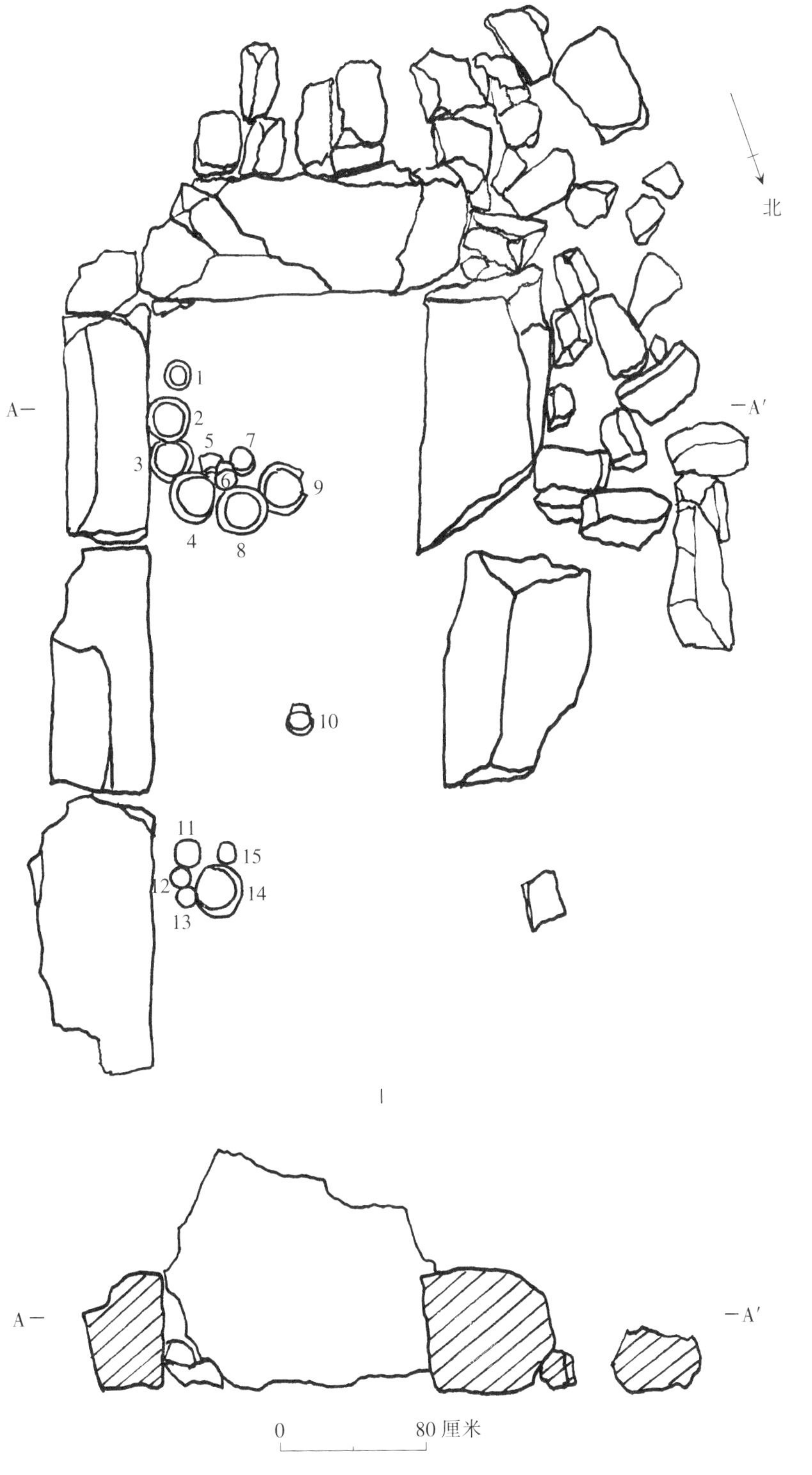

图二二　M1 平、剖面图

1、5~7、10~13、15. 盅式碗　2~4、8、9、14. 篁

（三）遗物

M1 残存随葬品 15 件，其中原始瓷盅式碗 9 件，仿青铜陶簋 6 件。

盅式碗　9 件。直口微敞，直腹，平底，底较厚。器内可见明显的螺旋纹。釉层薄而均匀。M1：1，斜尖唇，口径 11.6、底径 7.2、高 5.8 厘米（图二三：1）。M1：11，子母口。口径 10.4、底径 6.2、高 5.6 厘米（图二三：2）。其余的 M1：5、6、7、10、12、13 与其大同小异（图二三：3～8）。

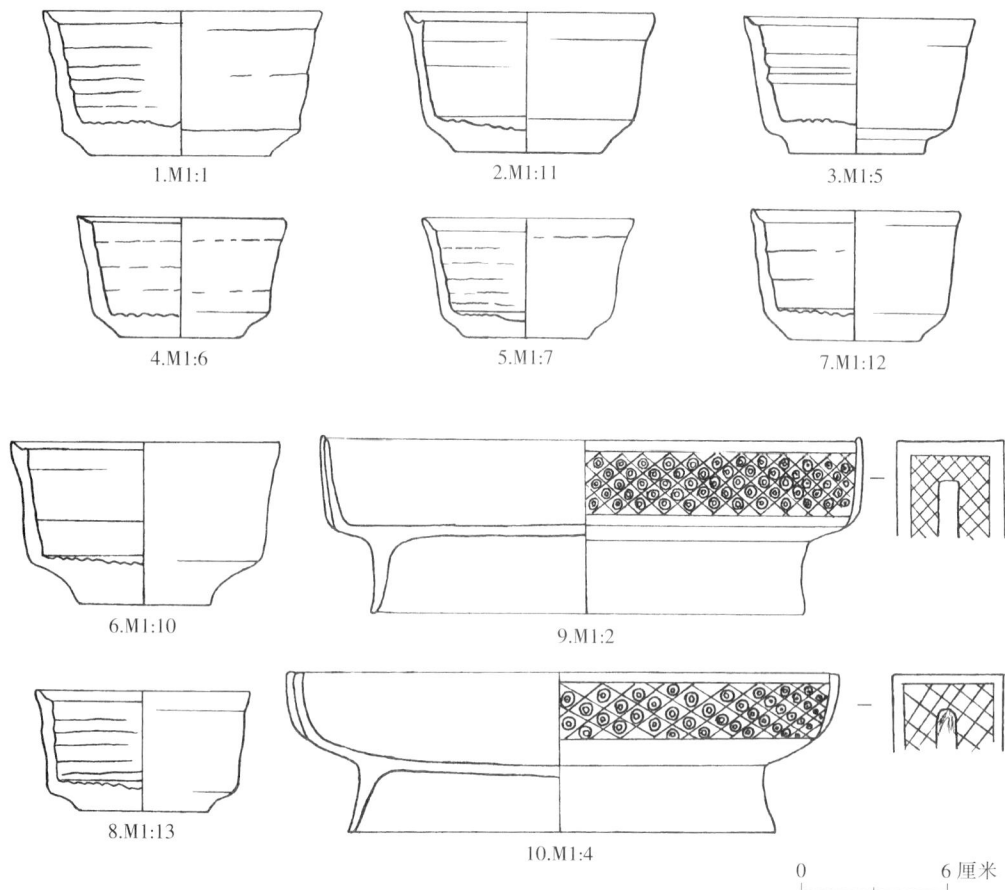

图二三　M1 随葬器物

簋　6 件。泥质硬陶。胎心多为灰色，器表呈红褐或灰、褐杂色。直口，浅腹，深圈足，略外撇。腹壁贴附一对假耳，刻划斜方格纹。外壁刻划斜方格纹，中间戳印重圈纹。M1：2，露胎处可见气泡孔。口部不甚圆整，腹、底夹角近直。口径 21.8、底径 18.0、高 7.0 厘米（图二三：9）。M1：4，胎较软。着薄薄的一层黑衣。腹、底夹角呈弧形。口径 22.0、底径 17.6、高 6.2 厘米（图二三：10）。其余的 M1：3、M1：8、M1：9、M1：14 与其大同小异。

（四）结语

关于石室墓时代，从用块石围筑而成的石室形制、碗的直腹（盅式）形态判断，墓葬时代应在春秋中晚期。

　　关于墓室石材来源，发掘期间通过对北侧山头的调查，发现山顶一些裸露基岩沿纹理部分缺失，其尺寸大小和石质情况与用来构筑 M1 墓壁的块石的特征较一致。因此基岩的缺失是人为撬取的结果，M1 的石料应是就近就地取材而成的。

执　笔：孙国平　王永磊

桐乡董家桥遗址 2011 年度发掘简报

浙江省文物考古研究所

桐 乡 市 博 物 馆

董家桥遗址位于桐乡市石门镇墅丰村（图一）。1975 年水利工程施工时曾发现青铜矛、原始瓷碗等器物。2003 年 10 月，浙江省文物考古研究所与桐乡市文物管理委员会对遗址进行了第一次考古发掘，发现了新石器至东周时期的文化堆积和相关遗迹遗物。[①] 当年 12 月，董家桥遗址被公布为市级文物保护单位。

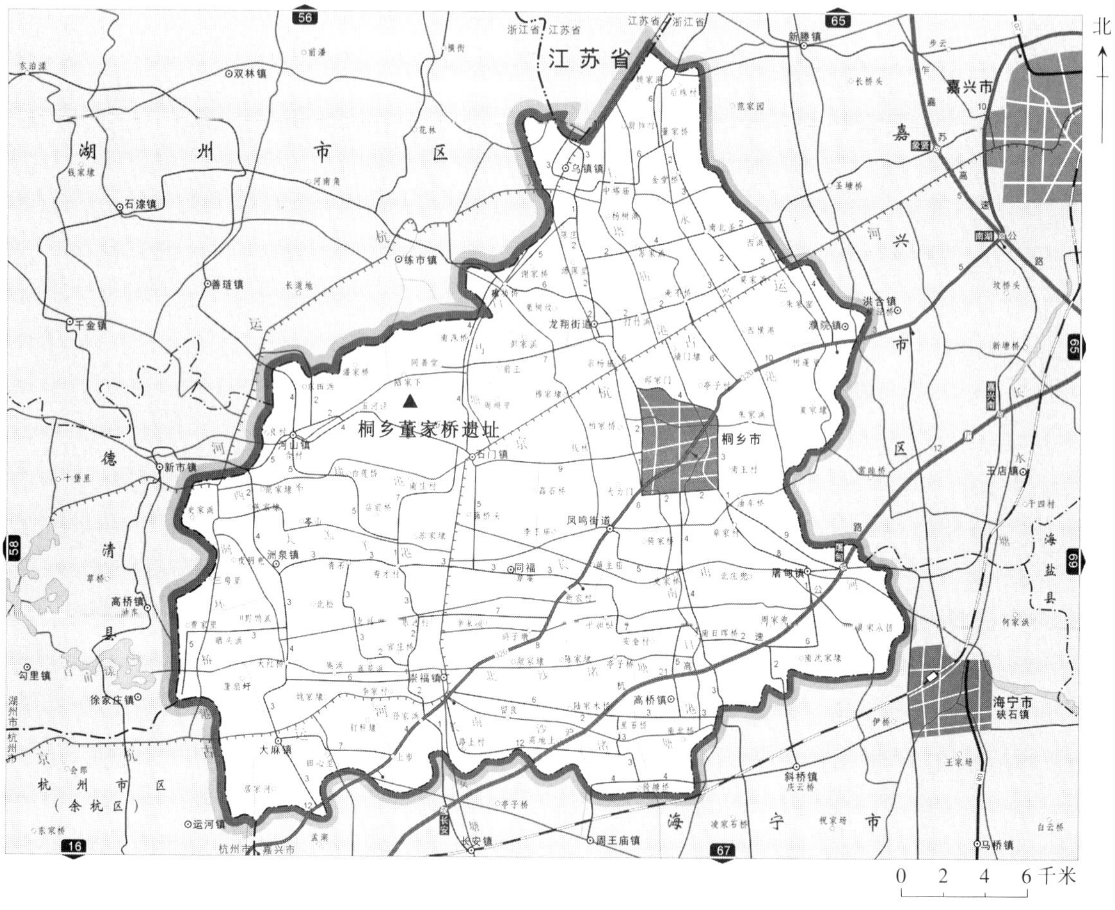

图一　董家桥遗址在桐乡市的位置

---

① 田正标、陈元甫：《桐乡董家桥良渚至春秋战国时期遗址的发掘》，《浙江考古新纪元》，科学出版社，2009 年，第 197、198 页。

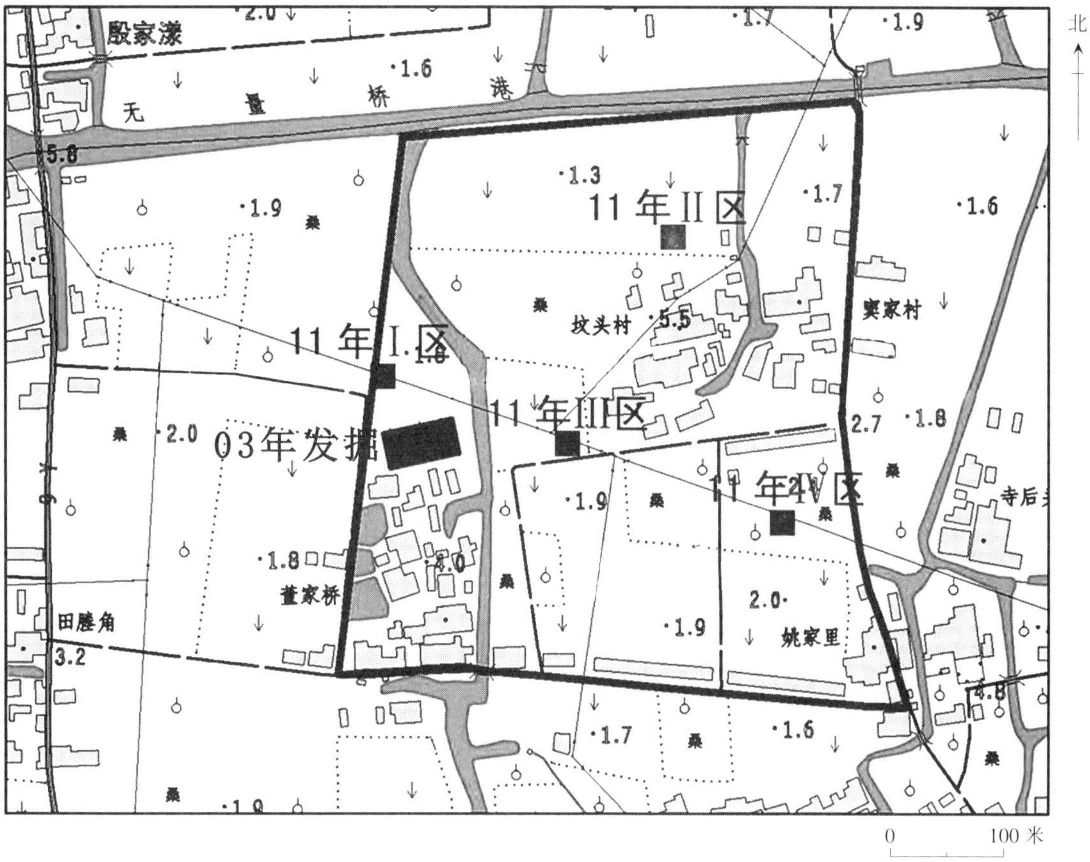

图二　遗址位置图

　　因电力部门供电铁塔建设地点位于董家桥遗址保护范围内，2011 年 11 月～2012 年 1 月，浙江省文物考古研究所和桐乡市博物馆对遗址涉及建设区域进行了抢救性发掘。根据四个铁塔建设地点，本次发掘分为四个区（图二）。Ⅰ区位于桑树地，北距 2003 年发掘地点约 100 米，发掘面积 233 平方米（图三），由于村民取土蚕食，该区现地表较 2003 年发掘时下降了将近 2 米，上部文化堆积破坏较严重，地表可见较多东周时期的陶片，清理了崧泽晚期至东周时期的文化层和灰沟、灰坑等遗迹及相关遗物（彩版五四：1）。Ⅱ区位于水田中，发掘面积 25 平方米，表土下即为生土，未发现文化堆积。Ⅲ区位于水田中，发掘面积 70 平方米，文化堆积已被改道的近现代河道破坏，清理了一个水井和三个灰坑，年代为马桥至良渚时期。Ⅳ区位于桑树地，发掘面积 50 平方米，地表可见大量东周时期的陶片，据当地村民介绍，该地点原为水田，农田平整时将边上高地推平并将此处填高，第①层为表土层，第②层为现代垫土层，第③层为近现代耕土层，第④层为近现代层，④层下发现有一条灰沟和五个灰坑，灰沟为近现代沟，灰坑出土陶片少而杂，后期破坏较严重。

　　以下主要报告Ⅰ区、Ⅲ区和Ⅳ区新石器至东周时期的相关遗存。

一、Ⅰ区地层及相关遗物

　　此次发掘仅Ⅰ区存有新石器至东周时期的文化层。发掘时各探方各自编号，最后再统一归属，现

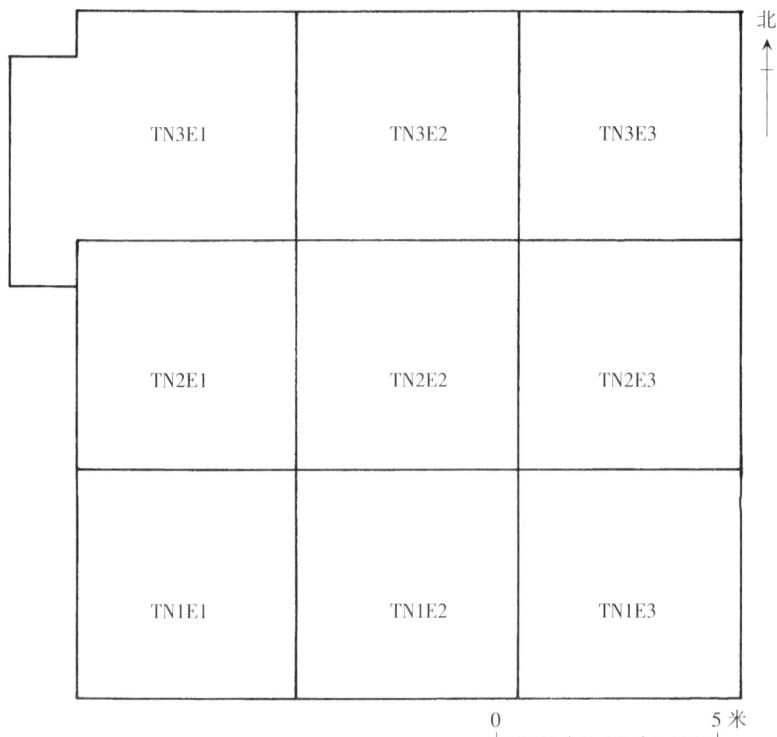

图三　Ⅰ区发掘布方图

介绍发掘区统一层位后的地层堆积情况。Ⅰ区文化层堆积南部和北部较厚，中部较薄，部分层位缺失。

（一）地层

TN1E3 – TN1E2 – TN1E1 南壁（图四）和 TN1E2 – TN2E2 – TN3E2 西壁（图五）地层说明如下。

第①层，表土层，浅灰褐色土，土质较疏松，厚 5 ~ 20 厘米。包含大量的植物根系、现代白瓷片、早期夹砂陶片、泥质陶片、印纹硬陶片等。现代排水沟及树坑打破此层。该层下开口的遗迹有 H2 等。

第②层，深灰褐色土，土质较致密，厚 5 ~ 15 厘米，距地表深 10 ~ 25 厘米，基本遍布发掘区。包含植物根系、陶片和兽骨。陶片以夹砂陶和泥质陶（大部分为灰陶）为主，各占 35% 和 39%，硬陶占 23%，原始瓷片占 3%。夹砂陶多为素面，少量有绳纹；泥质陶以素面为主，少量有方格纹；硬陶以方格纹为主，还有米筛纹、米字纹、麻布纹等。可见器形有夹砂陶支座、夹砂陶甗隔档、泥质陶盆口沿、泥质陶钵口沿、印纹硬陶罐坛瓮口沿、原始瓷碗等。现代排水沟及树坑打破此层。该层下开口的遗迹有 H6、H12、H14、H27、J2、J3、G1、G2、G3 等。

第③层，灰褐色，土质较致密，厚 10 ~ 35 厘米，距地表深 25 ~ 55 厘米，主要分布在发掘区南部。包含陶片和兽骨。陶片以夹砂陶和泥质陶（有灰陶、黑陶和红褐陶）为主，各占 38% 和 49%，硬陶占 12%，另有个别原始瓷片。夹砂陶多为素面或绳纹，泥质陶和硬陶有梯格纹、席纹、曲折纹、竖条纹、云纹、方格纹等。可见器形有夹砂陶凹弧足、泥质陶罐口沿、原始瓷豆柄等。

第④层，灰黑色，土质较黏，厚 15 ~ 45 厘米，距地表深 30 ~ 60 厘米，主要分布在南部和西北部。包含陶片和兽骨。陶片为夹砂陶和泥质陶（有灰陶、黑陶和红陶），各占 39% 和 61%。夹砂陶多为素

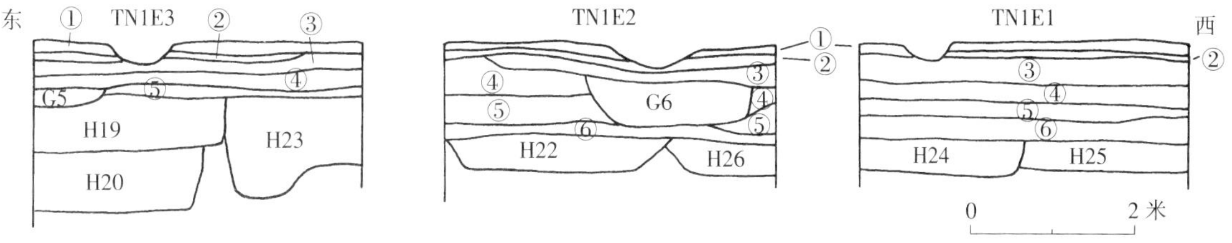

图四　TN1E3 – TN1E2 – TN1E1 南壁地层剖面图

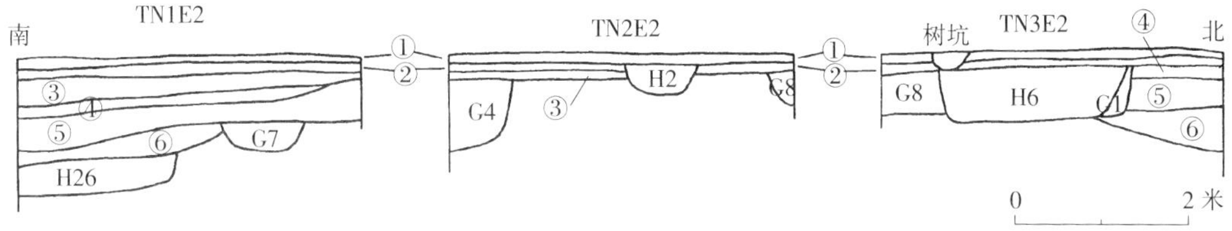

图五　TN1E2 – TN2E2 – TN3E2 西壁地层剖面图

面，泥质陶少量饰弦纹或突棱。可见器形有鱼鳍形鼎足、夹砂陶鼎口沿、器盖等。该层下开口的遗迹有 G5、H16、H18 等。

第⑤层，浅灰褐土，有水锈斑，土质较黏，厚 5 ~ 30 厘米，距地表深 60 ~ 90 厘米，主要分布在南部和西北部。包含陶片和兽骨。陶片为夹砂陶和泥质陶，各占 42% 和 58%。夹砂陶多素面，泥质陶少量饰突棱。可见器形有鱼鳍形足、大口缸腹片、泥质陶杯、泥质陶罐口沿等。

第⑥层，深灰褐土，有水锈斑，土质黏，厚 10 ~ 30 厘米，距地表深 65 ~ 115 厘米，主要分布在南部和西北部。包含陶片和兽骨。陶片为夹砂陶和泥质陶，各占 59% 和 41%。夹砂陶多素面，泥质陶少量饰突棱。可见器形有夹砂陶鼎足、鼎口沿等。该层下开口的遗迹有 H21 等。

（二）地层遗物

1. 第②层

Ⅰ TN2E1②：1，有肩石器。柄端一侧有"⌐"形凹缺，单面刃。长 9.2、宽 5.4、厚 1.65 厘米（图六：1）。

Ⅰ TN2E1②：2，盆口沿。泥质灰陶，直口微敛，窄沿，沿面微内凹。残高 8.1 厘米（图六：2）。

Ⅰ TN2E1②：3，鬲足。泥质灰陶。上部饰绳纹。残高 7.2 厘米（图六：3）。

Ⅰ TN3E1②：1，碗。硬陶，口微敞，尖唇外撇，上腹略内弧，下腹弧收，平底微内凹，略呈假圈足。内壁及内底可见旋痕。高 4.3、口径 13.4、底径 7.0 厘米（图六：4）。

Ⅰ TN3E1②：2，坛口沿。硬陶，直口微敞，方唇，短颈。颈内部可见旋痕。器身拍印回字填 × 纹。残高 4 厘米（图六：5）。

Ⅰ TN3E1②：3，盆口沿。泥质灰陶，侈口，沿内面微内凹。残高 5、口径 31.6 厘米（图六：6）。

Ⅰ TN3E1②：4，钵口沿。泥质灰陶，敛口，尖圆唇，鼓肩，斜弧腹，平底。高 6.5 厘米（图六：7）。

Ⅰ TN3E1②：5，盆口沿。泥质灰陶，窄平沿，圆唇，束颈，鼓肩，斜腹，平底。高 10.5 厘米（图六：8）。

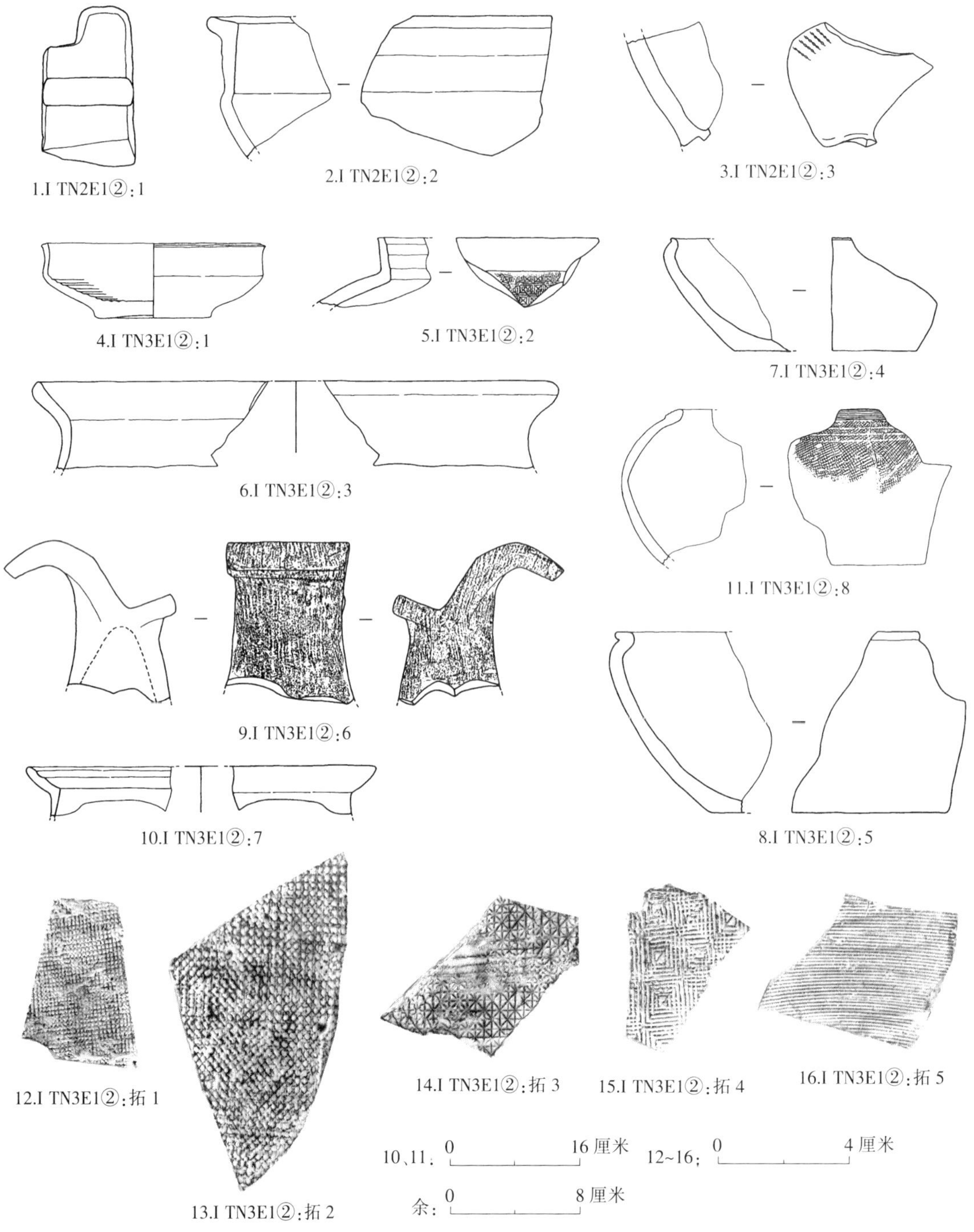

1.I TN2E1②:1

2.I TN2E1②:2

3.I TN2E1②:3

4.I TN3E1②:1

5.I TN3E1②:2

7.I TN3E1②:4

6.I TN3E1②:3

11.I TN3E1②:8

9.I TN3E1②:6

8.I TN3E1②:5

10.I TN3E1②:7

12.I TN3E1②:拓 1

13.I TN3E1②:拓 2

14.I TN3E1②:拓 3

15.I TN3E1②:拓 4

16.I TN3E1②:拓 5

10、11:　0 ——— 16 厘米　　12~16:　0 ——— 4 厘米

余:　0 ——— 8 厘米

图六　第②层出土遗物

Ⅰ TN3E1②:6，支座。夹砂红褐陶，上部近"凵"形外撇，下部为喇叭形，中空。器表外通体饰绳纹。残高 9.4 厘米（图六：9；彩版五四：2）。

Ⅰ TN3E1②:7，釜甗类口沿。夹砂红褐陶，宽折沿外翻，沿内面有两道凸痕。残高 7.6、口径约 42 厘米（图六，10）。

Ⅰ TN3E1②:8，罐口沿。泥质灰陶，敛口，弧肩，鼓腹。口沿上有多道旋纹。器表拍印方格纹。残高 18 厘米（图六：11）。

ⅠTN3E1②：拓 1，硬陶，方格纹（图六：12）。

ⅠTN3E1②：拓 2，硬陶，米筛纹（图六：13）。

ⅠTN3E1②：拓 3，硬陶，米字纹（图六：14）。

ⅠTN3E1②：拓 4，硬陶，重方格填×纹（图六：15）。

ⅠTN3E1②：拓 5，泥质灰陶，弦纹（图六：16）。

2. 第③层

ⅠTN1E1③：1，石镞。镞身前部截面呈扁菱形，后部扁平，镞末端近平，前锋和两翼略残。残长 6.6、宽 2.5、厚 0.6 厘米（图七：1；彩版五五：4 右）。

ⅠTN2E1③：1，石刀。器表较粗，平顶，凸弧刃，单面刃，近顶部有对钻双孔，偏于一侧，外孔

1.ⅠTN1E1③:1

2.ⅠTN2E1③:1

3.ⅠTN1E3③:1

4.ⅠTN1E3③:2

5.ⅠTN1E3③:3

6.ⅠTN1E3③:拓 1

7.ⅠTN1E3③:拓 2

8.ⅠTN1E3③:拓 3

9.ⅠTN1E3③:拓 4

10.ⅠTN1E3③:拓 5

11.ⅠTN1E3③:拓 6

0　　　　　5 厘米

图七　第③层出土遗物

径0.6、内孔径0.4厘米。高5.1、宽13.1、厚0.45厘米（图七：2）。

　　ⅠTN1E3③：1，鼎足。夹砂红褐陶，凹弧足。残高7.6厘米（图七：3）。

　　ⅠTN1E3③：2，三足盘。夹砂红褐陶，圜底，矮足，三足上端内聚。残高6厘米（图七：4）。

　　ⅠTN1E3③：3，原始瓷豆柄。豆盘内有旋痕，豆柄有镂孔，外饰弦纹。豆盘内外和豆柄外施青黄釉。残高4.3厘米（图七：5）。

　　ⅠTN1E3③：拓1，硬陶，席纹（图七：6）。

　　ⅠTN1E3③：拓2，泥质灰陶较硬，梯格纹（图七：7）。

　　ⅠTN1E3③：拓3，硬陶，方格纹（图七：8）。

　　ⅠTN1E3③：拓4，泥质灰陶较硬，竖条纹（图七：9）。

　　ⅠTN1E3③：拓5，硬陶，横竖绳纹（图七：10）。

　　ⅠTN1E3③：拓6，泥质灰陶，云雷纹（图七：11）。

3. 第④层

　　ⅠTN1E3④：1，石镞。柳叶形，前锋和铤末端残，截面呈扁菱形。残长5.15、宽1.65、厚0.75厘米（图八：1）。

　　ⅠTN1E3④：2，器盖。泥质灰陶，杯形盖纽。残高3.1、纽径约5.6厘米（图八：2）。

　　ⅠTN1E3④：3，器盖。夹砂灰褐陶，杯形盖纽。残高2.1、纽径约4厘米（图八：3）。

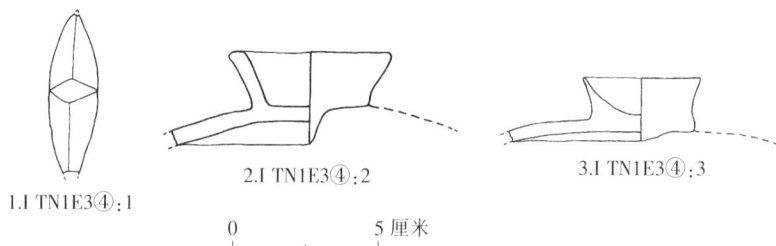

1.ⅠTN1E3④：1　　2.ⅠTN1E3④：2　　3.ⅠTN1E3④：3

0　　　　5厘米

图八　第④层出土遗物

4. 第⑤层

　　ⅠTN1E1⑤：1，鼎足。夹砂红褐陶，鱼鳍形，外侧略厚。两面有竖向刻划。高13.4厘米（图九：1）。

　　ⅠTN1E1⑤：2，杯底。泥质灰陶，假圈足。残高3.7厘米（图九：2）。

　　ⅠTN1E3⑤：1，罐口沿。泥质灰陶，侈口，窄沿外翻，高斜领。残高5.3、口径16.0厘米（图九：3）。

　　ⅠTN1E3⑤：2，鼎口沿。夹砂灰褐陶，侈口，折沿，尖圆唇，束颈。残高4.8、口径13.0厘米（图九：4）。

　　ⅠTN3E1⑤：1，盆口沿。泥质黑灰陶，敞口，卷沿外翻。残高3.4、口径约16厘米（图九：5）。

　　ⅠTN3E1⑤：2，鼎足。夹砂红褐陶，鱼鳍形，两面有戳刺纹。残高9.9厘米（图九：6）。

　　ⅠTN3E1⑤：3，鼎足。夹砂红褐陶，足横截面呈扁圆形。残高7.3厘米（图九：7）。

　　ⅠTN3E1⑤：4，鼎足。夹砂红褐陶，足横截面呈扁椭圆形。残高7.7厘米（图九：8）。

　　ⅠTN1E2⑤：1，豆盘。泥质灰黑陶，口微敞，小平沿，弧腹。沿下外壁有两道弦纹。残高6.5、口径20.0厘米（图九：9）。

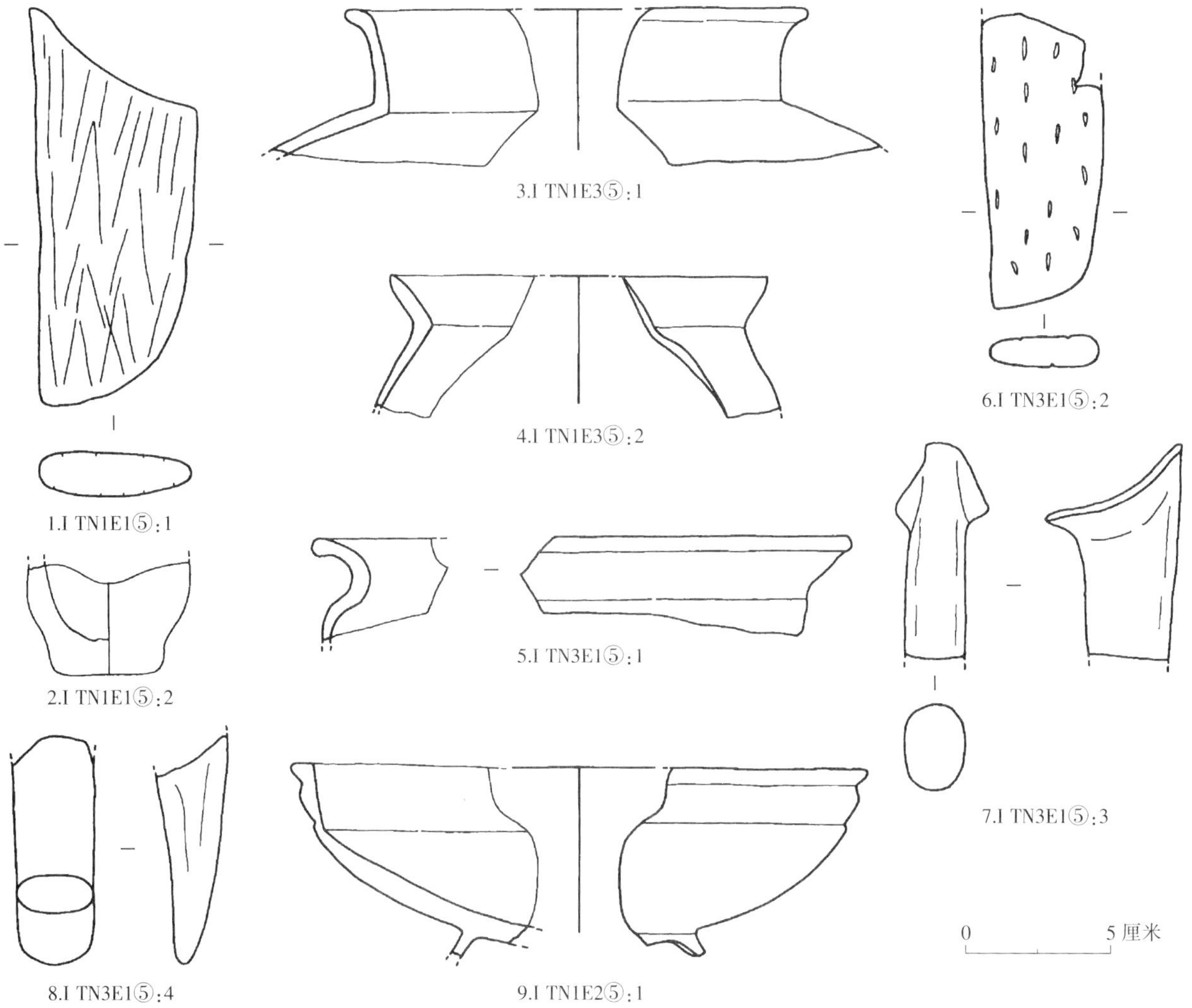

图九　第⑤层出土遗物

5. 第⑥层

ⅠTN1E1⑥：1，鼎足。夹砂红褐陶，两面平整，刻划叶脉纹。残高8.5厘米（图一〇：1）。

ⅠTN1E1⑥：2，鼎口沿。夹砂红褐陶，侈口，方唇，折沿，束颈。残高7.2、口径22.0厘米。（图一〇：2）

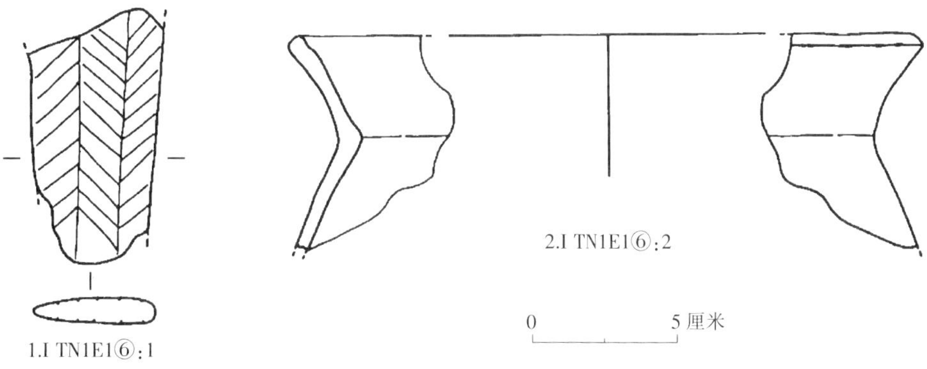

图一〇　第⑥层出土遗物

二、遗迹及相关遗物

本次发掘共发现灰坑46个、井4个、灰沟8条。有些遗迹单位未出土陶片、兽骨等包含物，有些则包含物少而碎小。下面介绍的是有出土完整器物或包含较典型标本的遗迹。遗迹单位器物图编号同器物标本编号。

（一）Ⅰ区①层和②层下开口

H2

H2位于Ⅰ区TN2E2西部，开口于①层下，西部压在西壁下。平面近圆角长方形，斜直壁，圜底。填土黑灰色，较疏松。长1.25、宽0.75、深0.55米（图一一）。出土遗物标本有：

H2：1，甑。夹砂红褐陶，宽折沿外翻，沿内面有两道凸痕，腹较直，内腹附三道条形隔档，圜底。高20.5、口径35.0厘米（图一二：1；彩版五四：3）。

H2：2，瓮坛类口沿。硬陶，卷沿外翻，尖圆唇，短颈，广肩，肩部拍印方格纹，肩颈处可见接痕。残高5.8、口径21.6厘米（图一二：2）。

H6

H6位于Ⅰ区TN3E1东部，开口于②层下，被J1打破，打破H12、H14、H21。平面近梯形，斜直壁，平底。填土灰褐色，较致密，近底处可见少量木板痕迹。口长3.64、底

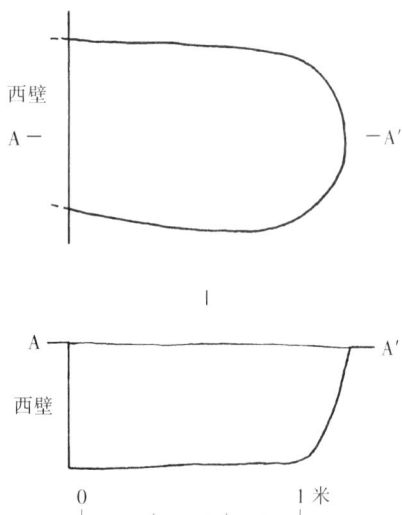

图一一　H2平、剖面图

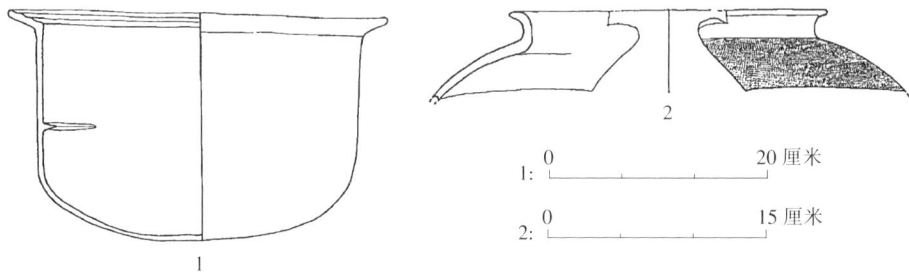

图一二　H2出土遗物

长3.27、口宽1.32~2.36、底宽1.06~1.90、深0.80~0.86米（图一三）。出土遗物标本有：

H6：1，杯。硬陶，直口，直腹微弧，平底微内凹。两侧各附一环形小泥条。器身拍印麻布纹，纹饰较浅，有抹痕。近底处有刮削痕。高7.15、口径8.2、底径6厘米（图一四：1）。

H6：2，原始瓷碗。直口，斜直腹，近底处折向内收成平底。口沿上有凹槽。外底有线割痕，内壁及内底有旋痕。内外施青黄釉。高5.8~6、口径9.7、底径5.0厘米（图一四：2）。

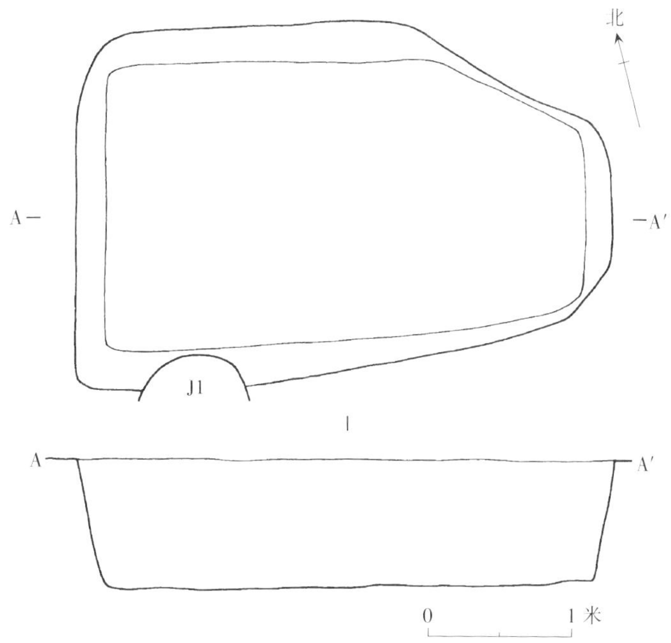

图一三　H6 平、剖面图

H6：3，器盖。泥质灰陶，盖缘直口微敞，弧顶，圆纽形捉手。高3.5、盖口径15.7厘米（图一四：3）。

H6：4，钵。泥质灰陶，敛口，尖圆唇，鼓肩，斜弧腹，平底。高6.0、口径14.0、腹径15.7、底径9.5厘米（图一四：4）。

H6：5，盆。泥质灰陶，窄沿微折，圆唇，敛口，束颈，鼓肩，斜腹，平底微内凹。高9.9～10.1、口径33.0、底径21.6厘米（图一四：5；彩版五五：1）。

H6：6，鼎。夹砂红褐陶，折沿，圆唇，上腹直，下腹弧收成平底，底附三个矮扁足。高6.7、口径14.8厘米（图一四：6）。

H6：7，盆。泥质灰陶，沿近平，沿面有两道凹痕，圆唇外翻，直口，上腹直，下腹斜，内外可见旋痕，平底。高14.2、口径45.6、底径27.6厘米（图一四：7）。

H6：8，平底盘。泥质灰陶，小平沿，圆唇，束颈，弧腹，平底。器身及底部可见旋痕。高3.5、口径24.8、底径21.2厘米（图一四：8）。

H6：9，瓮坛类口沿。硬陶，卷沿外翻，尖唇，短颈，广肩。肩部拍印方格纹，颈部抹去纹饰。残高4.7、口径20.1厘米（图一四：9）。

H6：10，盆口沿。泥质灰陶，翻沿，方唇，敞口，束颈，圆腹。腹部拍印斜方格纹，颈部抹去方格纹。残高15、口径38.0厘米（图一四：10）。

H6：11，罐。泥质灰陶，侈口，束颈，鼓肩，弧腹。两肩各附一圆形复耳。器身内外壁可见旋痕。口径17.3厘米（图一四：11）。

H6：12，釜甗类口沿。夹砂红褐陶，宽折沿外翻，沿内面有两道凸痕。残高8、口径约40.4厘米（图一四：12）。

H6：13，鼎釜类口沿。夹砂黄褐陶，折沿，上腹直。器身拍印方格纹。残高8.1、口径25.2厘米（图一四：13）。

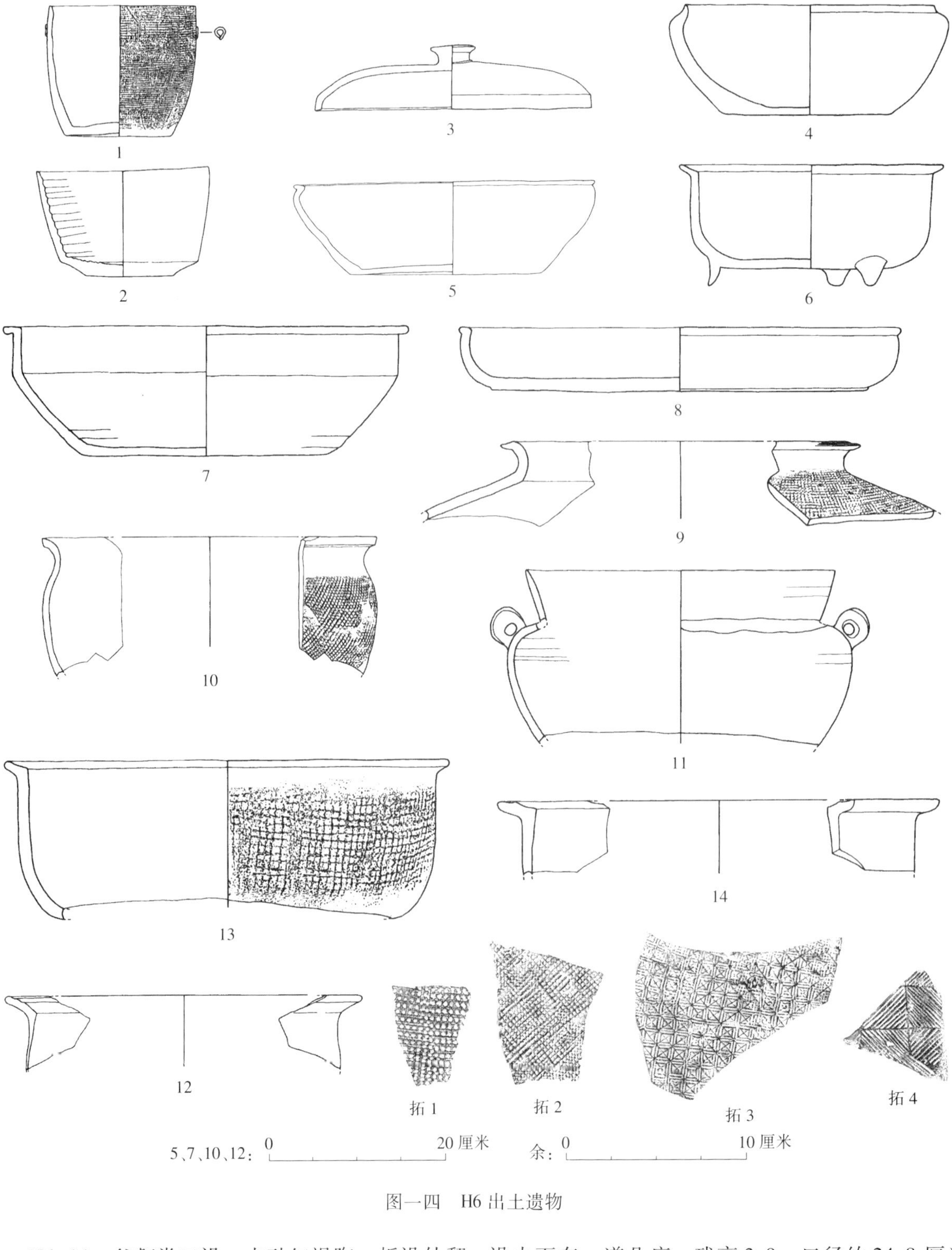

图一四　H6 出土遗物

H6：14，釜甗类口沿。夹砂红褐陶，折沿外翻，沿内面有一道凸痕。残高 3.9、口径约 24.8 厘米（图一四：14）。

H6：拓 1，硬陶，米筛纹（图一四：拓 1）。

H6：拓 2，硬陶，方格纹（图一四：拓 2）。

H6：拓 3，硬陶，回字填×纹（图一四：拓 3）。

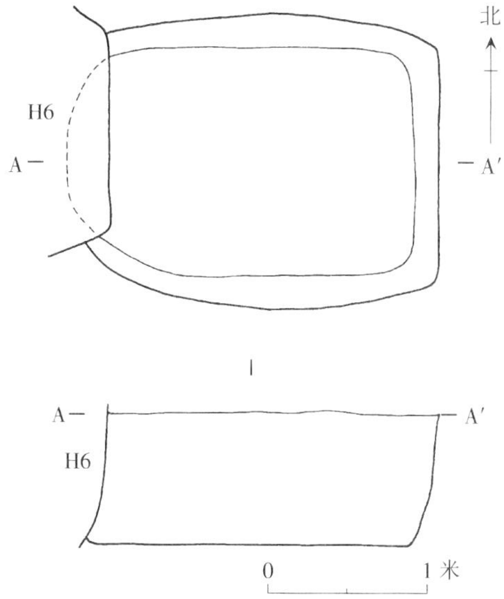

图一五　12 平、剖面图

H6：拓 4，硬陶，重方格填×纹（图一四：拓 4）。

H12

H12 位于Ⅰ区 TN3E2 南部，开口于②层下，被 H6 所打破。平面近长方形，斜直壁，平底。填土为灰褐色黏土，较疏松。长 2.30、宽 1.40～1.80、深 0.80 米（图一五）。出土遗物标本有：

H12：1，罐。泥质灰陶，敛口，弧肩，鼓腹，平底。口沿上有多道旋纹。器表拍印方格纹。高 21.0、口径 16.8、腹径 34.8、底径 17.4 厘米（图一六：1；彩版五五：2）。

H12：2，瓮坛类口沿。硬陶，卷沿外翻，尖唇，短颈，广肩。肩部拍印方格纹，颈部抹去纹饰。内壁可见泥条盘筑痕迹，泥条宽约 2.5 厘米。残高 5.6、口径 23.2 厘米（图一六：2）。

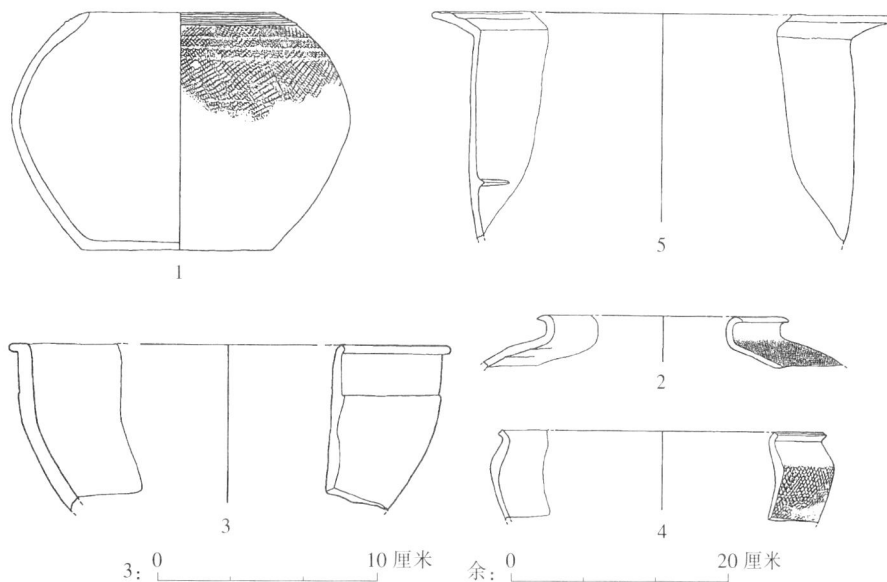

图一六　H12 出土遗物

H12：3，盆口沿。泥质灰陶，平沿，圆唇，斜弧腹。残高 7.3、口径约 20 厘米（图一六：3）。

H12：4，盆口沿。泥质黄褐陶，方唇，唇缘微内凹，束颈，溜肩，斜腹。外腹拍印方格纹。残高 7.8、口径约 30、腹径 31.4 厘米（图一六：4）。

H12：5，甗口沿。夹砂红褐陶，宽折沿外翻，沿内面有两道凹痕。腹较直，内腹附有条形隔档。残高 19.9、口径 42.0 厘米（图一六：5）。

H14

H14 位于Ⅰ区 TN3E1 东南角，开口于②层下，南部压在南壁下。平面近长方形，直壁，底较平。填土为灰褐色黏土，较致密，无陶片。长 0.70、宽 0.70～0.90、深 0.10～0.20 米（图一七）。出土遗物标本有：

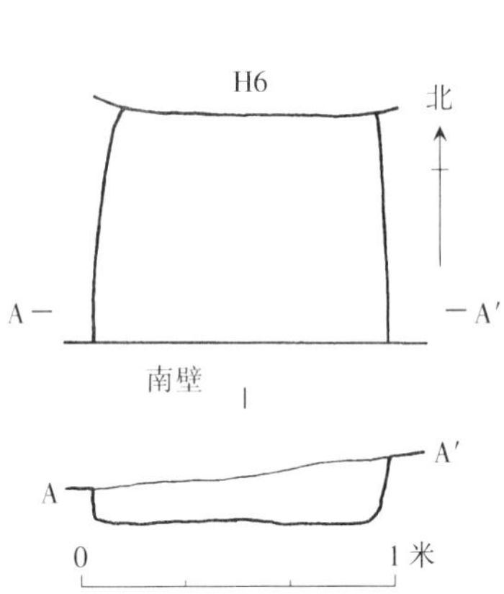

图一七　H14 平、剖面图

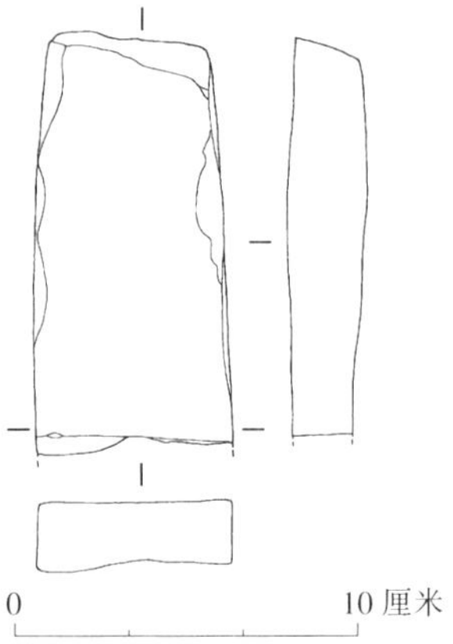

图一八　H14 出土砺石 H14：1

H14：1，砺石。长条形，较平整，中间略内凹。残长 12、宽 5.6、厚 1.7～2.3 厘米（图一八）。

H27

H27 位于 I 区 TN2E2 北部，开口于②层下。平面近椭圆形，斜直壁，平底。填土为灰褐色黏土，较疏松。长径 1.20、短径 0.86、深 0.55 米（图一九）。出土遗物标本有：

H27：1，提梁鼎。泥质红陶，陶质软，圆唇，侈口。口沿上附环形提梁，提梁两侧有条形饰。足上部略凸起，剖面近不规则六边形。口径约 24 厘米（图二○）。

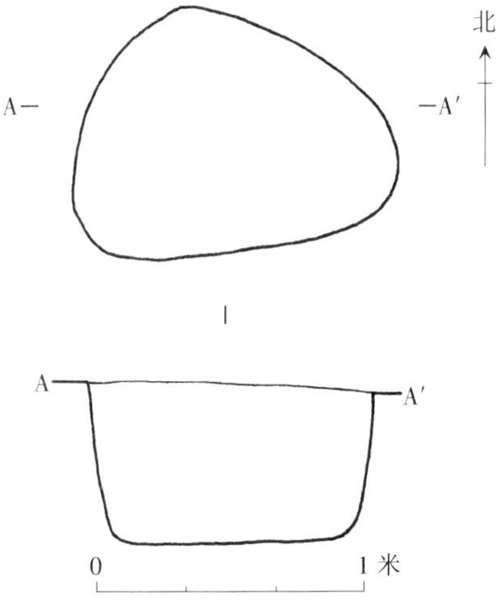

图一九　H27 平、剖面图

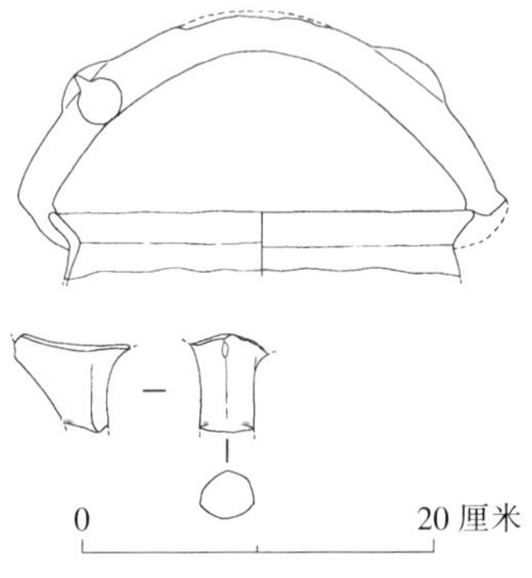

二○　H27 出土提梁鼎 H27：1

J2

J2 位于 I 区 TN2E1 北隔梁下偏东部，开口于②层下，部分压在北隔梁下。平面近圆形，斜直壁，底较平。填土为灰褐色黏土，较致密。口长 0.70、底长 0.52、口宽 0.40 米，底宽 0.33、深 1.38 米（图二一）。出土遗物标本有：

J2：1，原始瓷杯。直口微敞，尖唇，斜直腹，近底处斜收为小平底。内壁及内底有旋痕。内外施青黄釉。高 5.1～5.5、口径 7.3、底径 4.3 厘米（图二二：1）。

　　J2：2，罐。硬陶，直口微敛，尖唇，广肩近折，斜直腹，平底微凹。肩附管状双复系。器表拍印细方格纹，近底处有刮削痕迹。内壁可见泥条痕迹和垫窝。高 11.2～11.3、口径 7.1、腹径 11.5、底径 7.2 厘米（图二二：2）。

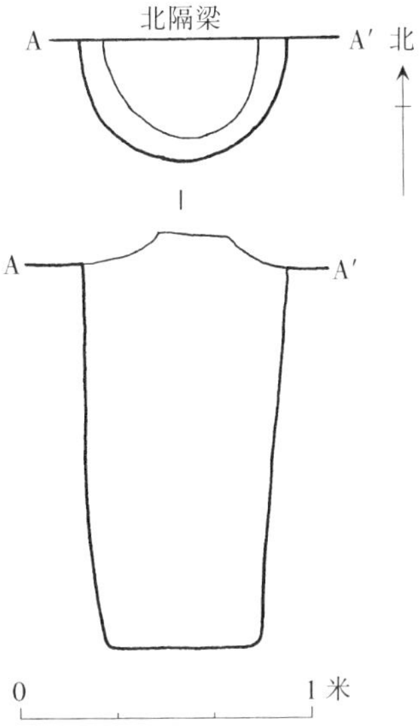

图二一　J2 平、剖面图

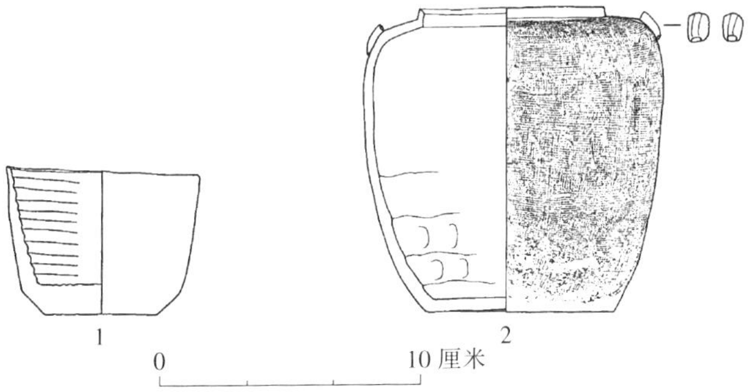

图二二　J2 出土遗物

J3

　　J3 位于 Ⅰ 区 TN2E2 东部，开口于②层下。平面呈圆形，斜直壁，平底。填土黑灰色，较疏松。口径 0.75～0.84、底径 0.40、深 1.60 米（图二三）。出土遗物标本有：

　　J3：1，鼎。夹砂红褐陶，宽平沿，沿面有一道凸痕，斜直腹，平底，底附三矮足。器表有刮痕，足为手捏，不规整。通高 9.7、口径 24.5 厘米（图二四：1；彩版五五：3）。

　　J3：2，原始瓷碗。直口微敞，尖唇，上腹斜直，近底处折向内收成平底，略呈假圈足。外底有线割痕。内壁及内底有细密的旋痕，内底中部内凹。内外施青黄釉。高 8.5～8.8、口径 15.7、底径 6.8 厘米（图二四：2）。

　　J3：3，盆。泥质灰陶，窄沿微折，圆唇，束颈，鼓肩，斜腹，平底。内腹可见旋痕。高 10.0、口径 34.0、底径 18.2 厘米（图二四：3）。

G2

　　G2 位于 Ⅰ 区 TN3E1 西部，开口于②层下。平面呈长方形，斜直壁，平底，南高北低。填土上部为灰黄色，较致密，下部为灰黑色

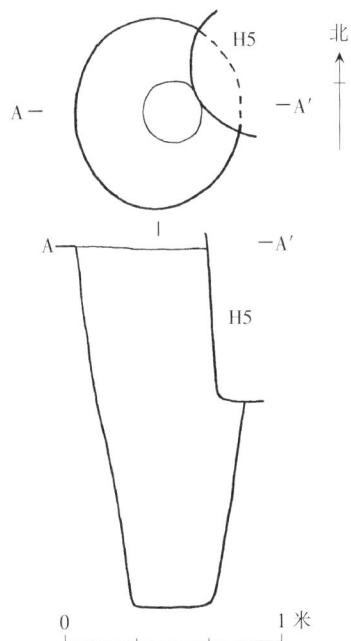

图二三　J3 平、剖面图

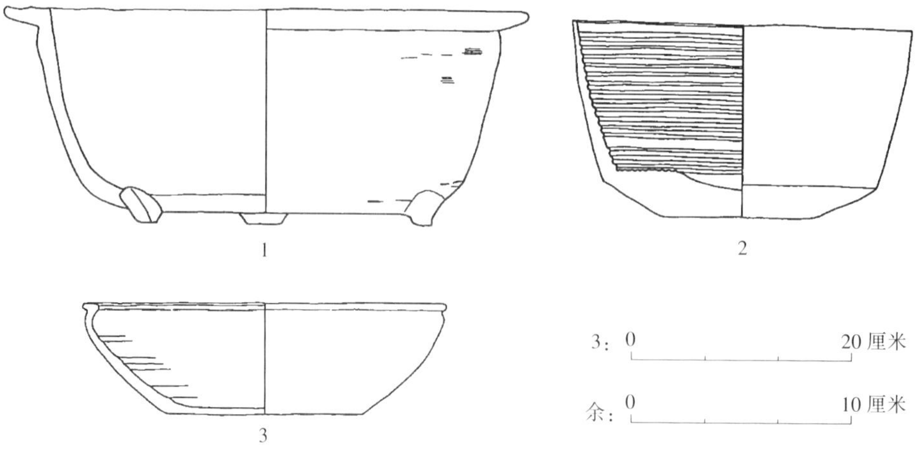

图二四　J3 出土遗物

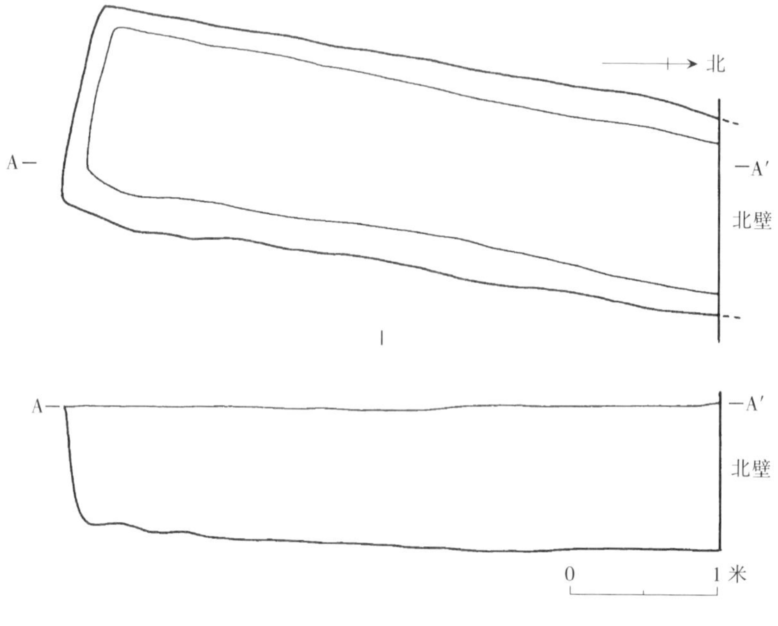

图二五　DG2 平、剖面图

黏土。口长 4.50、底长 4.38、口宽 1.30～1.46、底宽1.00～1.08、深 0.80～0.96 米（图二五）。出土遗物标本有：

G2：1，石刀。长条形，平顶，双面刃，近顶部有对钻双孔，外孔径 1.6、内孔径 1.2 厘米。高 7.4、宽 12.2、厚 1.25 厘米（图二六：1）。

G2：2，原始瓷碗。直口，尖唇，斜直腹微弧，近底处折向内收成平底，略呈假圈足。口沿上有凹槽。外底微内凹，有线割痕。内壁及内底有旋痕。内外施青黄釉。高 8.7～9.2、口径 17.5、底径 9.7 厘米（图二六：2）。

G2：3，原始瓷碗。口微敞，尖唇，斜直腹，近底处折向内收成平底，略呈假圈足。口沿上有凹槽。外底微内凹，有线割痕。内底有旋痕。内外施青黄釉。高 6.1、口径 11.7、底径 7 厘米（图二

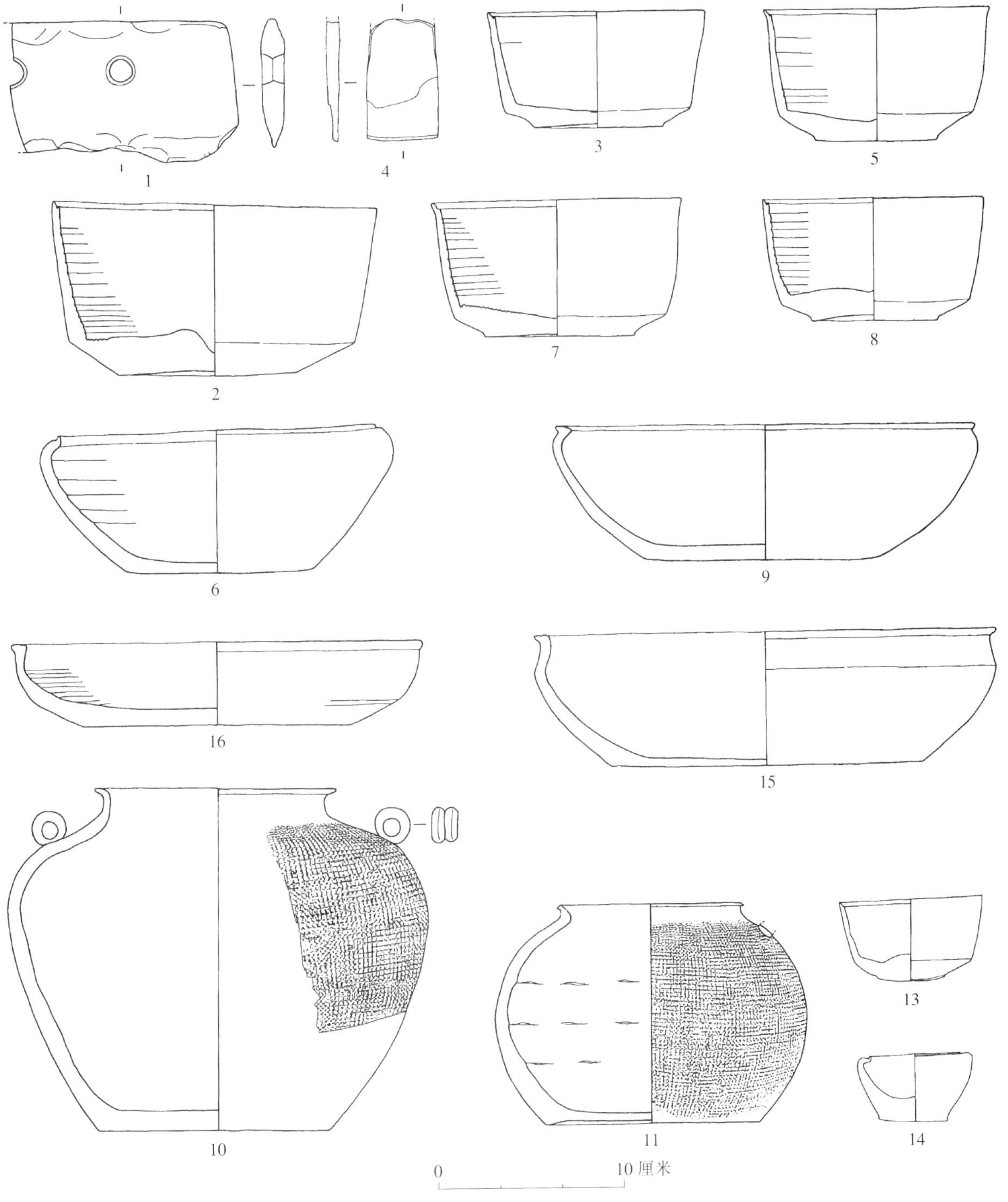

图二六　G2 出土遗物（一）

六：3）。

G2：4，石锛。长条形，顶残，两侧近直，刃部直，单面刃。残长 6.3 厘米（图二六：4）。

G2：5，原始瓷碗。口微敞，尖唇，斜直腹，近底处折向内收成平底，略呈假圈足。口沿上有凹槽。外底有线割痕。内壁及内底有旋痕。内外施青黄釉。高 6.9、口径 12.3、底径 6.6 厘米（图二六：5）。

G2：6，钵。泥质灰陶，敛口，尖圆唇，鼓肩，斜腹，平底。内壁可见旋痕。高 7.2～7.7、口径 16.2、底径 10 厘米（图二六：6）。

G2：7，原始瓷碗。口微敞，尖唇，斜直腹，近底处折向内收成平底，略呈假圈足。口沿上有凹槽。外底有线割痕。内壁及内底有细密的旋痕。内外壁釉均未烧出玻璃质感。高 7～7.2、口径 13.5、底径 8.1 厘米（图二六：7）。

G2：8，原始瓷碗。直口，尖唇，斜直腹微弧，近底处折向内收成平底。口沿上有凹槽。外底微内凹，有线割痕。内壁及内底有旋痕。内外施青黄釉。高 6.4、口径 12.0、底径 6.8 厘米（图二六：8）。

G2：9，盆。泥质灰陶，窄沿微折，圆唇，敛口，束颈，鼓肩，斜弧腹，平底。高 7.1、口径 22.6、底径 12.4 厘米（图二六：9）。

G2：10，罐。硬陶，侈口，尖圆唇，短直颈，耸肩，上腹鼓，下腹斜收，平底。两肩各附一圆形复耳，器身拍印方格纹，颈部抹去纹饰。高 17.8、口径 13.0、腹径 22.5、底径 12.4 厘米（图二六：10）。

G2：11，罐。硬陶，侈口，尖唇，唇缘略内凹，短束颈，溜肩，圆鼓腹，平底微内凹。肩部附两耳，耳缺，内壁有泥条痕迹。器身拍印方格纹，颈部抹去纹饰，近底部有削痕。高 11.5、口径 10.1、腹径 16.9、底径 11.5 厘米（图二六：11）。

G2：12，鼎。夹砂红褐陶，折沿外翻，沿面有 1 道凸痕，腹微弧，圜底，下附三扁足。底部黑，有烟炙痕迹。残高 7.9、口径 21.2 厘米（图二七：12；彩版五五：6）。

G2：13，原始瓷碗。烧制不规整，直口，尖唇，腹斜直，近底处折向内收，内底凸起，外底近平。内外施青黄釉。高 4.1～4.5、口径 7.7、底径 3.7 厘米（图二六：13）。

G2：14，原始瓷小盒。子母口，鼓肩，斜腹，平底。外底有线割痕。内外施青黄釉。高 3.4～3.6、口径 4.9、底径 3.7 厘米（图二六：14）。

G2：15，盆。泥质灰陶，沿近平，沿面有两道凹痕，尖唇，口微敛，折腹斜收成平底。高 7.0、口径 25.0、底径 16.8 厘米（图二六：15）。

G2：16，盆。泥质灰陶，小平沿，尖圆唇，口微敛，弧腹，平底。内壁有旋痕。高 4.3、口径 22.0、底径 14.2 厘米（图二六：16）。

G2：17，盆。泥质灰陶，沿近平，沿面有两道凹痕，圆唇外翻，口微敛，束颈，斜弧腹，底近平。高 8.2、口径 32.0、底径 18.2 厘米（图二七：17）。

G2：18，豆柄。泥质灰陶，中部直，下部呈喇叭形，内壁有旋痕。残高 10.7 厘米（图二七：18）。

G2：19，坛口沿。硬陶，敞口，小卷沿，短颈，弧肩，腹弧收。沿内有多道旋痕。器表拍印大方格纹，颈部抹去纹饰。残高 31.5、口径 23.2、腹径 34.2 厘米（图二七：19）。

G2：20，釜甑类口沿。夹砂红褐陶，宽折沿外翻，沿内面有两道凹痕。残高 11.4、口径约 45 厘米（图二七：20）。

G2：21，釜甑类口沿。夹砂红褐陶，宽折沿外翻，沿内面有两道凹痕，腹较直。残高 6.4、口径 36 厘米（图二七：21）。

G2：22，鼎釜类口沿。夹砂红褐陶，折沿外翻，沿面微内凹，腹较直。器壁及外底饰绳纹，颈部

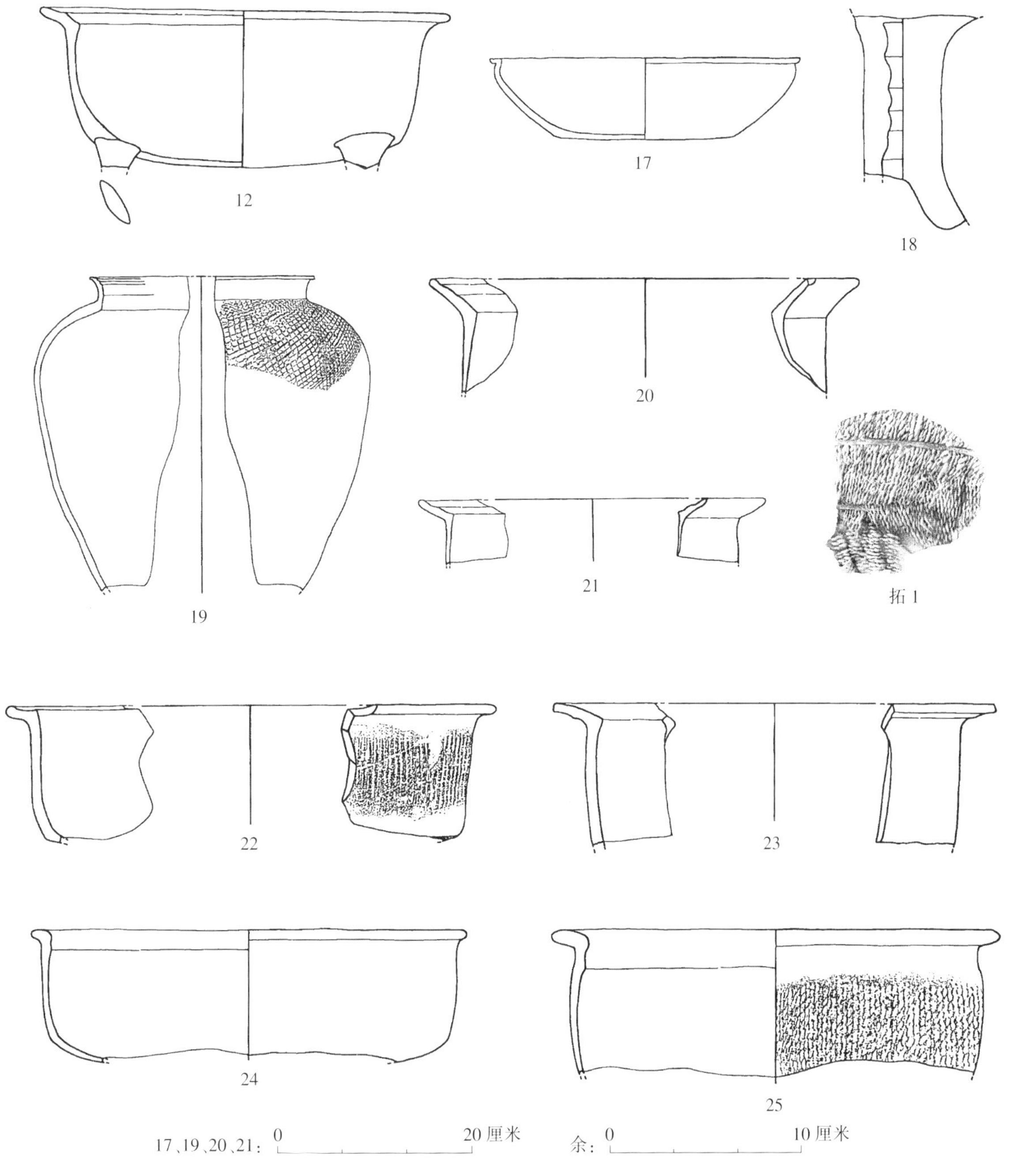

图二七　G2 出土遗物（二）

抹去纹饰。残高 6.9、口径 25.2 厘米（图二七：22）。

　　G2:23，鼎釜类口沿。夹砂红褐陶，折沿外翻，外侧有一道凸起，腹较直。残高 7.1、口径 23.2 厘米（图二七：23）。

　　G2:24，鼎釜类口沿。夹砂红褐陶，窄沿，圆唇，腹较直，圜底。残高 6.6、口径 22.4 厘米（图二七：24）。

　　G2:25，鼎釜类口沿。夹砂红褐陶，折沿外翻，圆唇，短束颈，上腹较直。腹饰绳纹。残高 7.2、口径 23.4 厘米（图二七：25）。

G2：拓 1，鬲足拓片。泥质灰陶，饰间断绳纹（图二七：拓 1）。

G1

G1 位于Ⅰ区 TN3E3、TN3E2 中部，开口于②层下，被 H6、H12 打破，打破 G3。平面呈长条形，斜直壁，底较平。填土上部为深灰色，较疏松，下部为青灰色淤土。口长 9.06、底长 8.96 米，口宽 0.82～1.1、底宽 0.37～0.8、深 0.68～0.72 米，西浅东深（图二八）。出土遗物标本有：

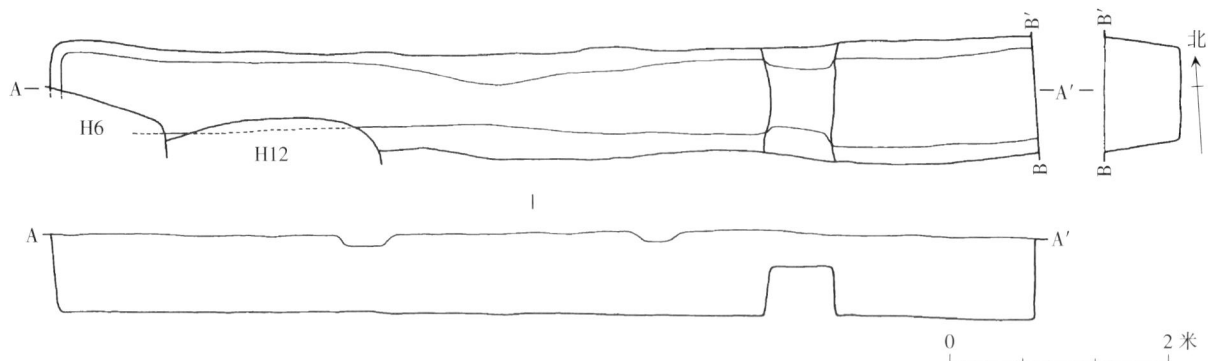

图二八　G1 平、剖面图

G1：1，罐。泥质灰陶，直口微侈，圆唇，圆肩，腹较鼓，平底。内壁可见旋痕。高 7.3～7.5、口径 8.1、腹径 11.6、底径 7.4 厘米（图二九：1）。

G1：2，盆口沿。泥质灰陶，卷沿外翻，方唇，长直颈。残高 7、口径 20.0 厘米（图二九：2）。

G1：3，罐口沿。泥质灰陶，侈口，尖唇，束颈。器表拍印席纹。残高 8.2、口径 20.6 厘米（图二九：3）。

图二九　G1 出土遗物

G1:4，原始瓷罐口沿。敞口，卷沿外翻，沿面微内凹，方唇，颈较长。颈内部可见旋痕。器表施黄绿色釉。残高 5.5、口径 19.2 厘米（图二九：4）。

G1:5，原始瓷罐口沿。卷沿外翻，颈稍长。颈内部可见旋痕。器身拍印杂乱席纹。器表施黄绿色釉。残高 4、口径 16 厘米（图二九：5）。

G1:6，罐口沿。泥质红褐陶，口微侈，长直颈。颈内部可见旋痕。器身拍印杂曲折纹。残高 4.2、口径 10.0 厘米（图二九：6）。

G1:7，鼎甗类口沿。夹砂灰褐陶，敛口，沿面内凹。器身上部饰横向绳纹，下部饰斜向绳纹。残高 3.9、口径 20.0 厘米（图二九：7）。

G3

G3 位于 I 区 TN2E3 中部、TN3E3 南部，开口于②层下，被 H5、G1 打破。平面呈长条形，弧壁，圜底。填土灰褐色，较致密。长 7.25、宽 1～1.9 米，南宽北窄，深 0.12～0.4 米，北浅南深（图三〇）。出土遗物标本有：

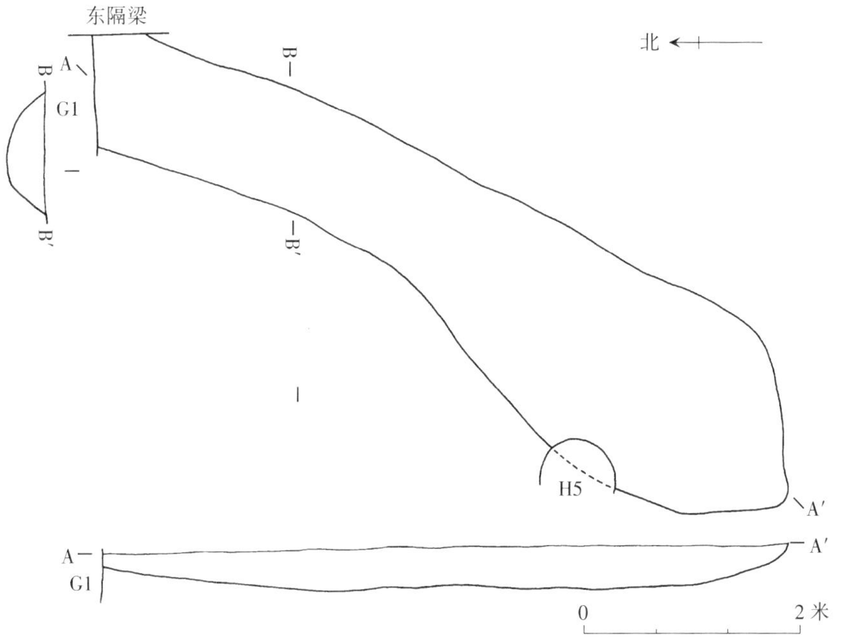

图三〇　G3 平、剖面图

G3:1，石镞。镞身截面呈扁菱形，两翼内收成铤。长 5.0、宽 1.5、厚 0.6 厘米（图三一：1；彩版五五：4 左）。

G3:2，甗。夹砂红褐陶，束腰，腰内有一圈隔档，凹弧足。饰斜绳纹。残高 10 厘米（图三一：2）。

G3:3，罐。泥质红褐陶，颈较长，内有旋痕。器身拍印曲折纹。残高 4.4 厘米（图三一：3）。

G3:拓1，硬陶，叶脉纹（图三一：拓1）。

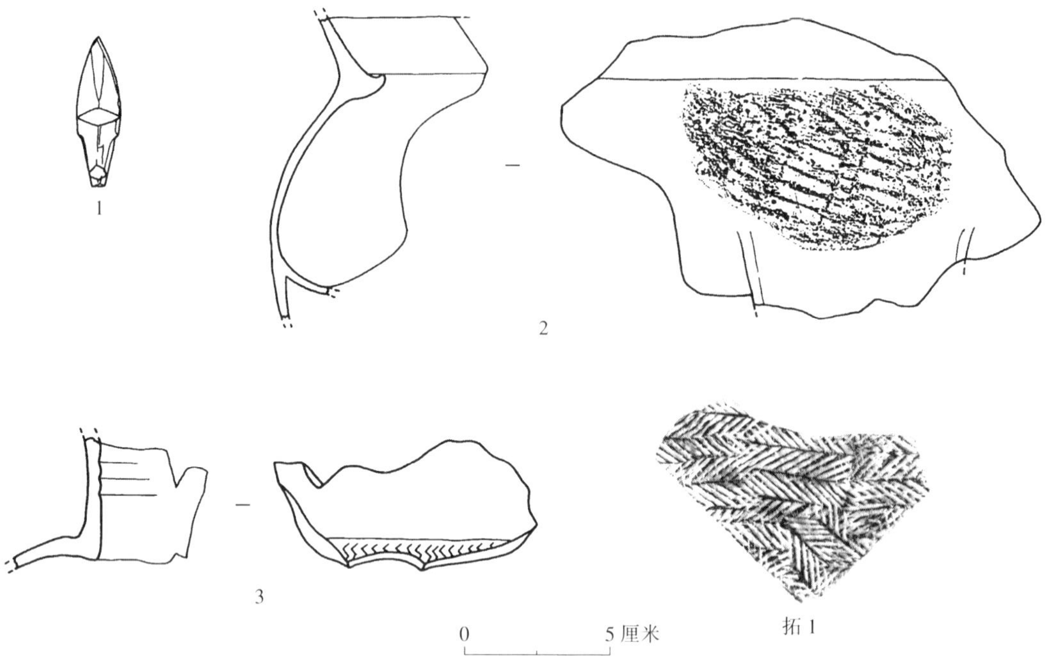

图三一　G3 出土遗物

（二）Ⅰ区④层、⑤层、⑥层下开口

H7

H7 位于Ⅰ区 TN2E1 西北角，开口于④层下，被 J2 打破，部分压在东隔梁和北隔梁下。平面呈圆角长方形，直壁，底较平。填土灰黄色，较致密，含水锈斑。长 1.86、宽 0.70 ~ 0.76、深 0.38 米。坑内零散放置较多动物骨骼（图三二）。①

H16

H16 位于Ⅰ区 TN1E3 中北部，开口于④层下，被 G5 打破。平面近椭圆形，斜直壁，圜底。填土为青灰褐色黏土，较致密。口长 2.75、底长 2.42、口宽 1.3、底宽 1.09、深 0.6 ~ 0.69 米（图三三）。出土遗物有鱼鳍形足、鼎口沿等，较碎小。出土遗物标本有：

H16:1，有肩石器。器面较平整，柄端两侧有"凵"形凹缺。残长 9.2、宽 9.4、柄宽 5.7、厚 2.5 厘米（图三四）。

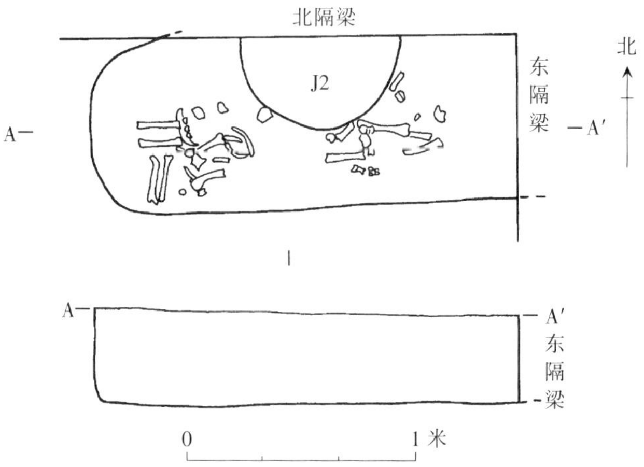

图三二　H7 平、剖面图

---

① 动物骨骼详细情况见本书《桐乡董家桥遗址动物遗存分析》。

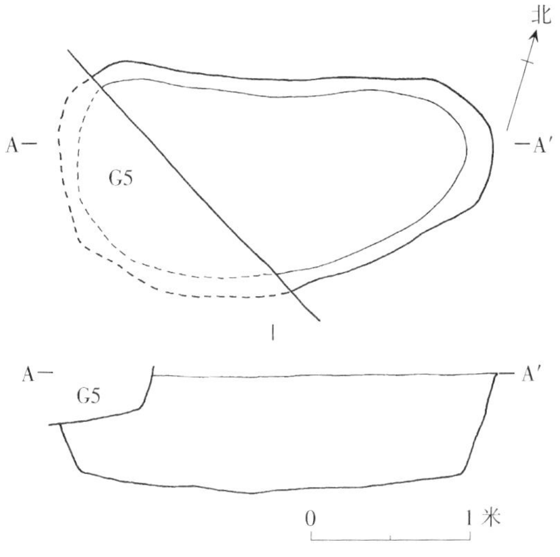

图三三　H16 平、剖面图

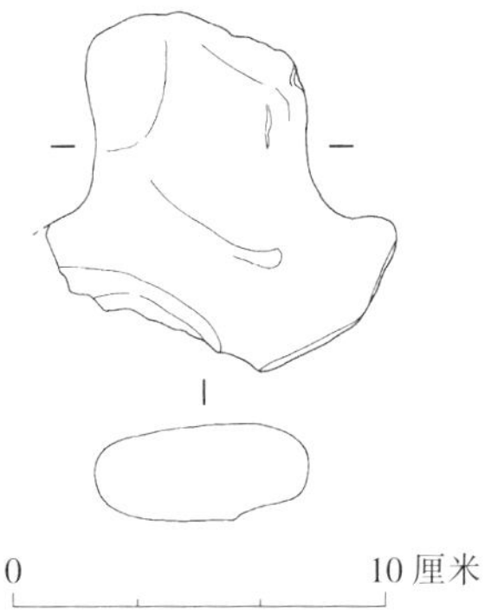

图三四　H16 出土有肩石器 H16：1

H18

H18 位于Ⅰ区 TN3E1 中部略偏西北，开口于④层下，被 G1 打破。平面呈梯形，斜直壁，底较平。填土为灰褐黏土，较致密。口残长 1.61、底长 1.52、口宽 0.82～1.58、底宽 0.62～1.22、深 1.10 米（图三五）。出土遗物标本有：

H18：1，杯。泥质灰胎黑皮陶，束颈，弧腹略下垂，杯底残缺。残高 8.6、口径 4.9、腹径 6.6 厘米（图三六：1）。

H18：2，器盖。夹砂红褐陶，杯形盖钮，中间有一小孔。残高 3.7、钮径约 6 厘米（图三六：2）。

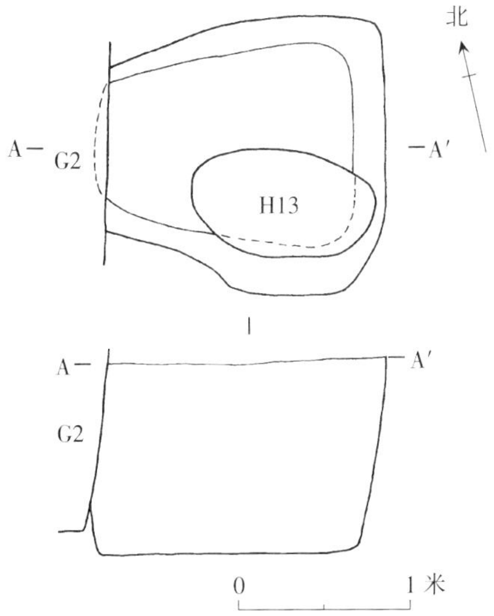

图三五　H18 平、剖面图

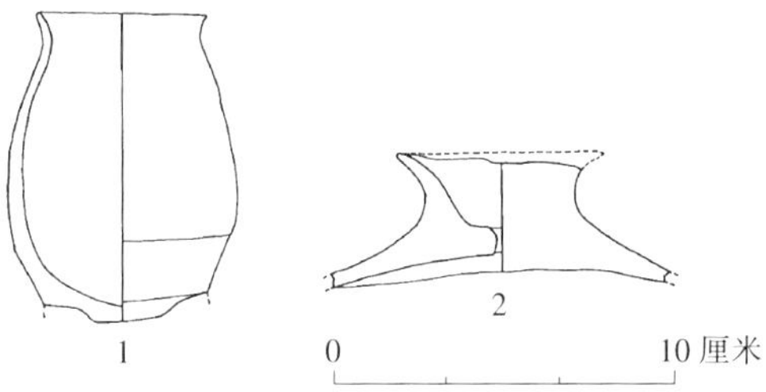

图三六　H18 出土遗物

H20

H20 位于Ⅰ区 TN1E3 东南部，开口于 H19 下，部分压在南壁和东隔梁下。平面呈梯形，斜直壁，平底。填土为青灰色黏土，较致密。长 2.05、宽 1.05～1.44、深 0.65～0.7 米（图三七）。出土遗物标本有：

H20：1，杯。泥质灰胎黑陶，直口微敞，尖圆唇，斜直腹较深，近底处内收为小平底，外底大致等分切剔三个三角形凹缺。内壁及内底有旋痕。高7.7、口径7.5、底径6.1厘米（图三八：1）。

H20：2，鼎口沿。夹砂红褐陶，侈口，折沿，束颈。残高5、口径23.0厘米（图三八：2）。

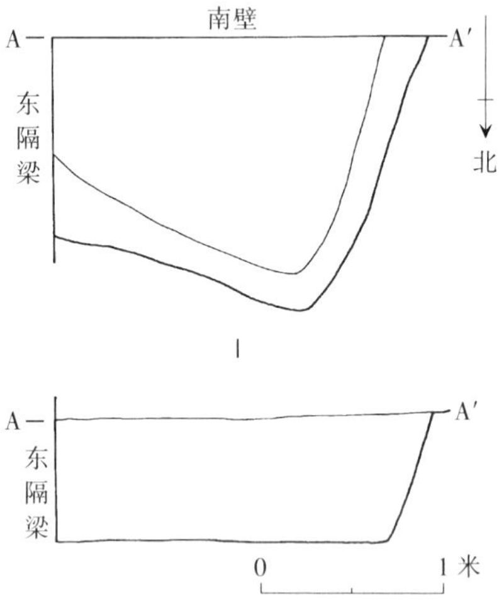

图三七　H20平、剖面图

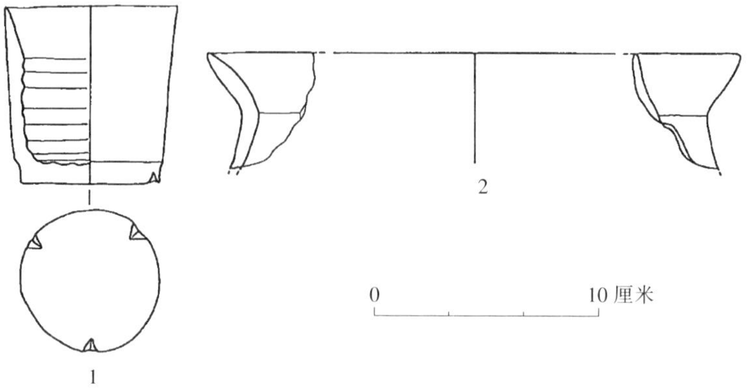

图三八　H20出土遗物

G5

G5位于Ⅰ区TN1E3中部、TN1E2北部，开口于④层下。打破H16、H20。平面呈长条形，斜直壁，圜底。填土深灰褐色，较黏。已发掘部分口长8.00、底长7.94、口宽1.26～1.30、底宽1.16～1.19、深0.12～0.25米（图三九）。出土遗物标本有：

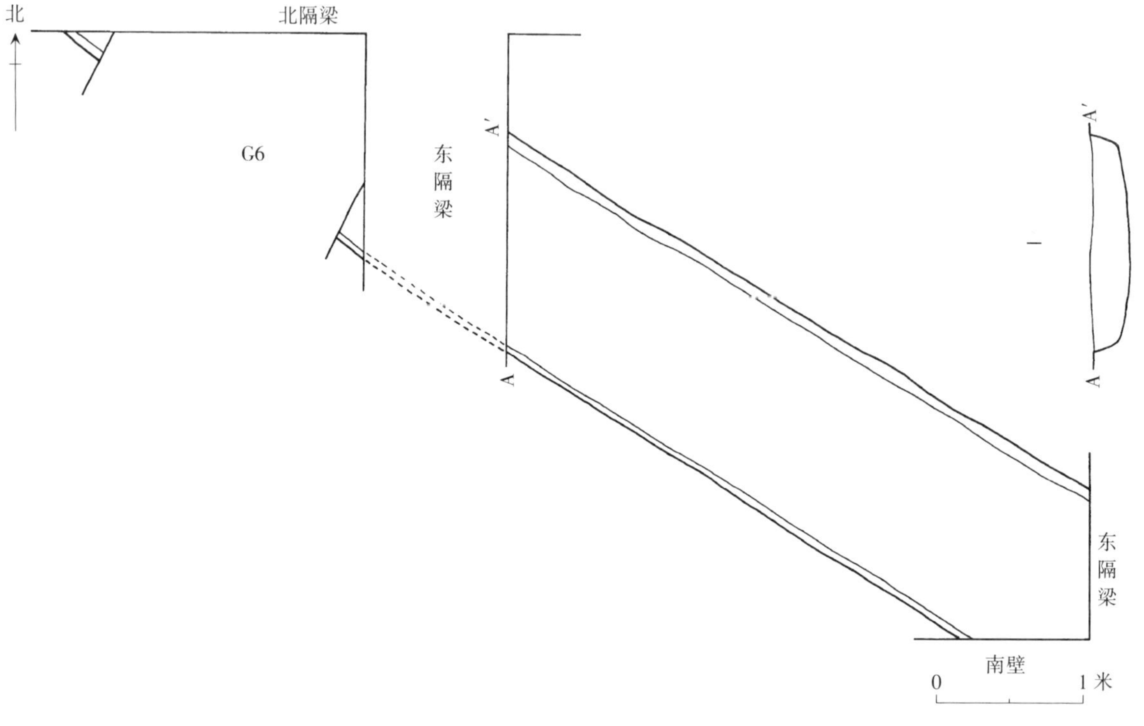

图三九　G5平面图

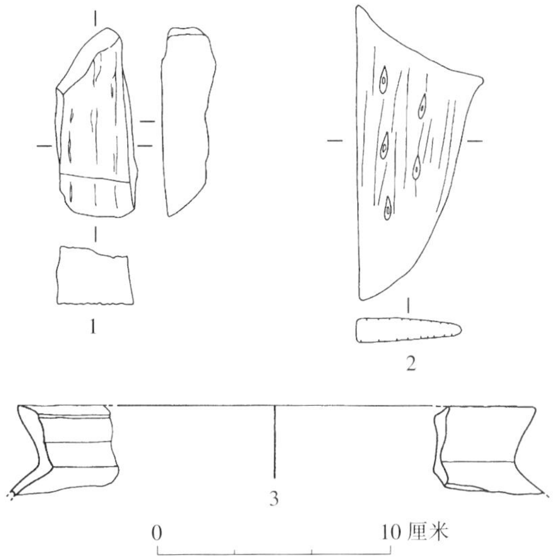

图四〇　G5 出土遗物

G5:1，石锛。长条形，顶残，单面刃。残高 7.8 厘米（图四〇：1）。

G5:2，鼎足。夹砂陶红褐陶，鱼鳍形，外侧略厚，足尖部弧尖。两面有竖向刻划和不通的镂孔。高 12.2 厘米（图四〇：2）。

G5:3，罐口沿。夹砂陶，侈口，折沿，束颈。内沿有明显的脊棱。残高 3.7、口径 22 厘米（图四〇：3）。

H21

H21 位于 I 区 TN3E1 东部偏南，开口⑥层下，被 J1 打破。平面呈梯形，斜直壁，底较平。填土为灰褐色黏土，较致密。口长 2.05、底长 1.64、口宽 1.30～1.80、底宽 0.96～1.34、深 0.26 米（图四一）。出土遗物标本有：

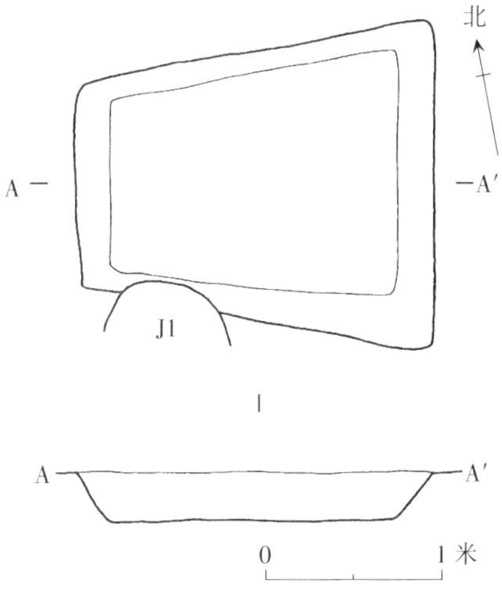

H21:1，壶。泥质红陶，直口，束颈，溜肩，圆鼓腹，假圈足。口沿两侧按贴半椭圆形小鼻，各有一横穿。高 9.4～9.6、口径 6.7、腹径 10.2、底径 6.3 厘米（图四二：1）。

H21:2，豆盘。泥质灰陶，敞口，口沿外侧贴有半圆形小鼻，斜弧腹中部按贴一周垂棱。残高 4.2 厘米（图四二：2）。

H21:3，器底。泥质灰陶，假圈足稍外撇，外底大致等分切剔三个三角形凹缺，内底可见旋痕。残高 4、底径 5.45 厘米（图四二：3）。

H21:4，罐底。泥质灰陶，假圈足微内凹。残高 3.5、底径 9.0 厘米（图四二：4）。

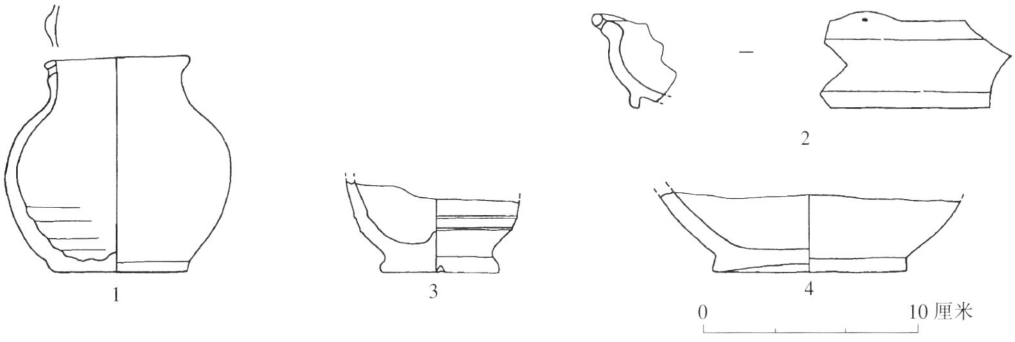

图四一　H21 平、剖面图

图四二　H21 出土遗物

（三）Ⅲ区

J4

J4 位于Ⅲ区 TN1E1 东南部，开口于②层近现代层下。平面近圆形，口大，底部略小。直壁较平整，底部呈锅底状。填土呈深灰褐色，土质黏紧，井底出土原始瓷罐 1 件。长径 0.53、短径 0.49、深 0.84 米（图四三）。出土遗物标本有：

J4：1，原始瓷罐。敞口，高领，领内壁有多道旋纹，领肩连接处略凸起，溜肩，鼓腹，圜底内凹。肩腹处附两耳，耳残缺。灰白胎，施青黄釉，釉层薄且不均匀，部分地方显灰白胎色。下腹及凹底拍印杂乱曲折纹。高 16.2 ~ 16.8、口径 10.4、腹径 15.5、底径 7.5 厘米（图四四：1；彩版五五：7）。

J4：2，豆柄。泥质灰胎黑陶，豆盘、柄上有多道突棱。饰变形云纹。残高 6.8 厘米（图四四：2）。

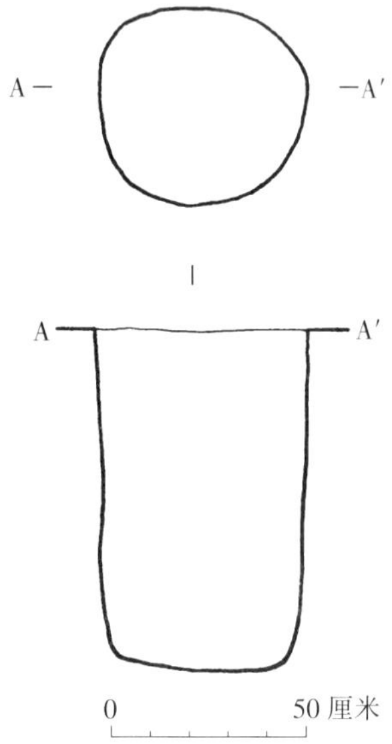

图四三　J4 平、剖面图

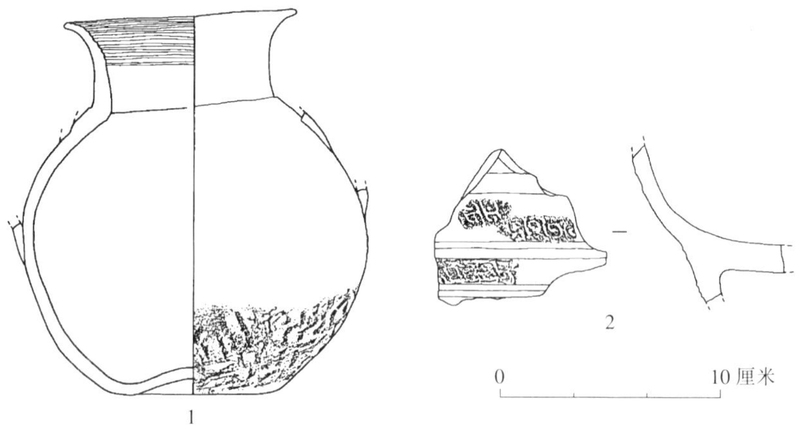

图四四　J4 出土遗物

（四）Ⅳ区

H43

H43 位于Ⅳ区 TN1E1 西北部，开口于④层近现代层下。平面近方形，斜直壁，近底部壁面可见若干草拌泥，平底。填土为灰褐色黏土，较致密。口长 1.20 ~ 1.46、底边长 0.95 ~ 1.00、深 1.00 米（图四五）。出土遗物有原始瓷碗底部、硬陶碗底部、米筛纹硬陶片、夹砂陶片等（图四六），出土遗物标本有：

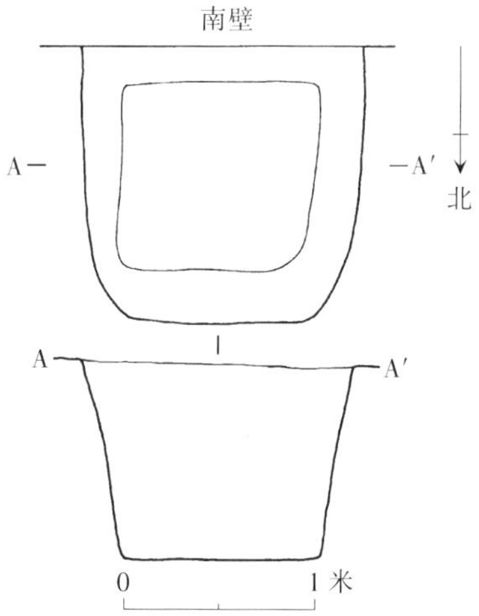

图四五　H43 平、剖面图

　　H43：1，铜刀。刀身略呈曲线，前端较宽，后端较窄，单面刃，刀柄中脊略高，环首，柄、首可见铸痕。通长 19 厘米（图四七；彩版五五：5）。

图四六　H43 出土遗物照片

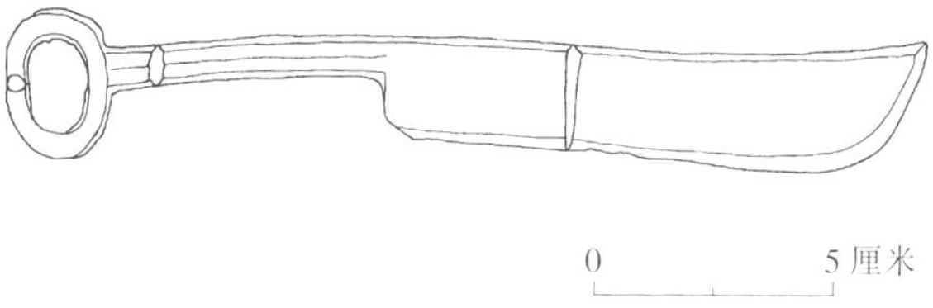

0　　　　　5 厘米

图四七　H43 出土铜刀 H43：1

三、结　语

　　本次发掘为配合基建项目，发掘面积有限，发掘地点文化堆积已遭到一定程度的破坏，较之 2003 年，II区②层文化堆积所剩无几。虽然遗迹数量不少，但存在叠压打破关系，出土完整器和典型陶片数量有限，多数陶片零散破碎，难以梳理出详细的发展变化。参照杭嘉湖平原、宁绍平原已发表的新石器至商周时期的墓葬、窑址、遗址等情况，以大时间段划分，可判定董家桥遗址相关遗存所属年代。

　　根据地层关系和遗迹开口层位，及遗迹出土陶片的陶质、器形、纹饰等，可将董家桥相关遗存分为三大期。

　　第一期包括II区②层及 H2、H6、H12、H14、H27、J2、J3、G2、G1。

　　第二期包括II区③层及 G3、J4。

　　第三期包括II区④、⑤、⑥层及 G5、H7、H16、H18、H20、H21。

　　第一期 I 区②层及 H2、H6、H12 出土的硬陶瓮坛类口沿与《论浙江地区土墩墓分期》[1] 一文中春

---

　　[1]　陈元甫：《论浙江地区土墩墓分期》，《纪念浙江省文物考古研究所建所二十周年论文集》，西泠印社，1999 年。

秋至战国时期的器形相似，与绍兴壶瓶山遗址①第一文化层所出的相似。Ⅰ区②层及 H6、G2 出土的泥质陶钵与绍兴袍谷遗址② H5∶5 相似。Ⅰ区②层及 H6、G2、J3 出土的泥质陶盆与绍兴袍谷遗址 T6③∶3 所出较为相似。Ⅰ区②层及 H6、J2、J3 出土的硬陶碗、原始瓷碗与《论浙江地区土墩墓分期》一文中春秋至战国时期的原始瓷碗类似。H6 所出的泥质陶器盖与袍谷遗址 T3③∶26 较为相似。G2、H6、J3 出土的夹砂陶鼎与安吉笔架山③ D48M1∶3 相似。G2 出土的硬陶杯与袍谷遗址 T3③∶21 类似。J2 出土的硬陶罐与安吉笔架山 D48M1∶1 相似。这些器物年代均为春秋至战国时期，故推定Ⅰ区②层及 H2、H6、H12、J2、J3、G2 年代为东周。H27、H14 开口于②层下，H27 出土的陶器提梁与东周时期硬陶、原始瓷提梁盉的提梁相似，H14 仅出土一块砺石，推测两个坑亦属于东周时期。H43 出土的铜刀与南京锁金村遗址④所出的铜刀极为相似，根据伴出的原始瓷碗和硬陶碗底部、米筛纹硬陶片推测，属于东周时期。

　　第二期Ⅰ区③层及 G3、J4 出土的陶片主要为夹砂陶、原始瓷和泥质陶，标本有凹弧足、豆柄、甗、罐、三足盘，与上海马桥遗址马桥文化⑤同类器物相似，应属马桥文化时期。

　　G1 被 H6、H12 打破，打破 G3，出土陶片既有属于马桥文化的，也有属于东周的原始瓷碗底等，推测年代从马桥到东周时期（G1 未分层，应以最晚遗物判断 G1 年代为东周）。

　　第三期Ⅰ区④、⑤、⑥层及 G5、H16、H18、H20、H21 出土标本均为夹砂陶和泥质陶，有鱼鳍足、鼎口沿、杯、器盖、豆等，与嘉兴南河浜遗址⑥、桐乡新地里遗址⑦所出的崧泽晚期至良渚时期的同类器物相似，推测年代为崧泽晚期至良渚时期。

　　根据所划分的三大期，结合Ⅰ区遗迹平面图（图四八、四九、五〇），可以发现遗迹主要为东周时期和崧泽晚—良渚时期。东周时期的遗迹主要分布在北部，崧泽晚—良渚时期的遗迹则遍布发掘区。马桥文化时期的堆积主要在南部，遗迹很少。

　　陶鬲是商周时期中原和北方地区极为普遍的炊器和随葬品，也是文化发展变化的重要线索。在江浙地区，鬲是湖熟文化的典型器物之一。上海马桥遗址马桥文化则未发现。湖州昆山遗址曾采集到夹砂陶鬲。⑧ 董家桥遗址 2003 年度发掘出土有夹砂陶鬲和泥质陶鬲。⑨ 本次发掘也发现有泥质陶鬲足。而宁绍地区的商周遗址尚未发现。杭嘉湖地区陶鬲的形制、分布和来源，值得关注和进一步研究。

　　浙江省现已发掘和发表的商周时期遗存主要是墓葬和窑址，生活遗址较少。墓葬多为土墩墓，窑

---

　　① 浙江省文物考古研究所等：《绍兴陶里壶瓶山遗址发掘简报》，《浙江省文物考古研究所学刊》，长征出版社，1997 年。

　　② 绍兴县文物保护管理所：《浙江绍兴袍谷遗址发掘简报》，《考古》1989 年第 9 期。

　　③ 浙江省文物考古研究所等：《浙江安吉笔架山春秋战国墓葬发掘简报》，《东南文化》2009 年第 1 期。

　　④ 南京博物院：《南京锁金村遗址第一、二次发掘报告》，《考古学报》1957 年第 3 期。

　　⑤ 上海市文物管理委员会：《马桥：1993～1997 年发掘报告》，上海书画出版社，2002 年。

　　⑥ 浙江省文物考古研究所：《南河浜——崧泽文化遗址发掘报告》，文物出版社，2005 年。

　　⑦ 浙江省文物考古研究所等：《新地里》，文物出版社，2006 年。

　　⑧ 浙江省文物考古研究所：《昆山》，文物出版社，2006 年。

　　⑨ 浙江省文物考古研究所发掘材料，待刊。

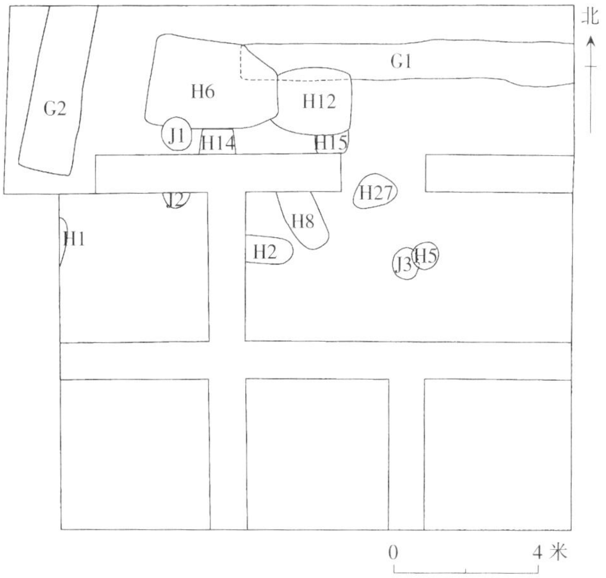

图四八　Ⅰ区东周时期遗迹平面图

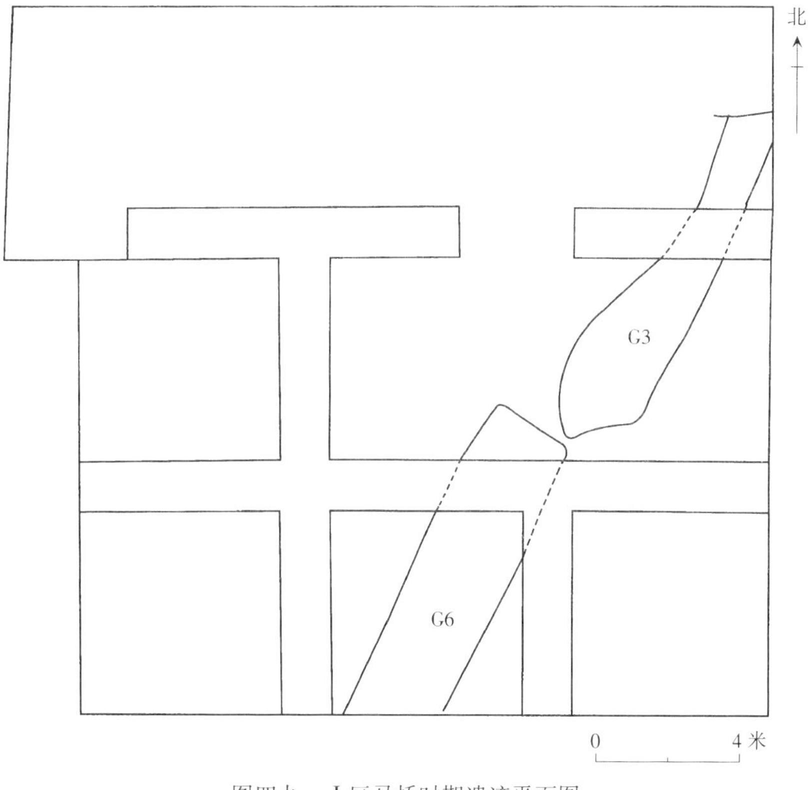

图四九　Ⅰ区马桥时期遗迹平面图

址主要是原始瓷窑址。生活遗址中遗存较为丰富、材料已发表的主要有杭嘉湖地区的昆山遗址，宁绍地区的壶瓶山遗址、袍谷遗址、西施山遗址、塔山遗址等。墓葬、窑址与生活遗址所出遗物特征有一定差别，墓葬和窑址往往以印纹硬陶、原始瓷器为主，生活遗址则往往出土有日常生活所需的夹砂、泥质陶器。商周时期的墓葬和窑址都做过较为详细的阶段划分，但生活遗址尚未建立详细明晰的文化发展序列，有待进一步的发现、发掘和研究。

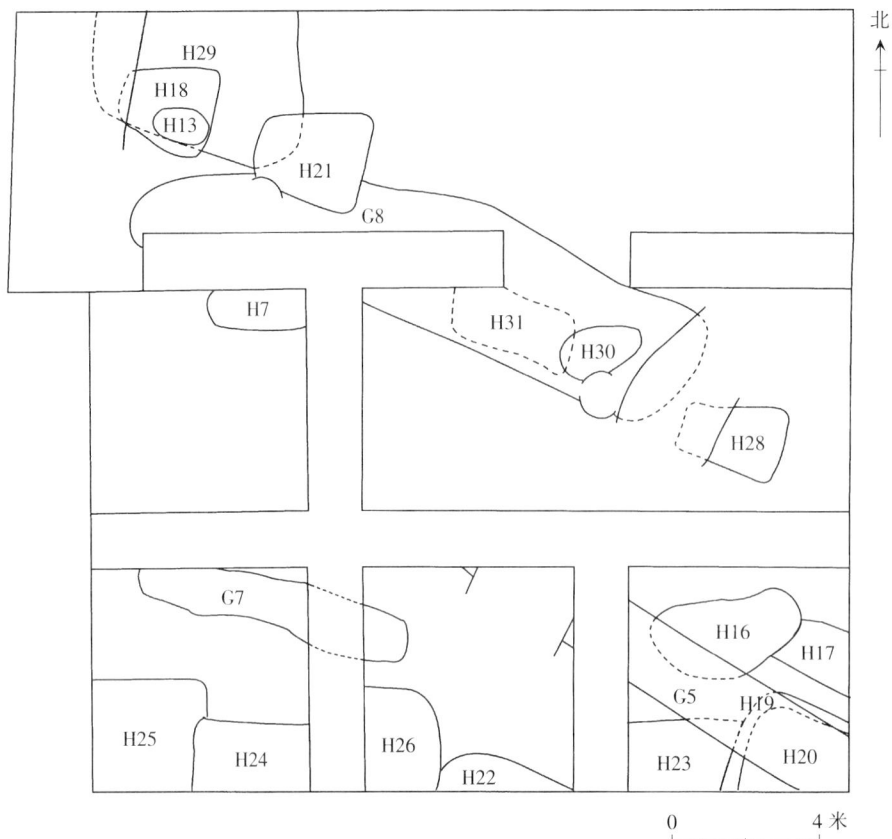

图五〇　Ⅰ区崧泽晚—良渚时期遗迹平面图

领　　队：胡继根

发　　掘：游晓蕾　吕建平　马金亮

　　　　　郭改应　朱宏中　徐　进

拓　　片：祝利英

绘　　图：游晓蕾

执　　笔：游晓蕾

浙江桐乡董家桥遗址 2011 年度
浮选植物遗存分析

宫　玮[1]　游晓蕾[2]　胡继根[2]　陈雪香[1]

（1. 山东大学历史文化学院考古系　2. 浙江省文物考古研究所）

2011 年，为配合浙江桐乡董家桥遗址发掘资料的整理，了解东周先民与植物的互动情况，我们在董家桥遗址发掘区 I 区的灰沟和水井中采集了少量土样，进行尝试性浮选。现将浮选结果详述如下。

一、采样与浮选

本次采样共两个遗迹单位，分别是 I 区的 G2 和 J3。其中，G2 下部堆积土色较黑，肉眼观察似有炭屑，共采集了土样 3 份；J3 出土原始瓷碗 1 件，在瓷碗附近采集土样 1 份。土样量总计 4.7 升，结合出土人工遗物判断其年代均为东周。

时近隆冬，气温较低，本次浮选在董家桥遗址工地使用小水桶于室内完成。收取轻浮的最小筛网孔径为 10 毫米，重浮筛网孔径 30 毫米。轻浮和重浮经过室内阴干后，送至山东大学东方考古研究中心第四纪环境考古实验室鉴定分析。

需要说明的是，由于土质细腻却黏性较大，且含水量高，浮选时土样不易散开，因此在浮选之前对土样进行了阴干和饱水两种不同的处理，尝试观察阴干后的土样和湿土的浮选结果是否会有差异。其中，样品 FX1 和 FX3 为湿土，FX2 和 FX4 系晾干后进行浮选。

二、浮选结果

浮选结果分轻浮和重浮两部分。重浮部分以炭屑、沙砾和泥块为主，另有动物骨骼和少量陶片、现代植物根茎。轻浮以炭化物为主，偶见动物骨骼。炭化物包括炭化植物种子和炭屑。本次浮选土样量共计 4.7 升，共发现炭化植物种子 56 粒，平均密度为 11.9 粒/升。此外，采集样品中还发现水稻小穗轴 71 粒，以及少量未能鉴定种属的植物种子和疑似竹炭。浮选的植物遗存具体数量如表 1 所示。

表1　董家桥遗址 2011 年度浮选结果一览表

	浮选号 Sample No.	FX 1	FX 2	FX 3	FX 4
	遗迹号 Feature No.	I区 G2	I区 G2	I区 G2	I区 J3
	土样量 Volume（L）	1	0.7	1	2
	毛重 Total（g）	1.486	5.904	7.484	3.73
	炭屑重（>1mm）　Charcoal（g）	1.105	0.224	0.461	1.86
	种子重 Seeds（g）	0.038	0.018	0.041	1.193
	骨骼重 Bone（g）	0.002	2.186	0.822	0.004
栽培作物 Cultigens	水稻 *Oryza sativa*	6	3	7	10
	水稻小穗轴 rice rachis	4	9	46	12
	粟 *Setaria italica*	1			
杂草类 Weeds	莎草科 Cyperacaea	1	4	2	2
	黍亚科 Panicoideae	2		1	
	早熟禾亚科 Pooideae	1			
	蓼科 Polygonaceae		1		
	豆科 Fabaceae				5
	唇形科 Labiatae				2
	菊科 Asteraceae	1			
	酢浆草科 Oxalidaceae				1
	泽泻科 Alismataceae				2
	未知 Unknown	3			1

（一）炭屑

董家桥遗址此次采集样品中的炭化木屑大多比较细碎，我们将遗址出土的大于 1 毫米的炭屑进行了称重和记录。董家桥遗址出土大于 1 毫米的炭屑总重为 3.65 克，平均每升土样所含的炭化木屑为 0.777 克，相对同时期其他遗址较多。样品所含炭屑重量有所差别，最大的一份有 1.860 克，最小的一份只有 0.224 克。炭屑重与种子重大致呈正比，炭屑丰富的样品，包含种子也多。

（二）炭化植物种子

董家桥遗址此次采集的 4 份样品中均发现炭化植物种子，共计 56 粒。其中农作物有水稻和粟两种，共 27 粒，占植物种子总数的 48.2%，多为水稻，粟仅见 1 粒。杂草类植物种子共 25 粒，主要来自莎草科、豆科和黍亚科等（表2）。

表 2　董家桥遗址出土植物种子统计表

植物名称	出土数量（粒）	数量百分比（%） n = 56	出土概率（%） n = 4
水稻 Oryza sativa	26	46.4	100
粟 Setaria italica	1	1.8	25
莎草科 Cyperacaea	9	16.1	100
黍亚科 Panicoideae	3	5.4	50
早熟禾亚科 Pooideae	1	1.8	25
蓼科 Polygonaceae	1	1.8	25
豆科 Fabaceae	5	8.9	25
唇形科 Labiatae	2	3.6	25
菊科 Asteraceae	1	1.8	25
酢浆草科 Oxalidaceae	1	1.8	25
泽泻科 Alismataceae	2	3.6	25
未知 Unknown	4	7.1	50

1. 农作物

董家桥遗址共发现水稻和粟 2 类农作物。其中以水稻为主，占全部农作物的 96.3%，占全部炭化植物种子的 46.4%。

水稻（Oryza sativa）属于禾本科稻属。中国稻作历史悠久，地域分布辽阔，类型丰富。董家桥遗址 4 份样品均包含炭化水稻以及水稻小穗轴。此次出土炭化水稻种子 26 粒，其中有 3 粒可清晰地观察到其外稃，表面有方格状小乳状突起（彩版五六：1～3）。完整水稻共 5 粒，均为椭圆形，表面有棱，胚侧生，大小不甚均匀。测量表明（表 3），其平均粒长 3.74～5.24、宽 1.57～2.60、厚 0.89～2.13 毫米，长宽比为 1.90～2.76。

表 3　董家桥出土水稻尺寸一览表

水稻编号	长（mm）	宽（mm）	厚（mm）	长/宽
1	4.26	1.57	1.11	2.71
2	3.74	1.64	0.89	2.28
3	5.24	2.6	1.72	2.02
4	4.88	1.77	1.54	2.76
5	4.77	2.51	2.13	1.9

另外，4 份样品中包含水稻小穗轴较丰富，共发现 71 粒，其出土密度为 15.1 粒/升，高于炭化种子的出土密度。水稻小穗轴数量较多，且可见炭化水稻种子表面有外稃残片，推测样品包含的水稻遗存，或处于加工—存储阶段，而非居民消费后的食物垃圾。

鉴别栽培稻和野生稻的方法主要有粒型鉴别法、颖壳双峰乳突分析[①]和小穗轴形态特征观察等方法，其中小穗轴特征是区分野生稻和驯化稻的重要指标。[②] 人们在收获水稻时对水稻的脱粒性进行了选择，使水稻朝着脱粒性减弱的方向发展。[③] 正是由于这样的人为选择的影响，造成了栽培稻和野生稻小穗轴基部离层的差异。人工栽培稻圆锥花序是不易破碎的，这样可以使大多的稻粒在成熟被收割前仍然依附于植株上，小穗可通过打谷的方式分离出来，这样就使穗基盘上出现较不均匀的伤痕口，人工栽培稻穗基盘可通过它们不均匀的轮廓、凹陷的外表和不大对称的伤痕来鉴定。而野生稻谷小穗一般会在穗基盘处出现一条连续的轮廓，脱离导致了一个平而圆的脱落伤痕和一个小而独特的维管。[④] 此次采集样品中的水稻小穗轴基盘伤痕大部分都不规则，应为栽培稻的小穗轴，但也有一部分小穗轴基盘伤痕较为平且圆，类似于野生稻的小穗轴（彩版五七）。有研究表明，栽培稻和野生稻的共生一直到现代都是存在的，[⑤] 但是可以从两者的比例来看栽培稻的种植情况。由于此次采集的地点及土样量较少，因此对于栽培稻和野生稻的小穗轴出土比例不做深入的讨论。

粟（Setaria italica）仅在 G2 的土样中发现一粒。粟为一年生旱生草本植物，禾本科黍族狗尾草属。在我国北方称为谷子，脱壳籽粒称为小米，南方则统称小米。粟生育期短，适应性广、耐干旱、耐瘠薄，籽粒耐存储，是我国北方地区的重要食粮，但在南方地区也有种植。董家桥遗址出土的炭化粟略鼓圆，胚区长椭圆形，粒长 2.17、宽 1.75、厚 1.37 毫米（彩版五六：4）。

2. 杂草种子

董家桥遗址发现的杂草类植物种子共 25 粒，主要来自莎草科、黍亚科、豆科等。

莎草科（Cyperacaea）多为多年生草本，生性喜湿，是常见的稻田杂草，考古出土的几个种类都多生长在路边、田间、湖沼、水沟等潮湿环境中，有些还能在咸淡水环境中生长。董家桥遗址的杂草植物种子中出土数量最多、出土概率最高的就是莎草科，4 份样品中均有莎草科种子，出土数量为 9 粒，占杂草种子的 36%，占全部植物种子的 16.1%。所发现的莎草科种子有的表面纹理清晰，有的表面较为光滑，大小不一，长 1.31 ~ 2.08 毫米、宽 1.15 ~ 1.53 毫米（彩版五六：5）。

黍亚科（Panicoideae）和早熟禾亚科（Pooideae）都是禾本科植物种子的亚科。黍亚科为暖季型草，一般分布于温度较高的热带和亚热带地区，在浙江地区的遗址中较为多见。黍亚科植物中有许多品种都是常见的田间杂草，与人类所种植的农作物相伴而生。董家桥遗址的浮选样品中共发现了 3 粒黍亚科种子（彩版五六：6），占杂草种子的 12%，占全部植物种子的 5.4%，出土概率为 50%，长 1.23、宽 0.77 毫米。早熟禾亚科仅在 G2 的土样中发现了 1 粒，长 1.68、宽 0.61 毫米。

---

① 张文绪：《中国古栽培稻的研究》，《作物学报》1999 年第 4 期。

② 赵志军、顾海滨：《考古遗址出土稻谷遗存的鉴定方法及应用》，《湖南考古辑刊（第 8 集）》，岳麓出版社，2010 年，第 257 ~ 267 页。

③ 郑云飞、孙国平、陈旭高：《7000 年前考古遗址出土稻谷的小穗轴特征》，《科学通报》2007 年第 9 期。

④ a. Fuller，DQ，Ling Qin，Yunfei Zheng，Zhijun Zhao，Xugao Chen，Leo Aoi Hosoya，and Guo - ping Sun（2009），The Domestication Process and Domestication Rate in Rice: Spikelet bases from the Lower Yangtze. Science 323: 1607 - 1610. b. 傅稻镰等著，黄超译：《水稻驯化进程与驯化率：长江下游田螺山遗址出土小穗轴基盘研究》，《农业考古》2009 年第 4 期。

⑤ 郇秀佳、李泉、马志坤、蒋乐平、杨晓燕：《浙江浦江上山遗址水稻扇形植硅体所反映的水稻驯化过程》，《第四纪研究》2014 年第 1 期。

豆科（Fabaceae）为种子植物的第三大科，广布于全世界，豆科植物为重要的粮食作物，是植物蛋白质和油料的重要来源，许多种类可作为饲料、药用、绿肥等多种用途，经济价值较高。董家桥遗址的豆科植物共有 5 粒（彩版五八：1），占杂草种子的 20%，占全部植物种子的 8.9%，但是出土概率较低，仅在 1 份土样中发现，即 J3 原始瓷碗附近的土样。完整的三粒中一粒较小两粒较大，表面均较为光滑，长 1.2 ~ 1.51、宽0.8 ~ 1.17 毫米。豆科植物也是常见的农田和荒地杂草，可能是伴随农作物的收获进入遗址的。

其他杂草（彩版五八：2 ~ 6）包括唇形科、泽泻科、酢浆草科、蓼科、菊科等，以湿地杂草为主，多数可能是与水稻共生的水田杂草。少量未知植物种子或为果仁等遗存。此外，在 G2 的样品中还发现了一些炭块的表面有节状突起（彩版五八：7、8），可能是竹炭，早在良渚时期江浙一带就生产竹类植物。[1]

三、分析与讨论

（一）样品来源分析

这次所采集的土样量虽然不大，所发现的植物种子的绝对数量不多，但是从所出的炭化植物种子种类和出土概率也能说明一些问题。

首先，此次在 I 区 G2 的同一地点采集的土样在浮选前进行了不同方式的处理，一份为晒干的土，两份为原本的湿土，对它们运用了相同的浮选方法，即小水桶浮选法。从浮选结果来看，两种土样中所出土的炭化植物种子种类、动物骨骼及杂物等都比较相似，但是由于土样的采集量是不同的，不能单纯进行绝对数量的对比，所以对它们进行了炭化植物种子出土密度[2]的对比。湿土的炭化植物种子出土密度为 0.041 克/升，晒干的土的炭化植物种子出土密度为 0.026 克/升，由此看出，湿土中炭化植物种子的丰富程度要高于晒干的土。同一采集地点、但在浮选前进行不同方式处理的土样，是否会对浮选结果造成较大的影响？因为本次采集的样品数量不多，并不能充分说明这一问题，还有待于更多的实践证明和研究。

其次，不同遗迹单位之间的浮选结果差异不大，它们的共同特征是都以稻谷和湿地杂草为主，但是 J3 所采集土样的炭化植物种子种类要比 G2 所采集的丰富一些。不同样品浮选结果的相似性说明，这些堆积可能主要来自人们日常生活的重复行为，但是不同生产生活行为所遗留的植物遗存有一定差异。

（二）农作物结构

董家桥遗址的 4 份样品，时代均为东周时期。从浮选结果来看，董家桥遗址东周时期的农作物以

---

[1]　王开发、张玉兰、蒋辉、叶志华：《崧泽遗址的孢粉分析研究》，《考古学报》1980 年第 1 期。

[2]　刘长江、靳桂云、孔昭宸：《植物考古——种子和果实研究》，科学出版社，2008 年，第 31 页。

水稻为主，不仅发现了稻谷和大量的水稻小穗轴，还有一些湿地伴生杂草以及少量的粟类旱地作物，说明此时的农作物结构并非单一种植。春秋战国时期气温较暖，[1] 不仅适宜南方种植水稻，也促进了南方整体农业的发展，作物种类较为多样。

董家桥遗址此次浮选结果符合当地生态条件。遗址位于浙江北部的桐乡市，地处杭嘉湖平原，环太湖地区，地势平坦，河网密集，属典型的亚热带季风气候，温暖湿润，四季分明，雨水丰沛，日照充足。自新石器时代起，凭借优越的自然地理环境和气候条件，居住在长江下游太湖流域地区的先民创造了独具特色的稻作文明。距离董家桥遗址约 6 公里的罗家角遗址，年代距今 7000 余年，为马家浜文化早期类型。该遗址的孢粉分析反映，当时这一地区禾本植物占 97%，并出土有粳、籼两种稻谷。[2] 距今 6000 年前的江苏吴县草鞋山遗址，更是发现了马家浜文化水稻田，并出现了水塘及水路配套设施。[3]

文献记载，东周时期的桐乡为吴越争战接壤之地，楚灭越后，隧入楚境。《周礼·夏官·职方氏》载："东南曰扬州，其山镇曰会稽，其泽薮曰具区，其川三江，其浸五湖，其利金锡竹箭，其民二男五女，其畜宜鸡狗鸟兽，其谷宜稻。"[4]《史记·货殖列传》云："楚、越之地，地广人稀，饭稻羹鱼，或火耕水耨。"[5] 结合此次浮选结果，水稻的绝对数量和出土概率都占据了绝对的优势，还发现有大量的水稻小穗轴，并且也出土了湿地伴生杂草，如莎草科、蓼科植物种子等，表明东周时期这一地区的农作物结构以水稻为主，与文献相合。此次浮选虽然仅发现 1 粒炭化粟，但也暗示遗址兼有粟类种植。我们相信，伴随越来越多浮选工作的开展，未来对于本区东周农作物种植结构的认识将越来越全面。此外，浮选结果中发现较多碎小鱼类骨骼（有火烧痕迹），从另一方面反映了东周时期先民们对河湖资源的利用。

致谢：本文实验室分析得到教育部人文社会科学研究青年基金项目（11YJC780001）、国家文物局文化遗产保护领域科学和技术研究课题（2013－YB－HT－024）、山东大学自主创新项目（2082012041）共同资助，谨致谢忱。

---

① 葛全胜：《中国历朝气候变化》，科学出版社，2010 年，第 33~35 页。

② 罗家角考古队：《桐乡县罗家角遗址发掘报告》，文物出版社，1981 年。

③ 谷建祥、邹厚本、李民昌、汤陵华、丁金龙、姚勤德：《对草鞋山遗址马家浜文化时期稻作农业的初步认识》，《东南文化》1998 年第 3 期。

④ 杨天宇：《周礼译注》，上海古籍出版社，2004 年，第 480 页。

⑤ ［汉］司马迁：《史记》，中华书局，1959 年，第 3270 页。

浙江桐乡董家桥遗址动物遗存初步分析

王 华[1]　游晓蕾[2]　田正标[2]　胡继根[2]

（1. 山东大学文化遗产研究院；2. 浙江省文物考古研究所）

桐乡董家桥遗址 2003 年和 2011 年两个年度的发掘共出土动物骨骼 302 件，其中可鉴定标本为 265 件，其中属崧泽晚—良渚时期的标本 169 件，马桥时期 11 件，东周时期 96 件。出土单位主要为灰坑，另有少量骨骼出土于地层、灰沟和水井中。由于该遗址为抢救性发掘，动物骨骼主要以手捡的方式获取。经鉴定，主要为哺乳动物骨骼，基本不见鱼类、鸟类和啮齿类动物骨骼，这类个体较小的骨骼的缺失可能与发掘时未能进行系统过筛和浮选有关。需要说明的是，2011 年发掘的一个灰沟和一个水井经浮选后，重浮的遗物中发现有较多的鱼骨。董家桥遗址出土崧泽晚—良渚时期以及东周时期的动物遗存相对较为丰富，马桥时期动物骨骼发现较少。本报告重点对崧泽晚—良渚时期和东周时期的动物骨骼进行鉴定分析。由于各个时期样本数量较为有限，本文以汇报材料为主，并就相关问题做初步探讨。

1. 崧泽晚—良渚时期

董家桥遗址出土的崧泽晚—良渚时期动物遗存最为丰富，其中可鉴定标本为 169 件，种属主要包括家猪（*Sus domestica*）、狗（*Canis lupus*）等家养动物，麋鹿（*Elaphurus davidianus*）、獐（*Hydropotes inermis*）等鹿类。其中猪的比例最高，为 33.7%，其次为麋鹿，占 13%（表 1）。除大型鹿类麋鹿外，遗址中出土獐等小型鹿类数量亦较为丰富，另有少量标本从骨骼形态看应为鹿类骨骼，但由于缺乏可鉴定到种属的关键性证据，我们只能将其鉴定为鹿类。我们将各种鹿类骨骼综合起来考察，占到可鉴定标本数的 33.7%，由此我们推测，各种鹿类在动物生业中占据重要地位。属崧泽晚—良渚时期的动物遗存中还有 4 件为牛科动物（*Bos sp.*）的骨骼，但由于数量较少，我们难以确定其具体种属。另外，遗址中还发现有一件狗（*Canis lupus*）的骨骼以及一件仅能鉴定到食肉类（*Canis familiaris*）动物的骨骼。

依据这些动物遗存出土背景和骨骼保存状况，我们判断其主要为人类日常消费肉食资源后的遗物。其中，比较特别的遗迹单位为 2011 年发掘的灰坑 H7。该遗迹共出土动物骨骼 74 件，其中可鉴定标本 57 件，主要为麋鹿和獐的肢骨，另有少量鹿类的下颌骨和脊椎骨，观察发现这些骨骼多左右成对出现，我们推测这可能为一次大型宴饮活动后的遗物，极有可能是短时间内快速埋藏形成的堆积。

董家桥遗址崧泽晚—良渚时期出土的家猪（*Sus domestica*）和麋鹿骨骼（*Elaphurus davidianus*）相对丰富，下面我们对这两种动物种属做细致分析。

表1　董家桥遗址出土崧泽晚—良渚时期动物遗存的可鉴定标本数及百分比

种　属	可鉴定标本数 NISP	％
牛（Bos sp.）	4	2.4
麋鹿（Elaphurus davidianus）	22	13.0
鹿类（麋鹿大小）	21	12.4
猪（Sus domestica）	57	33.7
中型动物 I（猪大小）	29	17.2
羊（ovis/capra）	15	8.9
獐（Hydropotes inermis）	14	8.3
中型动物 II（羊/獐大小）	3	1.8
狗（Canis lupus）	1	0.6
食肉类（Canis familiaris）	1	0.6
人	2	1.2
合　计	169	

家猪（Sus domestica）

长江中下游家猪的驯化最早可以追溯到跨湖桥时期，[1] 董家桥遗址中出土猪骨的形态尺寸和年龄特征都表明它们属于驯化群体。家猪骨骼在遗址出土动物骨骼标本中所占比例较高，反映其在动物生业中占据重要地位。

同一种属各个骨骼部位在遗址中出现的频率可以反映人类肉食资源的利用方式、加工过程、运输过程和消费特征等。人类对动物资源的加工与文化传统、贸易活动、分配模式等密切相关。此外，骨骼部位出现的频率也与发掘方法等有关。通过分析，我们发现董家桥遗址家猪的骨骼部位中下颌骨出现的频率最高，其次为胫骨、肩胛骨、肱骨和上腭骨（图一），这基本符合一般遗址中骨骼保存的特征，即密度较大、肉量较多的部位出现频率较高。需要注意的是，一些较小的骨骼部位如指骨等基本未见，这可能有两方面的原因：一是与发掘方法有关，即手捡的方式漏掉了很多较小的骨骼，另一方面，动物指骨上肉量相对较少，人类在屠宰时可能有意将其砍下扔掉，未能与其他带肉量较多的部位一起出现在遗址中。

下颌骨上牙齿的磨损状况是我们判断动物年龄的重要线索，骨骼的测量对我们判断动物的地位（家养/驯化）以及饲养策略具有重要意义。董家桥遗址出土的猪下颌骨数量相对有限，能够用于观察牙齿磨损等级和测量的标本也非常有限，由于样本量太少，我们在本报告中只发表所有的原始数据（表2），而不对数据进行统计学分析。同时，我们对有限的数据做了初步的讨论：猪骨的年龄结构表明，遗址中的猪以 6~24 个月居多，亦有少量的老年个体，这符合人类最大限度获取肉食资源的行为特征；牙齿的测量数据也基本落在驯化群体的数据范围内。

---

① 袁靖、杨梦飞：《动物遗存》，《跨湖桥》，文物出版社，2004 年。

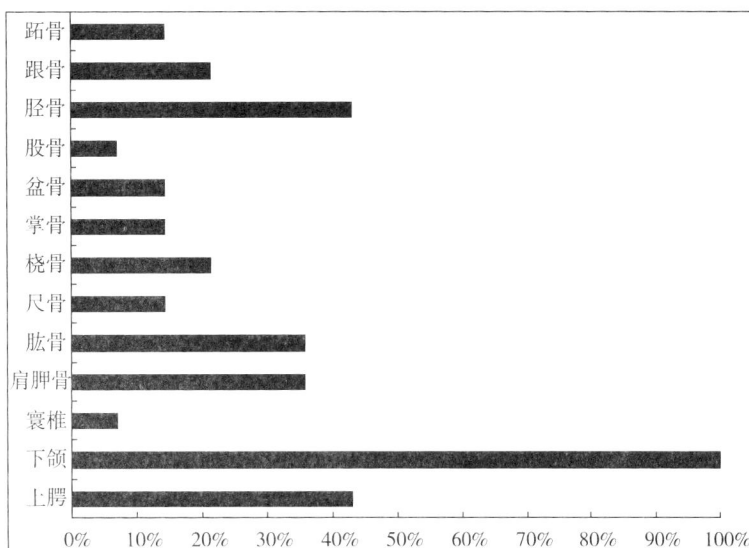

图一　董家桥遗址猪骨各骨骼部位出现的频率

表2　桐乡董家桥遗址崧泽晚—良渚时期出土猪下颌骨牙齿磨损等级及测量数据（L＝长度；W＝宽度）

出土单位	牙齿磨损等级						测量数据		
	Dp4	P4	M1	M2	M3		M3	M2	M1
2003T4（5）					j	36月以上			
2003T10（5）		e	h	f	d	24～36月	L＝36.8；W＝16.8	L＝22.1；W＝15.3	L＝15.9；W＝12.1
2003T8（5）			g	d	C	12～18月		L＝19.1；W＝12.6	
2003T5（5）	f		c			6～12月			L＝16.2；W＝11.3
2011H23			e	c		12～18月		L＝22.9；W＝14.6	L＝16.6；W＝11.6
2003H8－E					d	24～36月			
2003H8－E		E	e	a		6～12月		L＝23	L＝19.1；W＝12.2
2003H8－E	f		e			6～12月			
2003H8－E			h	e	d	18～24月	L＝37.7；W＝18.5	L＝20.7；W＝15.6	

注：表中牙齿磨损等级和年龄判断分别据 Grant（1982）[1] 和 Hongo 和 Meadow（2000）[2]。

---

[1]　Grant，A. 1982. The use of tooth wear as a guide to the age of domestic ungulates. In：Wilson，B.，Grigson，C. and Payne，S.（ed.）*Ageing and Sexing Animal Bones From Archaeological Sites*，*BAR British Series* 109，91－108.

[2]　Hongo，H. and Meadow，R. H. 2000. Faunal remains from pre－pottery Neolithic levels at Cayönü，southern eastern Turkey：a preliminary report focusing on pigs（*Sus sp.*）. In：Buitenhuis，H.，Mashkour，M.，and Choyke，A. L.（ed.）*Archaeozoology of the Near East IVA*. ARC－Publications，Groningen，121－140.

麋鹿 （*Elaphurus davidianus*）

崧泽晚—良渚时期共发现有 22 件麋鹿的骨骼标本，通过观察骨骼部位出现的数量及相对比例，我们发现董家桥遗址出土的麋鹿骨骼中带肉的部位出土频率较高，如股骨、胫骨、肱骨、桡骨等，而其他含肉量较少的部位出土较少（图二），由此我们推测这些骨骼为人类消费肉食资源后的遗物。从埋藏学的角度分析，一般骨骼密度较大的部位在遗址上保留下来的几率要高于其他部位。正常的情况下下颌骨保存的数量最多，而我们观察到董家桥遗址的情况与此相反，下颌骨发现较少，而四肢骨出土较多。这可能与我们发掘的面积相对有限、骨骼出土的位置相对集中有关，仅 2011 年发掘的灰坑 H17 中就出土有 17 件麋鹿的骨骼标本。

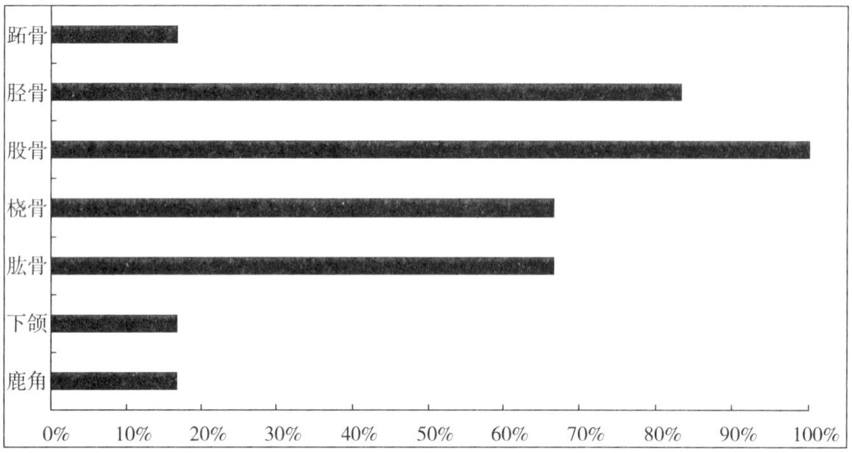

图二　董家桥遗址猪骨各骨骼部位出现的频率

2. 马桥时期

遗址中属于马桥时期的遗存相对较少，动物骨骼中能鉴定到种属的仅有 11 件猪骨标本，为头骨 1、上颚骨 1、下颌骨 2、桡骨 1、盆骨 1、股骨 1、胫骨 1、犬齿 1 和其他散落的牙齿 2。这些骨骼分别出自 6 个不同的遗迹单位，没有证据证明它们来自同一个体。

3. 东周时期

董家桥遗址出土东周时期动物骨骼也相对较为丰富，种属主要为家猪（*Sus domestica*）、麋鹿（*Elaphurus davidianus*）、牛（*Bos sp.*）、马（*Equus sp.*）以及其他一些小型鹿类。各个动物种属可鉴定标本数以及相对比例如表 3 所示，其中家猪比例最高，为 28.1%；其次是麋鹿，为 15.6%；牛和马的骨骼也出土较多，分别为 9.4% 和 7.3%。我们知道，牛在新石器晚期已经成为家养动物，而马在商代墓葬中已经是常见的随葬动物。我们推测董家桥遗址出土的牛骨和马骨均来自驯养个体。

通过考察不同时期动物种属及其相对比例，可以了解人类生业模式的变化。我们比较了董家桥遗址出土的崧泽晚—良渚时期和东周时期出土动物种属及相对比例（马桥时期由于样本数量较少，暂不做分析）（图三），发现以下规律：两期动物遗存中家猪比例基本未发生变化，均在 30% 左右；鹿类骨骼比例呈下降趋势，由 33.7% 下降到 22.9%；同时牛类骨骼增长较多，由 2.4% 上升到 9.4%；而马的骨骼在崧泽晚—良渚时期没有发现，而在东周时期出土数量较多，占可鉴定标本数的 7.3%；羊的骨骼略有下降，由8.9%下降到3.1%。综合考虑，董家桥遗址由崧泽晚—良渚时期到东周时期，鹿类的骨骼在动物遗存中的比重略呈下降趋势，而猪、牛和马等驯化动物的比重则呈上升趋势。

表3 董家桥遗址出土东周期动物遗存的可鉴定标本数及百分比

种　属	可鉴定标本数 NISP	%
牛（Bos sp.）	9	9.4
马（Equus sp.）	7	7.3
麋鹿（Elaphurus davidianus）	15	15.6
大型哺乳动物（牛/马/麋鹿大小）	5	5.2
家猪（Sus domestica）	27	28.1
中型哺乳动物（猪大小）	18	18.8
羊（ovis/capra）	3	3.1
獐（Hydropotes inermis）	3	3.1
鹿类	4	4.2
狗（Canis lupus）	2	2.1
食肉类（Canis familiaris）	1	1.0
人	2	2.1
共　计	96	100

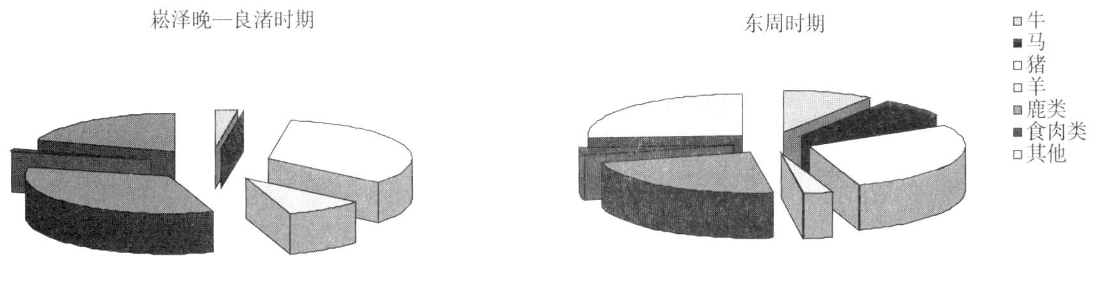

图三　董家桥遗址崧泽—良渚时期和东周时期不同动物种属动物相对比例

4. 小结

董家桥遗址所在的桐乡市，位于浙江北部，杭嘉湖平原腹地，属环太湖地区。境内地势低平，河网密布，自然环境十分优越，为麋鹿、獐等鹿类动物提供了有利的生存环境。麋鹿生活于平原，喜温暖湿润与沼泽地带；獐则主要生活在沿江湖两岸的湿地、苔草地、芒丛、芦苇地等。[1] 董家桥遗址周围的环境显然十分适合麋鹿和獐等野生动物的生存。

我们通过分析董家桥遗址崧泽晚—良渚时期和东周时期出土的动物遗存，了解到两期动物生业中家猪和鹿类都占有相当高的比例，但同时又有一定的变化，鹿类骨骼的比重略有下降，而牛、马等家

---

① 盛和林：《中国鹿类动物》，华东师范大学出版社，1992年，第202~212页。

养动物比重则有所上升。

董家桥遗址出土的崧泽晚—良渚时期动物骨骼相对较为丰富，为我们了解人类获取肉食资源的行为模式提供了一定的线索。猪下颌骨牙齿的磨损状况表明，家猪的年龄主要以 6～24 个月居多，即青年个体成年个体较多，这符合驯化群体的特征，人类集中宰杀这一年龄段的家猪以保证最大限度获取肉食资源。遗址中出土的家猪不同骨骼部位的数量分析显示，密度较大、带肉量较多的部位出现的频率较高，这表明这批骨骼主要是人类消费肉食资源后留下的遗物。

最后，需要说明的是，由于遗址中出土的动物骨骼数量相对有限，很多分析不能很好展开。但这批材料仍然为我们了解环太湖地区新石器时代晚期到青铜时代的动物生业经济提供了一定的线索。

嘉兴姚家村遗址发掘简报

浙江省文物考古研究所

嘉 兴 博 物 馆

一、遗址及发掘概况

姚家村遗址位于嘉兴市中心东南直线距离 15 公里左右的南湖区新丰镇民丰村姚家村自然村东侧（彩版五九：1）。遗址东、北为水田，西南为民房。遗址原为一处高地，南北长约 150、东西宽约 100 米左右。高地中心海拔为 5.18 米，缓坡向四周延伸。于 20 世纪 80 年代第二次全国文物普查中发现，1992 年被公布为嘉兴市级文物保护单位（彩版五九：2）。

2008 年嘉兴市实施余云公路（嘉盐公路至嘉钢大道段）建设工程，施工线路穿越姚家村遗址东部，对遗址的保护造成了一定的影响。2008 年 11 月初，由浙江省文物考古研究所和嘉兴市博物馆联合组队，对姚家村遗址进行抢救性发掘。发掘工作自 2008 年 11 月初开始，至 2009 年 1 月初结束。发掘区共布 6 个探方。T1、T2、T4 探方范围为 10×10 米，发掘时分割为南北各两个 5×10 米进行；T5、T6 为 5×5 米；T3 先始为 10×10 米，在发现房屋遗址后，向东扩方。发掘面积 600 余平方米，实际控制面积逾一千平方米（彩版六〇：1）。

二、地层堆积

发掘确认姚家村遗址文化堆积的年代主体为马桥文化至商周时期。新石器时代崧泽、良渚地层堆积薄，保存较差。现以 T2 北壁为例介绍如下（图一）：

第①层：灰黑色土，土质较软。厚 20～115 厘米。遗物有夹砂红陶、泥质灰陶、印纹陶、原始瓷等。陶片纹样有条纹、绳纹、方格纹、回字纹、米格纹、编织纹。可辨器形有夹砂红陶罐、泥质灰陶

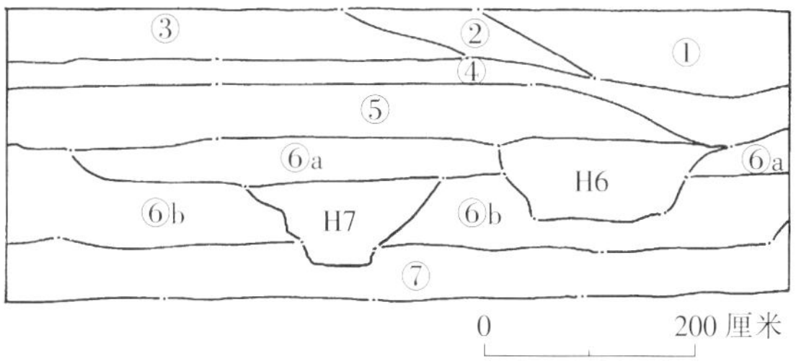

图一　T2 北壁地层剖面图

三足器、泥质灰陶罐、细方格纹硬陶罐。

第②层：灰黄色土，土质较为结实。厚 15～75 厘米。包含物较少，遗物有印纹陶、硬陶、泥质灰陶、夹砂红陶等。纹样有条纹、绳纹、编织纹、回字纹等。器形有盆、罐、圈足罐、钵、三足器等。

第③层：灰褐色土，土质稍硬。厚 15～50 厘米。遗物有泥质灰陶、印纹陶、泥质红陶、夹砂红陶。纹样有条纹、回字纹、绳纹、编织纹等。器形有鼎、罐、钵、盆等。

第④层：黄褐色土，土质稍硬。含有少量的草木灰及红烧土颗粒。厚 25～50 厘米。遗物有泥质红陶、泥质灰陶、夹砂灰陶、夹砂红陶、泥质黑陶等。纹样有编织纹、回字纹、米字纹、绳纹、圈点纹等。此层内遗物器形有鼎、豆、钵、三足器、罐、石刀等。

第⑤层：灰黑色土，土质较为松软。夹有大量的草木灰及红烧土颗粒。厚 25～100 厘米。包含物较多，遗物有夹砂红陶、泥质灰陶、泥质印纹陶、硬陶、青铜器、泥质红陶、泥质黑陶等。纹样有绳纹、回字纹、方格纹、编织纹、云雷纹。遗物器形有澄滤器、高把豆、圈点纹罐、三足盆、带把鼎、觚形杯等。

第⑥层：分为 a、b 两小层。厚 50～100 厘米。⑥a 层为灰褐色土，土质较硬，带有大量的红烧土块和颗粒，出土遗物少。⑥b 层为灰黄色土，土质结实，出土遗物少。出土遗物为夹砂红陶、泥质红陶、泥质灰陶、石器、兽骨等。纹饰有绳纹、回字纹。器形有夹砂红陶鼎、泥质灰陶罐、豆、浅腹罐、纺轮等。探方内⑥a 层面开口有马桥时期灰坑 3 个，编号为 H5、H6、H11，⑥b 层面开口马桥灰坑 1 个，为 H7。

第⑦层：青灰色，土质松软。厚 15～60 厘米。包含物少。遗物有泥质红陶、泥质灰陶、夹砂红陶、泥质黑皮陶、石器、兽骨等。另出有粗泥陶鼎足等。器形有宽把杯、鼎、鱼鳍形鼎足、圈足盘、石锛、凿形鼎足等残片。为良渚文化时期。

三、遗迹和遗物

姚家村遗址清理了马桥文化至西周时期灰坑、井、房址等遗迹（图二）。介绍如下：

1. 井

J1

位于 T4 西北角，开口于⑥层下打破⑦层直至生土。井口平面为圆形，直径 140 厘米。口大底小，深 180 厘米。井底平整，直径 74 厘米。井内堆积可分 3 小层：①层为黄灰色土，土质较为结实，夹有少量的红烧土颗粒及草木灰；②层为灰黑土，土质松软，夹有大量的草木灰；③层为青灰色淤泥，土质松软，夹有较少的草木灰（图三；彩版六○：2）。坑内堆积中有少量马桥文化夹砂红陶、泥质红陶、印纹陶等陶片。

J1：01，夹砂红陶甗。表面抹浆光滑，直口，圆唇，平沿稍内斜。腹部拍印斜条纹。器表有明显烟炱痕迹。口径 27.0 厘米（图四：1；彩版六○：3）。

J1：02：泥质红陶罐。侈口，圆唇，溜肩，内沿面有弦纹。器表面胎质疏松。肩部拍印双线交叉菱形纹。口径 21.0 厘米（图四：2）。

北

T7

H12

T3

J2

H18

H9

F1

H17

T6

T2 B

H7

H6

T4 B

H15

H1

J1

H5

T5

T2 A

T4 A

H2

H11

H11

T1 B

J3

H3

H4

T1 A

H13

H14

0　　　300 厘米

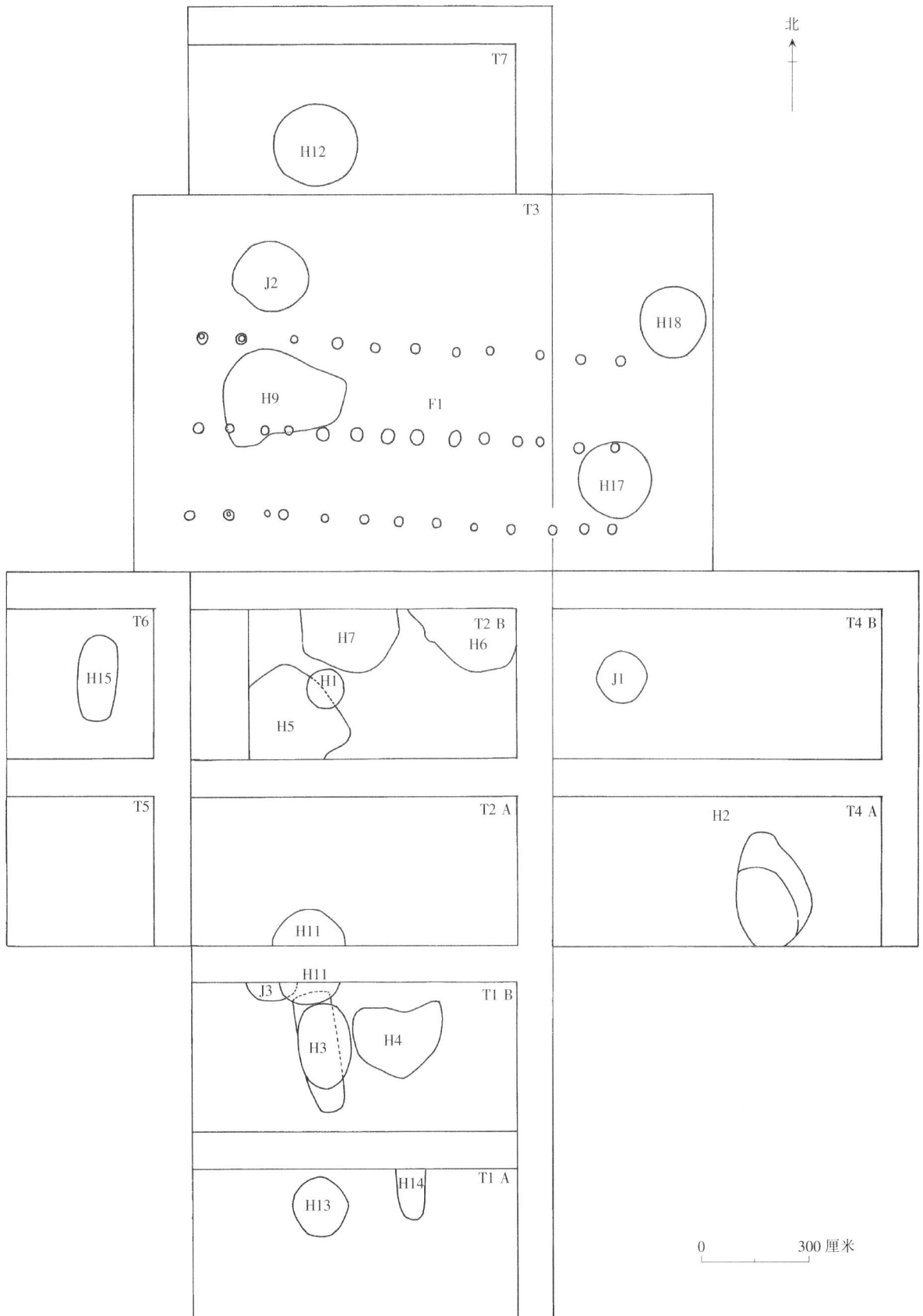

图二　遗迹平面分布图

图三　J1 平、剖面图

J1：03，泥质红陶罐。口沿。侈口，圆唇，直腹。沿面有弦纹。器外表疏松。腹部拍印斜条纹。口径 22.0 厘米（图四：3）。

J1：04，泥质红陶罐。口沿。侈口，圆唇。沿面有弦纹。腹部拍印绳纹。口径 23.0 厘米（图四：4）。

J1：06，泥质红陶罐。侈口，圆唇。颈部以下有三道规则的弦纹。弦纹以下拍印斜向条纹。口径 23.0 厘米（图四：5）。

J2

位于 T3 西北角。开口于⑤层下打破⑥层直至生土。井口平面大致呈椭圆形，口径 184～214 厘米。口大底小，底径 40、深 300 厘米。井底为圜底状。井内堆积可分 3 小层：①层为灰黑色，土质松软，含有大量的草木灰及少量的红烧土颗粒；②层灰褐色夹有青灰色土，土质松软；③层褐色淤泥，土质软（图五；彩版六一：1）。J2 内出土的陶片器形有泥质灰陶盘、泥质黑陶盘、硬陶罐、硬陶圈足盘、泥质黑陶罐、泥质灰陶豆、夹砂红陶罐等。在底部出有 2 件器形较大

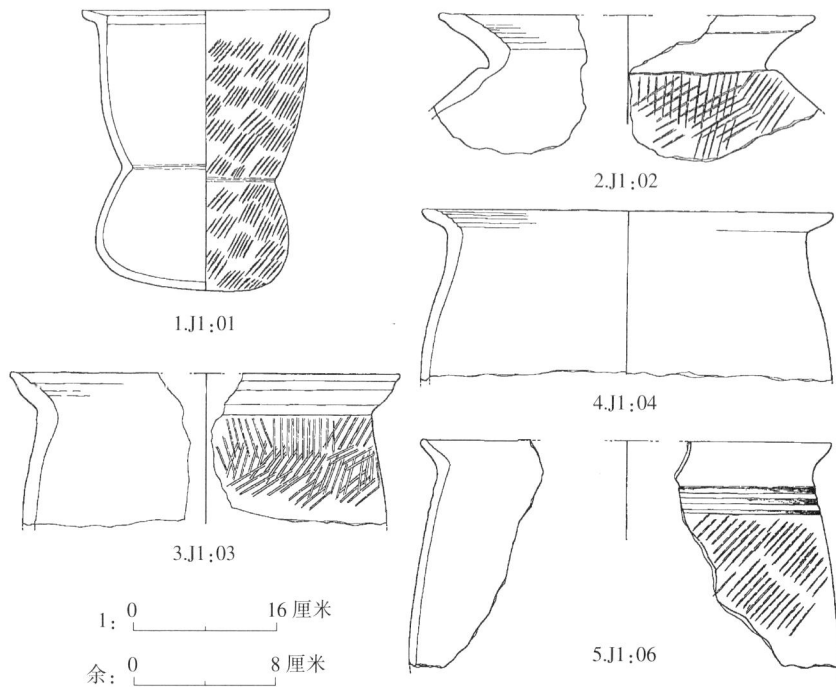

图四　J1 出土遗物

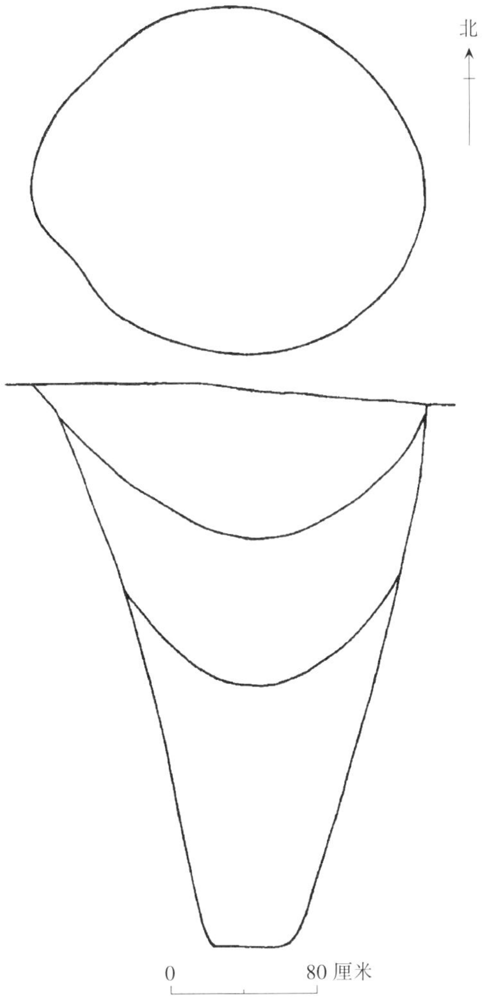

图五　J2 平、剖面图

的泥质黑陶罐及 2 件硬陶小罐。

J2：1，硬陶罐。侈口，圆唇，内沿微凹。溜肩，鼓腹，圜底内凹。器表光滑，内壁有明显的捺窝痕迹，捺窝痕迹为椭圆形，约 3×2 厘米左右。整个器物稍有不规整。最大径以上可见部分有青灰色爆汗釉。口径 12.6、底径 8.0、腹径 18.0、高 13.4 厘米（图六：1；彩版六一：2）。

J2：2，泥质黑陶三足盘。侈口，圆唇，平沿内斜，浅折腹。器表光滑，三足细长外撇。口径 19.4、高 17.2 厘米（图六：2）。

J2：4，硬陶罐。敛口，平唇微凹，折肩，平底稍有不规整。肩部有弦纹。内壁明显有轮制痕。口径 12.2、腹径 15.7、底径 5.6、高 9.0 厘米（图六：3；彩版六一：3）。

J2：5，泥质黑陶罐。子母口，弧肩，鼓腹，平底。肩部以上器表光滑。内壁捺窝明显。断面观察为泥条盘筑法制成。肩部上下分别戳印两周圈点纹，肩部以下拍印方格纹。口径 23.5、底径 18.0、腹径 41.2、高 34.4 厘米（图六：4；彩版六一：4）。

J2：6，泥质黑陶罐。直口，平唇，弧肩，鼓腹，平底。肩部上下戳印两组圈点纹，上组有三道，下组为两道，肩部以下拍印菱形纹，圈点纹与菱形纹相连。器身上部分表面剥落，露出暗红胎。口径

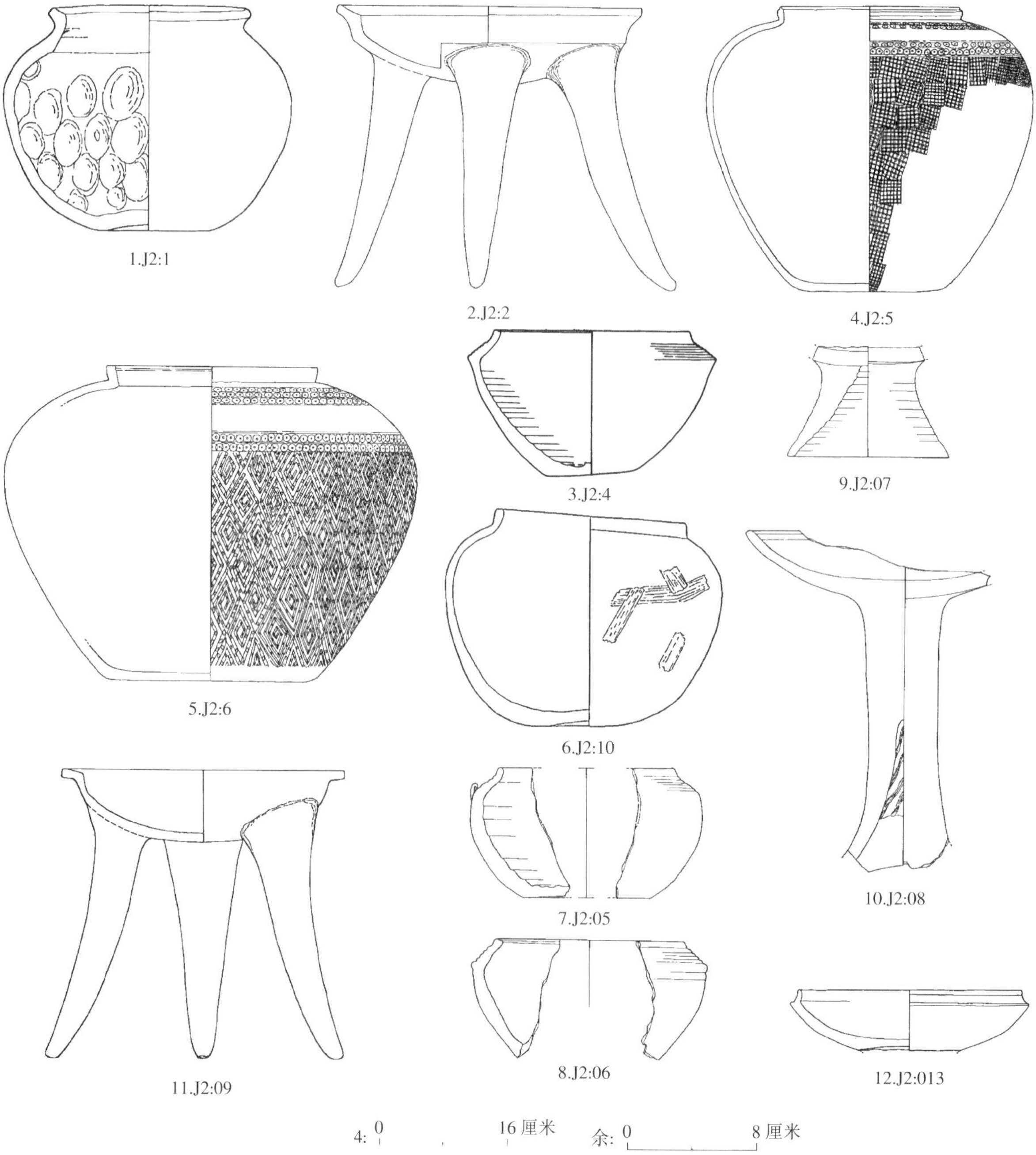

1.J2:1

2.J2:2

4.J2:5

5.J2:6

3.J2:4

9.J2:07

6.J2:10

10.J2:08

11.J2:09

7.J2:05

8.J2:06

12.J2:013

4：0　　　　　　16 厘米　　余：0　　　　　8 厘米

图六　J2 出土遗物

26.8、底径 26.0、腹径 52.8、高 38.5 厘米（图六：5；彩版六一：5）。

　　J2：10，硬陶罐。直口，平唇，溜肩，鼓腹，圜底微内凹，器表略微不平整，内壁有椭圆形捺窝痕迹，器形稍有不规整，口沿有高低。器物最大径以上可见部分青灰色爆汗釉。出土时器表黏附一些竹质绳索。口径 12.0、底径 7.8、腹径 17.3、高 12.5～13.3 厘米（图六：6；彩版六一：6）。

　　J2：05，硬陶罐残片。敛口，圆唇，折肩，弧腹，肩部有弦纹。肩部粘附小耳。口径 11.0、底径 8.0、高 8.0 厘米（图六：7）。

　　J2：06，硬陶罐口沿残片。敛口，圆唇微凹，折肩。肩部有弦纹。口径 12.0 厘米（图六：8）。

　　J2：07，硬陶圈足。喇叭形，质地坚硬。内壁有弦纹。足径 10.0 厘米（图六：9）。

J2：08，泥质灰陶豆盘。敞口，圆唇，浅盘。细高把，上部分实心。口径20.0、残高20.8厘米（图六：10）。

J2：09，泥质灰陶三足盘。残，可复原。圆唇，平沿内斜，浅腹，三足细长外撇。口径18.0、高17.5厘米（图六：11）。

J2：013，泥质灰陶豆盘。直口，圆唇，浅腹。口径14.0厘米（图六：12）。

J3

位于T1西北角，开口于⑦层下打破⑧层直至生土。井口平面略呈圆形，直径130、底径88、深238厘米。距井口82厘米处内收为88厘米，直壁，井底平整。井内堆积为灰黑色和青灰色淤泥，土质松软，含有较多的草木灰和红烧土颗粒（图七；彩版六二：1）。井内出土遗物较少，近井底出有两件较为完整的陶罐。

J3：1，泥质红陶罐。侈口，平唇，颈较高，弧肩，鼓腹，圈底内凹，器形不规整。肩部粘附一宽扁耳，内壁有明显捺窝。内沿面有细弦纹，颈部以下交叉叠压拍印斜条纹。口径17.8、底径13、腹径35.6、高32.7～33.6厘米（图八：1；彩版六二：2）。

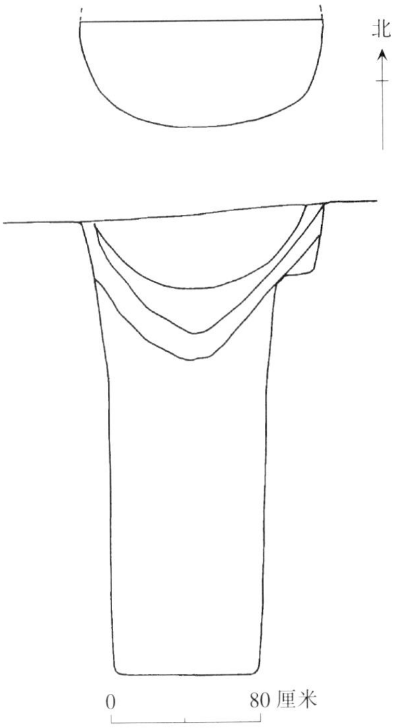

图七　J3平、剖面图

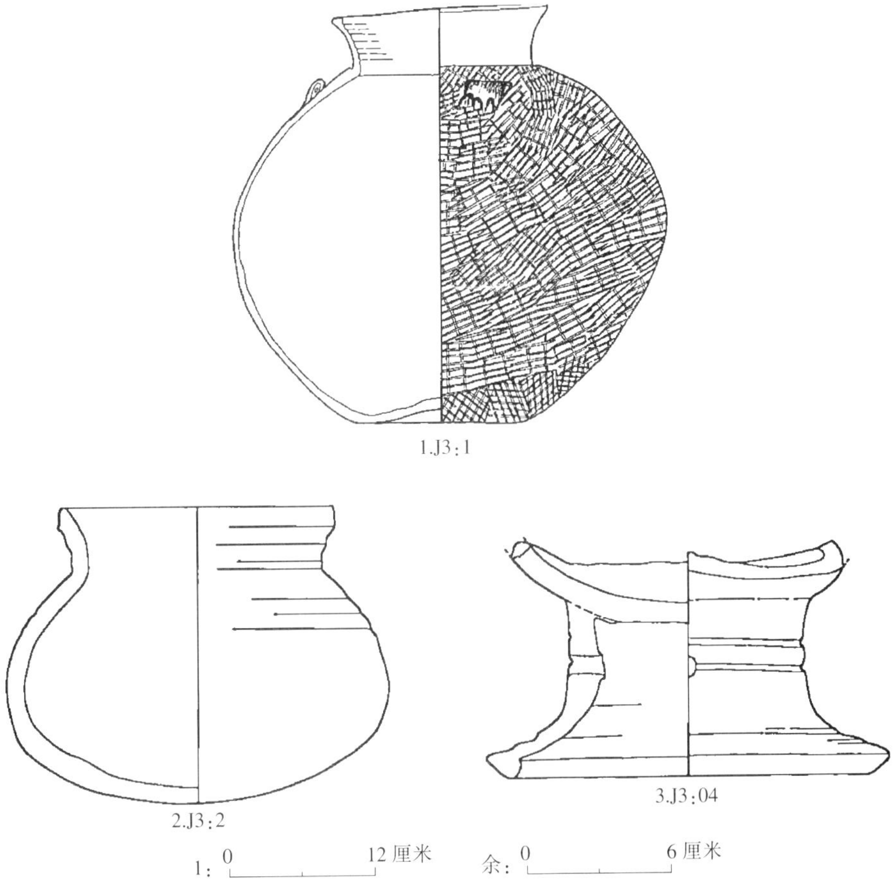

1.J3：1

2.J3：2

3.J3：04

图八　J3出土遗物

J3：2，泥质黑陶圜底罐。直口，圆唇，弧肩、垂腹。器表光滑。颈部、肩腹部有弦纹。口径11.0、腹径15.5、高11.8厘米（图八：2；彩六二：3）。

J3：04，泥质灰陶豆圈足。喇叭形足，圈足中间对称戳有四个小圆孔。器表光滑，圈足与豆盘连接处有抹痕。足径16.5、残高9.3厘米（图八：3；彩版六二：4）。

2. 灰坑

共16个，编号为H1～H7、H9～H15、H17、18，原编号H8和H16在开口时编入灰坑遗迹单元，发掘清理过程中分别编为J2和J3。灰坑坑口平面形状有圆形、椭圆形和不规则形等。大部分灰坑内出土遗物较少。

图九　H1平、剖面图

H1

位于T2北部。开口于③层下⑥层面。坑口平面为圆形，坑壁不规则，斜壁圜底。坑口直径105、深21厘米。坑内堆积可分两小层：①层为灰黑色土堆积，土质松软，含有较多的草木灰和红烧土颗粒；②为灰白色土，质稍硬，无包含物。出土遗物有印纹陶、硬陶、夹砂红陶、泥质灰陶等。纹样有条纹、方格纹、绳纹、编织纹、回字纹、席纹等。器形有罐、钵、三足盘、豆等（图九；彩版六三：1）。

H1：01，夹砂红陶罐口沿。敛口，宽沿内斜，圆唇，溜肩。颈部以下横向拍印绳纹。口径26.0厘米（图一〇：1）。

H1：02，硬陶足。宽扁圆弧，外侧面刻有两组横向各5道细线（图一〇：2）。

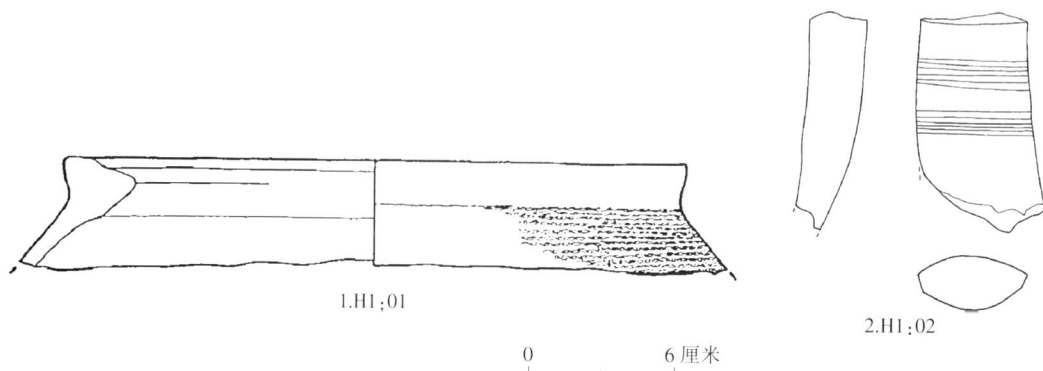

1.H1：01　　2.H1：02

图一〇　H1出土遗物

H2

位于T4东南角。开口于⑤层下，打破⑥层。坑内堆积为黑灰色土，夹杂有草木灰，红烧土颗粒，土质松软。坑口平面为不规整椭圆形，坑底、坑壁不规整。坑口南北长305、东西宽200、深58厘米。出土遗物有泥质灰陶、夹砂红陶、印纹陶、硬陶等。纹样有绳纹、条纹、菱形纹、回纹、梯格纹等。器形有罐、豆、澄滤器、圈足盘等（图一一；彩版六三：2）。

H2：1，泥质灰陶豆。直口，圆唇，喇叭形矮圈足。口沿外侧有弦纹。口径13.6、底径7.6、高

5.5 厘米（图一二：1）。

H2：04，泥质灰陶澄滤器。宽平唇，唇部略凹，圜底。内壁刻槽，外壁口沿以下拍印绳纹。口径约 26、高约 9 厘米（图一二：2）。

H2：05，夹砂红陶罐。口沿，敛口，宽平唇，溜肩，鼓腹。唇面有两道凹痕。颈部以下拍印绳纹。口径约 24 厘米（图一二：3）。

图一一　H2 平、剖面图

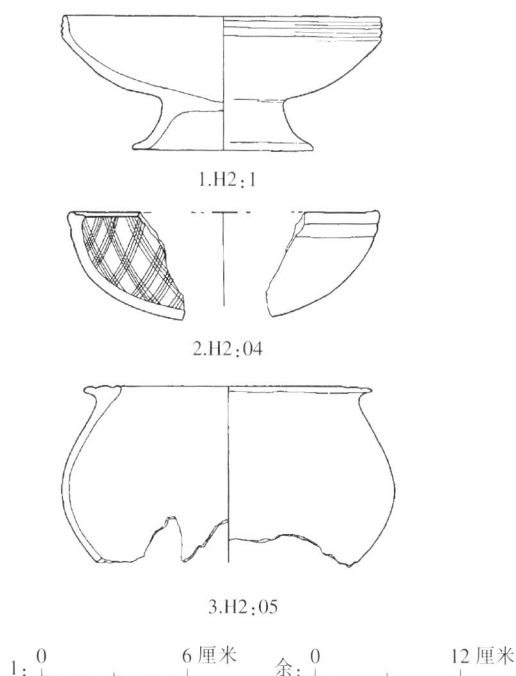

图一二　H2 出土遗物

H3

位于 T1 的中部。开口于⑥层下，打破⑦层。坑内堆积为灰黑色土，包含有大量的草木灰、红烧土颗粒，土质疏松。坑口平面为椭圆形。坑底、坑壁规整，圜底。坑口直径 156～255 厘米，深 56 厘米（图一三）。出土陶片以夹砂陶及印纹陶为主。纹样有条纹、编织纹。器形有夹砂印纹罐、泥质灰陶高把豆、硬陶三足器。

H3：01，泥质灰陶豆。平唇，浅腹，细高把，上部有一凸轮。豆把内壁有明显的扭曲痕迹。唇面中间有一凹弦纹。口径约 17.8 厘米（图一四：1）。

H3：02，硬陶三足器。三足宽扁外撇。器形稍有不规整。内壁有弦纹，足上下刻有规整弦纹，刻纹间镂一长方形孔（图一四：2）。

H3：03，石镰。双面刃。长 15.2、宽 4.3、厚 1.2 厘米（图一四：3；彩版六三：3）。

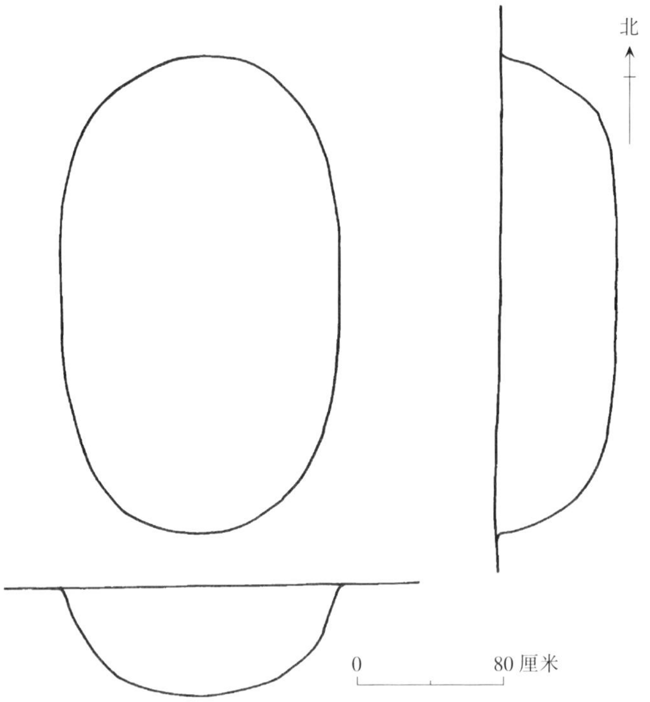
北
0
80厘米

图一三　H3平、剖面图

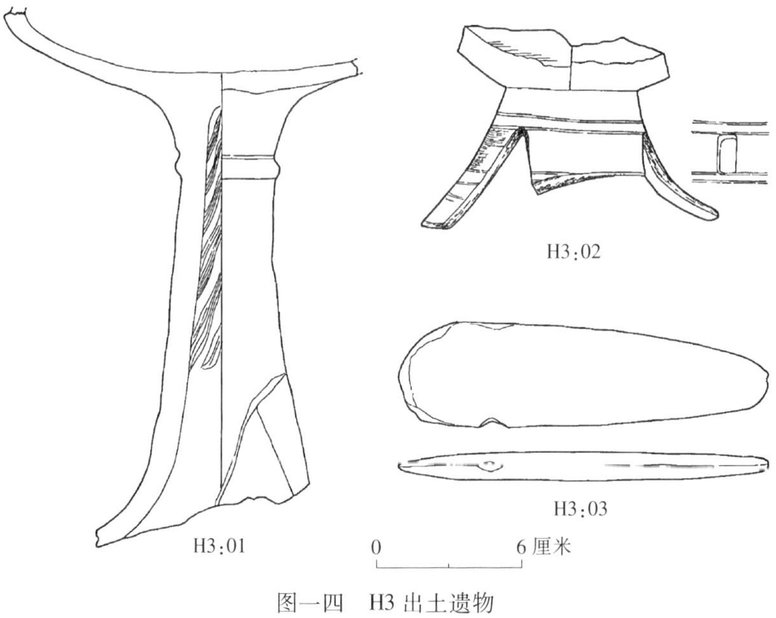
H3:02
H3:03
H3:01
0
6厘米

图一四　H3出土遗物

H4

位于T1东北角，西侧与H3相邻，相距10厘米。开口于⑥层下⑦层面。坑口不规整，直壁，底部平整。中间有一道南北向凸领高出于底部，高14、宽36厘米。东西长258、南北宽200、深54厘米。坑内堆积为灰黑色土，含有较多的草木灰和红烧土颗粒，土质松软。出土遗物有夹砂红陶、泥质灰陶、硬陶等。纹样有条纹、绳纹、编织纹、回字纹、圈点纹等。器形有罐、钵、三足器、豆等（图一五；

彩版六三：4）。

H4：01，泥质红陶罐口沿。侈口，圆唇，宽沿面内斜。颈部以下排印斜条纹。口径 20.0 厘米（图一六：1）。

H4：02，夹砂红陶罐口沿。侈口，圆唇，沿面内斜。口径 23.6 厘米（图一六：2）。

H4：03，泥质灰陶罐口沿。侈口，圆唇，缩颈，溜肩。颈部以下横向拍印绳纹。口径 20.0 厘米（图一六：3）。

H4：04，泥质灰陶残豆把。细长，喇叭口，上端有一凸轮。上半部分实心，内侧有修刮痕迹。高约 19.0 厘米（图一六：4）。

H5

位于 T2 西侧中部，部分未做清理。开口于⑤层下，打破⑥层，坑口平面不规整。探方内清理部

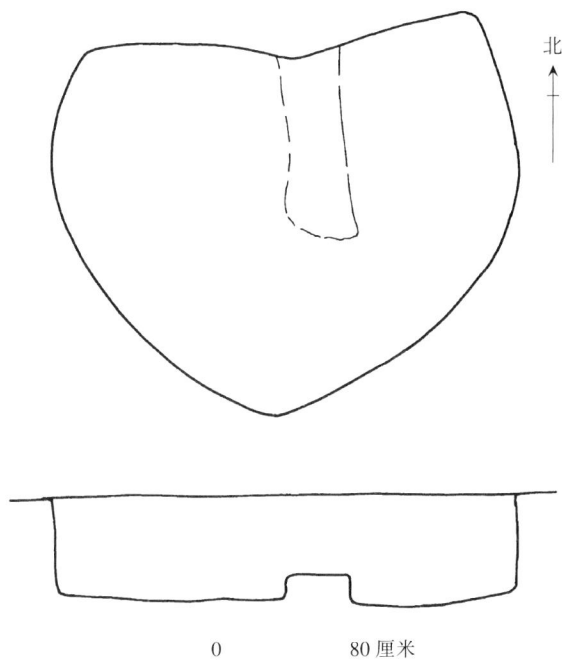

图一五　H4 平、剖面图

分东西 280、南北 246、深 44 厘米。坑壁呈缓坡状，底部凹凸不平。坑内堆积可分为两小层：①层为黄斑色土，夹有少量的红烧土颗粒，土质较为结实，无其他包含物；②层为灰黑色土，夹有大量草木灰和少量红烧土颗粒，土质疏松（图一七；彩版六四：1）。陶片纹样包括方格纹、弦纹、回纹、绳纹、编织纹、菱形纹、条纹、梯格纹、曲折纹等。可辨器形有高把豆、罐、甗、器盖、硬陶豆、三足盆、钵、澄滤

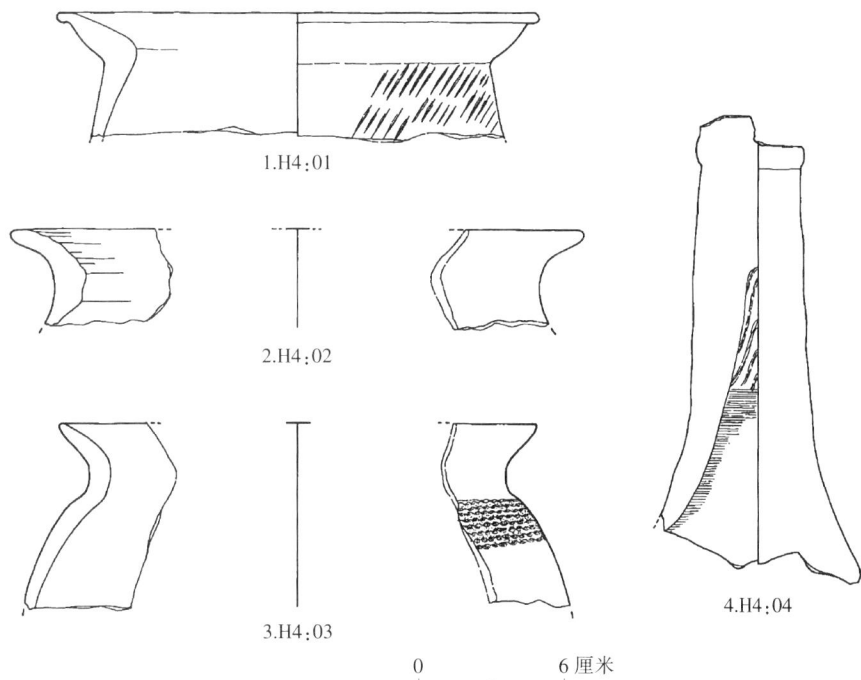

1.H4：01

2.H4：02

3.H4：03

4.H4：04

图一六　H4 出土遗物

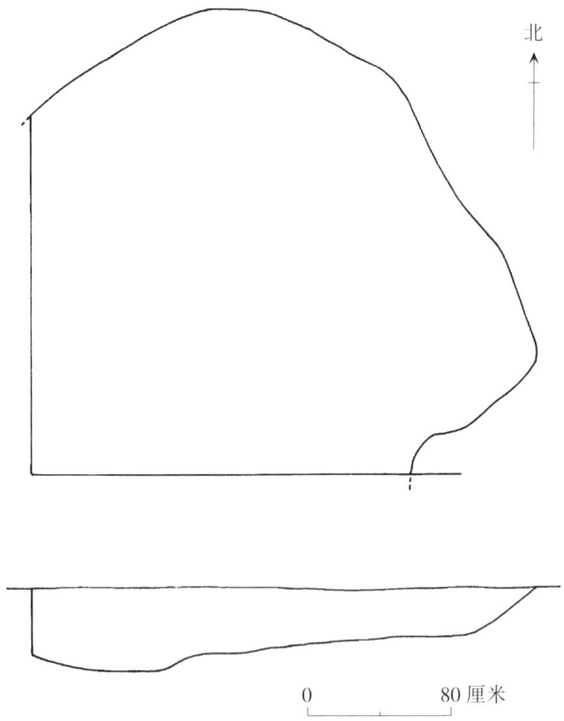

图一七 H5平、剖面图

器等。

H5：2，泥质黑陶三足盘。直口，宽唇内斜，浅盘折腹，三足外撇。器表光滑。灰白胎。口径20.4、高12.5厘米（图一八：1；彩版六四：2）。

H5：3，硬陶豆。子母口，浅盘，圈足不规整。内底有轮制弦纹。口径18.7、高11.2厘米（图一八：2；彩版六四：3）。

H5：5，泥质黑陶器盖。表面光滑。有三道凹弦纹，凹弦间有两周比较规则的圈点纹。直径21.0、高9.6厘米（图一八：3）。

H5：6，夹砂红陶三足盘。敛口，圆唇，深腹。口沿外部黏附一对角状耳，三足粗矮，足下端有后加接。外壁烟炱明显，内底有烧结炭化物。器形稍不规整。高12.2～12.8、口径17.7厘米（图一八：4）。

H5：7，夹砂红陶三足盆。敛口，圆唇，浅盘。三足粗矮，略外撇。器表局部黑灰，质地坚硬。口径26、高10.4厘米（图一八：5；彩版六五：1）。

H5：13，夹砂红陶甗。敛口，宽圆唇，上腹大下腹小，口沿完整，底部残。颈部以下拍印绳纹，近颈部横向拍印，以下为竖向拍印。外壁局部有烟炱。口径23.6、残高25厘米（图一八：6；彩版六五：2）。

H5：01，泥质红陶罐口沿。侈口，圆唇，直腹。颈部以下拍印斜向条纹。质地较为疏松。口径约24厘米（图一八：7）。

H5：02，夹砂灰陶罐口沿。侈口，圆唇，溜肩，直腹。口径约26厘米（图一八：8）。

H5：05，硬陶澄滤器。敞口，圜底，内壁交叉刻槽，外壁重叠拍印长方格纹和分布不规则圆圈纹。质地坚硬。口径23.5、高15.1厘米（图一八：9；彩版六五：3）。

H5：07，硬陶豆盘。直口，平唇。内底有弦纹，口径15.0厘米（图一八：10）。

H5：09，泥质灰陶豆盘。敛口，圆唇，浅盘。内底有制作弦纹。口径14.5厘米（图一八：11）。

H5：010，泥质灰陶豆盘。敛口，圆唇，浅盘。暗红色胎，质地较疏松。口径15.0厘米（图一八：12；彩版六五：4）。

H5：011，泥质灰陶罐。侈口，溜肩。颈部以下横向拍印绳纹。口径10.0厘米（图一八：13）。

H5：014，夹砂红陶罐。残，可复原。敛口，外卷沿，圆唇，垂腹，圜底。下腹部有明显烟熏痕。口径28.8、腹径31.4、高26.0厘米（图一八：14；彩版六五：5）。

H5：015，夹砂红陶罐。敛口，宽圆唇，溜肩，鼓腹，圜底内凹。颈部以下拍印绳纹，上肩部横向拍印，以下为竖向，腹部以下拍印交错叠压。口径20.5、腹径27.7、高23.7厘米（图一八：15；彩

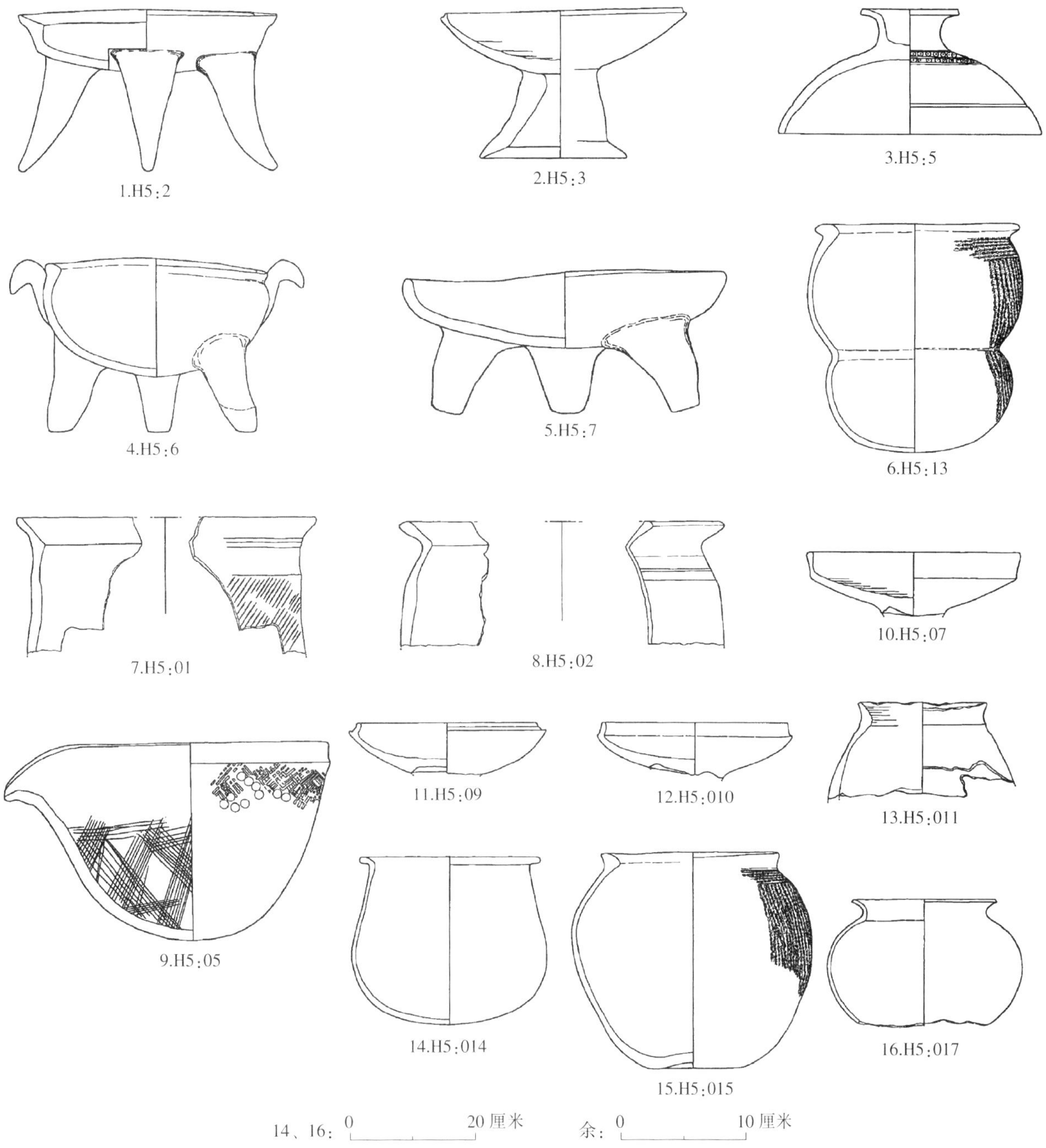

图一八　H5 出土遗物

版六五：6）。

H5：017，泥质灰陶罐。侈口，方唇，弧肩，鼓腹，底部残。质地较硬。口径 27.0、腹径约 32 厘米（图一八：16）。

H6

位于 T2 东北角，开口于⑤层下⑥层面。部分在北隔梁下，未做清理。探方内清理部分东西长 300、南北宽 170、深 75 厘米。坑口平面不规整，坑壁不规则。底部较为平整。堆积为灰褐色，土质稍

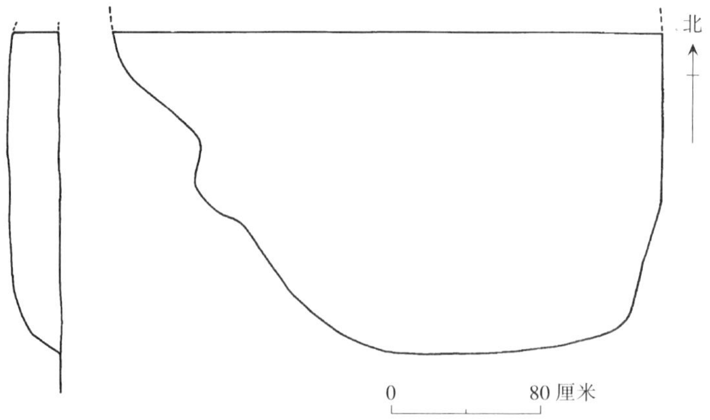

图一九　H6 平、剖面图

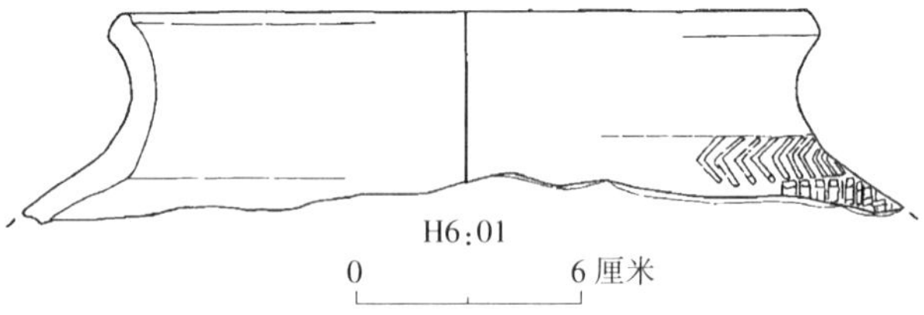

图二〇　H6 出土遗物

硬。夹有较多的红烧土颗粒（图一九；彩版六六：1）。出土遗物有硬陶、泥质灰陶、泥质红陶等。纹样有绳纹、条纹、回字纹、编织纹、曲折纹等。器形有豆、罐、盆、三足器、鼎等残片。

H6：01，泥质灰陶罐。侈口，圆唇、弧肩。肩部拍印不规则曲折纹。口径 18.0 厘米（图二〇）。

H7

位于 T2 西北角，开口于⑤层下⑥层面。部分于北隔梁下，未做清理。探方内清理部分东西长 240、南北宽 168、深 102 厘米。坑口平面不规整，坑壁缓坡部分凹凸不平，坑壁清晰，底部较平。坑内堆积为灰黑色土，含有较多的草木灰和少量的红烧土颗粒，土质松软（图二一；彩版六六：2）。出土遗物有泥质红陶、泥质灰陶、夹砂灰陶、夹砂红陶、硬陶等。纹样有圈点纹、方格纹、叶脉纹、曲折纹、绳纹、条纹等。器形有罐、甗、三足盘、钵、高把豆、鼎等。

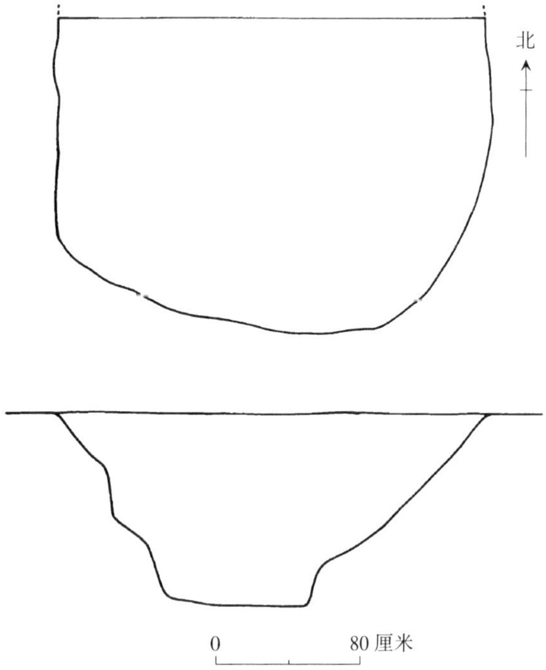

H7：1，泥质灰陶豆。敛口，尖唇，浅腹，细高把，喇叭形圈足。上部有两道凹弦纹。口径 14.2、足径 11.4、高 19 厘米（图二二：1；彩版六七：1）。

H7：2，泥质灰陶罐。侈口，尖唇，折肩，弧腹，圜底内凹。肩部有六组圈点纹，五个双圈纹为一组。肩部以下拍印方格纹。口径 13.4、底径 7、高 11.0 厘米（图二二：2；彩版六七：2）。

图二一　H7 平、剖面图

　　H7:3，泥质灰陶豆。敛口，尖唇，浅腹，细高把，喇叭形圈足。器表面光滑。口径14.4、足径10.9、高18.0厘米（图二二：3；彩版六七：3）。

　　H7:4，泥质灰陶豆。直口，尖唇，细高把，喇叭形圈足。把上端有一道凹弦纹。口径14.4、足径10.4、高18.0厘米（图二二：4）。

　　H7:5，泥质灰陶豆。直口，尖唇，浅腹，细高把，喇叭形圈足。口径14.4、足径11.6、高18.0厘米（图二二：5）。

　　H7:7，泥质黑陶器盖。器表面光滑。有三道凹弦纹，三道弦纹间有两周圈点纹。直径14.4、纽径4.4、高5.9厘米（图二二：6；彩版六七：4）。

　　H7:9，泥质灰陶豆。敛口，尖唇，浅腹。细高把，喇叭形圈足。上端有两道凹弦纹，内壁有制作痕迹。口径14.8、足径11.7、高17.4厘米（图二二：7；彩版六七：5）。

　　H7:14，泥质灰陶豆。直口，平唇，浅腹。细高把，喇叭形圈足。上端有两道凹弦纹。口径14.0、底径11.6、高16.2厘米（图二二：8）。

　　H7:02，硬陶罐，侈口，圆唇，溜肩，鼓腹。沿面有轮制弦纹。口径约19、腹径28.0厘米（图二二：9）。

　　H7:03，硬陶罐。侈口，唇沿外卷下垂，溜肩，鼓腹。肩部粘附有小耳。沿面有轮制弦纹，颈部以下拍印编织纹。口径约19厘米（图二三：1；彩版六八：1、2）。

　　H7:05：夹砂红陶甗。敛口，圆唇，宽平沿，上腹大下腹小。颈部以下拍印绳纹，近颈部横向拍

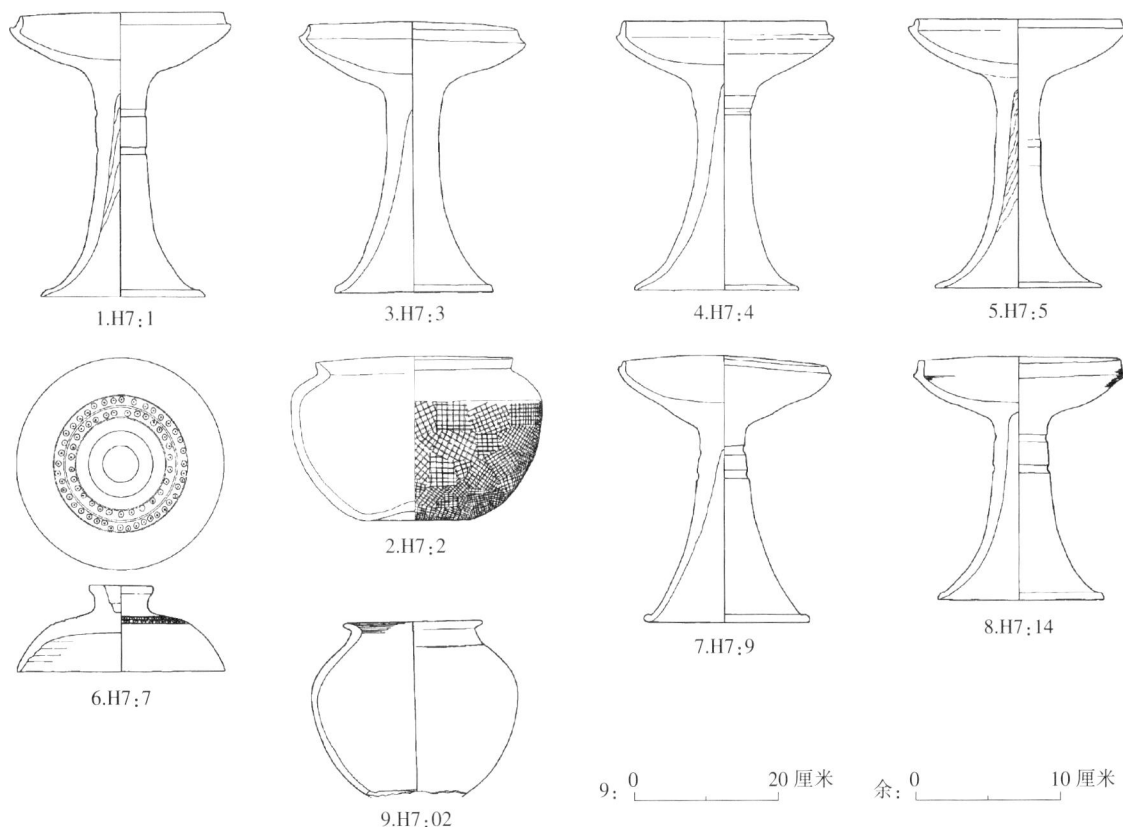

1.H7:1　　3.H7:3　　4.H7:4　　5.H7:5

2.H7:2　　6.H7:7　　7.H7:9　　8.H7:14　　9.H7:02

9:　0　　20厘米　　余:　0　　10厘米

图二二　H7 出土遗物（一）

印，以下为竖向拍印。口径约26厘米（图二三：2）。

H7：07，硬陶豆盘。直口，平唇，浅腹。内壁有细弦纹。质地坚硬。口径17.0厘米（图二三：3）。

H7：09，泥质灰陶三足盘。直口，平沿微内斜，浅腹圜底，足残。口径17.0厘米（图二三：4）。

H7：010，泥质灰陶豆。敛口，尖唇，腹浅。口沿外有不规则弦纹，另有小圆圈纹两排，八个一组共六组。口径20.0厘米（图二三：5）。

H7：012，硬陶罐。残片，敛口，圆唇，溜肩，折腹。肩部有弦纹。口径11.0厘米（图二三：6）。

H7：014，泥质灰陶豆。敛口，平唇，浅腹。细高把，喇叭形圈足。把上端有两道凹弦纹。口径14.0、足径11.4、高15.5~16.3厘米（图二三：7；彩版六八：3）。

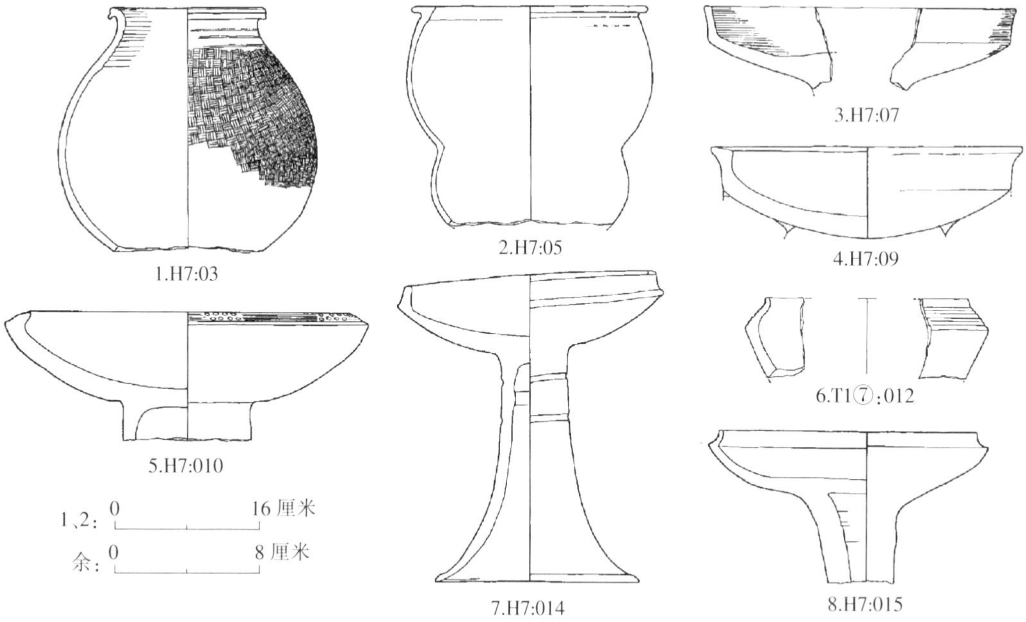

1.H7:03

2.H7:05

3.H7:07

4.H7:09

5.H7:010

6.T1⑦:012

7.H7:014

8.H7:015

1、2：0————16厘米

余：0————8厘米

图二三　H7出土遗物（二）

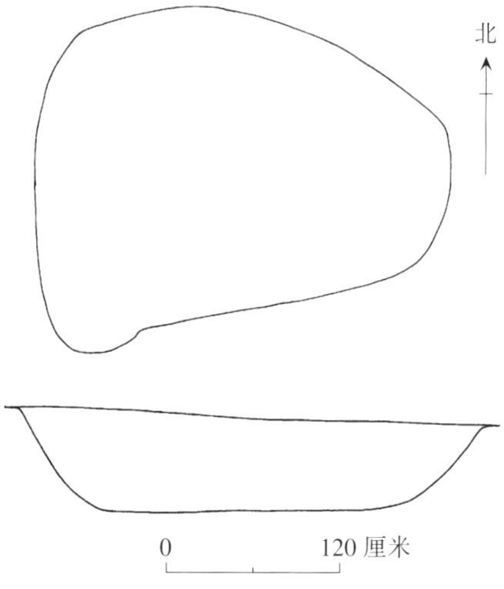

北

0————120厘米

图二四　H9平、剖面图

H7：015，泥质灰陶豆盘。敛口，圆唇，浅腹。口径14.0厘米（图二三：8）。

H9

位于T3中间西部。开口于⑤层下，打破⑥层堆积。坑口平面呈不规整形，东西324、南北230、深70厘米。坑壁斜弧，底部较为平整。坑内堆积为黑灰色土，夹有草木灰和少量红烧土颗粒，土质松散（图二四；彩版六九：1）。出土遗物少。陶片纹样有绳纹、菱形纹、条纹等。器形有泥质灰陶豆把、夹砂红陶罐、泥质灰陶印纹罐、澄滤器等。

H9：01，泥质灰陶澄滤器。敞口，平唇，唇面微凹。内壁交叉刻槽，外壁拍印绳纹。口径约36厘米（图二五：1；彩版六九：2、3）。

H9：02，夹砂红陶罐。侈口，圆唇，折肩，鼓腹，底残。肩部以下交叉拍印绳纹。口径约 12.5 厘米（图二五：2）。

H9：03，夹砂红陶罐。敛口，圆唇，宽沿微凹，弧腹。质地较为坚硬。颈部以下拍印竖向绳纹。口径 25.0 厘米（图二五：3）。

H9：04，泥质红陶罐。侈口，外卷沿，弧腹底残。腹部弦纹及拍印绳纹。口径 30.0 厘米（图二五：4）。

H9：05，泥质灰陶罐口沿。敛口，宽沿，圆弧面，沿面有弦纹。颈部以下拍印横向绳纹。质地较软。口径 32.0 厘米（图二五：5）。

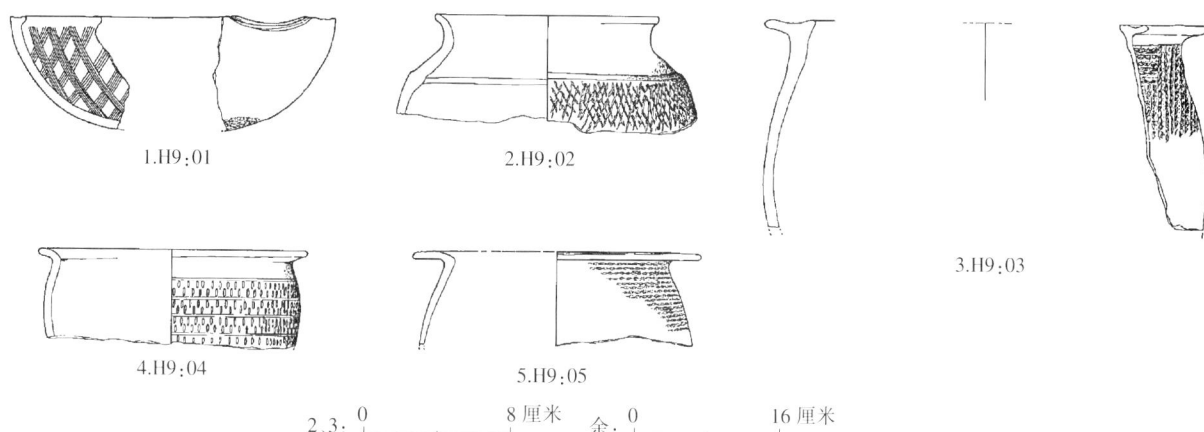

1.H9：01　2.H9：02　3.H9：03　4.H9：04　5.H9：05

2、3：0———8 厘米　余：0———16 厘米

图二五　H9 出土遗物

H10

位于 T1 中部偏西。开口于⑥层下打破⑦层。被 H3、H11 打破。坑口平面基本呈长方形，长 308、宽 93、深 100 厘米。坑壁陡直，底部平整。坑内堆积可分 4 小层：①层灰黑色土，夹有大量草木灰和少量红烧土颗粒，土质松散；②层黄色偏绿，含有较多的沙土，土质较硬，无包含物；③层草木灰层，黑灰色夹有少量的红烧土颗粒，土质疏松；④层青灰色淤泥，略有黏性，土质松软，夹有少量草木灰和红烧土颗粒（图二六；彩版七〇：1）。出土的陶片纹样有绳纹、编织纹、回字纹等。器形有硬陶罐、三足盆、圈足盆、夹砂红陶罐、夹砂红陶鬲、泥质灰陶罐等。

H10：01，硬陶罐。侈口，方唇，耸肩，底部残。外卷沿、内沿面有一弦纹，颈部以下拍印编织纹。口径 20.0 厘米（图二七：1）。

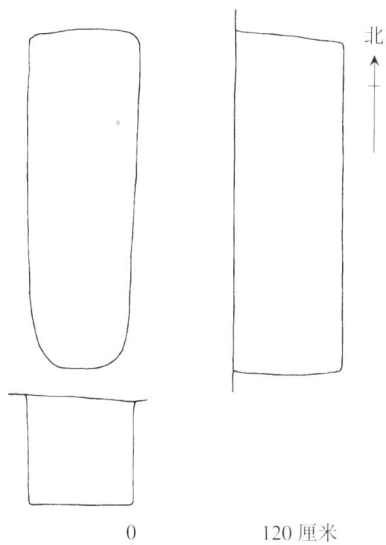

0———120 厘米

图二六　H10 平、剖面图

H10：02，硬陶三足盆。敞口，圆唇，腹较深。内壁有弦纹。足残。口径 27.0 厘米（图二七：2）。

　　H10∶03，硬陶豆。敞口，尖唇，圈足外壁面有削痕。内壁有弦纹。口径 19.0、底径 10.6、高 13.1 厘米（图二七∶3）。

　　H10∶05，泥质灰陶罐。敛口，宽沿内斜。沿面有弦纹，颈部以下拍印横向绳纹。口径 20.0 厘米（图二七∶4）。

　　H10∶08，夹砂红陶甗。敛口，圆唇，平沿面微凹，鼓腹。腹部拍印绳纹。口径约 24.0 厘米（图二七∶5）。

　　H10∶09，夹砂红陶罐，敛口，尖唇，缩颈，垂腹。颈部以下拍印横向绳纹。器表有明显烟熏痕迹。口径 22.8 厘米（图二七∶6）。

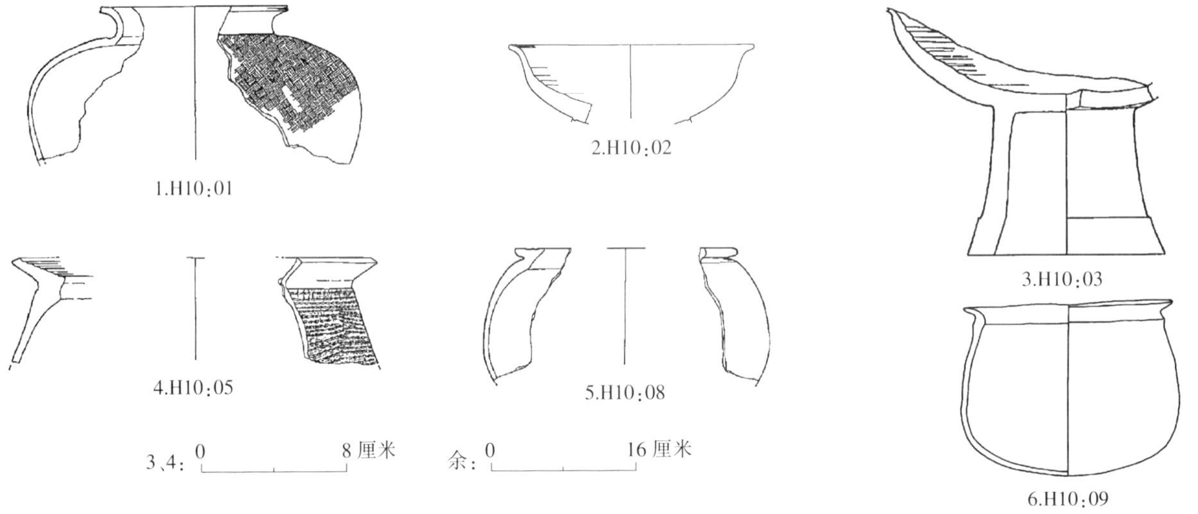

1.H10∶01　　2.H10∶02　　3.H10∶03
4.H10∶05　　5.H10∶08　　6.H10∶09

3、4∶ 0 —— 8 厘米　　余∶ 0 —— 16 厘米

图二七　H10 出土遗物

H11

　　位于 T2 南部、T1 北部，探方隔梁部分未做清理。开口于⑤层下⑥层面。坑口平面为椭圆形，坑底坑壁不规整。南北长 270、东西宽 210、深 78 厘米。坑内堆积为灰褐色土，土质较为结实，含有较多的红烧土颗粒（图二八；彩版七○∶2）。出土遗物有硬陶、泥质灰陶、泥质红陶、夹砂红陶等。纹样有条纹、绳纹、编织纹、回字纹等。器形有豆、三足盘、罐等，陶片比较碎小。

H12

　　位于 T7 中部。开口于①层下，打破②层。坑口平面基本呈圆形，坑壁斜弧内收，圜底。直径为 220～230、深 150 厘米。坑内堆积可分 4 个小层：①层为灰黄色，土质较为结实，有少量草木灰和红烧土颗粒，无其他包含物；②层为灰黑色，含有灰黄色土块，夹有草木灰和红烧土颗粒，土质松软；③层灰黄色土，夹草木灰和较多的红烧土颗粒，土质松软；④层为黑灰色，含有大量草木灰和红烧土块，土质松软（图二九；彩版七一）。出土陶片纹样有圈点纹、绳纹、方格纹、条纹等。器形有泥质灰陶圈足罐、泥质灰陶豆、泥质黑陶盆、夹砂红陶绳纹鼎等。

　　H12∶3，泥质黑陶盆。敞口，方唇，平沿，折腹。下腹部戳有圈点纹。口径约 25 厘米（图三○∶1）。

　　H12∶01，泥质灰陶圈足罐。下腹部拍印方格纹。底径约 18 厘米（图三○∶2）。

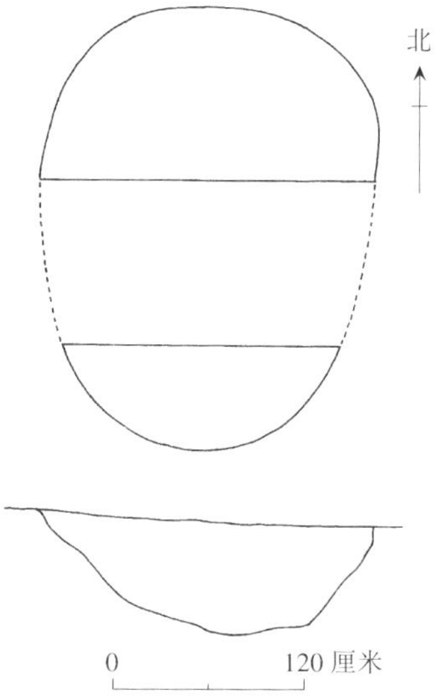

图二八　H11 平、剖面图

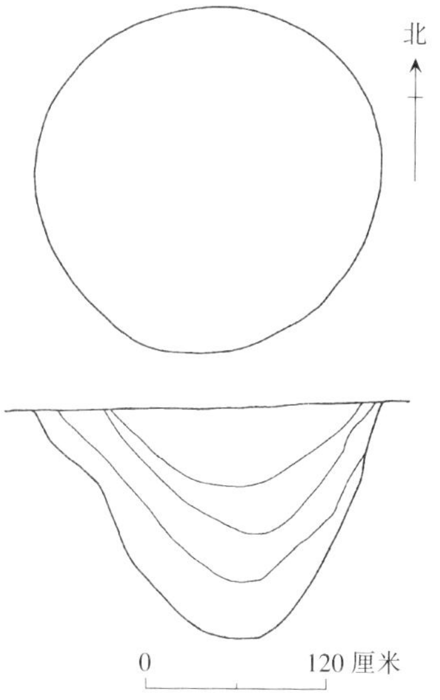

图二九　H12 平、剖面图

H12：03，泥质灰陶豆盘。侈口，卷沿，浅腹。口径 13.5 厘米（图三〇：3）。

H12：04，夹砂红陶鼎。敛口，圆唇，平沿微凹，垂腹，圜底。下腹部有黏附足的痕迹。颈部以下拍印横向绳纹。口径 22.0、腹径 23.6 厘米（图三〇：4）。

H12：05，泥质灰陶罐。侈口，卷沿，圆唇，溜肩，鼓腹。圈足较小。腹最大径外壁有弦纹，肩部刻有竖向算状纹。口径 13.3、底径 8.0、高 11.0 厘米（图三〇：5；彩版七二：1）。

H12：08，夹砂灰陶罐。侈口。肩部刻有比较规则斜线纹。口径约 28 厘米（图三〇：6）。

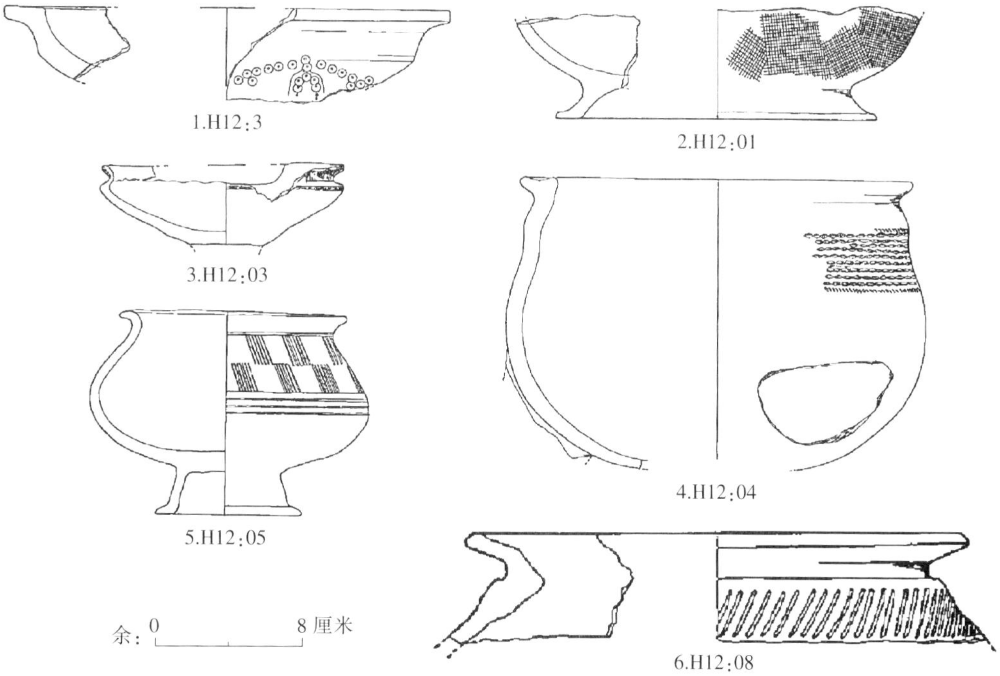

1.H12：3

2.H12：01

3.H12：03

4.H12：04

5.H12：05

余：

6.H12：08

图三〇　H12 出土遗物

H13

位于 T1 中部开口于⑦层下⑧层面。坑口平面不规整，底部较为平整。直径为156、深45 厘米。坑内堆积为灰黑色土，含有大量的草木灰，土质松软（图三一；彩版七二：2）。出土遗物少，出土陶片较碎小，有泥质红陶、夹砂红陶等。纹样有条纹。器形有夹砂红陶圆柱形足、夹砂红陶罐等。

H13：01，夹砂红陶罐残片。敛口，圆唇，溜肩，折腹。肩部粘附小耳。口径14.0 厘米（图三二：1）。

H13：02，夹砂红陶残足。圆柱状（图三二：2）。

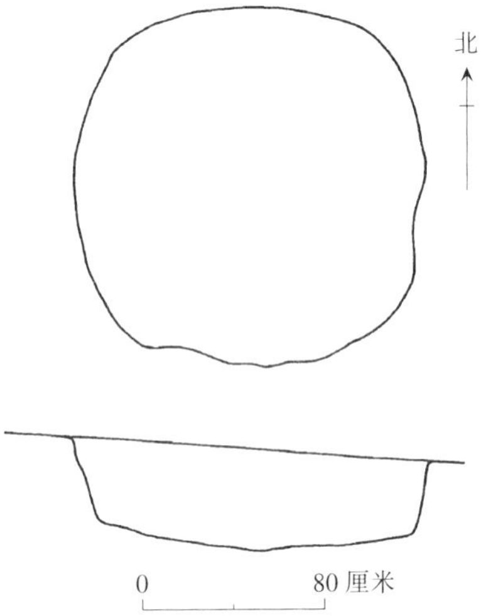

图三一　H13 平、剖面图

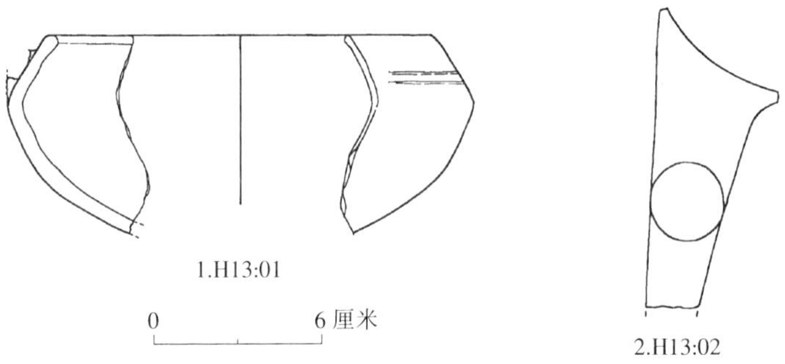

图三二　H13 出土遗物

H14

位于 T1 东部，开口于⑦层下⑧层面。部分在中间隔梁内未清理。坑口平面为椭圆形，东西两壁较为规整，南北两壁不规整。清理部分南北长 146、东西宽 85、深 92 厘米。坑内堆积为灰黑色土，含大量草木灰和红烧土块，土质松软（图三三；彩版七二：3）。出土遗物有泥质陶、夹砂红陶、硬陶三足器等。纹样有条纹、绳纹两类。器形有罐、三足盘等。

H14：01，夹砂红陶罐口沿。直口，圆唇，宽沿内斜。沿面有两道凹弦纹，颈部以下排印横向绳纹。口径24.0 厘米（图三四：1）。

H14·03，硬陶三足器足。宽扁，圆弧面。质地坚硬。足高8.0 厘米（图三四：2）。

H15

位于 T6 偏西北角，开口于⑤层下⑥层面。坑口平面为椭圆形，坑壁斜弧，坑底平整。南北长220、东西宽116、深36 厘米。坑内堆积为灰黑色土，含有较多的草木灰及红烧土颗粒，土质松软（图三五；彩版七三：2）。出土遗物有夹砂红陶、泥质灰陶等。纹样有绳纹。器形有豆、罐、盆等。

H15：1，夹砂红陶羊角把鼎。敛口，圆唇，圜底，圆柱状足较粗。口径20.0、高 16.0 厘米（图三六：1；彩版七三：1）。

H15：02，硬陶豆盘口沿。敞口，圆唇。口径18.0 厘米（图三六：2）。

H15：04，夹砂红陶罐口沿。敛口，圆唇，弧肩。颈部以下拍印绳纹，上肩部横向排印，以下竖向拍印。口径25.0 厘米（图三六：3）。

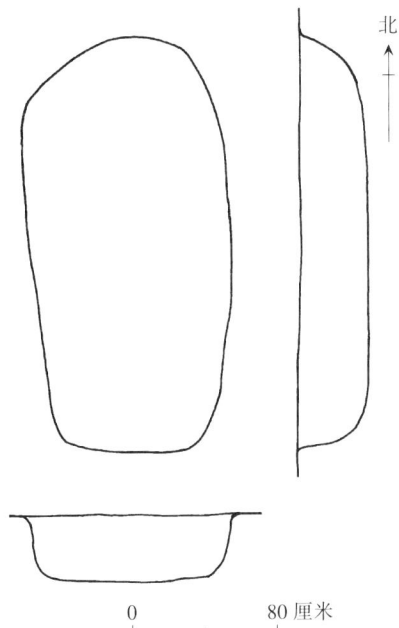

1.H14:01

2.H14:03

0　　　　　　8厘米

图三四　H14 出土遗物

0　　　　　　80厘米

图三三　H14 平、剖面图

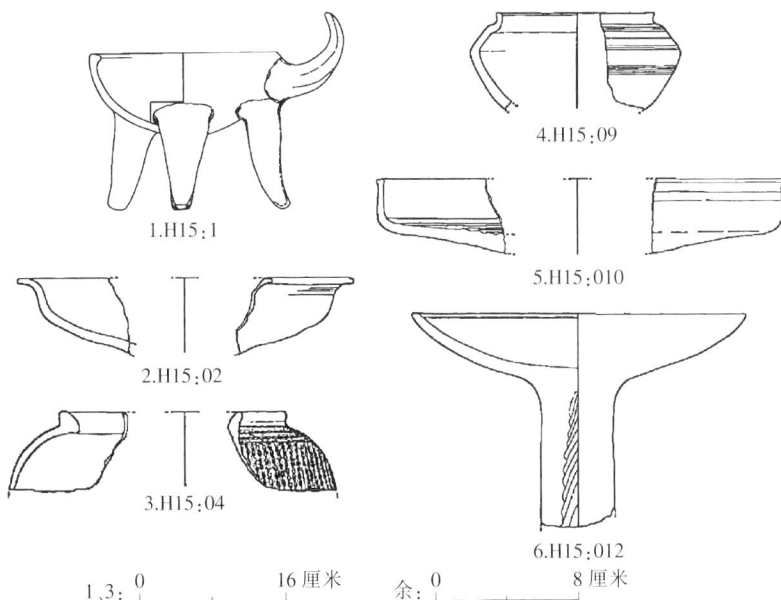

1.H15:1

2.H15:02

3.H15:04

4.H15:09

5.H15:010

6.H15:012

1、3:　0　　　　　16厘米　　余:　0　　　　8厘米

0　　　　　　80厘米

图三五　H15 平、剖面图

图三六　H15 出土遗物

H15:09，硬陶罐口沿片。直口，折肩，折腹。肩腹部有细弦纹。口径8.5厘米（图三六：4）。

H15:010，硬陶豆盘。直口，沿面微凹，盘底较平有弦纹。质地坚硬。口径22厘米（图三六：5）。

H15:012，泥质灰陶豆盘。敞口，平唇，细把。口径18.0厘米（图三六：6）。

H17

位于T3东南部，开口于⑤层下打破⑥层。坑口平面基本呈圆形，坑壁斜弧，坑底较为平整。

直径 200、深 35 厘米。坑内堆积为灰黑色土，含有大量的草木灰和红烧土颗粒，土质松散（图三七；彩版七四：1）。出土陶片较少。出土遗物有泥质灰陶、夹砂陶、硬陶等。陶片纹样有编织纹、菱形纹、绳纹等。器形有罐、豆、盆、三足盘等。

H17：1，泥质灰陶三足盘。敞口，方唇，沿面内斜，折腹，三足细长外撇大于口径。口径 23.0、高 19.5 厘米（图三八：1）。

H17：02，夹砂红陶口沿。敛口，圆唇，平沿。颈部以下拍印横向绳纹。口径 30.0 厘米（图三八：2）。

H17：05，泥质灰陶残豆把。细长把，把上端镂有对三角形孔三组（图三八：3）。

图三七　H17 平、剖面图

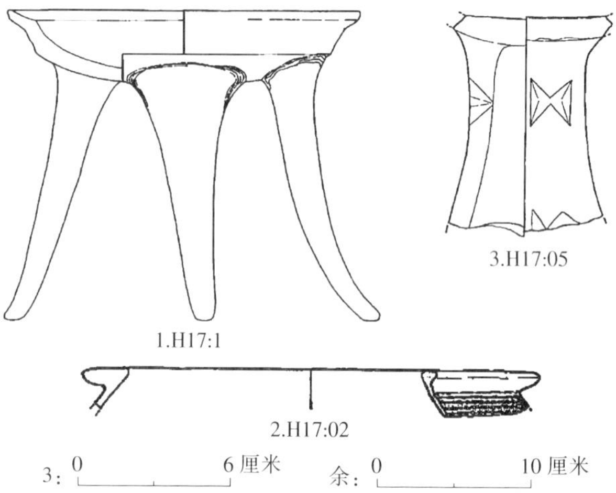

图三八　H17 出土遗物

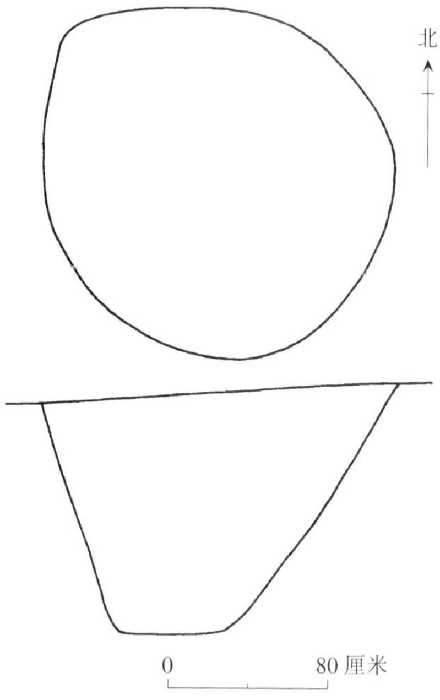

图三九　H18 平、剖面图

H18

位于 T3 东北部。开口于⑤层下，打破⑥层。坑口平面基本呈圆形，稍有不规整，坑壁斜坡内收，底部较平整。坑口直径 168～176、深 120、底径 50 厘米。坑内堆积为黑灰色，含有大量的草木灰和少量的红烧土颗粒，土质疏松（图三九；彩版七四：2）。出土少量陶片。纹样有菱形纹、条纹、圈点纹等。器形有夹砂红陶罐、泥质红陶罐、硬陶素面罐、泥质灰陶罐等。

H18：01，硬陶素面罐。敛口，尖唇，溜肩、弧腹、平底。肩部粘附有三小耳。内壁有制作弦纹。肩部以上可见部分青灰色爆汗釉。口径 14.0、腹径 17.0、底径 7.6、高 9.6 厘米（图四〇：1；彩版七五：1）。

H18：03，泥质红陶罐口沿。直口，尖唇，宽沿内斜。颈部以下拍印竖向条纹。口径 24.0 厘米（图四〇：2）。

H18：05，硬陶豆盘。直口，平唇。内壁有细弦纹。质地坚

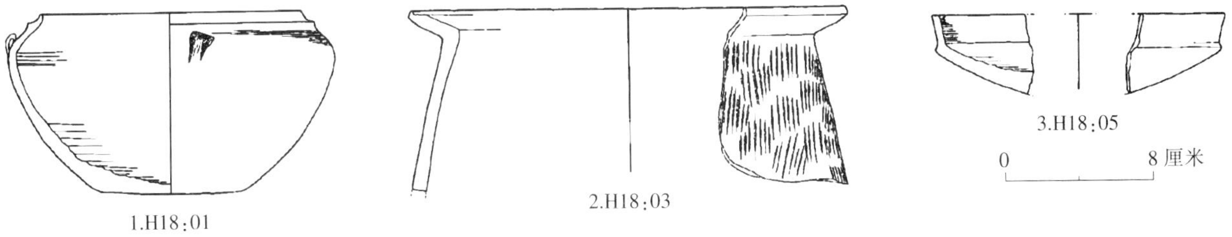

图四〇　H18 出土遗物

硬。口径 16.0 厘米（图四〇：3）。

3. 房址

F1

位于 T3 中南部，营建于⑤层下⑥层面。平面为长方形，东西长 11.7、南北宽 5 米，面积在 60 平方米左右。共有 39 个大小不一的柱坑和柱洞，分东西向南北三排，排列整齐，柱坑间距比较均匀。除中排中间 5 个柱坑较大外，其余大小大致相等（图四一；彩版七五：2）。部分柱坑解剖时有明显柱子的痕迹，表明是先挖柱坑然后再埋柱子（彩版七六：1）。柱坑内土质较为结实土色偏黄，柱子部分偏灰色，土质相比要松软。F1 西端距北排柱坑 50 厘米处，有马桥文化时期的水井（J2）。Z10、Z11、Z12 打破 H9。Z31 打破 H17（彩版七六：2）。H9、H17 均为马桥文化时期。

部分柱坑内出土少量陶片，器形有泥质灰陶豆把、硬陶豆圈足、绳纹罐、硬红陶圈底内凹罐等。

Z10：2，硬陶豆圈足。外壁修刮痕明显，底部刻剔四个花瓣形，器内底有轮制弦纹（图四二：1）。

Z27：4，泥质灰陶豆盘。浅腹，尖唇（图四二：2）。

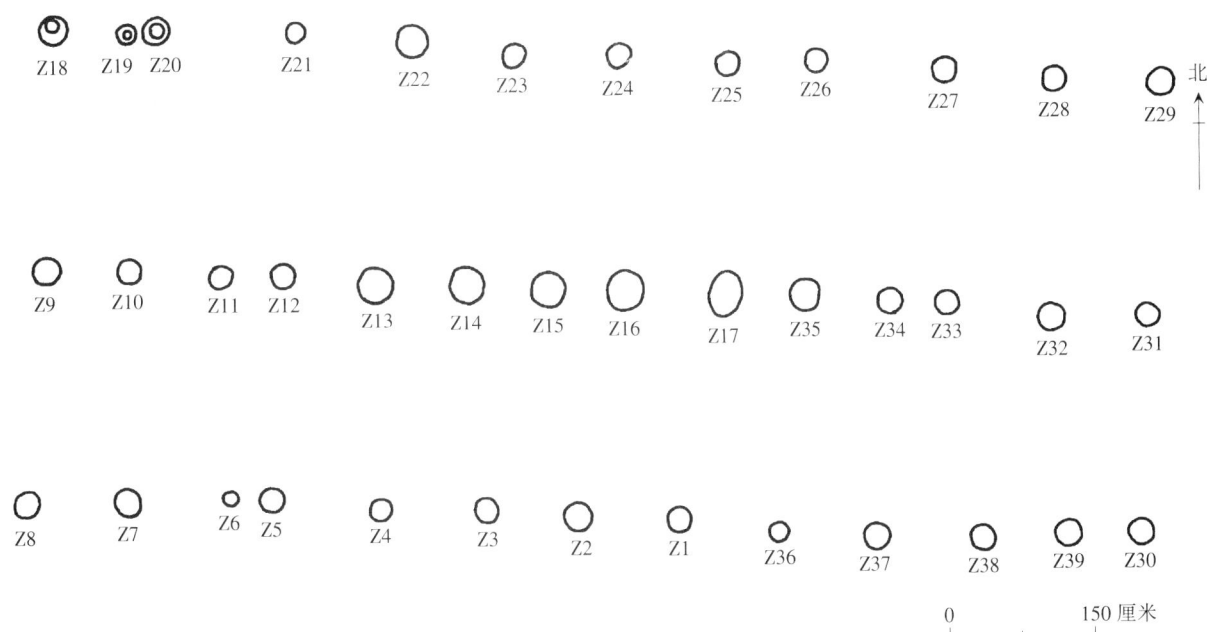

图四一　F1 柱坑、柱洞平面分布图

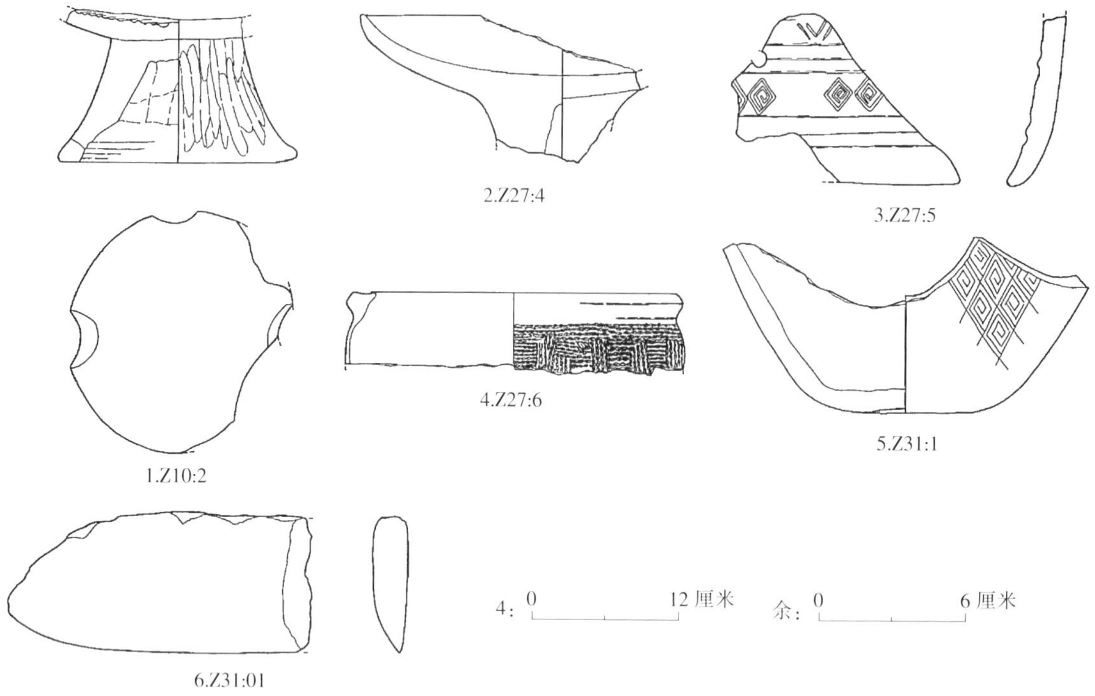

图四二　F1 柱坑、柱洞中的出土遗物

Z27：5，泥质灰陶圈足。有回字纹，凹弦纹（图四二：3）。

Z27：6，夹砂红陶罐。敛口，方唇，平沿微凹，弧腹。颈部以下拍印竖向和横向绳纹（图四二：4）。

Z31：1，印纹硬陶罐。圜底内凹，拍印斜方格内填回字纹（图四二：5）。

Z31：01，残石戈。单面刃。残长 12.5、宽 5.6 厘米（图四二：6）。

四、地层遗物

1. 崧泽、良渚时期

良渚时期的遗物出土较少，多为陶器碎片，不可复原。在良渚文化地层中还出土少量崧泽文化时期的粗泥陶鼎足。

T4⑦：105，夹砂红陶鼎足。鱼鳍形，两侧均有多条竖向刻线。长 11.5 厘米（图四三：1）。

T2⑦：114，夹砂红陶鼎足。鱼鳍形。两侧均有长短不一多条竖向刻线（图四三：2）。

T2⑦：115，粗泥陶凿形足，外侧有刻纹。刻纹"S"中间有一竖向刻纹（图四三：3）。

T4⑨：117，泥质灰陶罐圈足。底径约 21.0 厘米（图四三：4）。

T4⑨：118，泥质灰陶罐口沿。敛口，尖唇，溜肩。口径 24.0 厘米（图四三：5）。

T2⑦：123，夹砂红陶鼎足。鱼鳍形。两侧均有多条有长短不一的竖向刻线。长 12.1 厘米（图四三：6）。

T4⑨：127，夹砂红陶鼎足。鱼鳍形。两侧均有多条竖向刻线。长 14.3 厘米（图四三：7）。

T1⑧：078，夹砂红陶鼎足，T 字形。两侧均有多条竖向刻线，外侧刻有两道倒水滴纹。长 21.0

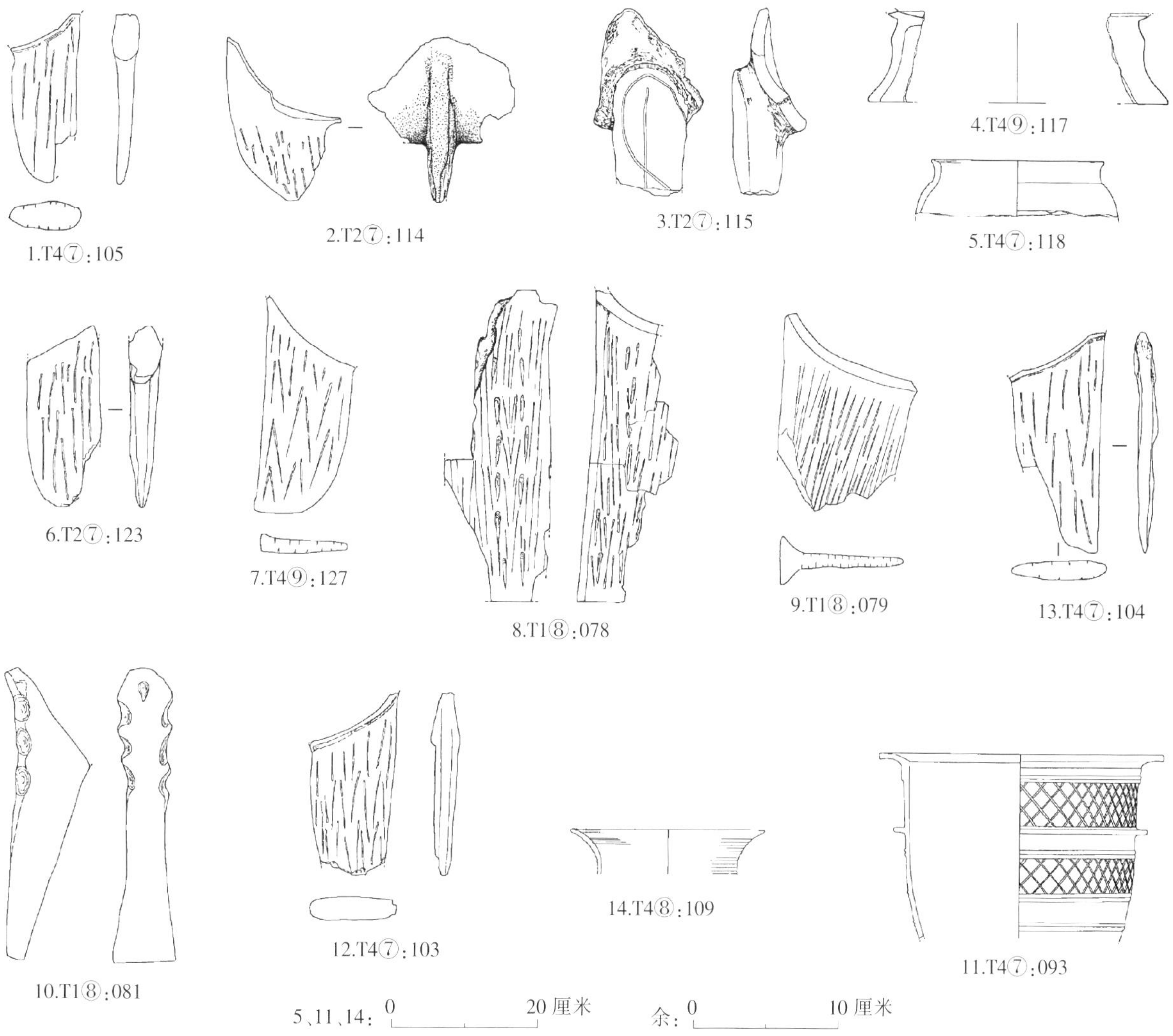

图四三　崧泽良渚地层出土遗物

厘米（图四三：8）。

T1⑧：079，夹砂红陶鼎足，T字形。两侧均有多条竖向刻线（图四三：9）。

T1⑧：081，粗泥陶凿形足。细长外撇，上端外侧两边有对称三个捺窝。长19.5厘米（图四三：10）。

T4⑦：093，泥质灰陶罐。直口，方唇，筒形腹，近底部略有内收。腹部上下刻有两组斜方格纹，中间有一道凸棱相隔。口径约40厘米（图四三：11）。

T4⑦：103，夹砂红陶鼎足，鱼鳍形。两侧均有多条竖向刻线（图四三：12）。

T4⑦：104，夹砂红陶鼎足，鱼鳍形。两侧均有多条竖向刻线（图四三：13）。

T4⑧：109，泥质灰陶罐口沿。敞口，圆唇。口沿外侧下有弦纹，内口沿面有四道小凹弦纹。口径约27.6厘米（图四三：14）。

2. 马桥文化及商周时期

出土陶片较多，但复原率低。出土有硬陶、夹砂陶、泥质陶及青铜器等。陶器纹样有方格纹、编织纹、菱形纹、绳纹、圈点纹、条纹、梯格纹、回纹等多种。主要器物有鼎、豆、圈足盆、三足器、甗、罐、澄滤器等。地层出土遗物与灰坑内的陶系、纹饰及器形种类基本相同。

T2②：13，泥质灰陶圈足盆。敛口，内斜沿、平唇，矮圈足微外撇。口径19.4、底径11.8、高7.5厘米（图四四：1；彩版七七：1）。

T2②：017，泥质灰陶圈足盆。敞口，方唇，平底，矮圈足微外撇。腹部上下凹凸弦纹各一道。口径18.6、底径12.0、高6.3厘米（图四四：2）。

T1⑦：039，印纹硬陶盆。敞口，平沿，圆唇。沿面有刻符。外壁面拍印梯格纹（图四四：3）。

T2④：043，泥质灰陶盆口沿。直口，平沿，折腹。口径22.0厘米（图四四：4）。

T2②：16，泥质灰陶圈足盆。侈口，平唇，弧腹，圜底，矮圈足。口径21.2、腹径21.0、底径18.0、高7.6厘米（图四四：5）。

T1⑦：048，泥质红陶盆。残片，侈口，圆唇，弧腹。下腹部拍印斜向条纹。口径17.0厘米（图四四：6）。

T1⑦：049，泥质红陶盆。敞口，圆唇，圜底。内壁较为不规则。口沿下有一凹弦纹，以下拍印竖向和斜向梯格纹（图四四：7）。

T2⑥：082，泥质红陶盆。可复原。侈口，宽沿内斜，弧腹，平底微内凹，整个器形稍有变形。外壁通体拍印梯格纹。口径20～21.7、底径6.7～7.7、高7.6厘米（图四四：8；彩版七七：2）。

T2⑤：065，泥质灰陶豆盘。子母口，圆唇，浅腹，平底。质地较硬。口径13.0厘米（图四四：9）。

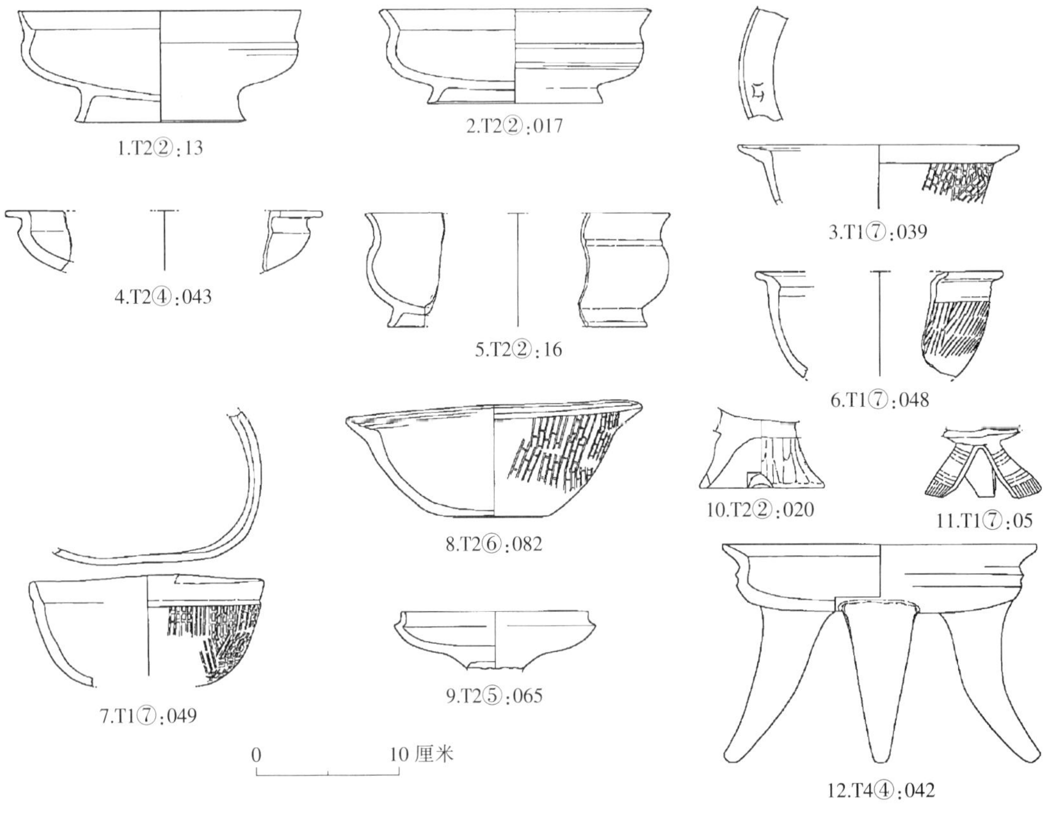

图四四　马桥地层出土遗物之（一）

　　T2②:020，硬陶圈足。圈足外壁明显有修刮痕迹。圈足下端刻剔有三小缺口呈花瓣形（图四四:10）。

　　T1⑦:05，硬陶三足器，盘残仅剩三足。三足宽扁外撇，足外侧面上下刻有两组四条细线，足端刻有多条竖向线。足高4.5厘米（图四四:11；彩版七七:3）。

　　T4④:042，夹砂灰陶三足盘。直口，口沿面内斜，圆唇，平底。盘外壁有两道凸弦纹。三足外撇稍大于口沿。口径21.5、高14.5厘米（图四四:12；彩版七七:4）。

　　T6②:14，泥质灰陶三足盘。敞口、平沿、方唇，平底。外壁有弦纹，微外撇。口径23.6、高16.0厘米（图四五:1）。

　　T4⑥:079，夹砂红陶三足盘。敞口，圆唇，圜底。三足为圆锥形，器形稍有不规整。口径16.5、高10.8厘米（图四五:2；彩版七七:5）。

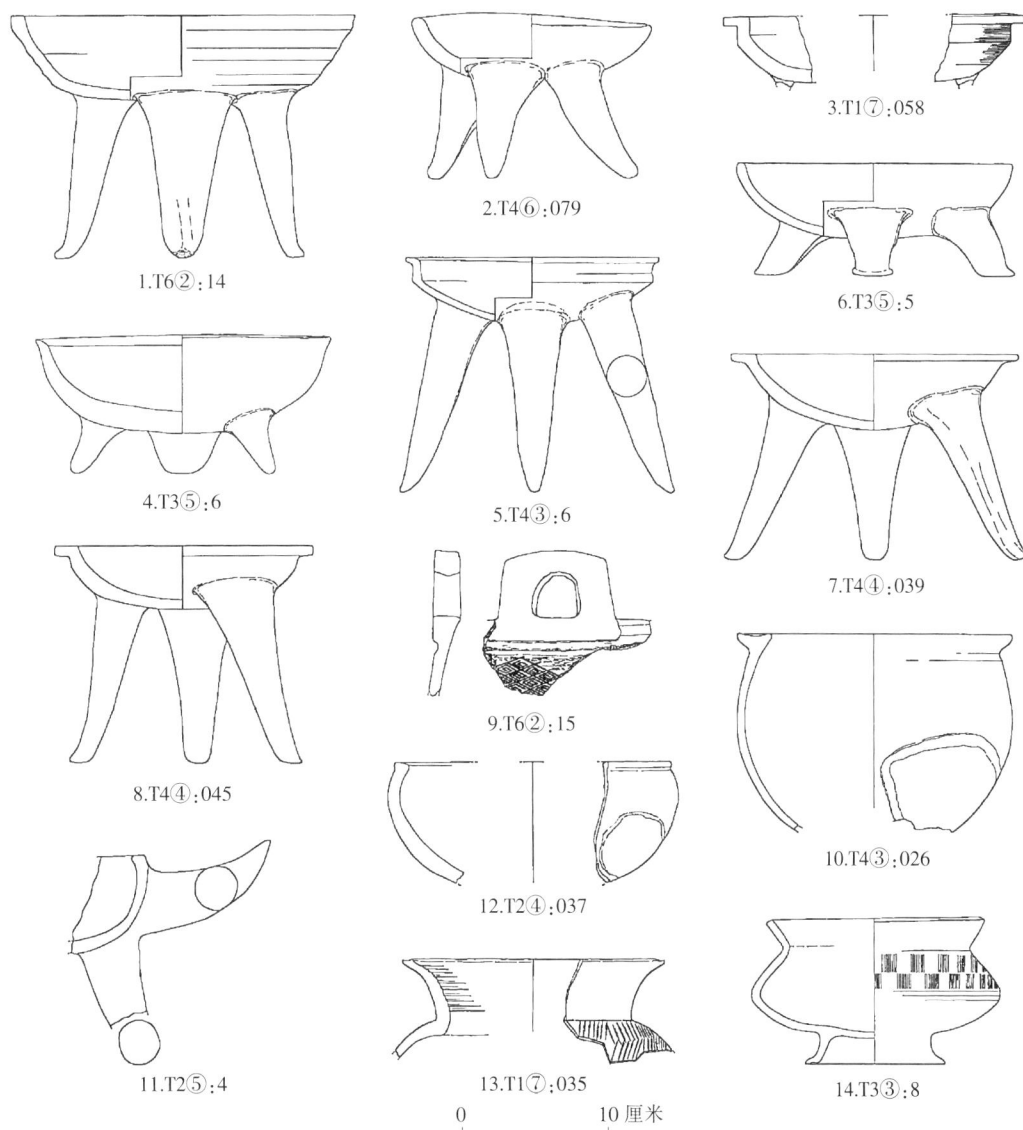

1.T6②:14　　2.T4⑥:079　　3.T1⑦:058　　4.T3⑤:6　　5.T4③:6　　6.T3⑤:5　　7.T4④:039　　8.T4④:045　　9.T6②:15　　10.T4③:026　　11.T2⑤:4　　12.T2④:037　　13.T1⑦:035　　14.T3③:8

0　　　　　10厘米

图四五　马桥地层出土遗物之（二）

T1⑦：058，泥质灰陶三足盘。直口，平沿，方唇。折腹平缓底。口径约21厘米（图四五：3）。

T3⑤：6，夹砂红陶三足盘。敞口，尖唇，圜底。三足矮宽扁微外撇。口径20、高9.2厘米（图四五：4；彩版七七：6）。

T4③：6，泥质灰陶三足盘。直口，方唇，折腹，圜底。圆锥体三足，外撇大于口沿。口径17.2、高15.7厘米（图四五：5；彩版七八：1）。

T3⑤：5，泥质红陶三足盘。敞口，圆唇，圜底。三足较粗矮，外撇。口径19.0、高7.5厘米（图四五：6；彩版七八：2）。

T4④：039，泥质灰陶三足盘。敞口，平沿，圆唇，浅腹，圜底。三足外撇。口径20.0、高13.5厘米（图四五：7）。

T4④：045，泥质灰陶三足盘。敞口，平沿，方唇，浅腹。足细长微外撇。口径17.4、高14.3厘米（图四五：8）。

T6②：15，夹砂红陶鼎。鼎耳，残存小部分口沿。直口，方唇。口沿下拍印云雷纹（图四五：9；彩版七八：3）。

T4③：026，夹砂黑陶鼎。残，敛口，宽平沿微凹。弧腹，圜底。口沿以下通体拍印横向和斜向绳纹。口径约19厘米（图四五：10）。

T2⑤：4，夹砂红陶带把鼎。敛口，平唇，羊角把，圆柱形足（图四五：11）。

T2④：037，夹砂红陶羊角把鼎残片。敛口，平沿，弧腹，圜底。下腹部有鼎足粘贴痕迹。口径19.0厘米（图四五：12）。

T1⑦：035，泥质红陶罐口沿。侈口，尖唇，口沿面微凹，弧肩。肩部开始拍印竖向条纹。口径18.0厘米（图四五：13）。

T3③：8，泥质灰陶圈足罐。敞口，方唇，溜肩，鼓腹，矮圈足。肩部刻有篦状纹，腹部有弦纹。口径15.0、底径9.6、高9.8厘米（图四五：14；彩版七八：4）。

T2⑤：061，印纹硬陶罐。直口，圆唇，溜肩，鼓腹。颈部粘附有一对竖向贯耳，肩部以下拍印编织纹。口径约10.8厘米（图四六：1）。

T4③：025，夹砂红陶罐口沿。敛口，圆唇，溜肩。颈部以下斜向拍印绳纹。口径17.0厘米（图四六：2）。

T1⑦：060，泥质灰陶罐。敛口，外卷沿，圆唇，弧肩，鼓腹。肩部戳有两周圈点纹，腹部拍印方格纹（图四六：3）。

T3⑤：032，泥质红陶罐。敛口，圆唇，折肩，弧腹，平底微内凹。肩部有弦纹。口径11.0、腹径14.0、底径6.3、高7.7厘米（图四六：4；彩版七八：5）。

T2④：042，泥质灰陶罐口沿残片。敛口，折腹。肩腹各有一圈圈点纹（图四六：5）。

T2⑤：064，泥质灰陶罐口沿。侈口，圆唇，弧沿面，内沿面有三道弦纹，弧腹。颈部以下拍印竖向条纹，内壁有明显修刮痕迹，修刮痕宽1厘米左右（图四六：6）。

T1⑦：034，泥质红陶罐口沿。侈口，平唇，溜肩。口沿外侧刻有四组不规则曲折纹。颈部以下斜向拍印梯格纹。口径14.0厘米（图四六：7）。

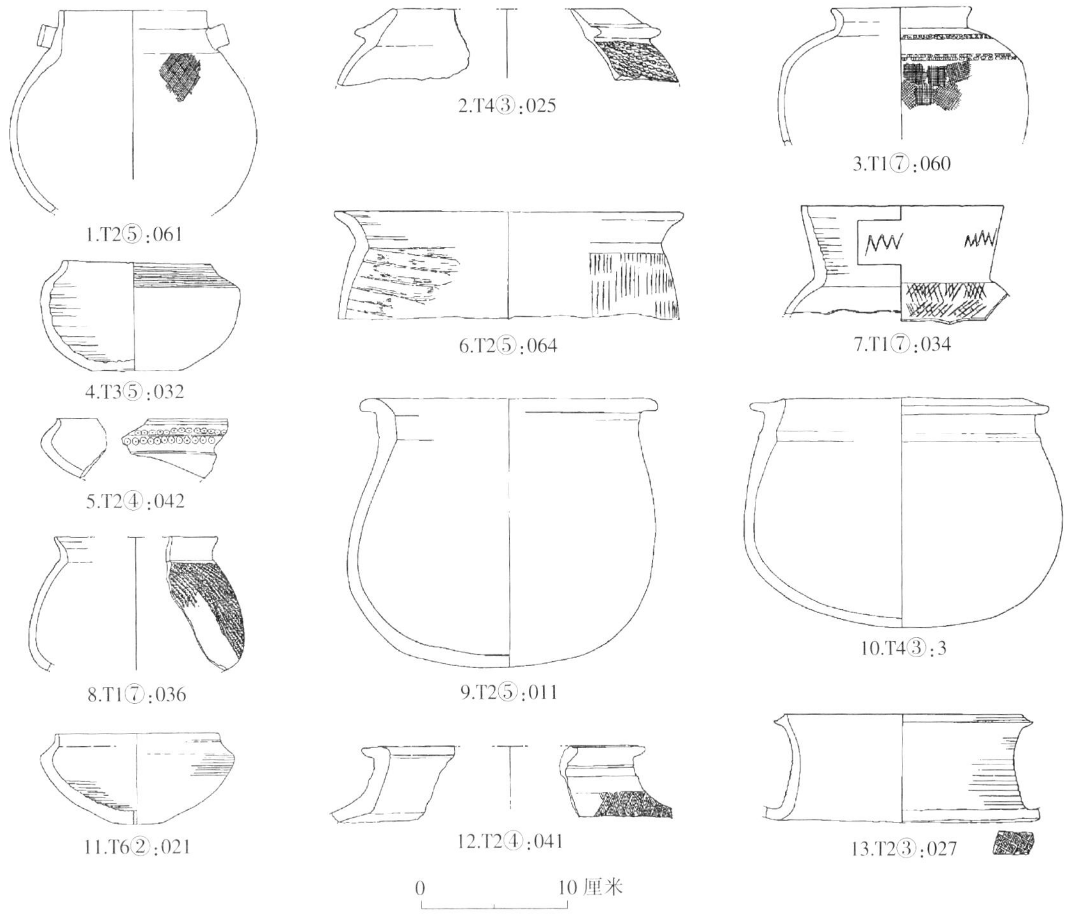

图四六　马桥地层出土遗物之（三）

T1⑦：036，泥质红陶罐。底残。侈口，尖唇，溜肩，垂腹。肩部以下斜向拍印绳纹。口径12.0、腹径15.8厘米（图四六：8）。

T2⑤：011，夹砂灰陶罐，残可复原。砂粒较粗。卷沿，圆唇，垂腹，圜底。口沿下拍印细绳纹，口径22.0、腹径22.8、高19.2厘米（图四六：9；彩版七八：6）。

T4③：3，夹砂红陶罐。敛口，宽沿微凹，弧腹，圜底。颈部以下拍印竖向绳纹。内壁灰红色，外壁烟熏至灰黑色。口径22.5、腹径24.0、高16.5厘米（图四六：10；彩版七九：1）。

T6②：021，硬陶罐。直口，圆唇，溜肩，折腹，平底。口径12.0、腹径14.3、底径3.8、高6.5厘米（图四六：11）。

T2④：041，印纹硬陶罐口沿。敛口，平沿，沿面有三道凹弦纹，尖唇，溜肩。颈部有凹凸弦纹各一道，颈部以下拍印菱形纹（图四六：12）。

T2③：027，印纹硬陶罐口沿。侈口，尖唇。沿面有三道凹弦纹，颈部有明显弦纹。颈部以下拍印斜线方格纹内填回纹。口径17.4厘米（图四六：13）。

T2③：028，印纹硬陶罐口沿。直口，尖唇。沿面有凹弦纹，颈肩部间有弦纹。肩部以下拍印斜线方格回字纹（图四七：1）。

T2④：040，原始瓷罐。敛口，平唇，折肩，平底微内凹。肩部有细弦纹，内壁轮制弦纹明显。口径

9.6、底径5.2厘米、高9.0（图四七：2；彩版七九：2）。

T2⑤：12，泥质灰陶澄滤器。直口，圆唇，圜底，内壁单线交叉刻槽。口沿下拍印竖向绳纹。口径20.0、高16.7厘米（图四七：3）。

T6②：015，泥质灰陶澄滤器。敞口，平沿，沿面有两道凹弦纹，圜底。内壁多线交叉刻槽。外壁上部有两道凹弦纹，近底部拍印方格纹。口径30.0厘米（图四七：4）。

T1⑦：047，泥质红陶澄滤器口沿。敞口，平唇。内壁多线交叉刻槽，外壁拍印梯格纹（图四七：5）。

T2⑤：066，泥质灰陶澄滤器。敞口，宽平沿微凹。内壁刻有多线交叉刻槽。质地坚硬（图四七：6）。

T3⑤：024，泥质灰陶豆盘。直口，平沿。口径19.0厘米（图四七：7）。

T4⑥：065，泥质灰陶豆盘。直口，圆唇，浅腹。口径14.2厘米（图四七：8）。

T4⑥：061，泥质灰陶豆。直口，圆唇，浅腹，细高把喇叭形足，圈足稍残。把上端实心。外侧有两道凸弦纹。口径13.0、残高14.6厘米（图四七：9；彩版七九：3）。

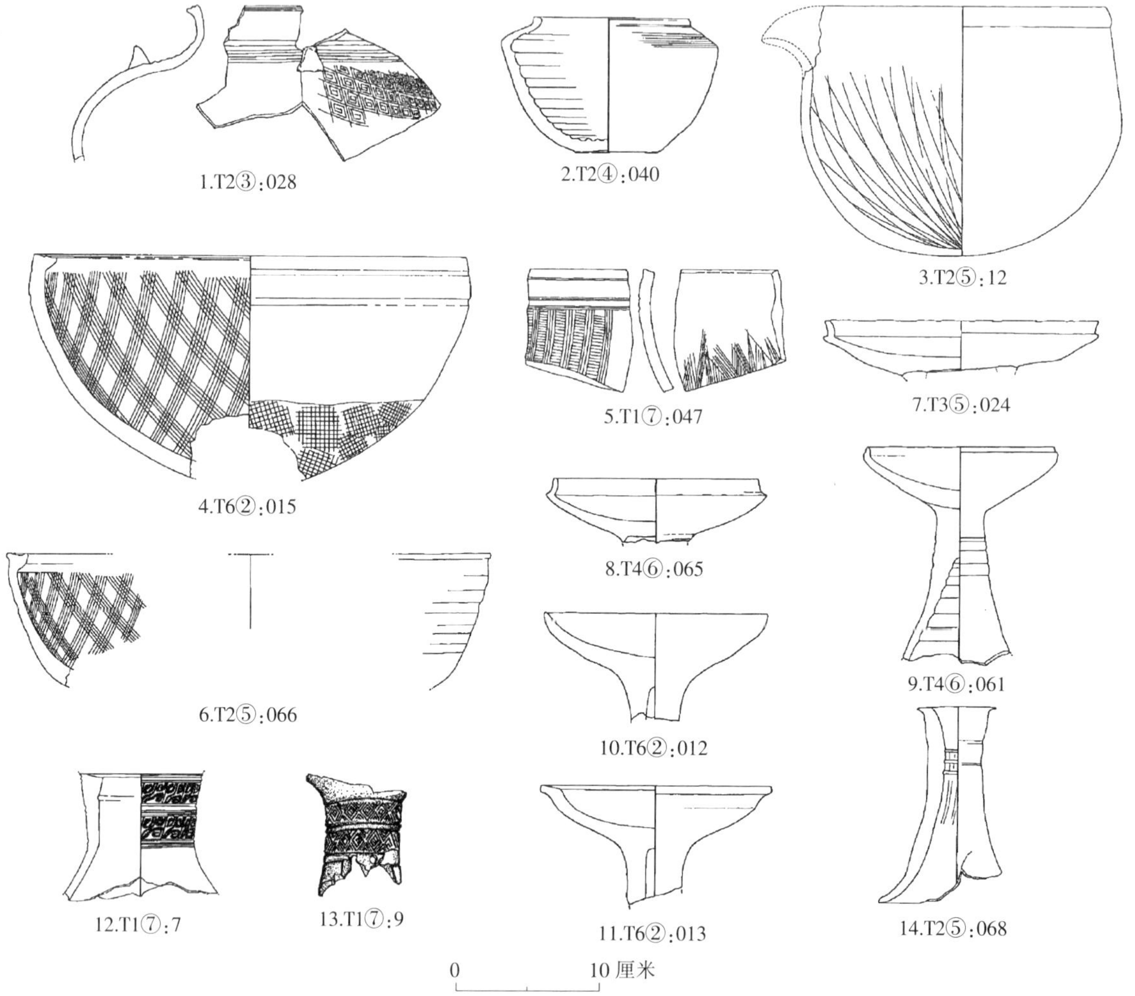

1.T2③:028　　2.T2④:040　　3.T2⑤:12

4.T6②:015　　5.T1⑦:047　　7.T3⑤:024

6.T2⑤:066　　8.T4⑥:065　　9.T4⑥:061

10.T6②:012

12.T1⑦:7　　13.T1⑦:9　　11.T6②:013　　14.T2⑤:068

0　　　　10厘米

图四七　马桥地层出土遗物之（四）

T6②:012，泥质灰陶豆盘。敞口，尖唇，浅腹，细把。口径 15.6 厘米（图四七：10）。

T6②:013，泥质灰陶豆盘。敞口，圆唇，宽沿内斜，细把。口径 16.2 厘米（图四七：11）。

T1⑦:7，泥质灰陶豆把。残，上部有三道弦纹，弦纹间有两道云雷纹。残高 8.6 厘米（图四七：12；彩版七九：4）。

T1⑦:9，泥质灰陶豆把。残，上下有三道凹弦纹，弦纹间拍有云雷纹。下面一道弦纹处有圆孔（图四七：13；彩版七九：5、6）。

T2⑤:068，泥质灰陶豆把。内外壁有明显轮制痕迹（图四七：14）。

T1⑦:13，泥质灰陶尊。敛口，圆唇。外壁有明显轮制弦纹，口径约 12.6、底径 11.6、高 12.6 厘米（图四八：1；彩版八〇：6）。

T6①:1，硬陶钵。敞口，平唇微凹，圜底。过烧变形口呈椭圆形。通体拍印斜向条纹（图四八：2；彩版八〇：1、2）。

T6②:017，泥质灰陶圈足残片。器表有云雷纹和数道斜向戳点纹（彩版八〇：3、4）。

T2⑤:5，泥质灰陶瓠形杯。残，外壁上下有两道云雷纹，近底部刻有一周椭圆形纹，内外壁有明

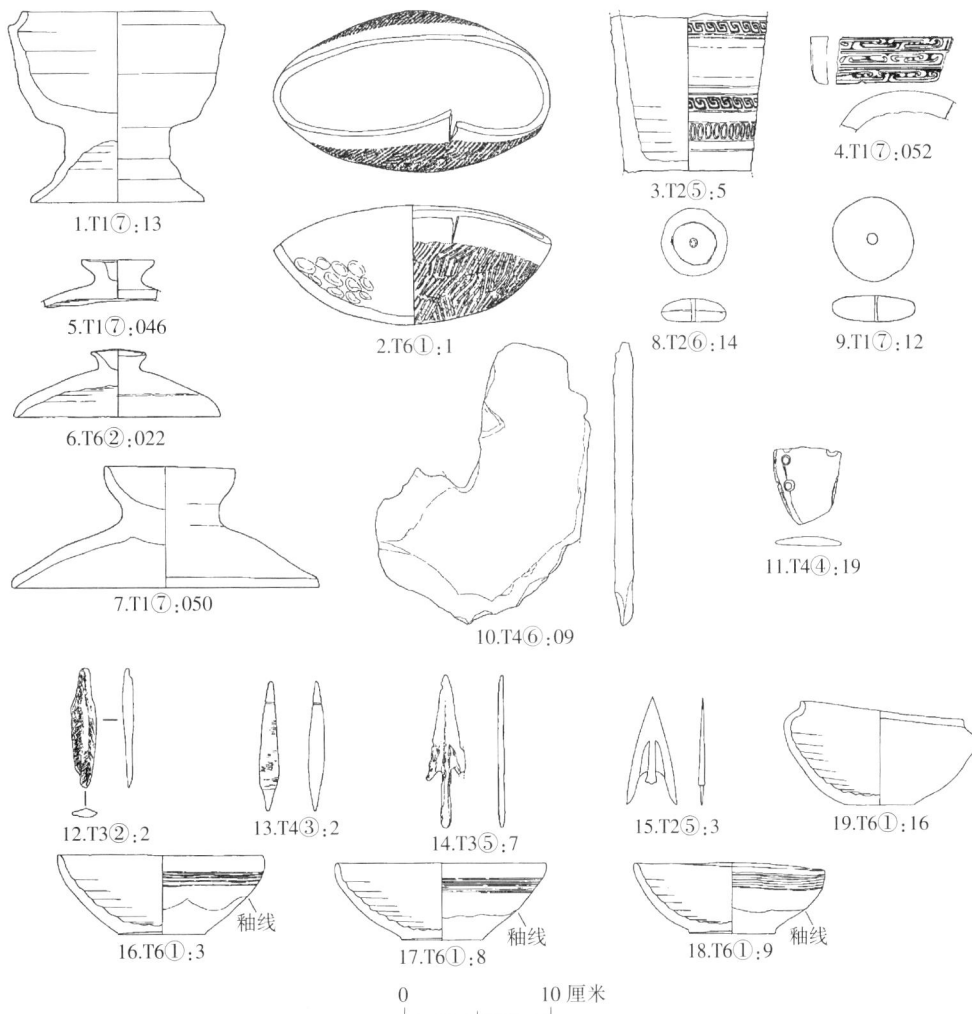

图四八　马桥地层出土遗物（五）

显轮制痕迹（图四八：3）。

T1⑦：052，硬陶提梁。把面印有云雷纹。残长 8.0、宽 3.0 厘米（图四八：4；彩版八〇：5）。

T1⑦：046，硬陶器盖。纽径 4.9 厘米（图四八：5）。

T6②：022，硬陶器盖。盖纽稍有不规则。纽径 3.7、盖径 14.0、高 4.5 厘米（图四八：6）。

T1⑦：050，泥质红陶器盖。盖径 21.0、高 8.0 厘米（图四八：7；彩版八一：1）。

T2⑥：14，泥质灰陶纺轮。直径 4.5、厚 1.5、孔径 0.5 厘米（图四八：8；彩版八一：2）。

T1⑦：12，泥质红陶纺轮。圆弧面。直径 5.8、中间厚 1.8、孔径 0.8 厘米（图四八：9；彩版八一：3）。

T4⑥：09，残破土器。V 字形，残长 18.5、厚 1.3 厘米（图四八：10；彩版八一：5）。

T4④：19，残石刀。刃部有钻空。残长 5、宽 4.7 厘米（图四八：11；彩版八二：1）。

T3②：2，石镞。细扁长，表面光滑局部有细磨痕。长 8.0、宽 1.7、厚 0.7 厘米（图四八：12）。

T4③：2，石镞。细长，表面光滑，局部有细磨痕，截面呈椭圆形。长 8.6 厘米（图四八：13；彩版八一：4）。

T3⑤：7，青铜镞。长 10 厘米（图四八：14；彩版八一：6）。

T2⑤：3，青铜镞。长 7 厘米（图四八：15；彩版八二：2）。

T6①：3，原始瓷碗。敞口，尖唇，外壁口沿下有细弦纹，内壁轮制弦纹直至底部，口径 14.0、底径 5.9、高 5.2 厘米（图四八：16；彩版八二：3）。

T6①：8，原始瓷碗。敞口，尖唇，外壁口沿下有细弦纹，内壁轮制弦纹直至底部。口径 14.5、底径 5.5、高 5.0 厘米（图四八：17；彩版八二：4）。

T6①：9，原始瓷碗。敞口，尖唇，外壁口沿下有细弦纹，内壁轮制弦纹直至底部。口径 13.4、底径 6.0、高 4.6 厘米（图四八：18；彩版八二：5）。

T6①：16，原始瓷罐。直口，圆唇，溜肩，平底。内底轮制弦纹。变形口沿有高低。口径 11.2、底径 4.5、高 6.7 厘米（图四八：19；彩版八二：6）。

五、结　语

浙北平原地区是马桥文化的主要分布区域，但有关马桥文化的发掘工作相对做的还比较少。姚家村遗址的发掘是嘉兴市域范围内继 20 世纪 80 年代发掘雀幕桥遗址之后，以马桥文化堆积为主要发掘对象的一次较大规模的发掘。虽然获取的遗物不是很丰富，但发掘工作还是取得了重要的收获。

发掘结果表明，姚家村遗址的年代始于新石器时代崧泽文化时期，历经良渚文化时期、马桥文化至东周时期，遗址的文化发展延续了三千多年的时间，有助于我们进一步认识嘉兴地区古文化发展的内涵和年代序列。

本次发掘的主要收获是获得了一大批马桥文化时期的文化遗存。发现的 F1 房址元素只有柱坑和柱洞，而没有发现其他诸如地面、居住面、门道等遗迹现象，我们推测 F1 是干栏式的建筑。F1 柱坑分别打破马桥文化时期的 H9、H17，而在 F1 柱坑和柱洞的填土中都出土了典型的马桥文化遗物，从这些考古地层学的关系出发，可以将 F1 的年代定在马桥文化时期。这是在本地区有关马桥文化遗址发掘中的第一次发现。此外，发掘中还发现了马桥文化的灰坑、水井等其他考古学遗迹单元，在不同遗迹单元中出土了一大批陶器、石器、青铜器等文化遗物，为深入认识马桥文化的文化内涵、年代序列提供了十分重要的材料。

领　　队：芮国耀

发　　掘：马竹山　陈　宽　戴峰俊

　　　　　武新年　田松亭

器物绘图：马竹山　陈　宽

电子制图：董　博

执　　笔：马竹山

绍兴袍谷遗址第三次发掘简报

浙江省文物考古研究所

绍 兴 市 考 古 所

一、遗 址 位 置 及 发 掘 概 况

袍谷遗址位于绍兴市以北 4 公里的斗门镇里谷社村西，于 1981 年发现，因原属袍谷乡而得名。遗址东临牛角塘，南与萧曹运河相衔接，西与绍（兴）三（江）公路相连，北至落山桥。境内有一条官塘河贯通南北，这里地势平坦，河网密布，属典型的江南水乡。1987 年公布为绍兴县文物保护单位（图一）。

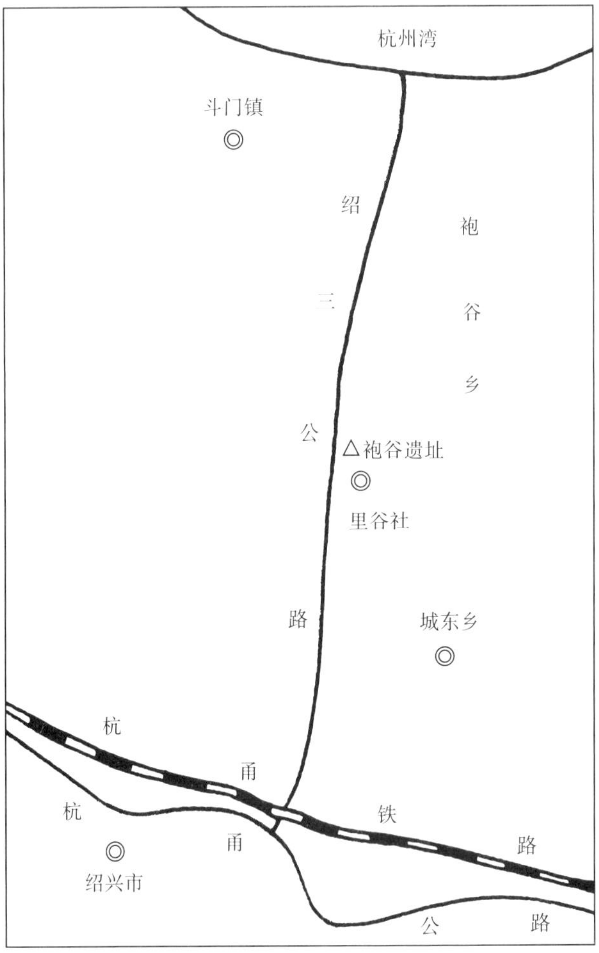

图一 绍兴袍谷遗址地理位置示意图

1986、1991 年，该遗址先后进行过两次小规模的发掘，两次发掘总面积 171 平方米。2003 年 7～8 月，为配合绍兴市袍江开发区南四路建设工程，由浙江省文物考古研究所主持，绍兴市考古所一起联合组建考古队，进行了为期一个半月的抢救性发掘。发掘布方分为南、北两个区块，两区块之间被地基下挖很深的造纸厂厂房破坏。其中南区探方 9 个，纵横各三列，自西北角至东南角，探方依次编号为 T101～T303。北区探方 5 个，呈东西向一字排开，自西向东依次编号为 T1～T5，探方均为南北长 10 米、东西宽 5 米，发掘总面积 700 平方米。

二、地层堆积

发掘前，由于遗址之上原建有大批现代房屋，在遗址之上形成了很厚的瓦砾堆积层，因而在布方发掘之前首先用机械挖除这部分现代扰乱的堆积。南北两个区块的地层明显有别，因而分别加以介绍。

南区探方的地层可分为三层，以 T302 西壁为例（图二）：

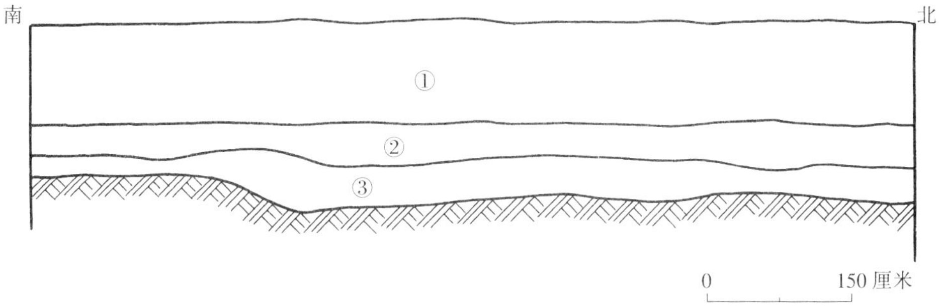

图二　南区 T302 西壁地层剖面图

第①层：现代地基堆积层，厚 100 厘米。上部主要为大量的残砖块石和水泥地面，下部为杂乱的建房前地表扰乱土。

第②层：灰黄色土，土质坚硬，杂较多铁锈质斑点，厚 30～45 厘米。出土遗物除大量战国时期的泥质陶、印纹硬陶和原始瓷片外，还出土了较多六朝时期的青灰砖块和青瓷残片。

第③层：灰黑色土，土质细软，极具黏性，有机物杂质较少，厚 20～50 厘米。包含遗物有大量的泥质陶片和少量印纹硬陶、素面硬陶及原始瓷片。泥质陶片可分为泥质灰陶和灰胎黑衣陶两种，可辨器形有折肩双耳罐、豆、盆、盘等，印纹硬陶器表拍印的纹饰较为单一，主要有方格纹、米字纹和回字加×纹三种。除泥质陶外，其他质地的可辨器形还有印纹硬陶坛、罐，素面硬陶碗、杯，原始瓷碗、盅等。

总体来看南区探方出土遗物不多，除两条分别开口在第①和第③层下的沟外，未见其他遗迹现象。靠近中、东部区域的探方早期地层保存相对较好，而西侧探方早期地层极少，靠近南侧探方早期地层渐薄，探方南侧和西侧均已至遗址的边缘。本区域早期地层（第③层）虽有不少遗物出土，但总体来看土质极黏软，少见有机质，包含物偏少，和自然淤积形成的地层相似。

北区探方地层也分为三层，以 T1 西壁为例（图三）：

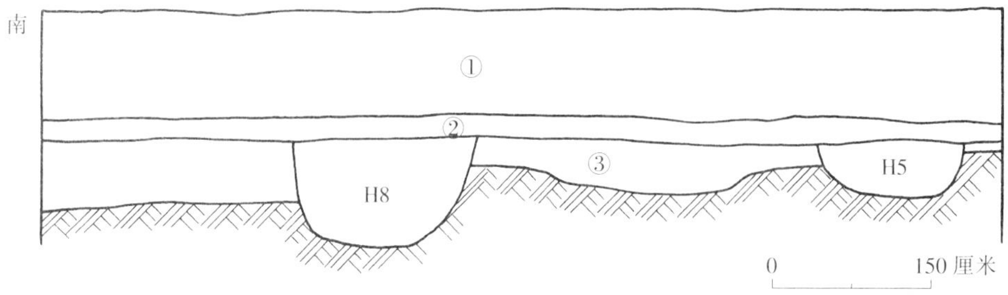

图三　北区 T1 西壁剖地层面图

第①层：现代房屋堆积层，厚 100 厘米。与南区第①层性状一样。

第②层：青灰色土，土质细腻、纯净，厚 15～25 厘米。偶有六朝青瓷片及更晚的青花瓷片出土。第②层下开口两个灰坑 H5、H8。

第③层：灰褐色土，有少量铁锈质颗粒及灰烬等有机质物，厚 10～65 厘米。出土遗物以泥质灰陶为主，也见有少数印纹硬陶、原始瓷和夹砂陶片。陶片中可见的器物种类主要为泥质灰陶折肩罐、豆，其他器物种类还有泥质陶盆、盘、钵、瓿、杯、器盖，印纹硬陶罐、坛，硬陶盉、碗、器盖，原始瓷盅、钵式碗，夹砂陶釜、鼎（细小圆锥形鼎足）等。印纹硬陶的纹饰有方格纹、米字纹、重回字加×纹等，泥质陶片的外表有拍印方格纹、戳印圆圈纹等。第③层下发现灰坑和水井各一个（H7、J4）。

总体来看，北区探方早期地层普遍存在，土质灰褐色，黏性远不及南区探方早期地层的灰黑色黏软土，除文化层外，还发现了不少与生活相关的灰坑和水井等遗迹，该区块无疑是遗址早期居民的生活区域。

三、遗　迹

（一）灰坑

本次发掘共发现灰坑 9 个，均分布在北区，其中开口在第②层下的灰坑 6 个、第③层下的灰坑 3 个。从包含物面貌看，虽然开口层位有别，但出土遗物与早期地层（第③层）无明显区别，其早晚差别不具备分期意义。

从灰坑的平面结构看，可分为圆形、长方形和椭圆形三种。

平面圆形灰坑　共 3 个。H1，灰坑开口在第③层下，打破生土，平面大致呈圆形，直径约 115、深约 60～65 厘米。坑壁及坑底呈弧圆形。灰坑内填土呈灰褐色，有少数有机物杂质，除出土可复原的 6 件泥质陶豆、盘、钵、罐外，还有少量碎陶片。6 件复原器分布无规律，但都是出在填土上部（图四）。

平面长方形灰坑　共 4 个。H2，灰坑开口于第②层下，打破第③层及生土，平面呈西北—东南走向的长方形，形状较规整，坑口长 206、宽 110、深约 64 厘米。南侧较深，而北侧略浅，坑壁较陡直，四边转角也较为规正，灰坑底基本平整。灰坑内填土呈灰黑色，中、下部有较多碳化的草木灰。出土遗物较为丰富，和第③层相近，以泥质灰陶为主，可见器形有泥质灰陶豆、罐、钵、盆等，印纹硬陶外表拍印方格纹、米字纹，其他器形还有原始瓷盅、碗、盂，硬陶盂、碗、细绳纹夹砂陶釜等（图五）。

平面椭圆形灰坑　共 2 个。H5，灰坑开口在第②层下，打破第③层及生土，平面为南北略长的椭圆形，南北长径 164、东西短径 90、深约 60～65 厘米。坑壁及坑底呈连贯的浅弧形，坑底北部略深。灰坑内填土呈灰褐色，有少数有机物杂质。9 件硬陶盂、碗、器盖及原始瓷盅、盂等完整的小件器物呈堆状分布，有的上下叠压，也有的紧贴在一起，这些器物都是出在填土中，而不是在灰坑底部生土底面上。此外，灰坑中还出土了少量碎陶片，如泥质灰黑陶豆、罐等（图六）。

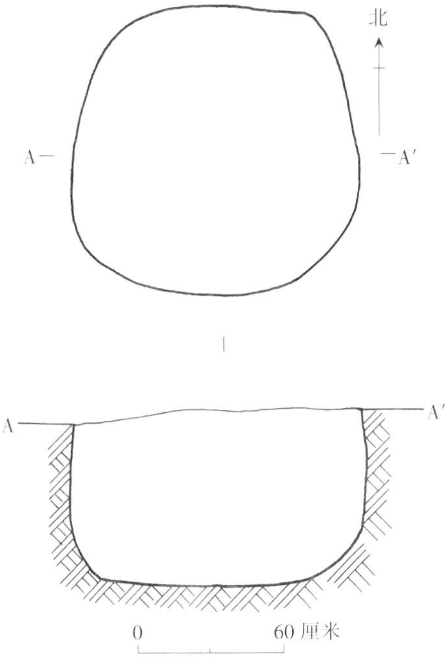

图四　H1 平、剖面图

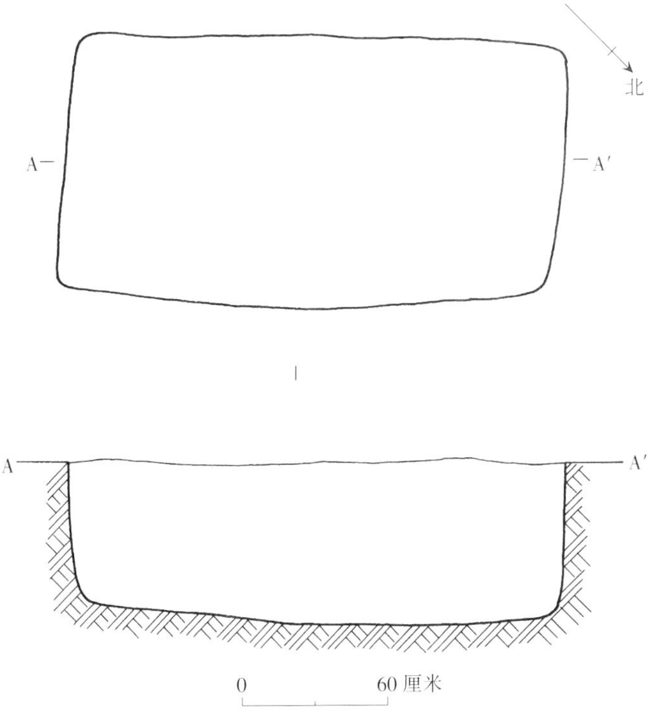

图五　H2 平、剖面图

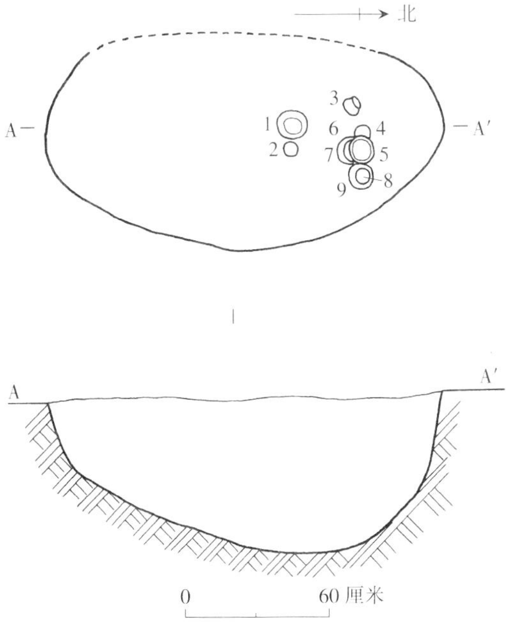

图六　H5 平、剖面图

1、5. 硬陶盂　2、4、8. 原始瓷杯　3、6. 原始瓷盒

7. 原始瓷盂　9. 硬陶器盖

（二）水井

共 4 个，均分布在北区，平面均呈规整的圆形，其中属于早期的水井 2 个，另 2 个分别属于汉代

和唐宋时期。

J1，水井开口在第②层下，打破第③层及生土，井口平面呈圆形，直径70、井深130厘米，井壁较陡直，底部平整，底部直径略大于井口，可能与长期水的浸泡坍塌有关。井内填土为灰黑色黏软土。出土遗物较多，可辨器形有泥质陶豆、盆、罐、原始瓷盅等（图七）。

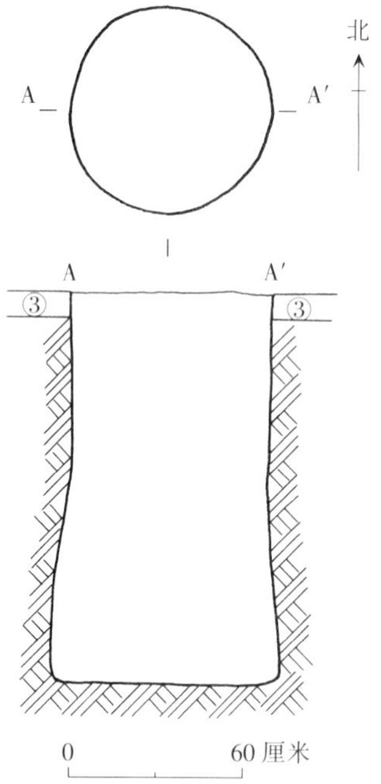

图七　J1 平、剖面图

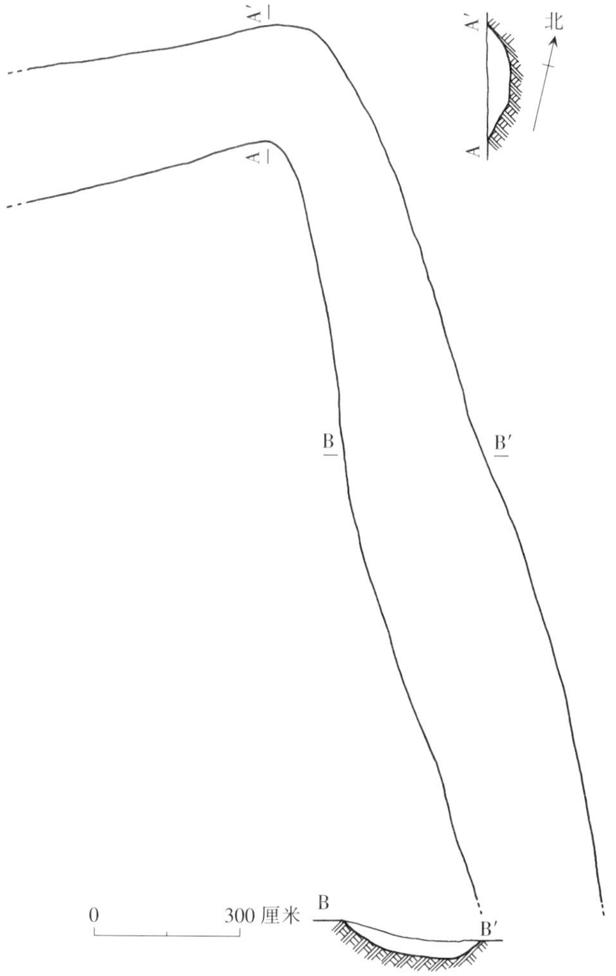

图八　G2 平、剖面图

（三）沟

共 2 条，均发现在南区，其中 G1 开口在第①层下，从包含物看为六朝时期。

G2，分布在南区 T102、T202、T203、T303 四个探方内，开口在第③层下，打破生土，平面呈曲尺形，在 T102 和 T202 之间是沟的 90°转角，由此分别向西和向南延伸。已发掘部分总长约 2500、宽约 200～315、深 25～50 厘米。沟边较斜坦，浅弧形底。沟内填土土色灰黑黏软，接近底部多为青淤泥。出土遗物较少，且集中在上部，可辨器形有泥质陶豆、盆、罐、瓦以及原始瓷盅等。器表纹饰有方格纹、弦纹、米字纹、连圈纹等（图八）。

袍谷遗址遗迹单位统计见附表一。

四、出土遗物

遗址早期地层及遗迹单位出土遗物，按照质地不同可分为泥质灰陶、泥质红陶、夹砂陶、印纹硬陶和原始瓷等五大类，其中泥质灰陶占绝大多数，约占陶片总数的84%，其余各类均仅占1.8%～7.4%，另有极少量的素面硬陶器、1件青铜矛和1件铁镰，不见石器（见附表二），以下按照质地的不同将小件编号器进行分类叙述。

（一）泥质陶

多为泥质灰陶，少量泥质红陶，灰陶器表多有一层黑色陶衣，清洗不易脱落，器表多为素面，少部分见有拍印方格纹、刻划弦纹及戳印的圆圈纹。

1. 罐

均为平底器，根据器耳的有无及腹部的不同可分为五型。

（1）A 型　折肩双耳罐。共复原17件，均为矮直沿、斜折肩、斜收腹、平底，肩腹交接处贴附两个对称的横向圆孔器耳，器耳表面均有多道横向的刮棱。器表8件为素面，6件在腹部有弦纹装饰，3件在肩或腹部还见有戳印的圆圈纹。其中16件形制基本相同，腹径均大于器高。T2③：2，泥质灰黑陶，肩部饰弦纹间夹戳印的圆圈纹带，口径10.8、底径14.0、高17.8厘米（图九：1）。T203③：1，泥质灰陶，腹中部有4道细弦纹，口径11.4、底径16.0、高16.0厘米（图九：2）。T2③：4，泥质灰黑陶，中腹部有几道细弦纹，肩部有几道细弦纹间夹戳印的圆圈纹带，口径8.4、底径12.0、高18.0厘米（图九：3；彩版八三：1）。腹部较深的1件。T1③：3，泥质灰陶，平折肩，斜直腹较深，器高略大于腹径，下腹部见有戳印的圆圈纹，口径8.8、底径12.0、高16.8厘米（图九：4；彩版八三：2）。

B 型　扁鼓腹双耳罐。共复原3件，形制相同。T1③：15，泥质灰黑陶，敛口、矮直沿、斜弧肩、扁鼓腹、平底，肩腹交接处折棱明显，肩部贴两个对称的横向圆孔耳，肩部饰多道细弦纹夹圆圈纹带，口径14.6、底径19.6、高13.6厘米（图九：5）。

C 型　圆鼓腹双耳罐。修复1件。T4③：3，泥质灰黑陶，口部残，圆鼓腹、平底，肩部贴两个对称的纵向圆孔半环形贯耳，外腹部通体饰细密的弦纹，底径16.0、残高14.4厘米（图九：6）。

D 型　无耳鼓腹罐。共修复9件，形制略有差异，其中素面3件、肩腹部装饰弦纹5件、腹部拍印方格纹1件。T2③：14，泥质灰黑陶，敛口、矮直沿、弧肩、斜收腹、平底，肩、腹部各装饰一组细弦纹，器形特征与折肩双耳罐相近，但腹部略扁，且肩部无耳，口径13.2、底径16.0、高14.8厘米（图九：7）。H2：8，泥质灰黑陶，矮直沿、斜弧肩、鼓腹、平底，最大径以下饰一组细弦纹，口径10.0、底径14.4、高13.5厘米（图九：8）。H1：5，泥质灰陶，矮直沿、肩部圆弧、扁鼓腹、平底，肩部饰一组细弦纹，口径14.0、底径18.0、高13.3厘米（图九：9）。T5③：5，泥质灰陶，敛口、矮直沿、平折肩、鼓腹、平底，肩、腹部均饰一组细弦纹，口径11.2、底径13.2、高9.2厘米（图九：10）。T202③：6，泥质灰陶，矮直颈、圆弧腹较深、平底微内凹，通体素面，口径12.0、底径13.0、高16.8厘米（图九：11）。J4：5，泥质灰黑陶，敛口、宽斜沿、圆鼓腹、平底，口沿面饰浅细的弦

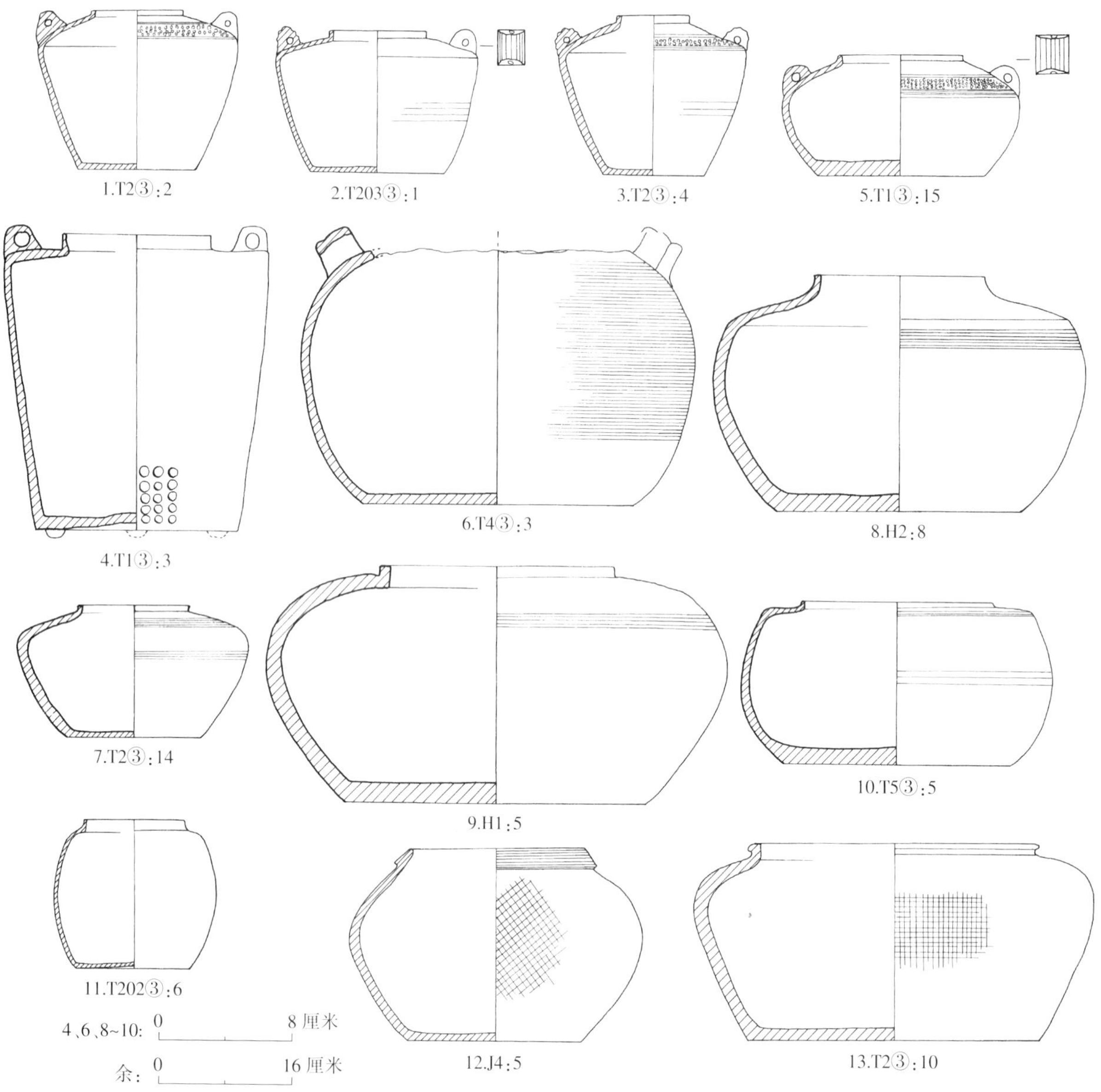

图九　出土遗物之泥质陶（一）

1～13. 罐

纹，腹部拍印粗方格纹，口径 21、底径 21、高 21.4 厘米（图九：12；彩版八三：3）。

　　E 型　大口扁腹罐。仅修复 1 件，器体较大，类似的口沿片很多。T2③：10，泥质灰黑陶，卷沿、唇略外翻、弧肩、扁腹斜收、平底，腹部通体拍印方格纹，口径 33.6、底径 34.4、高 22 厘米（图九：13）。

　　2. 豆

　　共有编号器 26 件，按照豆把的高、矮分为 A、B 两型。

　　A 型　高把豆。共 6 件。T201③：1，泥质灰黑陶，豆盘为浅弧腹，细直把，底部呈喇叭形外撇，底足尖折直，口径 15.6、底径 8.2、高 14.0 厘米（图一〇：1）。T1③：4，泥质灰黑陶，直口、盘壁直、下腹弧收、高直把、底部外撇，口径 16.0、底径 11.6、高 20.0 厘米（图一〇：2）。T1③：6，泥质灰黑陶，残豆把，特别粗大，上部较直，下部外撇呈喇叭口状，中部有三道粗的凸棱，足根上部也有两道凸棱，凸棱上均有短斜直线纹，底径 20.0、残高 14.7 厘米（图一〇：3）。

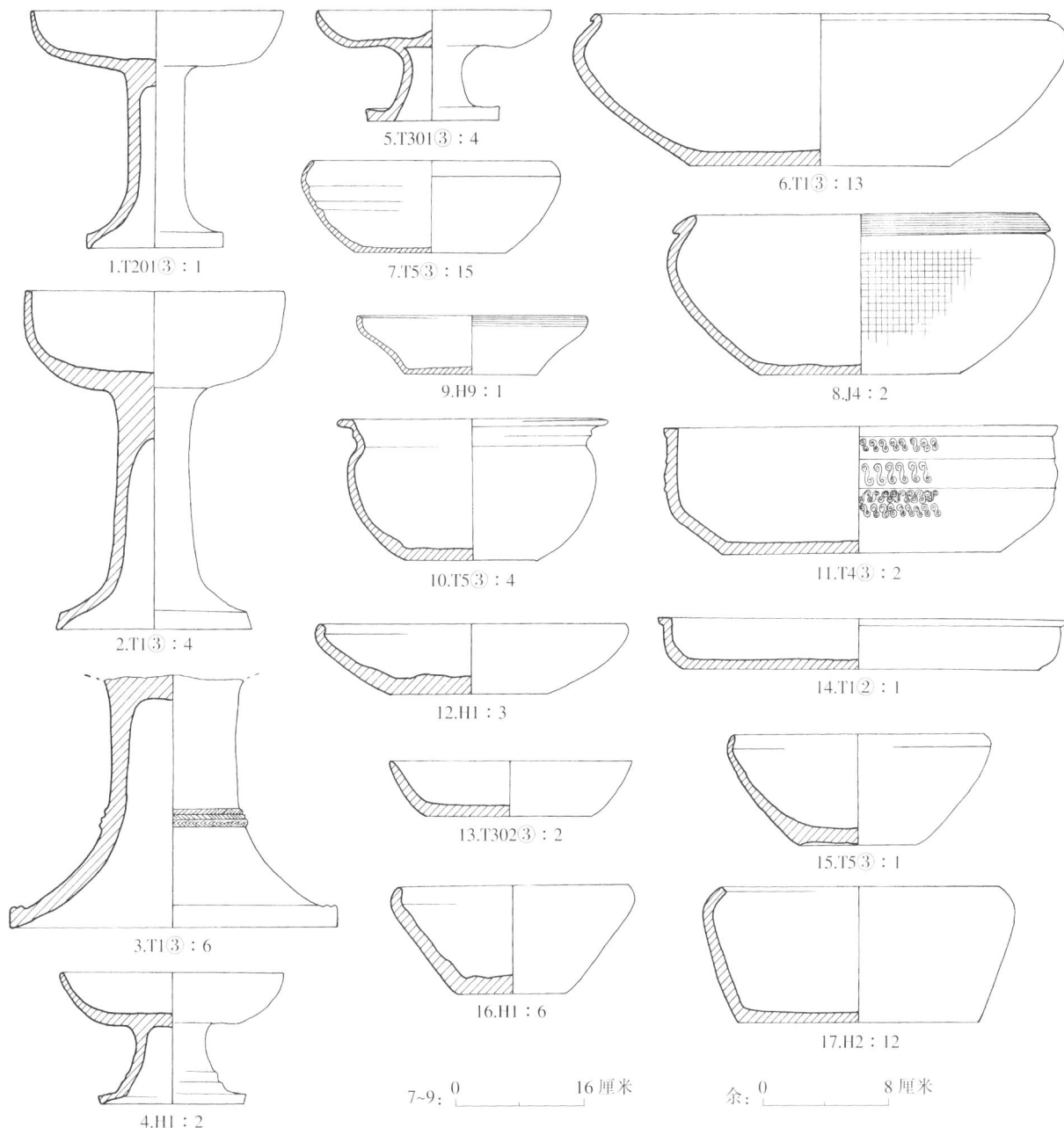

图一〇　出土遗物图之泥质陶（二）

1~5. 豆　6~10. 盆　11. 鉴　12~14. 盘　15~17. 钵

B 型　矮把豆。共 20 件。H1：2，泥质灰黑陶，敞口、浅弧腹、喇叭形矮把、足尖折直，口径 13.8、底径 8.8、高 7.8 厘米（图一〇：4；彩版八三：4）。另有 18 件形制与之基本相同。T301③：4，泥质灰黑陶，敞口、豆盘浅、弧腹略下垂，口径 14.4、底径 8.0、高 6.6 厘米（图一〇：5）。

3. 盆

共修复 11 件，根据口沿的形态不同可分为五型。

A 型　4 件，形制相同。T1③：13，泥质灰黑陶，敛口、沿略外翻、弧肩、斜收腹、平底，内壁底、腹分界不明显，口径 28.0、底径 16.0、高 9.0 厘米（图一〇：6）。

B 型　2 件，形制相同。T5③：15，泥质灰黑陶，敛口、方唇、弧收腹、平底，内、外壁均有制作时留下的旋纹，口径 29.4、底径 18.4、高 10.4 厘米（图一〇：7）。

C 型　3 件，形制及纹饰相同。J4：2，泥质灰陶，敛口、宽沿外垂、弧肩、斜收腹、平底，外腹部通体拍印方格纹，口径 42.0、底径 24.0、高 18.6 厘米（图一〇：8）。

D 型　1 件。H9：1，泥质灰黑陶，敞口、上腹近直、下腹斜收、平底，上腹部饰多道凹弦纹，口径 28.0、底径 16.4、高 7.0 厘米（图一〇：9）。

E 型　1 件。T5③：4，泥质灰陶，敞口、平沿、上腹微凹、下腹略鼓、平底，口径 16.8、底径 8.0、高 8.4 厘米（图一〇：10）。

4. 鉴

复原 1 件。T4③：2，泥质灰黑陶，直口、平沿略外折、上腹较直、下腹剧收、平底，外腹部以弦纹为间隔，其间满饰浅细的云雷纹，口径 24.4、底径 17.2、高 7.5 厘米（图一〇：11）。

5. 盘

复原 3 件，形制各不相同。

A 型　1 件。H1：3，泥质灰黑陶，敛口、方唇、浅斜腹、平底，口径 19.0、底径 9.6、高 4.0 厘米（图一〇：12）。

B 型　1 件。T302③：2，泥质灰黑陶，敞口、斜直腹、平底，口径 15.0、底径 10.0、高 3.2 厘米（图一〇：13）。

C 型　1 件。T1②：1，泥质灰黑陶，虽出自晚期地层，但从形制及质地看均属于早期遗物，直口、平沿、浅直腹、下腹内收、平底，口径 25.2、底径 22、高 3.0 厘米（图一〇：14）。

6. 钵

共修复 6 件，依腹部形态不同分为两型。

A 型　共 5 件，形制基本相同。T5③：1，泥质红陶，敛口、圆唇、弧收腹、平底，口径 15.6、底径 6.6、高 6.6 厘米（图一〇：15）。H1：6，泥质灰黑陶，口微敛、斜直腹、平底，口径 14.2、底径 6.6、高 6.4 厘米（图一〇：16，彩版八三：5）。

B 型　1 件。H2：12，泥质灰黑陶，敛口、弧折肩、直腹略斜、平底较宽大，口径 17.0、底径 15.0、高 8.0 厘米（图一〇：17）。

7. 鼎

修复 2 件，形制相同。T2③：1，泥质灰黑陶，盘口、方唇，唇沿上有两个对称的半圆形泥饼立耳、束腰、弧腹，底部有三个短小的兽蹄状足，口径 15.8、高 7.4 厘米（图一一：1；彩版八三：6）。

8. 甑

复原 2 件。T5③：6，泥质灰陶，敞口、平沿、弧腹、平底，底部均匀分布有七个圆孔，素面，口

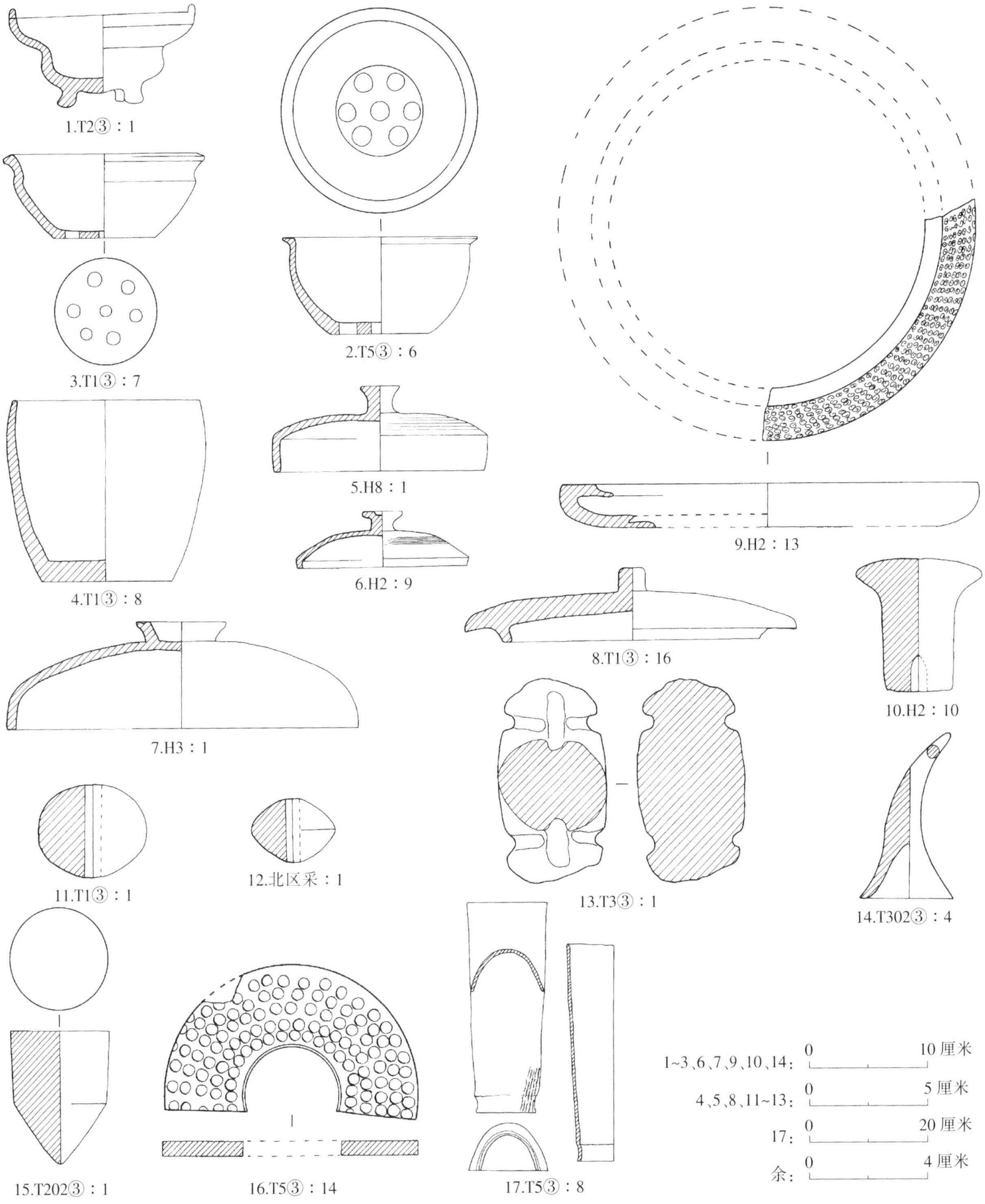

图一一　出土遗物之泥质陶（三）

1. 鼎　2、3. 甗　4. 杯　5～8. 器盖　9～12. 其他

径 16.8、底径 8.4、高 8.0 厘米（图一一：2）。T1③：7，泥质灰黑陶、敞口、平沿略外翻、束颈、斜直腹、平底，底部均匀分布七个圆孔，口径 17.4、底径 8.7、高 7.0 厘米（图一一：3）。

9. 杯

仅复原 1 件。T1③：8，泥质灰黑陶、口略内敛、筒形腹、平底，口径 8.0、底径 5.6、高 7.5 厘米（图一一：4）。

10. 器盖

共修复 8 件，可分为四型。

A 型　盖口为直口，共 4 件，形制基本相同。H8：1，泥质灰黑陶、直口、弧顶、实心喇叭形纽，顶面饰数道粗弦纹，口径 9.0、高 3.5 厘米（图一一：5）。

B 型　盖口微折直，共 2 件，形制相同。一件盖纽残缺。H2：9，泥质灰黑陶、矮直口、弧顶、浅杯状盖纽，顶面饰细密的弦纹，口径 14.4、高 4.6 厘米（图一一：6）。

C 型　1 件。H3：1，泥质灰黑陶、方唇、盖口斜直、弧腹、弧顶、浅喇叭形纽，口径 30.0、高 8.8 厘米（图一一：7）。

D 型　1 件。T1③：16，泥质灰黑陶、子口与所盖器口套合，盖面边缘远大于盖口，顶面略弧，矮柱实心状纽，口径 11.0、盖面径 14.2、高 3.0 厘米（图一一：8）。

11. 其他小件泥质陶器

烤炉　仅发现 1 件残器。H2：13，泥质灰黑陶、顶面宽平、侧壁弧收、内侧沿向下微凹，顶面及侧面均压印细密的竖"S"纹，直径 36.0、高 3.6 厘米（图一一：9）。

陶垫　完整器 1 件。H2：10，泥质灰陶、柄呈圆柱形、顶面略弧、整体呈蘑菇形，通体素面，顶面直径 10.8、通高 11.0 厘米（图一一：10）。

纺轮　共 2 件。一件为采集品。T1③：1，泥质灰陶、圆球形、对穿圆孔、孔壁较直，直径 4.6、孔径 0.7、厚 3.8 厘米（图一一：11）。北区采：1，泥质灰黑陶、算珠形，直径 3.6、孔径 0.6、厚 2.6 厘米（图一一：12）。

网坠　1 件。T3③：1，泥质灰黑陶、圆柱体、两端鼓凸、两端及上下两面分别有捆绑绳索的纵横凹槽，长 8.4、截面直径 4.6 厘米（图一一：13）。

羊角形器　1 件。T302③：4，泥质灰黑陶、底面呈椭圆形喇叭状、上部为实心，底径 7.6、通高 14.0 厘米（图一一：14）。

陀螺　1 件。T202③：1，泥质灰陶、上部为圆柱形、下部为圆锥形、实心，直径 3.2、通高 5.5 厘米（图一一：15）。

璧　1 件。T5③：14，泥质灰陶、残存部分为半圆形、孔径与肉径相当、一面戳印圆圈纹、另一面为素面，直径 8.7、孔径 3.2 ~ 3.4、厚 0.5 厘米（图一一：16；彩版八四：1）。

12. 建筑构件

遗址中还出土了不少板瓦和筒瓦的残片，未见瓦当残片。均为泥质陶，有灰陶和红陶之分，瓦片表面普遍饰粗、细不一的绳纹。可基本拼复的筒瓦 1 件。T5③：8，泥质灰陶、截面呈半圆形、唇端窄小、后端宽大，除唇端部分外表面通体施绳纹，长 34.6、宽 10 ~ 13.6、厚 0.5 ~ 0.6 厘米，瓦唇长

3.0、宽 10.0 厘米（图一一：17）。

（二）印纹硬陶及硬陶

印纹硬陶

见有较多碎片，但复原器极少。器物种类有坛、罐，均为泥条盘筑成型。器表拍印的纹饰有方格纹、米字纹、麻布纹、大方格填线纹、回字加×纹、米筛纹等。

1. 坛

复原 1 件。H6：1，折沿、束颈、弧肩、深腹斜收、小平底，器表通体拍印细方格纹，口径 20.8、底径 14.4、高 40.0 厘米（图一二：1）。

2. 罐

共复原 3 件。J4：4，口略敞、卷沿外翻、弧颈较高、溜肩、腹略鼓、平底，上腹部拍印回字加×纹，下腹部拍印方格纹，口径 20.0、底径 18.0、高 21.6 厘米（图一二：2）。G2：3 与 J4：4 形制相同。T202③：8，个体较小、敛口、尖唇、鼓腹、平底，器表拍印麻布纹，口径 6.6、底径 8.4、高 8.7 厘米（图一二：3）。

硬陶

陶片中见有碗、钵、盂、碟等残片，仅见盂、碟共 4 件完整器，均为轮制，内底有轮旋纹，外底有弧线切割痕迹。

1. 盂

3 件，形制相同。H5：1，敛口、矮直沿、圆弧肩、斜收腹、平底，肩部划一周水波纹，口径 8.8、底径 5.0、高 5.9 厘米（图一二：4；彩版八四：2）。

2. 碟

1 件。T201③：2，敞口、浅斜腹、小平底，口径 10.8、底径 5.2、高 2.5 厘米（图一二：5）。

（三）原始瓷

1. 豆

仅出土 1 件。T2③：5，直口、圆唇、浅直腹、喇叭形豆把较矮，红褐色胎，内外均施淡绿色薄釉，口径 9.4、底径 5.7、高 4.4 厘米（图一二：6）。

2. 碗

共复原 4 件，轮制，依口部不同分为两型。

A 型　1 件。T2③：13，敞口、弧收腹、平底，口径 11.1、底径 5.5、高 3.9 厘米（图一二：7）。

B 型　3 件，均为敛口、尖唇、斜弧腹、平底。T301③：6，内外施薄釉，上腹部有一组细密的弦纹，口径 10.0、底径 4.8、高 6.1 厘米（图一二：8）。

3. 盅

共 2 件，形体较小，形制相同。T102③：1，敞口、斜直浅腹、平底，口径 6.8、底径 3.4、高 3.0 厘米（图一二：9）。

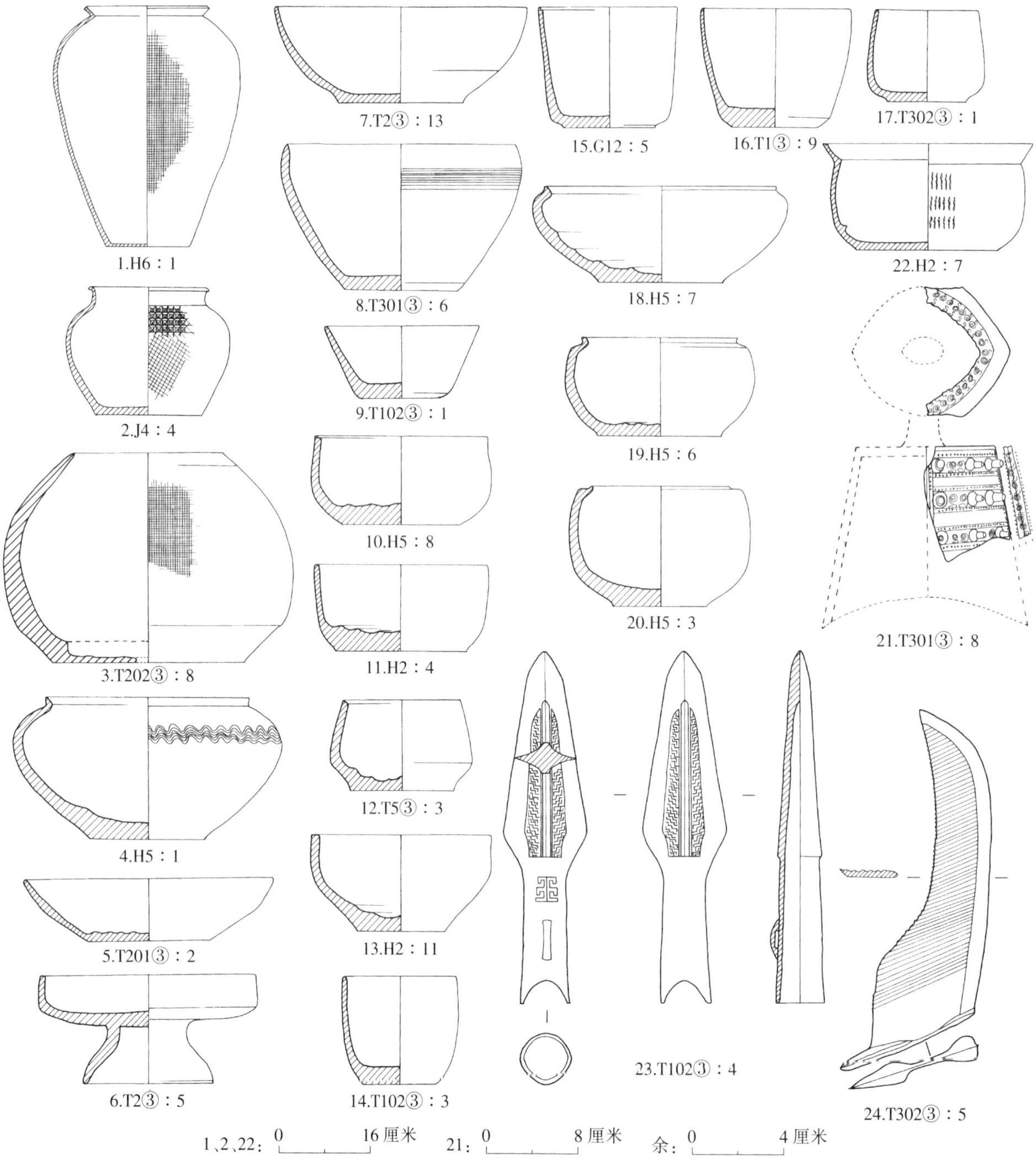

图一二　出土遗物之印纹陶及硬陶、原始瓷、夹砂陶、铜器、铁器

1. 印纹硬陶坛　2、3. 印纹硬陶罐　4. 硬陶盉　5. 硬陶碟　6. 原始瓷豆　7、8. 原始瓷碗　9. 原始瓷盅　10~17. 原始瓷杯
18. 原始瓷盉　19、20. 原始瓷盒　21. 原始瓷钟　22. 夹砂陶釜　23. 青铜矛　24. 铁镰

4. 杯

共 18 件，可分为 A、B 两型，均轮制成型，内底有轮旋纹，外底有弧线切割痕。

A 型　共 7 件，浅直腹，形制略异。H5∶8，直口、直腹、下腹略鼓、近底部内收、平底，紫红色胎，内外均可见明显的灰绿色釉，口径 7.6、底径 5.2、高 3.7 厘米（图一二∶10）。与之形制相同的共 3 件。H2∶4，直口、直腹略斜、底部内收、平底，黄白色胎，内壁见斑点状聚釉，口径 7.6、底径 5.8、高 3.6 厘米（图一二∶11；彩版八四∶5）。H5∶4 与 H2∶4 形制相同。T5③∶3，直口略内敛、直腹外撇、下腹弧收、平底，口径 5.2、底径 4.6、高 3.8 厘米（图一二∶12）。H2∶11，直口略敞，上腹近直、下腹弧收、平底，口径 7.9、底径 3.8、高 4.0 厘米（图一二∶13）。

B 型　共 11 件，深直腹，形制略异。T102③∶3，直口、直腹、下腹弧收、平底，内壁可见茶绿色釉，口径 5.0、底径 3.2、高 4.5 厘米（图一二∶14）。与 T102③∶3 形制相近的器物共 5 件。G2∶5，直口、直腹、近底部折内收、平底，口径 6.0、底径 4.0、高 5.0 厘米（图一二∶15）。与 G2∶5 形制相同的器物共 3 件。T1③∶9，直口略敞、斜直腹、平底，内壁可见茶绿色釉，口径 6.4、底径 3.6、高 4.9 厘米（图一二∶16）。H2∶2 与 T1③∶9 形制相同。T302③∶1，直口略内敛、直腹近底部下垂、平底，口径 4.4、底径 3.4、高 3.8 厘米（图一二∶17）。

5. 盂

共 3 件，轮制，形制基本相同。H5∶7，敛口、弧肩、斜收腹、平底，黄白色胎，口、肩局部残留极薄的釉层，口径 10.0、底径 5.4、高 4.0 厘米（图一二∶18）。

6. 盒

共 2 件，轮制，整体形制相近，均为敛口、弧腹略鼓、平底，但口部略异。H5∶6，口部略外侈，口径 6.7、底径 5.4、高 4.1 厘米（图一二∶19）。H5∶3，敛口、窄平肩，肩、腹折棱明显，肩部可承盖，口径 5.9、底径 3.9、高 5.0 厘米（图一二∶20）。

7. 钟

发现两片残片。T301③∶8，一面有三排、三列共 9 个圆柱形一端鼓凸的枚，枚间有较潦草的变形"S"形花纹，每横排枚的上下各有一排以两条弦纹间夹乳钉的纹饰带，纹饰条带之间的空白处再刻以竖向细条纹，残高 9.6 厘米（图一二∶21；彩版八四∶3）。

（四）夹砂陶

鼎足　共发现 26 件，以圆锥足或扁锥足为主，少数为舌形及凿形，陶片表面普遍拍印绳纹。

釜　复原 1 件。H2∶7，夹砂红陶，盆形，折沿宽阔坦敞、直腹较深、平底，内壁近底处有三段隔档，外壁通体拍印细绳纹，外底有烟熏痕迹，内底有烧结痕，口径 36、底径 24.0、高 16.5 厘米（图一二∶22）。

（五）铜、铁器

青铜矛　1 件。T102③∶4，两侧双面刃，刃面略凹弧，横截面略呈菱形，中脊凸起明显，装柄一端呈凹弧形，圆形骹，中空，有扁桥形横穿纽，矛身两面均有细密的折线纹，有纽的一面还有"王"字，通长 14.7、刃宽 3.6、厚 1.9 厘米（图一二∶23；彩版八四∶4）。

铁镰　1 件。T302③∶5，背部平直、刃部凹弧，一面有细密的梳状凹槽，长 15.0、宽 2.3～4.4 厘米（图一二∶24；彩版八四∶6）。

五、结语

与前两次发掘相比较，[1] 本次发掘揭露面积较大，出土遗物也十分丰富，但地层堆积及出土遗物的总体面貌与前两次无太大差别。除汉六朝及唐宋时期的扰乱层外，遗址早期地层仅有一层，早期地层厚度20～50厘米左右，早期遗迹单位如灰坑、水井等与地层出土遗物无明显的时代差别，表明遗址延续时段不长。

出土遗物以泥质灰陶占绝大多数，约占陶片总数量的80%以上，其余各类陶片如泥质红陶、夹砂陶、印纹硬陶、原始瓷等均较少，与本地区春秋战国时期墓葬中以印纹硬陶和原始瓷器为主的文化面貌迥异。遗址和墓葬出土遗物所反映的不同的组成形态在绍兴陶里壶瓶山商周遗址中也反映得非常清晰，所不同的是，壶瓶山遗址中质地较软的泥质灰陶有很大部分拍印了几何印纹，而袍谷遗址的泥质灰陶则以素面为主。[2]

泥质灰陶及黑衣陶的双耳罐、豆是遗址中出土数量最多的，修复率也是最高的，其中C型罐与苏州新庄东周遗址Ⅰ式罐相近，[3] A型罐与上虞凤凰山先秦第四期墓葬Ⅱ式罐相同，[4] B型矮把豆与绍兴凤凰山M2:19、20两件陶豆相同，[5] C型盆与上虞凤凰山先秦第三期Ⅱ式带盖瓮相近，[6] C型盘与苏州新庄遗址J1:15泥质陶盘相同，夹砂陶釜的口沿和腹部形态以及腹部拍印的竖向绳纹均与苏州新庄H2:3相近。[7] 袍谷遗址出土的泥质陶鼎，其上部仍为越式瓶形鼎的形态，但三足很矮，已严重退化，表现为战国晚期的时代特征。以上所提及的对比材料，除绍兴凤凰山墓葬为战国中期外，其余均为战国晚期的遗址和墓葬资料，据此推断，袍谷遗址第③层及同期遗迹的时代应为战国晚期。

绍兴是战国时期越国的都城所在，是越国的中心腹地，也是越国的政治、经济、文化中心，遗址紧邻都城，其重要性毋庸置疑。由于遗址整体为村庄所覆盖，其整体的分布面貌尚不清晰，但从有限的发掘范围内出土丰富的遗物以及较多的建筑瓦件看，遗址应具备相当的规模，同时也应存在反映遗址等级的重要建筑。

根据文献记载，战国中期，越王无疆之时，"楚威王兴兵而伐之，大败越，杀王无疆，尽取故吴地

① 绍兴县文物保护管理所：《浙江绍兴袍谷遗址发掘简报》，《考古》1989年第9期；周燕儿、符杏华：《浙江绍兴县里谷社遗址再发掘》，《南方文物》1992年第3期。

② 浙江省文物考古研究所、绍兴县文物保护管理所：《绍兴陶里壶瓶山遗址发掘简报》，《浙江省文物考古研究所学刊》，长征出版社，1997年。

③ 苏州市博物馆：《苏州新庄东周遗址试掘简报》，《考古》1987年第4期。

④ 浙江省文物考古研究所、上虞县文管所：《浙江上虞凤凰山古墓葬发掘报告》，《浙江省文物考古研究所学刊》，科学出版社，1993年。

⑤ 绍兴县文物管理委员会：《绍兴凤凰山木椁墓》，《考古》1976年第6期。

⑥ 浙江省文物考古研究所、上虞县文管所：《浙江上虞凤凰山古墓葬发掘报告》，《浙江省文物考古研究所学刊》，科学出版社，1993年。

⑦ 苏州市博物馆：《苏州新庄东周遗址试掘简报》，《考古》1987年第4期。

至浙江，……而越以此散，诸族子争立，或为王，或为君，滨於江南海上，服朝於楚"。① 时当楚威王七年（公元前 333 年），至楚怀王二十三年（公元前 306 年），"王遂东取地于越"，越国被进一步削弱。而据《越绝书·记地传》记载，至无疆后三世亲时"失众，楚伐之，走南山"。此时的越国已完全溃散，腹地绍兴或已失守而遁入南山，此地已失去了往日繁荣。遗址中占绝对多数的不是越地传统的印纹陶器，而是素面泥质灰陶器，或与楚人的占领有关。

领　　队：陈元甫

发掘人员：王　强　孙晓东　金伟峰　徐　军

　　　　　田正标　夏朝日　张海真

器物照相：李永嘉

执　　笔：王　强　田正标

---

① 《史记·越世家》。

附表 1　绍兴袍谷遗址遗迹单位统计表

编号	位置	开口层位	形状结构	堆积及包含物	时代
H1	T2 南部	③层下	圆形、圆弧底	灰褐色土，复原泥质陶豆、盘、钵、罐等 6 件，少量碎陶片。	战国
H2	T1 西侧	②层下	长方形、直壁平底	灰黑色土，较多草木灰，较多陶片，复原泥质陶豆、钵、垫、原始瓷及硬陶盅、碗、盂、夹砂陶釜等	战国
H3	T4 中部	②层下	长方形、斜收壁平底	灰黑色土，少量泥质陶片与印纹陶片，泥质灰黑陶器盖	战国
H4	T2 西侧	②层下	圆形、圆弧底	灰褐色土，少量泥质碎陶片	战国
H5	T1 西北部	②层下	椭圆形、浅弧底	灰褐色土，9 件硬陶盂、碗、器盖、原始瓷盅、盂等完整器、少量碎陶片	战国
H6	T4 南部	③层下	圆形、浅弧底	灰黑色土，复原印纹陶罐、泥质陶三足器、器盖各一件，少量泥质陶片	战国
H7	T1 东南部	③层下	长方形、底高低不平	灰黑土及生黄土，复原泥质陶豆 2 件，大量泥质陶片，器类有豆、罐、钵等	战国
H8	T1 西侧	②层下	长圆形、斜弧壁、底高低不平	灰黑色土，大量灰烬，陶片不多，有泥质陶豆、罐、钵、器盖，米字纹印纹硬陶片	战国
H9	T5 东北角	②层下	长方形、直壁	灰黑色土，遗物很少，一件泥质陶盆和少量豆盘残片	战国
J1	T5 西南角	②层下	圆形、直壁平底	灰黑色黏土，遗物多，泥质陶豆、盆、罐、原始瓷盅等	战国
J2	T3 东侧	②层下	圆形、直壁平底	灰黑色淤泥，少量陶片、青瓷片、砖块	唐宋
J3	T2 东南部	②层下	圆形、斜直壁平底	灰黑色淤泥，遗物少，出土一件釉陶罐和少量陶片	汉
J4	T1 东南部	③层下	圆形、斜直壁平底	灰黑色淤泥，多大片陶片，复原泥质陶盆、豆、罐及印纹硬陶罐等 6 件	战国
G1	T302、T303 东侧	①层下	长条形、壁底浅斜坦	青瓷壶、碗、豆、罐等	唐宋、六朝
G2	T101、T202、T203、T303	③层下	曲尺形、斜壁平底	灰黑色粘软土，底部为清淤泥，遗物少，有青铜矛、泥质陶豆、盆、罐、印纹硬陶米字纹罐、原始瓷盅	战国

附表2　绍兴袍谷遗址第③文化层及同时期遗迹陶系组成统计表

单位编号	泥质灰陶	泥质红陶	硬陶	原始瓷	夹砂陶	合计
T101	118		24	3	2	147
T102	107	10	21	3	1	142
T201	252	3	46	4	3	308
T202	357	26	29	3	11	426
T203	69	11	17	3		100
T301	713	75	30	31	17	866
T302	648	34	79	24	6	791
T303	4					4
T1	144	1	2	3	3	153
T2	146		16	4	7	173
T3	59		1			60
T4	89			1	10	100
T5	149			2		151
H1	26					26
H2	98	8	3	8	4	121
H3	7		1			8
H4	21					21
H5	16		1	10	1	28
H6	77		3		3	83
H7	32					32
H8	41		2			43
H9	2					2
G2	162	10	31	3	4	210
J1	148	7				155
J4	11		1		1	13
合计	3496	185	307	102	73	4163
百分比	84%	4.4%	7.4%	2.4%	1.8%	100%

富阳太平村缸窑山越窑址发掘简报

浙江省文物考古研究所

一、历史沿革和地理环境

富阳市位于浙江省西北部，富春江下游。地理坐标为北纬 29°44′～30°12′、东经 119°25′～120°09′，东接杭州市萧山区，南连诸暨市，西接桐庐县，北面与临安市、杭州市余杭区接壤，东北与杭州市西湖区毗邻。

富阳历史悠久，古称富春。秦王政二十六年（前 221 年）置县，辖境含今桐庐、建德等地。三国吴黄武四年（225 年），析富春县地置建德、新昌（后改寿昌）、桐庐 3 县。次年（226 年），又置新城（后改新登）县。新莽始建国元年（9 年），改名诛岁。东汉建武元年（25 年）复名富春。东晋太元十九年（394 年），为避简文帝生母太后郑阿春讳，更名为富阳，富阳之名始于此。

富春之地，春秋属越，战国属楚。秦汉以后，隶属多变。隋、唐直至宋、元、明、清，均归杭州府（临安府、杭州路）所辖。民国时期至共和国初期多次变更隶属，1958 年 12 月，改属杭州市至今。

县境为浙西丘陵山地一部分，以富春江为界，西北为天目山余脉，间有小盆地，东南为仙霞岭支脉，地势较高。

太平村原属三山镇，2001 年撤销三山镇建制，富阳市政府设 4 个街道办事处，太平村被划入春江街道办事处。太平村位于富春江南岸，村北不远处就是东西向连绵不断的山地丘陵，缸窑山即是其中一处（图一）。

二、发掘前提和经过

2004 年初，因杭（杭州）千（千岛湖）高速公路建设需要，富阳县太平村缸窑山窑址（编号 FTGY1）正位于高速公路路基范围内，故对该窑址进行配合性发掘。该窑址位于太平村东南缸窑山北坡。该窑址前部堆积和窑床在 20 世纪 80 年代中叶因当地修筑防洪堤而毁。该窑址以西 100 多米处另有一处窑址（编号 FTGY2），也因修筑防洪堤而毁。

发掘共布探方 2 处，正北方向，T1 为 5×10 米，T2 为 10×10 米。由于地表已被推土机扰乱，探方西部清除扰乱层后即为生土。在 T1 西部、T2 中部发现匣钵墙遗迹。该遗迹建筑在窑业废品堆积层上。T2 西部发现窑床遗迹一处（编号 FTGY1 - y1，以下简称 y1）。后在 T1 西面开 1×10 米探沟一条，又发现窑床一处（编号 FTGY1 - y2，以下简称 y2）（图二；彩版八五：1）。

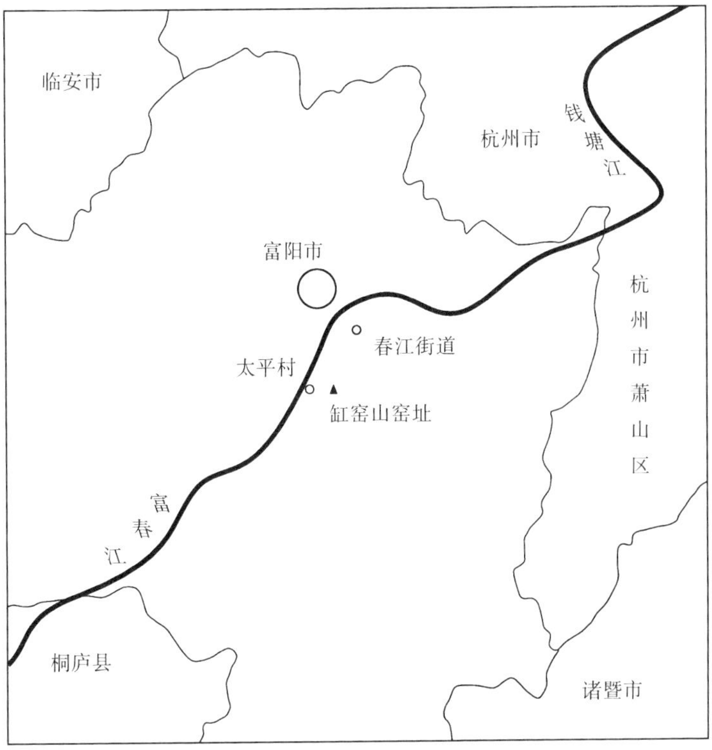

图一　缸窑山窑址地理位置示意图

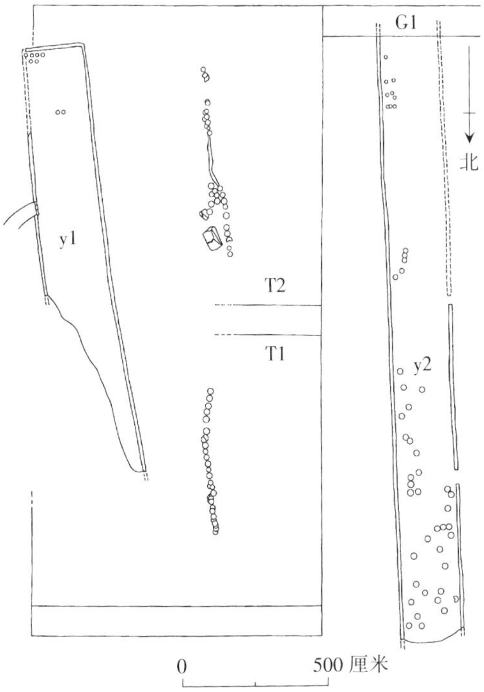

图二　缸窑山窑址探方遗迹分布平面图

三、地层和遗迹

（一）地层堆积

以 T1 地层为例，介绍该区域的地层堆积情况如下（图三）。

T1 为 5×10 米探方，后向东扩方至断崖处。探方内堆积层分为 4 层：

第①层：扰乱层，厚 20～40 厘米。全探方均被扰乱。

第②层：间隔层，厚 0～30 厘米。仅分布在中部，多窑砖残块，瓷片较少。

第③层：堆积层，厚 0～40 厘米。仅分布在中部，出土青瓷碗、盏、钵等。

第④层：堆积层，厚 0～75 厘米。仅分布在中南部，出土青瓷碗、盏、壶、钵、盘等。

④层下即为生土层。

（二）遗迹

1. 窑炉遗迹 y1

位于缸窑山东部山坡，东距 y2 有 9.6～10.2 米。斜坡式龙窑结构，残长 8.3～14.5、宽 1.9～2.2 米，仅残留窑尾部分，窑头方向 5°，坡度 15°。窑壁为窑砖错缝平砌，残高 0.2 米。窑门开在东壁，仅残留一处，宽 0.45 米，窑门口有三个束腰形支柱横置。排烟坑后壁为砖砌，窑底残留几处束腰形支柱，相互间隔 0.1 米，可能为挡火墙支柱（图四；彩版八五：2）。

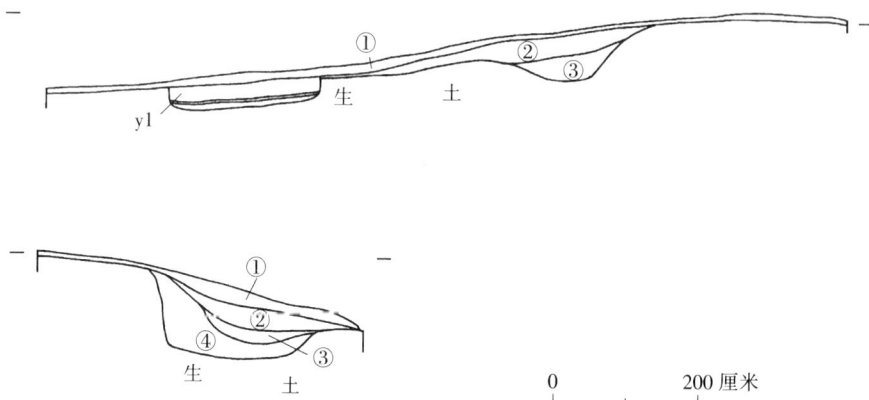

图三　上．T1 南壁地层剖面图　下．T1 北壁地层剖面图

2. 窑炉遗迹 y2

位于缸窑山东北山坡，y1 西面。斜坡式龙窑结构，残长 20、宽 2 米。残留窑床中间部分，窑头窑尾均已残，窑头方向 2°，坡度 13°。窑壁为窑砖错缝平砌，残高 0.2 米。东窑壁残长 20 米，西窑壁残长 12 米，窑门开于西壁，仅留两处，宽 45 米。窑床底部留有支柱和匣钵。从分布迹象看，中段为 M 形匣钵，每排有 8 个，后段为束腰形支柱。故可判断该窑中段可能装烧碗盏类器物，后段可能装烧壶类瓶类器物。

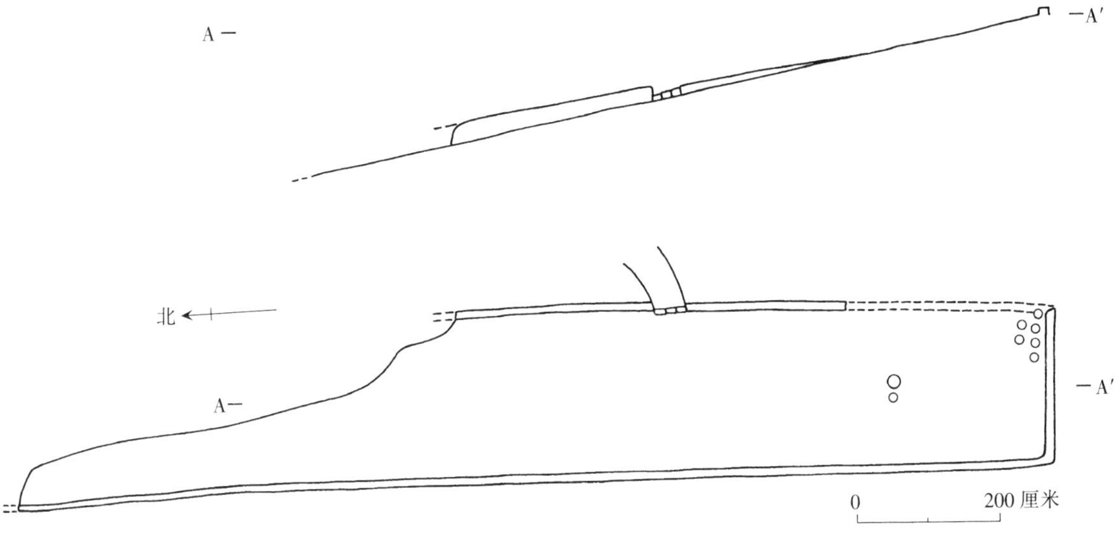

图四　y1 平、剖面图

从该窑床前后段剖面看，前端窑底铺沙很薄，厚仅 0.15 米；后段窑底铺沙很厚，厚有 1.2 米，且含有窑砖层次。因此，该窑后段有重建的迹象（图五；彩版八六：4）。

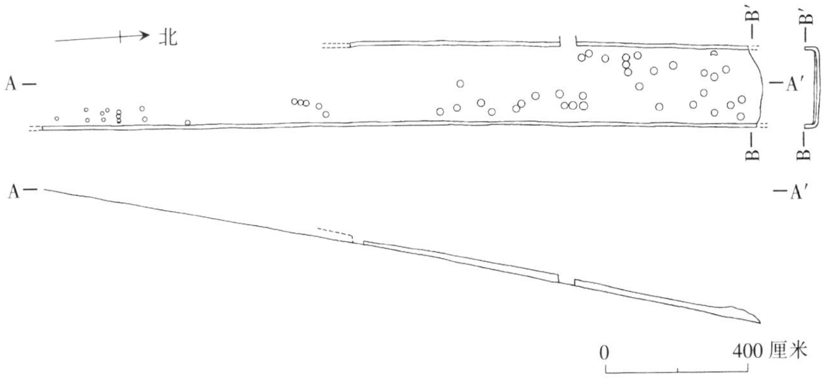

图五　y2 平、剖面图

3. 匣钵墙遗迹

位于该窑址 y1 和 y2 之间，东距 y1 有 2～4 米，西距 y2 有 5～8 米，长 15.5、高 0.2～0.55 米，建筑在③层之上，周围堆积为②层，方向 2°，坡度均约 15°（见图二；彩版八六：1）。

（三）各遗迹和堆积层之间的相互关系分析

从各遗迹分布和地层叠压关系来分析，匣钵墙以西为高地，以东为凹地，故匣钵墙遗迹和 y1 为一组，可能为窑床外木构建筑外的挡墙。

从窑门方向看，两处窑址窑门方向各异。T1 内的堆积层堆积相为东向，故④层堆积很有可能为 y2 改建前的产品。所以③层④层对应为 y2 的废品堆积，②层对应为 y1 的废品堆积。

四、出土遗物

窑址出土瓷器都是青釉瓷器，主要出土器物类型有碗、钵、壶、盘、盏、盅、灯盏、盒、盏托、器盖、五管灯、碾槽和碾轮、枕等。另外还有罐、香熏、动物造型器座、炉等器形，因不完整或极度变形而难窥全貌，故不赘述。出土窑具有 M 形匣钵、平底匣钵、支座、垫饼等。另外 y1 有大钵类遗物，而 y2 则未发现。

（一）青瓷器

1. 碗

该窑址最大宗产品，发掘所获 3030 件，约占出土瓷器总数的 86.1%，按口沿差异可分为 2 型。

A 型　敞口，圆唇，圈足，足壁较宽。按腹部深浅及纹饰差异可分为 4 亚型。

Aa 型　弧腹，腹较浅。标本 y1:1，灰白胎，青黄釉，外壁施半釉，外壁有弦纹，内底有一条弦纹。口径 19.2、足径 8.0、高 7.2 厘米（图六:1）。标本 T2③:4，灰黄胎，青灰釉，近内底处有一弦纹，内底和足底都有泥条痕迹，圈足稍外撇。口径 16.0、足径 7.0、高 5.5 厘米（图六:2）。

Ab 型　斜腹，腹较深。标本 T2②:54，灰黄胎，青黄釉，外壁粘有叠烧痕迹的残片，内底和足端有泥点痕迹。口径 15.0、足径 7.2、高 6.1 厘米（图六:3）。标本 T2③:1，灰黄胎，青黄釉，外

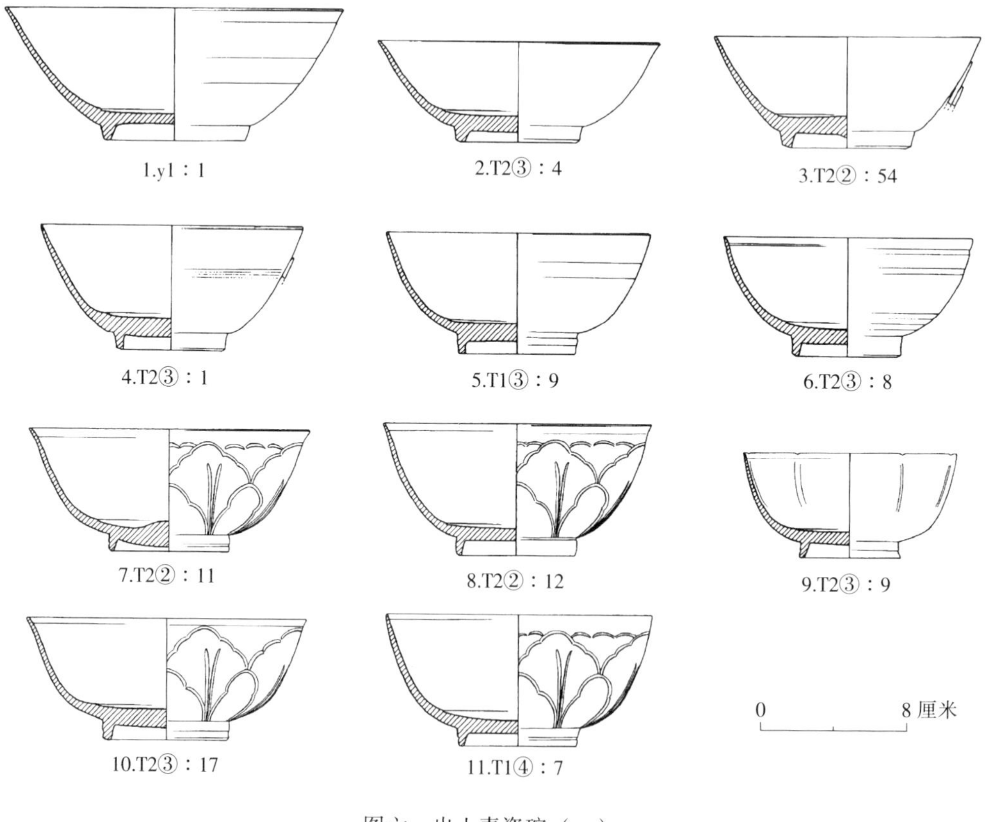

1.y1:1　　2.T2③:4　　3.T2②:54

4.T2③:1　　5.T1③:9　　6.T2③:8

7.T2②:11　　8.T2②:12　　9.T2③:9

10.T2③:17　　11.T1④:7

0　　　　8厘米

图六　出土青瓷碗（一）

壁施半釉，外壁粘有叠烧痕迹的残片，内底和足端有泥条痕迹，足壁稍外撇。口径15.0、足径6.2、高6.8厘米（图六：4）。

Ac型 直腹，腹深。标本T1③：9，灰白胎，胎质较细腻，青灰釉，外壁有刀削痕迹，高圈足上有一凸棱，足底有泥条痕迹。口径15.0、足径6.6、高6.6厘米（图六：5）。标本T2③：8，灰黄胎，青黄釉，内外壁口沿下有弦纹，内底有一条弦纹，足底有泥条痕迹，足壁稍外撇。口径14.0、足径6.0、高6.5厘米（图六：6）。

Ad型 斜弧腹，下腹内收，圈足稍外撇。标本T2②：11，灰白胎，胎质较细腻，青灰釉，外壁刻重莲纹，内底微凸，圈足稍外撇，足壁刻有线条，足底有泥点痕迹。口径16.0、足径6.8、高6.7厘米（图六：7；彩版八六：2）。标本T2②：12，灰白胎，胎质较细腻，青灰釉，外壁刻重莲纹，圈足外撇，垫圈支烧。口径15.2、足径6.7、高7.2厘米（图六：8）。标本T2③：9，灰黄胎，青黄釉，五缺花口，外壁压印直线，足底有泥点痕迹。口径12.0、足径5.8、高5.7厘米（图六：9；彩版八六：3）。标本T2③：17，灰黄胎，青黄釉，外壁刻重莲纹，圈足稍外撇，足壁上刻有一条弦纹，足底有泥点痕迹。口径16.0、足径7.2、高6.6厘米（图六：10）。标本T1④：7，灰白胎，胎质较细腻，青灰釉，外壁刻重莲纹，内底有一条弦纹，圈足稍外撇，足壁上刻有弦纹，足底有泥点痕迹。口径15.2、足径6.8、高7.2厘米（图六：11）。

B型 侈口，圆唇，圈足。按口腹差异可分为3亚型。

Ba型 口沿略撇，斜弧腹，圈足足壁较直。标本T1②：6，灰黄胎，青黄釉，内底有垫圈痕迹。口径12.0、足径5.8、高5厘米（图七：1）。标本T1③：3，灰白胎，青灰釉，内底有泥点痕迹。口径16.0、足径7.0、高5.6厘米（图七：2）。标本T2③：5，灰黄胎，胎质疏松，青灰釉，内底有弦纹和泥

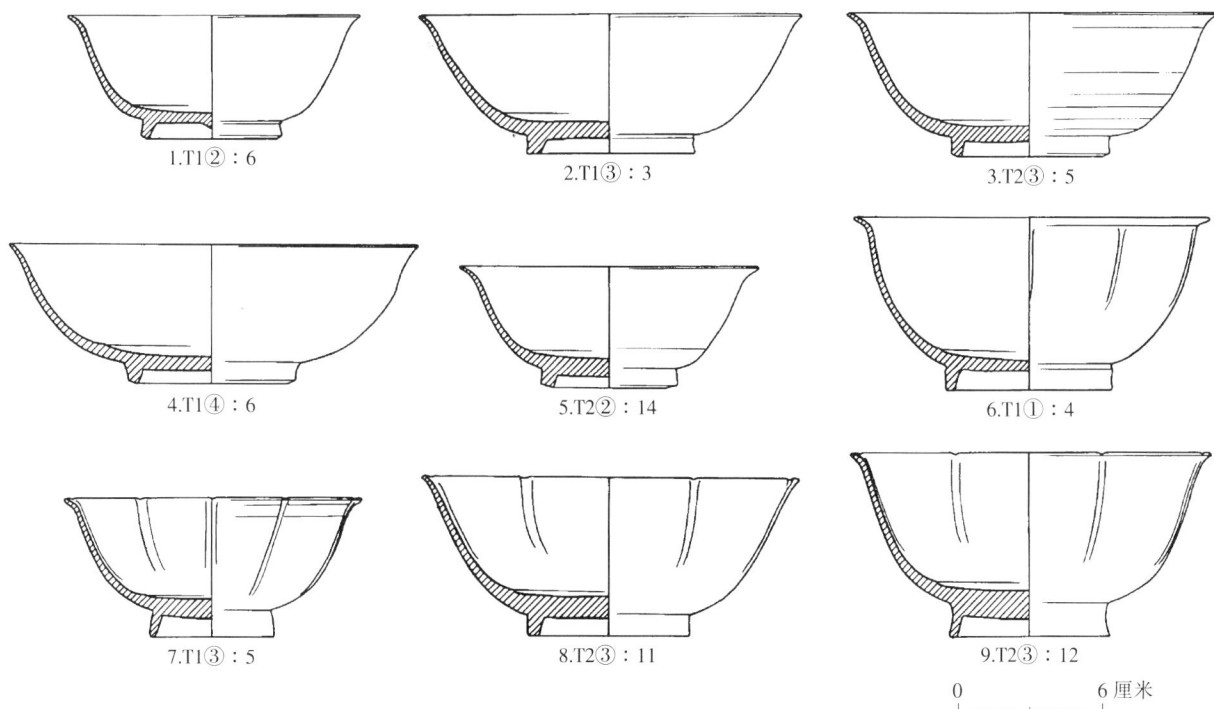

图七 出土青瓷碗（二）

条痕迹，外壁有刀削痕迹。口径 15.6、足径 6.6、高 5.8 厘米（图七：3）。标本 T1④：6，灰黄胎，胎质疏松，青黄釉，外壁施半釉，内底有垫圈痕迹。口径 17.0、足径 7.0、高 5.6 厘米（图七：4）。

Bb 型　口沿微外折，弧腹。标本 T2②：14，灰黄胎，生烧，圈足稍外撇，内底刻有一弦纹。口径 12.4、足径 5.6、高 4.9 厘米（图七：5）。

Bc 型　花口，弧腹，圈足较高，足壁稍外斜。标本 T1①：4，灰白胎，灰黄色，外壁压印直线，足底有泥点支烧痕迹。口径 15.0、足径 7.0、高 7.0 厘米（图七：6）。标本 T1③：5，灰黄胎，青黄釉，六缺花口，外壁压印直线，内底很厚，足底有泥条痕迹。口径 12.4、足径 5.2、高 5.6 厘米（图七：7）。标本 T2③：11，生烧，局部有釉，六缺花口，外壁压印直线，内底有一条弦纹，足底有垫圈痕迹。口径 15.8、足径 6.6、高 6.5 厘米（图七：8）。标本 T2③：12，灰黄胎，青灰釉，五缺花口，外壁压印直线，足底有垫圈痕迹。口径 15.2、足径 6.6、高 7.4 厘米（图七：9）。

2. 钵

敛口，平沿，尖圆唇，平底。发掘所获 251 件，约占出土瓷器总数的 7.1%。按口腹部差异可分为 3 型。

A 型　敛口，弧腹。标本 y1：8，灰白胎，青灰釉，唇下有一道深凹的弦纹，平底内凹。口径 29.6、底径 9.0、高 12.4 厘米（图八：1）。标本 y1：11，灰白胎，青灰釉，唇下有一道深凹的弦纹，平底内凹，内底有泥点痕迹。口径 28.0、底径 8.4、高 12.2 厘米（图八：2）。

B 型　侈口内敛，折肩斜腹。标本 T2②：41，灰白胎，青灰釉，底残。口径 24.4、残高 11.0 厘米（图八：3）。标本 T2②：53，灰白胎，青灰釉，微鼓肩，平底内凹，内底有泥条痕迹。口径 23.2、底径 16.4、高 12.6 厘米（图八：4）。

C 型　侈口，斜弧腹。标本 T1 扩②：2，褐色夹砂胎，部分施酱釉，外壁有刀削的痕迹，平底内凹。口径 33.0、底径 15.6、高 15 厘米（图八：5）。

3. 壶

发掘所获 90 件，均残，约占出土瓷器总数的 2.6%。按口沿和底部差异可分为 2 型。

A 型　喇叭形口，折肩，直圈足，宽条形执手，弧长流。腹部纹饰有 2 种。

1）腹部用双条棱分割为 5～6 等份，多光素，少数残片有牡丹纹等刻划花纹　标本 T2③：31，灰黄胎，里外施青灰釉，口沿、流、柄缺，圈足外撇，肩部有突棱外壁有竖条棱，并刻划有折枝牡丹纹，外底有垫圈支烧痕。足径 10.7、残高 12.0 厘米（图八：6；彩版八七：1）。标本 T2③：36，灰黄胎，生烧，流、曲柄残。双泥条柄，鼓肩上饰有两条弦纹，壶腹等距分布 6 组竖条棱，每组 3 条，圈足稍外撇，刻有线条。口径 10.4、腹径 15.2、足径 7.2、高 17.6 厘米（图八：7；彩版八七：2）。标本 T2③：39，灰白胎，里外施青灰釉，口沿、流、柄残，肩部有突棱，外壁有竖条棱，每组 2 条，内壁有弦纹。足径约 11.2、残高 12.2 厘米（图八：8）。

2）腹部刻划牡丹纹　标本 T2③：20，灰白胎，青灰釉，腹壁刻划折枝牡丹纹，腹底残片，圈足外撇。足径 8.8、残高 9.0 厘米（图八：9）。

B 型　圆唇口，直颈微束，弧肩弧腹，圈足，宽条形执手，曲长流。标本 T2③：35，灰白胎，生烧，口沿残，双泥条柄，肩上有两条凸弦纹，壶腹等距内凹呈瓜形，圈足外斜。足径 7.4、残高 11.8

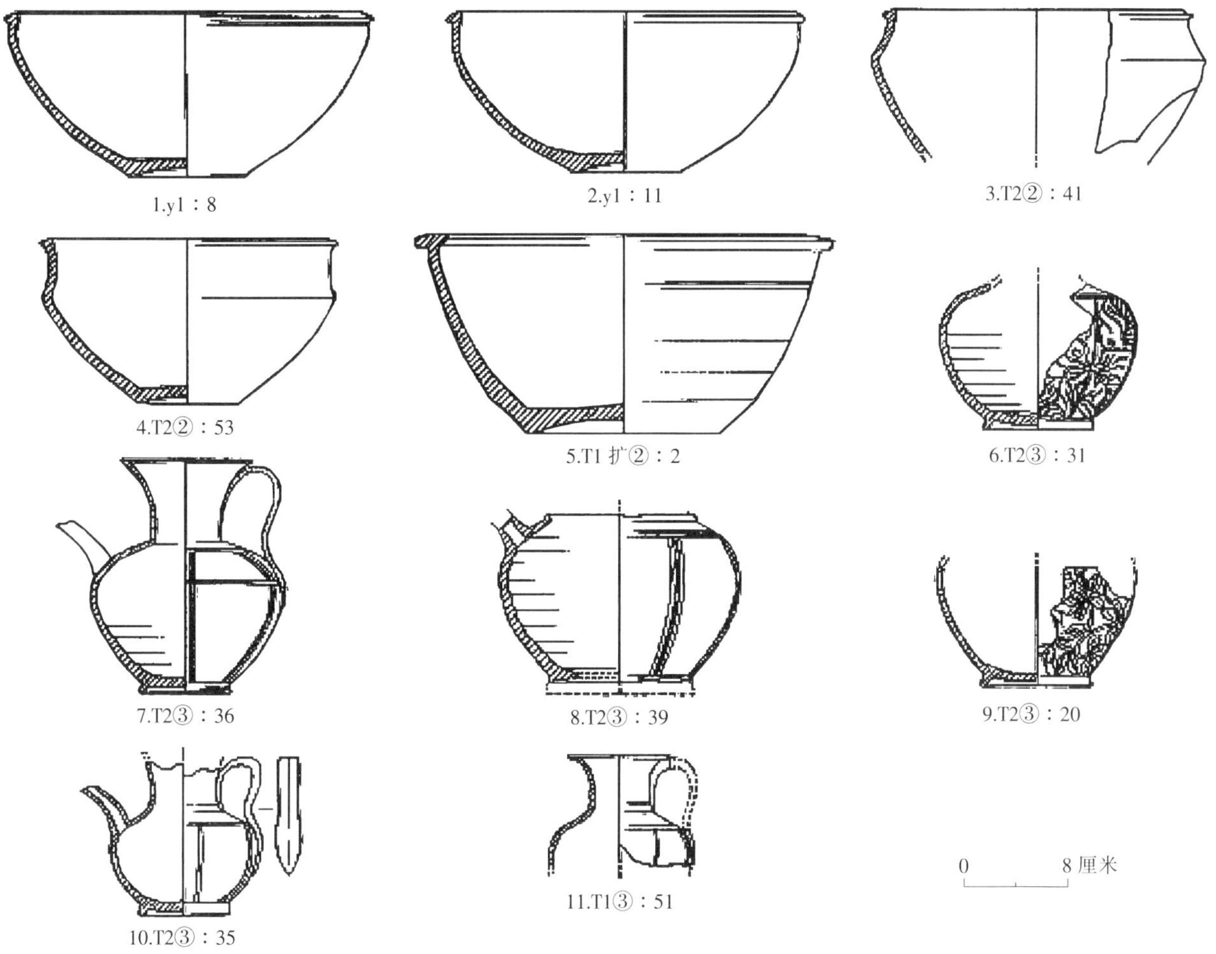

图八　出土青瓷钵、壶

1~5. 钵　6~11. 壶

厘米（图八：10；彩版八七：3）。标本 T1③：51，灰白胎，青灰釉，口腹残片。口径约 8.0、残高 4.2 厘米（图八：11）。

4. 盘

弧腹，下腹祖收，圈足外斜。发掘所获 46 件，约占出土瓷器总数的 1.3%。按口部差异可分为 2 型。

A 型　敞口，圆唇。标本 T1④：14，褐色胎，生烧。口径 12.8、足径 7.6、高 3.8 厘米（图九：1）。

B 型　敞口翻沿。标本 T1①：15，红褐色胎，生烧，内壁底刻莲花纹。口径 13.2、足径 7.2、高 3.2 厘米（图九：2）。标本 T2②：25。灰褐色胎，青黄釉。口径 12.8、足径 6.4、高 3.4 厘米（图九：3）。标本 T2②：46，灰白胎，青黄釉，内壁底刻莲花纹。口径 12.8、足径 7.0、高 3.4 厘米（图九：4）。

5. 盏

敞口，斜腹，内底径小于圈足径，圈足足壁较直。发掘所获 39 件，约占出土瓷器总数的 1.1%。

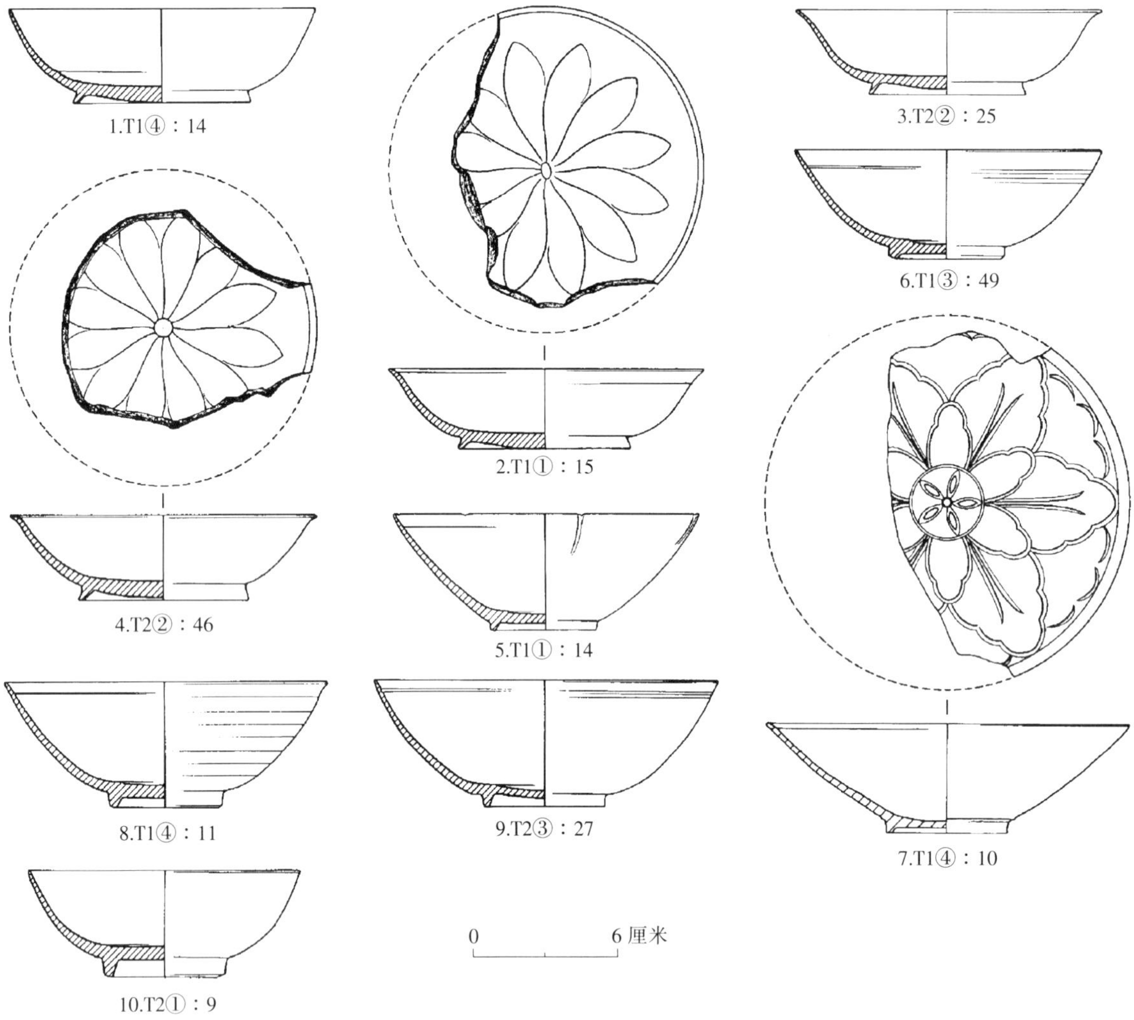

图九　出土青瓷盘、盏

1~4. 盘　5~10. 盏

按腹部不同可分为 2 型。

　　A 型　斜腹。标本 T1①：14，灰胎，青灰釉，五缺花口，内底心外围有凸圈。口径 12.8、足径 4.6、高 4.7 厘米（图九：5）。标本 T1③：49，褐色胎，青黄釉，内口下有一道弦纹。口径 12.8、足径 4.8、高 4.4 厘米（图九：6）。标本 T1④：10，灰黄胎，青黄釉，内壁刻划多重莲瓣纹，内底刻团花。口径 15.2、足径 5.0、高 4.4 厘米（图九：7；彩版八七：4）。标本 T1④：11，灰白胎，青灰釉，内底心平凹，内口下有一道弦纹，外底有泥条痕迹。口径 13.6、足径 4.8、高 5.1 厘米（图九：8）。标本 T2③：27，灰青胎，生烧，内底心平凹。口径 14.4、足径 7.0、高 5.1 厘米（图九：9）。

　　B 型　斜弧腹。标本 T2①：9，灰白胎，青灰釉，外壁施半釉，内壁施满釉，足壁较厚，内底径较宽。口径 11.4、足径 5.0、高 4.3 厘米（图九：10）。

　　6. 盅

　　敞口，直弧腹，下腹内收，圈足，足尖外撇。发掘所获 26 件，仅占出土瓷器总数的 0.7%。标本

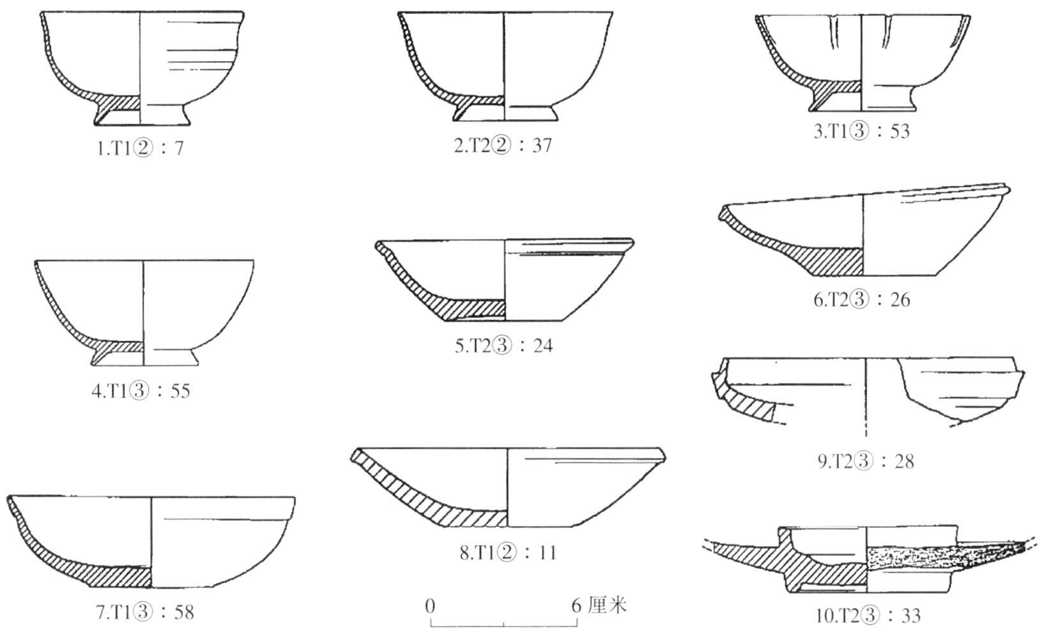

图一〇 出土青瓷盅、灯盏、盒、盏托

1~4. 盅　5~8. 灯盏　9. 盒　10. 盏托

T1②：7，灰黄胎，青黄釉，外壁有弦纹。口径8.4、足径4.0、高4.5厘米（图一〇：1）。标本T2②：37，灰白胎，青黄釉。口径8.8、足径4.4、高4.3厘米（图一〇：2）。标本T1③：53，灰白胎，生烧，五花缺口，外壁花口下压印直线，足底有泥条痕迹。口径9.0、足径4.6、高4.8厘米（图一〇：3）。标本T1③：55，灰白胎，内壁施青灰釉，外壁施半釉，外壁有压印直线。口径9.0、足径4.4、高4.2厘米（图一〇：4）。

7. 灯盏

敞口，圆唇外凸，斜腹，平底。发掘所获17件，仅占出土瓷器总数的0.5%。按唇口差异可分为3型。

A型　圆唇微外侈。标本T2③：24，青黄釉，灰黄胎细腻，平底内凹。口径10.6、底径4.6、高3.2厘米（图一〇：5）。

B型　圆唇外凸成唇口。标本T2③：26，青黄釉，灰黄胎。口径12.0、底径5.2、高2.8~3.7厘米（图一〇：6）。标本T1③：58，青黄釉，灰黄胎。口径12.4、底径5.2、高3.1厘米（图一〇：7）。

C型　斜方唇，斜弧腹。标本T1②：11，灰黄胎，内壁施黄釉，外壁仅口沿局部施釉。口径11.8、底径5.0、高3.6厘米（图一〇：8）。

8. 盒

发掘所获仅3件，均残破。标本T2③：28，青黄釉，灰黄胎，直口，浅折腹。口径12.0、残高2.5厘米（图一〇：9）。

9. 盏托

发掘所获仅1件，残破。标本T2③：33，灰黄胎，青黄釉，内直口，外斜托口，圈足较直。托盘口径7.4、足径6.8、高2.6厘米（图一〇：10）。

10. 器盖

发掘所获 3 件。标本 y1：12，灰白胎，青黄釉，纽残，口缘上卷，弧顶。口径 10.6、残高 4.4 厘米（图一一：1）。标本 T2②：40，灰黄胎，青黄釉，纽残，顶面微内凹，盖口较直，盖面刻划莲瓣纹。口径 8.9、高 3 厘米（图一一：2）。标本 T1③：67，灰白胎，生烧，纽残，盖壁三折，中部五组凸直棱，下部有两个并排小孔。口径 5.8、高 5.5 厘米（图一一：3；彩版八七：5）。

11. 五管灯碗

发掘所获 2 件，均残破。标本 T1③：66，灯管，灰白胎，生烧，上口呈齿状，管身有多个叶瓣形镂空。上管径 2.0、下管径 2.4、高 6.8 厘米（图一一：4）。标本 T1④：15，灰褐胎，生烧，宽平沿，

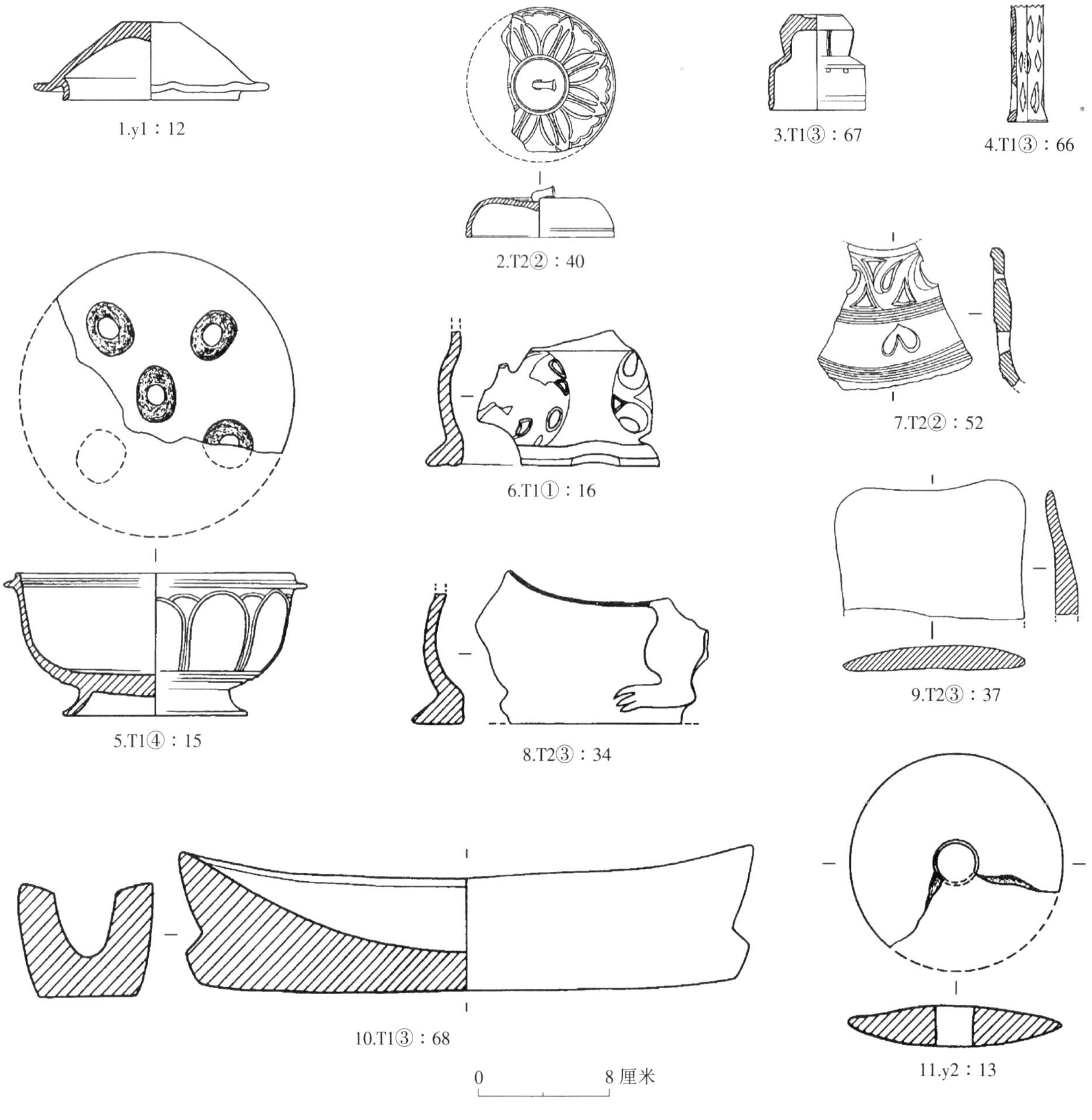

1. y1：12　　2. T2②：40　　3. T1③：67　　4. T1③：66　　5. T1④：15　　6. T1①：16　　7. T2②：52　　8. T2③：34　　9. T2③：37　　10. T1③：68　　11. y2：13

0　　　　8 厘米

图一一　出土青瓷器盖、五管灯碗、枕、碾槽和碾轮

1～3. 器盖　　4～5. 五管灯碗　　6～9. 枕　　10. 碾槽　　11. 碾轮

直弧腹，圈足外斜，内底残留有 3 个圆管痕迹，内壁唇下有弦纹，外壁刻划重莲瓣纹。口径 18.0、足径 10.8、高 8.4 厘米（图一一：5；彩版八七：6）。

12. 枕

发掘所获 4 件，均残破。标本 T1①：16，灰黄胎，生烧，侧壁有镂空图案，底边凹弧（图一一：6）。标本 T2②：52，灰黄胎，青灰釉，弧形枕面，有镂空图案（图一一：7）。标本 T2③：34，灰白胎，青灰釉，侧壁有一兽腿（图一一：8）。标本 T2③：37，灰黄胎，生烧，方枕面，边缘弧凹（图一一：9）。

13. 碾槽和碾轮

发掘所获各 1 件。

碾槽　标本 T1③：68，长条形，胎质较粗，夹粗砂，外壁施青灰釉，中间有一深窄弧形凹槽，凹槽内无釉。长 34.4、宽 8.0、高 8.4 厘米（图一一：10）。

碾轮　标本 y2：13，粗砂胎，灰黄色，圆形，中厚外窄，中间有一圆孔。外径 12.8、孔径 2.2、高 2.2 厘米（图一一：11）。

（二）窑具

1. 匣钵

有 M 型匣钵和钵型匣钵，另外也有钵形瓷器等充当匣钵使用。

A 型　M 型匣钵。标本 y1：17，胎体厚重，灰褐色粗砂质陶胎，顶面内凹，凹面斜弧。顶面径 16.0、口径 18.0、高 7.2～7.6 厘米（图一二：1）。

B 型　钵型匣钵。标本 T2②：41，酱灰色粗砂质陶胎，敞口，口沿下内束，腹壁稍弧，平底稍内凹，外底粘有垫圈。口径 15.0、足径 8.8、高 10 厘米，垫圈口径 6.8、高 0.8 厘米（图一二：2）。标本 T1③：60，浅灰色粗砂质陶胎，敞口，上腹直，下腹曲收，饼底。口径 10.4、底径 5.5、高 7.2 厘米（图一二：3）。

2. 支座

束腰形。标本 y1：16，灰褐色粗砂质陶胎，平顶，顶面有泥条痕迹，内顶有拉坯痕迹，束腰内弧，下端呈喇叭口状，弧壁上有两孔。顶面直径 10.4、下口径 9.2、高 4.4 厘米（图一二：4）。

3. 间隔具

主要有筒形、圈形、马蹄形。

A 型　筒形间隔具。标本 T2①：15，黄褐色粗砂质陶胎，弧壁筒形。上径 8.6、下径 9.5、高 5.4 厘米（图一二：5）。标本 T2②：49，褐色粗砂质陶胎，一端口径较小。上径 8.2、下径 9.4、高 5～6.3 厘米（图一二：6）。标本 T2②：50，褐色粗砂质陶胎。上径 8.0、下径 10.8、高 5.9 厘米（图一二：7）。

B 型　圆环形间隔具。标本 y1：9，褐色细砂质陶胎。直径 4.0、高 1.3 厘米（图一二：8）。标本 y1：15，褐色粗砂质陶胎。直径 4.0、高 1.3 厘米（图一二：9）。

C 型　扁平圈足形间隔具。标本 T1③：61，红褐色胎，顶大底小，顶面稍有内凹，弧壁外撇，

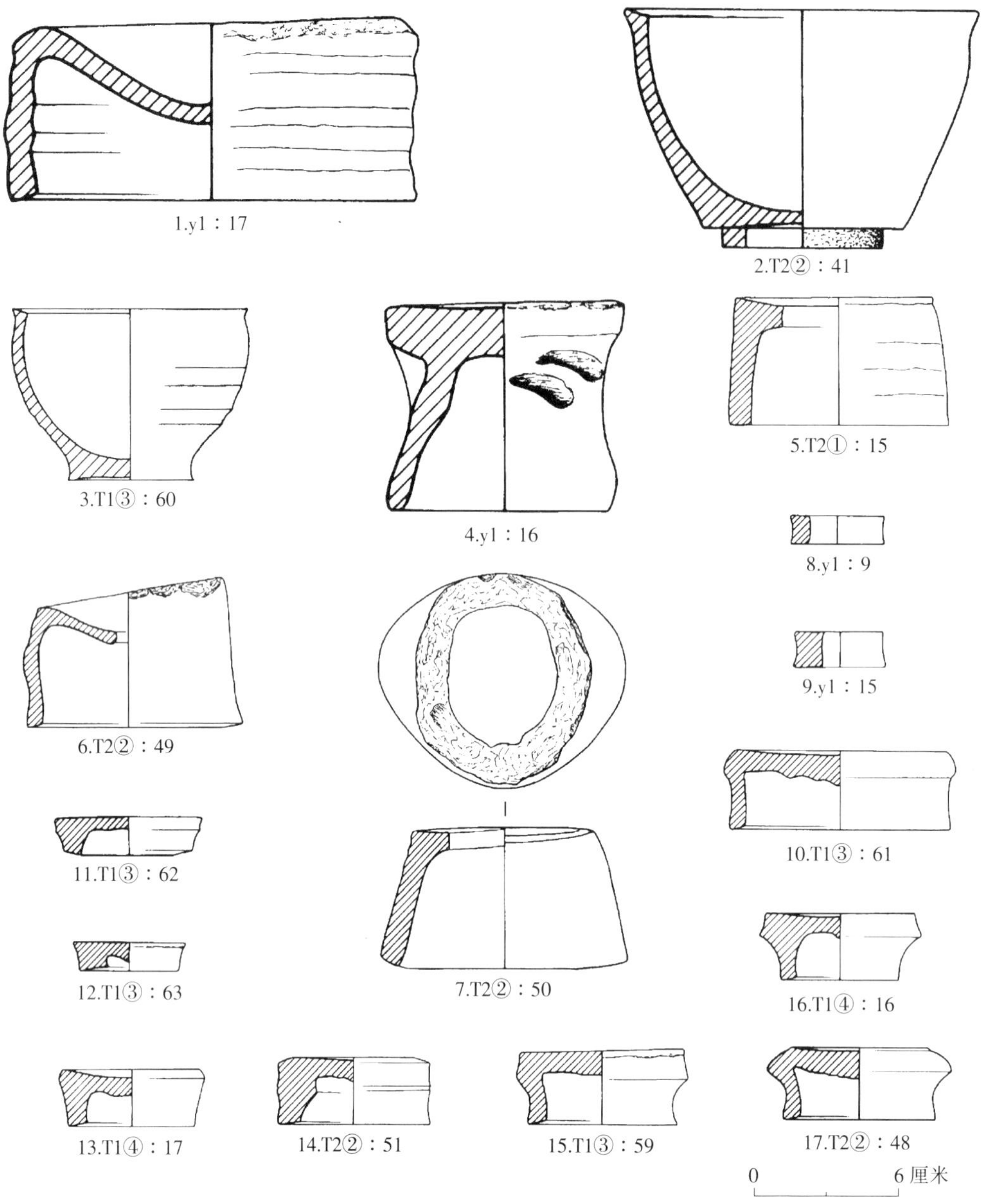

图一二　出土窑具

1~3. 匣钵　4. 支座　5~17. 间隔具

内底有拉坯痕迹。顶面径9.2、下口径9.4、高4.3厘米（图一二：10）。标本T1③：62，灰褐色细砂质陶胎，外壁向内弧斜。顶面径6.4、下口径4.1、高1.6厘米（图一二：11）。标本T1③：63，灰褐色细砂质陶胎，内口径小。顶面径5.0、下口径4.4、高1.2厘米（图一二：12）。标本 T1④：17，褐色细砂质陶胎，外壁弧内束。顶面径5.8、下口径5.6、高2.4厘米（图一二：13）。标本T2②：51，褐色细砂质陶胎，顶面微凹，直壁稍内束，内壁斜弧。顶面径6.7、下口径6.6、高2.8厘米（图一二：14）。

D型　扁T形间隔具。顶面内凹，外壁内折。标本T1③：59，灰褐色细砂质陶胎。顶面径7.0、下口径6.4、高3厘米（图一二：15）。标本T1④：16，黄褐色粗砂质陶胎。顶面径6.4、下口径5.0、高2.8厘米（图一二：16）。标本T2②：48，灰黄色细砂质陶胎。顶面径6.0、下口径6.6、高3厘米（图一二：17）。

四、小结

富阳太平缸窑山Y1窑址出土的青瓷中，碗类和执壶的特点较明显。碗类流行花口装饰和外壁刻划莲瓣纹装饰，圈足足壁多数较直较厚，少数较薄稍有外斜或外撇。执壶流行瓜棱形和刻划花装饰。

无论是瓷器的特征还是所使用的窑具的特征，其类型和慈溪寺龙口窑址越窑第四期的出土青瓷器相同或相似①，如本文中的Bc型碗和寺龙口窑址中的B型V式碗相同。此外，寺龙口窑址中的B型Ⅲ式盅、Ⅱ式五管灯、A型Ⅲ式执壶、Ⅲ式盒盖、BaⅡ式筒形匣钵等，本文中都有与之相同或相似的器物。

所以该窑址的性质当为越窑窑系窑址。窑址年代约为北宋中晚期，大约在11世纪后半叶左右。

领　　队：沈岳明
发掘人员：徐　军　祝利英　夏朝日
遗迹摄影和图纸编辑：徐　军
器物摄影：李永加
器物绘图：齐东林
执　　笔：祝利英

① 浙江省文物考古研究所等编：《寺龙口越窑址》，文物出版社，2002年。

龙游白洋垅东汉窑址发掘简报

浙江省文物考古研究所

　　龙游县地处浙西金衢盆地中部,是浙江东、中部地区连接江西、安徽和福建三省的重要交通枢纽,素有"四省通衢汇龙游"之称。建县始于秦,今隶浙江省衢州市。夏商时为越(於越)地。春秋疑有姑蔑古国,后属越国。楚灭越,属楚。秦王政二十五年(前222年),始置太末(也作大末)县,隶会稽郡。汉代沿秦制。唐贞观八年(634年)更名龙丘县。五代吴越宝正六年(931年),改龙丘为龙游。

　　白洋垅汉代窑址位于龙游县城东南约8千米(图一),隶属龙游镇横路祝村。白洋垅北面紧邻龙游市绕城公路,南面紧靠浙赣线电气化铁路。窑址在横路祝村西部,这一带多低山丘陵,林木茂盛,山间小溪汇入灵山江、衢江。

　　2004年8月,为配合浙赣线电气化铁路建设工程,浙江省文物考古研究所主持对龙游县白洋垅窑址进行了配合性发掘。

　　窑址所在距铁路线约20米,属于铁路建设取土点,发掘前尚未除去表土。夏季草木茂盛,山上野生香樟林丛。为确定窑床和作坊的具体地点,先后布探方三个(编号T1、T2、T4),其中在中间探方T2内发现了窑床位置(编号白洋垅Y1-y1),而后上下扩方清理,发现一条保存较好的汉代斜坡式龙窑。同时也确定了废品堆积的集中区域只在窑床南侧中后部。在废品堆积处布探方一个(编号T3,另

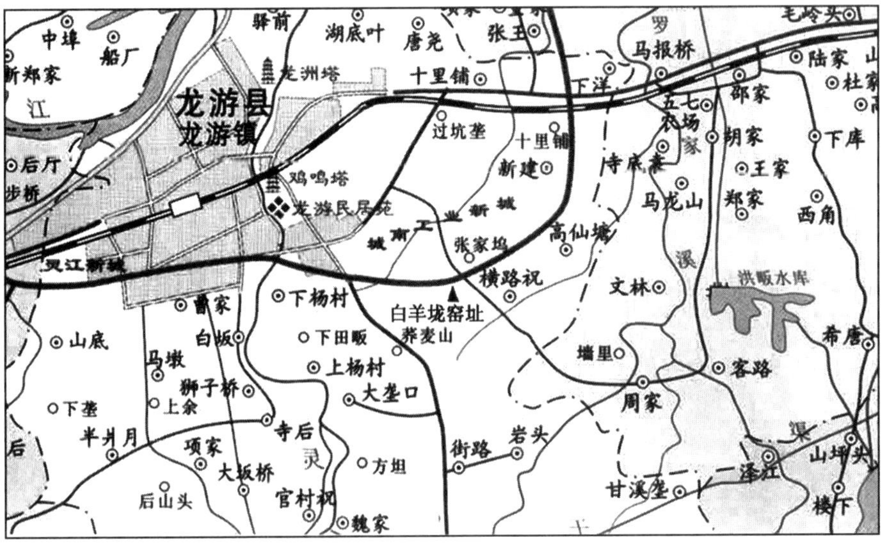

图一　白羊垅地理位置示意图

在此探方②层下发现一个灰坑，编号H1），出土了大量的硬陶残片、支垫窑具及少量青釉陶残片。之后又在附近勘探，遗憾的是没有发现制陶作坊遗迹（图二）。

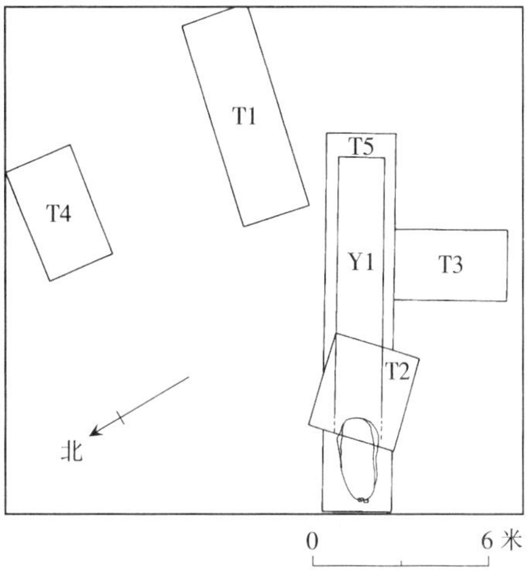

图二　探方分布图

一、地层堆积

该窑址废品堆积主要集中在窑床的右上方，即窑炉位置后段南部。面积约80平方米，此次实际发掘面积24平方米。以T3东壁为例，由上至下分三层（图三）：

第①层：表土层，厚15厘米。包含较多陶片。

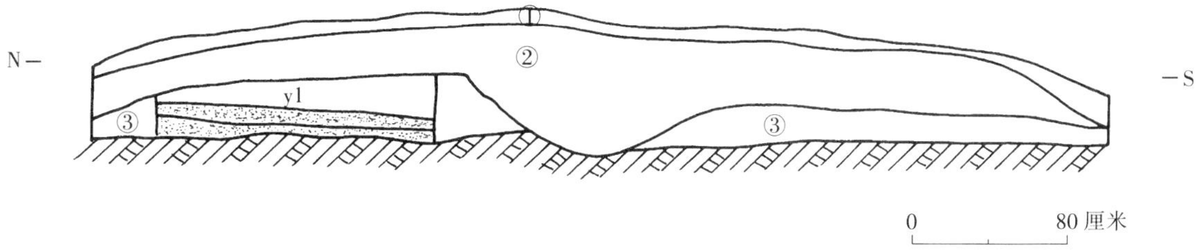

图三　T3东壁地层剖面图

第②层：堆积层，厚5～60厘米。包含大量陶片，集中堆积，其中靠近窑床部分较厚。主要的遗物为硬陶器物残片，也含有少量釉陶残片。器形主要有双耳弦纹罐、双耳直腹罐、水波纹盘口壶、水波纹大圈足盘口壶（锺）、窗帘纹直腹罐、坛、罍等。

第③层：黄土层，厚5～40厘米。仅在表层含少量陶片，推测为原始地表层。

③层之下为山体基岩。

二、窑炉遗迹

白洋垅 Y1-y1 为斜坡式龙窑结构，龙窑斜长 14.8 米，宽 1.98~2.04 米，窑头方向 300°，窑床平均坡度 18°（其中窑床前段 12°、中段 21°、尾段 3°）（图四；彩版八八：1）。该窑窑床顶部已塌，底部保存较为完整，以下分窑头、窑床、窑尾三部分叙述其结构。

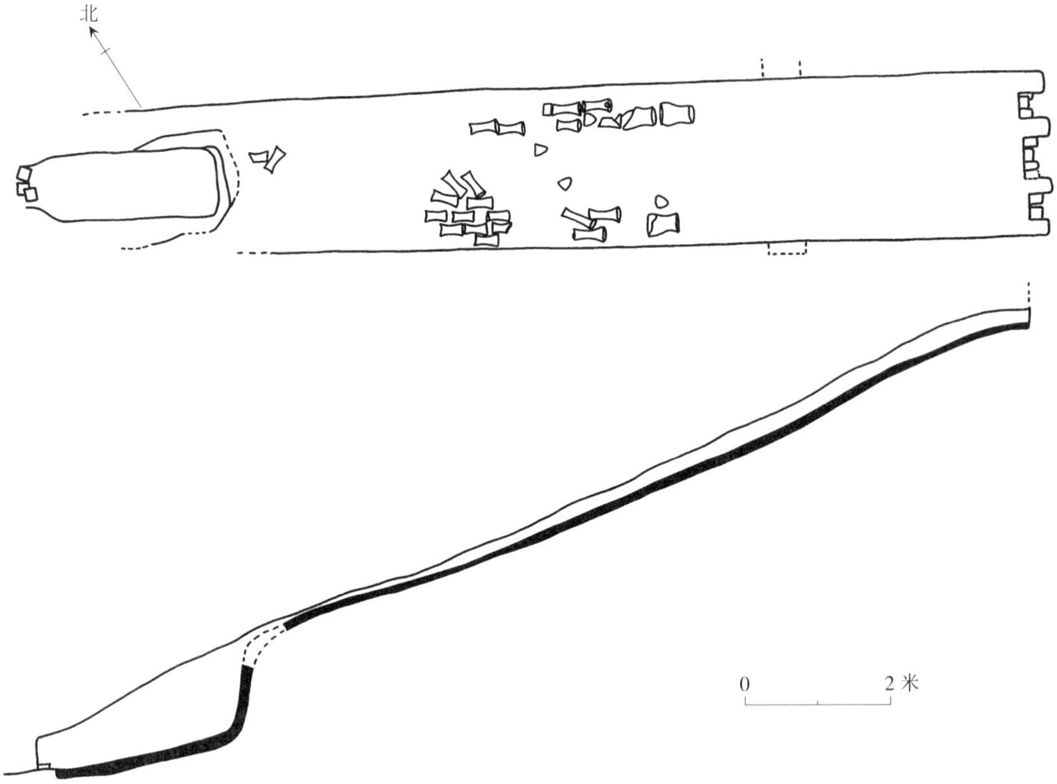

图四　y1 平、剖面图

1. 窑头

残留有通火口、火膛、火膛后壁（图五；彩版八八：2）。

通火口宽 60 厘米，残留两层砖，残高 20 厘米。

火膛呈梯形，长 3 米，前窄后宽，前端宽 60 厘米，后端宽 98 厘米。侧壁后半段依岩壁而建，前半段用砖砌成，窑汗厚度约有 5 厘米，窑壁凹凸不平。火膛侧壁应是完整的，因为窑汗布及侧壁上端，高 60~85 厘米。火膛底部宽 50~60 厘米，向前倾斜，倾斜度 10°。

火膛后壁略残，残高 35 厘米，呈弧形，若从火膛底起算，后壁残高 110 厘米。

另外，火膛前段及通火口所用砖宽 17、厚 5 厘米，均为半砖，且砖侧面有五铢钱上的"五"字印纹，背面还有叶脉式模印纹，与同时代使用的墓砖类似。

2. 窑床

宽 2 米左右，侧壁保存不多，残高仅 15 厘米。残留侧壁为土坯壁，窑汗约有 2 厘米，有多段窑壁

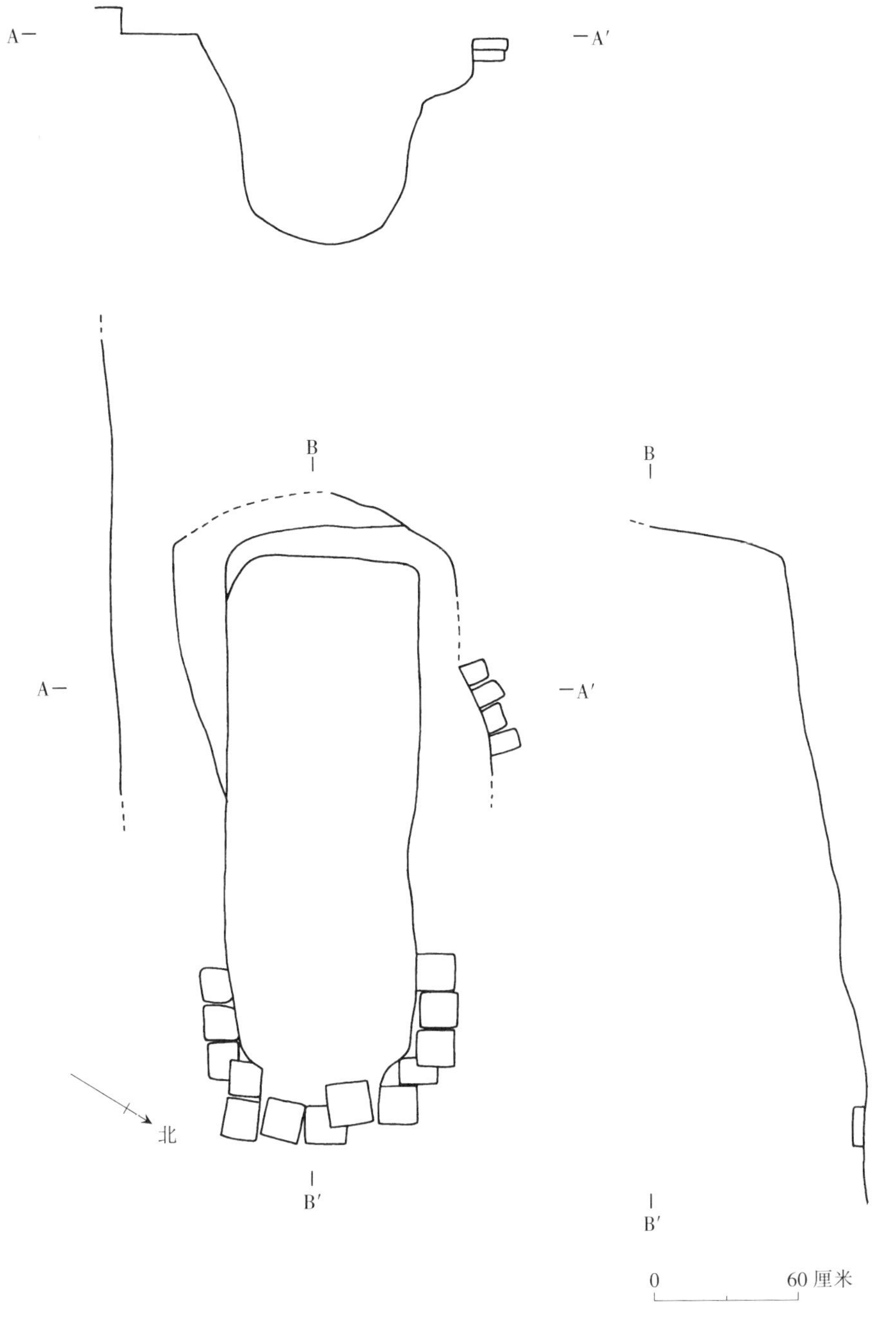

图五　火腔平、剖面图

向内坍塌。窑底厚 10 厘米，中段窑床底部保存较多的支垫具，也有大型罐、罍等器物的残片出土。窑壁基本连续，没有发现有窑门的迹象。

3. 窑尾

残留有排烟坑和烟道（图六；彩版八八：3）。窑床尾部较平坦，底部土色也和窑床内有异，因此疑有排烟坑的存在，壁已内塌，进深约 65～75 厘米。尾端有烟道 4 个，其中一个宽 25、深 35、残高 25 厘米。

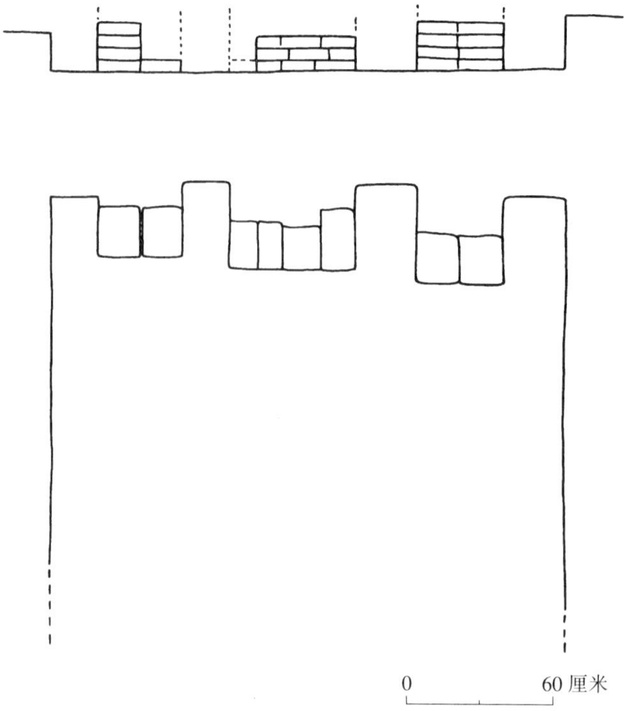

图六　窑尾平、剖面图

三、出 土 遗 物

窑址内出土遗物以硬陶为主，偶见釉陶。经过初步拼对，已发现器物有罐、坛、罍、壶、锺、钵、盆等。器物多数使用轮制法制作，且经过修整，也有少数采用泥条盘筑法。胚泥陶洗粗糙，故器物含杂质较多，表面粗糙。印纹采用手工拍印方式，少量釉陶残片上的釉质已接近青釉釉质。

（一）硬陶和釉陶器

1. 罐

残片数量在窑址堆积中占了绝大多数，可分 2 型。

A 型　硬陶直腹双耳罐，共修复 11 件。口沿内凹而分成内外口，外口侈，内口敛，直筒腹微弧，平底，对称双耳。上腹部有弦纹，器耳多为对称叶脉纹、算纹，偶见变异钱纹。从修复器物看，器形基本一致，轮制，仅口侈角度、沿内凹程度、耳大小弯曲度、腹部弧度略有微小差异。胎多灰褐灰黄，胎质普遍疏松，制作较粗糙。

T3②:2，口微侈，圆唇，上腹略弧，圆弧形双耳。灰黄胎，胎质疏松。口径 20.4、底径 16、高27.3 厘米（图七: 1）。

H1:1，侈口，尖圆唇，上腹略弧下腹略收，拱形双耳。灰褐胎，胎质疏松。口径 22.4、底径15.4、高 26.5 厘米（图七: 2）。

H1:3，尖圆唇，内口与外口平，腹较直，半圆形双耳，耳上纹饰为变异钱纹。褐胎，胎质疏松多

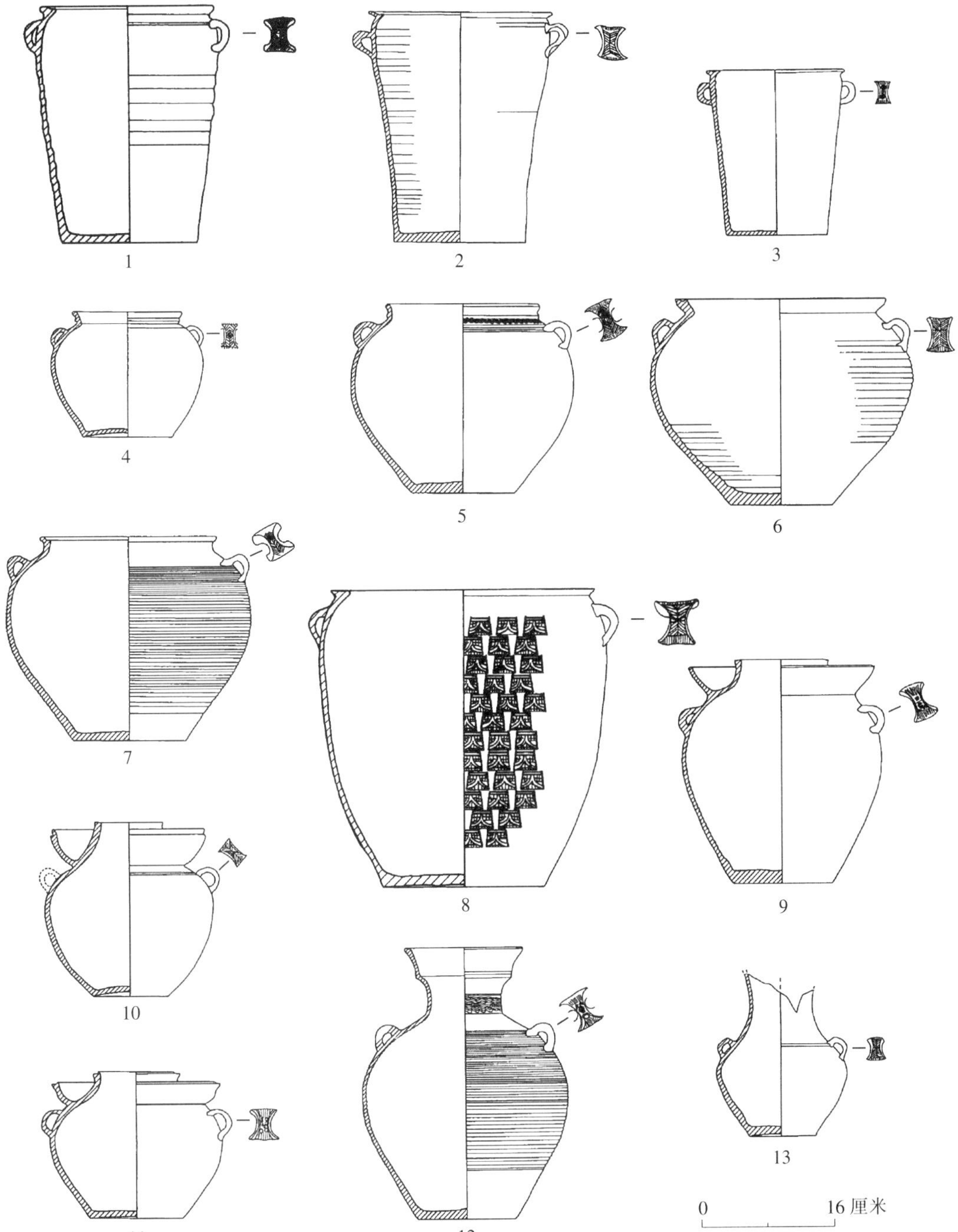

图七　出土遗物（一）

1. A 型罐 T3②：2　2. A 型罐 H1：1　3. A 型罐 H1：3　4. Ba 型罐 H1：5　5. Ba 型罐 T3②：14　6. Bb 型罐 H1：13　7. Bc 型
罐 H1：14　8. 罍 y1：36　9. 坛 T3②：9　10. 坛 H1：10　11. 坛 H1：7　12. 壶 T3②：13　13. 壶 H1：9

杂质，制作较粗糙。口径 16.6、底径 12.2、高 19 厘米（图七：3；彩版八九：1）。

B 型　硬陶弧腹罐。共修复 9 件平底，弧腹，弧腹各有差异。上腹部有对称双耳，耳面饰叶脉纹、
箅纹。轮制。多灰胎、灰黄胎，胎质较疏松，器物厚重。按口沿不同可分为 3 亚型。

Ba 型　7 件。侈口，圆唇，短颈，颈部有道内束较深的凹槽。弧腹，最大腹径在中上腹。

H1：5，黄褐胎，胎质较疏松。口径 12.8、底径 10.6、高 14.4、最大腹径 18 厘米（图七：4）。

T3②∶14，灰褐胎，胎质较疏松。肩部弦纹上方还饰有波浪纹。口径17.6、底径12.2、高21.8厘米（图七∶5；彩版八九∶2）。

Bb型 1件。

H1∶13，侈口，圆唇，凹沿。灰褐胎，胎质较疏松。口径24.7、底径12.1、高23.7厘米（图七∶6；彩版八九∶3）。

Bc型 1件。

H1∶14，侈口，圆唇，凹沿成内外口，内口直，有短颈。灰褐胎，胎质较疏松。口径21.6、底径12.4、高23.5厘米（图七∶7；彩版八九∶4）。

2. 罍

共修复1件，罐式。

y1∶36，侈口平沿微凹，内口敛，弧腹，平底微内凹。对称双耳，耳面饰叶脉纹、算纹。腹部拍印带"人"字形纹饰的窗格纹。灰胎，胎质较疏松，器表有釉斑。口径30.9、底径19、高34.4厘米（图七∶8；彩版八九∶5）。

出土残片中还有平沿罐式网纹罍腹片，斜瓿式口沿的网纹罍腹片等。

3. 坛

共修复3件。内外口，弧腹，对称双耳。口沿腹底略有差异。

T3②∶9，内口平沿直口，外口敞，深弧腹，平底。耳面饰几何纹、算纹。灰褐胎，胎质疏松，表面粗糙。内口径11.2、外口径22、底径12、高25.7厘米（图七∶9；彩版八九∶6）。

H1∶10，内口平沿直口，外口子母口明显，略内敛，弧腹略鼓，平底内凹。耳面饰叶脉纹、算纹。灰胎，胎质疏松，表面呈黑褐色，较粗糙。内口径8、外口径18、底径9、高20厘米（图七∶10）。

H1∶7，内口凹沿略外敞，外口凹沿弧折，弧腹略鼓，平底内凹。耳面饰几何圈纹算纹。灰胎，胎质疏松，制作较粗糙。内口径8.8、外口径19.8、底径11、高16.8厘米（图七∶11）。

4. 壶

数量不多，共修复2件。

T3②∶13，撇口，圆唇，沿内凹，折盘腹，短颈，溜肩弧腹，平底。颈部饰弦纹水波纹，腹部有弦纹。对称双耳，耳面饰几何纹、算纹。硬陶灰胎，胎质较坚，但多气孔杂质。口径14、底径11.4、高31.2厘米（图七∶12；彩版九〇∶1）。

H1∶9，口沿残，颈肩顺弧无折意，鼓腹，平底。对称双耳，耳面饰叶脉纹、算纹，肩部有弦纹。硬陶紫褐胎，胎质较坚，但多气孔杂质。底径8、残高16.6~18.6厘米（图七∶13）。

5. 圈足壶（锺）

共修复2件，均已变形。敞口凹沿，浅盘腹略弧，圈足折壁，足跟斜削。肩部对称双耳，耳面饰叶脉纹、算纹，肩部饰弦纹、水波纹。硬陶灰黄胎，胎质坚，但多气孔杂质，表面粗糙。

H1∶8，腹部变形，素面。口径15.8、足径15.2厘米（图八∶1；彩版九〇∶2）。

6. 器盖

共修复1件。

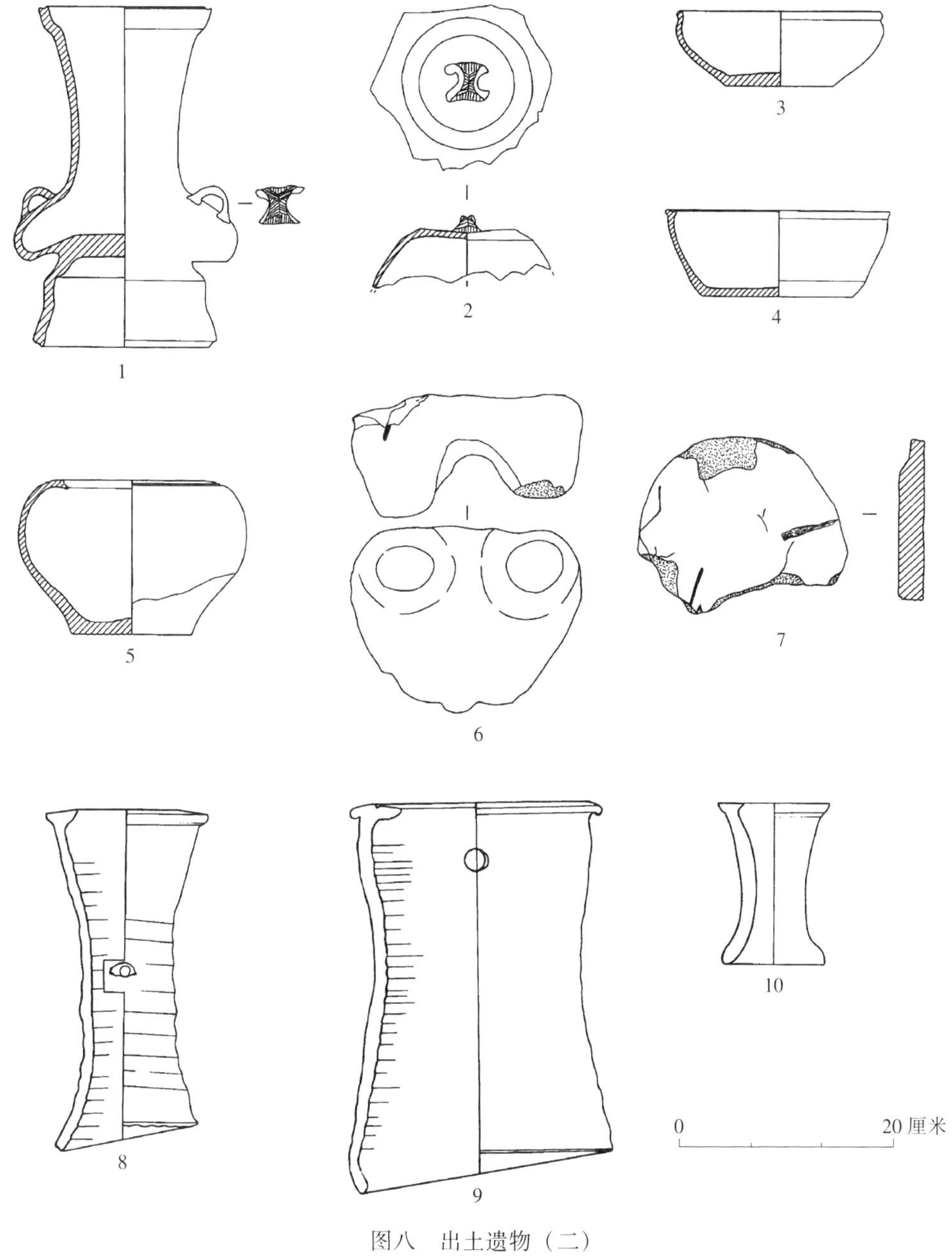

图八　出土遗物（二）

1. 圈足壶（锺）H1：8　2. 器盖 y1：33　3. A 型钵 T3②：16　4. B 型钵 T3②：4　5. C 型钵 T3②：15　6. 垫具 y1：25　7. 垫饼 y1：32
8. Aa 型支柱 y1：29　9. Ab 型支柱 y1：20　10. B 型支柱 y1：31

　　y1：33，盖口残，盖腹折弧，条形纽，纽面饰叶脉纹、箅纹。硬陶灰黄胎，胎质疏松，制作粗糙。残高约 6.5 厘米（图八：2；彩版九〇：3）。

7. 钵

　　共修复 4 件，按口腹不同可分为 3 型。

　　A 型　2 件，撇口，圆唇，弧腹微鼓，平底。

　　T3②：16，釉陶，灰褐胎，仅口沿下有釉痕，釉层已剥落，胎质较疏松。口径 18.4、底径 10、高 6.7 厘米（图八：3；彩版九〇：4）。

　　B 型　1 件。

T3②:4，敞口，圆唇，沿内凹，斜弧腹，平底。硬陶，灰胎，胎质疏松。口径20.8、底径14、高7.7厘米（图八：4）。

C 型　1件。

T3②:15，敛口，圆唇，鼓腹，平底。釉陶，灰胎，施黄釉，外壁口腹施釉不及底，胎质较疏松。口径12.4、底径10.8、高13.8厘米（图八：5；彩版九〇：5）。

（二）窑具

多夹砂陶，砂含量较少，有的夹炭灰。泥条盘筑法制作，器形有两足垫座、垫饼和支柱。

1. 两足垫座

y1:25，座顶平面呈弧边三角形，座底一侧有两大乳足，座足底和顶面底成一斜角，以适应窑床坡度。足端宽约21.5、高约11.5厘米（图八：6；彩版九一：1、2）。

2. 垫饼

y1:32，圆饼形，直径约20、厚2.4厘米（图八：7；彩版九一：3）。

3. 支柱

可分2型。

A 型　柱顶为平面，柱身内凹，柱底呈撇足状且倾斜，中间或上部有透气孔，器形较大，按腹径又可分2亚型。

Aa 型　瘦长腹。

y1:29，平面直径9.6、高29.4~31.8厘米（图八：8；彩版九一：4）。

Ab 型　圆筒腹。

y1:20，平面直径20.0、高32.8~36.6厘米（图八：9；彩版九一：5）。

B 型　柱顶为平面，柱身内凹，柱底呈撇足状平，器形较小。

y1:31，平面直径9.0、足径10.6、高14.6厘米（图八：10；彩版九一：6）。

另外，窑址内也出土少量釉陶残片（彩版九〇：6），无法修复或看不出器形，在此不作描述。

四 、 年 代 判 断 和 认 识

从窑址内出土器物的组合看，以罐类器物为主，兼烧少量的壶锺类、钵、坛、罍、盆等产品，未发现有鼎、盒类产品，也未发现碗类产品。有些口沿残片类似瓿，但和罐很接近。A型罐和坛类产品具有明显的地方特色，罍的形制亦反映了地方特色，从出土残片看，口径较大，更接近罐一些，此类器物浙江地区主要发现在金衢盆地，其他地区少见。Ba型罐和上虞驮山永元十二年墓（M31，100年）[1]、上虞蒿坝永初三年（M52，109年）[2] 墓中的硬陶罐类似。壶和锺类产品共存，和上虞蒿坝永初三年墓、嘉

①　浙江省文物考古研究所：《上虞驮山古墓葬发掘》，《沪杭甬高速公路考古报告》，文物出版社，2002年。

②　吴玉贤：《浙江上虞蒿坝东汉永初三年墓》，《文物》1983年第6期。

兴九里汇东汉墓[1]类似。与上虞嵩坝永初三年墓相仿的鄞县高钱 M40[2] 中出土的印纹罐上的窗帘纹和本窑址中出土的窗帘纹一样。

窑址中出土的器物较多的为硬陶陶质，胎质普遍比较粗糙，施釉者数量较少，釉质也相差较大，偶见釉质较好的釉陶，故基本上未见精品残片，与上虞帐子山东汉窑址相比，该窑址的服务对象当是普通大众。出土器物内壁的轮制痕迹和较薄的胎壁表明，器物的制作已普遍使用轮制技术。带纹饰的器物内壁往往都有按捺的痕迹，说明纹饰仍是通过陶拍拍印的。

从窑址出土产品和窑具来看，该窑产品基本上都是较大型的壶、罐等，产品的烧制方式显然是单件放置在窑具上烧制，没有产品叠烧的现象。窑工使用较高的窑具以抬高烧制器物在窑内的空间高度，使烧制器物能到更好的温度。由此可判断该窑一窑的装烧量大约为 200 件左右。从废品堆积厚度来判断，该窑的规模不大，而且烧制次数不多，否则废品堆积应该不止这点面积。因为烧制要求不是很高，所以成品率应该较高。

据此，该窑址出土遗物具有明显的东汉中期特征，年代约在公元 1 世纪中叶后至 2 世纪初叶阶段。

从探方与窑床横剖面看地层关系，该窑床应该是下挖原始地表呈半地穴状后建成，并在窑底有垫土以抬高窑床坡度的痕迹。整个窑床呈一流线形的勺状。关于窑炉结构，以前尚未发现过汉代龙窑的火膛结构，从该窑看，火膛很大，但在火膛上方未见有炉箅的痕迹，火膛后壁很高，说明当时该龙窑只是使用较多的烧火材料以满足整条龙窑内的温度需要，从而也间接证明了土坯窑壁上还未设有投柴孔。从火膛底部的倾角和火膛口砖块使用情况的现存迹象看，火膛口砖块似乎是为了封堵才使用的，似乎还未运用风口火口的分离技术，即还没有风门，只有一个添柴通火口，而且这个口子有点大，宽有 60 厘米。整条龙窑仅火膛口和窑尾排烟坑位置使用砖块，有可能是烧制后封堵为保持窑内温度而使用的。从窑壁的连续性可以证明，东汉龙窑尚未产生窑门结构，窑床内烧制器物的搬运和窑床清理应该是通过窑尾排烟坑处进出的，这可以由该窑址的废品堆积层几乎全集中在相当于窑床中后段的位置来证实。假设有窑门的话，废品堆积层应该位于相当于窑床中前段的位置，甚至是位于火膛前侧。因为窑尾地势高，窑工不可能出了窑门把废品往地势高的位置倾倒。

综上所述，我们基本可以判断该龙窑有如下几个特点：第一，该窑址应该是多次使用的窑场；第二，器物通过窑尾排烟口搬运；第三，土坯窑壁，没有投柴孔，火膛口只有一个，兼投柴和通风，推测最后应该有道程序是封堵以保持窑内温度；第四，火膛很大，没有炉箅，直接填装，可以添装大量的柴火。

以上的认识或许可以扩大到龙游地区的东汉龙窑。虽然龙游白洋垅窑址只是一处面向大众的普通窑场，但它和上虞帐子山东汉窑场等一起，展示了东汉时期龙窑窑业技术发展的全面状况。

执　　笔：徐　军

绘　　图：赵刚毅　许印旗

清　　绘：许慈波

---

[1]　嘉兴市文化局：《浙江嘉兴九里汇东汉墓》，《考古》1987 年第 7 期。

[2]　浙江省文物考古研究所：《浙江省鄞县高钱古墓发掘报告》，《浙江省文物考古研究所学刊（第七辑）》杭州出版社，2005 年。

绍兴平水小家山汉六朝墓

浙江省文物考古研究所

小家山墓地位于绍兴县平水镇四丰村蔡家岙自然村北，东高西低，东面高处为南北走向的后面山，南面为大树山，北面为石旗峰，西面开阔，由近到远分别为上灶河、平水江（若耶溪），地理位置优越。因绍兴县平水副城于此地建设，2012 年 2 ~ 7 月，浙江省文物考古研究所与绍兴县文化发展中心联合组队，对小家山墓地进行抢救性考古发掘，共清理墓葬 37 座，其中战国墓 3 座、汉六朝墓 33 座、明代万历年间墓葬 1 座。现把汉六朝墓葬简报如下。

一、墓葬形制

本次发掘的汉六朝墓葬有土坑木椁墓、土坑砖椁墓和券顶砖室墓三类。

（一）土坑木椁墓

土坑木椁墓共 22 座。主要分布在小家山东西走向山脊的 I、II 两小区（图一），少量位于 I 区所在位置的北坡（M8、M9）及 II 区东北处南北走向的小山岗上（M36、M37）。

墓坑大部分为长方形，少量略呈方形。据墓道的有无，可分为两型：带墓道的竖穴土坑木椁墓，无墓道的竖穴土坑木椁墓。

葬具和人骨架均已腐朽，只留棺椁的板灰痕迹，有的墓葬棺的底部还铺一层草木灰。从葬具板灰痕看，墓葬有一椁双棺和一椁一棺两类。木椁没有明显的分箱痕迹。

墓内填土为红褐色土，夹杂大量石子，其中 M31 的填土为夯筑，能分辨出夯层，夯层厚度约 20 厘米。其余墓葬没有明显的夯筑迹象。填土靠近底部时，墓坑四周土质比较致密，而墓坑中部的填土则比较疏松，结合棺椁朽烂后留下的板灰痕迹分析，这一圈致密的土应该是椁外填土。

墓葬保存不佳，除个别墓葬保存较好外，绝大部分墓葬被严重盗扰。从保存较好的墓葬看，随葬品的放置有一定规律，棺内多随葬铜镜、铜钱、铁兵器等小件器物，陶器类器形较大的随葬品，除一座（M28）放在木椁的一端，其余的均放置在木椁的一边。

A 型　带墓道的竖穴土坑木椁墓，1 座。

M28　墓向 20°。墓室长方形，长 389、宽 240 ~ 244、残深 130 厘米。墓道位于墓室的北端，分为三段。南段，长 70 ~ 100、宽 164 ~ 170、残深 130 厘米，底部与墓室底平齐。中段底部平整，高于南段底约 18 厘米，长 164 ~ 190、宽 170 ~ 192、残深 112 厘米。北段斜坡状，平面形状呈弧形，斜长 62、

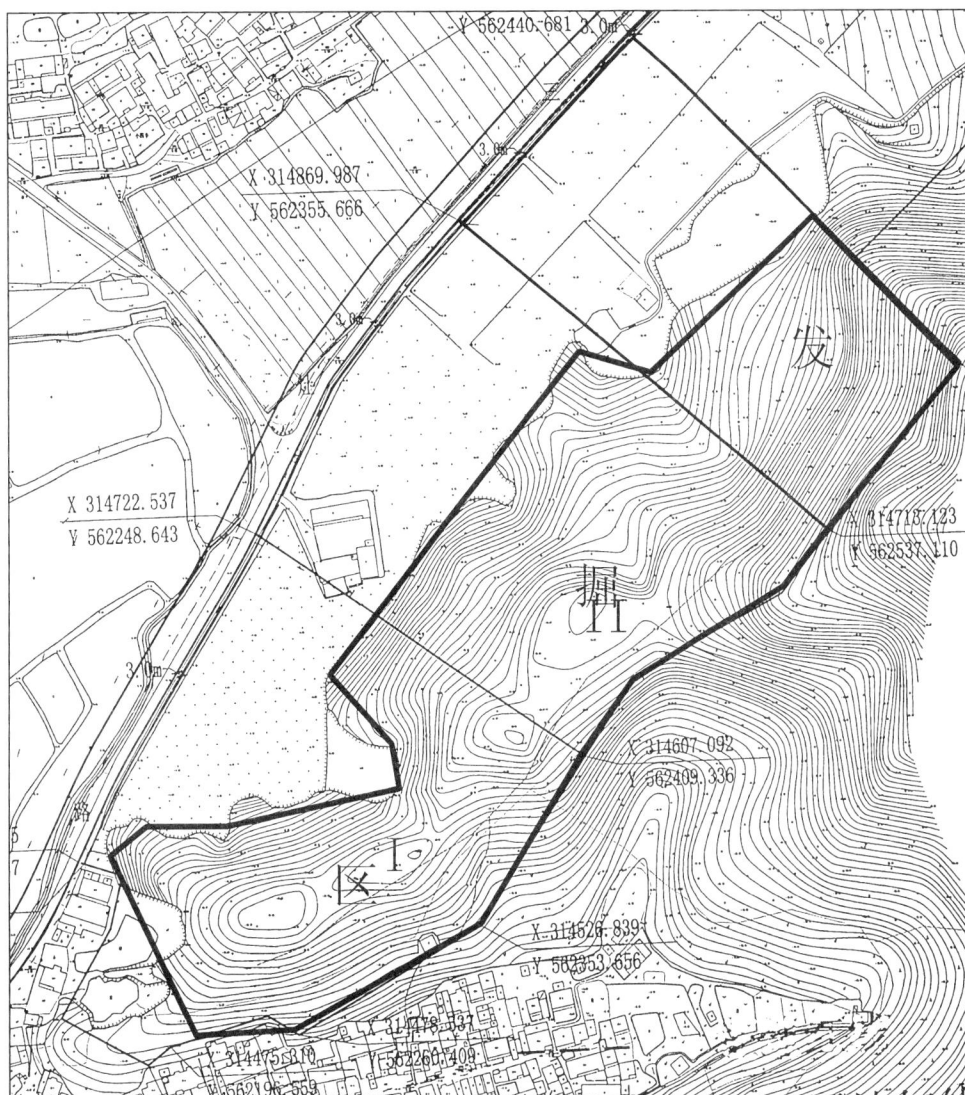

图一　小家山墓地地形示意图

下端宽192厘米，高于中段墓道底部约50厘米。墓内填土为红褐色花土，夹杂大量小石子。东、西、南三面有"熟土二层台"，应是椁外填土。墓底有两条东西向的枕木槽，长240、宽18～22、深10厘米。葬具及人骨架已经朽烂，从板灰痕迹知，此墓为一椁双棺，椁宽约160厘米，长、高不详。椁没有明显的分箱痕迹。双棺位于椁的中后部，由于被扰乱，棺数及其规格不详。墓葬被扰乱，出土随葬品16件，有釉陶、硬陶、泥质陶、铁器等，器类有壶、罐、灶、铁削、铁矛等。棺所在位置出土了铁削和铁矛两件器物，其余陶器类器形较大的随葬品均放置于椁的北端（图二）。

B型　竖穴土坑木椁墓，21座，据墓坑形状可分为三个亚型。

Ba型　长方形竖穴土坑木椁墓，19座。

M12　墓向350°。墓坑长方形，长365、宽270～300、残深140厘米。墓内填土为红褐色花土，夹杂大量小石子。四面有"熟土二层台"，应是椁外填土。墓底有两条枕木槽，长240、宽12～20、深6

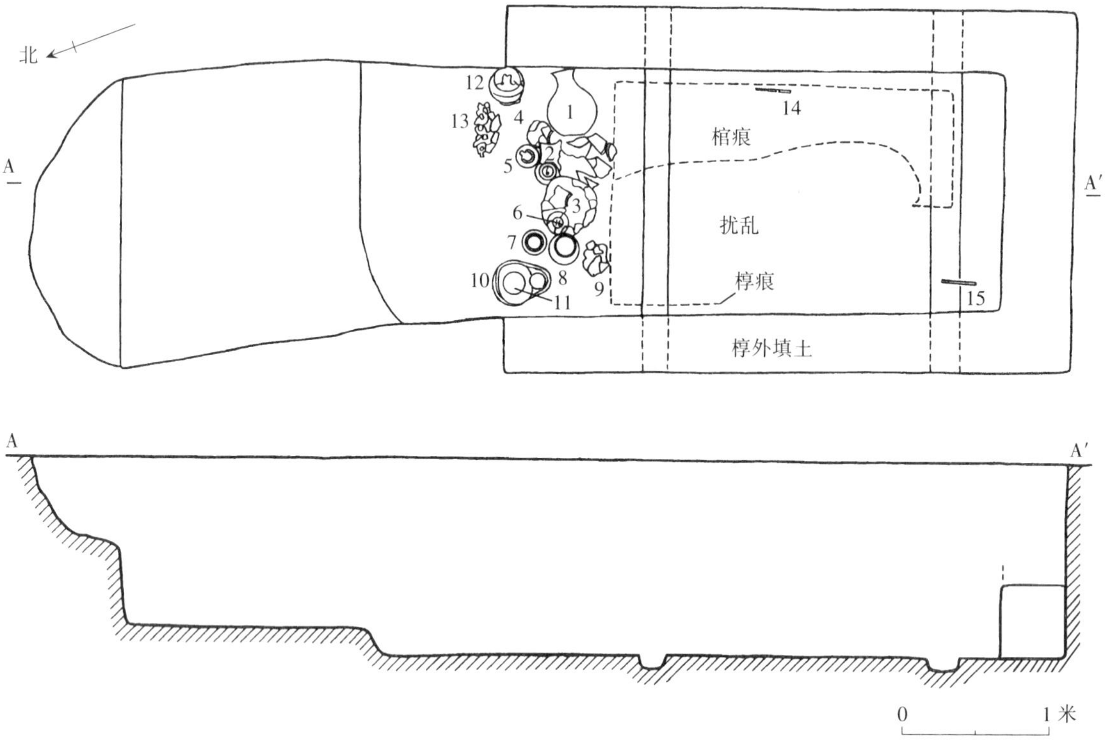

图二　M28 平、剖面图

1、2、5、9、12. 陶壶　3、4、6、7、8、13、16. 陶罐　10. 陶灶　11. 铁釜　14. 铁削　15. 铁矛

厘米。葬具及人骨架已经朽烂，从板灰痕迹知，此墓为一椁双棺，椁长约 264、宽约 210 厘米，高度不详。椁没有明显的分箱痕迹。双棺位于椁的中东部，东棺长约 210、宽约 48 厘米，西棺长约 210、宽约 49 厘米。双棺的底部均铺一薄层草木灰，可能与葬俗有关。墓葬的西北角被破坏，其余保存完好。出土随葬品 14 件，有硬陶、铜器、铁器等，器类有壶、瓿、罍、铜镜、铜钱、铜盆、铜量杯、铁削等。铜镜、铜钱、铁削等出土于棺内，铜盆、铜量杯出土于棺的头端与椁南侧挡板之间，其余陶器类器形较大的随葬品成排放置于椁的西侧（图三）。

M32　墓向 150°。墓坑长方形，长 366、宽 280、残深 160 厘米。墓内填土为红褐色花土，夹杂大量石块。四面有"熟土二层台"，应是椁外填土。墓底有两条枕木槽，长 280、宽 12～16、深 6 厘米。葬具及人骨架已经朽烂，从板灰及漆皮痕迹知，此墓为一椁双棺，椁长约 282、宽约 200 厘米，高度不详，没有明显的分箱痕迹。棺位于椁的中部，从随葬品的摆放可确定该墓为双棺，但无法分辨出每棺的范围。该墓保存完整，出土随葬品 21 件，有釉陶、硬陶、泥质陶、铜器、铁器、石器等，器类有壶、瓿、罐、水井、灶、铜镜、货布、铜钱、铜盆、铜碗、带钩、铁剑、石黛板、研磨器等。铜镜、货布、铜钱、带钩、铁剑、石黛板、研磨器等出土于棺内，铜盆、铜碗等出土于椁东北角，其余陶器类随葬品成排放置于椁的西侧（图四）。

M36　墓向 74°。紧邻 M37，两墓相距 50 厘米。墓坑长方形，长 394、宽 250～256、残深 60 厘米。墓内填土为红褐色花土，夹杂大量小石子。四面有"熟土二层台"，应是椁外填土。墓底有两条枕木

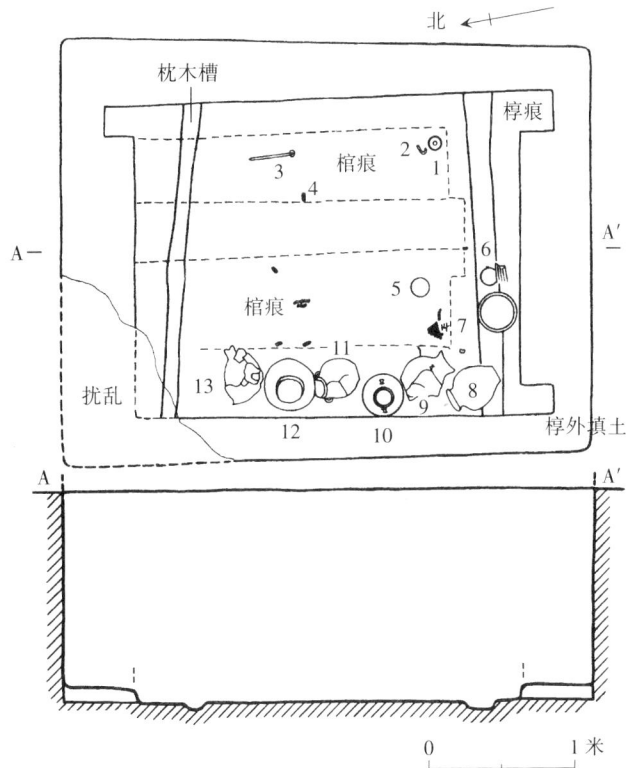

图三　M12 平、剖面图

1、5. 铜镜　2. 铁削　3. 环首刀　4、14. 铜钱　6. 铜卮　7. 铜盆　8、9. 陶壶　10、11. 陶瓿　12、13. 陶罍

图四　M32 平、剖面图

1、6. 铜镜　3. 石研磨器　4. 铁剑　5. 带钩　7、9. 铜碗　8. 铜盆　10、11. 陶盘口壶　12. 陶瓿

13. 陶罐　14. 铁釜　15. 陶灶　16. 陶水井　18. 大布黄千　19. 铜钱　20. 铜环　21. 玉饰

槽，长约252、宽约14、深9厘米。葬具及人骨架已经朽烂，从板灰及漆皮痕迹知，此墓为一椁一棺，椁长约320、宽约216厘米，高度不详。椁没有明显的分箱痕迹。棺位于椁的中北部，底部铺草木灰，由于被扰乱，棺长宽不详。墓葬被严重盗扰，只出土随葬品6件，有釉陶、泥质陶、铜器、铁器等，器类有瓿、水井、灶、铜钱、铜盆、铁剑等。铜钱、铁剑出土于棺内，陶器类随葬品成排放置于椁的南侧（图五）。

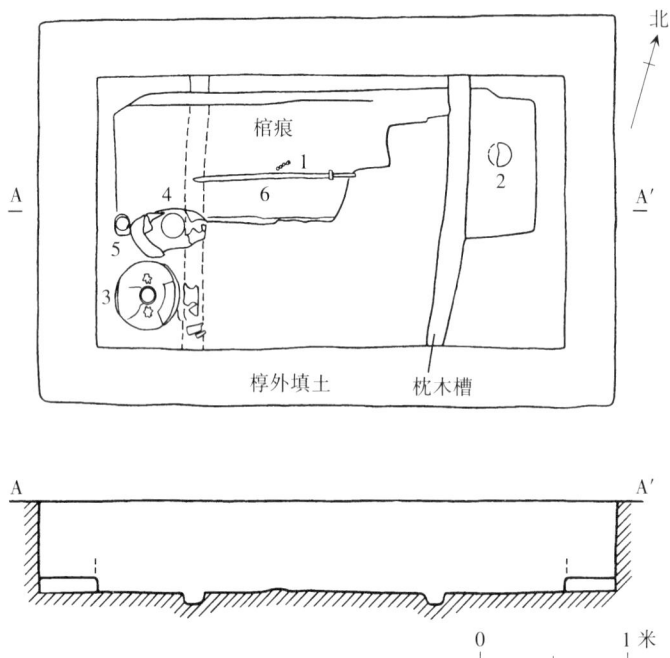

图五　M36 平、剖面图
1. 铜钱　2. 铜盆　3. 陶瓿　4. 陶灶　5. 陶水井　6. 铁剑

Bb 型　方形竖穴土坑木椁墓，1 座。

M31　墓向125°。墓坑方形，长470、宽465、残深168厘米。墓内填土为红褐色花土，夹杂大量小石子，夯筑，夯层明显，厚度约为20厘米。四面有"熟土二层台"，应是椁外填土。墓底有两条枕木槽，长约476、宽16·24、深10~15厘米。葬具及人骨架已经朽烂，从板灰及漆皮痕迹知，此墓为一椁，椁长约320、宽360厘米，高度不详，没有明显的分箱痕迹。从随葬品的出土位置分析，棺应位于椁的中北部，但由于扰乱严重，棺数及长宽均不可知。墓葬被严重盗扰，只出土随葬品15件，有釉陶、泥质陶、铜器等，器类有鼎、盒、壶、瓿、罐、陶灶、铜钱等。双棺所在位置已被严重毁坏，只在东部靠近椁的位置还残留少量黑褐色漆皮。陶器类随葬品出土于椁室的西侧，也被严重扰乱，从局部未被扰动器物的摆放位置来看，当初随葬品应该较多，且成排放置于椁室西侧，有些器物还上下叠压（图六）。

Bc 型　曲尺形竖穴土坑木椁墓，1 座。

M10　墓向350°。墓坑曲尺形，长280~320、宽280、残深70厘米。墓内填土为红褐色花土，夹杂大量小石子。被严重扰乱，只局部残留棺椁痕迹，椁的大小、棺的数量不清。此墓只出土一件铜盆和一件残盘口壶（图七）。

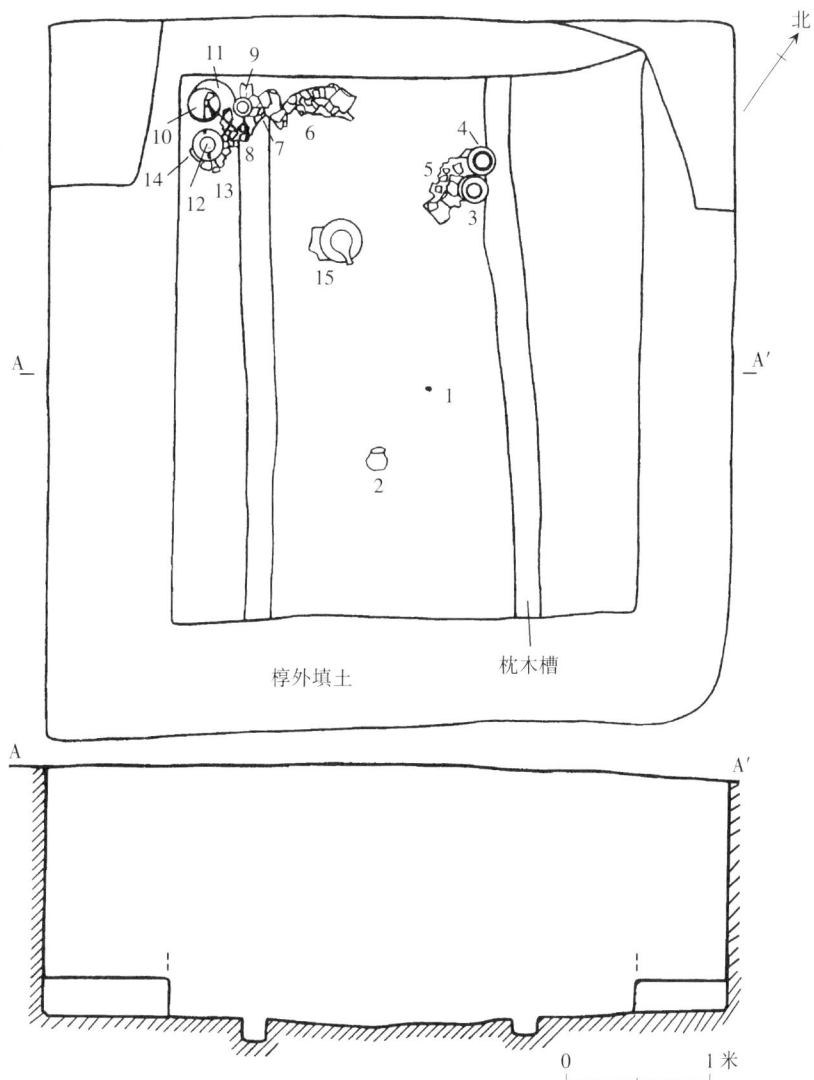

北

椁外填土　　枕木槽

图六　M31 平、剖面图

1. 铜钱　2、3、4、8、9、11、12、14. 双耳罐　5、6. 陶瓿　7. 陶壶　10. 陶鼎　13. 陶盒　15. 陶灶

北

图七　M10 平、剖面图

1. 铜盆　2. 盘口壶

（二）土坑砖椁墓

土坑砖椁墓只有1座。

M33　方向145°。土坑长方形，长340、宽246、残深50厘米。砖椁长方形，长290、宽204、残深44厘米。四壁均单砖错缝平砌，地砖为一横两竖平铺。葬具已朽，从板灰痕迹知，此墓为一椁双棺，双棺底部均铺草木灰，其中西棺所处位置保持完整，棺痕清晰，长约216、宽约48厘米，东棺宽约52厘米，长度不详。此墓应为同穴合葬。墓葬被严重盗扰，陶器类随葬品只剩下一件陶罐，在保存完整的墓葬西部出土有铜镜、铁削、黛板、研磨器、铜钱等小件随葬品，墓葬的北端有漆器腐朽后留下的漆痕，器形已不可辨（图八）。

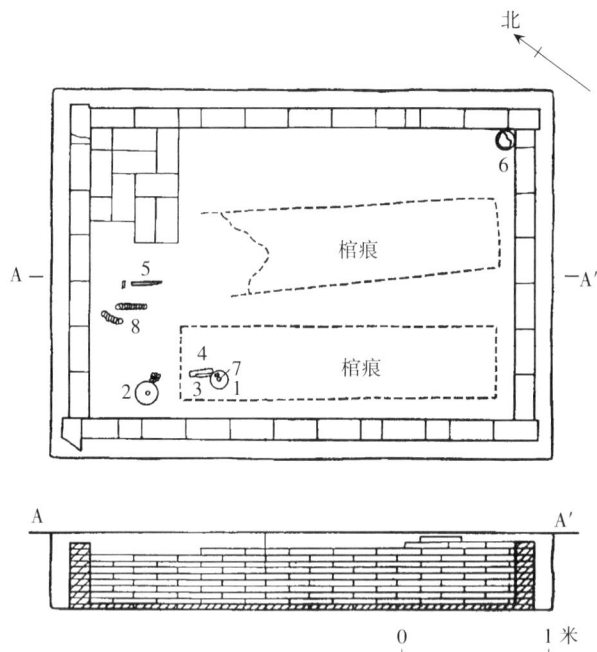

图八　M33平、剖面图

1、2. 铜镜　3、5. 铁削　4. 石黛板
6. 陶罐　7. 石研磨器　8. 铜钱

（三）券顶砖室墓

券顶砖室墓共10座。据墓室形状，分两型：

A型　墓室长方形，有甬道，墓葬整体形状为凸字形，8座。据有无棺床，可分两个亚型。

Aa型　有棺床，6座。

M3　方向345°。由墓室、甬道、封门组成（图九）。墓室长方形，分前后两段。前段长82、宽100

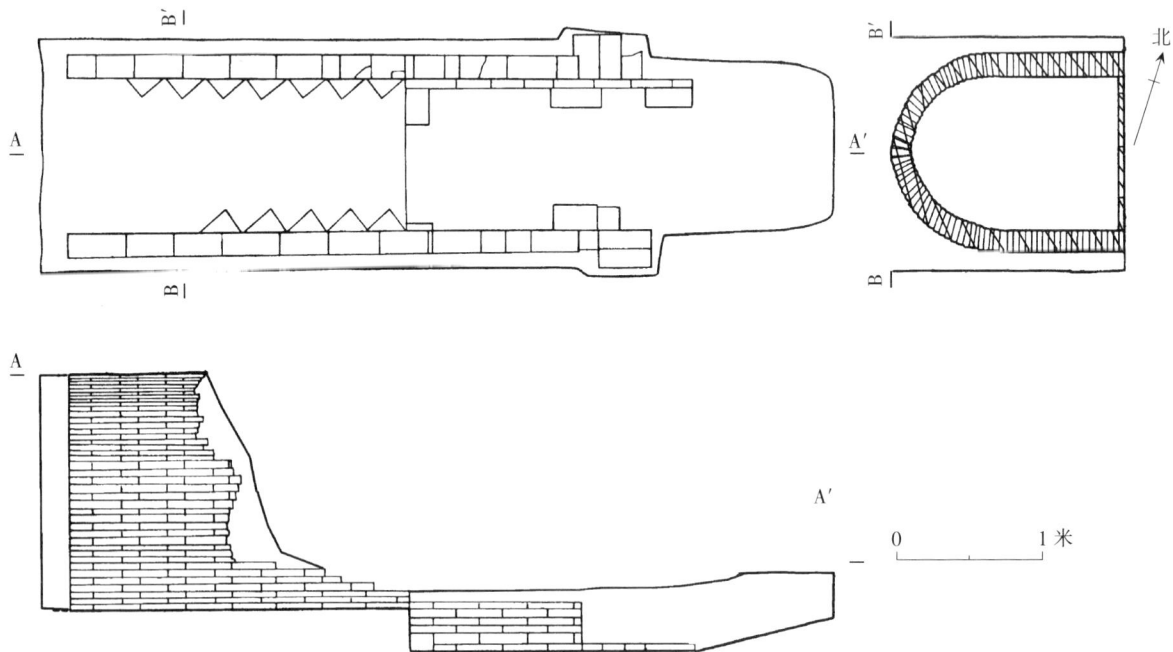

图九　M3平、剖面图

厘米。后段为棺床，长 234、宽 100～105 厘米，其底部高于前段约 40 厘米。墓室残高 26～154 厘米。甬道及封门墙已被破坏，情况不详。墓室侧壁为单砖错缝平砌，后壁被完全破坏，砌法不清。墓顶部用刀形砖起券。甬道和墓室前段地砖均已毁坏，铺法不清，棺床地砖稍有残留，从残留部分看，棺床地砖为"人字形"铺法。墓砖有条砖和刀形砖两种，条砖主要用来砌墙，侧面中部模印钱币纹和叶脉纹，两端模印对向三角纹和弧形纹（图一五：5），有的还有纪年铭文，砖铭"天下太平太康元年七月造"（图一五：3）。刀形砖主要用来券顶，内侧面模印"田子纹"和斜线纹（图一五：4）。此墓被盗一空。

M4　方向 150°。由墓室、甬道、封门、排水沟四部分组成（图一〇）。墓室长方形，分为前后两段。前段长 108、宽 194、残高 62～84 厘米，底部与甬道平。后段为棺床，主体已被破坏，只在前部靠近墓壁处各剩一块立砖，从残存部分看，棺床长 332、宽 194 厘米，高度不详。甬道位于墓室的北部，长 168、宽 102～108、残高 50 厘米。墓室后墙残高 0.38 米。墓室和甬道侧墙五顺一丁起砌，再砌三顺一丁两组，然后再平砌两层，其上被毁，砌法不详。墓室前段及甬道地砖为"人字形"平铺，棺床被完全毁坏，地砖铺法不清。封门两道，第一道封门位于甬道前端，"人字形"砌法，第二道封门紧靠甬道北端，为单砖错缝平砌。排水沟砖砌，两侧用砖纵向错缝平砌两层，其上覆盖两层砖，形成宽、高均为 8 厘米的小暗沟，北部已被破坏，残长 190 厘米。墓室及甬道的墓砖纹样丰富，顺砖和丁砖纹样有别。顺砖内侧面多数模印兽面纹和龙纹的组合纹（图一五：12、16），少数有纪年铭文，砖铭"永熙元年□月一日诸兴"（图一五：6）。丁砖端面均模印兽纹（图一五：15）。此墓被盗一空，只在靠近底部的扰土中出土有青瓷器残片，有灶、四系罐、双复系罐、盘口壶、堆塑罐、耳杯、虎子等器类。

M16　方向 285°。由墓室、甬道、封门、排水沟四部分组成（图一一）。墓室长方形，分前后两段。前段长 110、宽 186、残高 104 厘米，底部与甬道平。后段为棺床，长 330、宽 186、高 21 厘米。甬道位于墓室的北部，长 160、宽 108、残高 100～110 厘米。墓壁均为单砖错缝平砌。墓室前段及甬道地砖"人字形"平铺，棺床北端挡土墙为单砖侧砌，地砖有单砖错缝横向平铺和两横两竖平铺两种铺法。封门两道，第一道封门位于甬道前端，第二道封门紧靠甬道北端，均为单砖错缝平

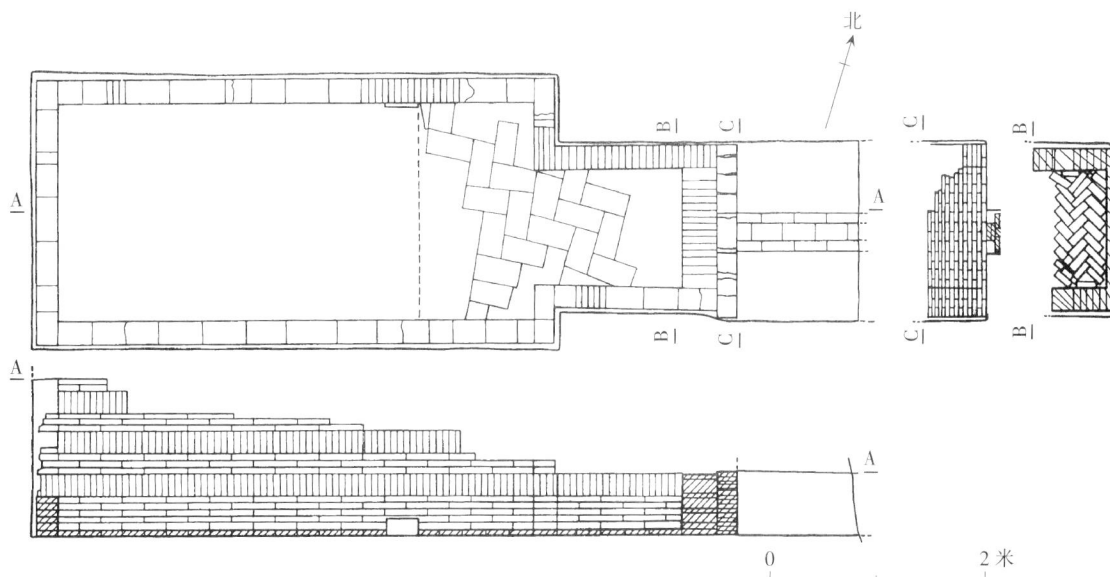

图一〇　M4 平、剖面图

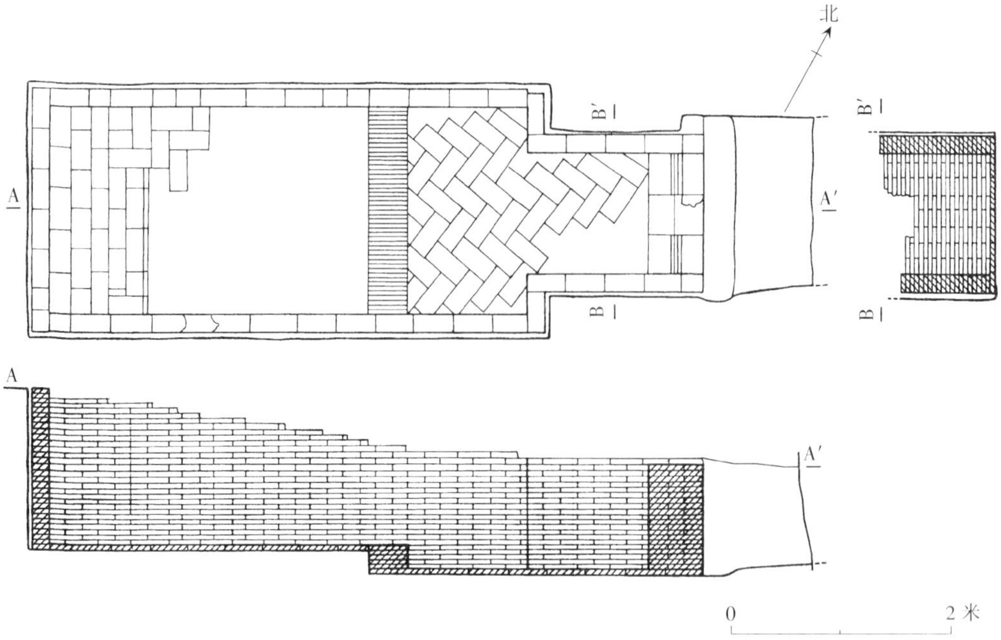

图一一   M16 平、剖面图

砌。墓砖纹样单一，内侧中部以钱币纹为中心，两边对称模印"×"形纹和对向三角纹几何纹。此墓被盗一空。

Ab 型   无棺床，2 座。

M7   方向 335°。由墓室、甬道、封门三部分组成（图一二）。墓室长方形，长 440、宽 209、残高 153～273 厘米。甬道位于墓室的北部，长 136、宽 110 厘米，残高 112～116 厘米。墓室壁均为单砖错缝平砌，两侧壁砌 36 层后用刀形砖起券；甬道为六顺一丁起砌，再错缝平砌六、七层，然后用刀砖起券。墓室及甬道地砖均为"人字形"平铺。封门紧靠甬道北端，均为单砖错缝平砌，长 144、厚 20、残高 110 厘米。墓葬刀砖和条砖纹样不同，刀砖以中部几何纹为中心，两侧对称模印侧向"W"纹、对向三角纹和"＋"字纹（图一五：10），条砖则以中部钱币纹、方格纹等为中心，两侧对称模印对向三角纹与侧向"W"纹或对向三角纹与"×"形纹的组合纹（图一五：7～9）。此墓被严重盗扰，只在甬道北端出土一件双耳罐。

M25   方向 350°。由墓室、甬道、封门三部分组成（图一三）。墓室长方形，长 394、宽 200、残高 102～124 厘米。甬道位于墓室的北部，长 62、宽 120、残深 100 厘米。墓室壁均为单砖错缝平砌，墙高 82 厘米以上起券。甬道为双砖平砌 18 层，然后用扇形砖侧砌起券。墓室及甬道地砖均为两横两竖平铺，在墓室的西南角有长 120、宽 62、高 64 厘米的砖台。封门砌于甬道北端，双砖平砌，长 120、厚 31、残高 100 厘米。此墓被严重盗扰，只在墓室的东侧出土一件残破铜镜。

B 型   墓室中部外弧，整体形状略呈舟形，2 座。

M21   方向 280°。由墓室、甬道、封门、排水沟组成（图一四）。墓室中部略外弧，呈舟形，墓室长 426、宽 120～140 厘米，分前后两段。前段长 68 厘米，低于后段约 4.5 厘米。后段为棺床，长 358 厘米。甬道位于墓室西部，长 106、宽 100、残深 22～62 厘米。墓室两侧壁为单砖四顺一丁起砌，再砌一

图一二　M7 平、剖面图

1. 陶双耳罐

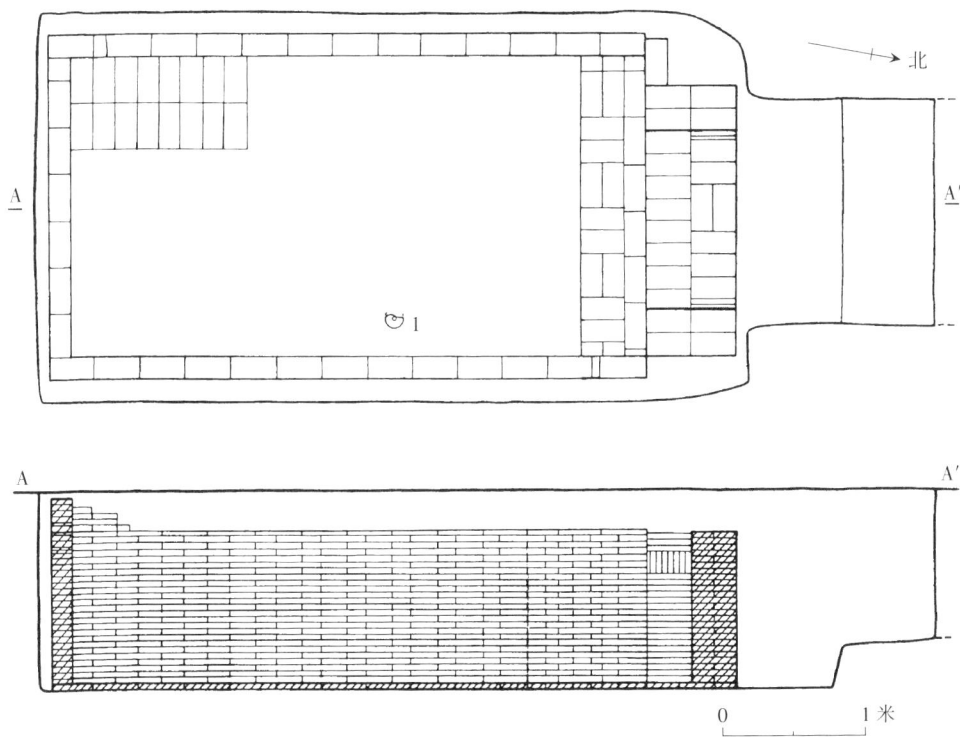

图一三　M25 平、剖面图

1. 铜镜（残）

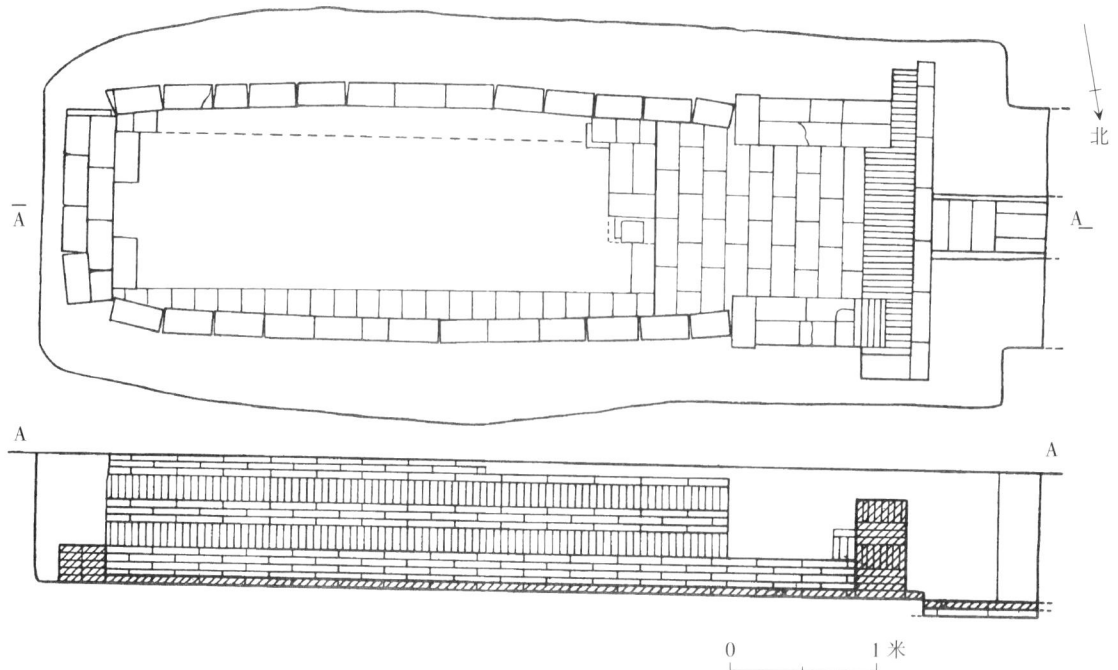

图一四　M21 平、剖面图

图一五　墓砖纹饰及铭文拓本

1、2、13、14. M2　3～5. M3　6、12、15、16. M4　7～10. M7　11. M6

组三顺一丁，然后再单砖错缝平砌三层，往上被毁坏，砌法不详。墓室后壁略外弧，毁坏严重，只剩下四层，为双砖错缝平砌。甬道为双砖四顺一丁起砌，与墓室侧壁不咬合。墓室前段与甬道地砖均为横向单砖错缝平铺，后段棺床底部已被毁坏，地砖铺法不清。封门为三顺一丁起砌，一半砌于甬道内，一半紧贴甬道西端，墙厚34、残高62厘米。排水沟砖砌，两侧用砖纵向平砌一层，水沟盖砖除了靠近封门处的三砖为横向平盖外，其余的均为纵向平盖。此墓被盗一空。

二、出土遗物

此次发掘的汉六朝墓葬，保存状况极差，除个别墓葬保存较好外，绝大多数墓葬均被严重盗扰，随葬品所剩无几，砖室墓更是基本被盗一空。随葬品依质地可分为陶器、铜器、铁器和石器等，其中以陶器为主，铜、铁器次之，石器较少。器物种类有鼎、盒、壶、瓿、罍、罐、灶、井、铜镜、铜钱、铜杯、铁釜、铁刀、铁削、铁剑、石黛板和石研磨器等，部分墓葬还出有陶纺轮。

（一）陶器

陶器可分为釉陶、硬陶、软陶和泥质陶，以釉陶和硬陶为主，软陶、泥质陶较少。釉陶和硬陶烧成火候较高，质地致密，胎呈灰色或红褐色。制法有手制和轮制两种，其中，罍、灶为手制，其余的均为轮制，器壁多见整齐的轮旋纹。纹样种类较多，有席纹、方块状栉齿纹、弦纹、水波纹、附加堆纹、叶脉纹、兽面纹和鸟兽纹等。施纹方法有模印、刻划、堆贴等。釉陶器的口沿和腹部最大径以上部分有青黄釉，没有明显的釉迹线，通过口部可见的内底也可见釉层。

鼎　2件，釉陶和硬陶各一。盖覆钵形。器身为子口内敛，圆唇，鼓腹，平底微内凹，矮足或无足，附耳。耳面饰直线几何纹。M31：10，硬陶鼎。胎红褐色，无足。口径17.2、底径11.8、通高16.4厘米（图一六：1）。

盒　1件。M31：13，硬陶。器盖覆钵形。器身子口内敛，圆唇，腹微外鼓，平底微内凹。胎火候不均，胎色不一，外层红褐色，内层灰色。口径16.4、底径11.6、通高16.0厘米（图一六：2）。

壶　19件，修复16件。有釉陶和硬陶两种。其中釉陶壶15件，硬陶壶4件。据口部特征的不同，可分为两型。

A型　喇叭口壶，12件。均为釉陶器。敞口，长颈，溜肩，鼓腹，平底，大部分有矮圈足，肩部附对称桥形耳。胎火候高，质地致密，呈灰色或红褐色。耳面饰叶脉纹，有的在肩部靠近耳上端

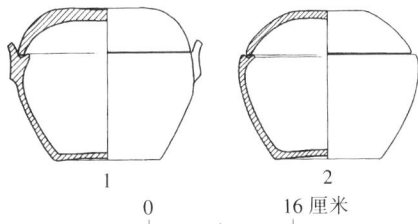

图一六　出土鼎、盒

1. 鼎（M31：10）　2. 盒（M31：13）

贴羊角形泥塑，口沿外壁下部及颈部饰水波纹，肩部有凹弦纹和附加堆弦纹两种，有的肩部刻划变形鸟兽纹。在口沿内侧及腹部最大径以上及肩部有青黄釉，内底也可见釉层。M28：1，圈足。胎红褐色。肩部饰附加堆弦纹，肩部刻划变形鸟兽纹。口径16.4、圈足径16.3、高43.2厘米（图一七：3）。

B型　盘口壶，7件。据口部、颈部及腹部特征分两式。

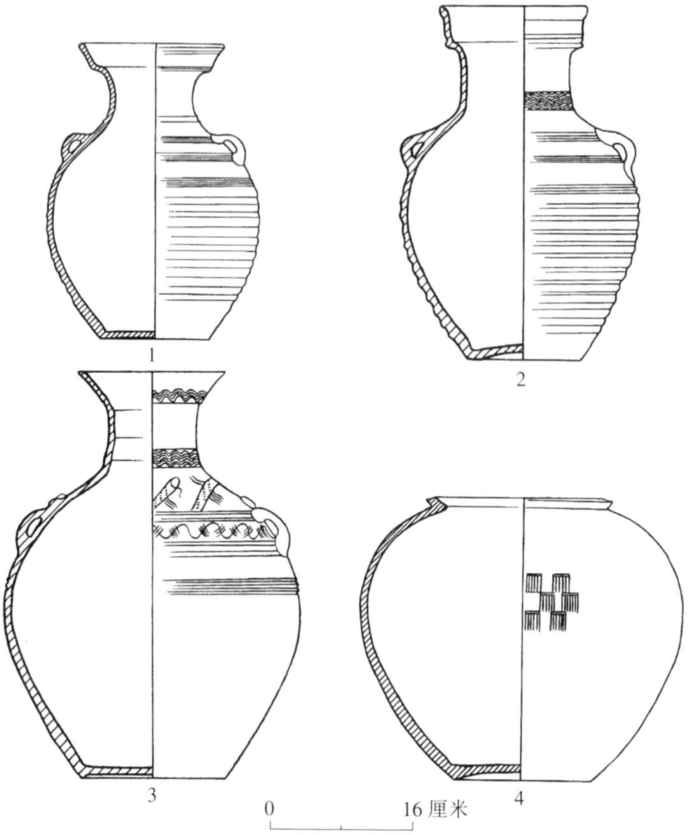

图一七　出土陶壶、罍

1. BI 式盘口壶（M12：8）　　2. BII 式盘口壶（M32：11）　　3. A 型喇叭口壶（M28：1）　　4. 罍（M12：2）

Ⅰ式　2件。侈口，长束颈，溜肩，鼓腹。M12：8，硬陶，胎红褐色。口径 15.3、底径 12.0、高 31.4 厘米（图一七：1）。

Ⅱ式　5件。直口，长直颈，溜肩，腹部较Ⅰ式小。M32：11，釉陶，灰胎。在口沿内壁及肩部有青黄釉。口径 16.0、底径 12.5、高 37.4 厘米（图一七：2）。

瓿　15件。有釉陶和硬陶两种。据口部、肩部、腹部特征的区别分三式。

Ⅰ式　5件。均为釉陶。直口微敛，溜肩，球腹，平底微凹。最大径在中部。肩部附铺首形耳，耳上端上翘，耳面饰兽面纹，少量衔环，肩部靠近耳的上端处贴兽面纹或横向"S"泥塑，少量贴羊角形泥塑。肩腹部饰三道附加堆弦纹，有的肩部刻划变形鸟兽纹。口沿及腹部最大径以上有青黄釉，没有明显的釉迹线，内底也可见釉层。M31：5，青灰胎。铺首衔环耳，肩部靠近耳的上端处贴兽面纹。口径 8.4、底径 15.6、高 34.0 厘米（图一八：3）。M13：4，青灰胎，铺首形耳，肩部靠近耳的上端处贴羊角形泥塑。口径 9.0、底径 13.8、高 31.4 厘米（图一八：4）。

Ⅱ式　4件。均为釉陶。敛口，溜肩，鼓腹，平底微凹。最大径在中部偏上。肩部附铺首形耳，耳上端紧贴肩部，耳面饰兽面纹，肩部靠近耳的上端处贴横向"S"泥塑。肩腹部饰三道附加堆弦纹。口沿及腹部最大径以上有釉，釉层严重剥落。M27：6，青灰胎。口径 8.6、底径 15.4、高 30.8 厘米（图一八：2）。

Ⅲ式　6件。以硬陶为主，少量釉陶。敛口，圆肩，鼓腹，平底微凹。最大径在腹上部近肩处。

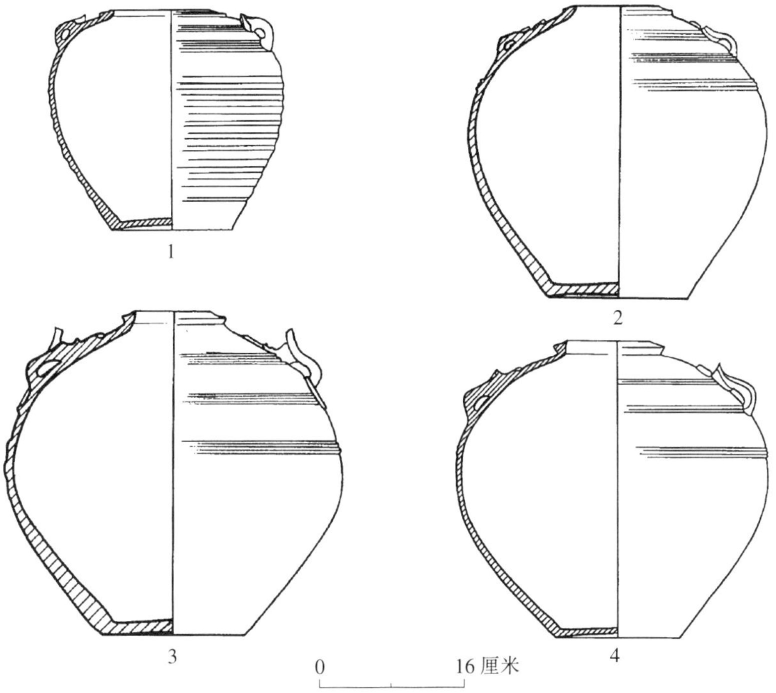

图一八　出土陶瓿

1. Ⅲ式瓿（M12∶10）　　2. Ⅱ式瓿（M27∶6）　　3. Ⅰ式瓿（M31∶5）　　4. Ⅰ式瓿（M13∶4）

肩部附耳，耳上端紧贴肩部，少量耳面饰简易兽面纹，少量肩部靠近耳的上端处贴横向"S"或羊角形泥塑。肩腹部饰三道凹弦纹，下腹饰轮弦纹。M12∶10，硬陶。青灰胎。口径10.4、底径13.0、高23.2厘米（图一八∶1）。

罍　5件，修复1件。均为硬陶，火候高，胎青灰色，器表模印席纹或栉齿纹，以席纹为主。M12∶2，硬陶。敞口，折沿，平唇，圆肩，鼓腹，平底内凹。器表满饰栉齿纹。口径18.4、底径15.0、高30.0厘米（图一七∶4）。

罐　38件。修复36件。有釉陶、硬陶和软陶三种，以硬陶为主。除1件双唇罐外，其余35件据口部特征的不同可分为三型。

A型　直口罐，21件，据口部、肩部及腹部特征分三式。

Ⅰ式　16件。直口微敛，溜肩，鼓腹，平底或微凹。最大径在中腹。M31∶4，硬陶，口径8.5、底径11.0、高18.6厘米（图一九∶4）。M14∶12，硬陶，口径7.6、底径10.1、高16.1厘米（图一九∶5）。

Ⅱ式　4件。鼓肩，弧腹，最大径在肩部。M18∶6，硬陶，胎红褐色。口径10.5、底径10.6、高13.4厘米（图一九∶2）。

Ⅲ式　1件。M7∶1，口沿外壁有凸棱，折肩，弧腹，最大径在肩部。硬陶，胎红褐色。口径13.2、底径10.6、高12.5厘米（图一九∶1）。

B型　折沿罐，14件。敞口，折沿，沿面下凹，鼓腹，平底或微内凹，器表饰轮弦纹。M27∶3，硬陶。胎红褐色。口径10.1、底径10.3、高13.4厘米（图一九∶3）。

C 型　卷沿罐，2 件。侈口，卷沿，圆唇，溜肩，鼓腹，平底或微内凹。M28：6，硬陶，口径 8.6、底径 8.3、高 16.0 厘米（图一九：6）。

灶　11 件。均为船型灶，泥质灰陶，修复 1 件。M29：3，双眼灶，灶前端有三角形烟空，灶门呈梯形。长 32.0、宽 14.5～20.0、高 7.5～9.8 厘米（图二○：2）。

纺轮　2 件。M9：1，算珠形，硬陶，火候较高，胎呈灰黄色。直径 3.8、高 3.1、孔径 0.6 厘米（图二○：1）。

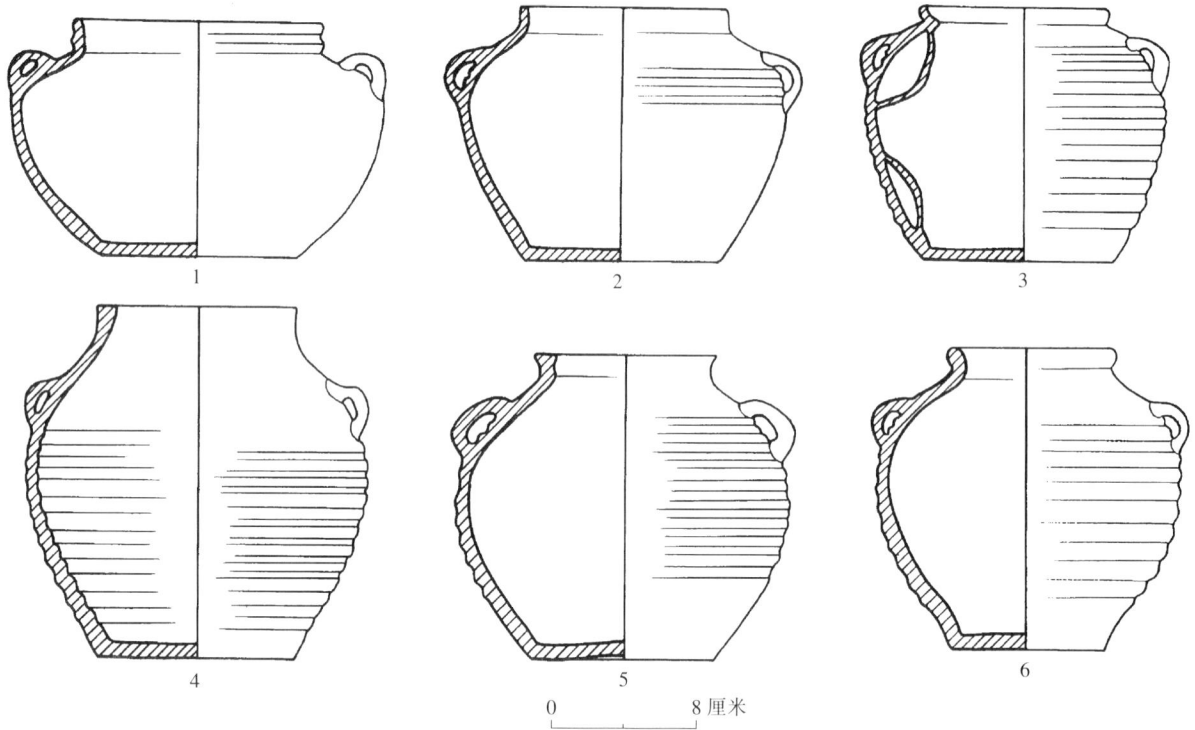

图一九　出土陶罐

1. AIII 式罐（M7：1）　2. AII 式罐（M18：6）　3. B 型罐（M27：3）　4. AI 式罐（M31：4）

5. AI 式罐（M14：12）　6. C 型罐（M28：6）

图二○　出土陶灶、纺轮

1. 纺轮（M9：1）　2. 泥质陶灶（M29：3）

（二）铜器

有铜杯、铜镜、铜钱、铜盆等器类。铜钱有五铢、大布黄千等。铜盆类随葬品器壁非常薄，保存极差，无法修复。

铜杯　1件。

M12：6，直口微侈，圆唇，上腹直，下腹弧收至底，平底，圈足外撇。上腹附把手，上腹部饰凸棱纹。口径13.3、底径8.2、高7.4厘米（图二三：6）。

铜镜　11件。有博局纹镜、四乳兽纹镜、四乳云纹镜、四乳四螭镜、日光镜等。

博局纹镜　5件。

M32：6，云纹博局纹镜。半圆纽，圆形纽座，座外单线方框，方框内角有云纹，其外有"子丑寅卯辰巳午未申酉戌亥"十二地支铭文，每两地支之间间以带圆座的乳钉，铭文外为凹弦纹方框。镜背纹饰由一周短斜线纹分为内外两区。内区为主纹区，由乳钉纹、T纹、L纹、V纹、云纹、铭文带组成。乳钉纹带圆座，座外有内向八连弧纹。铭文带位于内区外圈，铭为"善佳镜哉真大巧，渴饮澧泉饥食枣，寿敝山石西王母，浮留天下涛四海"。外区饰蟠螭纹和锯齿纹。平缘。直径15.3厘米（图二一：1；彩版九三：3）。

M33：2，禽鸟博局纹镜。半圆纽，圆形纽座，座外为凹弦纹方框。镜背纹饰由一周短斜线纹分为内外两区。内区为主纹区，由T纹、L纹、V纹、乳钉纹、禽鸟纹、铭文带组成。内区纹饰又由一周细弦纹分为两小区。内小区由T纹、L纹、V纹分为四区八部，每区内饰尾部相对的两鸟，鸟首隔V形纹分别与临区的鸟首相对，T形纹两侧各有一带圆座的乳钉。内区的外小区为铭文带，铭为"尚方作镜真大巧，上有人不知老，渴饮"。外区饰单线折线纹和锯齿纹。三角缘。直径12.5厘米（图二一：4；彩版九三：4）。

M24：1，四神博局纹镜。半圆纽，柿蒂纹纽座，座外有凹弦纹方框。镜背纹饰由一周短斜线纹分为内外两区。内区为主纹区，由T纹、L纹、V纹分为四区八部。四区内四神与鸟兽相配，其中白虎配羽人、朱雀配一鸟、青龙配羽人、玄武配蟾蜍。V形纹与凹弦纹方框外角间还饰有圆圈纹。外区饰双折线纹。直径11.1厘米（图二一：2；彩版九二：4）。

M12：1，禽兽博局纹镜。半圆纽，圆形钮座，座外为凹弦纹方框。镜背纹饰由一周短斜线纹分为内外两区。内区主纹饰由T纹、L纹、V纹、鸟纹、虎纹组成。外区饰双线锯齿纹。平缘。直径8.5厘米（图二一：3；彩版九二：3）。

四乳兽纹镜　1件。

M32：1，半圆纽，圆形纽座，座外有一圈凸弦纹。镜背纹饰由一周短斜线纹分为内外两区。内区主纹饰由两种兽纹组成，两两对称，双兽间间以乳钉纹。外区饰双线锯齿纹。平缘。直径9.8厘米（图二二：1；彩版九二：2）。

四乳云纹镜　1件。

M33：1，半圆纽，圆形纽座，座外为凹弦纹方框。镜背纹饰由一周短斜线纹分为内外两区。内区为主纹区，由带座乳钉纹和云纹组成。外区饰锯齿纹和弦纹。平缘。直径8.2厘米（图二二：2；彩版

图二一　出土博局纹镜

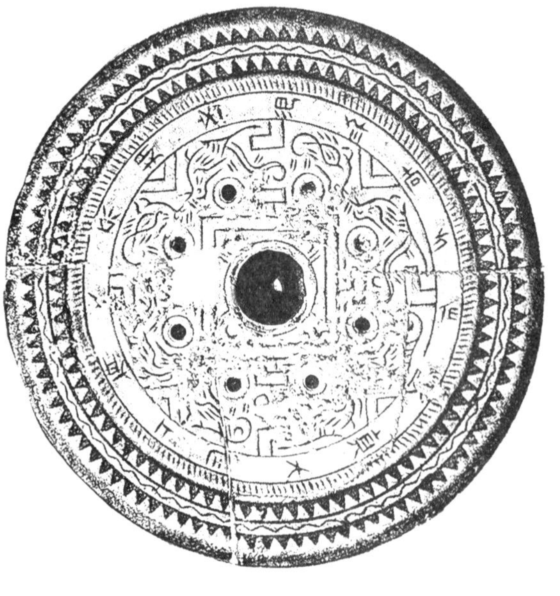

1. 云纹博局纹镜（M32：6）　　2. 四神博局纹镜（M24：1）　　3. 禽兽博局纹镜（M12：1）　　4. 禽鸟博局纹镜（M33：2）

九三：2）。

四乳四螭镜　1件。

M12：5，半圆纽，圆形纽座，座外有一圈凸弦纹。主纹饰由蟠螭纹组成，其间间以带座乳钉纹，主纹饰内外各有一周短斜线纹。宽平缘。直径11.3厘米（图二二：4；彩版九三：1）。

日光镜　3件。

M29：1，半圆纽，圆形纽座，座外为一圈十二内连弧。主纹饰为一圈铭文带，铭为"见日之光，天下大明"。铭文带内外各有一周短斜线纹。宽平缘。直径8.1厘米（图二二：3；彩版九二：1）。

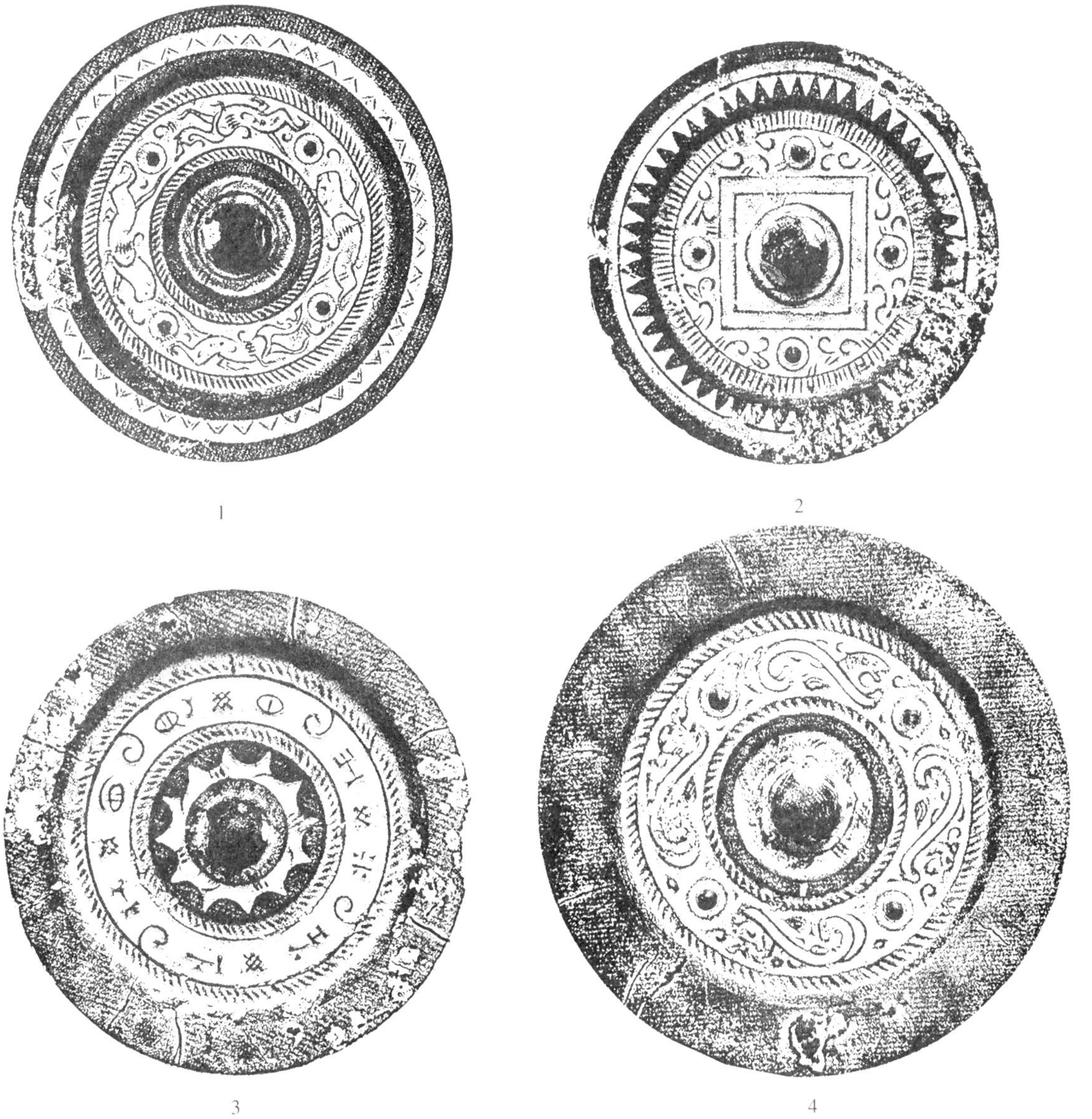

图二二　出土铜镜

1. 四乳兽纹镜（M32：1）　　2. 四乳云纹镜（M33：1）　　3. 日光镜（M29：1）　　4. 四乳四螭镜（M12：5）

（三）铁器

有釜、剑、削、矛等。

剑　3 件。M32：4，剑尖已残。带木鞘，鞘面有红漆，玉剑格，剑总残长 87.2，其中剑茎残长 8.4、剑身残长 78.8 厘米（图二三：3）。

削　6 件。M33：5，锈蚀严重，尖已残。通长 19.4、刃残长 13.6、背宽 0.5 厘米（图二三：4）。

环首刀　2 件。M33：3，环首，锈蚀严重，刀尖已残。通长 19.0、刃残长 11.0、刀背宽 0.3 厘米（图二三：5）。

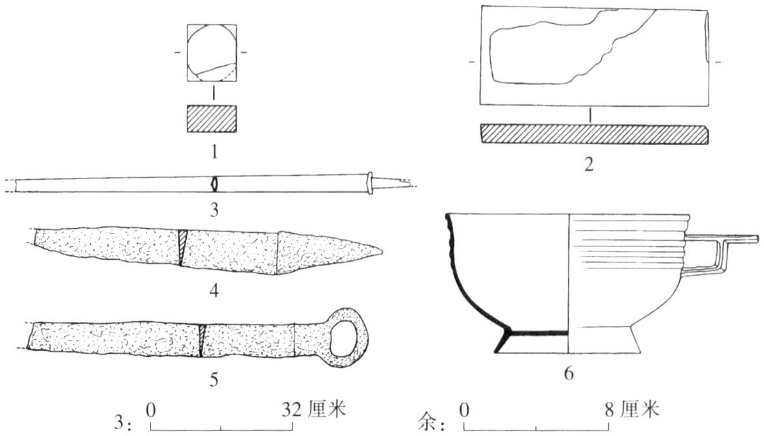

图二三　出土铜、铁、石器

1. 石研磨器（M24：3）　2. 石黛板（M24：2）　3. 铁剑（M32：4）

4. 铁削（M33：5）　5. 环首刀（M33：3）　6. 铜杯（M12：6）

（四）石器

出土数量少，器类单一，只有黛板和研磨器两类。

黛板　2件。M24：2，砂岩质地，长方形，表面残留朱砂痕迹。长12.5、宽5.2、厚1.0厘米（图二三：2）。

研磨器　2件。M24：3，砂岩质地。磨面残留黑色痕迹，近方形，长3.0、宽2.8、厚0.7厘米。圆形捉手。表面有朱砂字痕，不清晰，无法辨认。直径2.8～3.0、厚0.7厘米（图二三：1）。

三、结　语

（一）墓葬年代

本次发掘出土器物以陶器为主，有鼎、盒、壶、瓿、罍、罐等器类，所出铜镜有日光镜、博局纹镜、四乳兽纹镜、四乳云纹镜、四乳四螭镜等。33座汉六朝墓葬，有土坑木椁墓、土坑砖椁墓和券顶砖室墓三类。从以往的考古资料及研究成果看，鼎、盒、壶、瓿、罍的时代特征明显，铜镜也具有明显的年代特点。汉六朝墓葬形制的演变脉络清晰。砖室墓虽基本被盗一空，但有些墓葬出土纪年砖。从上述几方面出发，对照江苏邗江胡场五号墓、仪征胥浦101号汉墓、浙江上虞蒿坝东汉永初三年墓等纪年墓材料，结合洛阳烧沟汉墓、浙江奉化南岙林场汉六朝墓、上马山汉墓及长江下游地区汉六朝墓葬的分期结果，我们把这批墓葬分为西汉晚期、西汉末东汉初、东汉中晚期和六朝四期。

第一期　西汉晚期。包括M8、M9、M13、M14、M18、M19、M22、M27、M28、M29、M31、M34、M35、M36、M37等15座墓葬。本期墓葬均为土坑木椁墓。随葬品中Ⅰ式罐与邗江胡场五号墓

（宣帝本始五年，即公元前 70 年）出土的罐类似，矮足或无足鼎、盒、喇叭口壶、Ⅰ式瓿等则要晚于邗江胡场五号墓的同类器，而本期中年代相对偏晚的 M18 出土的Ⅱ式瓿与江苏仪征胥浦"元始五年"（公元 5 年）的 101 号墓出土 M101∶65 相同，但不见 M101∶77 这类瓿，M18 的年代应要稍早于 M101。罍的形制也具西汉晚期特点，纹饰多为席纹，而东汉时期不见饰席纹的罍。日光镜在西汉晚期常见，东汉时期基本不出。部分墓葬还出土陶质麟趾金。

第二期　王莽至东汉早期。包括 M10、M12、M23、M24、M26、M30、M32、M33 等 8 座墓葬。有土坑木椁墓和土坑砖椁墓两类。随葬品有盘口壶、Ⅲ式瓿、AⅡ式罐。Ⅲ式瓿与江苏仪征胥浦"元始五年"（公元 5 年）的 M101∶77 的瓿相同，但不见与第一期的Ⅱ式瓿相同的 M101∶65 这类瓿。罍的纹饰为栉齿纹。M23、M32 出土王莽时期始铸的大布黄千。四乳四螭镜、四乳云纹镜、四乳兽纹镜、博局纹镜也流行于王莽至东汉早期。从墓葬形制的演变来看，土坑砖椁墓也是王莽时期才开始出现，并沿用到东汉早期。

第三期　东汉中晚期。包括 M7、M25 两座墓葬。只有 Ab 型券顶砖室墓。M7 出土的 AⅢ式罐形制上要晚于浙江上虞嵩坝东汉永初三年墓（东汉中期）的同类器。M25 出土的四神博局纹镜虽流行于王莽至东汉早期，但东汉中期还可见，而且 M25 的墓葬形制具东汉中期的特点。因此，我们把此期定为东汉中晚期。

第四期　六朝。包括 M2、M3、M4、M5、M6、M15、M16、M21 等 8 座墓葬。本期墓葬均为券顶砖室墓，墓室有长方形和船形两种。墓葬没有出土随葬品，但 M2、M3、M4 分别出土有元康九年（299 年）、太康元年（280 年）、永熙元年（290 年）的纪年砖（见图一五），三墓的年代为西晋时期。M5、M6、M15、M16 虽没有纪年材料，但这四座墓的墓葬形制及墓壁的砌法都与前述三座纪年墓类同。M21 的船型墓室也在六朝时期多见。

（二）墓葬性质

本次发掘的土坑墓共 22 座，其中除 M8、M9 位于Ⅰ区的北坡山脚及 M36、37 位于Ⅱ区的东北的一条南北走向的小山岗外，其余的 18 座分别位于Ⅰ区（6 座）、Ⅱ区（13 座），其中Ⅱ区的 M26～M30、M34、M35 成排分布，墓向基本一致。西汉中期以来，流行家族葬，据已知确切为家族墓葬的考古资料，两汉时期家族墓的墓葬排列方式大部分为成排分布。小家山墓葬Ⅱ区的 M26～M30、M34、M35，规模相当，分布集中，排列规律，年代在西汉晚至东汉早，这些墓葬可能是家族墓。

近年来，浙北地区的湖州杨家埠、安吉上马山、长兴夏家庙也发现了大量的家族墓地，这些家族墓葬大部分埋在人工营建的土台或先秦土墩里。而绍兴平水小家山墓地的家族茔地则位于自然山岗，而且，宁绍地区以往也没有发现人工营建的家族墓地。这些发现为浙江两汉时期的葬俗、分区研究提供了新资料。浙北地区与宁绍地区家族墓地形态不同的原因也值得我们进一步研究。

六朝墓葬虽被盗一空，但几座纪年墓的出土也是本次发掘的重要收获。纪年墓出土了丰富多样的墓砖纹饰，还有画像砖。这些有确切纪年的墓葬为同时期墓葬的分期断代、南北文化交流的研究提供了资料。

　　附记：本研究为"教育部人文社会科学研究重大项目《秦汉时期江东地区的文化变迁》课题"（项目批准号：11JJD780005）研究成果之一。

领　　队：黄昊德

发掘整理：黄昊德　葛国庆　史少峰

绘　　图：史少峰　齐东林　李玲巧

拍　　照：黄昊德

执　　笔：黄昊德

诸暨枫桥西湖山古墓葬发掘简报

浙江省文物考古研究所

诸暨市博物馆

为配合绍兴—诸暨高速公路建设，2009 年 5～7 月，浙江省文物考古研究所对诸暨市枫桥镇彩仙村西湖山古墓葬进行了考古发掘（图一）。发掘地点位于西湖山北麓一条东西向的坡地上，海拔 20～29 米。共清理砖室墓 11 座，分布在北坡、西坡、东坡三片区域，其中北坡 6 座、西坡 4 座、东坡 1 座（图二），全部为券顶砖室墓，年代分属汉六朝、隋、明清。出土器物共 30 余件，分青瓷器、陶器、滑石器、铁器、铜钱等几类，以青瓷器为主。

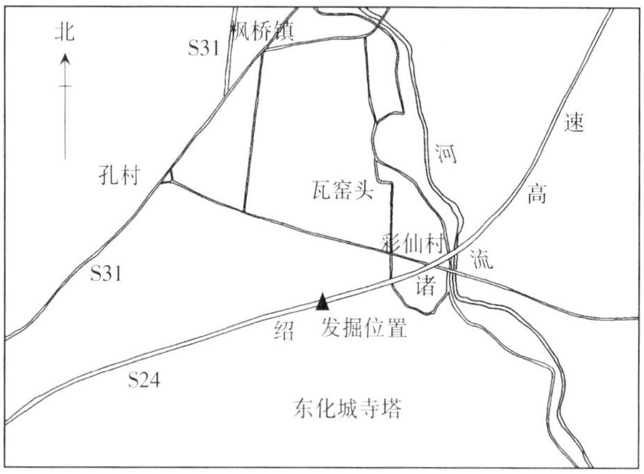

现将墓葬发掘结果简报如下。

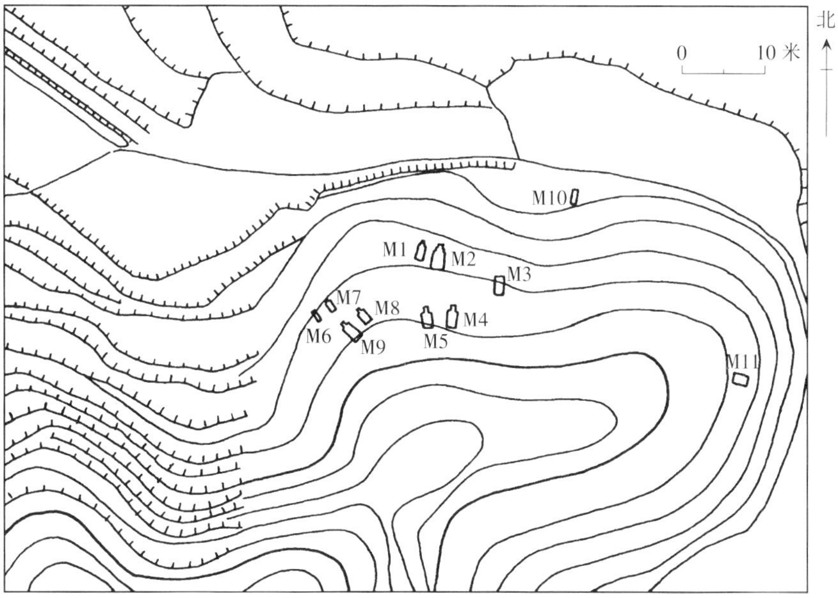

图一　枫桥西湖山遗址位置示意图

图二　西湖山墓葬分布图

一、汉六朝墓

汉六朝墓葬8座。出土器物有盘口壶、唾壶、盏、匜、罐、灶、滑石猪、五铢钱等。

M3

（1）墓葬形制

长方形券顶砖室墓，方向355°。经盗扰，墓顶无存。墓室长4.0、宽2.0、残高0.5～1.6米。墓门位于墓室前方中部，宽0.78米。墓底设排水沟，起于墓室后部，延伸至墓室外，略向右前方弯曲，长8.5、宽0.23、深0.14米。沟底横铺一列砖，壁砖斜立，水沟截面呈三角形。

墓室以单砖顺砌，两侧壁及后墙由下往上渐内收，券顶已坍塌，未见铺地砖。墓门仅存最底层铺砖，以双砖横平铺。墓砖长方形，长32、宽16、厚5厘米。

出土釉陶锺、硬陶罐各1件，分别处于墓室的西南角和东北角（图三）。

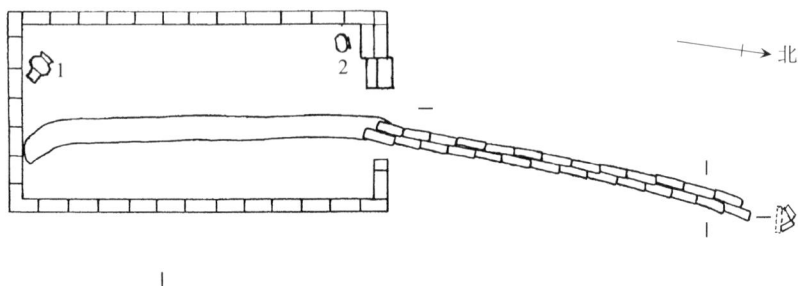

1.釉陶锺 M3：1　　0　　8厘米

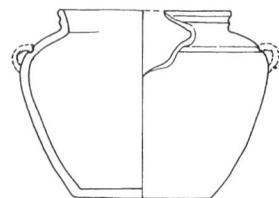

图三　M3平、剖面图

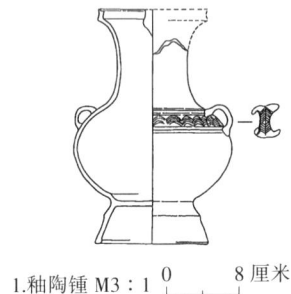

2.硬陶罐 M3：2　　0　　4厘米

图四　M3出土器物

（2）出土器物

釉陶锺　1件。M3：1，口残。浅盘口，长束颈，鼓腹略垂，喇叭形高圈足。肩部附对称竖耳，耳面饰叶脉纹，肩腹交接部饰四周凹弦纹及一周水波纹。器表施青黄薄釉，脱釉严重。口径12.0、腹径17.3、足径12.5、高25.0厘米（图四：1）。

硬陶罐　1件。M3：2，胎体呈红褐色，硬度较高。口部残，失耳。直口微侈，圆唇，阔肩，鼓腹，平底。肩部附对称竖耳，残失。口外、肩部各饰一周凹弦纹。口径9.6、腹径13.6、底径7.6、高10.0厘米（图四：2）。

M4

（1）墓葬形制

"凸"字形券顶砖室墓,方向0°。由墓室和甬道组成,封门遭破坏无存。墓壁略外弧,后壁外弧更甚。墓壁以"三顺一丁"法叠砌,由下往上逐渐内收。券顶已坍塌。墓室长4.3、宽1.8～2.0、残高0.3～1.0米。甬道长1.1、宽0.9、残高0.2～0.5米。墓底平铺一层砖,呈席纹。墓底后半部呈平台状,高于前半部约18厘米,台缘以丁砖包砌(图五)。

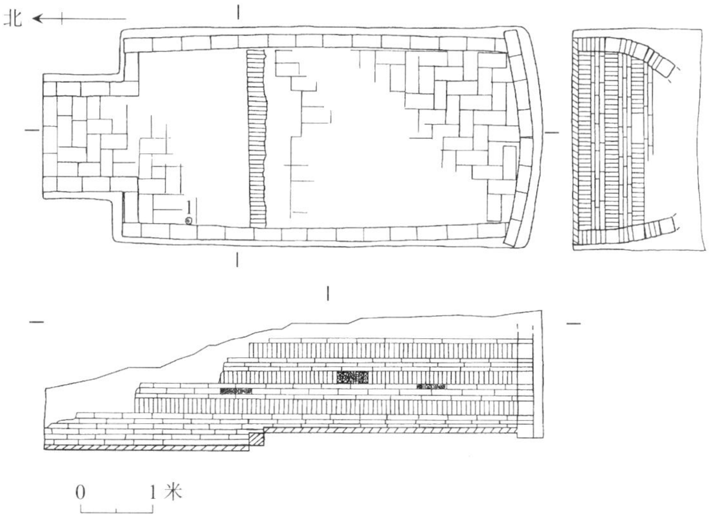

图五　M4 平、剖面图

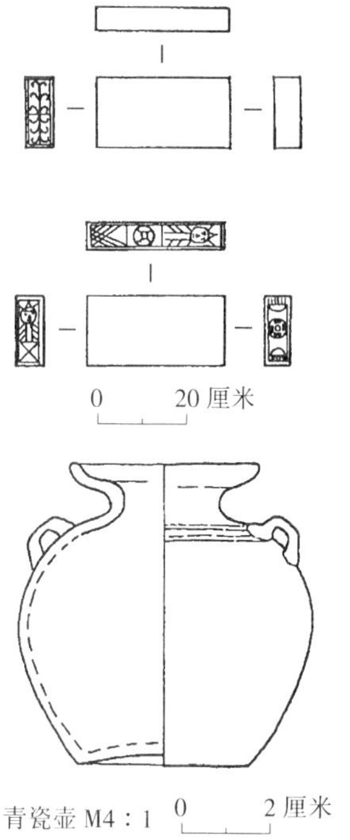

青瓷壶 M4:1　0　　　　2厘米

图六　M4 出土器物

墓砖长方形,纵侧面阳印钱纹、人物、网格纹,端面阳印钱纹、人物、几何形图案或花草纹。长30.0、宽15.0、厚5.5厘米。

随葬品仅见1件青瓷壶,位于墓室前部西壁下。

(2) 出土器物

青瓷壶 1件。M4:1,浅盘口,短束颈,溜肩,圆鼓腹,平底微凹。肩部附两个对称竖耳。肩部饰两周凹弦纹。通体施青釉,釉层莹润,多有开片,呈冰裂纹。口径4.3、腹径6.6、底径3.8、高6.5厘米(图六)。

M5

(1) 墓葬形制

"凸"字形券顶砖室墓,方向10°。由墓室、甬道、封门和排水沟组成。墓室平面略呈舟形。墓壁中部略外弧,自下往上逐渐内收。墓壁以"三顺一丁"法叠砌,其中墓室后墙、甬道、封门为双层砖,其余部分均为单层砖。券顶已坍塌。铺地砖系平砖横铺,墓室铺四层地砖,甬道铺两层地砖。墓室长3.7、宽1.4～1.5、残高0.2～0.7米。二进式甬道,前甬道长0.65、宽0.9米;后甬道长0.85、宽1.1米。封门位于甬道外,宽0.9、厚0.2、残高0.5米。排水沟沟底铺砖,沟两壁用单层砖纵铺,沟上面再以单层砖纵向覆盖。排水沟起始于封门下中部,残长1.6、宽0.3米,水沟截面呈长方形,宽

0.08 米、高 0.05 米（图七）。

墓砖长方形，规格分两种，横砖长 34、宽 17、厚 5 厘米，丁砖长 34、宽 14、厚 5 厘米。横砖纵侧面均模印钱纹、几何形纹组合图案，丁砖端面均模印钱纹。

随葬品 5 件，青瓷盏、魁、唾壶、盘口壶、滑石猪各 1 件，盏、魁、唾壶位于前甬道后部，盘口壶、滑石猪位于墓室中部，另墓坑中部填土中出土残碎的钵 1 件。

（2）出土器物

青瓷盏　1 件。M5:1，盏、托黏结成一体。盏，直口微敛，尖圆唇，腹壁斜弧，平底，内满、外壁不及底施青黄釉。口径 8.2、底径 4.0、高 4.2 厘米。托，承盘状，敞口、尖圆唇，浅腹，腹壁斜弧，平底微凹，除底外无釉，余皆施青黄釉。口径 14.0、底径 11.5、高 2 厘米（图八:1）。

图七　M5 平、剖面图

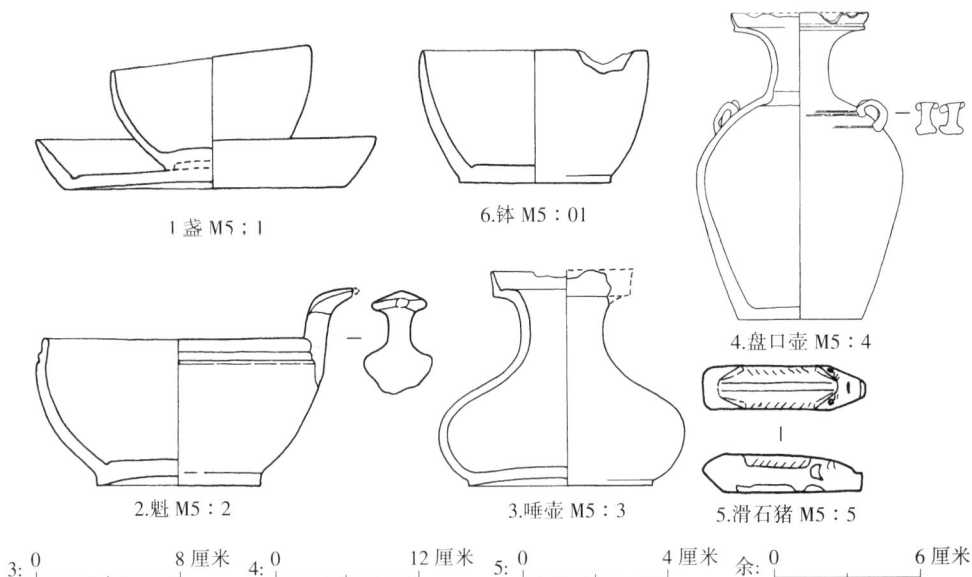

图八　M5 出土器物

青瓷魁　1件。M5：2，直口微敛，圆唇，腹壁斜弧，平底微凹。口一侧上部捏附柱状手柄，柄首呈片状三角形。口外饰两周凹弦纹。底外无釉，余皆施青黄釉。口径11.0、底径6.7、高5.8厘米（图八：2）。

青瓷唾壶　1件。M5：3，口部残缺。盘口，束颈，扁垂腹，假圈足，平底微凹。底外无釉，余皆施青黄釉，釉层有细密开片，局部脱落，斑驳不均。口径7.7、腹径13.3、足径9.9、高11.3厘米（图八：3）。

青瓷盘口壶　1件。M5：4，出土时破碎，可复原。盘口，束颈，溜肩，鼓腹，平底。肩部附对称4系，两两一组。肩部饰三周凹弦纹。底外无釉，余皆施淡青釉。口径11.0、腹径16.5、底径10.0、高24.0厘米（图八：4）。

滑石猪　1件。M5：5，以长方体滑石削成猪形，嘴、耳、鬃毛、臀部削刻较形象。长4.3、宽0.9、高1.0厘米（图八：5）。

青瓷钵　1件。M5：01，口微敛，假圈足，底内部与壁交接处形成一圈凹槽，口径9.2、底径6.0、高5.2厘米（图八：6）。

M6

（1）墓葬形制

"凸"字形券顶砖室墓，方向300°。由墓室和甬道组成。墓室砌法为单砖错缝顺砌，向上逐渐内收起券。墓室长3.5、宽1.1、高0.66～1.16米。甬道长方形，长0.7、宽0.8、残高0.66米。封门墙残存2层，内层为平砖纵铺叠砌，外层为平砖横铺叠砌。封门宽1.1、厚0.54、残高0.44米。铺地砖一层，平砖横铺。券顶后部保存完好，距墓底高1.16米（图九）。

墓砖规格分两种：墓壁砖为长方形，长38、宽16、厚6厘米；券顶砖为楔形，长38、宽16、厚4～5.5厘米。墓砖侧面饰钱纹、网格纹组合纹饰。

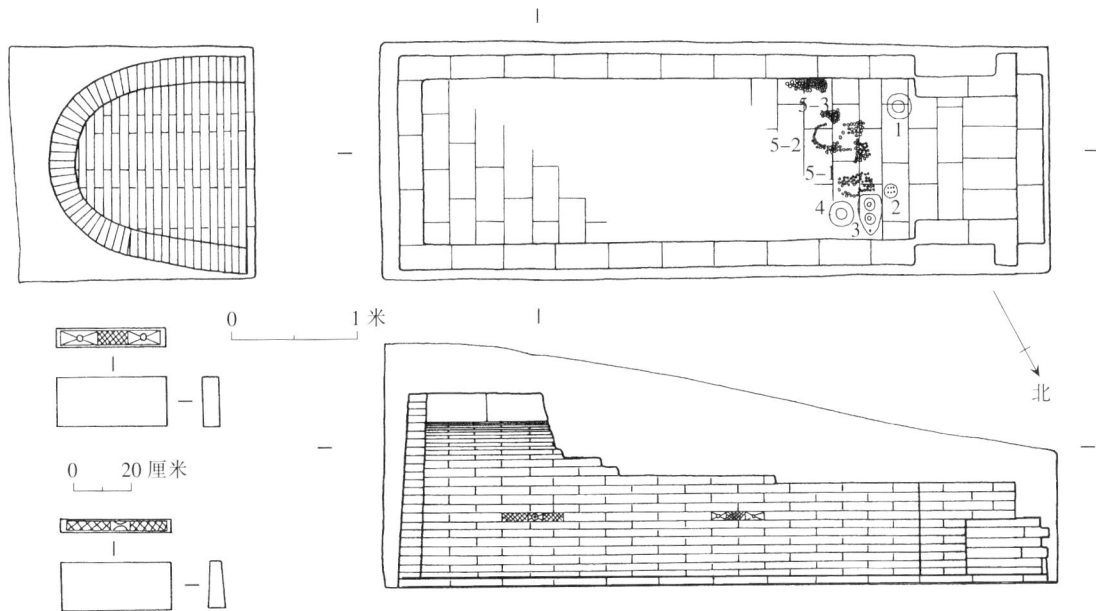

图九　M6平、剖面图

随葬品共5件（组），釉陶罐1件、甑1件、灶1套，青瓷罐1件，铜钱1组，均分布在墓室前部近甬道处。

（2）出土器物

釉陶罐　1件。M6:1，侈口，尖圆唇，阔肩，鼓腹，平底。肩部附2个对称竖耳，耳面刻划十字纹。肩部饰两周凹弦纹。口内、外壁不及底施青黄釉，釉层脱落殆尽。口径12.2、腹径21.5、底径11.3、高14.5厘米（图一〇：1）。

釉陶甑　1件。M6:2，敞口，斜平唇，斜弧腹壁，平底微凹，底部穿14圆孔。内满、外壁不及底施青黄釉，釉层脱落殆尽。口径8.8、底径5.0、高4.1、孔径0.4厘米（图一〇：2）。

釉陶灶　1件。M6:3，双眼舟形灶，前部略高于后部，前端面中部开方形火门，灶眼上置放2小罐，灶面尾部开一圆形烟孔。器表施青黄釉，脱落殆尽。灶长22.3、宽13.2、高5.3～6.2厘米，灶眼径7.5厘米，烟孔径1.9厘米。两小罐形制相同，直口，平唇，溜肩，鼓腹，平底微凹，腹部饰凹弦纹。口内、外壁不及底施青黄釉，脱落殆尽。口径4.5、腹径7.5、底径5、高4.1厘米（图一〇：3）。

青瓷罐　1件。M6:4，敛口，尖圆唇，圆肩，鼓腹，平底微凹。肩部附两个对称竖耳。肩部饰三

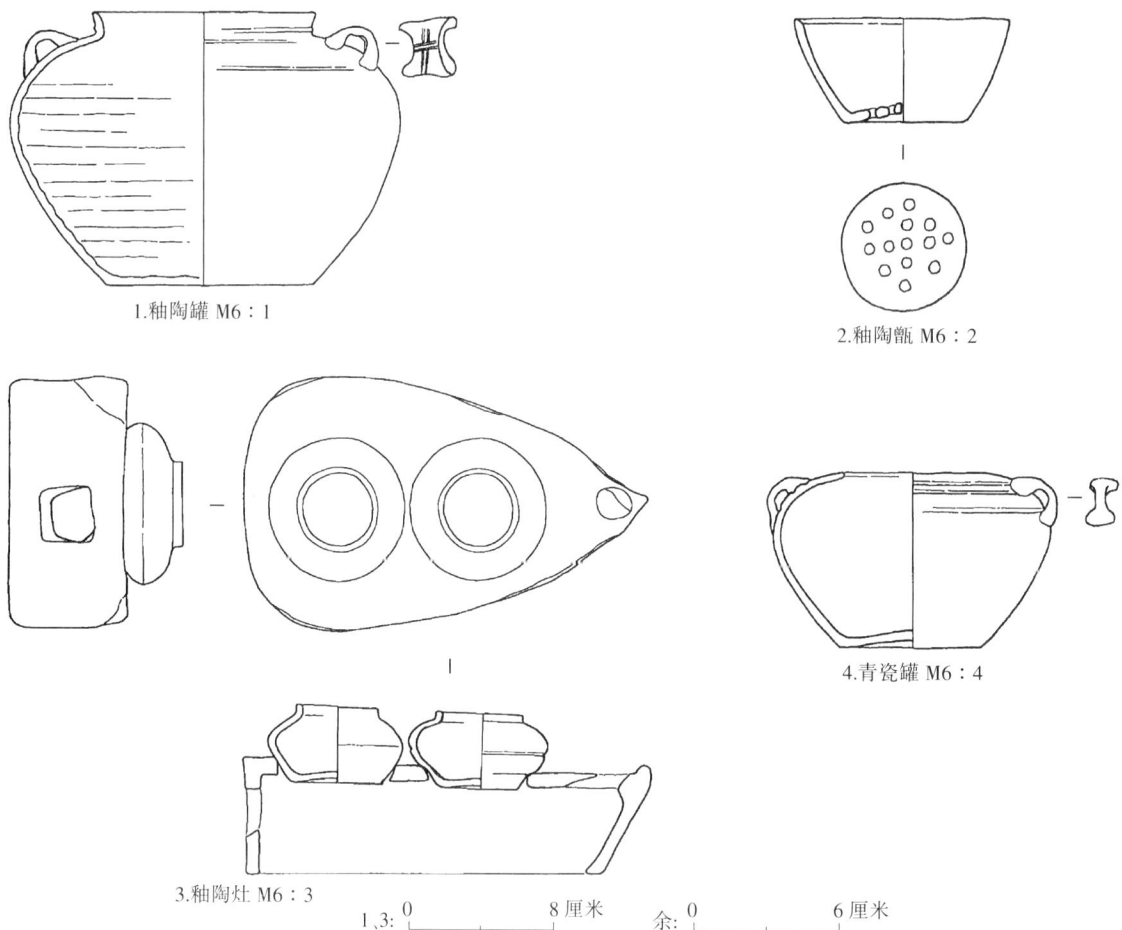

1.釉陶罐 M6：1

2.釉陶甑 M6：2

3.釉陶灶 M6：3

4.青瓷罐 M6：4

1、3：　0 —— 8厘米　　余：　0 —— 6厘米

图一〇　M6 出土器物

周凹弦纹。底外无釉，余皆施青釉，釉层莹润，多细密开片。口径 5.6、腹径 11.3、底径 5.8、高 7.0 厘米（图一〇：4）。

铜钱　1 组 3 串。M6:5，锈蚀严重，圆形方孔，钱面铸"五铢"二字。径 2.4、厚 0.2、孔宽 1.0 厘米。

M7

（1）墓葬形制

"凸"字形券顶砖室墓，方向 305°。由墓室、甬道、封门组成。墓室长方形，长 3.24、宽 1.36、高 1.4 米。墓壁采用单层平砖错缝顺砌法，自下至上逐渐内收起券。甬道长方形，宽 1.12、进深 0.92、残高 0.68 米。封门墙遭毁无存。铺地砖一层，平砖错缝横铺。墓砖分长方形、楔形两种，侧面阳印钱纹、网格纹、几何形图案。长 38、宽 16、厚 4～5.5 厘米（图一一）。

随葬器物 3 件（组），青瓷罐位于甬道内左前方，青瓷盂、铜钱放置于墓室前部。铜钱锈蚀严重。

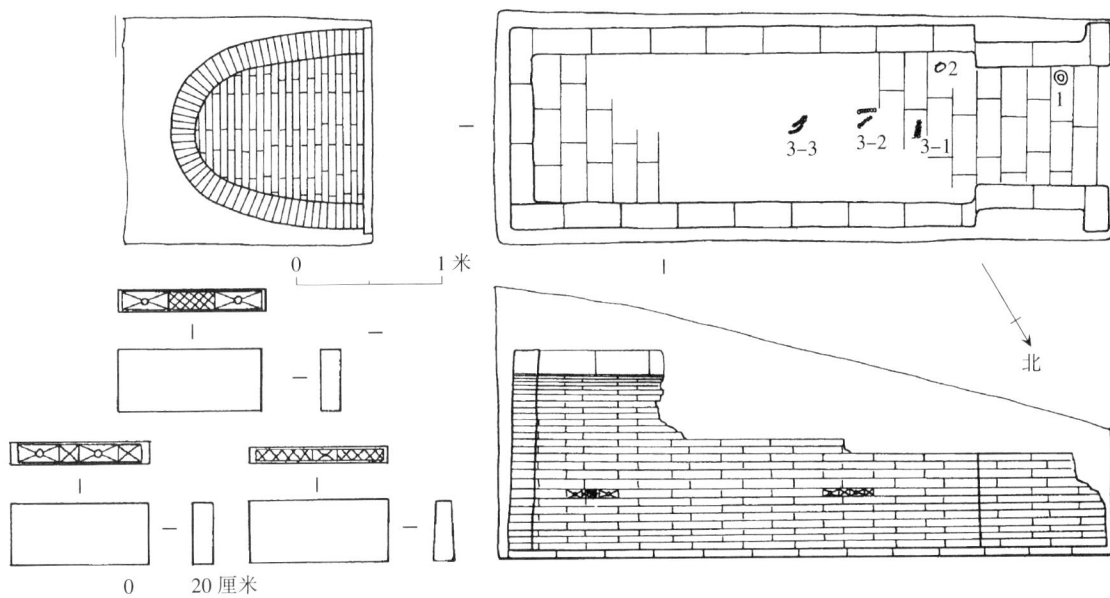

图一一　M7 平、剖面图

（2）出土器物

青瓷罐　1 件。M7:1，口部残缺，可复原。直口，圆唇，阔肩，鼓腹，平底微凹。肩部附两个对称竖耳。肩部饰三周凹弦纹。口内、外壁不及底施青黄釉，釉层脱落殆尽。口径 6.9、腹径 10.4、底径 4.5、高 6.3 厘米（图一二：1）。

青瓷盂　1 件。M7:2，敛口，圆唇，圆肩，扁鼓腹，底上凹。口外饰两周凹弦纹，腹部饰一周凹弦纹。底外无釉，余皆施薄青釉。口径 5.2、腹径 8、底径 4.3、高 3.1 厘米（图一二：2）。

M8

（1）墓葬形制

"凸"字形券顶砖室墓，方向 300°。由墓室和甬道组成。墓壁砌法

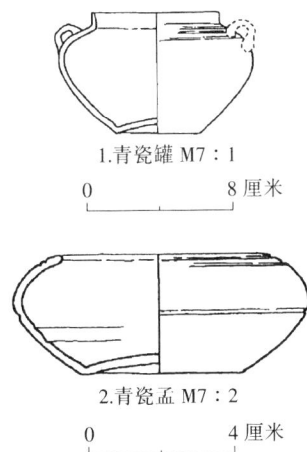

1.青瓷罐 M7:1

2.青瓷盂 M7:2

图一二　M7 出土器物

图一三　M8 平、剖面图

为单砖错缝顺砌，向上逐渐内收起券，券顶已坍塌。墓室为长方形，长 3.6、宽 1.25、残高 0.4～1.1 米。甬道长方形，长 0.9、宽 0.8 米。封门设于甬道口内，单层平砖叠砌，宽 0.8、厚 0.09、残高 0.16 米。铺地砖一层，墓室部分以平砖分排纵横间隔铺地，甬道以平砖横铺。墓砖长方形，侧面阳印钱纹、几何形图案，长 38、宽 16、厚 6 厘米（图一三）。

随葬品 1 件，位于墓室左前方近甬道处。另在墓室填土中出土青瓷残盂 1 件。

（2）出土器物

硬陶罐　1 件。M8：1，可复原，红褐色硬胎体。直口，圆唇，阔肩，鼓腹，平底微凹。肩部附两个对称竖耳，耳面饰叶脉纹。口外饰宽凹弦纹一周，肩部饰凹弦纹三周、间以组线波曲纹一周。口径 10.0、腹径 17.0、底径 8.0、高 12.0 厘米（图一四：1）。

青瓷盂　1 件。M8：01，破碎严重，失底，不可复原。敛口，圆唇，口沿低于肩沿，阔肩鼓腹。肩沿处置四横系。上腹部满印斜格网纹。内外施青灰薄釉。口径 5.8、腹径 9.7、残高 4.4 厘米（图一四：2）。

M9

墓葬形制

"凸"字形券顶砖室墓，方向 310°。由墓室和甬道组成，券顶、封门遭破坏无存。墓室砌法为"四顺一丁"，向上逐渐内收起券。墓室长 4.5、宽 1.8、残高 0～1.3 米。甬道长方形，长 1、宽 0.94、残高 0.05 米。铺地砖一层，纵横分排交替平铺。墓砖长方形，侧面阳印钱纹、几何形图案，端面阳印卷云纹。长 38、宽 16、厚 5 厘米（图一五）。

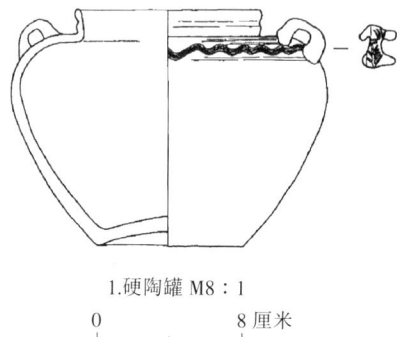

1.硬陶罐 M8：1

0　　　　　　8 厘米

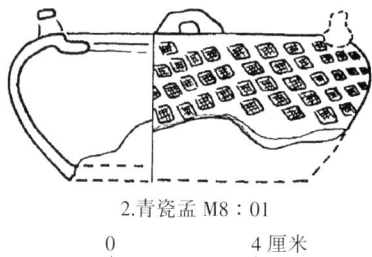

2.青瓷盂 M8：01

0　　　4 厘米

图一四　M8 出土器物

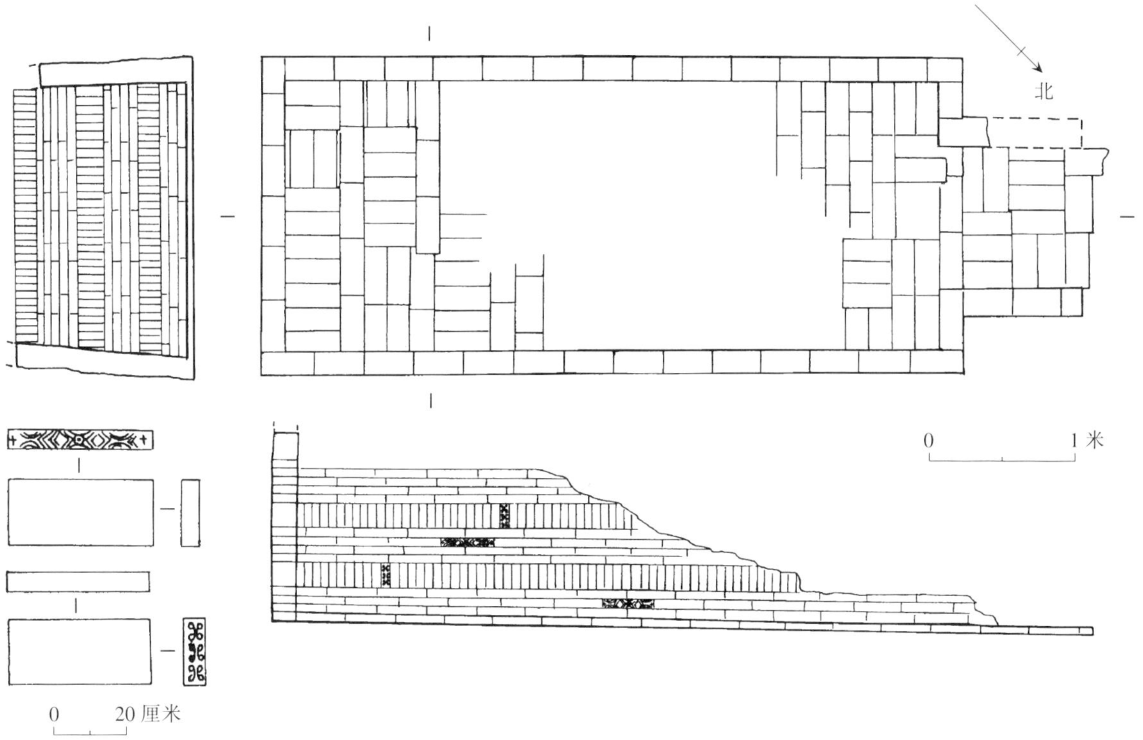

图一五　M9 平、剖面图

墓葬早年遭盗扰，未见随葬品。墓葬填土中发现有数枚铁棺钉，锈蚀严重。

M10

墓葬形制

长方形券顶砖室墓，方向 0°。墓室侧壁中部略外弧，砌法为"四顺一丁"，由下向上渐内收，顶部以楔形砖合拢成券。墓室长 3.6、宽 0.6 ~ 0.7、高 0.88 米。铺地砖一层，呈"人"字纹。封门平砖错缝叠砌，宽 1.1、厚 0.16、残高 0.46 米。封门外设排水沟，截面为长方形，单砖纵向铺底，其上纵砌两列单砖，沟上单砖纵向封顶成暗沟式。沟孔呈长方形，残长 0.6、宽 0.1、高 0.06 米。

墓砖分三种类型：一为长方形砖，长 34、宽 15、厚 5 厘米；二为楔形砖，长 32、宽 16、厚 4 ~ 6 厘米；三为方形砖，长 16、宽 13、厚 4 厘米。部分墓砖侧面、端面阳印钱纹、网格纹、几何形图案组合纹饰。

墓葬早年遭盗扰，未见随葬品（图一六）。

二、隋墓

M1

（1）墓葬形制

"凸"字形券顶砖室墓，方向 10°。总长 5.46 米，由封门、甬道、墓室三部分组成。墓室为长方形，长 3.14、宽 1.58、残高 0.5 ~ 1 米。墓室后壁左右两侧各砌一垛，宽 0.42、厚 0.16、残高 0.5 ~ 0.8 米。券顶无存。二进式甬道，呈"凸"字形。后甬道长 0.9、宽 1.22 米，甬道中部两侧留出直插

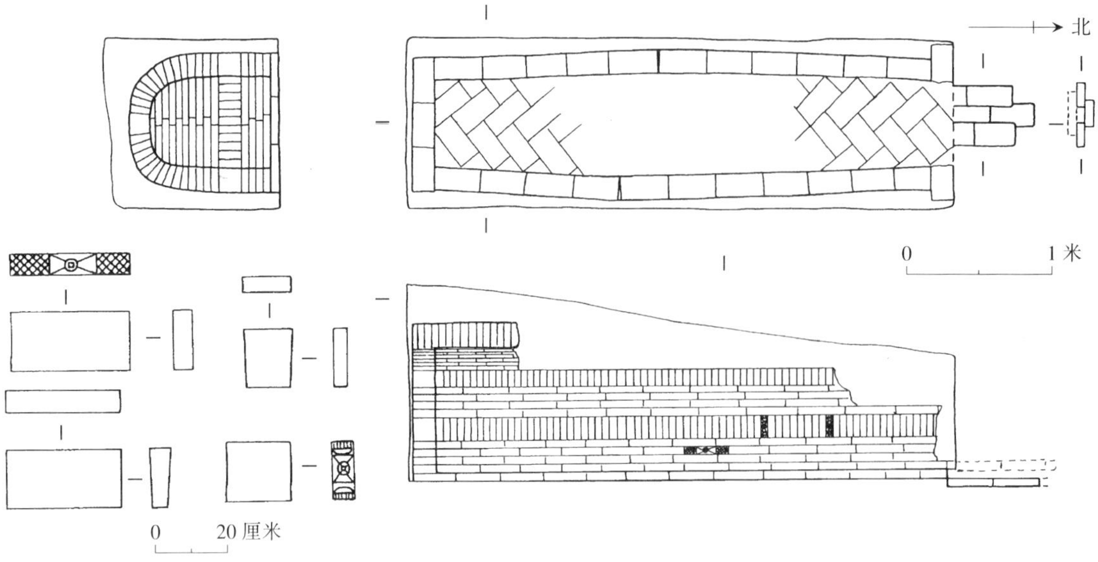

图一六　M10 平、剖面图

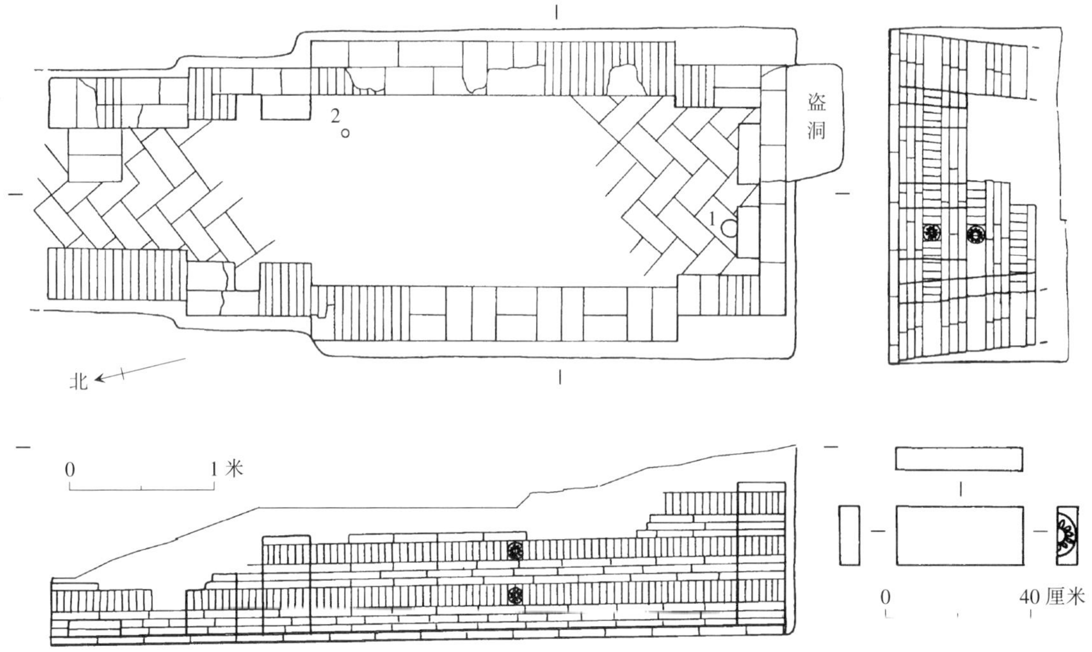

图一七　M1 平、剖面图

式门槽，槽宽 0.16、进深 0.18 米。前甬道长 1.0、宽 0.84 米。封门设于前甬道内侧，仅存最底部一层，封门砖纵向平铺。

墓底砖以"人"字形铺设，墓壁以"三顺一丁"法叠砌。墓砖长 36、宽 16、厚 6 厘米。部分砖端面阳印半圆莲瓣纹，砌筑时两两拼合成圆形莲瓣纹。

墓室内黄褐色填土中包含的大量的碎砖，少量青瓷片和铁棺钉及铁五铢钱 1 枚。墓室因盗扰破坏严重，仅残存墓室下部，随葬品仅在墓室后部发现 1 件青瓷碗（图一七）。

（2）出土器物

青瓷碗　1件。M1：1，侈口，方唇，腹壁斜弧，平底微凹。内满釉，外壁不及底施青黄釉，釉层脱落，斑驳不均。口径9.3、底径3.9、高4.0厘米（图一八：1）。

铁五铢钱　1件。M1：01，圆形方孔，锈蚀严重，断裂，正面隐约可见"五铢"二字。直径2.1、厚0.2厘米（图一八：2）。

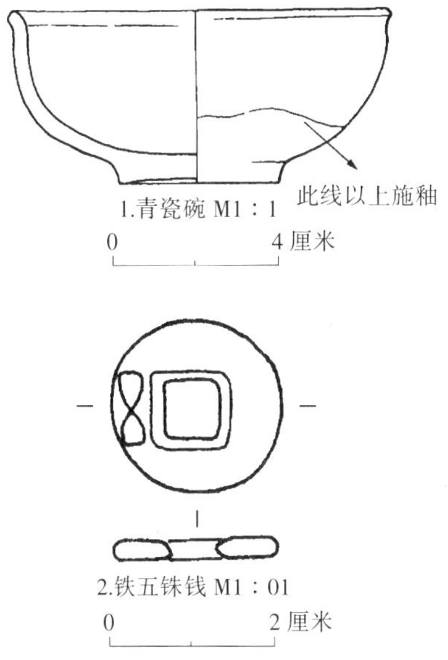

M2

（1）墓葬形制

"凸"字形券顶砖室墓，方向5°。总长5.8米，由墓室、甬道两部分组成，因盗扰严重，封门被破坏，墓室仅残存底部。墓室长3.7、宽2.2、残高0.06～0.78米。墓室前端两侧设直插式门槽，槽宽0.18、进深0.16米。甬道长1.2、宽1.0米。

墓室砌法、墓砖规格及纹饰均与M1相同（图一九）。

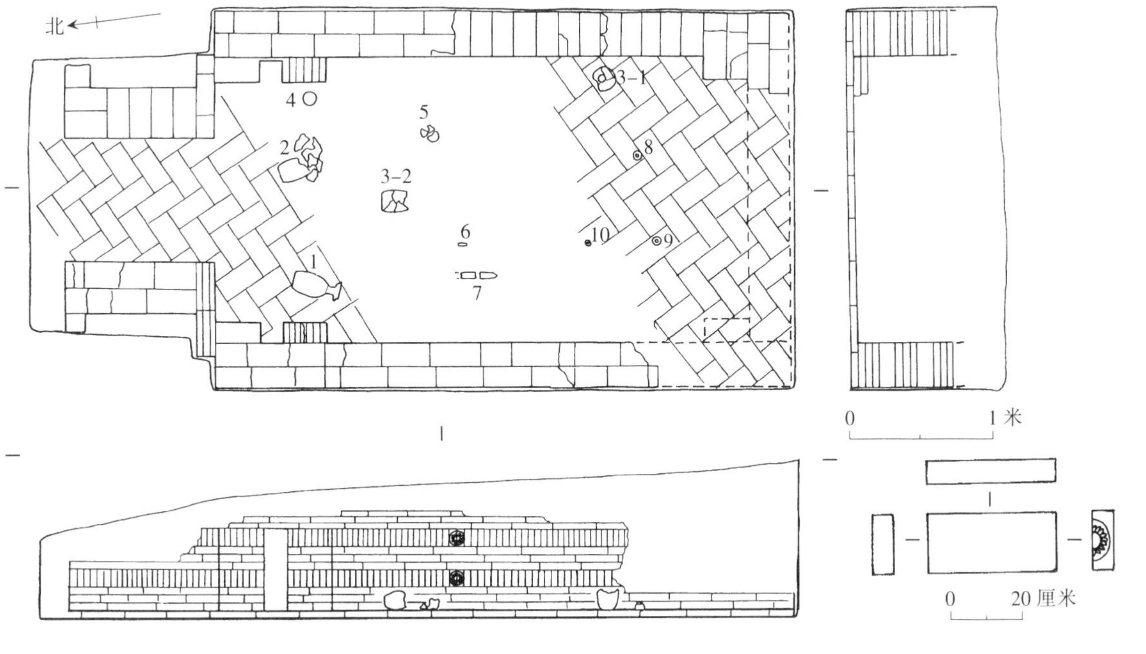

1.青瓷碗 M1：1　此线以上施釉

0　　　　4 厘米

2.铁五铢钱 M1：01

0　　　2 厘米

图一八　M1 出土器物

北

图一九　M2 平、剖面图

（2）出土器物

共10件。其中青瓷盘口壶3件、盏4件，滑石器、铜钱、残铁器各1件。其中3号盘口壶破碎，分处墓室的南北部，可以拼合。

青瓷盘口壶　3件，可分两式。

Ⅰ式　2件。形制相同，大盘口，束颈，溜肩，瘦长鼓腹，平底。肩部附对称双复系，口内、器表上半部施青黄釉。M2：1，口径15.0、腹径16.0、底径9.8、高35.7厘米（图二〇：1）。M2：2，口部、竖系残缺。口径13.8、腹径16.2、底径10.5、高37.4厘米（图二〇：2）。

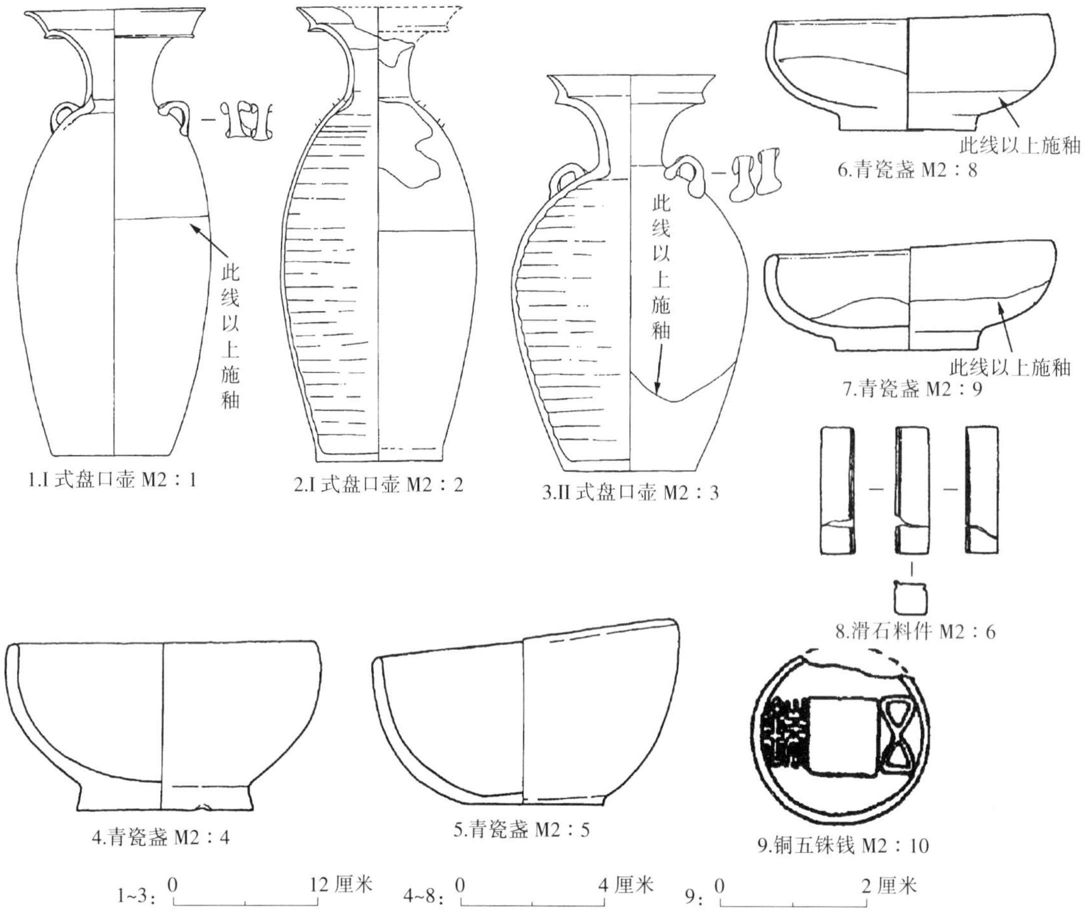

图二〇　M2 出土器物

1.Ⅰ式盘口壶 M2：1　　2.Ⅰ式盘口壶 M2：2　　3.Ⅱ式盘口壶 M2：3

6.青瓷盏 M2：8

7.青瓷盏 M2：9

8.滑石料件 M2：6

4.青瓷盏 M2：4　　5.青瓷盏 M2：5　　9.铜五铢钱 M2：10

1~3：0　　12厘米　　4~8：0　　4厘米　　9：0　　2厘米

Ⅱ式　1件。M2：3，口残。盘口，束颈，溜肩，宽鼓腹，平底。肩部附对称双复系，口内、外壁不及底施青黄釉。口径14.0、腹径19.5、底径11.0、高31.8厘米（图二〇：3）。

青瓷盏　4件。敛口，圆唇，斜弧腹壁，饼底或平底。器内外不及底施青黄釉。M2：4，口径8.5、底径4.9、高4.5厘米（图二〇：4）。M2：5，口径8.5、底径4.0、高4.4厘米（图二〇：5）。M2：8，口径7.6、底径3.7、高3.0厘米（图二〇：6）。M2：9，口径7.6、底径3.9、高2.7厘米（图二〇：7）。

滑石料件　1件。M2：6，长方体，对应的两个纵侧面上部各刻划有一道凹槽。长3.4、宽0.9、厚0.8厘米（图二〇：8）。

"五铢"铜钱　1枚。M2：10，锈蚀严重，圆形方孔，钱面铸"五铢"二字。径2.4、孔宽1.0、厚0.2厘米（图二〇：9）。

三、明清墓

M11

墓葬形制

长方形双室墓，方向100°。两墓室并列，均为长方形，共用中壁，墓壁砌法为双层平砖错缝叠砌。南墓室长 2.5、宽 0.82 米，北墓室长 2.6、宽 0.82 米，墓室残高 0.5～1 米，中间隔墙宽 0.36
米。两墓室后壁中部各开上、下两个壁龛，上为券顶形，下为方形。上龛宽 0.12 米、高 0.14、进
深 0.12 米；下龛边长 0.3 米。北墓室北壁设 2 券顶形壁龛，相距 1 米，大小相同，宽 0.12 米、高
0.14、进深 0.12 米。南墓室由于破坏严重，其南壁是否有壁龛不得而知。未见铺地砖，墓顶遭破
坏无存（图二一）。

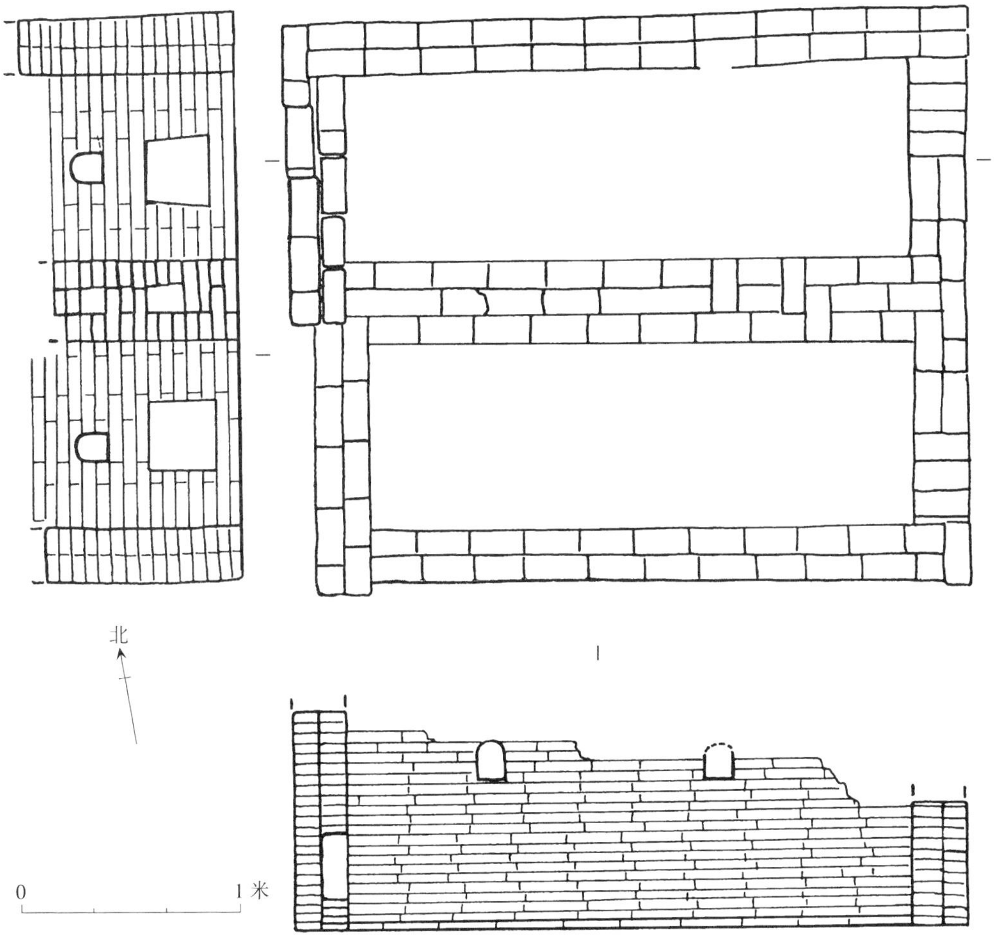

北

0   1 米

图二一　M11 平、剖面图

墓砖长方形，长 24、宽 12、厚 4 厘米。

墓葬早年遭盗扰，未见随葬品。墓室填土中发现有"开元通宝"、"元丰通宝"、"天禧通宝"铜钱
数枚，另有青花瓷碗残片一片。

四、结　语

M1、M2 相邻，墓葬形制和墓砖均相同，故其时代一致。M2 出土青瓷盘口壶、碗与嵊州市城关镇
岭角岭隋大业二年墓出土同类器器形一致。① 故将 M1、M2 时代判定为隋代。

---

　① 浙江省博物馆编：《浙江纪年瓷》，文物出版社，2000 年，图一五八、一五九。

M3 出土釉陶锺与奉化白杜南岙林场东汉墓 M108 所出釉陶锺近似，硬陶罐与奉化白杜南岙林场东汉墓 M171 所出罐近似。① 故将 M3 时代判定为东汉。

M4、M5 相邻，墓葬形制近似，墓室面积相若，出土器物多为青瓷器，二墓应为异穴合葬墓。M5 出土青瓷盘口壶瘦高、饰对称双复系，器形特征与新昌县大岙南朝齐永明元年墓所出盘口壶近似。② M5 出土青瓷唾壶扁垂腹最大径下移，与瑞安市塘下凤山南朝梁天监九年墓所出唾壶近似。③ 故将 M4、M5 时代判定为南朝齐、梁时期。

M6、M7 相邻，墓葬形制、墓砖均相同，应为同时代合葬墓。M7 出土青瓷罐、水盂与杭州钢铁厂西晋太康八年墓所出同类器相同。④ 故将 M6、M7 时代推断为西晋。

M8、M9 相邻，墓砖相同，当为合葬墓。M8 出土青瓷四系水盂与余姚市梁辉九顶山西晋太康八年墓、嵊州市浦口镇大塘岭西晋太康十一年墓所出水盂相同。⑤ 故此判断 M8、M9 为西晋墓。

M10 平面位置僻远，未见出土器物，不易断代。但墓葬形制为长方形券顶砖室墓，墓壁向外弧鼓，墓砖纹样为钱纹、网格纹，这些迹象均为浙江六朝墓所常见。故将 M10 判定为六朝墓。

M11 虽未见随葬器物，但填土中所见青花瓷碗残片纹饰为明清青花瓷常见之散点纹，且墓葬形制、墓砖与温州瓯海区焦下明清墓相同。故推测 M11 为明清墓。

领　　队：郑嘉励

执行领队：仲召兵

发　　掘：史全兴　朱海超　仲召兵

器物绘图：仲召兵

执　　笔：仲召兵　刘建安　赵立平

---

① 浙江省文物考古研究所等：《奉化白杜南岙林场汉六朝墓葬》，《浙江汉六朝墓报告集》，科学出版社，2012年，第214~337页。

② 浙江省博物馆编：《浙江纪年瓷》，文物出版社，2000年，图一四五。

③ 浙江省博物馆编：《浙江纪年瓷》，文物出版社，2000年，图一五一。

④ 浙江省博物馆编：《浙江纪年瓷》，文物出版社，2000年，图二三、二四。

⑤ 浙江省博物馆编：《浙江纪年瓷》，文物出版社，2000年，图二九、四一。

温州市瓯海区丽塘唐墓发掘简报

浙江省文物考古研究所
温州市文物保护考古所
温州市瓯海区博物馆

2013 年 2 月，浙江省文物考古研究所、温州市文物保护考古所、温州市瓯海区博物馆联合考古队对温州市文化创意产业园区施工过程中发现的 13 座古墓葬进行了抢救性清理。现将其中的唐代土坑墓（编号 M9）的清理结果简报如下。

一、墓葬形制

M9 位于瓯海区丽岙街道丽塘村西北部约 200 米小山的东南麓，墓葬所在的小山三面环山，唯东南一方接平地。为长方形竖穴土坑墓，墓向 100°。葬具、人骨无存。墓葬前部与上部在基建施工过程中被挖毁，清理时仅余后部，器物已裸露。墓坑残长 0.5 ~ 1.2、宽 1.08、残深 0.36 米。填土为黄褐色花土（图一）。

二、出土器物

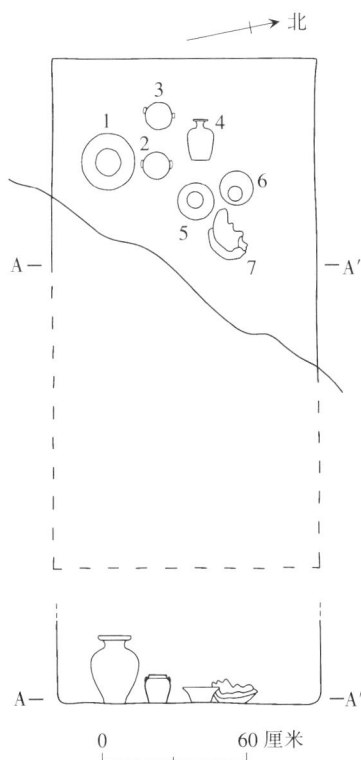

图一　M9 平、剖面图
1. 盘口壶　2、3. 瓷罐　4. 瓶
5. 碗　6. 盏　7. 铁器

随葬器物放置于墓坑后部，共 7 件，器形有瓷盘口壶、瓶、罐、碗、灯盏、铁器残件。从清理现场看，部分器物已破碎，但随葬器物数量未见少。

瓷盘口壶　1 件。M9：1，盘口，束颈，丰肩，鼓腹，近底部聚收，平底。肩部附对称半环形竖复系。浅灰色胎，烧造温度较低。器表上半部施青黄釉，釉层剥落殆尽，下半部露胎呈灰褐色。口径 16.4、底径 10.4、高 31.2 厘米（图二：1；彩版九四：1）。

瓷瓶　1 件。M9：4，浅盘口，束颈，溜肩，长鼓腹，平底微凹。肩部附对称半环形横系。浅灰色胎，胎质坚密。施青黄釉不及底，釉层剥落殆尽，近底部露胎呈红褐色。底外有五个支烧点。口径 6.6、底径 7.0、高 15.2 厘米（图二：4；彩版九四：4）。

瓷罐　2 件。器形相同。直口微侈，短直颈，圆肩，鼓腹，腹壁斜弧收，平底。肩部附对称片状

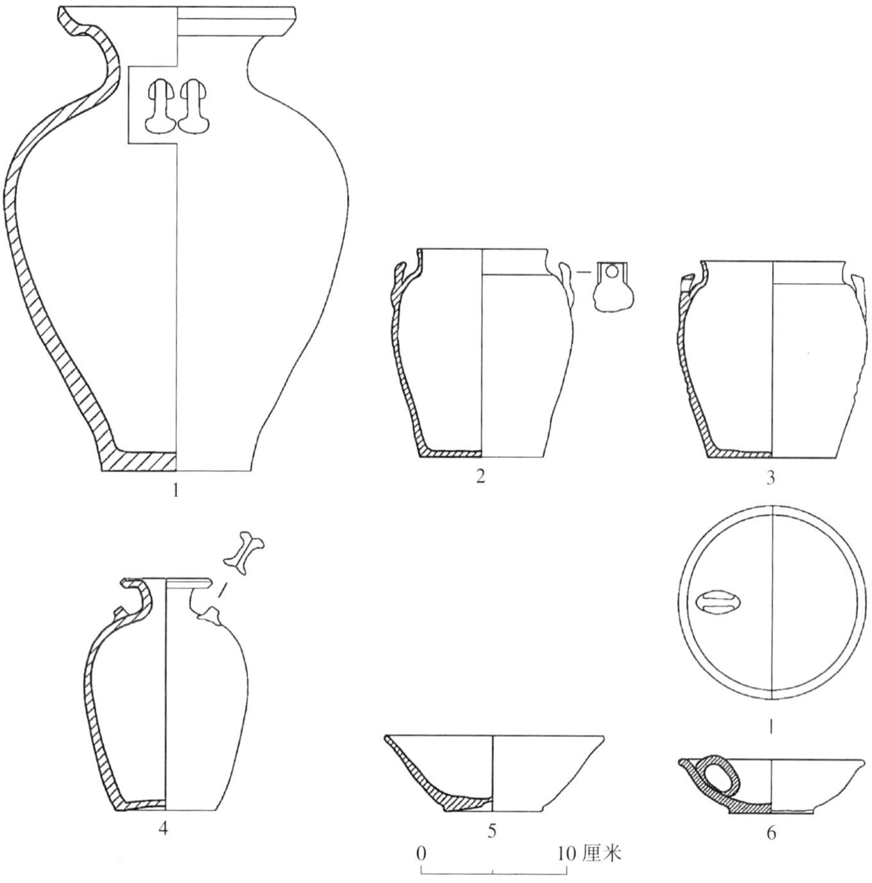

图二　M9 出土器物（图号即出土器物号）
1. 盘口壶　2、3. 瓷罐　4. 瓶　5. 碗　6. 盏

竖耳，耳面穿一圆孔。胎呈灰白色，质地坚密。施青釉不及底，釉层匀净、莹润。底部露胎处呈红褐色。M9：2，器内外施青黄釉，釉面开片细密。口径 9.0、底径 8.8、高 14.0 厘米（图二：2；彩版九四：2）。M9：3，器内外施青灰釉，釉面局部开片。底外留有九个支烧点。口径 9.6、底径 8.4、高 12.8 厘米（图二：3；彩版九四：3）。

瓷碗　1 件。M9：5，敞口，圆唇，斜直腹壁，壁形底。胎呈灰白色，质地坚密。底外无釉，余皆施青黄色釉，釉面开片细密。底外有六个支烧点。口径 15.0、底径 6.6、高 5.0 厘米（图二：5；彩版九四：5）。

瓷灯盏　1 件。M9：6，敞口，卷沿，浅腹，腹壁斜弧，平底。内壁近底处黏附一环形纽。胎呈灰白色，质地坚密。内满、外壁不及底施青黄釉，釉层脱落殆尽，近底处露胎呈红褐色。底外有四个支烧点。口径 12.8、底径 5.8、高 3.6 厘米（图二：6；彩版九四：6）。

铁器残件　1 件。M9：7，铁器残块，器形似为镣斗。锈蚀严重。长 15.0、宽 8.0、器壁厚 0.5 厘米。

三、结　语

近年来，瓯海在建设工程中抢救发掘的几座唐代墓葬均为土坑墓，葬具、人骨架均腐烂不存。盘口壶、罐、碗等随葬器物在几座墓葬中均有发现。该墓出土的盘口壶 M9:1 与丽水唐代土坑墓①出土的盘口壶形似；青瓷罐与温州市郊景山出土的唐代瓯窑青釉褐彩双系罐②形似；璧底碗与温州博物馆收藏的唐代瓯窑青釉璧底碗③相似，依此判断，丽塘 M9 的年代为唐代。

　　墓葬中出土的青瓷器与温州地区唐代窑址出土的器物基本一致。温州唐代窑址主要有市郊西山窑址，永嘉县启灶、坦头窑址，瑞安上寺前窑址，苍南盛陶窑址，泰顺石头面山窑址等，其常见产品主要有壶、瓶、罐、钵、碟、盘、碗、洗、砚、盂、盒等。④ 瓷器胎体多呈灰白色，质地坚密，施青釉或青黄釉，釉层光泽莹润。器物多无纹饰，平底。因采用叠烧和支烧法，所出器物的底部均留有支烧的痕迹。M9 所出的罐、壶、碗、灯盏与本地窑址出土的相应器形相似，⑤ 因此，M9 出土瓷器应为温州本地瓯窑产品。

　　唐墓在温州乃至整个浙江的发现较少，丽塘 M9 的清理对研究温州地区唐代瓯窑青瓷器具有一定价值，也为了解唐代平民墓葬形制、葬俗提供了资料。

执　笔：施成哲

①　丽水县文物管理委员会：《浙江丽水唐代土坑墓》，《考古》1964 年第 5 期。
②　温州博物馆：《温州古陶瓷》，文物出版社，2001 年。
③　温州博物馆：《温州古陶瓷》，文物出版社，2001 年。
④　金柏东：《瓯窑探略》，《中国古陶瓷研究》第三辑，紫禁城出版社，1990 年；金祖明：《温州地区古窑址调查纪略》，《文物》1965 年 11 期。
⑤　金祖明：《温州地区古窑址调查纪略》，《文物》1965 年 11 期。

温州市瓯海区焦下明清墓发掘简报

浙江省文物考古研究所
温州市瓯海区博物馆

2013 年 3～5 月，浙江省文物考古研究所、温州市瓯海区博物馆组建联合考古队在瓯海区潘桥—丽岙公路连接线吹台山隧道北口清理了 27 座明清砖室墓。

墓葬位于温州市瓯海区潘桥街道焦下村南约 200 米的小山上，墓葬所处地形东、南、西三面为吹台山脉环围，北面为开敞平地。墓向均为南偏东向（图一）。绝大多数墓葬保存较好。共出土各类文物 37 件，器形有瓷碗、罐、碟，铜钱，镇墓砖，砖、石质圹志等。

现将墓葬发掘结果简报如下。

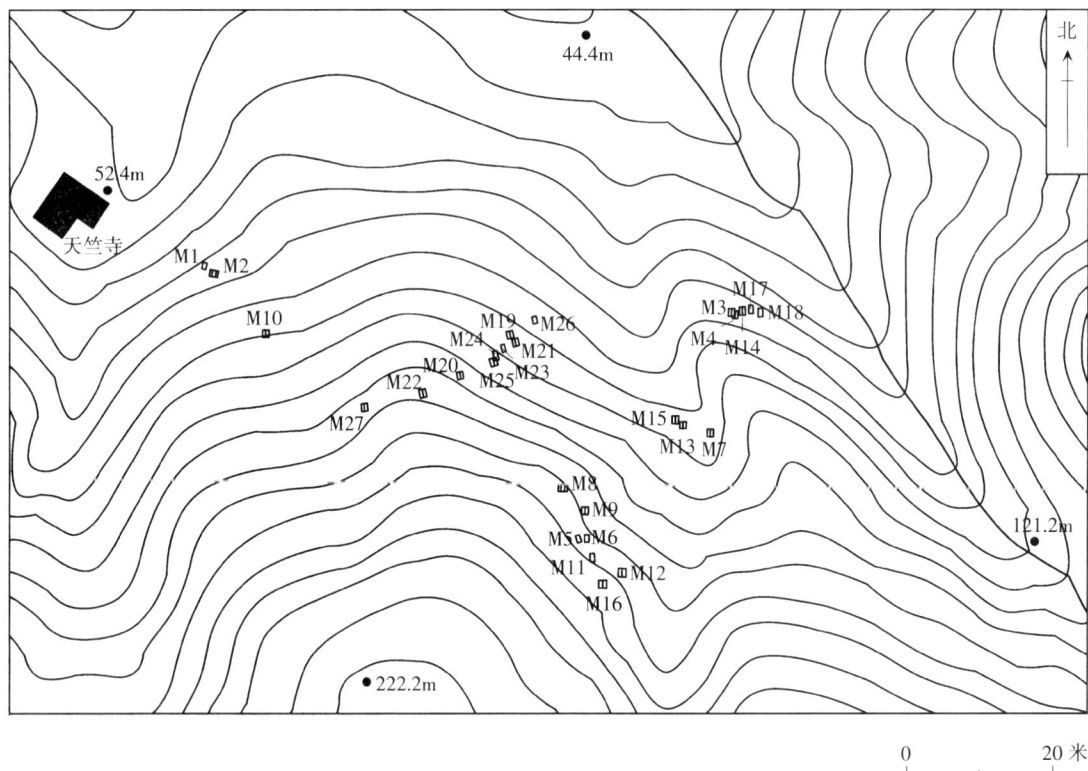

图一　墓葬平面分布图

一、墓葬形制

均为长方形券顶砖室墓，分单室墓、二室合葬墓、三室合葬墓三类。所有墓葬均未见葬具。大多数墓葬墓底铺有一层炭灰，人骨架保存较差，多呈粉灰状，个别墓葬头骨保存较好。

单室墓

8 座。此类墓葬有 M5、M6、M11、M17、M18、M23、M24、M26。墓形简单，少见出土器物，个别墓葬于封门墙前方置放石圹志或砖圹志，M17 顶部覆盖有石灰层用以防潮。

以 M24 为例。该墓为长方形券顶砖室墓，方向 140°（图二）。该墓长 2.6、宽 1.28、高 1.14 米。墓壁、封门均为单层，采用平砖错缝顺砌法。券顶以楔形砖纵砌。墓壁、券顶内侧分别以长方形大砖、弧形砖嵌贴一层。墓底以长方形大砖纵铺 3 列。墓底中后部有人头骨及散落铜棺钉，封门前方放置石质圹志 1 方。墓砖分 4 种，均为素面青灰色陶砖：长方形小砖长 33、宽 14、厚 8 厘米；楔形砖长 32、宽 10、厚 5 厘米；长方形大砖长 44、宽 27、厚 5 厘米；弧形砖长 29、宽 26、厚 5 厘米。

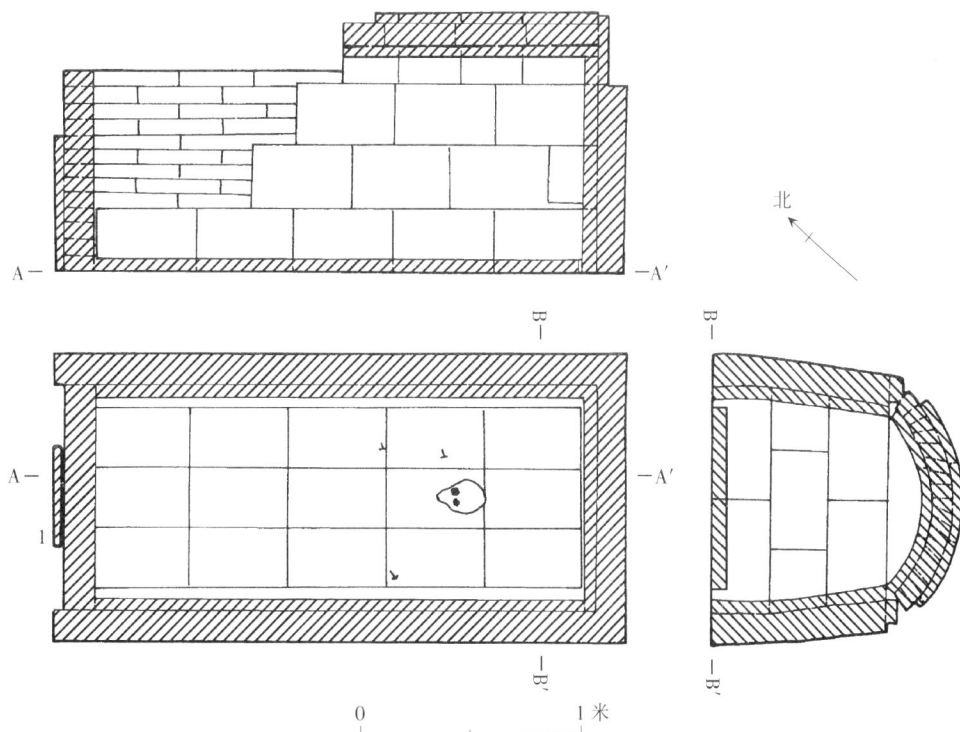

图二　M24 平、剖面图
1. 石质圹志

二室墓

16 座。此类墓葬有 M1、M3、M4、M7、M9、M10、M13～M16、M19～M22、M25、M27。二墓室左右相连，分别起券，共同组成合葬墓。圹志出土情况不一，大部分墓葬二墓室前方各置立一块圹志，少部分墓葬二墓室中墙前方立一块共用圹志，个别墓葬使用 3～4 块圹志。双室墓墓室中隔墙下部多设置有器物坑，出土瓷器组合分碗＋碗、碟＋碟、碗＋罐组合三种，器物内多放置 1 或 2 枚铜钱。

M14 墓顶覆盖有石灰层用以防潮。

以 M13 为例。该墓保存完整，二墓室结构一致，方向 160°（图三；彩版九五：1）。该墓长 2.68、宽 2.5、高 1.2 米。各墓室墓底用长方形大砖纵铺 3 列，墓壁采用平砖错缝顺砌法，券顶以楔形砖纵砌。墓室内部四壁以长方形大砖嵌贴一层，券顶砌以纵向楔形砖，券顶内、外侧以弧形砖嵌贴一层。东室封门外侧置立一块石质圹志；西室封门墙外置立圹志二重，一为石质、一为砖质。墓砖分四种：铺地大砖及壁面贴砖长 44、宽 27、厚 6 厘米；墓壁小砖长 27、宽 13、厚 6 厘米；弧形拱砖长 28、宽 28、厚 6 厘米；楔形砖长 28、宽 14、厚 6 厘米。

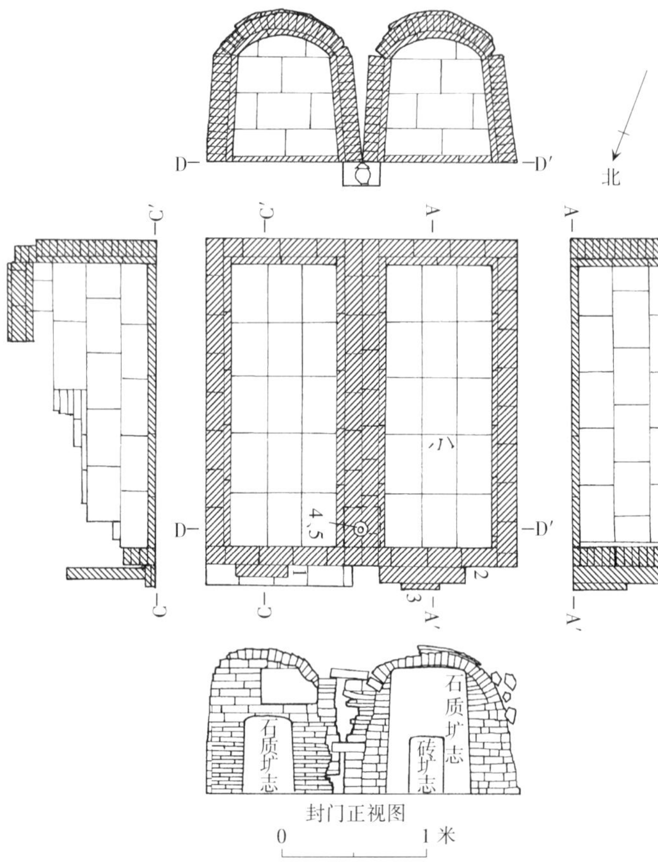

图三　M13 平、剖面图

1、2. 石质圹志　3. 砖圹志　4. 瓷罐　5. 瓷碗

三室墓

3 座。此类墓葬有 M2、M8、M12。三墓室左右相连，分别起券，共同组成合葬墓。

以 M8 为例。该墓三室并列，结构一致，方向 170°（图四）。该墓长 2.6、宽 3.3、残高 0.84 米。各墓室底部纵铺 3 列长方形大砖；墓壁采用平砖错缝顺砌法；墓顶无存，疑为券顶。封门设于各墓室前方，西二室封门外侧以块石抵塞，客观上起到加固、防盗作用。各墓室墓主头部位置横置瓦枕各一。西二室中墙后方下部设一器物坑，坑呈正方形，边长 30、深 20 厘米。坑内放置 1 瓷碗、1 瓷碟，呈扣合状，碗内放置银币 1 枚。墓砖分两种：铺地砖长 41、宽 23、厚 7 厘米；墓壁砖长 33、宽 16、厚 7 厘米。瓦枕长 25、宽 17~20、厚 1 厘米。

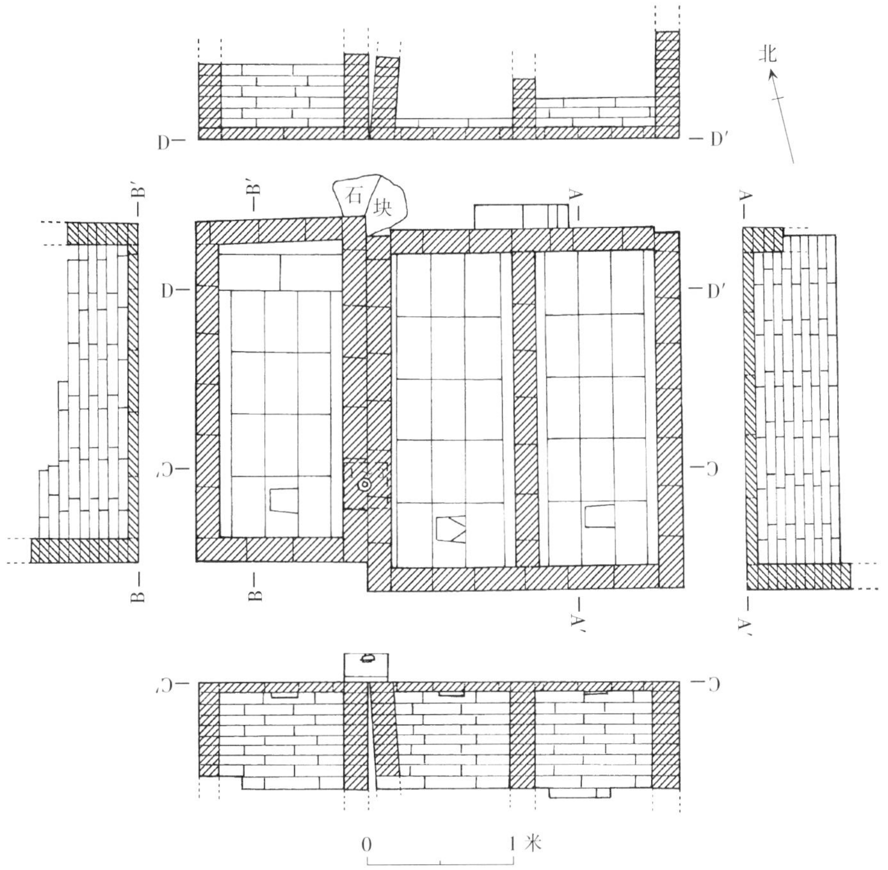

图四　M8 平、剖面图

1、2. 瓷碗　3. 银币

二、出土器物

出土瓷器均位于合葬墓中隔墙下方的器物坑内。器物坑多数为方形，个别为圆形，坑口以单块大方砖或数块长方形砖铺盖。出土瓷器均为灰胎体，质地坚密，组合分三种：一为碗、碗扣合，碗内置放铜钱，如 M3。一为碟、碟扣合，碟内置放铜钱，碟外壁多刻写"福寿双全"或"百子千孙"吉祥语，如 M16。一为碗、罐扣合，罐内装有稻谷、铜钱，如 M15。此类器物坑均位于墓室下方，当为砌筑墓室之前专门设置，具有奠基或者定风水的意义。

圹志立放于墓室前方封门墙外侧，个别墓葬将圹志置放于封门墙上端。圹志分石质、青砖质两类，字面均朝向墓室内侧。石质圹志铭文均为刻写，砖质圹志铭文有刻写、朱砂书写、刻写加朱砂填描三类。

镇墓砖　仅 M15 发现一块。砖正、反面及纵侧面以朱砂书画文字和道符，起镇墓驱鬼作用。

铜棺钉　分两型。

A 型　以 M23 出土棺钉为例，菇形帽，长钉体截面呈扁方形，末端渐薄聚为尖锋。帽径1.8、通长8.2厘米。

B 型　以 M21、M24 出土棺钉为例，菇形帽，短钉体截面方形，末端略瘦。帽径1.8、通长3.3～

4.1厘米。

圹志汇编于下节，其他出土器物按墓葬单位分述如下。

M3 出土器物3件。

瓷碗 2件。M3:1，敞口，圆唇，斜弧腹壁，坦底，圈足。足内无釉，外底有涩圈，余皆施青釉，釉层混浊斑驳。口径14.9、足径7.0、高5.0厘米（图五：7；彩版九五：2）。M3:2，敞口，圆唇，斜弧腹壁，平底，圈足，足端斜削。腹外壁近底部有旋削痕。底内外无釉，余皆施青灰薄釉。釉层浑浊，开片细密。口径11.5、足径5.2、高4.6厘米（图五：6）。

铜钱 1枚。M3:3，圆形方孔，正面钱文为"大定通宝"，反面钱文为"申"。径2.5、孔边长0.6、厚0.1厘米（图七：1）。

M4 出土器物1件。

铜钱 1枚。M4:1，圆形方孔，锈蚀严重，钱文不明。径2.2、孔边长0.5、厚0.1厘米（图七：2）。

M8 出土器物3件。

瓷碗 1件。M8:1，敞口，尖圆唇，斜弧腹壁，平底，外底心凸起，圈足，足端外缘斜削。外壁腹底交界处有旋削痕。底内外无釉，余皆施青灰薄釉，釉层干涩浑浊。口径11.5、足径5.8、高4.5厘米（图五：4）。

瓷碟 1件。M8:2，敞口，尖圆唇，浅斜弧腹壁，平底，内底心微凹，外底心凸起，圈足，足端外缘斜削。外壁腹底交界处有旋削痕。底内外无釉，余皆施青灰薄釉，釉层干涩浑浊。口径9.3、足径5、高2.6厘米（图五：3）。

银币 1枚。M8:3，锈蚀严重，圆形圆孔，币面压印篦点纹。通径2.4、穿径0.2、厚0.05厘米（图七：3）。

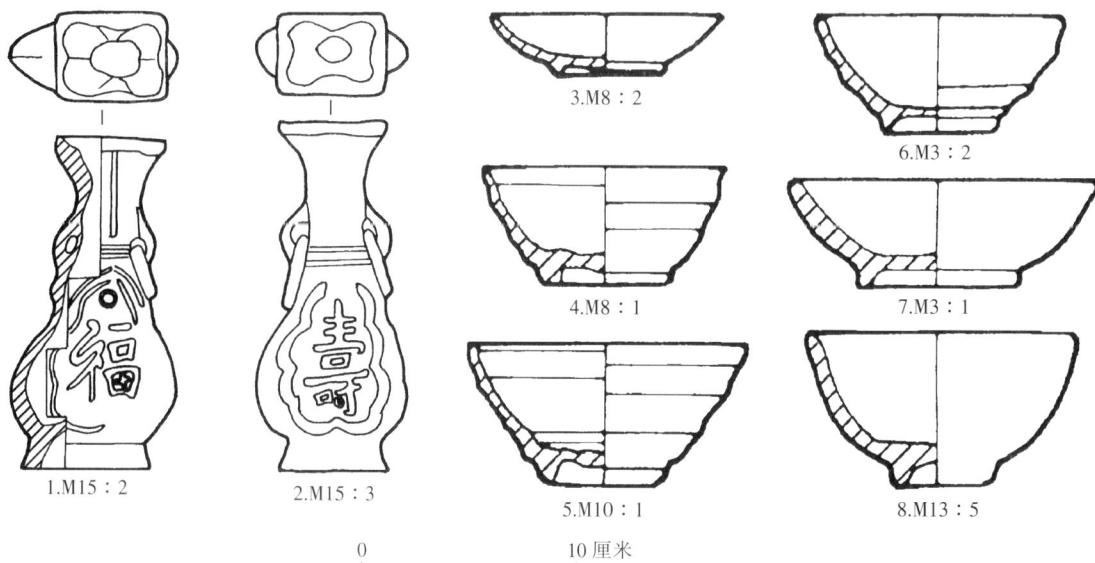

图五 出土器物（一）

1、2. "福寿"瓷瓶（M15:2、M15:3） 3. 瓷碟（M8:2） 4~8. 瓷碗（M8:1、M10:1、M3:2、M3:1、M13:5）

M10 出土器物 3 件。

瓷碗 2 件。M10:1,敞口,尖圆唇,斜直腹壁,平底,外底心凸起,圈足,足端外缘斜削。腹外壁有旋削痕。底内外无釉,余皆施青灰薄釉,釉层浑浊。口径 13.2、足径 6.2、高 4.6 厘米(图五:5)。M10:2,直口微敛,圆唇,深弧腹壁,平底,外底心凸起,圈足,足端内外斜削。腹外壁有旋削痕,釉上绘米黄色兰草两株。底内外无釉,余皆施青黄薄釉,釉层混浊,开片细密。口径 10.9、足径 5.7、高 7.8 厘米(图六:2;彩版九五:3)。

铜钱 1 枚。M10:3,圆形圆孔,正反面近外缘处各有一周弦纹,内饰以星光纹。正面星光纹内有"大定通宝"四字。通径 1.8、穿径 0.4、厚 0.1 厘米(图七:7、8)。

M13 出土器物 5 件。

瓷罐 1 件。M13:4,出土时罐内盛有半罐稻谷和一枚铜钱,铜钱因锈蚀严重未能提取。微侈口,圆唇,短颈,阔肩,深弧腹壁,卧足。肩腹部饰轮旋纹。足部无釉,余皆施青釉,釉层玻璃质感较强。

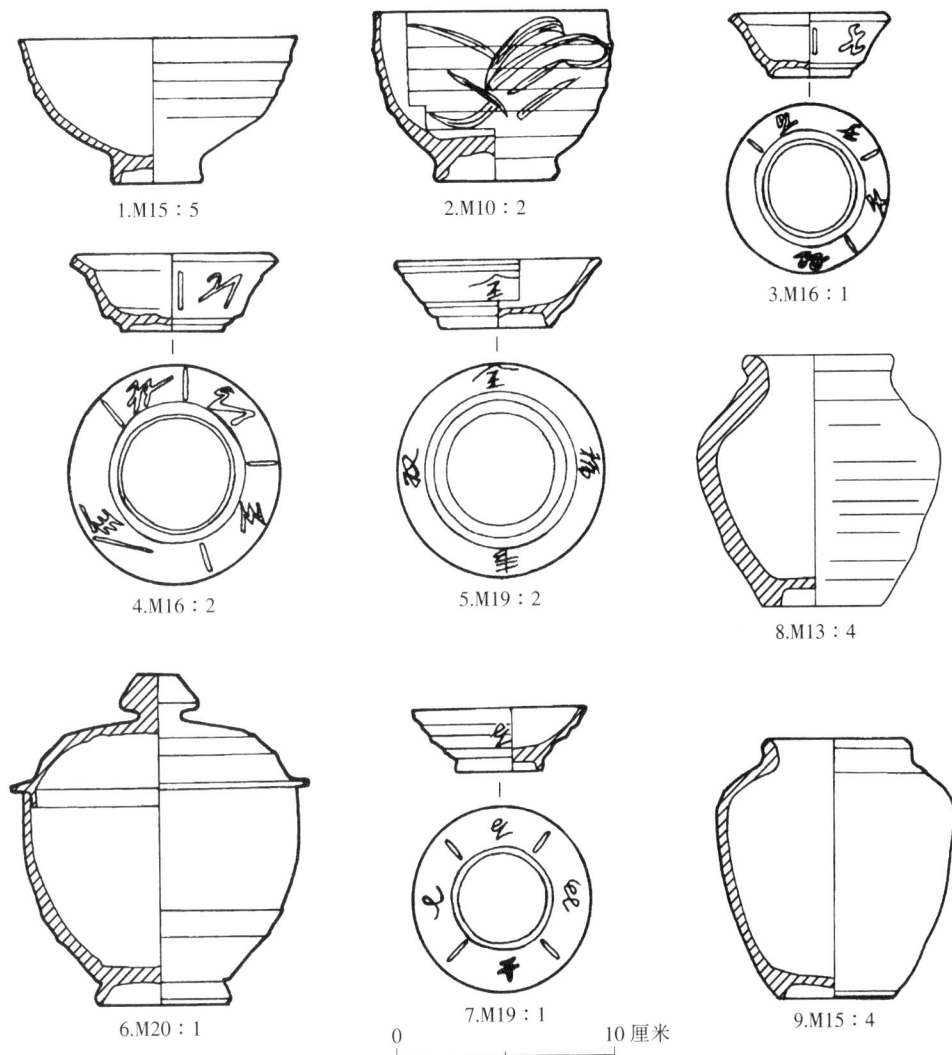

1.M15:5　　2.M10:2　　3.M16:1

4.M16:2　　5.M19:2　　8.M13:4

6.M20:1　　7.M19:1　　0 ⌞⌟ 10 厘米　　9.M15:4

图六　出土器物(二)

1、2. 瓷碗(M15:5、M10:2)　　3~5、7. 瓷碟(M16:1、M16:2、M19:2、M19:1)

6. 瓷盖碗(M20:1)　　8、9. 瓷罐(M13:4、M15:4)

口径 7.4、足径 6.0、高 10.7 厘米（图六：8；彩版九五：4）。

瓷碗　1 件。M13：5，敞口，圆唇，斜弧腹壁，小圈足，足端外缘斜削。足内、底外无釉，余皆施青釉。口径 12.7、足径 4.4、高 6.0 厘米（图五：8）。

M15　出土器物 5 件。

镇墓砖　1 件。M15：1，立放于 M15 西室后壁底中部，长方形青砖，与墓壁砖相同，长 27、宽 13、厚 6 厘米。砖四面有朱砂咒语或神符，正面竖写楷书体文字"三台在二北斗護時神符安鎮石爛人回"；反面竖写楷书体文字"長生□敕□"，文字下画有不明神符，漫漶不清；一纵侧面竖写楷书体文字"敕令安鎮"；另一纵侧面竖写楷书体文字"敕令安鎮卯"（彩版九六：1~4）。

瓷福寿瓶　2 件。器形相同。长方口，细长颈，溜肩，扁鼓腹，凹底，椭圆形圈足。颈部附对称半环竖耳，衔环黏附于瓶肩部。正反面腹壁开光内阳印楷书体"福"、"寿"二字。口内、外壁不及底施青黄薄釉。M15：2，口长 5.1、宽 3.9、腹径 4.6~7.3、足径 5~6.2、高 14.5 厘米（图五：1；彩版九六：5）。M15：3，口长 5.1、宽 3.9、腹径 4.6~7.3、足径 5.2~5.7、高 15.0 厘米（图五：2；彩版九六：6）。

瓷罐　1 件。M15：4，出土时罐内盛有半罐稻谷和 1 枚铜钱。微侈口，圆唇，短颈，阔肩，深弧腹壁，卧足。足部无釉，余皆施青釉，釉层浑浊干涩。口径 7.1、足径 5.6、高 11.5 厘米（图六：9）。

瓷碗　1 件。M15：5，敞口，圆唇，斜弧腹壁，小圈足，足端外缘斜削。足内、底外无釉，余皆施青釉。口径 12.7、足径 4.2、高 6.0 厘米（图六：1）。

M16　出土器物 4 件。

瓷碟　2 件。M16：1，敞口，斜平唇，上腹壁内弧，下腹壁斜直收，平底，外底心微凸，圈足，足端外缘斜削。腹外壁以短竖划线四分，界格内顺时针向刻划"百、子、千、孙"四字。外壁腹底交接处部饰凹弦纹一周。底内外无釉，余皆施青灰薄釉。口径 7.4、足径 3.9、高 2.6 厘米（图六：3）。M16：2，敞口，斜平唇，上腹壁内弧，下腹壁斜直收，平底，外底心微凸，圈足，足端外缘斜削。腹外壁以短竖划线四分，界格内刻划"福、寿、双、全"四字。外壁腹底交接处部饰凹弦纹一周。底内外无釉，余皆施青灰薄釉。口径 9.3、足径 4.7、高 3.2 厘米（图六：4）。

铜钱　2 枚。M16：3，圆形圆孔，钱文为"大定通宝"。径 1.2、孔径 0.3、厚 0.1 厘米（图七：4）。M16：4，圆形方孔，钱文为"太平通宝"。径 1.2、孔边长 0.3、厚 0.1 厘米（图七：5）。

M19　出土器物 3 件。

瓷碟　2 件。M19：1，敞口，斜平唇，腹壁斜直，近底部斜削，平底，内外底心微凸，圈足，足端外缘斜削。腹外壁以短竖划线四分，界格内顺时针向刻划"百、子、千、孙"四字。底内外无釉，余皆施青灰薄釉。口径 8.2、足径 4.2、高 2.6 厘米（图六：7）。M19：2，敞口，斜平唇，腹壁斜直，近底部斜削，平底，内外底心微凸，圈足，足端外缘斜削。腹外壁以短竖划线四分，界格内刻划"福、寿、双、全"四字。口外、下腹部各饰凹弦纹一周。底内外无釉，余皆施青灰薄釉。口径 9.5、足径 5.2、高 2.8 厘米（图六：5）。

铜钱　1 枚。M19：3，圆形方孔，正面铭文为"乾隆通宝"，反面为两个满文字。径 2.5、孔边长 0.6、厚 0.1 厘米（图七：6）。

M20　出土器物 1 件。

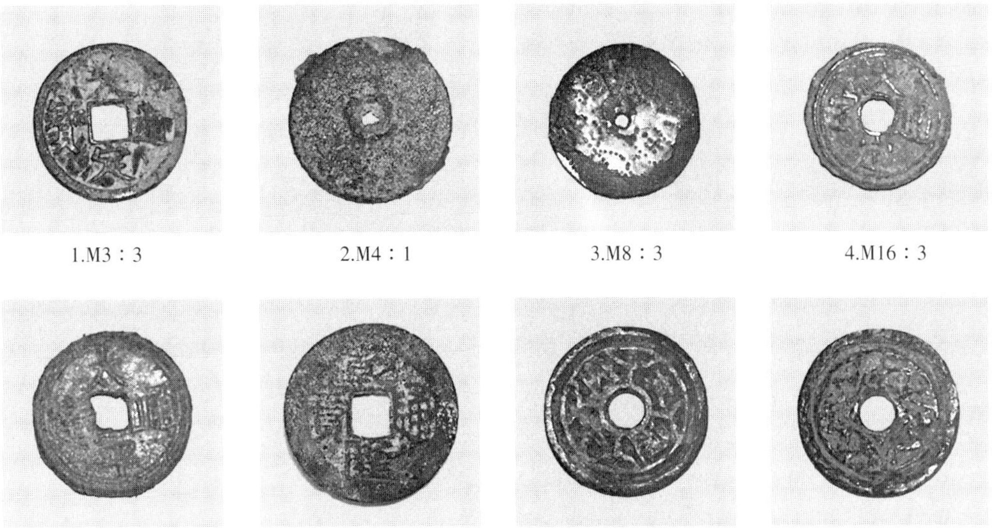

1.M3：3　2.M4：1　3.M8：3　4.M16：3

5.M16：4　6.M19：3　7.M10：3(正)　8.M10：3(背)

图七　出土钱币

瓷盖碗　M20∶1，盖为子口，盖面圆隆，有旋削痕，顶部设菇形纽，盖缘外撇，方缘唇。盖面施青灰釉。碗直口微敛，圆唇，长弧腹壁，下腹壁有旋削痕，平底，外底心微凸，圈足，足端斜削。唇部、底内外无釉，余皆施青灰釉。口径13.3、足径6.8、高10.0厘米（图六：6；彩版九六：7）。

三、圹志汇编

共有9座墓出土圹志。出土圹志14方，其中青砖圹志4方、石质圹志10方。以下按所属墓葬单位分述之。

M6　出土石质圹志1方。

M6∶1，石质圹志，圆首，直身。长73.0、宽45.5、厚6厘米。额文篆书体左行，正文楷书体竖刻17行。

额文：

亡妻曾氏孺人壙誌

正文：

亡妻曾氏壙誌

亡妻姓曾氏，行一。先是余考鴻臚白泉公無□，母康安人孀居，為余約婚曾氏，年十七而嫁，奉姑孝謹，睦姒□□，六親畜滅，獲典有恩禮。輔余遊太學，專交名流，靡內顧憂。性不妒忌，以己不孕，數為余易置側室，伸得二女。因姪廷楫螽孤，迺育為嗣室之胡氏。萬曆甲戌秋，余謁選天曹，授江西建昌丞，欲攜家之官，姑春秋高，艱于跋涉，曾氏願留養；且念余未嗣，複置遣二妾侍，執巾櫛無何，各舉一子，此尤人所難及，而有功於余王門者也。已而患腹疾，積朞大漸，遂卒，丁丑七月二十七日也，距生嘉靖丁亥十一月十五日得年甫五十有一。痛哉！楫殯斂如禮無貽，余憾訃。余哭之慟，是冬棄官歸，以己卯春仲甲申葬焦下山之原。嗚乎！余薄祿而不獲同享，幸有子而不及一見，可哀也夫。女二：一聘武寧尹黃南華公子。大順戊寅秋，亦殀，今附葬云；次聘上津尹陳斗源公子楷俱，徐出。男二：長廷樞，童出；次廷懋，龔出。曾氏世家，永嘉仙源稱右族，曾祖昌浦，祖魁，俱輸粟為宣義郎；父例授明威將軍。月泉公玩，母尚書文定公季女王氏。余世居在城高橋三江，王準衡叔也。謹誌。

M13　出土圹志3方（东室出石质圹志1方，西室出石质、青砖圹志各1方）。

M13：1，放置于东室外前方，石质圹志，略呈长方形，圆首。长64.0、宽40.5、厚7.0厘米。额文篆书体左行，正文楷书体竖刻10行。

额文：

　　明亡妻曾氏壙志

正文：

　　王安人曾氏壙志

　　亡妻姓曾氏，行一，父諱旻，母陳氏，以弘治甲子三月二十日生。亡妻年二十歸王元治，曾為永嘉世族，其大父鵬，富而好禮，篤家教子，姓漸被有自。故亡妻端謹誠一，善事吾父母，不怠孝敬。生男王廷亮，娶康樂坊鄭氏。孫男三：有孚、有思、有方。孫女一。嘉靖三十五年五月初八日不幸以病卒，得年五十有三。越明年十月初六日謹擇吹臺鄉焦下山之原，奉柩而葬焉。嗚呼！傷哉！

　　夫兩松王元治謹志。

M13：2，放置于西室外前方，石质圹志，略呈梯形，圆首，碑面沁蚀较严重。长98.0、宽66.5、厚11.0厘米。额文篆书体左行，正文楷书体竖刻23行。额文：

　　太學生王平叔壙誌

正文：

　　太學生王平叔壙志

　　嘉靖甲午，吾友鶴洲王子平□卒。明季其父還靜翁卜以十二月甲寅窆于甌浦山之原，壙宜有誌，翁痛弗能也，屬辰為之，扵乎辰忍誌叔也壙耶。天實無知，速奪我叔也。□之先四明奉化人，正統間徙居永嘉高橋里。曾祖諱詹；祖諱景，厚積善；還靜翁諱宮，以孝行聞；配潘氏。正德丙寅三月戊戌□也生，岐嶷異常，八歲就外傳輒能吐驚人語，十六補校官弟子員，志矯然龍如，氣浩然虹如矣。嘗曰：“聖賢之學，妙解在心。口耳章句、繞塔說相輪耳，吾弗為之。”師友事者：廷采趙子民章，朱字誠通，周子道之，項子仲魚，夏子洪蘊，玉子偉純，王子孔脩，彭子汝晦，嚴子文振，黃子子開、子元，葉子，皆有古學行至。執守剛毅，論辯雄偉，必推先叔也。嘉靖乙酉，萬五溪夫子司校文倡明理學，試而奇之，戊子再試，益奇之，遂膳扵庠，□也不以為多。連舉不偶，叔也亦不以為歉。叔之季父，鴻臚序班諱寧者，制行古人也，克篤友愛，叔實贊之，鄉人嘖嘖稱焉。後卒京□，子幼，溫俗諱外殯，不使入家，叔不可得歸，殯於堂，如喪禮。癸巳選貢走京師，廷試上第，將卒業南雍歸省，會母氏疾甚，中夜□天，祈以身代疾，乃□。夏偕彭子南遊，予竊喜曰：“以叔也英銳，濟之彭子謹密，吾道有望矣。”叔在南雍益刻志問學，□酒忘寝。秋试值寒雨，疾作，书尤孟勉其家，恐贻父母忧也，然形色日悖愫，时瓯东项子在春宫谋曰："必舟而归。"先是，闻还静翁行视之，会伯氏请先，遂得携俱来周旋汤药。叔也乃十有一月四日不起，先还静翁至杭五日耳。扵乎痛哉！夫嘉禾难植易槁，芝荣不踰旬，蔓草薙而益繁，鸱枭鼪蝘遍天下而麟凤间世一睹。予闻诸阳明子云："以叔也观之，谅哉。以叔之才之美，足谓之贤。以叔之贤，谓非天畀之乎？胡使之方进而未见其止也？又竟弗嗣，速奪以死也？畴谓天有知耶？"□之先世有懿德，一发之鸿胪，再惟吾叔也，皆弗克究于用，所谓积善餘慶者，安在哉？叔名元沛，字平叔，行二，号崔州，年二十有九，配叶氏女。二铭曰：坎以方閟，而光粤千万季，是惟王子之藏。友生海壇王應辰謹誌。

嘉靖甲子迁於十六都焦下。

M13:3，放置于西室外前方，长方形青砖质地。长40.0、宽24.0、厚5.0厘米。额文左向横刻，正文竖刻，额文、正文间以刻线分割，外均有线刻边框，行书体文字多漫漶不清。

额文：

皇清……

正文：

第1行：□安人者，處之仁濟陳君元配也。父汝恭公，母□安人於順治□□

第2行：正月二十九日酉時生，安人……及笄，□仁濟君。

第3行：母儀內外，交稱譽□□□，卒於……三十日□時……

第4行：也。生男四：國□，郡庠生，娶……

第5行：……

第6行：……

第7行：……

第8行：……

M14　出土石质圹志4方（东、西室各出2方）。

M14:1-1，放置于东室外前方，青石质圹志盖，圆首，直身。长70.5、宽47.0、厚7.0厘米。志文篆书体竖刻2行。

志盖文：

明故鄉飲賓怡晚府君陳公墓

M14:1-2，放置于东室外前方，石质圹志，圆首，直身。长73.5、宽48.5、厚6.5厘米。无额文，正文楷书体竖刻19行。

正文：

故鄉飲賓怡晚府君陳公壙志

歲乙亥春正月穀日，啟兹幽室，謹奉先府君怡晚公之柩，將安厝焉。其鄉曰吹臺，祖塋之次也。不孝忍死為之誌，以納諸土。考諱魁，字漢光，朋戚因所居有怡晚軒，遂以為號。稽吾陳氏之系其來嬋媧。宋末有仕溫者，因家焉，世居勸農里。考之曾大父諱常清，祖諱武韶，父諱琪，俱弗樂仕進。母郭氏，致政司訓郭公臻女，實生考與仲叔賓、季叔寬三人。考溫恭忠信，好仁而樂義，內自家庭以及宗族、鄉黨莫敢不厚，莫敢不敬，行有狀則。秋官宗獻之文藏之冊，墓有銘則中允。賈公之文刻諸石，同僚趙正郎之奠章曰："其譽隆於鄉黨者，道已備乎。忠君而事長，其行周於內外者，義實先乎急病而讓夷鄉。"同年蕭侍禦之奠章曰："古鄉三物六行，尤重公則，備只是為有政。生列上賓之席，歿感闔郡之哀，公論在人。非行之輩可得而私頌也。"考生正統辛酉九月四日，正終於正德癸酉五月之朔，享壽七裹蹂三歲。配吾母湯氏，叔德允諧。外大父小瞿湯公，汝器女生，行之輩三人，行之無似，以邑掾滿。考受冠帶省祭，娶安仁薛堂翁女次弟定之。登弘治乙丑進士，授工部營繕主事，娶畫錦林濟翁女。季弟諒之尚幼，側室李氏出。妹一適西州諸懂行之，生天粹，補邑庠生，娶西北隅嚴銅君女。定之生天秀，亦幼。鳴呼！吾考生有榮行，歿有令名，所以光先德而裕我后。昆者蓋未艾也，意外之訣，誰其料之？鳴呼！痛哉！鳴呼！痛哉！

　　正德十年歲在乙亥正月八日孤子行之等泣血謹誌。

　　賜進士第中憲大夫江西吉安府知府樂清朱諫填諱。

M14:2-1，放置于西室外前方，石质圹志盖，圭首，直身。长66.0、宽36.5、厚7.0厘米。志文篆书体竖刻2行。

　　志盖文：

　　　先妣貞淑安人湯氏之墓

M14:2-2，放置于西室外前方，石质圹志，圭首，直身。长67.0、宽36.5、厚7.0厘米。志文楷书体竖刻13行。

　　正文：

　　　先妣貞淑安人湯氏壙志

　　妣湯氏諱賢，行壹，永嘉小瞿世家也。父諱汝器，配呂氏。以正統乙丑三月十四日生，妣天性貞淑，容止肅閒，既歸我怡晚先府君陳公魁，孝敬節儉，裕扵內，相字行之等且尤恩，不廢義，比長，警勵惟勤。若弟定之擢弘治乙丑進士，為地官營繕主事則；行之不肖，亦以邑掾冠帶省祭，皆妣協府君善教之力也。不幸以疾終扵嘉靖壬午四月二十五日，享壽七十八歲。子男三人：長即行之，娶梯雲薛堂翁女；次定之，早世，娶畫錦林濟翁女；次諒之，側室李氏出。女一，適西洲諸謹。孫男二人，曰天粹，邑庠生，娶畫錦嚴同翁女；曰天秀，聘新河康培翁女。孫女三人，俱幼未字。行之不孝，忍死卜以嘉靖乙酉十月二十四日奉柩安厝于邑之吹臺鄉祖兆次。鳴呼！妣之淑行，既偕府君銘于中允賈公，而行之謹略其裔屬始末，以納諸幽。鳴呼！痛哉！風木之懷，終天罔極。

　　大明嘉靖四年十月二十四日男陳行之泣血謹誌。

M17　出土石质圹志1方。

M17:1，略呈梯形，圆首。长62.0、宽35.5、厚10.0厘米。额文篆书体左行，正文楷书体竖刻12行。

额文：

先妣親李氏壙志

正文：

先妣親李氏壙志

先妣姓李氏，諱香，居永嘉二十三都。弱笄，特婦事吾父怡晚公，公娶吾母湯氏，生孟兄友筠，省祭官生；仲兄鳳山，工都主事；季則諒之，李氏出也。諒之生六歲，怡晚公不祿，妣奉吾母湯氏唯謹。仲兄物故，湯氏視諒之如己出，朝夕撫顧，引以義，方令讀書知道理。諒之年十四歲，湯氏亦謝世去，妣及諒之失怙恃，賴孟兄存恤諒之，令為邑庠生，娶永嘉三十一都小荊周氏，妣辛勤為甚。不幸以嘉靖十二年癸巳五月五日卒，距生於弘治己酉三月廿五日丑時，得年四十有五。茲卜以卒之年，十月二十四日丁酉奉柩安厝于邑之十六都吹臺鄉之原，從先兆也。謹誌歲月，用納諸幽。孤□子陳諒之泣血謹誌。

永嘉縣儒學廩膳生樊楠填諱。

M22　出土青砖圹志 1 方。

M22：1，采集于墓前方，材质为长方形青砖，断裂。正面刻字，楷书字体，朱砂填描，竖行 4 行。长 42.0、宽 25.5、厚 4.5 厘米。

额文：

高橋王氏

正文：

於萬曆己未三月十四附葬。先考九岡府君同妣奚氏安人之壙。孝男有烈、有謨泣血謹記。

M23　出土青砖圹志 1 方。

M23：1，采集于墓前方，材质为长方形青砖，断裂残缺。正面以朱砂书写志文，小楷字体，竖行 12 行，内容大多漫漶不清。长 44.0、宽 26.5、厚 4.0 厘米。

正文：

第 1 行：……公壙誌

第 2 行：……別號鰲峯，世居西南……曾……

第 3 行：……諱定之，登弘治乙丑進士……弘治辛……

第 4 行：……生女五：長女卒，二女適三十……

第 5 行：……埭蓉郡庠生劉立儒……適……側室吳氏，生男

第 6 行：……生女適洋頭吳□續娶，二女……

第 7 行：……十三年□□，考卒於嘉靖四十五年丙戌……

第 8 行：……

第 9 行：……吹臺鄉之原，附祖……

第 10 行：……

第 11 行：……二月二十七日……

第 12 行：……

M24　出土石质圹志 1 方。

M24：1，材质为坚硬青石，质地细腻。正面磨光刻字，背面未加工、粗造不平。圹志略呈梯形，圆首，上端宽 42.0、下端宽 45.0、边长 56.0、厚 4.0 ~ 8.0 厘米。额文篆书，志文楷书体竖刻 14 行。

额文：

　　明故嚴氏安人壙誌

正文：

　　明故嚴氏安人壙誌

　　安人嚴氏，松坡秉元公之女，鰲峰陳靜脩之妻也。安人直信之德，闚觀之貞，甸二十歲歸于靜修之門，順于舅姑，和于室人，當於夫。以修蘋藻，以審守委積，蓋藏無不理俗，且婉娩用儀，姒娳稱願，克勤克儉，豐於而家，喜恕不見於色，榎楚不加於妾，言不出梱而足跡亦未嘗越帷簿之外，人咸謂萬蕈撈木之遺云爾。生於弘治乙卯二月朔日，卒於嘉靖十四年十一月十三日，得年三十有九，女四：長適祥奧吳子鳳，次適仁濟裡曹用鄉，次適仁濟里劉立儒，次適洋頭吳添妾。吳氏生男沼筠，聘周氏。卒之後二年壬寅春正月三日，其男沼筠甫奉柩葬於吹臺鄉十六都焦下之隴，乃以其狀來微誌於幽，予不佞，故述其槩云。嘉靖壬寅春正月三日。

　　中憲大夫廬州府知府邑人歐東項喬填諱。

M25　出土青砖圹志 1 方。

M25：1，材质为长方形青砖，上端边角斜刹。正面以朱砂书写志文，小楷字体，竖行 7 行，内容漫漶不清。长 44.0、宽 27.0、厚 5.0 厘米。

额文：

　　周氏壙誌

M27　出土石质圹志 1 方。

M27：1，材质为坚硬青石，多白斑。正面磨光刻字，背面未加工、粗糙不平。圹志略呈梯形，圆首，上端宽 30.0、下端宽 37.0、边长 57.0、厚 9.0 厘米。志文楷书体，竖刻 16 行。

正文：

　　嗚呼！此上達先考妣之幽宅也。先考諱□章，字尊於，號菅生，行第三，姓陳氏。世居郡城應符鄉相儒裡，裔出宋丞相公諱宜中，始遷祖承奉郎諱嗣，祖號厚菴。避元亂，愛笙台之幽勝，遂定居焉。六世及曾大父，諱世澤，號南岡。七世及大父，諱仁鄉，號王墅，娶大母郡城山川壇右吳氏，生伯叔共五人。先考原配母夏氏生長兄琜，母氏逝世，繼娶母吳氏，生上達；側室生弟二人無祿。長兄早世乏嗣，達因承厥重焉。先考稟性高朗，學富五車，年十七八庠每試輒冠，多士二十食□十，赴秋□迨乎。歲薦督學，王公稱賞，以為高奮燕台不蔡可蔔爰置榜首，奈何小恙即僂勿獲北上。次春長安塵起，鼎遷于南。欣應新運，未及放榜，時事大裂。輒賦歸來，散步溪山，過疾而終，正寢，享年六十有八。生於萬曆辛卯七月初九，卒於順治戊戌三月廿七。母氏秉性安靜，享年六十有二，生於萬曆丙申正月廿日，卒於順治戊戌六月廿五。嗚呼！遭世亂菽水多缺，痛何可言？長兄娶吳氏，生女一，適夏氏圖南。不孝上達，考在日僅博青衿，未能大就，以副望先娶虞氏，生女二。繼娶林氏，生男二。三弟上隆娶趙氏，生男一。幼弟上琛未娶。達於癸卯年十二月廿八日奉柩附葬于祖墓之左，元配母及长兄先葬於缓步嶺南，尚期遷而合之。痛哉！
時際搶攘不獲，請銘於公。聊紀歲月納諸幽。

康熙二年十二月廿八日男上達等泣血誌。

四、结语

据出土圹志铭文可知，M6、M14、M17、M22、M23、M24 时代为明代，M27 时代为清代，M13 时代为明清之际。M19 出土有"乾隆通宝"铜钱，为清代墓。M16 与 M19 出土的吉语瓷碗相似，故可将 M16 时代定为清代。M3 与 M16 均出土"大定通宝"铜钱，墓砖种类及尺寸基本一致，故可将 M3 时代定为清代。M15 出土的"福寿"铭瓷瓶与龙泉大窑枫洞岩窑址出土的明代瓷扁瓶[①]相似，故将 M15 时代定为明代。其他墓葬时代的判定则综合考量了墓葬位置、形制、墓砖尺寸（见墓葬登记表）。

温州市焦下明清墓地清理的 27 座墓葬墓位排列有序，时代特征显著。据出土的 14 方圹志可知该墓地主要为明清时期温州本地陈氏、王氏、周氏等家族的公共墓地，各家族墓葬自有区划，这些现象为研究明清时期温州地区的墓地制度和家族联姻关系提供了新材料。墓主头骨下设置瓦枕、墓室下方设置器物坑、墓顶覆盖石灰层，这些现象都是浙江明清墓葬的重要丧葬习俗，具有一定研究价值。此外，朱书圹志、镇墓砖、墓下器物坑及冥币的发现反映出道教、风水学说在明清时期流行于本地的事实。

领　　　队：刘建安

发　　　掘：施成哲　赵　繁　郭安民
　　　　　　刘福刚　齐智强

修复、绘图：刘福刚　薛亚强

拓　　　片：施成哲　薛亚强　齐智强

执笔、摄影：刘建安

---

① 浙江省文物考古研究所、北京大学考古文博学院、龙泉青瓷博物馆：《龙泉大窑枫洞岩窑址出土瓷器》，文物出版社，2009 年，图 112、172。

墓葬登记表

墓号	方向	形制	尺寸（米）	墓砖（厘米）	出土器物	时代
M1	170°	二室墓	2.3×1.9×0.64（残高）	40×24×5 28×10×5	无	清
M2	170°	三室墓	2.48×3.44×0.9	26×10×3 42×24×4 30×14×5	无	清
M3	150°	二室墓	2.34×2.32×1.04	28×14×6 42×24×4	瓷碗2，铜钱1	清
M4	145°	二室墓	2.64×2.56×1.2	44×26×6 32×14×7 28×28×5 32×10×6.5 27×27×2.5	铜钱1	清
M5	170°	单室墓	2.62×1.22×1.2	33×17×8.5 45×26×7 26×28×6 30×10×7	无	明
M6	160°	单室墓	2.52×1.2×1.16	32×18×8 45×27×6 26×28×6 30×10×7	石圹志1	明
M7	160°	二室墓	2.44×2.62×0.8（残高）	44×26×8 27.5×15×5	无	明
M8	170°	三室墓	2.6×3.3×0.84	41×23×7 33×16×7	瓷碗1，瓷碟1，银币1	清
M9	160°	二室墓	2.56×2.2×0.64（残高）	42×25×6 26×12×4 30×14×6	无	清
M10	140°	二室墓	2.7×2.28×1.16	30×15×7 44×27×7 28×28×7	瓷碗2，铜钱1	明
M11	150°	单室墓	2.9×1.28×1.16	30×16×7 44×27×7 28×28×7 27×12×5	无	明
M12	160°	三室墓	2.36×3.12×0.54（残高）	28×9×4 42×24×6	无	清
M13	160°	二室墓	2.68×2.5×1.2	44×27×6 27×13×6 28×28×6 28×14×6	瓷罐1，瓷碗1，石圹志2，砖圹志1	明—清

续表

墓号	方向	形制	尺寸（米）	墓砖（厘米）	出土器物	时代
M14	150°	二室墓	2.4×2.34×1.38	42×26×5 29×10×6 30×12×3	石圹志2	明
M15	160°	二室墓	2.76×2.52×1.06	44×27×6 27×13×6 28×27×6 30×12×5	瓷瓶2，瓷罐1，瓷碗1，镇墓砖1	明
M16	160°	二室墓	2.38×2.1×0.64（残高）	28×9×4 42×23×4	瓷碟2，铜钱2	清
M17	160°	单室墓	2.68×1.4×1.1	30×18×7 45×27×7	石圹志1	明
M18	150°	单室墓	2.7×1.3×1.16	30×18×7 45×27×7	无	明
M19	145°	二室墓	1.74（残长）×2.2×0.96	31×12×7 27×27×4.5 26×7.5×5 38×20×3	瓷碟2，铜钱1	清
M20	140°	二室墓	1.5（残长）×2.46×0.96（残高）	30×12×5 42×25×9.5 42×25×4	瓷盖碗1	明
M21	150°	二室墓	1.8（残长）×2.32×1.08	29×12×6.5 29×10×5 42×27×5 24×24×3	无	明
M22	150°	二室墓	2.06×1.92×1.08	25×11×5 25×9×4.5 43×25×4	砖圹志1	明
M23	145°	单室墓	2.26×0.84×1.06	27×9×5 43×26×5 28×26×5 27×9×6	砖圹志1	明
M24	140°	单室墓	2.6×1.28×1.14	33×14×8 32×10×5 44×27×5 29×26×5	石圹志1	明

墓号	方向	形制	尺寸（米）	墓砖（厘米）	出土器物	时代
M25	155°	二室墓	2.58×2.32×1.16	42×25×5 26×11×5 29×26×7	砖圹志1	明
M26	145°	单室墓	2.42×0.92×1.1	31×17×6.5 26×14×2 26×10×5 30×27×8 44×26×6 24×24×2	无	明
M27	155°	二室墓	2.56×2.5×1.08	26×11×5 44×25×8 29×26×7	石圹志1	清

线条中的考古

——传统考古绘图漫谈

方向明

考古绘图是田野考古发掘和整理的必要内容，是以线条的形式对考古遗迹和遗物进行科学记录和表述，是通过研究进行的测绘和记录。考古绘图采取正投影的线绘，要求科学和美术并重，在学科要求的规范下绘图者需要具备一定的考古学基础和美术基本知识。1984 年版《田野考古工作规程》明确提到考古绘图"是遗址记录的重要组成部分"、"绘图资料要求准确无误，图面清晰、干净、一式二份"，还建议了各类遗迹图的比例。新版《田野考古工作规程》对绘图有了更高的要求，在《有关修订〈田野考古工作规程〉（试行）的说明》和《田野考古规程学术稿件》的相关条目中对绘图又做了详尽的说明，强调绘图中需要注意遗迹和遗物的构造，要求强调测点，并建议大比例的测绘。

传统考古绘图（本文也称"线绘"）是一门以线条为体现的手工活，对绘图对象在进行细致的观察后再定点测绘，需要有极大的观察力和非凡的耐心。随着数码影像和计算机技术的高速发展，绘图的手段日新月异，精确度大大提高，原先仅靠三角尺、平板仪等普通工具作业的图纸，似乎显得落后了。在细节上，高像素影像还提供了我们之前难以观察到的对象的新的一面。那么传统的考古绘图还需要吗？计算机制图技术会取代传统手绘制图吗？传统考古绘图在规范下，有哪些可以参考的技艺呢？

一、传统考古绘图不会消失

考古学是根据古人留下的遗迹、遗物等物质遗存研究古代社会的学科，田野作业是考古学的基础，文字、绘图和照相三位一体则是考古学的基本记录和资料。相对归属于遗产类的不可移动遗迹和可移动遗物，考古资料也是文化遗产的另一种表现形式，作为记录，它们流传的可能还更为长久，按照张忠培先生的说法，考古资料和考古报告就是"国家档案"。[①] 所以，从这一层面上看，这些记录不仅是考古学的基本内容，也不仅是具体的记录说明，而是"物质文化遗产"。"三位一体"考古资料中，绘图是重要的组成部分，以方寸之地科学地表现器物和遗迹的基本特征和结构，需要有责任心地工作。文字记录虽然便捷、符号化，但属于抽象思维，更为形象的是图像。从文字起源开始图像一直伴随人类发展的历史，直至今天所谓的"读图时代"、"有图有真相"。照相和绘图都是对客观对象的一种有

[①] 张忠培：《回忆在山西的考古往事》，《中国文物报》2012 年 7 月 11 日。

意的记录，照相侧重视觉上的立体感，而绘图则利用正投影原理来表述遗物、遗迹的外形和构造。这也是照相技术出现后，乃至数码影像的进步后，线绘图却一直存在的原因所在。

数字影像和计算机制图技术有着高效率、高精确度和数字化的巨大优势，20 世纪末至 21 世纪初，就有研究者对此进行了讨论和尝试。① 尤其是三维测绘技术的发展，不但可以实现复杂结构遗物的全方位展现，而且对于大体量复杂结构的遗物和遗迹的测绘更为科学和快捷。如多年前台北故宫博物院就开始对藏品进行数位（数字）化技术。新近，三维测绘技术在石窟寺、造像上的应用尤为突出，神木石峁城墙的计算机三维测绘，其精确度和美观度是传统测绘手段难以做到的。

但是，数字影像技术会完全取代线绘吗？诚如袁靖先生在《中国考古学的方法与技术》成果所提到的两段话："照相机的高度自动化和数字化，只是使照相机的操作变得简单、使曝光的成功率大幅度提高而已，而更多的问题是高度自动化的照相机不能解决的，这要靠操作照相机的人来完成。""考古绘图不仅要求绘图者有一定的考古学知识、美术基础和制图学理论方法，而且要求绘图者有较高的分析力和观察力，在对遗迹、遗物进行清绘之前，必须对它的文化性质有明确认识，并对表现手法进行认真推敲，这样，才能选择最理想的角度或位置进行绘图，抓住主要特点，刻画出遗迹、遗物真实的图形。考古绘图不仅要求绘制的遗迹、遗物图是科学、准确的，而且应该是标准、规范的。"② 正因为如此，新的《田野考古工作规程》对传统考古绘图做了详细的要求和细致的说明，在北京大学考古文博学院主办考古领队培训班时公布的《田野考古规程学术稿件》中，对各类遗迹测绘图纸进行了要求，新要求如平面图需要至少两个测点的二维数据，要有高程值，还强调"清理过程中对发掘对象的判断如有变化，应重新绘图，但原图亦应保留""测点即控制点是图纸上最原始的数据，不能更改，它们之间连线时应保留测点，限制对图纸的过度修饰"。学术稿件中，对"摄影测绘"和"全息三维激光扫描测绘"也提出了规范要求。器物测绘，应"尽量使用1/1 比例。绘图过程实际上就是对器物的观察过程，各类观察结果应直接描绘、记录在图纸上。实测图采用90°正视投影方法绘制，左侧应保留剖面表现器壁和内部结构。器壁剖面不应填实，可将观察到的器物制作痕迹表现在剖面内"。这些绘图要求都是计算机影像技术不能完全达到的。

除了传统的考古绘图，还有具有中国特色的拓片。绘图通过线条来表述，拓片则通过黑白两种对立的颜色来体现器物在平面上的外廓和层次（全形拓是一种特别的技艺），适合不同层次面块的表达，是线绘的重要补充。

---

① 李淼：《关于考古绘图的几点思考》，《21 世纪中国考古学与世界考古学》，中国社会科学出版社，2002 年；李淼等：《浅谈完全正交摄影在考古绘图中的应用》，《考古》2007 年第 11 期；张蕾、刘建国：《数字影像纠正与考古绘图》，《考古》2009 年第 7 期。其他可以参考的文章还有陈宇、吕溯：《文物电脑绘图初探》，《东方博物》第二十二辑；韦荃、贺晓东：《利用 CoreDRAW 软件绘制考古器物图》，《四川文物》2003 年第 5 期；黄文新：《AutoCAD 在考古绘图中的应用》，《江汉考古》2006 年第 2 期；廖炜：《借助绘图软件进行藏品绘图》，《中国文物报》2007 年 1 月 12 日；周真、陈彦堂：《计算机辅助器物绘图方法探索》，《中原文物》2011 年第 1 期；贺存定：《石器绘图方法初探》，《中国文物报》2011 年 8 月 19 日等。

② 袁靖：《中国社会科学院 A 类重大课题"中国考古学的方法与技术"最终成果介绍》，中国考古网 2011 年 11 月 16 日，http://www.kaogu.cn/html/cn/zhongdaketi/2013/1025/31392.html

传统考古绘图有基本的教材，① 2012 年国家文物局还公布了《田野考古制图》的行业标准，可以作为参考。笔者自 1989 年进所以来，一直未放弃考古绘图工作，已刊发和待刊发有萧山跨湖桥、桐乡普安桥、临安康陵、湖州昆山、杭州老虎洞官窑、海宁小兜里以及良渚遗址群的瑶山、庙前、反山等重要遗址的简报和报告。本文主要就器物线图的心得和体会与大家进行交流和分享，野外遗迹测绘也是正投影图，性质与此接近。②

二、绘 图 工 具

考古绘图是"仪器测量与手工绘图的方式相结合的测绘记录方式"（《田野考古规程学术稿件》），工具是最重要的，所谓"工欲善其事，必先利其器"。三角尺、直尺、卡尺、铅笔、绘图笔、橡皮、胶带纸、硫酸纸、米格纸、宣纸等是线绘的基本工具，考虑到一些器物质地上的特殊性，游标卡尺可以选择塑料材质，以免文物在绘图中受到意外的损伤。考虑到方便使用，建议用纸质的胶带纸。底图如果需要进行特别的标识，可以准备彩色铅笔，推荐德国 LYRA 艺雅笔芯红蓝双色彩色铅笔和日本三菱彩色铅笔。绘图铅笔建议活动铅笔，使用方便，笔芯根据遗物对象和自己的习惯选择 2B 或其他规格（如 H 类）。特别工具有模板、蜡墨、宣纸、"mako"等。根据遗物对象的不同，还可以对三角尺进行锯割，便于丈量器物的深度以及测量特殊部位。正投影固定三角尺的方式也很简单，只要用胶带纸将两把三角板直角粘贴即可。三角尺一定要买正规厂家的产品。

测量器壁厚度的内卡国内难以买到，建议在室内整理的器物修复中，上石膏时留有一定的剖面，便于测量厚度，也可以观察器物剖面反映的结构和色泽。

上墨的绘图笔有美工笔和针管笔两类。美工笔根据需要可以自己制作，针管笔建议购买德国产"Rotring"（红环），套装规格有 0.2、0.4、0.6 毫米和 0.1、0.3、0.5 毫米，墨水容易干，针管不易堵。针管笔通过不同的粗细规格、上墨时线条的断续、起笔和收笔时的技法，熟练后与美工笔的效果不相上下。

"mako"（真弧）是日本考古学者用于绘图的专门工具，在确定测点的情况下，对于器物弧度的把握非常精确快捷，如对于石器剖面的测绘以及部分硬胎质器物外廓的正投影测绘，是一种值得借鉴的好工具（图一）。③ 这类工具价格不菲，我们不妨自行制作（不商业流通和买卖），笔者在老虎洞官窑瓷器线绘时，杭州市文物考古研究所的朋友就依此做了一把大尺度的"mako"，使用时非常得心应手。同事马竹

---

① 中国社会科学院考古研究所：《考古工作手册》，文物出版社，1982 年；马鸿藻：《考古绘图》，北京大学出版社，1993 年（宿白先生在序中提出体例、用词要统一，考古调查地上部分要增补）；马鸿藻：《考古器物绘图》，北京大学出版社，2008 年；马鸿藻：《田野考古绘图》，北京大学出版社，2010 年。

② 野外遗迹测绘中，测点可以利用钉子，中轴利用棉线，测距利用直尺和垂球。对于复杂堆积，可以用铝合金制作不同规格的 10×10 厘米线框，也可以直接用牙签在需要测绘的对象上打 10×10 厘米网格。在使用 CorelDRAW 软件时，如果器物有多层次叠压，需要注意其中的误差。

③ 感谢金泽大学小柳美树先生提供相关资讯，"mako"（真弧）工具网页参见：http：//www. land – art. co. jp/cgi – bin/goods_ search. cgi？CATEGORY_ CD＝020010&SORT_ KIND＝2；http：//www. tasuki – japan. com/archives/products/% E7%9C%9F% E5% BC% A7% E3% 80% 80% EF% BD% 8D% EF% BC% 8D% EF% BC%92。

图一　日本考古测绘工具
竹制真弧的使用

山也据此做了一件。

三、正投影绘图的基本要求

原始线图要求按照遗物 1/1 的比例，虽然浪费了笔墨和纸张，还使得扫描输入的工作量加大，但是便于对器物的细致观察。如果是鼎足、石器等平面形遗物，原大也就可以直接把器物搁在米格纸上，用不着再去缩小。如果绘图由绘图工人承担，原大图外形逼真，无法偷工减料。原大图上墨缩小后，线条也会变得流畅。这些都是绘制 1/1 比例线图的优点。

正式考古报告中，器物大小由器物本身的特征以及报告刊本大小所决定，在这样的一方寸之地上，线绘需要体现器物的哪些主要特征呢？

第一，器物的基本形制和大小，也就是正面；

第二，器物的结构和制作过程，也就是剖面；

第三，器物的美，也就是通过线条来呈现的美。

这也是考古绘图所必须追求的目标，如同严文明先生所说："做到科学性与艺术性的完美结合。"[1]

直角坐标正投影的点测，Y 和 Y′轴确认后，直接在米格纸上就关键测点进行测绘，实际上是两个坐标（Y 和 Y′轴）和一种中心轴，1/1 比例在这里又体现了快捷的优势（图二）。一些器物形制特别规整的，以前也有采用"轴对称法"，利用比例规进行线绘，这类方法不精确，建议舍弃。

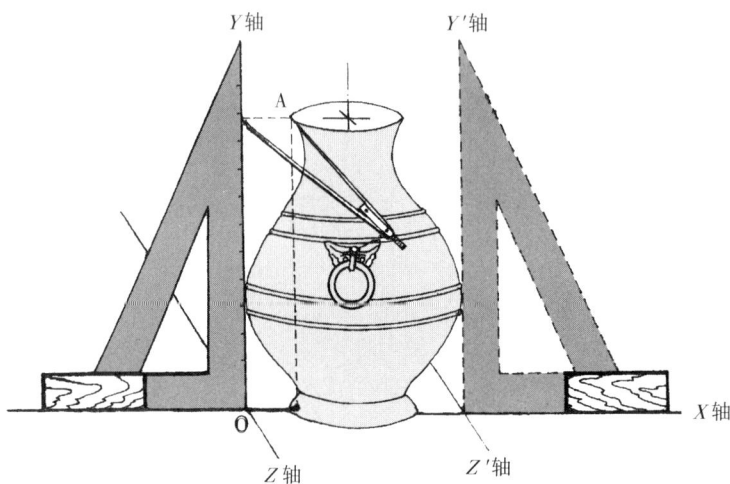

（采自马鸿藻 2008，P47）

图二　直角坐标正投影的点测

---

[1]　严文明：《序》，《考古器物绘图》，北京大学出版社，2008 年，第 2 页；严文明：《序》，《田野考古绘图》，北京大学出版社，2010 年，第 2 页。

陶器碎片，如不能圆周的口沿片，左右两侧的外廓可以用硫酸纸反描。

　　关键测点就是体现器物外廓的关键点。陶器的外形转折、最外凸和最内凹、纹样的开始和结束，这些测点在原始底图上都需要保留。石器还有疤痕、打击点等。① 中日合作良渚文化石器工艺研究课题中，我们对器物的破裂痕也进行了精确的测绘，一是考虑到器物本身的特征，二在模样差不多一致的情况下，很容易根据线图按图索骥。

　　绘图时器物的摆放要以最大限度地体现器物特征为原则，线绘时要严格符合正投影原理，笔者在《昆山》报告中对鼎采用了四种画法（图三）。② 除非鼎足方正或圆整，不建议器物剖面直接剖至鼎足部位。③

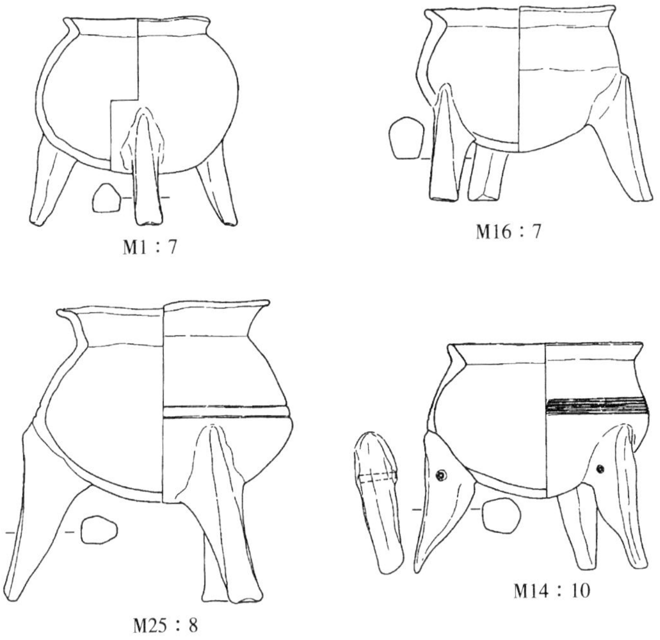

　　剖面是器物结构的表达，以前一般打斜线或涂黑表示，仅是一个厚度而已，白白浪费了这一空间。我们可以把一些关系到器物结构的制作痕迹在剖面上进行表述，必要时还可以辅助箭头（图四）。这样，暂时不阅读文字也基本能看懂器物的大致内容。

　　有意填埋的老虎洞官窑瓷器属于当时烧造过程中的废次品，器形多歪斜不整，一些还黏附着烧造时的垫饼，在协助杭州市文物考古所绘图时，与主持人唐俊杰先生定下器物线图的基本原则——照原样正投影测绘。我还建议在可以观察到的标本上，胎釉可以在剖面上分开表示，如瓶的宽沿胎实际上内凹，施釉后齐平（图五）。后来还在一些瓶上测绘了砸击点和疤痕，丰富了线图的内容，与早先简报上的完全不同了。④

　　器物外形的弧度自然是弧线，上下外廓等线条应该徒手绘制，敖汉旗邵国田先生回忆苏秉琦先生巡视大甸子整理时有段话："画陶器不应该用尺子画，要用手画，古代人制陶器时也不是用尺子做出来的，怎么可以用尺来画呢？"⑤ 笔者早先的线图，上下轮廓线条也是用直尺完成，显得非常生硬，萧山跨湖桥简报即如此。后来替王海明先生绘制嵊州小黄山陶器时，就改正了（图六）。⑥ 建议除

图三　《昆山》鼎的几种画法

---

① 打制石器的打击点、破裂面和疤痕的绘制，需要有一定的旧石器考古研究基础，本人并不擅长。

② 浙江省文物考古研究所、湖州市博物馆：《昆山》，文物出版社，2006 年。

③ 陈红冰：《谈三足器的画法》，《考古》1990 年第 10 期。

④ 杭州市文物考古所：《杭州老虎洞南宋官窑址》，《文物》2002 年第 10 期。

⑤ 邵国田：《桃李不言自成蹊——苏秉琦先生与敖汉旗第二次文物普查》，《苏秉琦先生百年诞辰纪念文集》，科学出版社，2012 年，第 95 页。

⑥ 浙江省文物考古研究所：《萧山跨湖桥新石器时代遗址》，《浙江省文物考古研究所学刊（第三辑）》，长征出版社，1997 年；王海明：《九千年前的远古文化——浙江嵊州小黄山遗址》，《浙江省文物考古研究所学刊（第八辑）》，科学出版社，2006 年。

了中轴线之外，线绘时摒弃尺子。

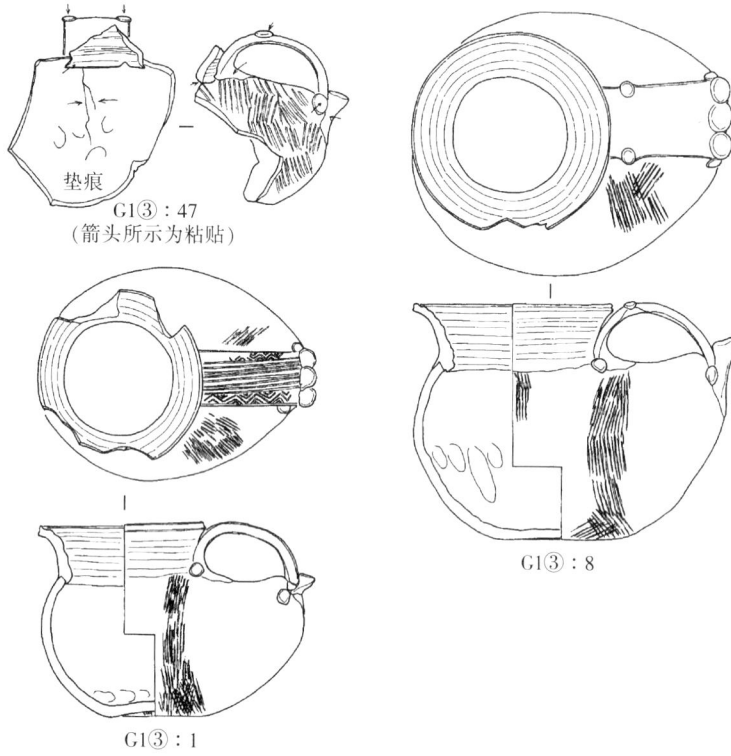

垫痕

G1③：47

（箭头所示为粘贴）

G1③：8

G1③：1

图四　《昆山》鸭形壶线图的范例

剖面可见的胎釉区分

老虎洞 H5：32

图五　老虎洞官窑瓷器线图

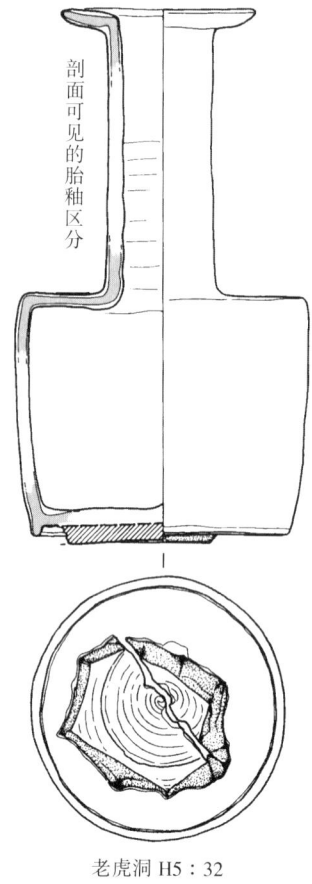

抹划

红衣刮去

淤土难以剥剔

跨湖桥陶器线图

小黄山陶器线图

图六　萧山跨湖桥陶器和嵊州小黄山陶器线图的比较

四、摹本和小件器物的线绘

一些纹样的摹本和线图，为了尽可能的精确，需要借助照片、扫描和拓片，可以直接在电脑上处理，也可以硫酸纸清绘。《反山》报告中那些微雕图像的线图，有些是用硫酸纸直接在高精度照片上临摹，如 M12：98 琮的神人兽面像；还有一些是在拓本复印件上临摹，如反山 M14：135 三叉形器的兽面像（图七）。[①] 临摹时都需要就着实物，否则纹样和线条繁缛之后容易画错。

线绘摹本是图像研究中照片和拓本的必要补充。纹样和符号的线图、摹本是否精确，直接关系到研究是否深入，研究是否会走歪路。如余杭南湖 C3 – 658 图画罐的摹本，首次公布的线图在对照实物和照片后发现有多处不确（图八）。[②] 2014 年，良渚博物院的良渚文化刻划符号课题对此又进行了详细记录，发现之前的摹本还需要修订。江苏澄湖 74WCH 采 231 罐也是同样的

图七　反山 M14：135 三叉形器
图像的拓本和摹本

情况，林巳奈夫先生隔着玻璃柜子的摹本与当时的简报线图有着很大的差异（图九）。2013 年，笔者帮助良渚博物院刻划符号课题做摹本，发现林巳奈夫先生好不容易做的线图也还需要修订。[③] 这些都是做纹样和图画摹本线图时需要注意的。

平面形态的玉石器线图也需要关键测点，在连线测点时，要熟练把握线条的走向，需要注意的是，如果是木杆铅笔，绝不能在器物外缘面留下铅笔的痕迹。

小件玉石器的线图，必要时可以附着放大示意图，《昆山》报告中对于小件玉器的切割、钻孔等特征，就利用了放大示意图。编辑黄曲女士曾建议上墨时可以把底图放大一倍，这样缩小后的线图更为流畅，不失为一项选择。

玉石器的外廓和细部，在不损害文物的前提下，还可以利用蜡墨，再复制到米格纸或硫酸纸上，

①　浙江省文物考古研究所：《反山》，文物出版社，2005 年。

②　牟永抗：《良渚文化的原始文字》，《文明的曙光——良渚文化》，浙江人民出版社，1996 年；曹锦炎、方向明：《浙江地区史前刻画符号概述》，《中国考古学会第十一次年会论文集》，文物出版社，2010 年。

③　南京博物院、吴县文管会：《江苏吴县澄湖古井群的发掘》，《文物资料丛刊（9）》，文物出版社，1985 年；林巳奈夫著，杨美莉译：《中国古玉研究》，（台北）艺术图书公司，1977 年，第 227 页。

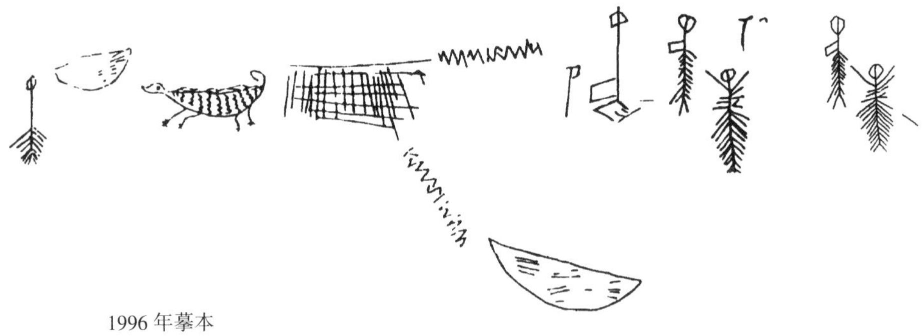

1996 年摹本

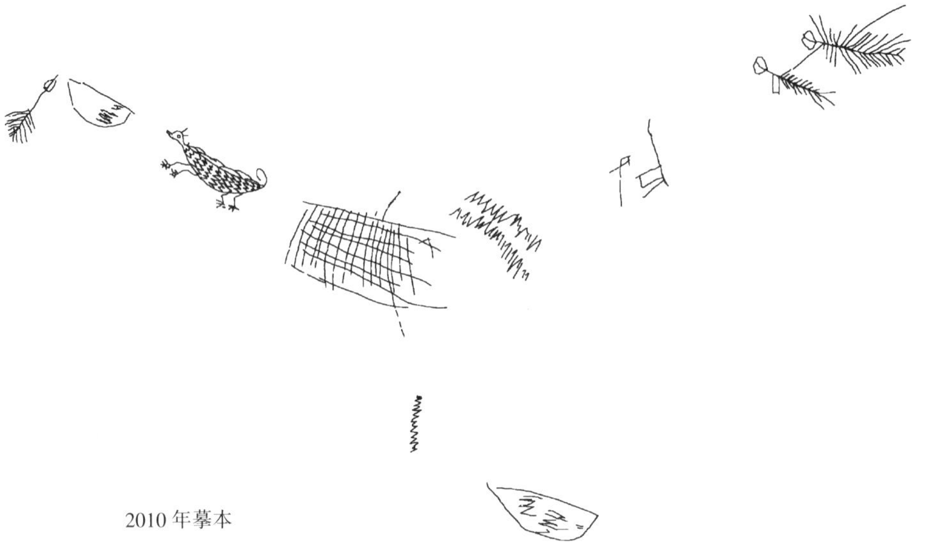

2010 年摹本

图八　余杭南湖 C3－658 图画罐的两种摹本

临安康陵的玉器线图就是利用蜡墨拓本临摹而成。①

　　利用照片对复杂器物进行线绘，一定要用定焦镜头拍摄。湖州杨家埠唐墓出土的银香薰线图，笔者就着变焦镜头拍摄后的照片临摹，器物变形就太大了（图一〇）。余杭博物馆"物华天宝"展览的两晋时期灯盏线图，利用定焦镜头拍摄照片，笔者临摹时再对线条进行适当调整，误差就很小。利用照片进行线绘临摹，拍摄时一定要放置尺了（图一　）。② 当然，随着"完全正交摄影"技术的成熟和普及，这一方法今后肯定会更加便捷准确。

五、线条的粗细、实虚和密疏

　　器物和遗迹的线绘，都是线条的运用，粗和细、实和断虚、密和疏，还有起笔和收笔是线条的魅力所在。考古报告中，一般器物大约缩至 1/3 左右，也可以先在复印机上缩小一定比例后查看效果。上墨

---

① 杭州市文物考古所、临安市文物馆：《浙江临安五代吴越国康陵发掘简报》，《文物》2000 年第 2 期。
② 余杭博物馆：《物华天宝》，西泠印社，2013 年。

简报线图

林巳奈夫摹本

图九　澄湖图画罐的简报线图和林巳奈夫的摹本

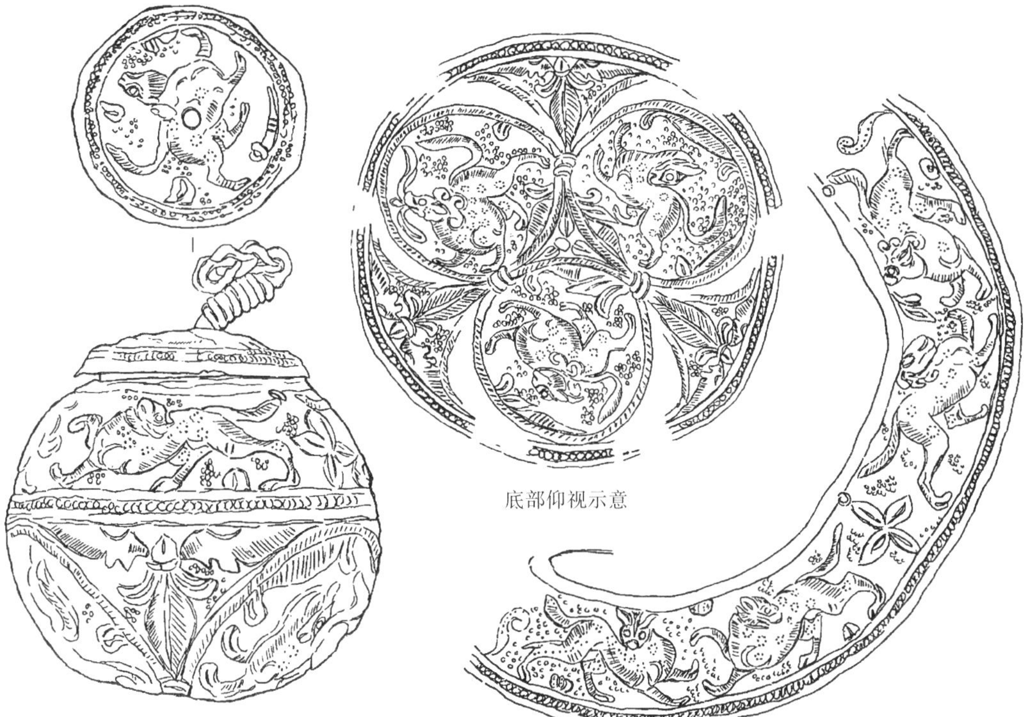

底部仰视示意

上部一周展开示意

图一○　线图变形了的湖州杨家埠唐银香薰

的线图，外廓和剖面可以选择 0.6 毫米，中轴线次之，选择 0.4 毫米，器物其他部位的线条再次之。
器物残件线绘的线条粗细也遵循从外轮廓到内部线条递减的原则。如海宁小兜里崧泽文化时期的鼎足，
原大外廓线用 0.6 毫米，纹样分别用 0.4 毫米和 0.2 毫米，并断续表示，以增加立体感（图一二）。①

①　浙江省文物考古研究所、海宁市博物馆：《小兜里》（待刊）。

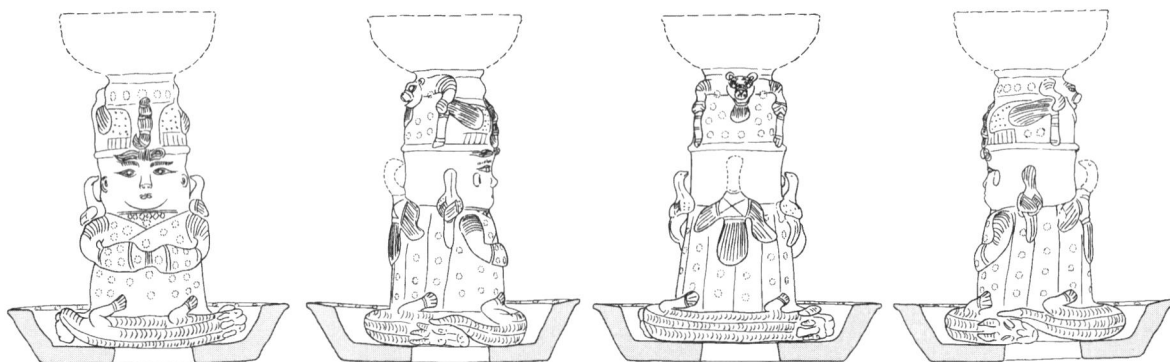

图一一　余杭博物馆"物华天宝"展览两晋灯盏的定焦照片和临摹线图

线条的粗细、实虚、密疏可以有效地表达器物的层次感，使得正投影的平面图具有立体的效果，客观上也增加了线图的美感。除此，还有打点的点线图，只是这类线图的绘制非常繁琐，手工的工作量很大，一般的绘图者较难完成。

六、结语

考古绘图是一项与耐心比赛的工作，敏锐的观察力需要整理者和绘图者具备深刻领会器物内涵的功底，精确和充分的测绘需要极大的耐心，这也是一项要求测绘者对文物遗产充满敬畏、对科学一丝不苟的工作。

耐心以熟练的工作为基础，熟能生巧同样适合于考古绘图，没有一项工作可以非常轻松地掌握。对于考古绘图的初学者，深刻领会规范和要求，在绘图中思考如何利用正投影的线条尽可能准确地反映出器物的基本特征和结构，让线条替器物说话，除了平时多画多练习，没有什么捷径可以走。

另外，考古绘图教材和相关的文章需要阅读，好的考古报告的线图也需要学习和参考，在此向大家推荐值得阅读和学习的考古报告和论著，如：《西安半坡》，张孝光先生绘制了大量的精美的工

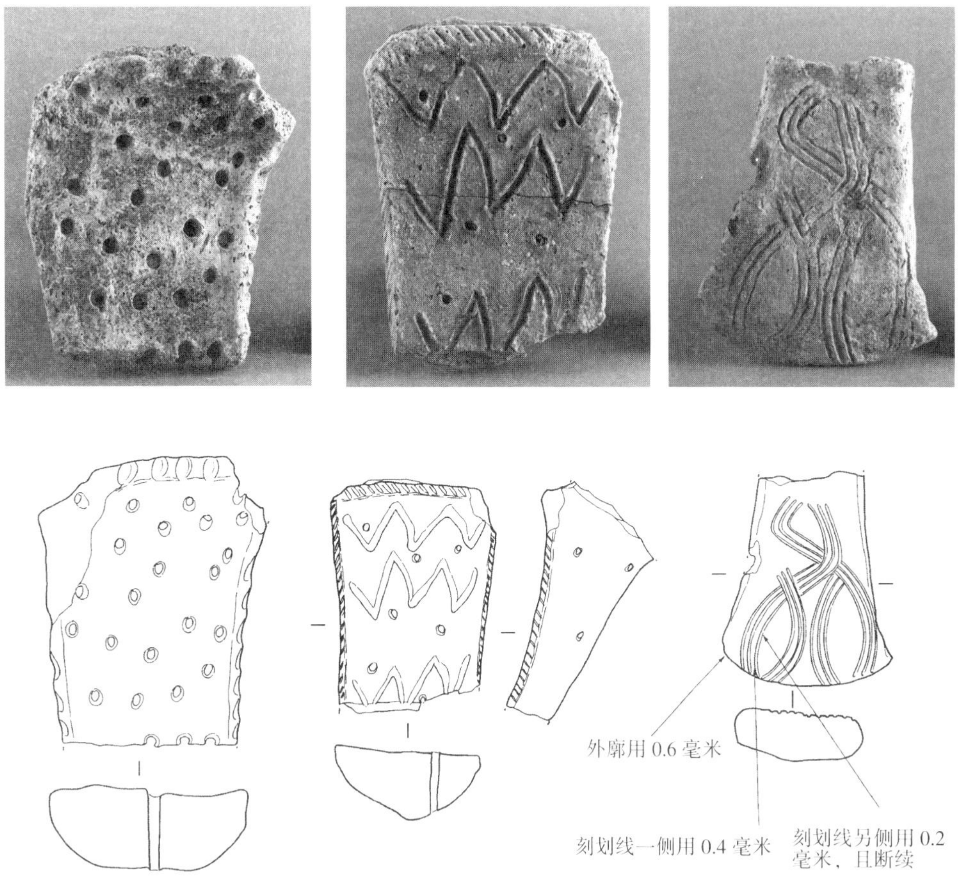

图一二 海宁小兜里崧泽文化鼎足的实物照片和线图

图中标注文字：
外廓用 0.6 毫米
刻划线一侧用 0.4 毫米
刻划线另侧用 0.2 毫米，且断续

具图和遗迹复原图，① 至今未有这样高质量的报告插图了；《定陵》也是张孝光先生绘制的；② 《大汶口——新石器时代墓葬发掘报告》，线条中规中矩，干净清晰，时隔二十余年后出版的《大汶口续集》，插图显然退步了很多；③ 《侯家庄》1001 号大墓，高去寻先生在辑补后记中提到，"陈仲玉先生绘图、贴图版、清理器物"，④ 值得我们学习；《晋宁石寨山——第五次发掘报告》，插图由四川省文物考古研究院黄家全先生绘制，⑤ 黄先生为《三星堆祭祀坑》、《成都商业街船棺葬》等报告做了大量插图，线条的运用非常娴熟；《长沙马王堆一号汉墓》，时隔三十年后出版的《长沙马王堆二、三号汉墓》插图的线条相对呆板了好多；⑥ 《晋国青铜器艺术图鉴》，李伯谦先生在序中还提到他读书时刘慧达先生告诉他们的话，不要瞧不起考古绘图，干考古离不开考古绘图，考古绘图既要有科学性，又要

① 中国科学院考古研究所、陕西省西安半坡博物馆：《西安半坡》，文物出版社，1963 年。

② 中国社会科学院考古研究所、定陵博物馆、北京市文物工作队：《定陵》，文物出版社，1990 年。

③ 山东省文物管理处、济南市博物馆：《大汶口——新石器时代墓葬发掘报告》，文物出版社，1974 年；山东省文物考古研究所：《大汶口续集——大汶口遗址第二、三次发掘报告》，科学出版社，1997 年。

④ 梁思永未完稿、高去寻辑补：《侯家庄》第二本，1001 号大墓，台北中央研究院历史语言研究所，1962 年。

⑤ 云南省文物考古研究所等：《晋宁石寨山——第五次发掘报告》，文物出版社，2009 年。

⑥ 湖南省博物馆、中国科学院考古研究所：《长沙马王堆一号汉墓》，文物出版社，1973 年；湖南省博物馆、湖南省文物考古研究所：《长沙马王堆二、三号汉墓》，文物出版社，2004 年。

第 1 号大长方形房子复原图
（《西安半坡》）

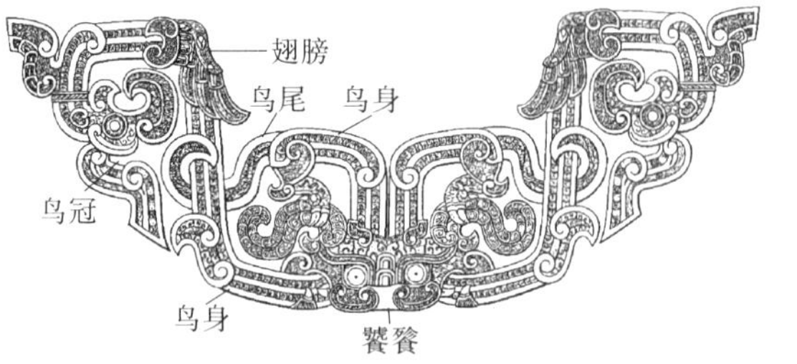

（《西安半坡》）

翅膀
鸟尾　鸟身
鸟冠
鸟身
饕餮
（《晋国青铜器艺术图鉴》）

（《定陵》）

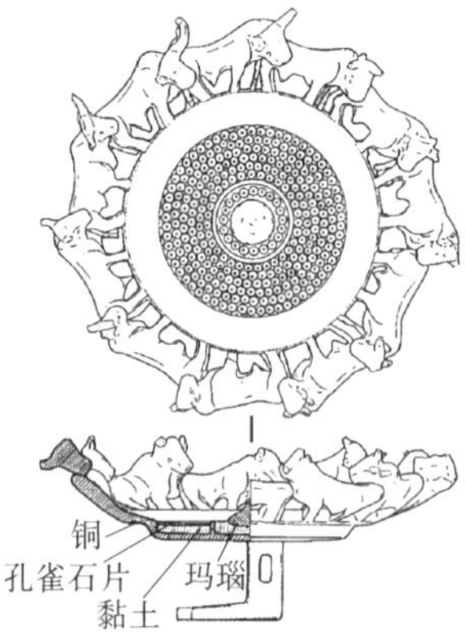

铜
孔雀石片　玛瑙
黏土
（《晋宁石寨山——第五次发掘报告》）

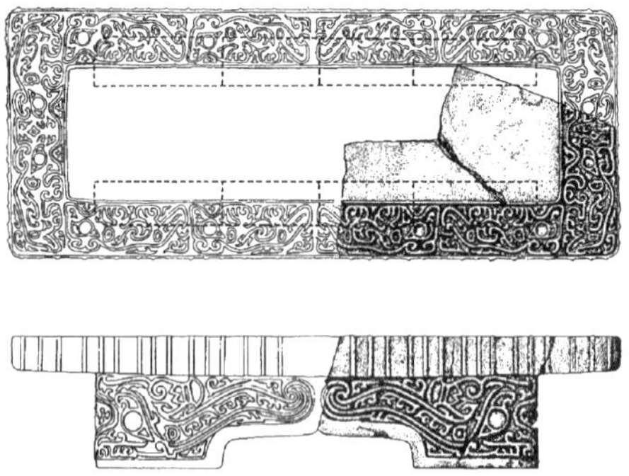

（《侯家庄》第二册）

图一三　考古报告中的科学性和艺术性完美结合的精美插图选粹

有艺术性，李先生还高度评价了张孝光和李夏廷两位先生（图一三）。① 总体上，大陆的考古报告线图质量现在比新中国成立初期至 20 世纪 70 年代整体上有所退步，与台湾地区和日本的出版物整体上有一定的差距，这与目前考古学专业教学不重视以及学科发展的舆论导向单一有一定的关系。

做到考古绘图"科学性与艺术性的完美结合"，不仅关系到文化遗产的传承和记录，也为研究者提供了准确的科学资料。整理时亲自动手，对于考古报告的编写者而言，可以对器物有更为深刻的领悟。除非工作量非常繁重，器物重复度高，才需要专职的技术人员共同作业。当然，如

---

① 李夏廷、李劭轩：《晋国青铜器艺术图鉴》，文物出版社，2009 年。

果用心，哪怕是专职的绘图人员，在持续不断的绘图工作中，也能出成果成人才。一生从事考古测绘工作的中国社会科学院考古研究所技术室的张守中先生，绘制的精美插图为很多考古报告锦上添花，还通过对战国中山三器铭文的临摹，出版了《中山王厝器文字编》，传为佳话。① 2013年杨泓先生在孙机先生《仰观集》座谈会上，特地说了孙先生著作的插图："谈到附图，那是文物考古论文不可缺的重要内涵。机兄论文所附线图，全出他自己手绘，精确细密，成为阐述他的学术观点的重要成分，这是那些仅能靠他人绘图的'学者'无法比拟的。严格说来只有自己绘图，才能真正保证论述的学术质量，过去老一辈考古学者都强调自己制作论文附图，宿季庚先生文章的图多系先生自绘；夏作铭先生则常是自己用铅笔仔细画好底图，然后送技术室陆式薰上墨线。苏秉琦先生的田野笔记本上，满是精准的陶器剖视图，在《考古学报》发表的《关于仰韶文化的若干问题》中，表述菊科植物合瓣花冠构成的盘状花序和蔷薇科植物的覆瓦状花冠、蕾、叶、枝蔓的复杂构图的底图也是他亲绘的，别人难有他那样睿智的观察能力。孙机在传承老一辈学者的基础上，更是青出于蓝，具有个人独特的风格，看他论文的附图，不仅有助于了解他的学术内涵，同时也是一种艺术享受。"②

作为记录，考古图是古代文化遗产保护和继承中不可或缺的重要内容，考古绘图本身也是考古学研究的重要组成和体现。

附记：2012 年 2 月应安徽省文物考古研究所李虹所长和朔知先生之邀，赴安徽考古所工作站演讲"考古绘图——规范和技艺"，本文根据 PPT 稿写就。在此还要感谢北京大学考古文博学院赵辉教授在普安桥发掘和整理期间就考古绘图学术规范上的指导，感谢普安桥发掘和整理期间、中日合作良渚文化石器研究课题期间日方师友关于考古制图的心得和交流。

---

①　张守中：《报告插图的画法和使用》，《华夏考古》1990 年第 1 期；张守中：《考古测绘生涯记略》，《中国文物报》2013 年 9 月 11 日第四版。

②　《高山仰止景行行止——记孙机先生新作〈仰观集〉出版座谈会》，《中国文物报》2013 年 5 月 3 日第四版。

基于多影像的考古三维模型制作

范　畴　王宁远

　　考古遗存具有不可再生性，这就要求在考古工作中需要通过各种手段，尽可能全面记录遗迹和遗物对象的各类信息。

　　随着科技的发展，考古记录的手段和媒介也不断丰富起来。文字、线图、拓片、模型、照片、录像等记录方式已全面应用于考古工作。其中大部分记录方式都是二维形式的。而遗迹遗物的真实形态都是三维的，所以通过全面记录考古对象的三维信息，能使遗迹遗物和环境信息得以完整保留。譬如军事上即使已有精确的地图，也往往需要设置实体沙盘进行分析推演，就是这个道理。只是因实体模型的制作有难度、成本和存放有种种限制等，除博物馆演示外，考古工作的绝大多数遗迹遗物都不具有制作实体三维模型的可能。实际工作中，对于遗迹遗物的形态记录，一般还是采取照片、线图、录像等二维手段，通过平剖面结合绘制的线图等，由于测量点的限制，进行剖面测量的位置只是主观选择的少数几个面，在剖面以外的部分空间数据是模糊的，其整体的形态是基于主观想象而非逐点测量的。这样，对于不能进行实体保护的遗迹，其空间信息的遗失很大。而新的三维测量方法理论上能使对象的所有位置的空间数据得到精确记录，这样在对象实体消失之后，我们可以通过测量数据获得任意切线的平剖面图和正射影像，可以制作各种高程模型，相当于该对象存在于虚拟世界中。因此，三维测量已经开始逐步应用到考古工作中。其中一种常用方式是通过激光扫描仪进行测量。这种方式一般应用于工程中，其成果形式一般是点云。对于需要详细纹理信息的考古工作而言，还需要有纹理映射即贴皮的工作，其流程相当繁琐。同时激光扫描仪硬件设备价格达几十上百万元，需要有专门人员作业，这就决定了一般的考古工地不可能普遍采用。

　　随着技术的发展，另一种近景摄影测量技术开始在考古工作中崭露头角。它是采用普通数码相机对对象进行连续包围式的照片拍摄，使照片涵盖对象的所有可视角度，并具备一定的重叠度，由计算机软件对这些照片进行自动的特征点比对计算，建立该对象真实的点云模型，并自动贴图形成纹理。可在此基础上获取对象的平剖面图、正射影像、三维模型等各类数据。这项技术的好处在于，信息采集设备为一般的普通数码相机，拍摄角度等比较随意，发掘人可以自行完成照片的拍摄，而复杂的计算处理则完全由软件自动完成，同时其影像数据还带有色彩信息，完成的正射影像和三维模型不需要进行纹理映射的工作，比激光扫描仪更适合考古工作。

　　这些三维软件根据计算流程完成的方式不同可以分成两类。一类是由终端完成全部计算和建模，这类软件数量占绝大部分。我们实际测试了其中两种软件：浙江大学开发的"大型遗址场景空间信息软件"和Agisoft公司的PhotoScan Pro软件。这类软件生成的点云密度大，对计算机硬件要求很高，计算时间很长，适用于很高精度的三维模型。另一类的计算是通过软件公司的网络服务器完成的，用户只需上传照片，等远程服务器完成模型制作，用户下载即可。这类软件的代表为 AUTODESK 公司的免费软件 Autodesk 123D Catch。这种方式对于用户的计算机设备要求极低，其过程免费，只要网络通畅，作业对象不涉密的话，比如普通的探方、遗迹、遗物等，可以通过这种方式完成三维模型的建立。这个软件还有一个优点是可以非常方便地完成视频格式输出，为工作汇报等提供了便利。所以我们倾向于将有高精度和保密要求的数据通过前两种软件完成，普通模型通过 123D 软件完成。

我们认为，随着技术设备的发展，三维数据的获取最终会变得更加容易，遗迹遗物和发掘环境等信息的三维信息，最终会成为和线图、照片一样的考古工作必备的标准记录内容。

一、Agisoft PhotoScan 软件的使用

1. 软件的下载与安装

Agisoft PhotoScan 是一款俄罗斯软件公司开发的商业软件。我们可以先在 http：//www. agisoft. ru/products/photoscan/professional/demo/下载软件安装，然后点右边的 Request 30 - day trial 去获得 30 天试用码，有 30 天全功能试用期。

2. 拍摄照片

在将相片载入 PhotoScan 之前，要选择适合 3D 模型重建的照片。这些照片可以使用任何规格的数码相机拍摄，前提要遵循一些特定的拍摄方法。下面列举几种典型的拍摄场景：

不管外观还是内部，不能定点多角度拍摄，单独物体需要围绕物体多方位拍摄（图一）。

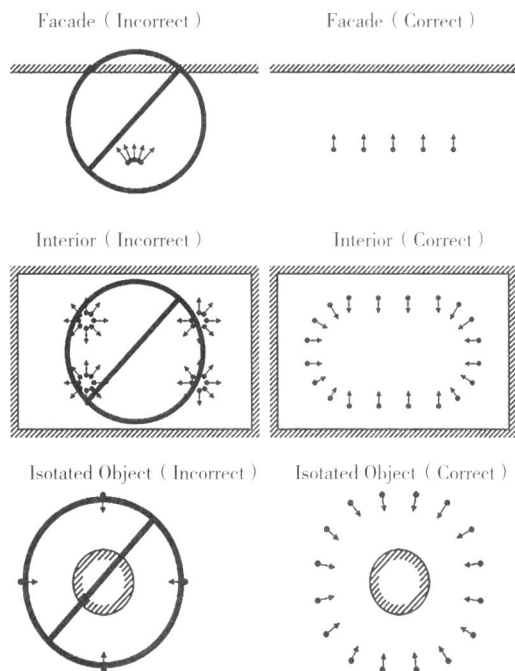

图一

需要注意的是，缺乏 EXIF 数据、镜头畸变或修改的照片很可能失败或导致结果不精确（要避免拉伸镜头）。

3. 一般工作流程

下面我们以一个石柱础的三维模型制作为例，说明软件的工作流程。

运行软件，进入以下工作窗口（图二）。

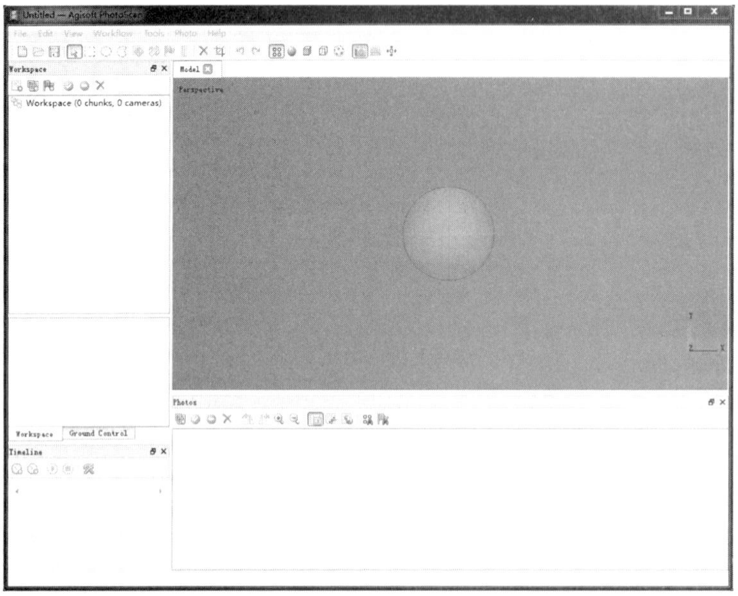

图二

首先，介绍下工具栏各个功用。为方便介绍，每一个工具下面都用数字标明（图三）。

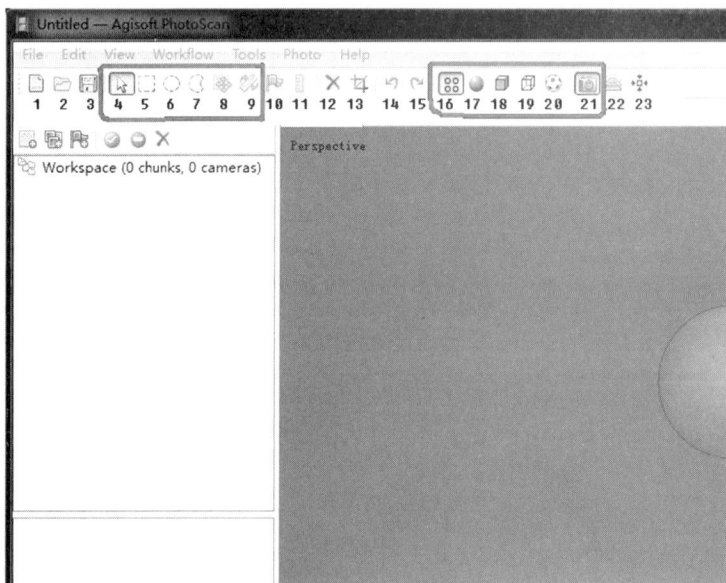

图三

1. 新建文件　2. 打开文件　3. 保存文件　4. 导航　5. 矩形选框　6. 圆形选框　7. 逆向选择　8. 调整区域
9. 旋转区域　10. 创建标记　11. 创建标尺　12. 删除选择　13. 作物选择　14. 返回　15. 重做　16. 点云
17. 阴影　18. 立体图形　19. 线框　20. 纹理　21. 显示相机　22. 显示对齐块　23. 重置视图

一般常用工具在图三中已用线圈起，要注意的是，所需制作的三维模型会在一个特定的空间内制作生成，田野考古遗迹和遗迹遗物的三维制作涉及空间较大，有时可能会超出给定的空间，那么所产生的三维就会不全，这时我们就要用到工具 8 和 9 来调整给定的空间。

（1）PhotoScan 图像的处理

右击工作窗口左上角的 Workspace，选择 Add Chunk（图四）。

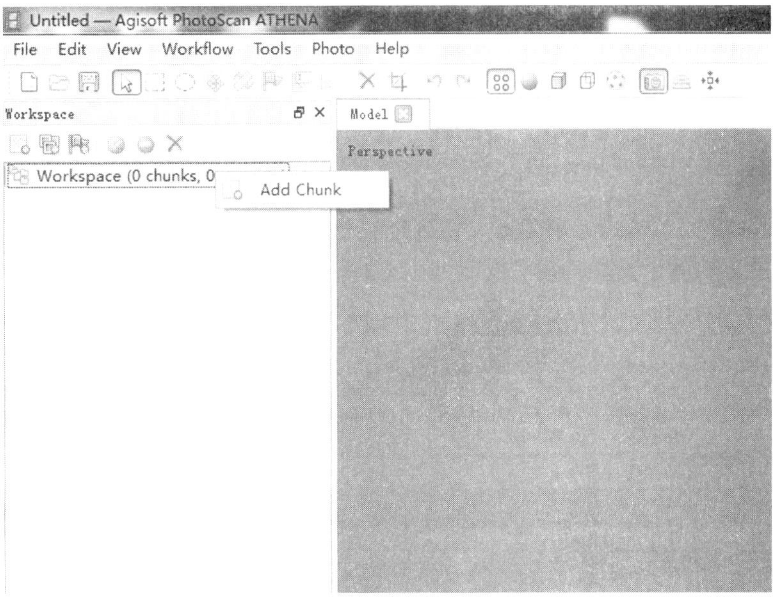

图四

右击 Chunk 1，选择 Add photos（图五）。

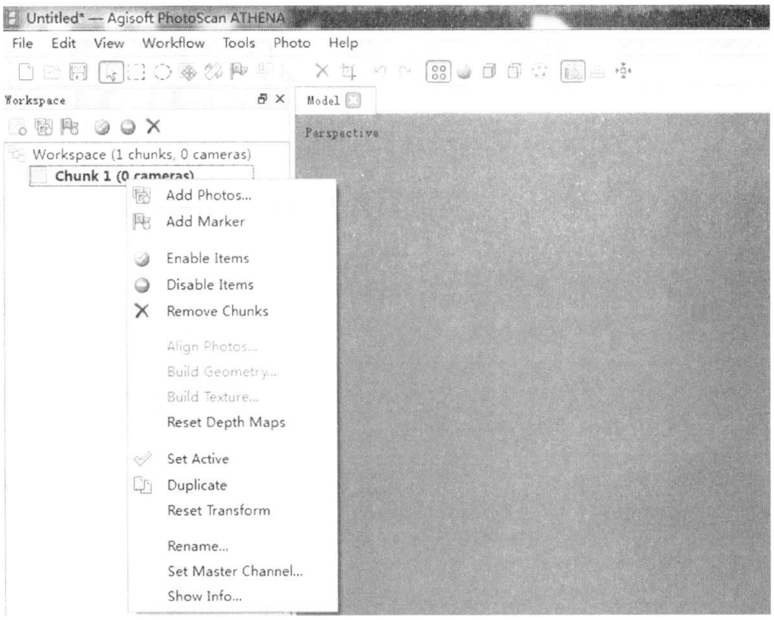

图五

加载照片，选择需要的照片（图六）。

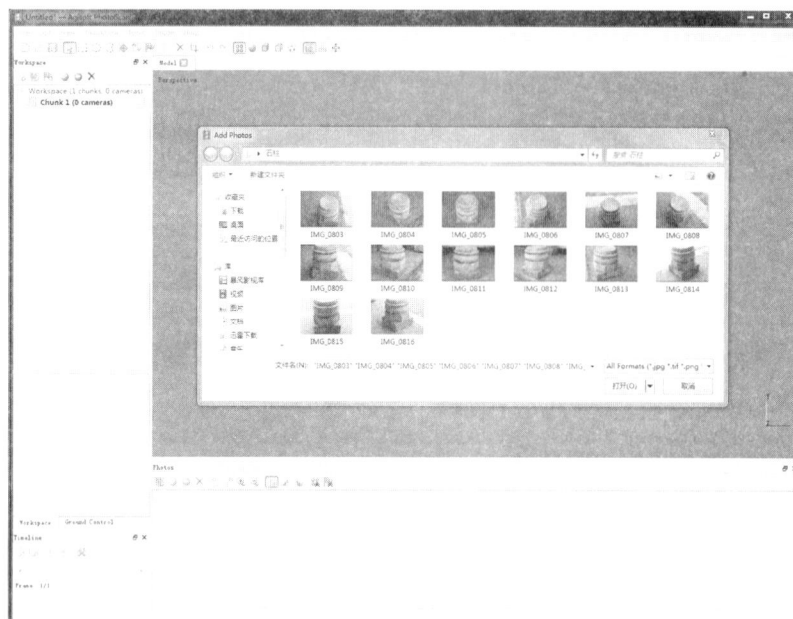

图六

PhotoScan 接受 JPEG，TIFF，PNG，BMP，PPM，OpenEXR 和 JPEG 多制式（MPO）的图片格式。任何其他格式的照片不会被显示在上传照片对话框中。对于这些照片，需要将它们先转换成支持的格式。

右击 Chunk 1，选择 Align Photos（图七）。

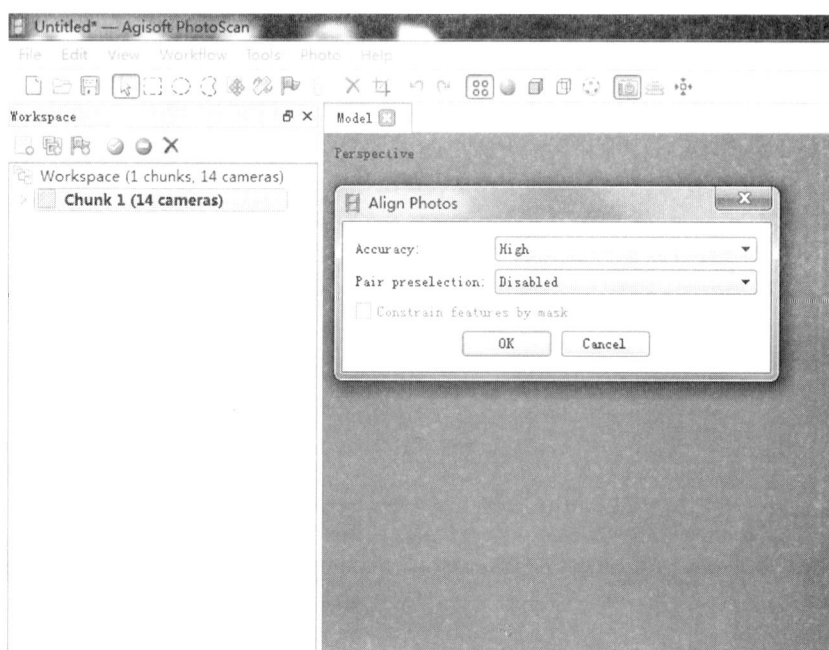

图七

　　检查加载的照片：加载的照片会与标志一道在"工作区"窗格中显示，以反映它们的状态（在工作区窗格中选择要删除的照片）（图八）。

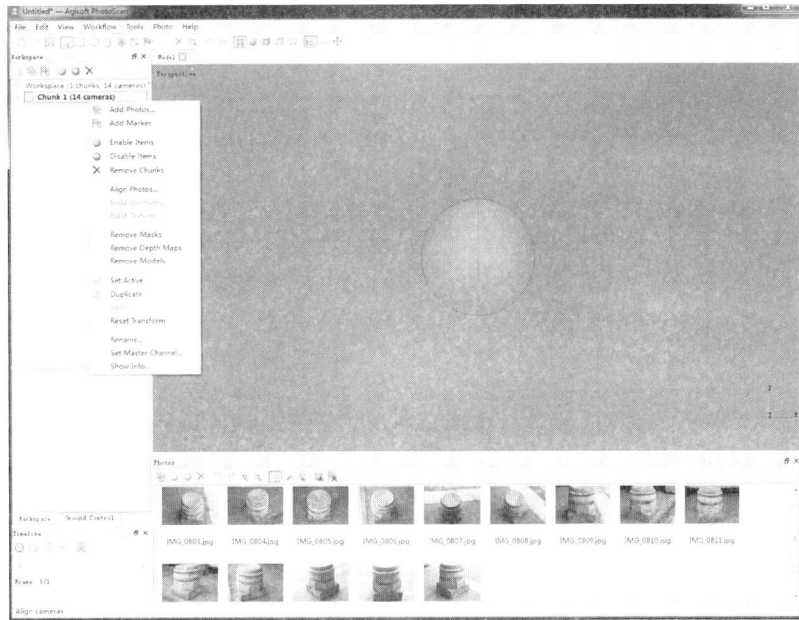

图八

　　对齐照片：一旦照片被加载到 PhotoScan，需要将它们对齐。在"对齐照片"对话框中，选择所需的对齐方式，然后单击"确定"按钮。

　　进度对话框会显示当前的处理状态，单击"取消"按钮可取消加工（图九）。

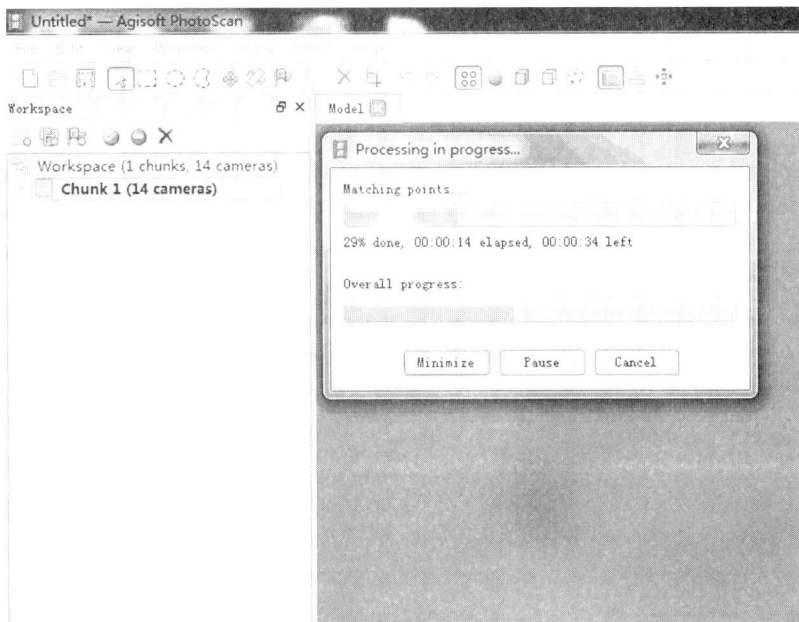

图九

在此阶段，PhotoScan 会重建每张照片的相机位置，并建立一个点云模型（图一○）。

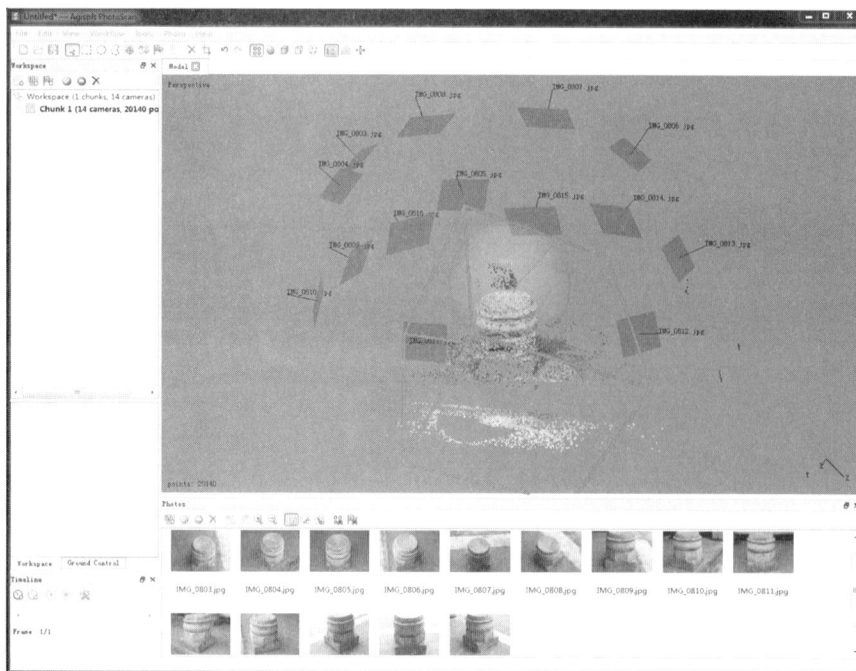

图一○

线框标明的就是给定的空间范围。如果发现三维模型超出给定的空间范围，就需要调整空间范围的大小跟方位（工具 8 和 9）。

右击 Chunk 1，选择 Build Geometry（图一一）。

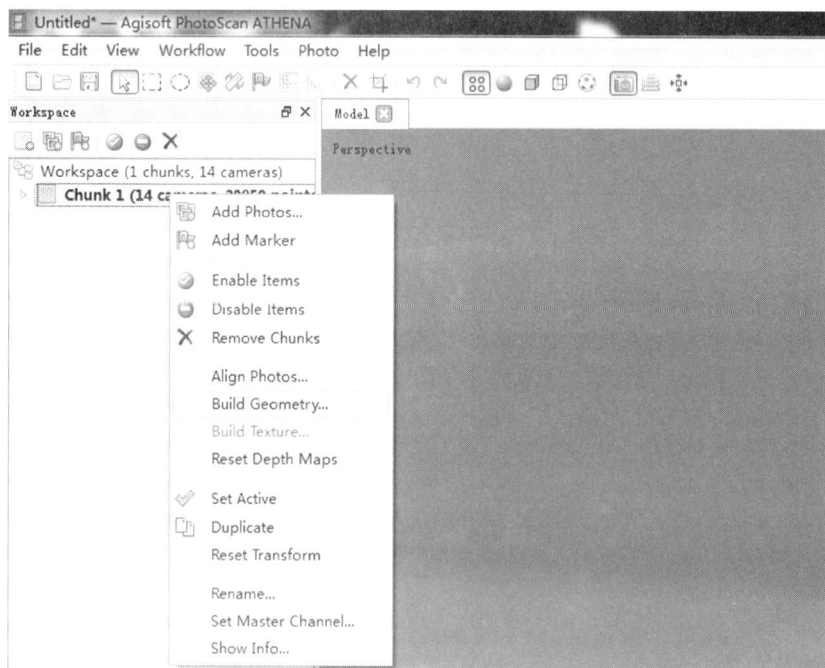

图一一

（2）建筑模型几何

三维模型重建是一项计算密集型操作，可能需要很长时间，这取决于加载照片的数量和分辨率。

重建参数：

质量：指定所需的重建质量。高画质设置可以用来获得更详细和精确的几何形状，但需要较长的时间来处理。点云质量设置可通过稀疏的点云快速生成三维模型，该选项可用于平滑几何类型。

面数：在最终网格中指定最大的面数。面数越大画质越高（图一二）。

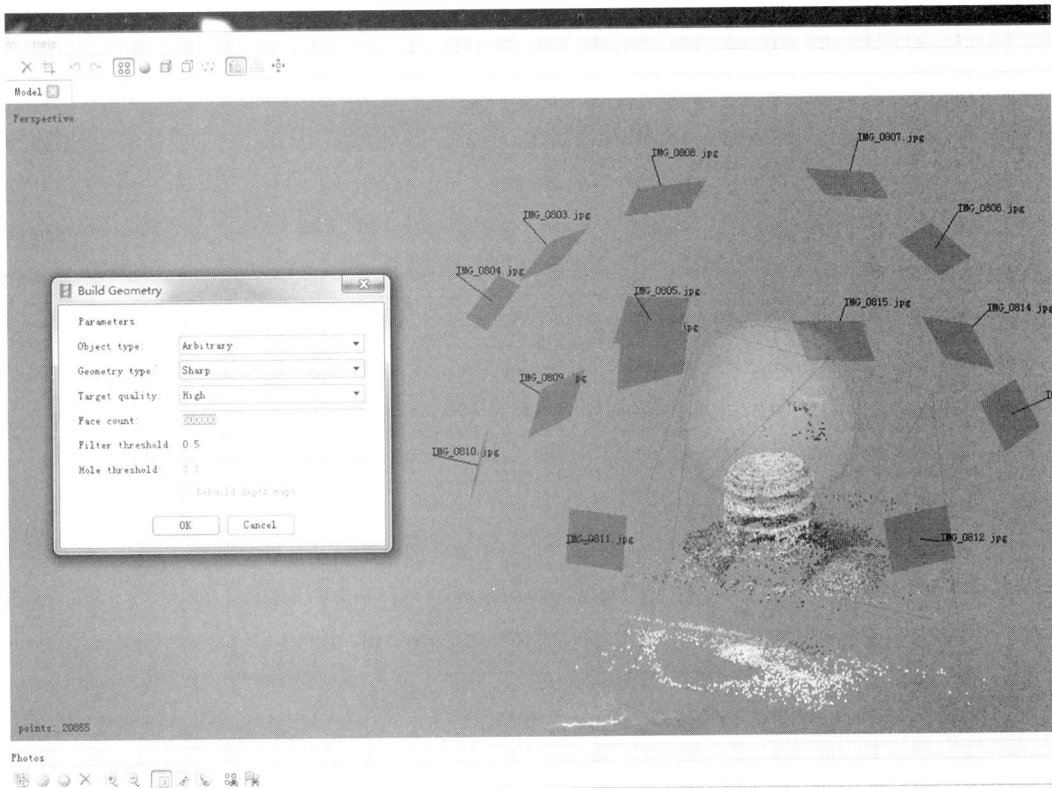

图一二

过滤器的阈值：指定小的连接组件的最大面数，表面重建后要被移除（总面数的百分比）。过滤器阈值越大画质越高。

面数和过滤器阈值的增高也影响计算机的处理时间，过高甚至会导致计算机无法正常运行。根据我们实践综合比较，认为 200000 以上的面数和 0.1 以上的阈值比较适合于田野考古遗迹和遗迹遗物的三维制作，一般探方的三维模型，200000 的面数即可，如有更高需求，可提高面数。表面相对比较光滑的，像石头遗迹、陶器、玉器等面数要求相对要高，一般 600000 以上面数比较合适。这里我们选择 600000 的面数和 0.5 的阈值（图一三、一四）。

需要注意的是，PhotoScan 往往会产生过多的几何分辨率的 3D 模型，所以建议几何计算后进行网格抽取。

方便作图，可点击窗口左上角工具栏中倒数第三个相机图像的按钮（工具 21），即可消除相机的

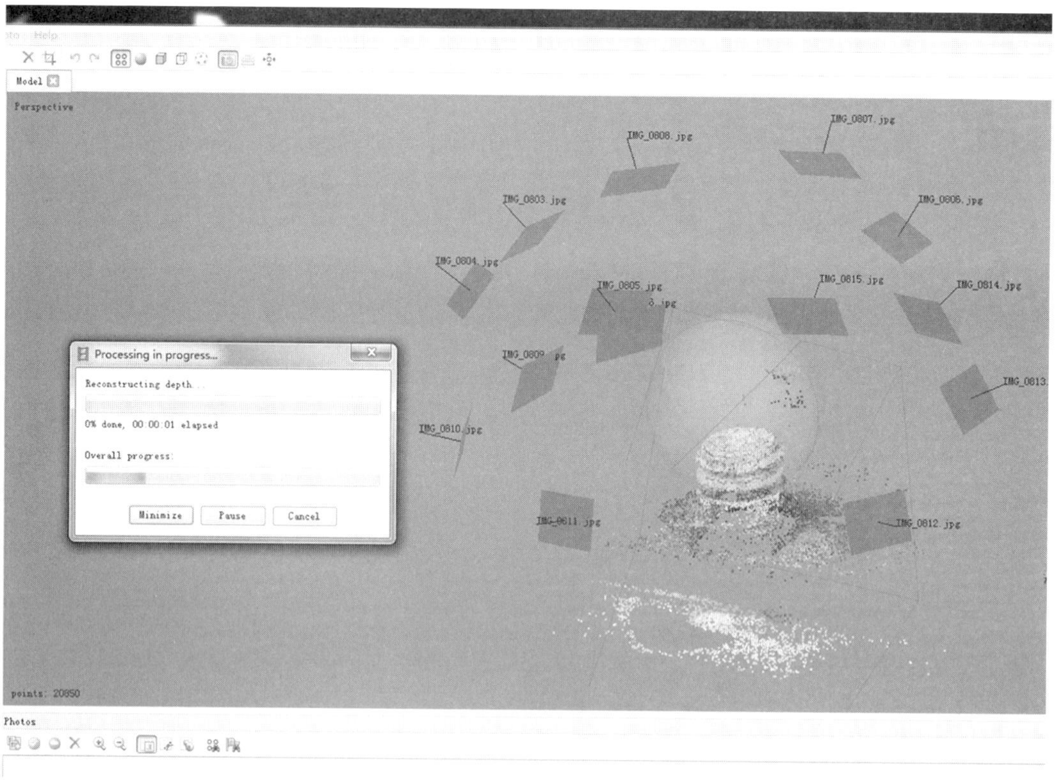
Model
Perspective
IMG_0807.jpg
IMG_0808.jpg
IMG_0803.jpg
IMG_0806.jpg
IMG_0804.jpg
IMG_0805.jpg
IMG_0815.jpg
IMG_0814.jpg
Processing in progress...
Reconstructing depth...
0% done, 00:00:01 elapsed
Overall progress:
Minimize
Pause
Cancel
IMG_0810.jpg
IMG_0811.jpg
IMG_0812.jpg
points: 20850
Photos

图一三

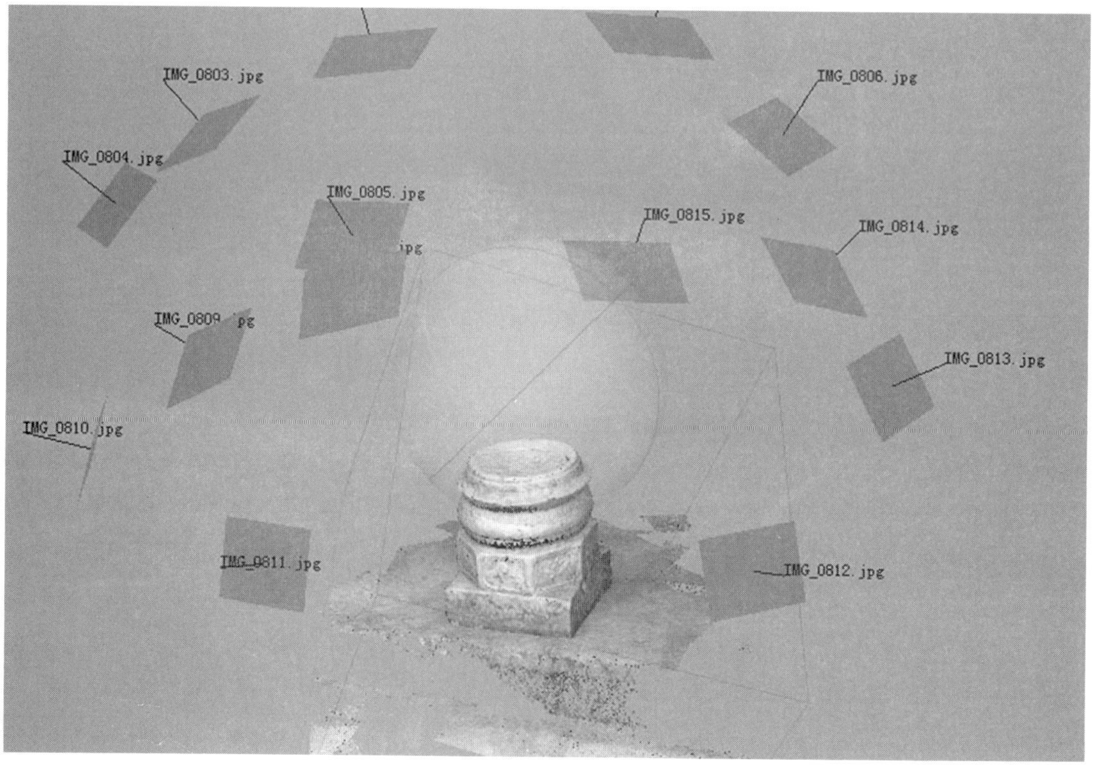
IMG_0803.jpg
IMG_0806.jpg
IMG_0804.jpg
IMG_0805.jpg
IMG_0815.jpg
IMG_0814.jpg
IMG_0813.jpg
IMG_0810.jpg
IMG_0811.jpg
IMG_0812.jpg

图一四

拍摄位置（图一五）。

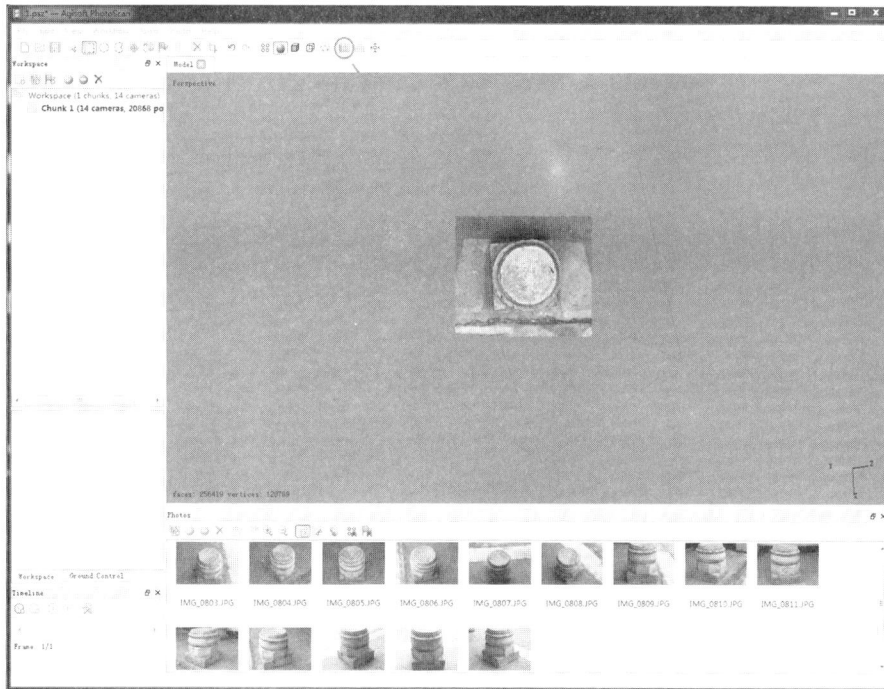

图一五

裁去建筑模型几何四周过多的几何模型（图一六）。

图一六

右击 Chunk 1，选择 Build Texture（图一七）。

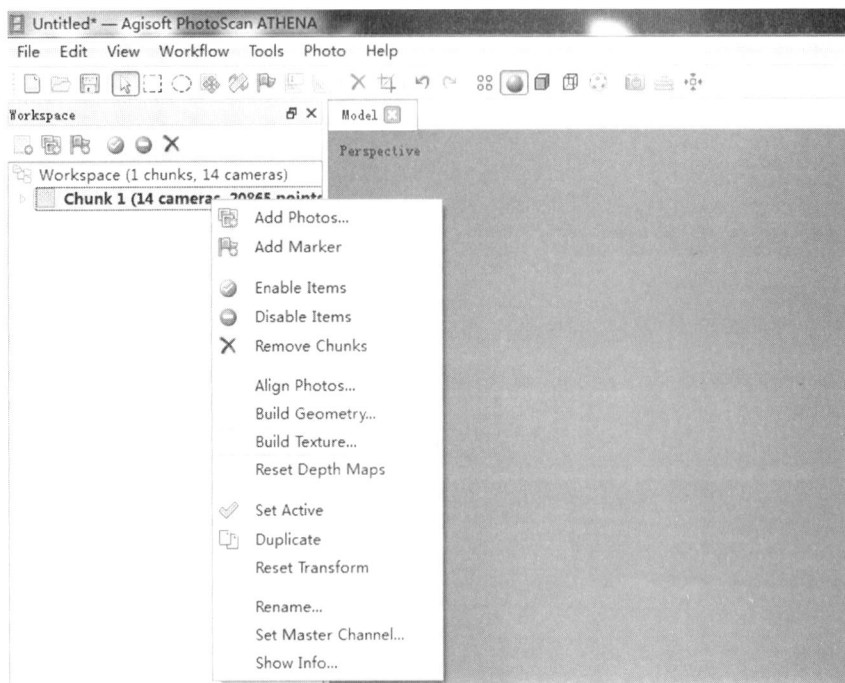

图一七

其中，阿特拉斯宽度和高度根据我们实践综合比较，取 20000 或者 30000 比较合适。这里我们两个值都取 20000。

在生成纹理对话框中选择所需的纹理生成参数。单击"确定"按钮完成。进度对话框会显示当前的处理状态。要取消加工，单击"取消"按钮（图一八、一九）。

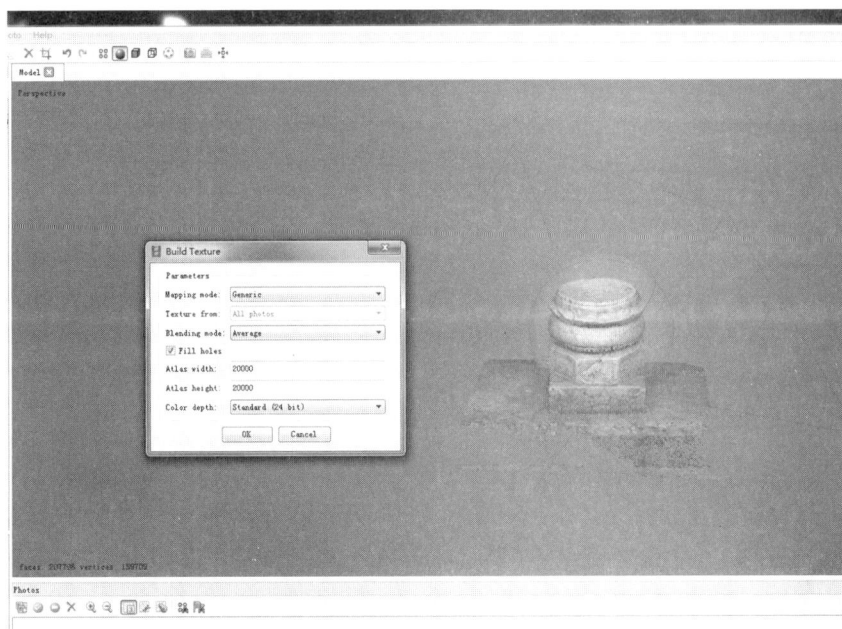

图一八

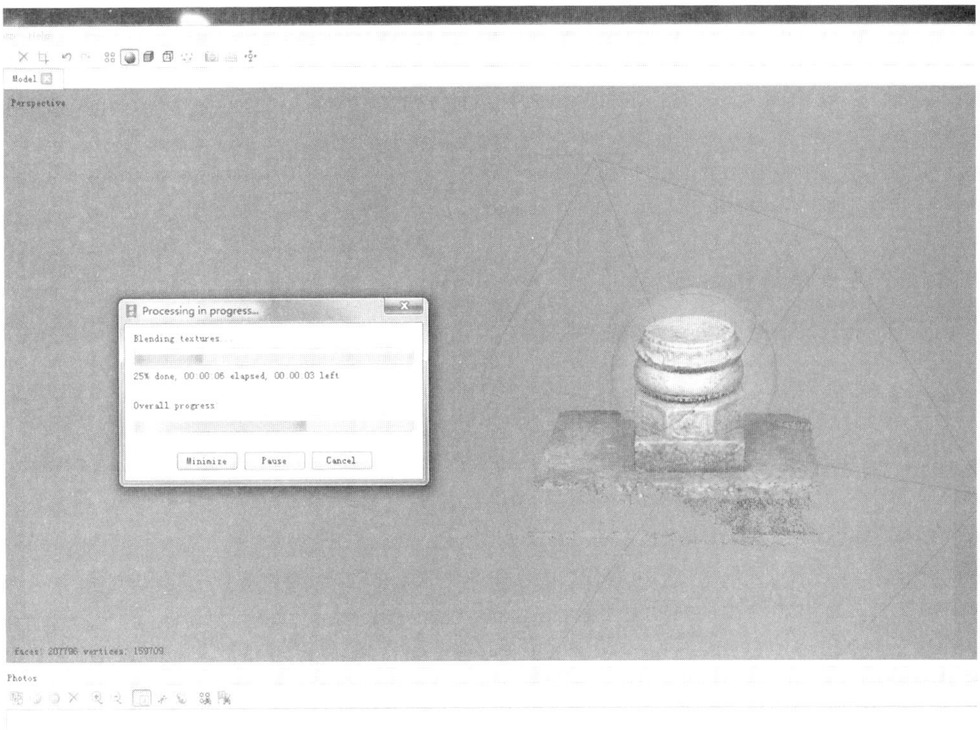

图一九

几何模型建立完毕（图二〇）。

图二〇

完成的三维模型可局部放大观看细部，也可任何角度旋转观看（图二一、二二）。

数码影像的三维模型重建作为在考古工地针对不同遗迹遗物，除图纸、照片等记录手段外的一种

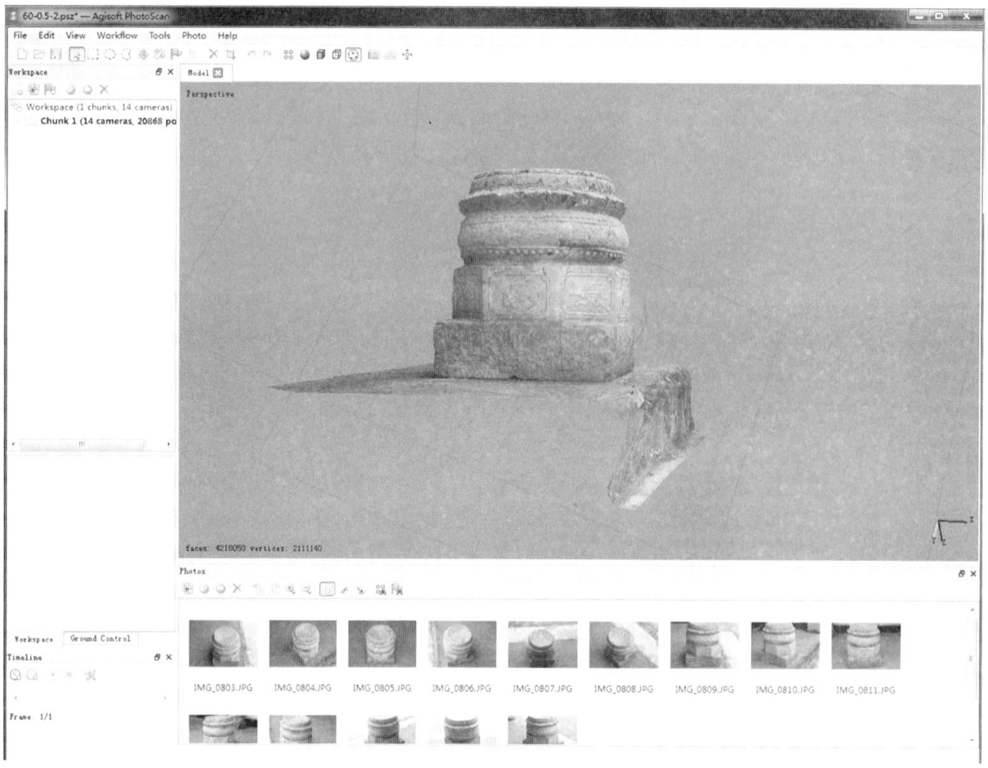

图二一　模型侧面

图二二　模型底部（内部空心）

新的记录方式，能在各考古工地之间进行普及运用。

（3）结果输出

由于 Agisoft PhotoScan 软件对电脑要求很高，一般电脑无法正常运行以及观看。所以我们需要对三维模型结果进行处理，以便普通电脑都可以进行成果的观看（电脑需先安装好 Adobe Reader 和 Agisoft Photo 软件）。

选择 File（文件）中的 Export Model（输出模型）（图二三）。

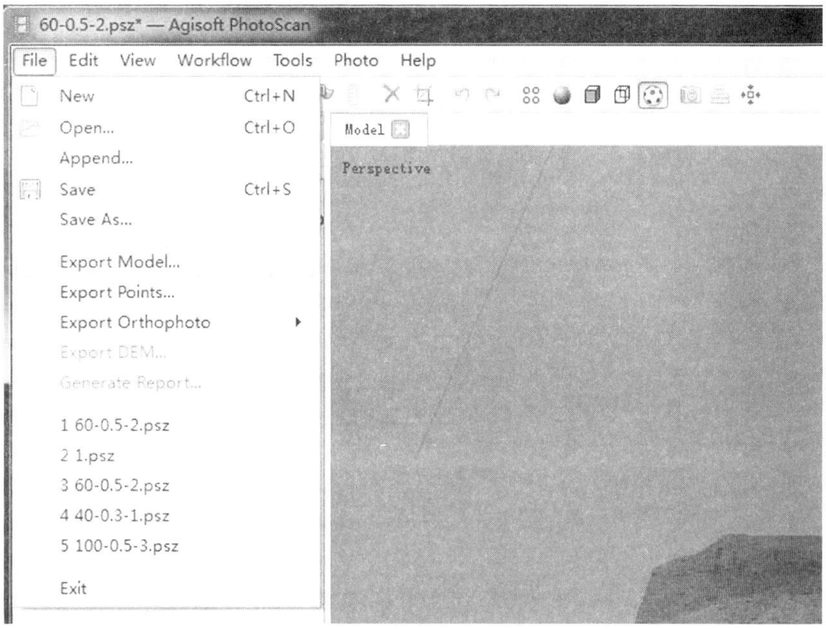

图二三

选择文件名及保存类型，其中保存类型选择 Adobe PDF（图二四）。

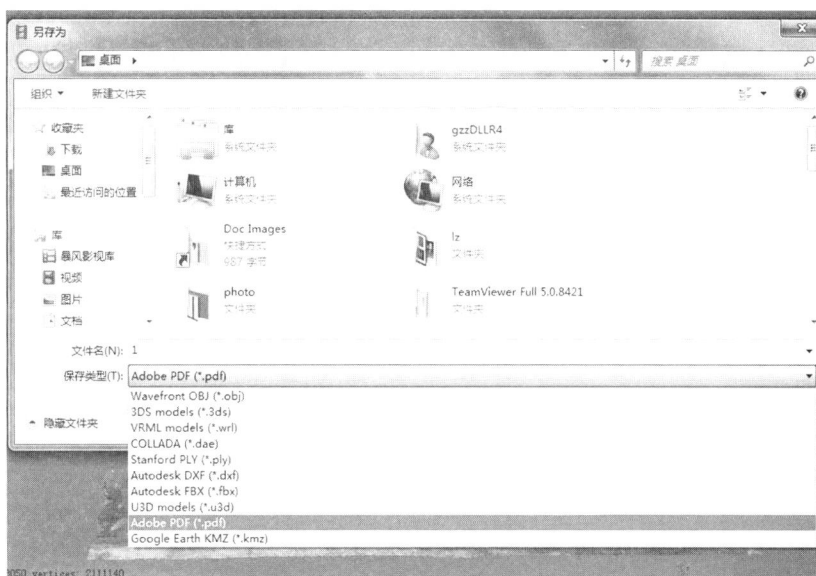

图二四

选择输出参数，除去第三个选项，即 Export texture 前面的"勾"（图二五、二六）。

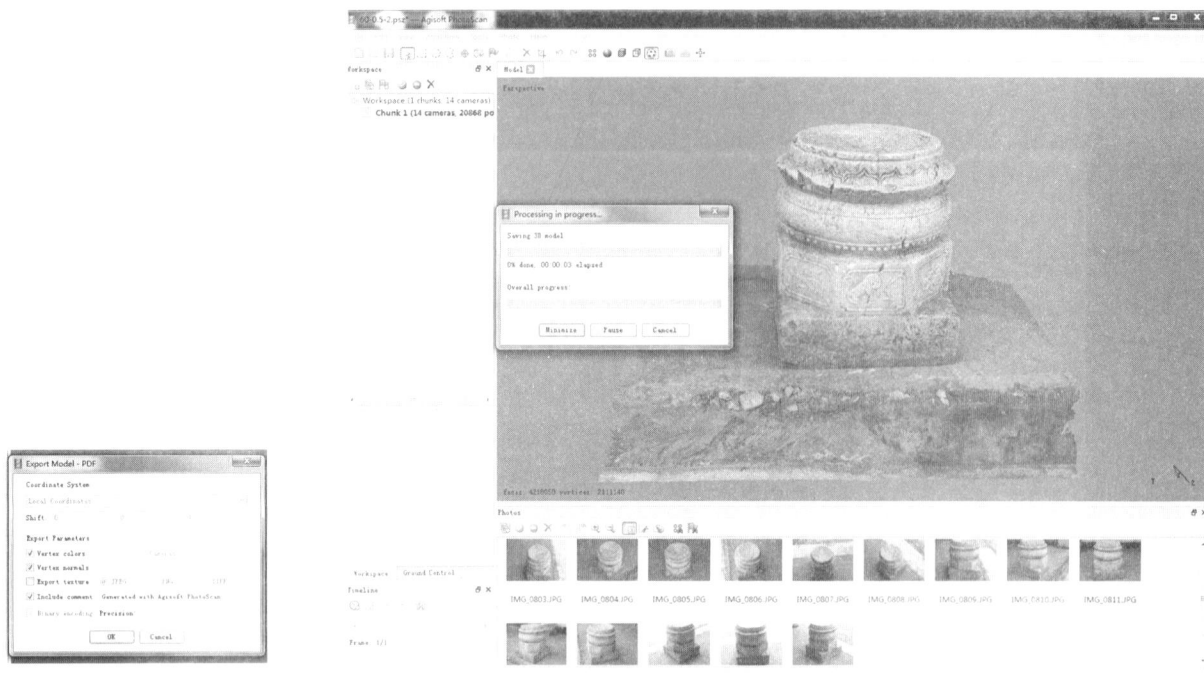

图二五

图二六

生成 PDF 文件（图二七）。

图二七

打开 PDF 文件，可自由旋转以及缩放进行观看（图二八～三〇）。

图二八　正视

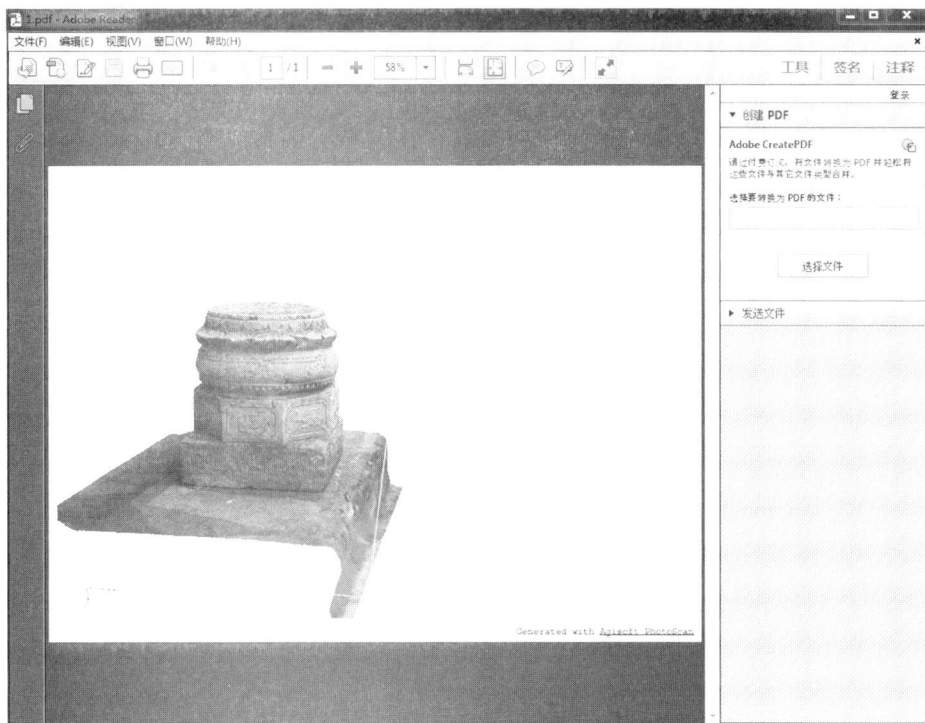

图二九　侧视

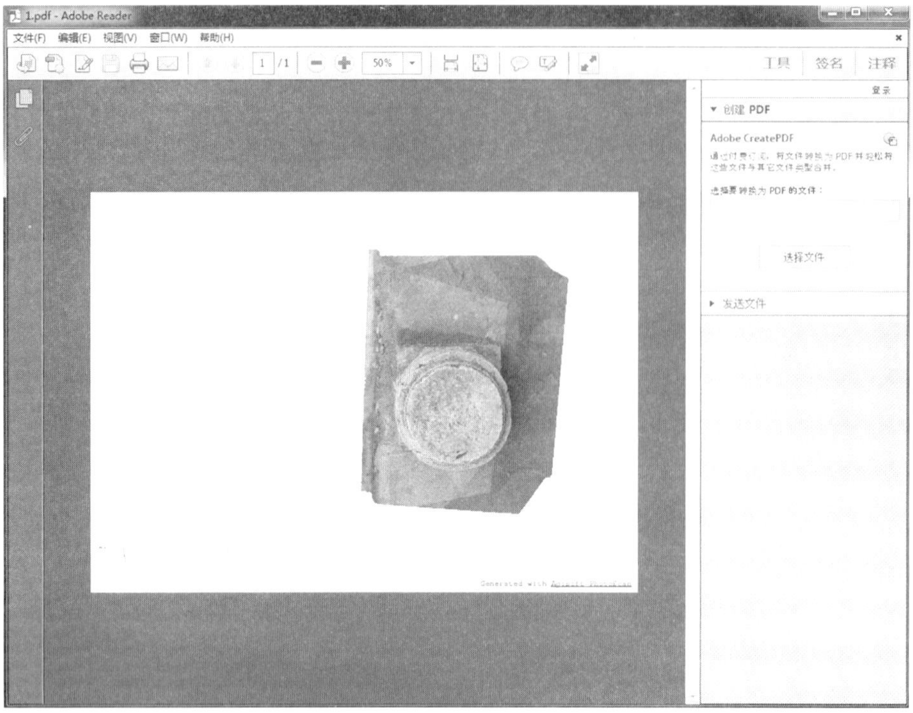

图三〇　俯视

软件可以输出多种模式的三维模型，方便其他三维软件处理（图三一～三五）。

一般纹理模型是考古工作中可作为档案保存的理想模式。

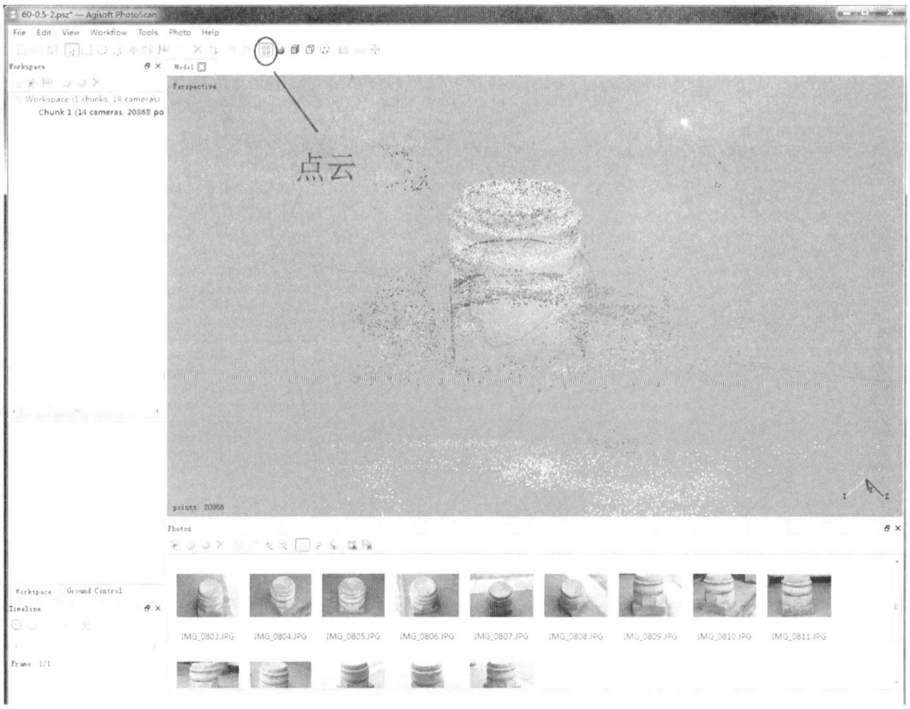

图三一　点云

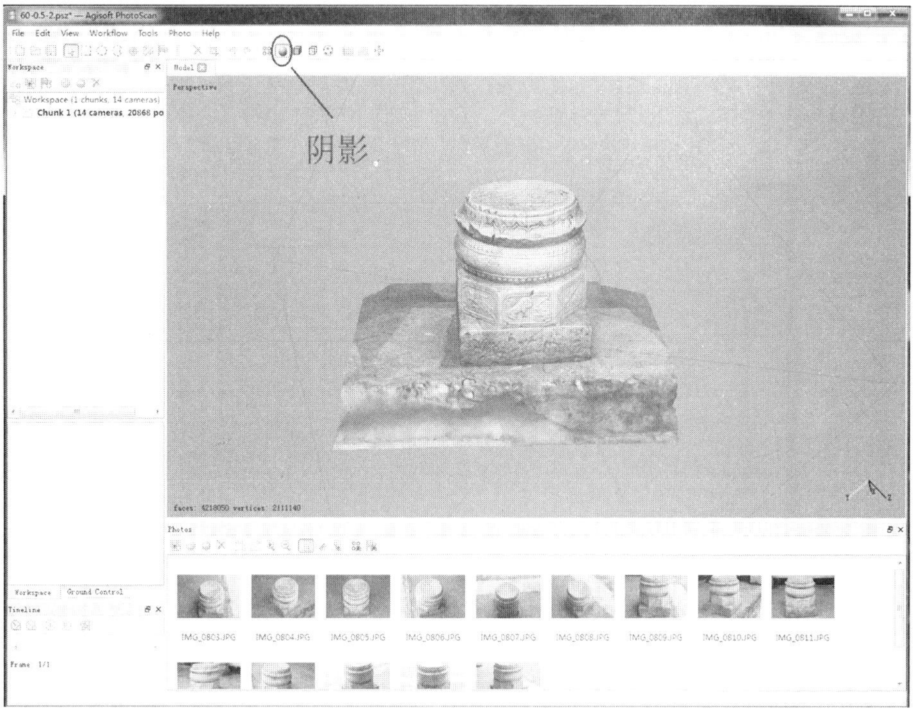

图三二　阴影

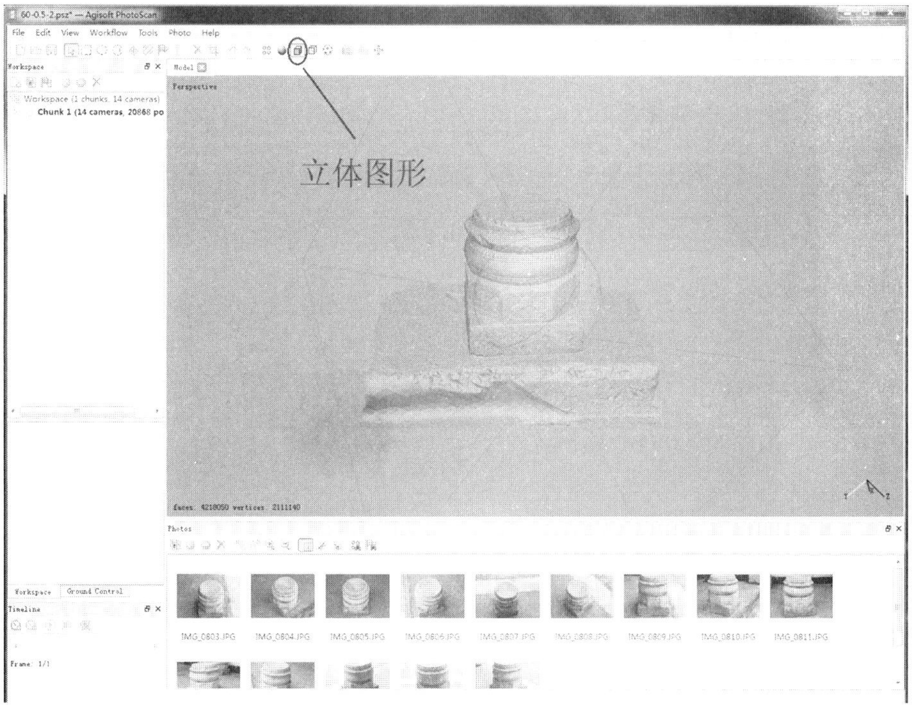

图三三　立体图形

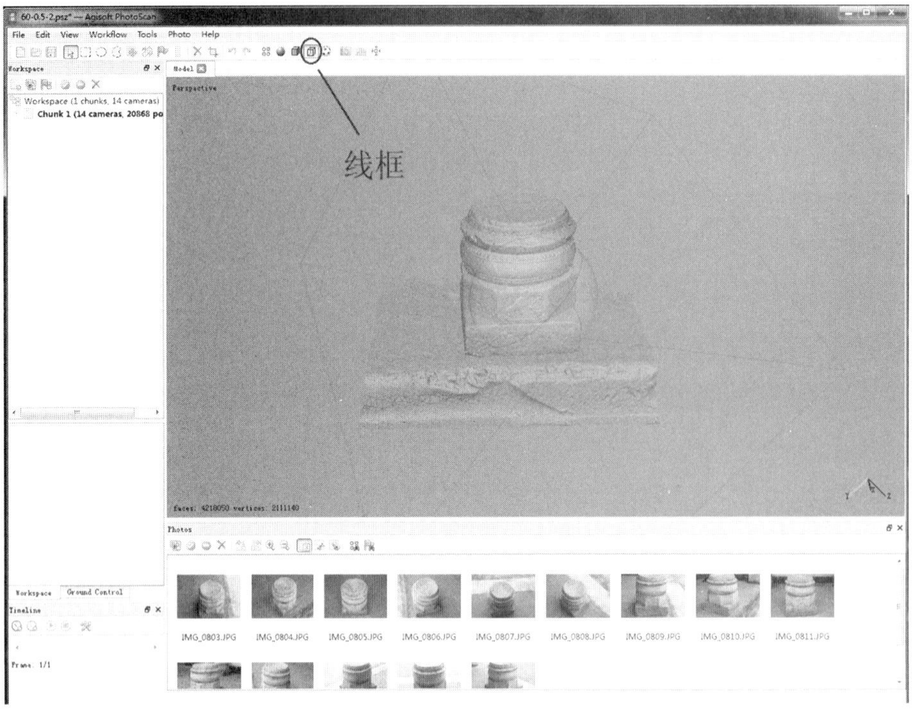

图三四　线框

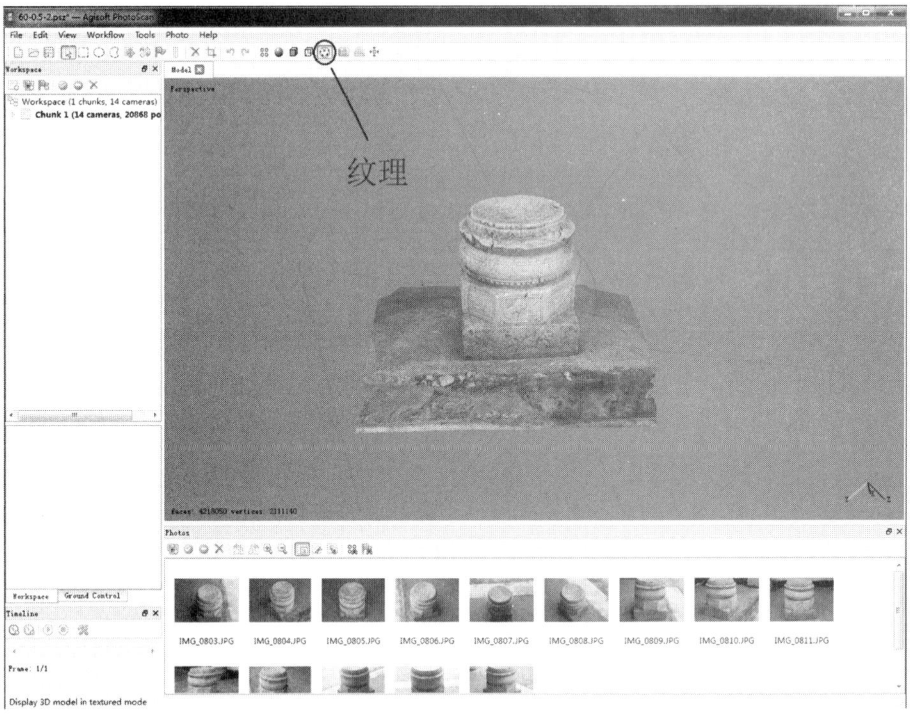

图三五　纹理

二、Autodesk 123D Catch 软件的使用

Autodesk 123D Catch 是大名鼎鼎的 AUTODESK 公司的产品。它利用云计算的强大能力，可将数码照片迅速转换为逼真的三维模型。只要使用傻瓜相机、手机或高级数码单反相机抓拍物体、人物或场景，人人都能利用 Autodesk 123D 将照片转换成生动鲜活的三维模型。此款应用程序还带有内置共享功能，可供用户在移动设备及社交媒体上共享短片和动画。如果 PPT 汇报中需要遗迹遗物动态视频，使用这款软件制作模型并导出视频是非常直观方便的。

123D Catch 软件基于网络运行。对硬件设备要求最高的计算部分由 AUTODESK 公司的网络图形服务器完成，使用者所需要做的只是将照片上传，再将结果下载并进行修整，所以对终端用户的硬件要求很低。如果不涉及数据的保密，我们可以将遗迹遗物的照片通过网络上传到该服务器，然后接收结果即可。而且这种服务是完全免费的，所以是目前最为方便经济的三维制作方式。下面以一个探方的模型制作为例进行分步解说。

1. 软件下载与安装

软件可以到 AUTODESK 123D Catch 官方网站上下载（http：//www. 123dapp. com/catch/）。

在页面的底部有三种形式的软件可供选择（图三六）：左侧是 web app 网页版，不用安装软件，点击链接可以直接在线运行；中间的 ISO app 适用于苹果公司的 IPad 和 iphone 设备，软件也可以直接在苹果设备的 app stores 里下载，系统要求 ISO 6.0 或以上版本；右边的是 PC 安装版软件，目前的版本为 2012 bate。在此以 PC 版为例。

图三六

软件安装完后，首次运行时，点击图三七左上角的"Creat a New Capture"，会弹出对话框（图三八）要求注册一个账户，根据要求用一个邮箱注册，完成后就可以运行软件。

图三七

图三八

2. 一般工作流程

点击"Creat a New Capture"，选择照片路径，选择照片，该框内出现绿色的对钩符号（图三九）。如果需要增加照片，点击第二个框"Add More Photos"。如果不需要，直接点击绿色的对钩，弹出对话框，里面有根据时间生成的文件名和前面已经注册的邮箱，输入 tags 标签和 description 描述内容（图四〇）。

选择底部的 Wait 或 Email me 按钮，照片开始上传。需要强调，所有照片的名称和路径都不能出现

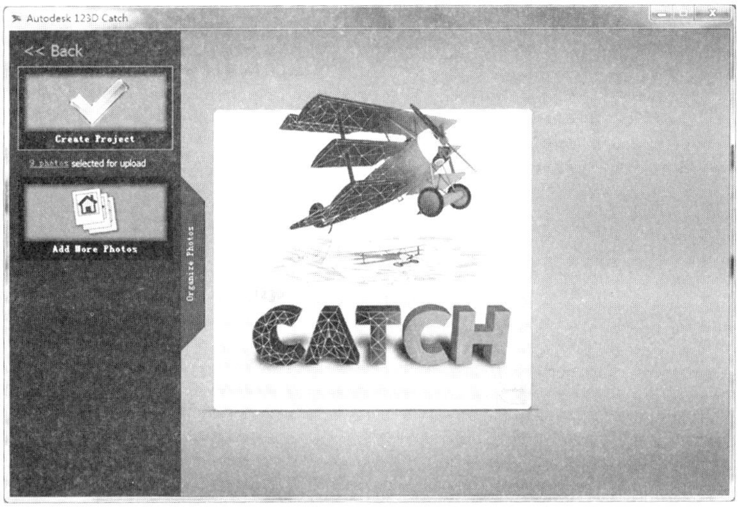

图三九

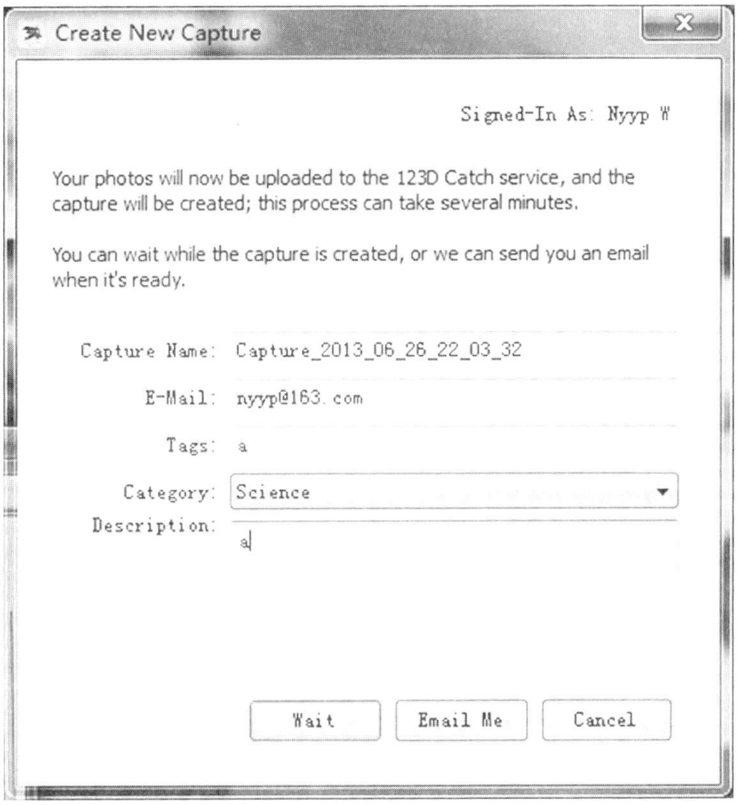

图四〇

中文，否则无法上传。Wait 指一直开着软件等待结果，PC 端不能关闭软件；Email me 指处理完毕后远程服务器把制作完成的三维模型文件的下载链接用邮件发回，PC 端可以关闭软件。因为一般处理的时间较长，所以采用 Email 方式较好。

照片上传完成后，远程服务器自动开始创建模型。过段时间后会接收到 AUTODESK 公司发回的电子邮件，点击其中的链接，如果模型顺利完成，可以下载一个名称类似"Capture_2013_06_26_22_03_

32"的文件。打开这个文件，会弹出一个进度条（图四一），进度条走到头后，会显示出做完的三维模型文件（图四二）。如果因故没有完成模型，也会收到一个邮件的回复。

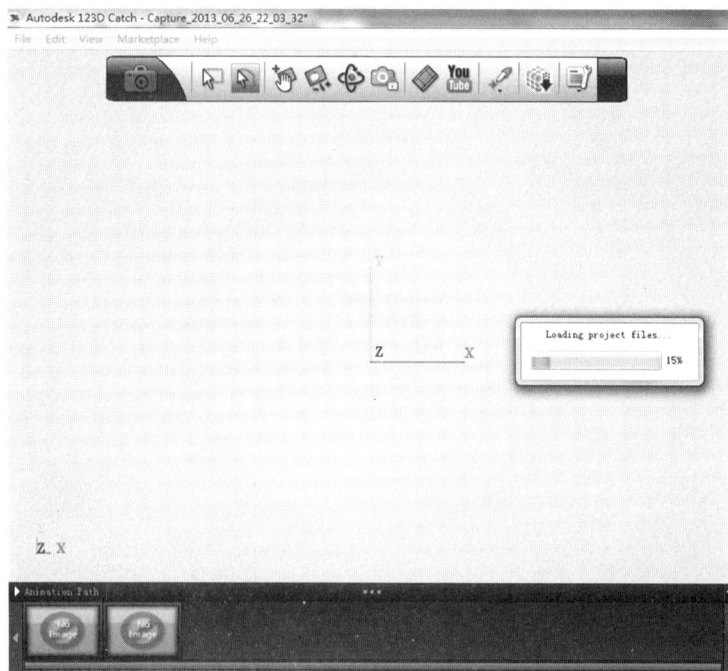

图四一

图四二

　　如图四二，可以发现这个模型文件的边缘等部分还有一些瑕疵，需要清理。清理时，将图形转至垂直界面比较好处理。这时主要使用第二组工具按钮，该组第一个按钮为"Pan"，用于平移模型；第二个按钮为"Dolly"，可以使用鼠标滚轮缩放模型；第三个"Orbit"可以上下或左右转动模型（图四三）。

图四三

通过这些工具可以将模型调整到垂直，然后点击第一组按钮中的第一个"Rectanguler Selection"，按住鼠标左键，选择需要去除的部分，选中的部分会显示为红色，点击键盘 DEL 键，就可以删除这部分模型（图四四）。依次处理完各个面，模型的修整就完成了。

图四四

如果要输出动态视频，则点击第三组按钮中前面那个胶片的图标，会弹出图四五的界面。

这时显示的是一种自动模式生成的视频，即以前面生成模型的各张照片的角度连接而成的视频，界面底部视频的每个角度后面还有一个时间模块（图四六），这里显示的是 2 秒，点击这个小块，可以改变帧画面之间的时长，从而调整画面转换的速度。

另一种视频的模式是关键帧模式，即自由选择视频的拍摄角度，这种方式比较适应于实际需求。回到三维模式，点击图四六上部那个绿色的"＋"号，则当前的模型视角成为一个关键帧，然后通过放大、缩小、旋转等按钮，调整模型不同的角度，分别点击"＋"号，就形成不同的关键帧，最后就能按照这些关键帧的视角路径生成视频。当确定完关键帧后，点击绿色"＋"字键前面的三角形播放键，可以预览视频。右键点击生成模型，弹出视频对话框（图四七），可以选择分辨率、视频格式和存放路径，输入视频名称，点击"Render"，等进度条走完，视频就完成了。

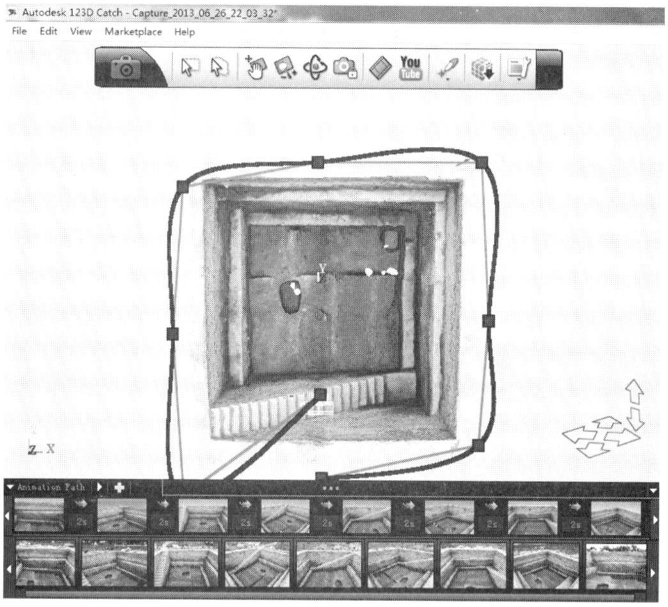
Autodesk 123D Catch - Capture_2013_06_26_22_03_32*
File Edit View Marketplace Help
Animation Path
2s

图四五

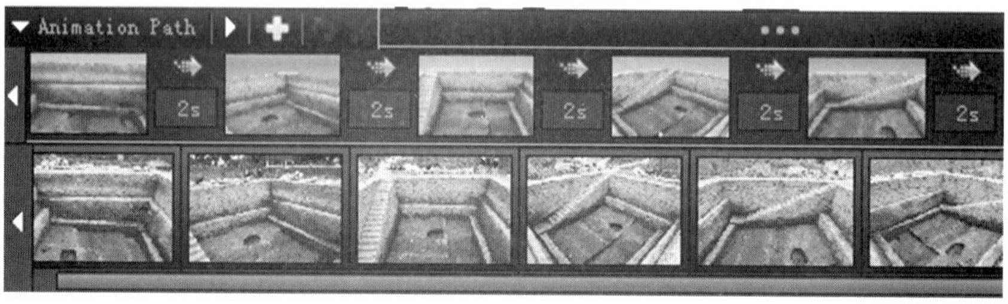
Animation Path
2s

图四六

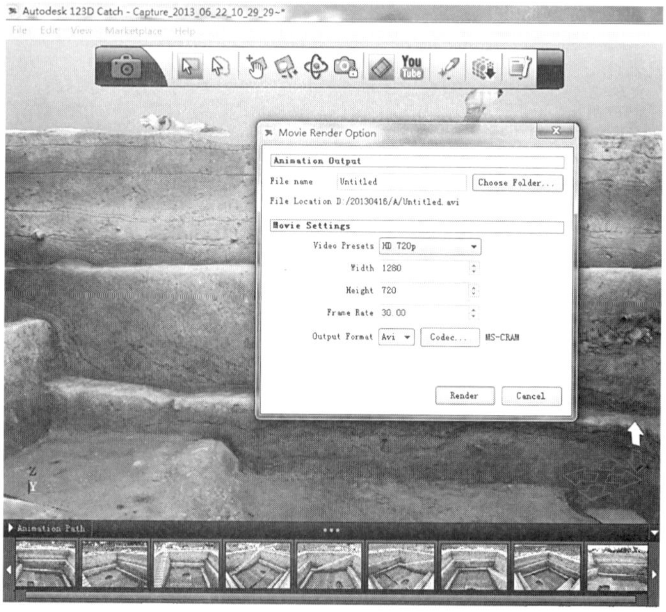
Autodesk 123D Catch - Capture_2013_06_22_10_29_29~*
Movie Render Option
Animation Output
File name
Untitled
Choose Folder...
File Location D:/20130416/A/Untitled.avi
Movie Settings
Video Presets
HD 720p
Width
1280
Height
720
Frame Rate
30.00
Output Format
Avi
Codec...
MS-CRAM
Render
Cancel
Animation Path

图四七

考古数据库在发掘和整理中的应用实例

王宁远

随着计算机软硬件技术的发展，考古工作中数据库的开发和应用日渐增多。但从一个考古领队的角度看，却发现真正能满足田野工作要求的例子并不多。数据库的核心在于数据，而考古工作的性质决定了数据的录入工作必须是在发掘过程中由发掘者完成。如果发掘者只是提供传统纸质资料，再由专门人员扫描和输入，不但浪费时间，质量也无法保证。更有甚者只是将纸质图表资料扫描为图形或PDF文件，则更是一种档案性质的留存，与数据库的开发初衷相距太远。所以数据库成功的关键在于能否激发使用者的主动需求。如果一个数据库只是在原有记录的基础上增加了一道电脑录入，而不能对记录和整理工作产生其他明显效益，试问有哪个领队会多此一举？因此，之前很多专业公司和考古单位开发的考古数据库系统无法获得发掘人的青睐，最终流于形式的原因，就在于这些数据库的设计没有从发掘者的角度出发，没有把减轻记录强度、提高工作效率和质量作为数据库的设计方针。笔者作为一个从事发掘的考古领队，十余年前用微软office软件包中的access软件自行编制了一套田野发掘数据库，以方便发掘者完成各类考古表单记录、自动生成考古报告的资料记录为目标。尽管界面简单，但经过十多年的使用和改进，已经足以完成设计目标。选择使用access软件建立数据库基于如下几点原因：

首先，access本身即是office的一个部件，容易获取。

其次，图形化界面与word、excel类似，容易上手，使用中可以随时对数据库进行修改。同时与word、excel属于同一公司软件，数据格式转换非常容易。

第三，维护方便，作为office的一个组成部分，access使用者众多，遇到问题通过网络搜索，基本都能解决。网上还有很多相关技术论坛可以学习高级应用。

以上三点，恰恰是其他专业数据库软件所缺少的。

考古工作形成的记录包括文字、图表、照片、视频等各类形式。其中文字记录形式主要是各类固定格式的表单，比如墓葬登记表、器物登记表、器物卡片等。这些表的每项内容都可对应为数据库的一个字段，非常容易转化到数据库中。目前一般的考古报告都以考古资料的完整介绍为主要内容，而考古报告中各类资料的描述都有大体固定的体例和格式，而其内容就是前面各类表单的内容，可以视为一种没有表格线的表格。以往纸质记录时，这些内容都需要多次重复输入。即使是以word软件完成的表单，要转化为文字描述也需要多次复制粘贴的机械劳动。而应用数据库可以完全免除这些重复性劳动，只要以录入数据库作为最原始的记录流程，则各种需要归档的表格和考古报告的资料部分都可以利用word软件自动生成。数据库的设计其实非常简单，且一个空数据库可以复制使用。笔者已经开发完成并投入使用的适应于新石器遗址发掘的数据库，根据实际需要分成了墓葬、遗迹、遗物三个数据表。

考古数据库和表单模板的设计方法拟另行介绍。本文主要介绍 access 数据库的填写、考古表单和报告资料部分的自动生成方式。文后提供了各类表单的现成模板和数据库样本的下载链接，读者可自行下载使用，大体可以满足一般新石器遗址发掘和整理需要。

一、Access 数据库的填写

考古工作的数据包括遗迹和遗物两大类，因为墓葬类遗迹的记录内容与房屋、灰坑、窖藏的记录差别较大，所以根据实际需要，我们将墓葬数据库单列出来，建立了适应一般考古工作的遗迹、墓葬、遗物共三种数据库。用于建立数据库的 access 软件，是微软 Office 系统的一个部件，在单独安装 office 时，默认条件下是和 word、excel、powerpoint、outlook 一起安装的。如果原来选择自定义安装没有勾选，则需要重新安装这个部件。有些电脑系统是由 ghost 方式安装的，往往会集成 office 软件，这种情形下一般会将 access 部件精简，这时单独安装 access 是不行的，需要先删除整个 office 再重新安装完整的部件。但是这种 ghost 方式安装的 office 软件常常无法删除，需要先运行一个名为"office 顽固卸载"的软件后，才能删除（该软件附后）。删除完毕集成的 office 软件，重新安装完整的 office 即可。

以遗物数据为例，说明数据库的填写要点。

下载文后链接的文件，双击打开名为"器物数据.mdb"的文件，会弹出一个安全警示框（图一），点打开。

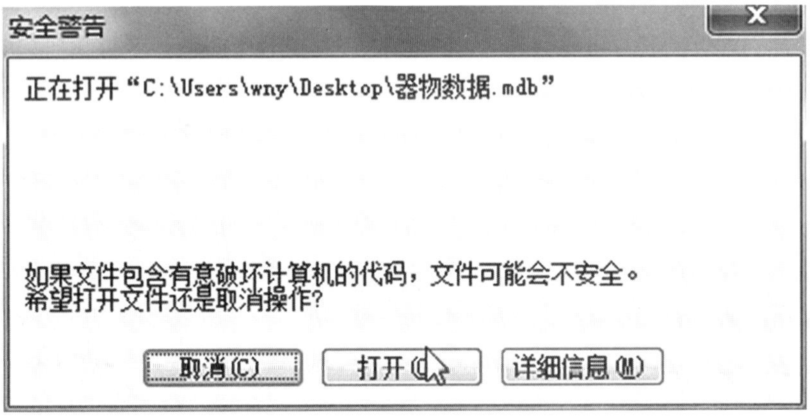

图一　打开数据库的警告

打开后的界面如图二，左侧点选"窗体"，主对话框双击"器物窗体"打开。会弹出一个参数对话框（图三），直接点击"确定"打开。

在打开的窗体界面中共分上下两个部分（图四）。下部为照片图形部分，内容包括器物的照片、线图扫描件、鉴定石（玉）文物质地时的谱线图和细部显微照片，这些位置可以插入照片，但是插入后可能整个数据库文件过大，运行较慢，所以也可插入图片的链接。界面上部为文字记录部分，分左右两栏，左栏内容实际上是根据器物登记卡、器物登记表和器物描述的需要设计的。右栏是与器物

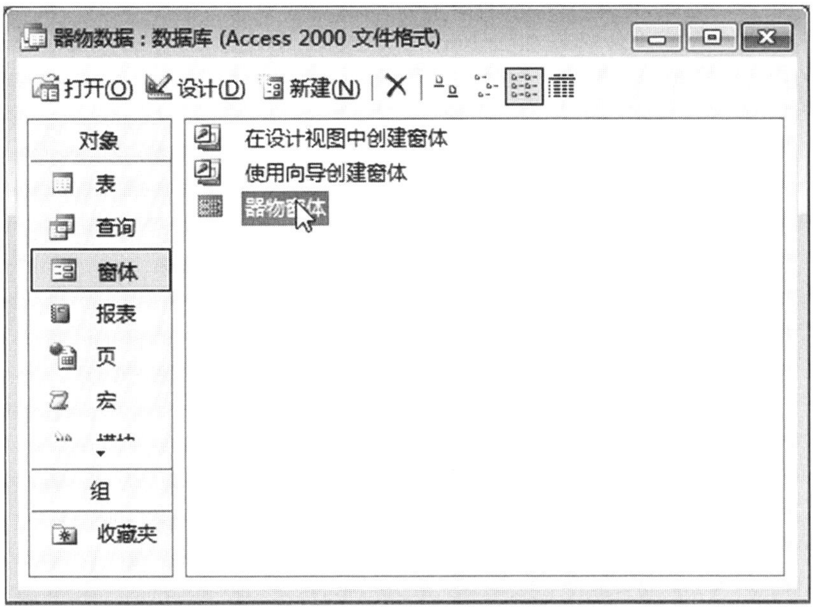

图二　打开数据库选择窗体

图三　数据库输入参数对话框

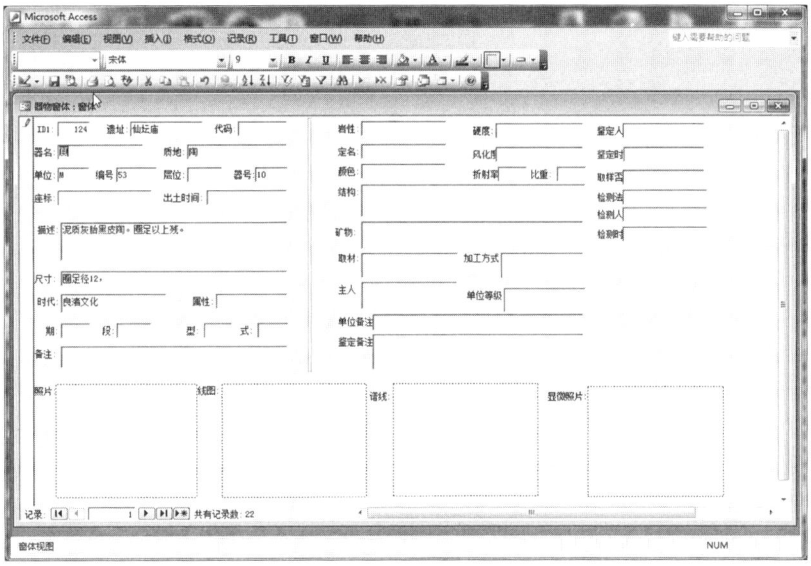

图四　数据库窗体界面

质地鉴定相关的内容，如果未经鉴定，则不填。遗迹数据库和墓葬数据库的编制内容也基本类似，分别对应着遗迹记录和墓葬记录。因为每个数据库都分别对应于考古表单和考古报告所需的文字描述等至少两类记录形式，所以数据库的填写形式必须有一些原则。比如因为适应表单的填写需要，除备注、发掘经过等字段外，一般字段的后部都不加标点。

　　输入记录内容时，一般在窗体界面比较直观，因为我们的窗体界面设计时就考虑到与原来的纸质表单的布局类似，符合发掘者的填写习惯。

　　以往有些研究者曾经使用 excel 表格作数据记录，实际上 excel 长于统计计算，但对于考古记录这种栏目较多的数据而言，其表格界面会有很多列，在一屏内无法完整显示，每填写一条记录需要多次移动底部的位置条，而且表格界面和原来的纸质表单的视觉观感差异过大，录入和使用时都非常吃力。所以我们一般建议还是转换到 access 数据库格式为好。将 excel 格式的数据导到 access 中的方法如下：新建一个 access 文件或者打开一个本文所附的带样本数据库，点击菜单栏"文件"—"获取外部数据"—"导入"，在对话框中文件类型选择"microsoft excel"，找到文件路径，导入。在弹出的对话框中勾选"第一行包含列标题"（图五），然后一路点击下一步直到完成导入。

图五

　　文后所附带的三个数据库都带有几条样本记录，使用者了解其基本的填写规则后可以删去这些旧记录，改名输入自己实际的记录。删去记录时，在"窗体"界面中只能逐条删除，比较不便，可在"表"界面下进行操作。点击右上角关闭窗体界面，在界面选择框点击左侧第一项"表"，主界面选择"器物数据表"双击打开（图六~图九）。点击"是"，就删除了选择的记录（图一〇、一一）。

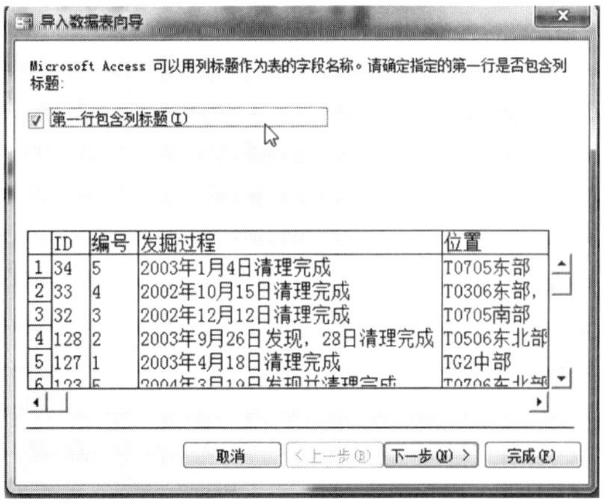

图六　导入外部数据

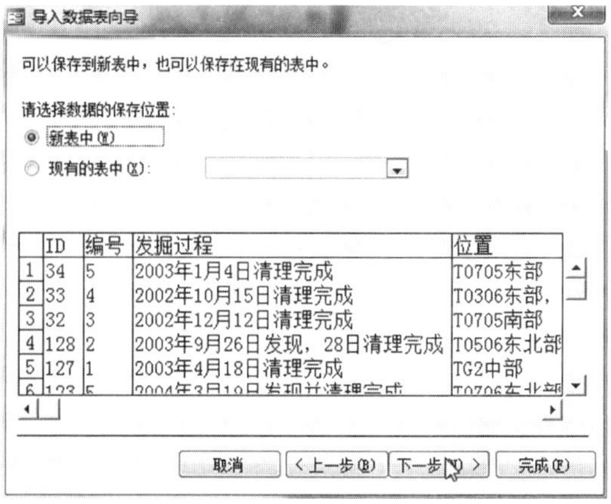

图七　导入到新表中

图八　导入数据完成

图九　数据库表界面

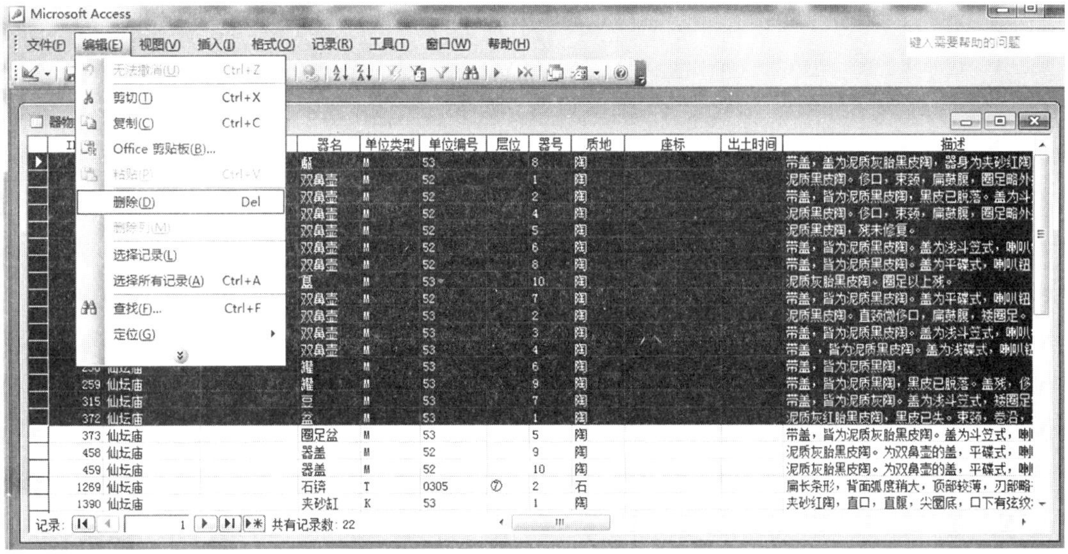

图一〇　表界面下的数据记录删除

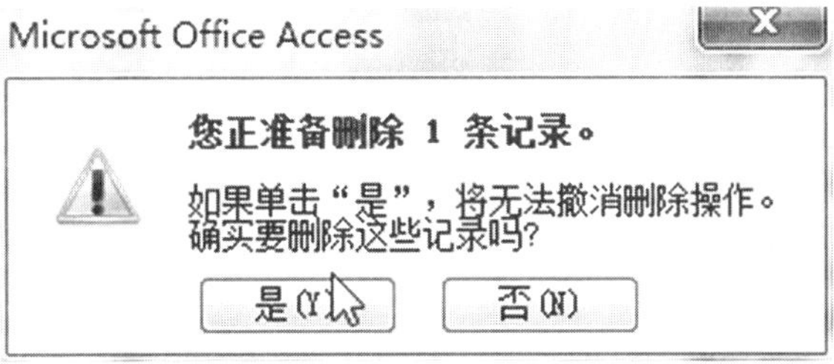

图一一　记录删除警示框

　　输入新记录的方法和一般填写表格类似，有时上下条记录的很多字段内容是相同的，比如同一阶段的墓葬记录里，其墓坑形态、墓向、年代、记录者等，这时可以将前一条记录复制、粘贴到数据库最后的空白位置，更改掉不同的字段内容即可。复制整条记录的方法，是点击窗体界面左侧边条上端的三角标，使边条变黑，显示已经选定该记录的所有字段内容。

点击菜单栏的"复制"按钮（图一二）。

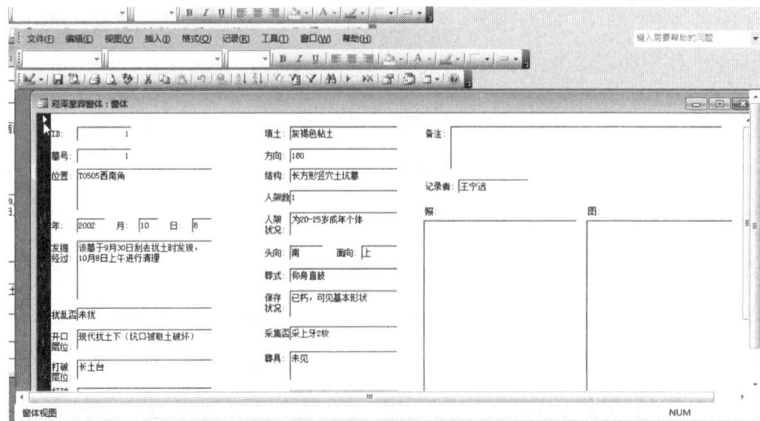

图一二　点击选择整条记录

再点击窗体下部三角按钮，选择到最后的空白记录，点复制按钮即可（图一三）。

图一三　选择最后空白记录

二、表单和资料的自动生成

在数据库录入完成后，开始进行资料和表单的自动生成。这个步骤实际上是利用 word 软件的"邮件合并"功能完成的。邮件合并功能原来设计用于大批量的信封和标签打印，我们只要将模板选择为已经制作好的表单或文档模板，导入相应数据即可。

整个合并的步骤分为建立模板、合并数据、文档编辑三步。下面以 word 2003 软件为例，说明其过程。

（一）建立表单或文档的合并模板

以墓葬资料模板为例说明模板建立的具体步骤：

1. 在工具栏上显示"邮件合并工具栏"

点击菜单栏"视图"—"工具栏"—"邮件合并"。或者点击菜单栏"工具"—"信函与邮件"—点击"显示邮件合并工具栏"也可（图一四）。

这时工具栏底部出现一排新的按钮，除第一个"设置文档类型"，第二个"打开数据源"外，其余按钮都呈灰色。

2. 建立一个新文档，确定为"目录"类型

建立新文档，点击邮件合并工具栏中的第一个"设置文档类型"按钮，在对话框中将默认的普通 word 文档类型更改为"目录"类型，点击确定（图一五）。

这一步更改主要是考虑到使用默认的普通文档格式后，最后合成的每一条记录文档都占一页，而目录格式则是连续不分页的。

3. 找到数据源，插入合并域，建立合并模板

首先点击工具栏中"打开数据源"按钮，找到对应的 access 数据文件（.mdb 格式），点"打开"。这时这排邮件合并工具的其他灰色按钮变亮，可以进行操作了（图一六、一七）。

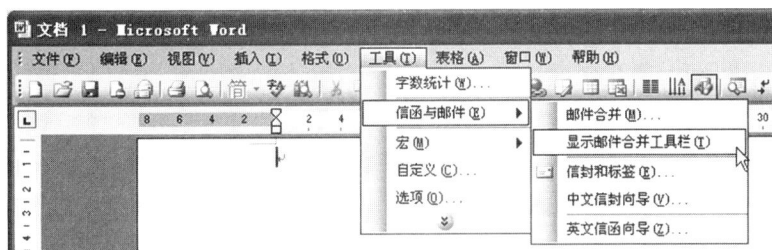

图一四　显示邮件合并工具

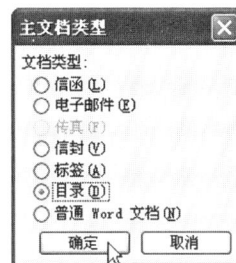

图一五　选择主文档类型
为目录

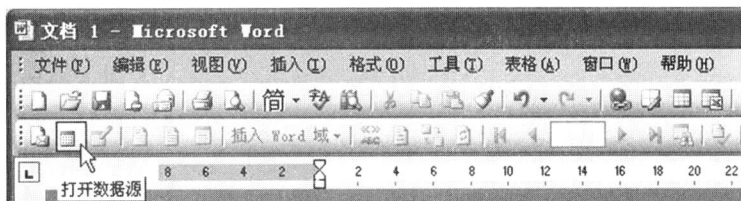

图一六　打开数据源

图一七　选取数据源

假设考古报告中墓葬资料表述格式如下：

墓号：

墓葬位置，开口层位，打破关系，墓坑形态，尺寸，填土情形，葬具，人骨架，葬式，墓向。随葬品情形。

据此，建立相应的合并模板。将光标定位到上文墓号位置，键入墓葬的代码 M，然后点击合并工具栏第六个按钮"插入域"，在对话框中选择"墓号"，点插入（图一八）。

这时，文档上出现带有书名号的合并域《墓号》，关闭对话框，换行，依次插入其他诸如墓葬位置开口打破关系等其他域字段。输入连缀这些字段的文字，回车。至此墓葬资料模板完成（图一九、二〇）。

图一八　插入域

图一九　选择插入域

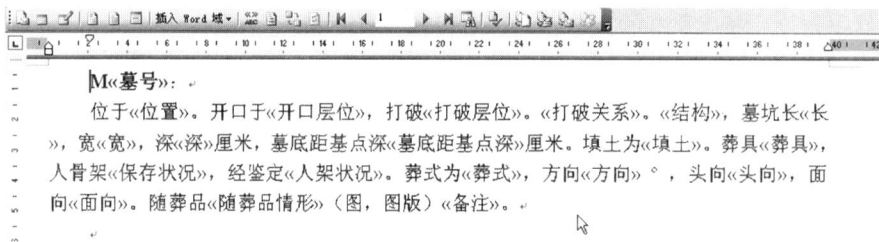

图二〇　合并模板截图

简单地说，插进的合并域是用带书名号的字段名表示的，新输入的文字是为了将这些字段内容连缀成文。为了验证模板是否连缀通顺，可以点击工具栏的"查看合并数据"按钮，这时会将数据库中第一条记录合成，显示在文档中。也可以点按工具栏后面的"上一记录"和"下一记录"按钮，选择浏览其他记录进行检查。这个检查主要看域之外的其他连缀性文字是否合适，以便进行相应修改。如出现连续标点等情形，暂不需要处理。

至此，合并文档模板完成。

合并模板的格式和体例可以根据需要自行修改，如字号、字体、段落，以及移动、增删等操作都和普通的文档一致。各类考古记录表单的合并原理，就是把合并域插入到制成的表格内，其余同理。所有针对文档全局的改动都应该在此模板上进行，而不在合并完以后的文档中进行。

制作完成的墓葬资料模板可以保存，以后改用到其他数据库。

为了方便使用，笔者已经将对应于本文介绍的数据库的相关表单和资料文档模板附录于后，方便下载使用。在打开这些已经插入了合并域的模板时，会弹出一个对话框，提示将运行某个 SQL 命令，点击"是"即可。

一般情况下，使用者打开这些模板时，会弹出如下对话框（图二一、二二）。

图二一　运行 SQL 命令

图二二　数据链接属性

这是因为使用者的 ACCESS 数据文件的存放位置与笔者插入域时的位置不同，只要重新选择路径，找到数据库即可打开模板。如果使用者将附件中的数据库文件进行了重命名，这时即使找到了新数据库的路径，仍然会弹出警示框，显示链接失败（图二三）。

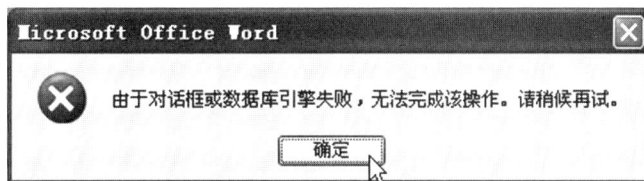

图二三　数据库引擎失败警示框

点"确定"，会继续弹出如下对话框，在这个对话框下点击"查找数据源"找到改名后的数据库文件路径，就可以打开模板（图二四）。

图二四　模板无法找到数据源警告

表单的打印分两种情形，一种是将完整的表格直接打印在纸上，另一种是在印好的成品表上填空。前者，在附件中选择标注为"空白纸打印适用"的表；后者，选择标注为"成品表适用"的表。点击菜单栏"工具"—"选项"—在弹出的对话框"视图"选项中，勾选"隐藏文字"并确认。这样，原来隐藏的文字就显示出来了。

在新建或打开模板并找到数据源后，可以进行第二个步骤了。

（二）合并步骤

合并文档的过程比较简单，点击邮件合并工具栏中的"合并到新文档"，则会弹出对话框，可以选择合并全部记录或者选择合并记录的范围。这里选择"全部"，就会出现合并完的文档（图二五、二六）。

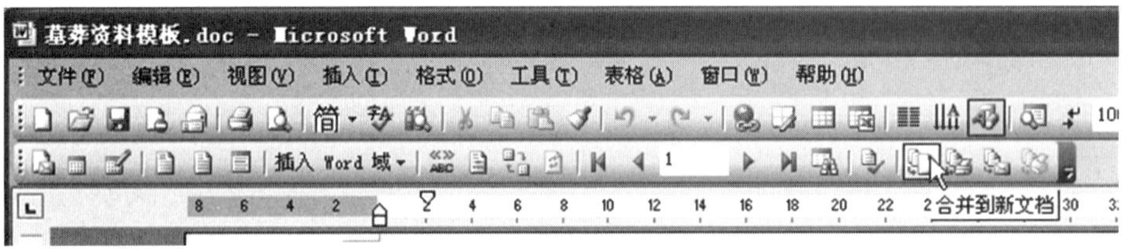

图二五　合并文档

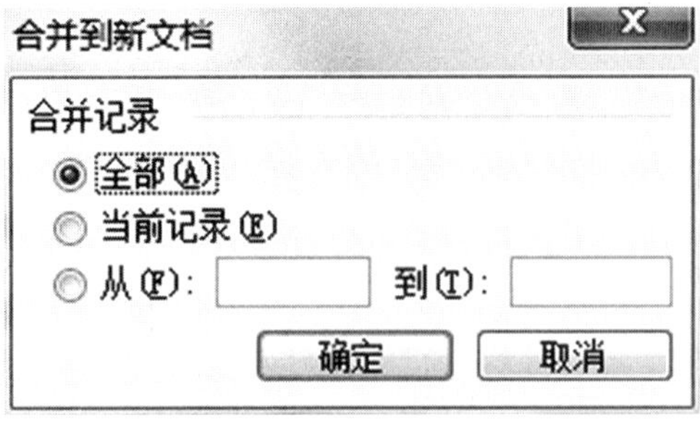

图二六　合并到新文档 2

这里记录的顺序是指对应数据库中的 ID 顺序，如果数据库填写时是按照某种顺序下来的，而需要的合成的记录在数据库中是 ID 连续的一部分，则只要选择第三项填入记录范围即可。但是一般来说数据库填写时 ID 可能是乱的，所以在这里选择需要的记录比较困难，一般应在上一步寻找数据源的时候，先在数据库中建立查询，然后选择查询结果作为数据源。

一般合并完的文档或者表单还不能直接打印或应用，因为有的记录并非每个字段都有内容，造成合成文档在有的地方出现连续的标点或缀合语句上还有瑕疵，需要进行编辑。比如前述的墓葬资料合并文档的 M4 中，就出现了连续的标点"。。"。因为人骨架不存，还出现了"葬式为，""头向。"等瑕疵。我们采取替换的方式进行编辑。点击菜单栏"编辑"—"替换"，弹出查找和替换对话框，依次将瑕疵内容填入，替换为单个标点或空白，即可。其实每个合并文档出现瑕疵的内容是一致的，为方便起见，可以采取宏的方式进行替换。所谓宏，就是将若干步操作记录下来，下次运行这个宏就会自动重复操作这些步骤。我们录制了一个名为"邮件合并文档修正 . bas"的宏，将可能出现的替换步骤全部集成在内。这个宏文件已经放在附件内，使用时需要先把这个宏文件导入到你电脑的 Word 软件中。方法如下：点击 word 软件菜单栏"工具"—"宏"—"宏"，弹出对话框（图二七、二八）。

如果里面没有显示任何宏，则随意建立一个宏，比如命名为"A"，点"创建"（图二九）。

在弹出的 VB 界面里，先点击菜单栏"文件"—"导入文件"，然后选择文后附件内的"邮件合

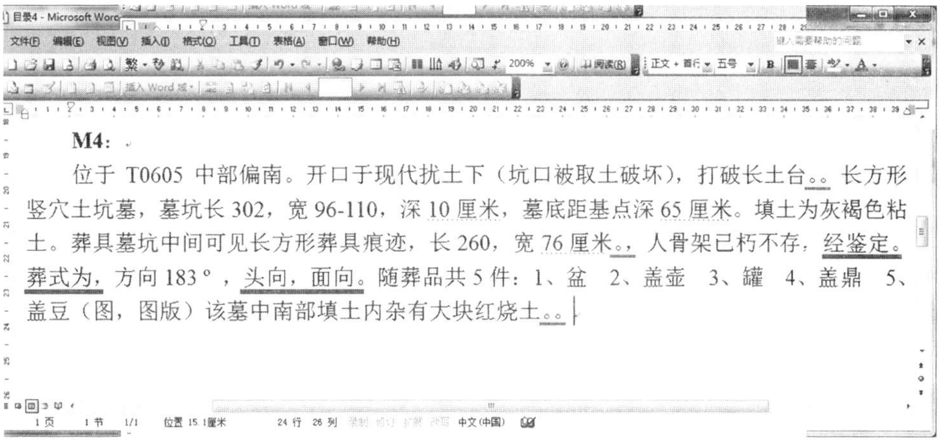

图二七　合并文档修订

图二八　导入宏第一步

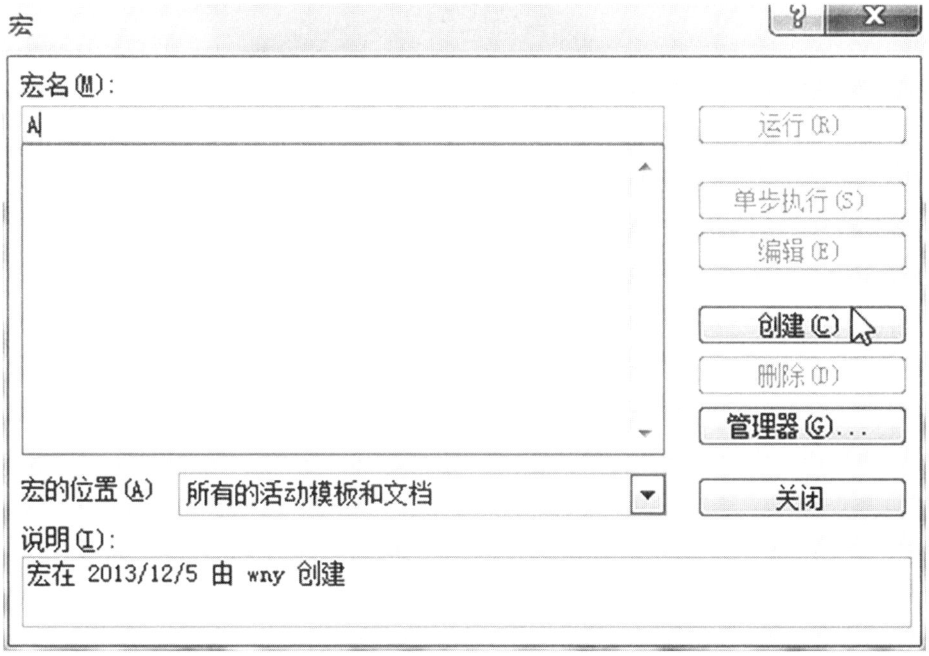

图二九　导入宏第二步

并修正．bas"，点打开（图三〇、三一）。

　　这时界面上看不出变化，但是我们点击该界面左侧第一个 word 图标的按钮，回到 word 界面，再点击"工具"—"宏"—"宏"，弹出的对话框里已经有一个名为"邮件合并修正"的宏了，说明已

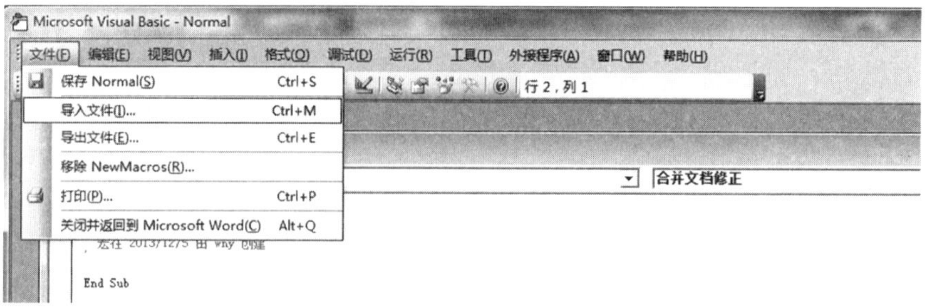

图三〇　导入宏第三步

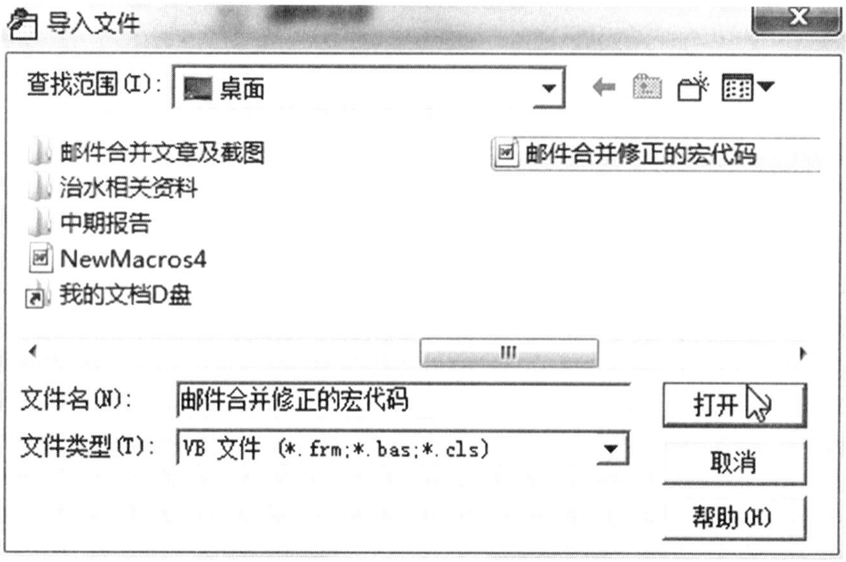

图三一　导入宏第四步

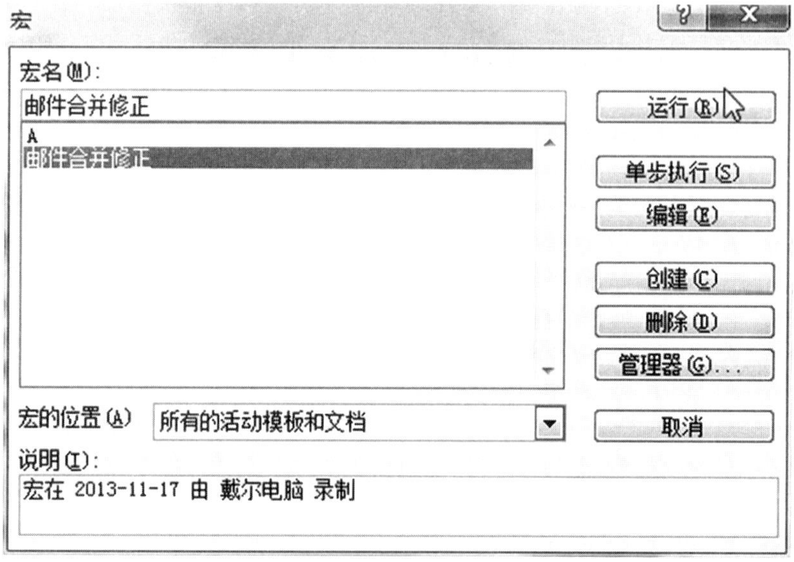

图三二　导入宏第五步

经导入成功（图三二）。这样，当合并文档建立后，则打开这个宏，点击运行，就可以一键完成文档的修订。经过这样的处理，文档绝大部分的瑕疵已经去除。之后还要注意检查表单中是否有内容太多而在表格内不能全部显示的，有则改小字号。如果没有问题，则可进行打印和粘贴入报告了。合并工作即告完成。

现在考古报告的资料部分往往以附录形式出现，占据报告的大部分篇幅，采用这各种文档合成的方法，就使这一部分内容得以自动完成，可以极大提高编写的工作效率。

本文承浙江省文化厅"数字技术在田野考古中的应用"课题资助。

本 文 附 件 可 在 百 度 云 中 下 载，链 接 如 下：http：//pan. baidu. com/share/link？ shareid ＝ 2894992698&uk ＝3777740765　或扫描如下二维码下载

甲骨文百白辨

张建华

甲骨文百白字形就其大宗言之区别分明，在释读上也无异议，正如《甲骨文字诂林》"白"下按语所说："白与百初本同源。……卜辞'白'与'百'已判然有别。"① 虽说如是，但分歧依然有之。如《甲骨文编》读《铁》43.1（H1039②）之⊖为百，认为"与百通用。奭白人即百人"③。《甲骨文字典》将《铁》65.1（H11169）之⊖收入百字。④ 又如卜辞"五⊖牛㞢青"（H203 反）、"……竹黾羌罘……⊖人归于冤……"（H452）、"一⊖麂"（H20662），《殷墟甲骨刻辞类纂》皆释为白，⑤ 而《甲骨文校释总集》均读作百。⑥

下面笔者对甲骨卜辞中的百白略作考辨，不揣简陋，撰此文以求教于同好。

一、对甲骨文百白形体的考察

甲骨文白字如⊖（H17393 正）、⊖（H38759）、⊖（H36796），除字形外廓稍有差异外，形体变化不大。甲骨文百字，其形体则较为繁复，揭之如次（含合文）：

(1) ⊘（H34136）　　(2) ⊘（H32044）　　(3) ⊘（H12102 反）

(4) ⊘（T503）　　(5) ⊘（H5298 反）　　(6) ⊘（H8316 反）

(7) ⊘（H11176）　　(8) ⊘（T4404）　　(9) ⊘（T2626）

(10) ⊘（H32674）　　(11) 百（H28838）　　(12) ⊘（Y2466）

(13) ⊘（H37513）　　(14) ⊘（Y2542）　　(15) ⊘（Y2542）

---

① 于省吾：《甲骨文字诂林》，中华书局，1996 年，第 1026 页。

② 本文拓片号前大写字母所示著录材料为：H—《甲骨文合集》，T—《小屯南地甲骨》，Y—《英国所藏甲骨集》。

③ 中国科学院考古研究所：《甲骨文编》，中华书局，1965 年，第 337 页。

④ 徐中舒主编：《甲骨文字典》，四川辞书出版社，1989 年，第 384 页。

⑤ 姚孝遂主编：《殷墟甲骨刻辞类纂（上）》，中华书局，1989 年，第 382 页、383 页。

⑥ 曹锦炎、沈建华：《甲骨文校释总集》卷一第 33 页、卷一第 69 页、卷七第 2367 页，上海辞书出版社，2006 年。

（16）⬦（H22099）　（17）🜔（H17900）　（18）⬠（H1115 正）

（19）🜔（H22369）

　　上揭百字诸文，根据其形体可得小尖角（∨或∧）与外横划在百字中出现概率分别为 94.7% 与 78.9%。在有外横划的字形中除（11）外，均伴出小尖角。无外横划的四例（16－19）均带小尖角。可见，∨或∧应是百的主要形体特征。

二、θ作百例

　　θ，字形中没有小尖角，失去了读作百的形体判定标准。但在甲骨文中确有以θ作百的。

（一）"二百"合文中百作θ

　　H19914 有"二百"合文，其辞为"辛亥卜，王，贞父甲钔曹二百［牛］。"该辞"二百"合文作🜔，百作θ形。

　　此处之所以不会产生释读分歧，乃因"二""百"合书，如若析书，则"二百"抑"二白"又将歧矣。

（二）"羌三百"之百作θ

　　H297 有卜辞："□□卜，贞……羌三θ……于祖……二。"审甲骨拓片，"三"与θ距离虽近但不粘连，并非如前"二百"合文，"三"θ非合书，故此θ读白还是百说法不一。

　　观甲骨卜辞，与颜色之白连文的主体有人、农作物和动物三类，与数字百连文的有人（羌）与动物。可知白与百其修饰主体除农作物外，相互重叠。作为颜色的白在修饰主体名词时，其与主体名词结合之后又成为一个新的名词主体，如白与牛结合形成新名词"白牛"。这个名词又可以使用数词来修饰，如"三白牛"。这就与"X 百 Y"（X 为二、三、四等数字，Y 为数词"X 百"所修饰的名词，如"三百牛"之中的"牛"）的表达方式高度相似。

　　笔者认为上揭 H297 卜辞中的θ当读为百而非白，理由如下：

　　在甲骨文中，数词在修饰名词时不但可以置于名词之前，也可以置于名词之后，如"白狐一"、"白牡四"、"白马五"、"白豭九"、"羌百"、"羊百"、"人三百"、"白牛重二"等。通过卜辞这种数词后置现象，发现"白"与"百"在修辞方面的不同之处，即在数词后置情形中颜色之"白"不能跟随数词一同置于名词之后作"Y X 白"，而"百"则作为数词的一部分与其前面的"二""三"等数词一起置于名词之后作"Y X 百"。以"三白牛"与"三百牛"为例，在数词后置语法中"三白牛"可以表达为"白牛三"或"白牛重三"，但绝不可以称"牛三白"。而在"三百牛"的数词后置中"三百"作为数词的整体，必然同时后置而为"牛三百"。

　　据此分析，上揭 H297"羌三θ"之θ如释为百成为"羌三百"则辞义顺遂，如读为颜色之白成为

"羌三白"，则于辞难通。

或谓此处 ⊖ 为白假为方伯之"伯"，为"羌三伯"。笔者认为如为"伯"，则"羌"当为"伯"之饰词，用于修饰"伯"的"羌"字应当与其修饰主体"伯"相连而当书为"羌伯三"为是，例同"白牛三"，或者如 H26925"羌二方伯"例写为"羌三方伯"，断不应作"羌三伯"。

（三）H293"三⊖羌"之⊖为百

H293 有卜辞："戊子卜，方，贞重今夕用三⊖羌于丁，用。[十二月]。"此处"三"与⊖析书。之所以认为此⊖为百，是因为 H294 有同事卜辞："□丑卜，方，贞……三百羌于丁……"此处"三百羌"的百字形体特征明显（作 ⊗，既有外横划又有小尖角），"三""百"析书（此亦盖郭沫若先生谓古人"十之倍数合书"之笔误者也）①。与 H293 相参照，该辞可补足为："[己]丑卜，方，贞[重今夕用]三百羌于丁，[用。十二月]。"，其干支日己丑是戊子后一日，自为一事多卜之例。H295"三百羌用于丁"，此"三百"为合书，"百"字形体特征明显，此也可以作为 H293 一辞释作"三百羌"的注脚。H293 的"三百羌"与前述 H297 的"羌三百"正与 H308、H307 的"百羌"、"羌百"同例，一前置一后置也。胡厚宣在《殷商史》177 页即认为 H293 之⊖是百而非白，于省吾在《甲骨文字释林·释古文字中附划因声指事字的一例》中也认为"三白羌"（燕245）即三百羌，借白为百也。

（四）一版残辞可作⊖为百的旁证

H17909 为一甲骨碎片，上面没有完整文义的卜辞，只有横书的"千"、"七"、⊖三文。另有一版 H17882，上面有"贞、卅、十、二"，此版数字"卅"、"十"、"二"亦横向书写。比之 H17882，H17909 中与数字"千"、"七"横向相连的⊖释为数字百可能比颜色白更为近是。

《卜辞通纂》788 片（H13753）"百日又七旬又九"②，百字作白形，此又⊖为百之一佳证。

三、⊘也可作白

（一）H32330 有"白"字作⊘形

其辞为："甲辰，贞其大卻王自……盟用⊘毅九……"其中的⊘从形体来看，含小尖角，是百字形体的重要特征，但在本例中⊘当为白字。这可以从它的同版卜辞与同日卜辞相比较得以证明。

其同版的下一卜辞为："丁未，贞其大卻王自上甲，盟用⊘毅九，下示汎牛，才父丁宗卜。"从干支日看，丁未为甲辰后第四天。从内容上看，它们也是为同一事而反复占卜。甲辰日卜辞可根据丁未日卜辞给予补足，即"甲辰，贞其大卻王自[上甲，]盟用⊘毅九[，下示汎牛，才父丁宗卜。]"。前

---

① 郭沫若：《释五十》，《郭沫若全集考古编1》，科学出版社，2002 年，第 132 页。

② 郭沫若：《卜辞通纂》，《郭沫若全集考古编2》，科学出版社，2002 年，第 552 页。

一条卜辞的"⊕猳"与后一条卜辞的"⊖猳"自为一物，⊕即白字。

H34103 有 H32330 的同日卜辞，"甲辰，贞其大钔王自上甲，䀇用⊖猳九，下示汜…"，该条卜辞的干支日与 H32330 一致，为同日同事之卜。此同日卜辞也可证明⊕即白。徐中舒先生《甲骨文字典》880 页将该字释为伯长之"伯"，非是。

另外，该辞中数目字"九"后置，如将⊕读为"百"，则"百猳九"也不辞。

（二）合文𦫼之⊕当为白，读作伯

甲骨文合文𦫼（H3358）、𦫼（H18679），《殷墟甲骨刻辞类纂》、《甲骨文字诂林》释之为"井百"合文，《甲骨文字编》从之，《甲骨文校释总集》释为"百井"合文，四处所释均读⊕为"百"。笔者以为𦫼当"井伯"合文，此合文中⊕⊕虽有百的小尖角特征，但应释为白，借为伯。

我们看以下辞例：

（1）□卯卜，□，贞…希…才井。三　（H8014）

（2）贞亡〔尤〕。才十月。才井。　（H24385）

（3）己卯卜，王。才井。　（H24386）

（4）辛巳卜，〔行〕，贞王步自井〔亡〕灾。才…〔月〕。　（H24238）

（5）贞妣井耂王。

　　贞妣井弗耂王。　（H1623 正）

（6）乎比井⊕。

　　勿乎比井⊕。　（H716 正）

（7）壬□卜……丙……令……𦫼…一

　　勿令□取〔𦫼〕示。一　（H3358）

（8）壬午卜，〔贞〕……重㐱…𦫼……　（H18679）

以上卜辞中屡有"才（在）井"、"自井"之语，显见"井"为地名或方国名。辞例 5 言"妣井"，饶宗颐先生谓："丹（井）与殷人为姻媾，故其先妣有曰妣丹（井）者。"[①] 更为显见的是辞例 6，"乎比井白（伯）""勿乎比井白（伯）"，"井"直接与⊕连文，"井白"即"井方之伯"。而辞例 7，合文𦫼接于"令"、"取"之后，准之于"取宋白"（H20075）、"取𤕲白"（H6）、"取𤯍白"（H6987 正），释之为人称之"井伯"于辞义较长。

𦫼、𦫼就其形而言，《甲骨文字诂林》隶之为"井百"合文，但其按语又曰："此当为'井伯'二

① 于省吾：《甲骨文字诂林》，第 2851 页。

字之合文。"① 足见论者在字形与字义的矛盾心态——一方面据"'白'与'百'已判然有别"，论字形此合文下体所从自当为"百"，另一方面从辞义上看此处确为人称之"井白"。

四、⊖△实同为头颅

甲骨文⊖△为何能互作呢？

陈世辉先生在论证"'白'象人头"时有两个重要证据，即甲骨文 （H26838）"象人形，人上面的首形作⊖"；甲骨文 （H20164）"象一个头上带有发的人形"。② 由此得出了"⊖象人头"的结论。

受陈氏启发，笔者从甲骨文中找到以下含有"人头"的字，发现甲骨文"人头"的象形中既有⊖也有△，⊖、△实为同物之象。请看字形：

（H1110 正）　　　　　（H21881）　　　　　（H26838）③

（H5761）　　　　　（H5465）　　　　　（H32832）

（H32830）　　　　（H4033 正）　　　　（H33238）

（H32838）　　　（H32835）　　　　（H15675）④

以上字形下部或为侧面人形或为正面人形，从这些字形可知，⊘、⊖、◊、θ、⊙、⊕、◊、◊、△、◊、◡均为"人头"之象，它们作为甲骨文形体的一部分参与文字构形。从这些构形来看，θ◊◊或正或侧为"白"的形体。◊◊正为我们所称的"百"的形体。⊕为我们称之为鬼头的"甶"，甲骨卜辞中也借用作"西"。⑤ ◡不正是金文◊⑥的横卧之形么？虽然⊖◊△不是甲骨文独体字，但从这些参与甲骨文构形的"人头"之形象，我们可以充分感受到甲骨文象形字"画成其物，随体诘诎"的意境了。⊖△既为同物之象，则在卜辞中偶有互作也就顺理成章了。

不仅于此，更有甚者，笔者近年通过体质人类学头颅观察，发现甲骨文⊖△实为头颅顶视与枕视形，⊖内短横为冠状缝之象，△内小尖角为人字缝之象。头颅之顶视形还有上面提及的◊⊕，⊖绘矢状

---

① 于省吾：《甲骨文字诂林》，中华书局，1996 年，第 1029 页。
② 陈世辉：《释白》，《历史教学与研究》1959 年第 6 期，第 23 页。
③ 李宗焜：《甲骨文字编》，中华书局，2012 年，第 35 页。
④ 陈世辉：《释白》，《历史教学与研究》1959 年第 6 期，第 23 页。
⑤ 于省吾：《甲骨文字诂林》，中华书局，1996 年，第 1033 页。
⑥ 伯侯父盘"白"字，于省吾：《甲骨文字诂林》，中华书局，1996 年，第 1020 页。

缝，⊕则为见额中缝之"十字颅"。陈世辉先生的"Ѳ象人头"，此"人头"实当为骷髅头也。①

五、甲骨卜辞中对百白易误的"规避"

甲骨文中为了使Ѳ不至于被读为百，在书写时对容易致误的地方作了一些有意的"规避"。如"白马五"（H9177 正）与"白牛重二"（H29504）形式的数字后置，而不直接写成"五白马"或"二白牛"。又如 H26925"羌二方白（伯）"，"二"与"白（伯）"间置一"方"字。又如 H21538 甲"三白豕"，其中的Ѳ在书写时与"豕"并列形同合书，这些处理都避免了将"白"与前面的数字相连而读作百。当然，在一些地方不作如此处理，因为卜辞本身根本不会产生如此误读，如"十白豚"（H30516），数字仍置于白前，但因白前数字为十，"十白"连写不会产生"十百"的误解，故而"十白"相连无妨。又如 H19914 中"二"与Ѳ合书的"二百"合文。当然，最规范的书写就是直接使用"百"字形体，如"百羌"（H308）"羌百"（H307），这样就避免了百白的混淆。这是在卜辞文例中的一些规避，那么在单个的字形中又如何呢？在上面百白形体中已有发现，百作百（H28838），白作Ѳ（H32330），其Ѳ之作Ѳ多一，Ѳ之作Ѳ多〣，其所复之一与〣应为标示符，以表示Ѳ向百、Ѳ向白的"形义转换"，从而时人阅读不至于产生误解。这是百白单字形体方面的规避了。

六、结语

在甲骨文中，百与白形体就其大宗而言区别分明，小尖角是"百"区别于"白"的重要特征。然而，也存在着百白互作现象。究其原因，是"百""白"同为头颅枕、顶不同视角之象，初义均当指头颅，犹大与个为人一正一侧之形，只不过随着文字的发展"用各有当"，遂白百区别使用。从我们所举"百""白"互作卜辞之时序看，都在第一期或第四期，在其他各期尚未发现此现象。甲骨文卜辞中这种为数不多的百白互作，正是其原始孑遗。

---

① 见拙文《白百同源，义为头颅》，待刊。

关于考古学文化的几点思考

闫凯凯

考古学文化是考古学中的一个具有特定含义的研究术语，文化被借用来指代纷繁错杂的考古遗存，将它们排列成较有秩序的类型品组合，方便了学术性的描述和研究，促进了考古学学科的向前发展。它是随着考古学研究发展到一定时期和水平才出现的。[①] 通过结合以往学者对这一理论和方法的研究成果，笔者尝试通过对相关问题的梳理和分析，在总结前人经验和成果的基础上阐明自己的一点拙见，以求教于方家。

一、什么是考古学文化

通常意义上的文化，指的是人类社会生产和生活过程中，在政治、经济、文化等各个方面所创造的物质文化和精神文化的总和。而考古学上文化的概念比前者的内涵要小一些，主要指的是物质上能为我们所观察到的一批东西。

在世界考古学史上，首次将"文化"概念引入到考古学研究中来的是德意志的科西纳（Gustaf Kossinna，1858～1931 年）。而真正意义上将这一概念进行系统化阐述和运用的是英国著名考古学家戈登·柴尔德（Childe，Vere Gordon，1892～1957 年）。他进一步发展了科西纳的文化概念，抛弃了其中的民族主义感情色彩。柴尔德认为"一定型式的遗迹、遗物——陶器、工具、装饰品、埋葬礼仪、家屋形制等经常共存。这种稳定共存的诸文化因素的复合体可称为文化集团（culture group）或者简称为文化。我们认为这种文化的复合体就是我们今天所谓的某个族的物质表现"。其后考古学文化的概念在20 世纪的考古学界成为一个热门话题，至今方兴未艾。

考古学文化的概念引入中国是在 20 世纪上半叶。起先区分不同特征的遗存是按照地质学上阶段的概念来命名，如安特生将仰韶文化分为齐家—仰韶—马厂—辛店—寺洼—沙井 6 期。之后文化的概念渐渐传入中国，随之有了小屯文化、龙山文化等命名。新中国成立后，由于考古发现的增多，考古学文化的运用在一些方面出现了种种的分歧和争议，为了统一概念和认识，以便更好地将其运用到考古学研究和实践中来，尹达和夏鼐先生在新中国"十年考古"座谈会上提出了相关的解决办法。夏鼐先生总结说，考古学文化"是某个社会（尤其是原始社会）的文化在物质方面遗留下来的可供我们观察到的一群东西的总称"，具体地来讲，"我们在考古工作中，发现某种特定类型的陶器和某类型的石斧

---

① 栾丰实、方辉、靳桂云：《考古学理论·方法·技术》，文物出版社，2002 年，第 94 页。

和石刀以及某类型的骨器和装饰品，经常地在某一类型的墓葬（或某一类型的住宅遗址）中共同出土。这一群的特定类型的东西合在一起，我们叫它为一种文化"①。与当初柴尔德认为考古学文化和族的概念相等同的观点不同的是，夏先生认为这些经常出现、共存的类型品是有着一定文化传统底蕴的，它们所代表的共同体属于一个社会（柴尔德后来也倾向于用社会来代替族)②。在此之后的约半个世纪里，夏鼐的观点得到了国内学术界的广泛认同并接受住了时间的检验。③ 在20世纪80年代中期出版的《中国大百科全书·考古学卷》中，安志敏先生进一步予以总结和发展，认为考古学文化"是指考古发现中可供人们观察到的属于同一时代、分布于共同地区、并且具有共同特征的一群遗存"④ （1999年其发表的论文⑤再次强调了这一定义）。

从上述考古学上文化的定义来看，它主要是指考古学上研究的、人们所能观察到的物质遗存，这类遗存包括遗物和遗迹两大方面，细分来看可以有生活用品、生产用具、与人类认知（宗教、爱美观念等）有关的物品、墓地和聚落形态等方面的内容。⑥

世纪之交，受到西方考古学理论和方法的影响，一些学者对于考古学文化概念的内涵进行了补充，将物态遗存之外的有关意识、制度等方面的内容也加入其中，尝试重构考古学文化这一概念。关于这方面的内容我们将在下文进行相关的讨论。

二、考古学文化的命名方法

在理清了什么是考古学文化之后，夏鼐先生在1959年发表的文章中还总结了命名、确认考古学文化的三个条件：第一，一种文化必须有一群的特征（类型品）；第二，这种共同伴出的一群特征类型最好发现不止一处；第三，对这一文化的内容要有相当充分的知识（分清哪些是主体元素、重要元素、普通元素）。具备了这三个基本条件，始可以来考虑采用什么样叫法的问题。

目前学术界对于考古学文化的命名方法主要有下面几种。

第一种，就是以第一次发现的典型遗址的小地名命名。这种方法是国内和国外学术界运用最为普遍的方法，如仰韶文化、岳石文化、特里波列文化、哈拉巴文化等。但由于当初没有详细规定"第一次发现"和"典型遗址"的具体内涵以及相互间的关系，以至于在考古学文化的运用过程中产生了一定的混乱和不同的认识。比如，第一次发现了一种新的共存类型品但当时没有将其从旧的文化体系中区分出来，直到第二、第三个同类遗址的发掘研究之后才被人们认识出来，那么是以第一个发现的遗

---

① 夏鼐：《关于考古学上文化的定名问题》，《考古》1959年第4期，第169页。
② 戈登·柴尔德著，安志敏、安家瑗译：《考古学导论》，上海三联书店，2008年，第9页。
③ 赵春青先生曾对国内学界关于考古学文化的研究历程做过一番较详细的梳理，详见赵青春：《论考古学文化及其命名的几个问题》，《中国社会科学院古代文明研究中心通讯》第14期，第54～62页。
④ 中国大百科全书总编辑委员会考古学编辑委员会：《中国大百科全书·考古学》，中国大百科全书出版社，1986年，第253～254页。
⑤ 安志敏：《关于考古学文化及其命名问题》，《考古》1999年第1期，第81～89页。
⑥ 严文明：《关于考古学文化的理论》，《走向21世纪的考古学》，三秦出版社，1997年，第90页。

址名来命名呢，还是以此类遗存被认识出的第二、第三个遗址名来命名？如果许久之前的发现中也存在该类类型品，那么就需要不断地往前追溯而不停地更改名字吗？倘若以后又发现比之前发现的更为典型丰富的遗址，那么是否就要及时地更换命名呢？因此有的学者认为上述两项要素应彼此区分开来，是两种不同的命名方法。① 我们认为某文化被辨识出来应该不是在第一次发现的遗址，而是在第一次被认识的遗址上，只有充分认识了某类遗存的共性特征，才能比较有效地确定文化的命名，因此这一命名方法的潜台词就是以第一次发现并认识出的典型遗址的小地名来命名。所谓的典型遗址，就是指它应该出土一群能够代表该文化基本特征的遗迹和遗物，所处的地理位置正好在这一文化的中心地带，延续的时间能够包括该文化的主要发展阶段。②

第二种，是以典型的类型特征来命名。有的以典型的器物或器物特征来命名，如日本的绳纹文化、中国的几何印纹陶文化、欧洲的钟形陶器文化等；有的以典型的遗迹来命名，如欧洲的巨石文化、竖穴墓文化、洞室墓文化等。虽然这种叫法使人们对一种文化的特征一目了然，但它往往会喧宾夺主地掩盖掉此种文化的整体面貌。如早前使用的彩陶文化、黑陶文化，它们所包含的内容是繁杂不一的，其中可以划分出彼此相异的多个组合群来分别命名，这种方法好似往同一个口袋中装东西，装进去就很少拿出来再观察摩挲了。因此有些时候它的内涵会相当的庞大以至于人们不得不将其分割甚至舍弃不用。目前这种命名方法已日渐地趋于没落，特别是新石器时代。

第三种，即以一时代、一国别、一族名来命名。例如新石器时代文化、齐文化、鲁文化、唐文化、巴蜀文化等。但这种方法存在一些缺陷，如它把考古学文化等同于族文化，这势必会造成一种错误的认识，即考古学文化与族文化是等同的关系。事实上这仅是众多可能性的一种，非放之四海而皆准的普遍通则。③ 其实早在20世纪50年代末，夏鼐先生就对此进行了澄清。他说："以族名来命名的办法，只能适用于较晚的一些文化，并且需要精确的考据；否则乱扣帽子，产生许多谬论，反而引起历史研究的混乱。"④ 除非是经过确凿可靠的详细考证和实践上的缜密检验，否则以一族来代替本身包含两种或两种以上族的文化，势必会产生一些混乱。比如巴蜀文化，其本身不仅仅单属一族。

除此之外，还有一些命名考古学文化的方法，如加前缀（前、后）、加后缀（几期、上中下层）等等，但这些命名方法只是对暂时的、个别的内涵不太清楚的文化遗存的历史性叫法，等到相关资料相对充实、相关研究比较深入之后，这些叫法就会让位于第一种命名的叫法。

当前考古发现层出不穷，新的考古学文化的命名也随之有趋热之势，其中不乏确有新文化的例子。但也有一些是将一类型上升为一文化、将一文化上升为一体系，过分拔高。还有一种情况，当发现文化内涵比较特殊的一类遗存时，往往将其称之为文化，并不太重视它的遗址数量和分布范围情况，有时一个遗址或几个遗址就可以命名为一种考古学文化。对于这些急进的倾向，有的学者提出了考古学文化命名的程序问题，实在有可行之必要。⑤ 我们认为任何一种考古学文化的命名都应当审慎对待，

① 张国硕：《论考古学文化的命名方法》，《中原文物》1995年第2期，第102～107页。
② 栾丰实等：《考古学理论·方法·技术》，文物出版社，2002年，第99页。
③ 郭妍利：《考古学文化与考古学的族文化》，《东南文化》2004年第1期，第11～15页。
④ 夏鼐：《关于考古学上文化的定名问题》，《考古》1959年第4期，第170页。
⑤ 王仁湘：《考古学文化的命名原则与程序问题》，《文物季刊》1999年第3期，第18～23页。

最好能举行相关的专家论证会，看看是否有命名之必要，若有必要，原因何在；若无必要，原因又何在。只有经过充分的讨论，汲取各家之言，才能达成一定的共识，避免文化命名的随意性和混乱性，相关的其他研究才能比较顺利地进行。

三、考古学文化的作用和缺陷

一种理论或方法有其优越性就有其局限性，这是不可避免的现实性问题，也是由于学术的不断进步、认识的不断加深所造成的。同样考古学文化的理论和方法也有其两面性，具体表现在以下几个方面。

首先谈及它的作用和意义。

文化这一概念传入考古学之初，考古学研究是以期、阶段的概念来区分不同的共存类型品的。这种方法主要源于当时经典进化论和地层学的理论，用"标准化石"来辨认不同类型的共同体。然而考古学的分期与地学的分期是不同的，前者不可能像后者那样具有全球性的意义，甚至在全亚欧大陆也不是统一的。其次不同地区之间的差异性，地层学是难以解决的。[①] 因此当时文化概念引入考古学，解决了考古遗存的地域共同性和差异性的问题，从而创造了一个可供研究的平台。

考古学文化本质上讲是一种分类的方法，它将一群具有共同时间跨度、地域分布和属性特征的类型品统筹到一起，使人们能对一定时期内某一地区的考古遗存有一个比较宏观的整体性了解和把握。它赖以构建的大厦基础就是类型学的方法。传统意义上的类型学是指对一群遗迹遗物的排队，找出它们前后演化的规律。这就要求对单个遗迹遗物或者某一形制遗迹遗物进行细致认真的形态观察，并结合地层学上的证据，综合整理出某一遗迹遗物组合的演化过程来。这一过程的总结其实就是某一考古学文化历史演进的某一片段。但我们必须考虑到类型学的研究对象并非考古遗存的全体，而更多的是无法进行分类排比的。而考古学文化在这一方面上的整合性就表现出来了，它可以将那些能分型分式和不能分型分式的遗存一块包含进来，构成一个"大同小异"的集合体，有助于我们研究的进行和认识的深入。以类型学为基础，通过"文化"概念的统筹，我们就可以对同一时期不同地区、同一地区不同时期的考古学文化内涵进行纵向和横向的比较，找出它们之间的联系交往、源流去向，从而揭示出考古学文化所代表的共同体社会演进、发展的痕迹和轨线。

考古学文化是具有不同层次的。从区域上讲，往下，它可以划分为不同的地方类型，不同的地方类型各自可以划分出不同的地方小区，循此以往，可以具体到考古学研究的基本单元——聚落或墓地。另一方面，往上，不同的考古学文化可以相互整合成一个文化区。这个文化区可以是经济文化区，可以是民族文化区，也可以是其他方面的文化区，这样我们就可以从更加宏观的角度去审视某一经济形态的发展及其多方面的特征，或者审视某一民族或国家或全球的文明化进程。从时间上讲，考古学文化可以划分为几个发展时期，每一期下又可再分为一个个小的时间段，每个时间段还可继续往下再分

---

① 焦天龙：《西方考古学文化概念的演变》，《南方文物》2008 年第 3 期，第 103 页。

为一个个的组别，即形成三个等级的时间划分级别，当然还可以继续地细化，不过这也要符合具体的客观实际情况。同时期的几个考古学文化也可以组成一个大的时期，我们不妨称之为"时代"，比如前裴李岗时代、裴李岗时代、仰韶时代、龙山时代等，这样，大时间段的时代特征也能够予以掌握，利于提纲挈领地认识千差万别的各类考古遗存。因此，无论在空间维度还是在时间维度上，考古学文化都充当了一个重要的中介作用。

接下来我们检视一下考古学文化理论与方法的局限性。

首先，考古学上的"文化"概念容易与一般意义上的"文化"产生混淆。其实当初柴尔德对考古学文化进行界定和运用的时候就已经对此有所担心。20世纪40年代美国考古学家瓦特·泰勒在其博士论文《考古学研究》中就对此做了反思。他认为我们所观察到的物质遗存只是文化这一精神建筑通过人体行为系统外化为客观的结果，而这一结果并非只包含前者，还包括诸如音乐的音调音律、舞蹈姿态等非物质的表现形式。他还认为物质文化这一概念是荒谬的。[①] 其后随着功能论、系统论在考古学中的重视，相关学者从这两个角度对考古学文化这一概念进行了批判和补充，认为文化是对外在环境的适应，是一个复杂的系统综合体，包括技术、社会和意识等概念，必须从这几个方面去了解文化背后的人类行为，并对其做合理的解释。[②] 近年又有国外学者提出用"风格"等来代替"文化"这一概念，完全摒弃传统的文化观。[③] 受国外考古学者的影响，国内学者发表了相似的言论，要求对考古学上的文化进行重新定义，建议将非物质形态的遗存也包含进来。[④] 也有学者提出多元文化观（文化的复述 cultures）的建议，认为文化观的多义性反映的是不同的审视角度，也反映文化内涵的丰富性、社会现实的复杂性与研究方法的多样性，[⑤] 统一概念可能会起到适得其反的作用。从现阶段性的情况来看，不同理解下的多元的"文化"概念还是会存在一个相当长的时期的，因为"我们"是复数的，"考古学"也是复数的，这也是当下多元时代的一个写照。

其次，正像有的学者所指出的那样，考古学文化"制约了考古学研究范围的拓展，助长了致力物质文化史研究的倾向"。这主要是由于我国考古学界认同考古学文化定义"一元结构"的物态性。[⑥] 这就使得考古工作者不得不在面对日益繁多的考古学材料时，只能从形态的、外观的、具体的特征入手来进行研究，很少会对某一遗物或者遗迹的产生过程、背后的人类行为以及它们所代表的社会象征意义和作用做出假设性的推测、探讨和校验。实际工作中，更多的是在考古学文化的框架内做器物遗迹的类型学分析和宏观性的比较，往往不经过中间环节而直接"由物到史"，忽视了二者之间中程理论构架。当然这也是多种因素造成的，比如特定的历史环境、经济的发展、学科的建设、学术传统等等，

---

① 焦天龙：《西方考古学文化概念的演变》，《南方文物》2008年第3期，第103页。

② 陈淳：《考古学文化概念之演变》，《文物季刊》1994年第4期，第18~27页。

③ 焦天龙：《西方考古学文化概念的演变》，《南方文物》2008年第3期，第103页。

④ 向绪成：《关于"考古学文化"概念及相关问题》，《江汉考古》1998年第1期，第82~89页；裴安平：《关于当代中国考古学学科重点的转移与考古学文化的整体研究》，《文物季刊》1998年第3期，第73~79页。

⑤ 陈胜前：《考古学的文化观》，《考古》2009年第10期，第59~67页。

⑥ 裴安平：《关于当代中国考古学学科重点的转移与考古学文化的整体研究》，《文物季刊》1998年第3期，第76~77页。

我们不能因其现阶段性的弊端而忽视了它所起到的历史作用——建立文化区系；况且现阶段还有一些地区需要运用这一理论来理清当地的文化发展脉络，文化历史考古学还没有真正地退出历史舞台。

再次，考古学文化划分标准的不确定性或者说是二重性（主观性）[1]。一种考古学文化的确定需要对其所有共存类型品进行全盘的梳理、总结，并与业已建立起来的考古学文化进行文化因素的分析，条分缕析，划分出相应的不同组别，并根据各自在总体中所占的比重和地位来做出最后的归属去向。这一过程是复杂的，其划分标准也是难以有比较统一的准则的，因此这种考古学文化的划分势必会带上研究者的主观因素，同一个问题往往会产生出截然不同的研究结果。例如王油坊类型龙山文化，其归属问题就存在着两种不同划分意见的争论。而东北地区以之字纹筒形罐为代表的遗存则划分出好几个类型的文化，它的标准就有可能与其他地区的有所不同。还有就是不同时期考古学文化命名的标准也是不一样的。在旧石器时代，一个遗址往往就可以称为一个文化，而放到新石器时代以及青铜时代，一个文化则需要几十、几百甚至上千处遗址。即便是在新石器时代，早期的文化与晚期的文化，二者间的遗址数量、文化内涵等都不可等量齐观。早期新石器文化中有的仅有十几处遗址，如上山文化、后李文化，而到新石器时代晚期，一个文化则有几百处遗址，如良渚文化。因此，如何确定划分标准以及适用范围的问题就自然而然地摆在了人们的面前。有学者主张引入量化的分析方法，[2] 但具体实施起来还是比较困难，还是会有很多的不确定因素在里面。加强科技手段的运用，这无可厚非，但目标的关键还不在于此，科技的运用更多的是为了解读材料，解释历史而已，而考古学文化这一理论也是为这一目标而服务的。

四、结　语

综上，考古学文化的概念被应用于考古学研究，这是在考古学的历史发展过程中形成的，我们应该历史地、客观地给予其正确的评价。无疑，它在对物质遗存的分类整理和研究上提供了一定程度的便利，为各区域文化体系的建立和完善做出了很大的贡献，但也有一定的局限性，即过分强调了遗存物质性的一元结构，限制了考古学研究的广度和深度的拓展。当然这些缺陷也是在时间和实践中慢慢地显现出来的，随着学科的发展，如果这一概念不与时俱进或者没有相关辅助的解决方法，同样会有被弃用的危险。近些年来就有学者因对文化是否是一个真实的客观实体表示怀疑，开始摒弃"文化"的概念，另起炉灶（如西方之"风格"等）。

关于这一点我们似乎不必太过于较真，考古学文化的概念毕竟是我们在研究过程中所使用的一个语言表达和实践操作上的工具，至于其能不能代表真实存在的客观实体，则需要学者们各抒己见、集思广益。如果另起炉灶建立一个新的概念以取代"文化"，那么我们是重新洗牌、整合配对已有资料呢，还是简单地更换一下标签？至于考古学文化是否可以包含非物质性的东西这一问题，我们可以寻求另一种方法去界定和分析物质遗存背后的人类行为、思想和组织等方面的内容，即将

---

① 赵辉：《关于考古学文化和对考古学文化的研究》，《考古》1993 年第 7 期，第 620～626 页。
② 张全民：《考古学文化的理论与方法》，《中国社会科学院研究生院学报》2004 年第 1 期，第 126～144 页。

考古学研究分为三个层次：第一层次，运用考古学文化的概念研究物态的遗存；中间一层则是对遗物和遗迹的深入分析（借用相关科技手段和理论方法），探讨相关的人类行为、意识认知和组织结构等；第三层次是考古遗存整体性把握基础上的复原重建历史面貌和历史进程的研究，这也是考古学的最高目标。①

---

① 严文明：《关于考古学文化的理论》，《走向 21 世纪的考古学》，三秦出版社，1997 年，第 89～91 页。

木拱廊桥主拱结构传力机理初步研究

邵浦建[1]　王柏生[2]　欧加加[2]　张　亮[2]

（1. 浙江省文物考古研究所　2. 浙江大学建筑工程学院）

1. 概述

闽浙木拱廊桥在我国闽东北、浙南山区留存着百余座。它以独特的桥梁结构形式解决了木结构大尺度无柱跨越的问题，这种桥梁形式成为中国木结构桥梁中最具有创造性和技术性的代表，是中国历史上先进和精湛的木拱桥营造技术的典范；同时，它蕴含着丰富的精神内涵和乡土文化，是中国山地人居文化的典型范例。

近几年木拱廊桥虽然仍面临着来自社会发展的威胁，但是人们对它的遗产价值有了一定的认识，将它作为村内的重要公共建筑遗产和历史遗产进行一定的维护和保护。在这一背景环境下，木拱廊桥作为山居文化遗产的价值和象征意义逐渐凸显，为其在现代社会中的存在和延续提供了新的方向和思路。

各地文物部门对木拱廊桥时有修缮。早期由于资金和技术等限制，维修工作中有出现维修不当的情况。近年来，随着对木拱廊桥保护意识的增强和文物修缮水平的提高，维修工作更重视木拱廊桥的真实性和完整性。木拱廊桥受水、风和虫蛀，以及人类生产活动和火灾的影响，木结构容易损坏，出现结构倾斜、不均匀沉降、构架腐蚀、桥面板松动、条凳和风雨破裂、廊柱虫蛀、廊屋漏雨等残损情况。因此，其维修和日常维护工作尤为重要。

廊桥保护是一个系统工程，需要形成有效的保护机制和制定科学的保护规划。闽浙木拱廊桥是在缺乏结构力学等基础科学支撑下，由中国古代工匠根据经验总结出的一种由短小木材构件通过榫卯搭接而成的具有一定安全性、科学性的木拱廊桥；它以简单巧妙的结构形式解决了中国古代大跨度木结构技术的空白，是中国古代人民创造精神的代表作。闽浙木拱廊桥的桥体结构包括主拱圈和拱上结构两大部分。主拱圈作为木拱廊桥的主要承重构件，由两套拱肋系统通过牛头交叉搭接组合而成。第一套即三节苗系统，拱肋两斜一平为一单元，成三折边形；第二套为五节苗系统，拱肋四斜一平为一单元，成五折边形。每套拱肋内的单个拱肋均采用前后相贯的方式于牛头处榫卯搭接组合。拱上结构由桥面系统、立柱以及剪刀撑、青蛙腿组成，分别置放于主拱圈受力结构的上面和两边，这样就在主要受力系统的两边形成了两个接近三角形形状的空腔，在提高主体结构的整体性的同时，也可以降低桥的矢跨比。桥体结构的各个组成杆件之间相互作用，共同受力，最后将作用力传递到两岸桥台，同时也实现了对河道的跨越。然而迄今为止，由于人们尚未彻底弄清木拱廊桥结构的传力机理，目前的保护和修缮措施均带有一定的盲目性，缺乏科学依据，会造成资源浪费，甚至对原有的廊桥结构产生破坏。

　　国内对于闽浙木拱廊桥结构传力机理的研究不多，尚处于初步阶段。2003 年上海交通大学石峰于《东方虹影——浙南木拱廊桥初探》一文中从浙南木拱廊桥的结构特点、分布状况、留存原因等方面着手，系统地介绍了浙南木拱的生存状态，并结合当地经济状况，谈到了对木拱廊桥的保护以及争取其应有的文化遗产地位的重要性。[1]

　　2009 年，厦门大学曹春平副教授于《闽浙木拱廊桥》一文中分析了现存的闽浙木拱廊桥与宋代汴河的结构差异，并比较其他形式的木拱结构，探讨了闽浙木拱廊桥的施工程序。他指出闽浙现存的大量木拱廊桥，与宋代的汴河虹桥存在着结构上的相似性，但其技术经过很大的改进，适应性也更强，可以与木梁、人字撑、四折边或五折边及伸臂梁组合，具有很大的灵活性。[2]

　　2011 年，李小午、宋国晓等于《屏南地区木拱廊桥局部构件的二级系统研究》一文中在了解屏南地区木拱廊桥的历史条件、结构特点及其保护应用的背景下，着重研究了木拱廊桥百祥桥的二级系统，分析了其在提高拱桥结构性能中发挥的作用。他们利用 ANSYS 软件模拟建立了木拱桥二级系统的模型，对比了二级系统模型的受力、变形特点。结果表明，二级系统增强了拱桥的整体性与变形协调性，有助于系统避免应力集中，减少局部构件的破坏，对提高拱桥的结构性能有重要作用。二级系统与一级系统相互"编织搭接"的整体系统很大程度上提高了桥梁的结构性能。[3]

　　同年，淳庆、胡石等于《泰顺廊桥——文兴桥结构残损分析及修缮探讨》一文中指出文兴桥木材构件的性能退化、强外力的作用、环境及人为因素的作用加速了桥体的损伤。他们通过对当地匠人的寻访，分析造桥工艺及细部构造，在准确测绘的基础上，利用 SAP2000 建立了损坏前和损坏后的有限元模型，综合分析桥体的残损原因，提出了适用于文兴桥修缮加固的建议。[4]

　　总之，近年来的研究大多是针对某一特定的廊桥，其所得出的结论一般只适用于该桥，对于其他廊桥并没有多大的适用性和参考价值，而且这些研究也大多是从理论层面入手，均未做模型或实体的试验，对木拱廊桥结构的传力机理没有系统、深入的研究。

　　而随着国内对于木拱廊桥保护意识的逐渐加深，人们对木拱廊桥的保护提出了更高的要求。[5] 为此，作者试图通过有限元模拟分析、模型试验以及实桥荷载试验等对木拱廊桥主拱结构在荷载作用下的传力机理进行研究，明确其结构的受力、变形特点，从而为木拱廊桥结构承载能力确定以及修缮加固提供科学的理论依据。本文介绍作者的初步研究成果。

2. 主拱结构体系分析

　　木拱廊桥主拱结构有多种形式，现存廊桥中最普遍的形式是由三节苗、五节苗以及横向联系的

　　① 石峰：《东方虹影——浙南木拱廊桥初探》，《建筑技术及设计》2003 年第 6 期。

　　② 曹春平：《闽浙木拱廊桥》，《福建建筑》2009 年第 9 期。

　　③ 李小午、宋国晓、王建省、肖东：《屏南地区木拱廊桥局部构件的二级系统研究》，《北方工业大学学报》2011年第 3 期。

　　④ 淳庆、胡石：《泰顺廊桥——文兴桥结构残损分析及修缮探讨》，《建筑技术》2011 年第 6 期。

　　⑤ 蒋烨：《安化廊桥的美学价值》，《长沙铁道学院学报》2009 年第 9 期；薛力、戴昀：《福建永安青水廊桥初探》，《建筑历史》2009 年第 3 期；蒋烨、戴公连：《珍贵的文化遗产：中国廊桥》，《求索》2009 年第 8 期；唐留雄、胡记芳：《浙南古廊桥"世界遗产"价值分析与保护开发》，《浙江学刊》2005 年第 5 期。

牛头组成，如图一所示。其中，三节苗、五节苗通过牛头连接接触，编织在一起形成整体的拱效应，共同承担上部传来的荷载，三节苗、五节苗各自都成拱作用，并有一定的独立性，但又相互作用、相互约束，传力过程很复杂。而牛头在其中担负着至关重要的作用，既起到苗杆之间的连接作用，又起到荷载的横向分配作用，三节苗、五节苗之间也是通过牛头的接触产生相互作用和约束（图二）。

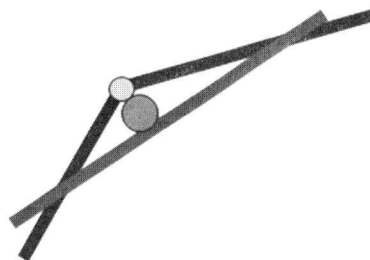

图二

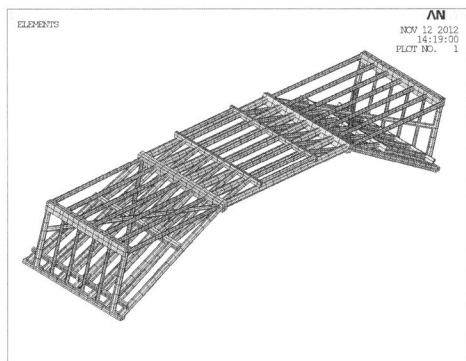

图一

图三

三节苗杆件（平苗、斜苗）除拱效应产生的轴力外，还因五节苗牛头的作用而存在弯矩，所以其受力性质与梁构件一致。五节苗杆件（平苗、斜苗）除拱效应产生的轴力外，同样受到三节苗牛头的作用而存在弯矩，其受力性质也与梁构件一致。而三节苗和五节苗的牛头与苗杆之间是通过榫卯连接，苗杆之间的结点存在弯矩，也存在转动变形，所以既不是刚接，也不是铰接，属于半刚性连接（图三）。三节苗牛头与五节苗杆件、五节苗牛头与三节苗杆件之间的连接是接触连接，可以传递压力和摩擦力，不能传递拉力（图三）。

若极端考虑，即假定榫卯连接的转动刚度为零，那么按照结构力学原理，无论三节苗还是五节苗，单独均不能形成结构，是可变体系，但三节苗与五节苗编织形成整体后，就成为可以承载的结构了（图二），这充分说明了这样一种结构体系的合理性。

3. 有限元分析

为了能够定量地了解三节苗、五节苗、牛头、榫卯连接等在木拱承载中的作用及木拱结构的变形规律，本文以景宁东坑下桥（图四）为例，采用 ANSYS 软件进行有限元计算分析。图一就是该桥的 ANSYS 几何模型，不考虑两岸及拱座的变形，按固定支座进行约束。木材弹性模量取 10000MPa，泊松比取 0.025，密度为 450kg/m^3，苗杆、牛头采用三维梁单元，牛头与苗杆的接触连接采用接触单元，苗杆与牛头的榫卯连接假定为刚结点，荷载考虑上部廊屋恒载及桥面人群活载，按均布考虑，总计 5.0kN/m^2（其中恒载 1.5 kN/m^2，活载 3.5 kN/m^2）。

图五为弯矩分布图，可以看出，三节苗与五节苗最大弯矩均发生在平苗跨中，在各苗杆与牛头的

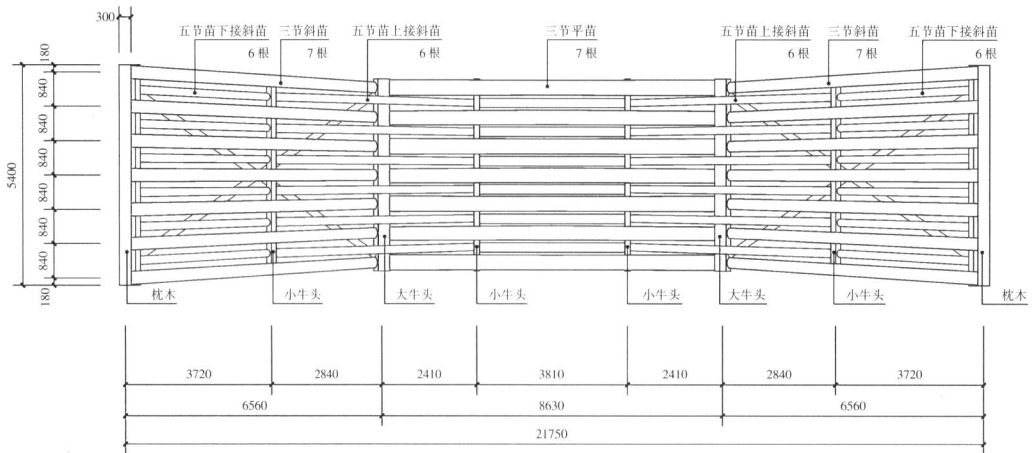

图四　东坑下桥主拱架仰视平面

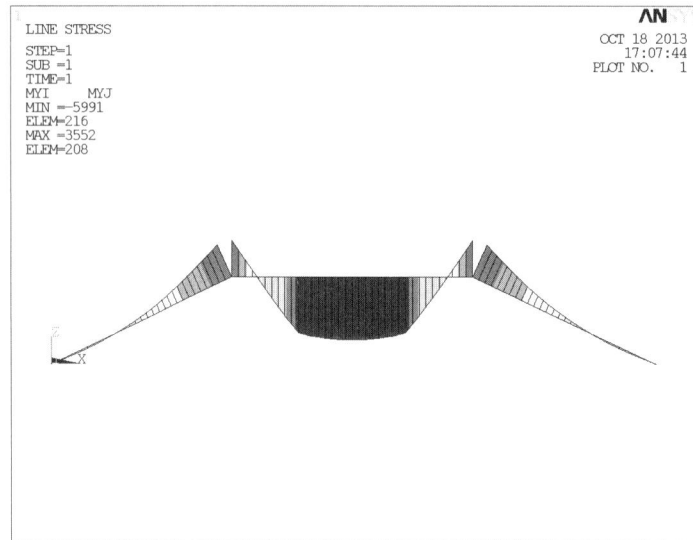

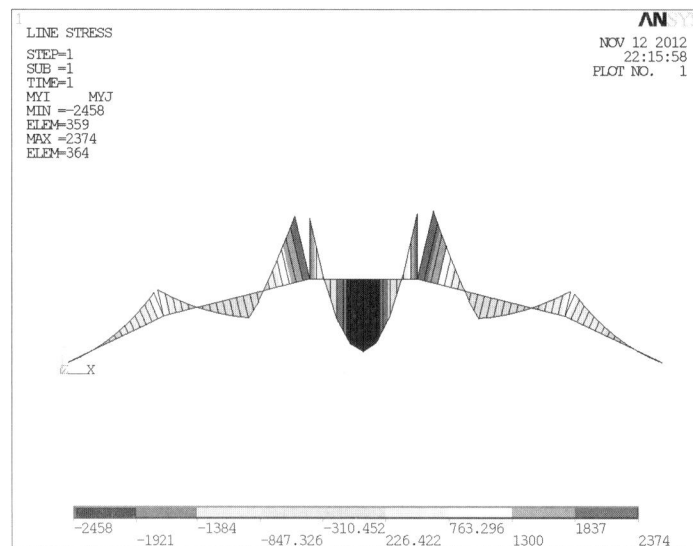

图五　上．三节苗弯矩分布　　下．五节苗弯矩分布

连接点均存在负弯矩，充分说明苗杆与牛头间榫卯连接至关重要，除传递苗杆轴力外，还传递弯矩，受力复杂。若苗杆与牛头间榫卯连接按铰结点考虑，结构的内力分布将明显不同，因此，苗杆与牛头间榫卯连接是按刚结点还是铰接点、或者按半刚性结点考虑时结点刚度为多少，需要专门进行研究。

　　三节苗最大压应力为 3.67MPa，出现在平苗中部上面，最大拉应力为 2.52MPa，出现在平苗中部下面，五节苗最大压应力为 5.56MPa，也出现在平苗中部上面，最大拉应力 4.32MPa，出现在平苗中部下面。

　　图六为挠度分布图，可以看出，三节苗、五节苗的最大挠度均出现在平苗中部，而五节苗靠近拱脚的两个小牛头出现向上以及两边翘起的情况。这可以说明，一些廊桥在这两牛头上设置立柱以传递上部荷载，从而压住这两牛头的上翘，使廊桥结构更稳定，是一种更为合理的构造设置。

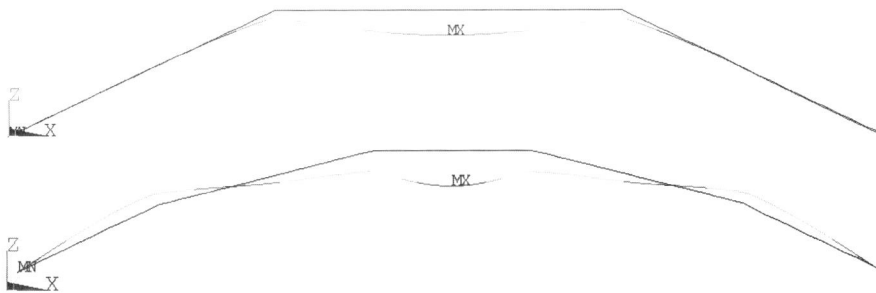

图六　有限元分析挠度变形

4. 模型试验

同样以景宁东坑下桥作为研究对象，按 1∶5 几何比例制作模型，进行模型的荷载试验（图七）。

图七　模型荷载试验

　　模型试验结果中，三节苗最大压应力为 6.02MPa，出现在平苗与大牛头连接端；最大拉应力为 2.12MPa，出现在平苗中部下面；五节苗最大压应力为 8.11MPa，也出现在斜苗与小牛头连接端处下面；最大拉应力 9.57MPa，出现在五节苗斜苗与大牛头连接端下部。对比有限元计算结果，模型试验最大应力要大很多，位置也不相同，分析原因，主要是模型制作安装存在误差，试验加载与有限元计算的均匀分布也有比较大的差异。

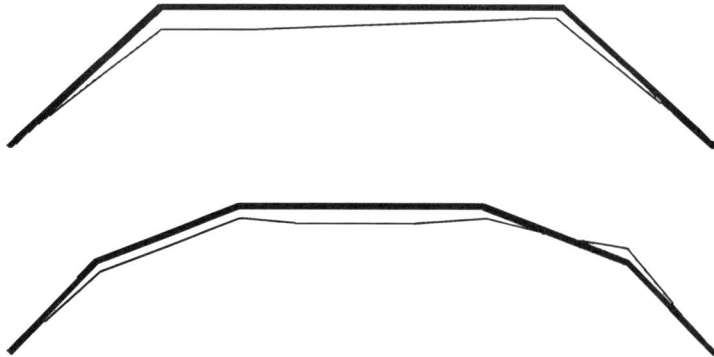

图八　模型试验挠度变形

图八为模型试验的挠度变形，对比图六有限元计算的挠度变形可以发现，两者存在一定的差异，模型试验的五节苗只有一侧近岸牛头出现上翘情况，另一侧则为向下变形，出现了明显的不对称性。在对称的试验荷载作用下，出现不对称的挠度变形，只能说明模型制作安装存在一定的偏差。

为了比较，表 1 列出有限元计算最大应力位置（平苗中部，模型试验选择最大应力平苗）的模型试验数据，可以看出两者基本接近。模型试验由于制作安装误差，各三节苗、五节苗受力并不像有限元计算那样是均匀的，两者存在一定误差是合理的。

表 1　模型试验应力结果与有限元计算对比（MPa）

	三节苗中部压应力	三节苗中部拉应力	五节苗中部压应力	五节苗中部拉应力
模型试验结果	5.49	2.12	7.49	3.67
有限元计算结果	3.67	2.52	5.56	4.32

5. 实桥荷载试验

实桥荷载试验在落架修复后的景宁东坑下桥上进行，由于恒载部分已经完成，试验以 3.5 kN/m² 作为最大试验荷载，按每级 0.5kN/m² 分级加载，至最大试验荷载 3.5 kN/m²，卸载一次卸完。

均布荷载采用水箱模拟加载，坡段水箱采用宽约 1.0m 的条形水箱（图九），平坦段用一个大水箱加载。

试验布置挠度测点，如图一〇所示。

按前述试验荷载加载，由于现场条件的限制，均布活载加载范围在人行通道部分，两侧座位部分未施加荷载，试验观测得到各测点的挠度情况列于图一一的挠度分布曲线和荷载—挠度曲线。

整个试验加载、卸载过程中未出现异常情况，实测最大挠度发生在下游跨中位置，为 7.33mm，小于 L/600，卸载后最大残余挠度为 2.84mm，发生在上游跨中。与模型试验类似，实桥荷载试验挠度变形也呈现出不对称的情况。对比有限元计算结果（不考虑恒载，按活载 3.5kN/m² 考虑，最大挠度为

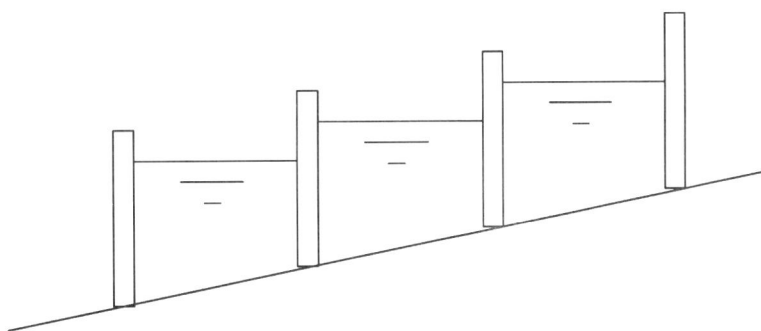

图九　上.坡段加载水箱示意图　　下.水加载照片

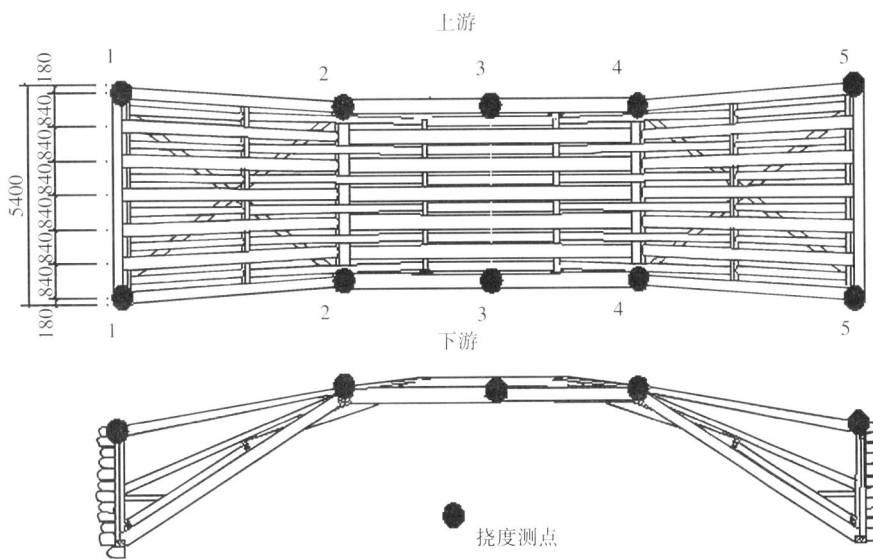

图一〇　挠度测点布置

8.113mm），两者基本接近，进一步说明采用有限元计算是可以比较接近地反映廊桥主拱结构实际传力规律的。

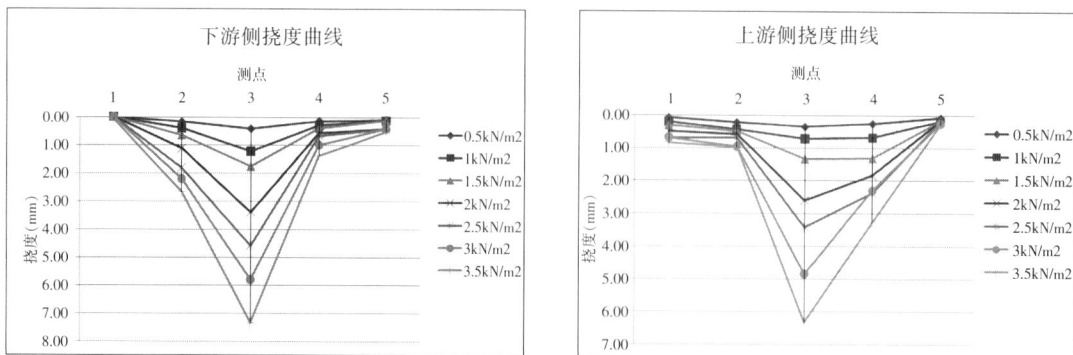

1. 挠度分布曲线

2. 挠度分布曲线

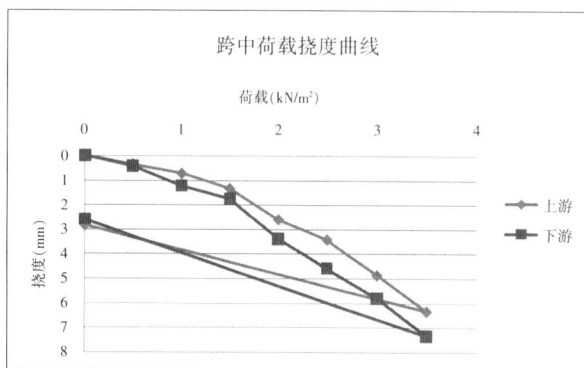

3. 荷载－挠度曲线

图一一

6. 总结

通过以上对木拱廊桥主拱结构的研究，可以得到以下几点：

1）木拱廊桥采用三节苗、五节苗、牛头编织组合成主拱结构，在结构传力上科学合理，但局部也存在可以改进的地方。就本文讨论的景宁东坑下桥，若在五节苗两近岸牛头上设置立柱，利用上部荷载压住牛头，主拱结构的受力将更加合理。

2）三节苗、五节苗与牛头的榫卯连接在主拱结构传力体系中起到举足轻重的作用，其转动变形特性将直接影响各构件的内力分配，需要着重研究。

3）经过与模型试验初步结果、实桥试验结果的比较，实验与实测结果因安装制作原因存在一定的不对称性，与计算结果存在一定的差异，但基本上也算吻合，因此本文采用的有限元计算分析，基本上是可行的。

4）就景宁东坑下桥，在活荷载3.5kN/m²作用下可以正常使用。

以上有限元计算、模型试验及实桥试验的研究是基于对称的荷载作用，只是一个初步的研究，要比较全面地了解木拱廊桥主拱结构传力机理以及其承载能力，还需要进行以下几方面的研究：

　　1）进一步比较各种有限元方法以及计算模型，选择确定更符合廊桥主拱结构实际情况的模型和方法，包括牛头与苗杆接触的连接模型、榫卯连接的半刚性结点的处理；

　　2）研究不对称荷载作用下主拱结构的内力分配及变形规律，并探讨更科学合理的结构体系；

　　3）通过模型试验，研究主拱结构的承载能力、破坏模式及规律；

　　4）研究灾害性荷载（台风）下的廊桥结构的承载性能；

　　5）探讨不落架情况下，对局部构件破损进行维修加固的可行性。

文物建筑灰塑原位保护的认识与实践

——以海宁章宅为例

傅峥嵘[1]　崔彪[1]　胡战勇[2]　戴仕炳[2]

1. 浙江省文物考古研究所　2. 同济大学历史建筑保护实验中心

1. 项目背景

海宁章宅位于海宁市盐官镇北寺巷 84 号，名"豹蔚堂"，为民国时期建筑。整组建筑坐北朝南，分东西两路。东为中式建筑，三间二层楼屋，前有轩廊，形制、雕刻考究；西为西式建筑，两间二层楼，清水砖墙外立面。据《海宁县志》记载，民国 38 年 3 月县政府迁盐官即驻此宅，解放初，为县人民政府所在地。此宅中西合璧的建筑形制十分独特，又是见证民国以来多个历史时期的重要史料载体，具有较高的文物价值与历史意义，于 2010 年 8 月被公布为海宁市级文物保护单位。

2012 年海宁市文广新局组织修缮章宅，施工脚手架搭设以后，发现西楼南立面顶部山花处的灰塑残损程度远超出原设计文件编制时的判断，并有加剧的趋势，亟待制定更为切实有效的保护措施。对于灰塑保护，设计承担单位缺少相关经验，不能提出有效措施；施工承担单位提出的铲除后按原式样重新制作的方法，又对文物影响过大。出于慎重考虑，海宁市文广新局邀请浙江省文物考古研究所相关人员和浙江大学建筑系杨秉德教授等专家赴现场调研，商讨对策。

现场初步勘查发现，残损的山花是一处以卷草纹饰为主的浅砖红色仿浮雕石灰堆塑，图案花饰采用了西式的主题，材料工艺采用了中国传统的灰塑，是一个典型的用中国传统建筑技术表达西方建筑语言的实例。类似的做法常见于西式近现代文物建筑石库门上的装饰，但像章宅这样大面积的灰塑实属少见，非常值得保护。对于这类灰塑，在已知的很多文物保护工程案例中，由于其对价值的认知度不高，以及缺少相应的加固材料、加固技术等原因，往往都是简单地铲除后再用水泥等现代材料重塑，一方面，文物价值损失殆尽，另一方面，由于材料和工艺的差异，修复后的观感也与原貌相距甚远。鉴于以上原因，对于章宅的山花灰塑不应采用铲除后重新仿制的粗暴手段，而是要通过原貌保持、现状加固来达到最小干预和最大限度保留原工艺、原材料的保护目标。

2. 对章宅灰塑价值及其保护的初步认识

灰塑是我国一种源远流长的传统建筑装饰工艺，以岭南地区最为盛行，是以石灰为主要原料，掺和砂粒、黏土、稻草、纸筋、桐油等各种配料，在建筑上塑造浮凸图像和立体纹样的造型方式。灰塑常用作建筑上的脊饰和檐下、门楣上的装饰，一些亭台牌坊上的装饰也用灰塑做成。现存较早的灰塑实物有苏州虎丘云岩寺塔内的彩绘灰塑图像，为北宋初年的遗存，可见灰塑历史之悠久。①

1840 年鸦片战争以来，西方的建筑思潮和建筑材料开始传入中国。由于上海成为通商口岸，长三角地区受西方影响颇为深远，出现了较多具有西方近现代特征的建筑。随着西方近现代建筑体系影响的逐渐扩大，一些中国传统建筑在局部的材料、结构、风格上，也开始带有西方建筑特征。海宁章宅便是中西建筑体系融合的典型代表。单就其灰塑而言，中西融合体现在三个方面：首先是外形上，章宅灰塑的五折圆弧外廓具有显著的西方特色，而包边又是典型的中国传统建筑叠涩砖檐；其次是纹样，中国传统建筑灰塑多采用山水、花鸟、人兽等造型，而章宅灰塑主要采用西方比较有代表性的卷草纹，局部又有中式的云纹；最后是材料上，西方建筑立面装饰的纹样多用浮雕石材，后期为了节省成本亦有很多采用水泥，而章宅灰塑是用中国传统的草筋灰仿浮雕造型。因此，可以说章宅灰塑是中西建筑文化交融的珍贵实物见证。

然而，由于直接暴露在室外，经历了近百年的风吹雨打，章宅灰塑出现了不同程度的残损病害，如风化、空鼓、脱落等，亟须对其进行保护修缮。目前在国内的文物保护工作中，灰塑的保护是一个难点。首先，灰塑本身的材料特性导致了其相对砖石、水泥等更容易遭到破坏，尤其是在东南沿海地区，雨水的侵蚀对灰塑的影响很大；其次，灰塑的制作工序十分复杂，包括原料的准备、配制、构思造型、固定骨架、造型打底、批灰、上彩等过程，每个环节都有相当高的技术要求，不同的时代和地域，其工艺也各有其特点，在现代建筑技术和材料的冲击下，这些传统工艺正在逐渐失传；最后，在目前国内的文物保护工程中，对于这些保存状况不佳的灰塑大多采用简单粗暴的拆掉重做的手段，施工质量亦参差不齐，给很多文物建筑的价值造成了不可挽回的损失。

目前，国内有不少学者对灰塑的历史、传统工艺、造型艺术、建筑材料、风化机理等各方面进行了深入系统的研究，主要以岭南地区的为主，如华南理工大学周海星、林畅斌对岭南广府地区的传统建筑的灰塑从建筑装饰和民间工艺两大角度进行了比较详细的研究，并从物理、化学、生物等方面探讨了灰塑风化的因素以及目前所使用的主要保护方式；② 东南大学钱钰对大理州白族传统建筑的灰塑的保护和保存概况进行了调研，并进行了传统灰塑工艺的复原研究；③ 广东岭南古建园林工程有限公司康新民从破坏情况、修复施工、修复材料、填彩施工等方面对广东地区古建筑灰塑的修复工艺进行了比较详细的总结等等。④

对于通过原位加固尽可能保留灰塑原物的技术，目前已经进行的研究较少，国内也没有关于灰塑保护的行业标准和技术规范。一些材质和病害类似的文物的保护技术，如壁画、彩绘、砖石、土质文物的化学加固等，已经有比较丰富的研究成果，对灰塑的保护有一定的借鉴价值。近年来，同济大学历史建筑保护实验中心在近现代文物外墙建筑材料和保护加固技术等领域做了很多工作，具有丰富的理论研

---

① 张道一：《苏州云岩寺塔北宋初年灰塑图像初析》，《艺术学记·第一集》，苏州大学出版社，2008 年，第 149～154 页。

② 周海星：《岭南广府地区灰塑装饰艺术研究》，华南理工大学硕士学位论文，2004 年；林畅斌：《岭南广府地区灰塑工艺及保护研究》，华南理工大学硕士学位论文，2011 年。

③ 钱钰：《大理州白族传统建筑彩绘及灰塑工艺研究》，东南大学硕士学位论文，2009 年。

④ 康新民：《广东地区古建筑灰塑的修复工艺》，《古建园林技术》2009 年第 1 期，第 10～11 页。

究成果和工程实践经验。基于加固对象的类型、地域特点，以及现有的研究成果适用性等因素的考量，浙江省文物考古研究所联合同济大学历史建筑保护实验中心在对章宅灰塑的原工艺、原材料进行详细研究的基础上，针对其现存病害采取了兼顾加固效果和历史风貌的原位保护措施。

3. 灰塑本体与现状勘察

对灰塑本体的材料、做法、法式特征及其残损状况进行全面的勘察和研究，是制订保护方案的基础和必要前提。此项工作包括两方面的内容。

（1）灰塑本体的勘察

经过现场勘察与实验室显微镜观察可知，章宅灰塑的基底为空斗砌筑的青砖墙，灰塑主要分为三层：地仗层、面层和花饰层。地仗层为稻草石灰抹灰，平均厚度约3毫米；面层为石灰、砖粉与稻草的混合抹灰，厚约1毫米（图一：1）；花饰层为面层之上的浮雕状卷草纹饰部分，材料成分与面层一致。从部分花饰脱落后显现的划痕可以推测，当初的制作工艺是在面层抹好之后用竹签打草稿，再用条状的灰堆塑而成（图一：2）。部分较厚的部位如中心的花饰，为了增加牢固度，用钉入墙体的铁钉作为骨架。为了还原灰塑的原始材料配方，在实验室对采集的样品进行了化验。方法是用稀盐酸将灰塑中的碳酸钙溶解，通过测量产生的二氧化碳的体积推算灰塑中的石灰含量。经过测试分析可知，面层和花饰层的碳酸钙含量约为75%，即石灰和砖粉配比大约为三比一，再掺入适量稻草碎屑组成。

灰塑的顶部与两侧包有砖檐，用三层红砖叠涩砌成，装饰作用和保护作用兼具。底层为弧形看面的磨制砖，中层砍成砖椽样式，上层为向外挑出的盖砖。砖与砖之间用白灰勾元宝缝。盖砖之上再盖一层青砖和小青瓦做脊。

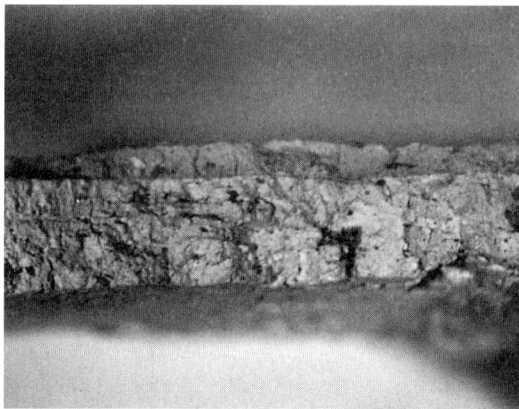

1. 灰塑地仗层与面层构造   2. 花饰草稿划痕

图一　章宅灰塑构造做法

（2）残损状况勘察与分析

经过现场勘查可知，目前灰塑存在的残损病害主要有如下几种（图二）：

1）局部灰塑破损缺失；

2）部分地仗层与墙砖之间脱离、空鼓；

3）顶部的砖檐檐口风化、破损，防护能力降低；

4）局部霉斑沉积。

图二　章宅灰塑现存残损病害

4. 保护策略与方法

上述残损病害的产生，最主要的原因是长期以来雨水对灰塑表面的直接冲击，以及顶部砖檐破裂导致的雨水下渗进入墙体，使得花饰层与地仗层、地仗层与墙体之间的黏结强度逐渐丧失。因此，通过对灰塑本体以及砖檐的加固与修复，提高其对雨蚀的抵抗能力，是保护工作的重点。

（1）灰塑本体的保护修缮

出于文物保护工作中最小干预原则的考虑，本次工作中尽可能不对灰塑进行揭取回贴的操作，以避免对文物本体的二次破坏；对于已经缺失了的部分花饰，由于对灰塑的安全性和整体风貌影响不大，对其不作复原；对于地仗层脱落已暴露出砖墙基底的部分为了便于展示和研究，亦不作恢复，仅通过勾缝和表面防水处理对其进行保护。具体的保护措施主要有如下几步：

1）由于灰塑整体有不同程度的风化酥碱现象，强度较低，为了防止修缮施工过程中出现新的崩解破损现象，有必要在前期对其进行整体结构的预加固。通过实验室和现场的试验，选用了主要成分为正硅酸乙酯的碧林®OH300增强剂进行加固，施工方法是先小心清理表面的灰屑和霉渍，将配好的增强剂从顶部点滴直至整个灰塑被完全渗透，用塑料薄膜覆盖表面48小时，养护一周后可完全固化。

2）对地仗层和墙体之间脱开、空鼓的部位进行无压力灌浆。灌浆加固的手段在壁画空鼓修复中应用较为广泛，本质是通过介入带有一定黏性的灌浆材料，解决层与层之间黏结力丧失的问题。通过试验选用了碧林®天然水硬性石灰注浆黏结料NHL－i03进行灌浆。用敲击法检查空鼓程度及范围并确定开孔部位，尽量避开表面的花饰（如图三：1）。若灰塑表面已经开裂或地仗脱落，则注浆孔选在裂缝处或者破损部位的边沿。灌浆以及之后的固化过程中，为保证已空鼓的灰塑的结构安全，应采取一定的支顶措施。

3）对灰塑表面的裂缝进行填补，可有效避免水分沿缝隙渗入灰塑本体。对大于5毫米的裂缝，采用与原灰塑面层材料配比相同的草筋砖粉灰浆填补；小于5毫米的裂缝，使用花山®新纸筋灰SHL－N1或碧林®天然水硬性石灰注浆黏结料NHL－i03填补处理（如图三：2）。

4）对已经与面层脱开的中心花饰进行加固。由于其体积较大，原来用于固定的铁钉也已锈蚀，故需要重新锚固。先使用电钻打孔，埋入3颗膨胀螺钉，呈三角形分布；再将花饰与面层接触部分表面清理干净，用螺钉将其固定；然后用原灰塑面层材料配比相同的草筋砖粉灰浆封堵钉孔；最后使用具有不同稠度的花山®新纸筋灰 SHL－N1 对内部缝隙进行灌浆，灌浆分多次进行，保证首次灌浆能够到达裂隙底部，且不宜过多。

5）待黏结、灌浆、填缝等步骤完成后，再对灰塑整体进行一次整体的加固和防水处理。加固使用的材料与前期预加固阶段相同，养护48小时后再使用碧林®WS－98外立面憎水乳液对灰塑表面进行憎水处理（如图三：3）。处理之后的灰塑表面不亲水，可有效避免水分对灰塑本体的侵蚀。

（2）砖檐的保护修缮

砖檐作为灰塑的围护体，具有一定的防风防雨功能，但目前砖块风化酥碱严重，砌筑灰浆也大部分脱落流失，故需要对其进行重砌。首先清理掉砖块表面已酥碱的部分以及原始勾缝，再采用石灰砂浆按照原形制做法重做砖檐。重砌过程中对破损程度不同的砖进行区别处理：破损风化不严重的砖不做处理；破损不超过 1/3，风化深度较浅的，采用碧林®NHL－BR02 石灰基修复砖粉调配成与原砖相近的色泽进行修复；破损超过 1/3 或者风化较深以至于影响叠涩结构稳定的，采用与原砖色泽、规格相同的砖进行替换。砌筑完成后对砖面进行勾缝。勾缝分两次进行，先使用碧林®NHL－BR02 石灰基修复砖粉勾底缝，再使用碧林®JM05－Y 石灰基元宝缝专用勾缝剂勾元宝缝。勾缝完成后，使用碧林®WS－98 外立面憎水乳液对砖檐表面也进行一次憎水处理。

1. 对空鼓部位灌浆　　　2. 对裂缝填补　　　3. 表面整体憎水处理

图三　对章宅灰塑本体的部分修缮措施

5. 结语

在上述保护措施完成后，保留的灰塑本体以及修复的清水砖墙的颜色、质感与原物几乎没有差别；通过回弹仪测试可知，加固之后的灰塑的强度相比之前有明显提高；淋水后，灰塑本体和砖墙均表现出了良好的憎水性。后续的跟踪调查结果显示，加固修复半年之后保护效果较为理想。本次工作是对近现代文物建筑灰塑原位加固保护的一次尝试，践行了最小干预的文物保护原则，最大限度地保留了灰塑的原始风貌和文物价值，可为以后文物保护工作中的类似情况提供参考和借鉴。

安吉明代古城墙砌筑灰浆的科学评价[①]

崔　彪[1]　刘效彬[2]　张秉坚[2]

（1. 浙江省文物考古研究所　2. 浙江大学文物与博物馆学系）

一、引　言

安吉县位于浙江省北部，建县于东汉中平二年，至今已有1800多年历史。明宪宗成化二十三年（1487年），析安吉县分置孝丰县，1958年孝丰又并回安吉，故在今安吉县境内留存有安城城墙和孝丰城墙两处古城墙。安城城墙位于递铺镇安城村，为晚唐至民国时期的安吉州、县治所在地。安城城墙始建于元末明初，嘉靖年间又砌石加高，此后多次重修。[②] 现存城墙平面呈椭圆形，周长约6000米，条石和青砖砌筑，残高4～6米，厚约5米，有南、西、北三门。安城城墙具有防御、抗洪双重功能，是江南地区保存最完整的县级城防体系，2006年被公布为全国重点文物保护单位。孝丰城墙位于孝丰镇，始筑于明弘治年间，万历四年（1576年）由土城改为石砌城墙。[③] 现存墙体残长245米，块石和条石砌筑，是孝丰建县的重要实物例证，2005年被公布为安吉县文物保护单位。

安城城墙和孝丰城墙作为砖石砌体文物，其砌筑灰浆是文物本体的重要组成部分，蕴含了大量反映当时建筑技术的信息；它们又同属县级城防建筑，建造年代和地理位置相近，故通过对其砌筑灰浆的物理性能、材料特征和原料配比等信息进行科学和深入的分析，不但可为其未来的保护修缮工作提供基础研究资料，而且对于了解浙北山区明代建筑技艺水平以及当代石灰砂浆的改良都具有重要意义。为此，我们采集了少量安城城墙和孝丰城墙的砌筑灰浆样品，在实验室进行了如下的测试分析工作。

二、样品与试验方法

本次工作中使用的样品采集自安城城墙和孝丰城墙的石质砌块之间的灰缝。为避免与后期维修时

① 本论文受浙江省文物保护科技项目（浙江古代城墙保存现状与砌筑工艺研究，编号2012002）资助。

② 同治《安吉县志》："至明初兵克安吉，总管张俊德始筑土为城。越一年，元帅费愚整以石……嘉靖三十二年，知州林璧重修并建谯楼更铺。三十三年，知州江一麟复加高三尺，内土岸以石甃之。"《中国地方志集成·浙江府县志辑29》，上海书店，1993年，第34～35页。

③ 同治《孝丰县志》："明洪治初年始设县，知府王珣因汉县故城筑土垣，周六百一十丈。万历四年知县王国宾更土为石，宽六百七十九丈，高二丈厚半之。"《中国方志丛书·华中地方·第五九九号》，成文出版社，1983年，第207页。

添加的建筑材料混淆，选取靠近墙基，墙体保存状况较好，没有维修痕迹的部位进行取样（图一）。样品先用刻刀、毛刷与洗耳球去除表面附着物，然后放入烘箱在40℃下烘干至恒重，最后移入干燥器中自然冷却至室温备用。

1. 安城城墙　　　　　　　　　　　　　　　　2. 孝丰城墙

图一　样品采集位置

古建筑灰浆的科学评价至少需要了解四个方面的信息：一是灰浆的结构，包括胶凝材料、骨料、掺合料等的构成；二是原料的化学成分和配比，特别是添加剂等；三是灰浆的物理性能，包括密度、吸水率和孔隙率等；四是灰浆的机械强度。尽管这几个方面对全面了解古建灰浆至关重要，但由于古代建筑大多时代久远，现存灰浆的物理特征和机械性能多已发生较大变化，加之采集样品的过程对其整体强度也有一定的影响，所以对灰浆的讨论我们主要集中在其组成材料、原料配比等传统制作工艺方面。

本次工作的主要试验仪器和试验条件如下：玛芝哈克 QL－120C 多功能密度测量仪，台湾群隆兴业有限公司生产；日本 Rigaku 公司生产的 Ultima Ⅳ X 射线衍射仪（XRD），Cu 靶，管电压 40kV，管电流 30mA，扫描角度 10°~80°，步长 0.02°；美国 Nicolet 公司生产的 Nexus 470 傅立叶红外光谱仪（FT－IR）；德国耐驰集团生产的 STA409PC 同步热分析仪（TG－DSC），加热速度 20℃/min，测温范围 20℃~1000℃，测试气氛为空气。

三、试验结果与分析

（一）基本物理特征

通过肉眼和低倍显微镜观察，安城城墙和孝丰城墙的灰浆样品都呈灰白色，虽含有部分杂质，但没有砂粒、黄泥等骨料成分，应是纯白灰灰浆（如图二）。利用 QL－120C 多功能密度仪测量样品的密度、孔隙率和吸水率，结果如表1。

1. 安城城墙 　　　　　　　　　　　　　　　2. 孝丰城墙

图二　样品外观特征

表1　样品的部分物理性能

样品来源	表观密度（g/cm³）	开放孔隙率（%）	吸水率（%）
安城城墙	1.77	27.03	15.25
孝丰城墙	1.85	16.27	8.78

从测试结果可知，安城城墙和孝丰城墙的灰浆样品表观密度均在 1.8 g/cm³ 左右，基本达到了普通石灰石密度[①]（1.8－2.6g/cm³）的下限。而安城城墙的孔隙率和吸水率明显要高于孝丰城墙。出现这一状况的原因应与古城墙的特征有关。从图一中可以看出，安城城墙采样处为块石砌筑，砌块加工较为粗糙，凸凹不平的表面无法对灰浆形成一定的相对均匀的压力；而孝丰城墙采样处砌块为加工十分规整的条石，砌块与灰浆接触较为紧密，故灰浆碳化后就比较致密，黏结效果相对较好。

（二）灰浆的物质结构

1. 采用 X 射线衍射（XRD）对灰浆的物相组成进行分析

图三为样品的 XRD 分析结果，可以看出安城城墙和孝丰城墙的 XRD 图谱区别较大。安城城墙灰浆的主要物相为方解石（Calcite），其主要化学物质是碳酸钙；孝丰古城的灰浆则比较特殊，它的主要物相是羟钙石晶体（Portlandite），即消石灰（氢氧化钙），碳酸钙的含量则相对较少。结合现场推测，原因可能是由于该样品与砌块接触比较紧密，在灰浆内部形成了封闭环境，隔断了空气中二氧化碳的进入，致使氢氧化钙数百年都未能完全碳化。古建筑传统灰浆作为气硬性材料，碳化速度较慢是一大弱点，[②] 故如何在不改变传统灰浆本质的基础上加快消石灰的固化速度，是当代石灰砂浆改良研究的一个重要方向。

[①]　陕西省建筑设计研究院：《建筑材料手册》，中国建筑工业出版社，1997 年，第 276 页。

[②]　贾永辉等：《石灰抹灰砂浆增强技术》，《中国科技纵横》2013 年第 20 期，第 164 页。

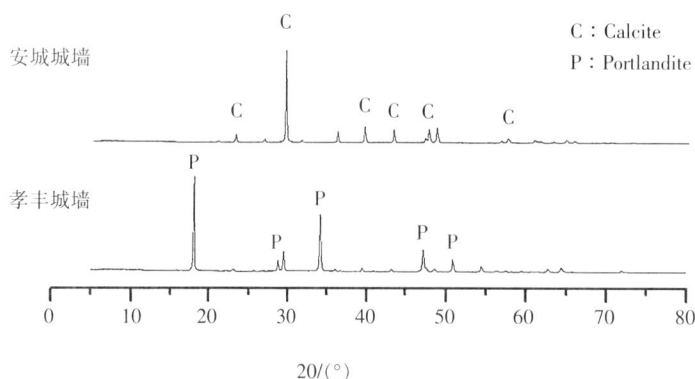

图三　样品的 XRD 分析结果

2. 热重—差热（TG – DSC）分析

样品的 TG – DSC 分析结果见图四。

TG 图谱显示，安城城墙样品在 30℃ 开始慢慢失重，650℃ 前失重 5% 左右，然后热重曲线急剧向下，在 650℃ ~ 830℃ 间失重约 40%，之后热重曲线基本呈水平状态。DSC 图谱显示，样品在 110℃ 和 800℃ 左右处各有一个吸热峰。两者结合起来可以说明，样品首先失去游离水，然后失去吸附水，在 650℃ 左右碳酸钙开始分解，约 830℃ 时完全分解。DSC 图谱中的两个吸热峰分别表示样品中游离水的汽化和碳酸钙的分解。

孝丰城墙的样品由于主要成分为氢氧化钙，故 TG – DSC 图谱与安城有所不同：样品在 380℃ 前游离水和吸附水共失重约 5%，相应的吸热峰位于 104℃ 和 326℃ 处。380℃ 时样品里的氢氧化钙开始脱去羟基，呈迅速失重状态，至 500℃ 时趋于稳定，失重约 14%，相应的吸热峰位于 455℃ 处；650℃ 时样品中的碳酸钙开始分解，出现第二次迅速失重状态，约 800℃ 时趋于稳定，失重约 10%，相应的吸热峰位于 745℃ 处。

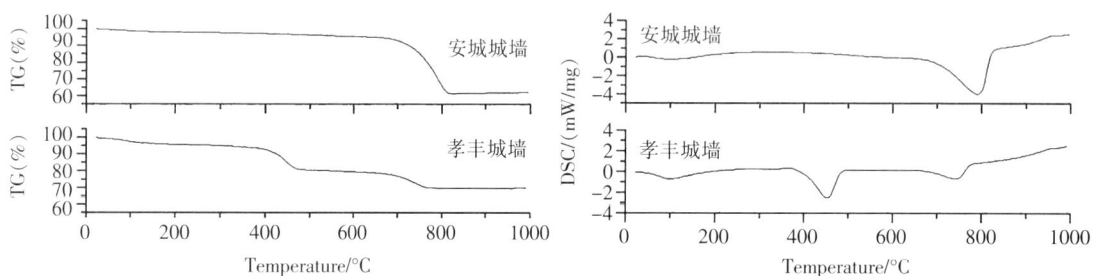

图四　样品的 TG – DSC 图谱

3. 傅里叶红外光谱（FT – IR）分析

图五中 1 ~ 3 分别是 0.25%、1%、4% 浓度糯米灰浆标样的红外图谱，4 为安吉两个古城墙灰浆样品的图谱。从不同浓度糯米灰浆标样的图谱可以看出，随着糯米添加量的增大，与糯米支链淀粉成分多糖类化合物相对应的特征峰从最初的 1 个变为 2 个、3 个，相对强度也越来越强，其特征峰位于 $1156cm^{-1}$、$1080cm^{-1}$、$1027cm^{-1}$ 附近，这是由淀粉分子中的 C – O 键的伸缩振动引起的。比对糯米灰浆标样的分析结果，可以发现安城城墙和孝丰城墙的灰浆样品均可能含有糯米支链淀粉。从特征峰的

相对强度看，孝丰城墙灰浆的糯米含量较少。同时，孝丰城墙灰浆的碳化不完全从 $3643cm^{-1}$ 处羟基峰也得到了印证。

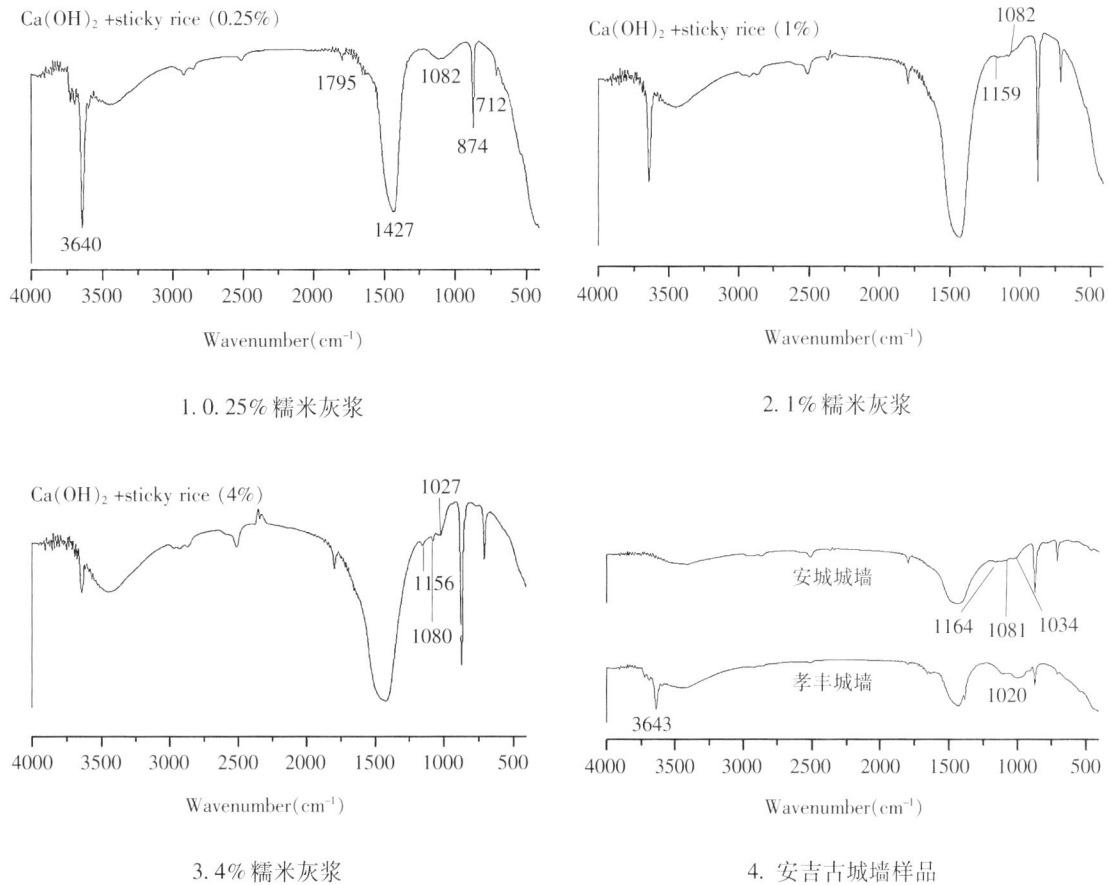

1. 0.25% 糯米灰浆

2. 1% 糯米灰浆

3. 4% 糯米灰浆

4. 安吉古城墙样品

图五　糯米灰浆标样与安吉古城墙灰浆样品的红外图谱

（三）有机添加材料的检测

根据浙江大学文物保护材料实验室设计的传统灰浆有机添加剂的检测程序与方法，我们采用碘—淀粉反应法、班氏试剂法、酚酞试验法、考马斯亮蓝染色法和化学氧化法分别检测我国传统灰浆中常用的糯米、糖、血料、蛋清、油脂类等有机添加剂。表 2 是安吉古城墙灰浆样品的检测结果。从中可以看出，这两个古城墙砌筑灰浆中没有添加糖、血料、蛋白质和油脂类物质，但都检测出了糯米成分（图六），这也和上述傅立叶红外光谱的分析结果相一致。从常理上讲，江南地区生产稻米，糯米是这些添加材料中价值最低的，也是最容易普及使用的，而糖、血料、蛋白质和油脂类灰浆由于性能特别，价格较高，不大可能用于城墙砌筑这类规模较大的工程。由于有机材料的易降解特性，古人在制作灰浆时的糯米具体添加量已不可测，不过多数模拟研究结果证明，添加 5% 左右的糯米灰浆的各项力学性能最佳，耐腐蚀性最好。[①]

---

① 纪晓佳等：《糯米浆三合土的物理力学性能试验研究》，《建筑技术》2013 年第 6 期，第 540～543 页。

表2　安吉古城墙灰浆样品有机添加成分检测结果

样品来源	时代	pH 值	糯米	糖	血	蛋白质	油脂
安城城墙	明	6－7	＋＋＋	－	－	－	－
孝丰城墙	明	8	＋＋	－	－	－	－

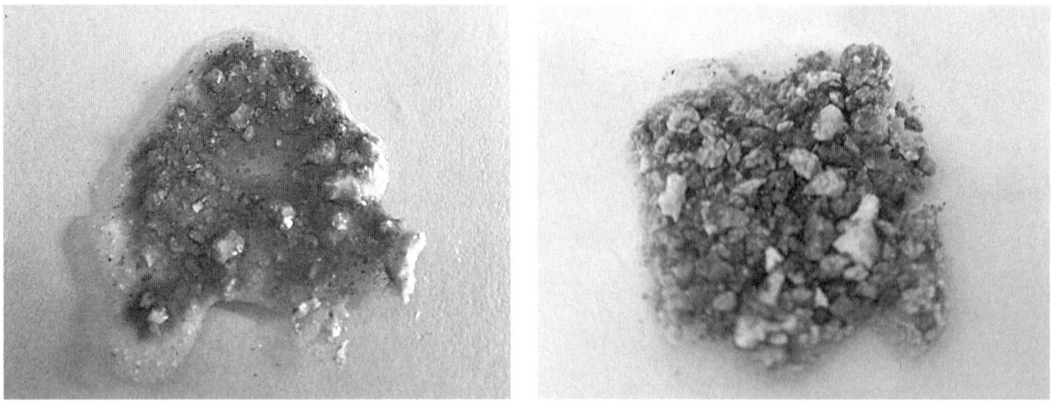

1. 安城城墙　　　　　　　　　　2. 孝丰城墙

图六　安吉古城墙灰浆样品碘－淀粉实验结果

（四）碳酸钙含量测定

在传统灰浆的研究中，各种原料的定量分析是研究原料配比工艺的必要前提，如我国传统的三合土材料，不同比例的灰、砂、土含量会导致性能截然不同。本次测试采用酸解法定量分析灰浆样品的碳酸钙含量，它是根据灰浆中碳酸钙与过量盐酸发生化学反应生成二氧化碳气体的原理，通过测定二氧化碳气体的生成量，利用化学方程式 $CaCO_3 + 2HCl = CaCl_2 + CO_2 \uparrow + H_2O$ 计算出材料中的碳酸钙含量。

为保证数据准确，在测试样品前，首先测试分析了纯碳酸钙（＞99.0%）来标定误差，然后将每个样品平行测定3次，取平均值，扣除误差，得到样品的碳酸钙含量值。结果显示安城城墙的灰浆样品碳酸钙含量为85.7%，另外14.3%的物质应为生石灰中的二氧化硅等杂质。根据现代建筑生石灰行业标准，氧化钙含量大于80%即是合格生石灰，[1] 故安城城墙灰浆的石灰已经达到相当高的纯度。而孝丰城墙的灰浆样品碳酸钙含量仅为25.3%，这是由于大部分氢氧化钙尚未碳化所致，进一步验证了前面的试验结果。

四 、结 语

基于上述测试分析的结果，我们对安城城墙、孝丰城墙这两座浙北山区明代古城墙砌筑灰浆进行

----

① 中华人民共和国工业与信息化部：《JC/T 479－2013 建筑生石灰》，建材工业出版社，2013 年。

如下的评价和讨论：

第一，安吉两座明代古城墙所使用的砌筑灰浆均为纯白灰灰浆，除了自身含有的少量杂质之外，没有人工添加的砂粒、黄泥等。使用纯白灰灰浆作为胶凝材料在明代城墙砌筑中较为常见，如南京明城墙、嘉峪关明长城等。[①]

第二，安吉的两座明代古城墙砌筑灰浆中均添加有糯米成分，说明在明代的浙北地区，往灰浆里添加糯米等有机材料已经是十分普遍的工艺技术。现代的研究表明，将糯米浆与石灰两者混合使用时，其加固性能，包括黏结性能、抗压强度、表面硬度和耐水浸泡性等都有很大的提高，[②] 故在中国古代得到了广泛的应用。

第三，糯米灰浆的黏结效果与城墙的砌筑工艺有着密切的关系。加工较为方正规整的砌块，其间的灰浆受力较为均匀，黏结效果相对较好；若所用石材表面凹凸不平，灰浆长期受力不均，加上雨水溶蚀等作用，结构较为疏松，容易风化流失。

第四，孝丰城墙的灰浆样品经过了几百年尚有大量消石灰（氢氧化钙）未被碳化，它们脱水形成了羟钙石晶体，说明在一定条件下，消石灰的固化速度是非常缓慢的，这个问题在利用传统石灰砂浆修缮古城墙时需要注意。近年来，天然水硬性石灰材料在文物建筑修缮中日益受到人们的重视，可以解决在一些特殊环境下（如潮湿、密闭）传统气硬性石灰砂浆难以固化的问题。[③]

---

① 李广燕等：《几处古城墙泥灰类黏结材料的对比试验研究》，《建筑技术》2012 年第 5 期，第 465～468 页。

② 杨富巍等：《传统糯米灰浆科学原理及其现代应用的探索性研究》，《故宫博物院院刊》2008 年第 5 期，第 105～114 页。

③ 戴仕炳等：《水硬石灰在花山岩画加固保护中的应用研究》，《文物保护与考古科学》2011 年第 2 期，第 1～7 页。

钱塘江古海塘遗产认知与保护研究

黄 斌

钱塘江出杭州湾入东海，由于杭州湾喇叭形河口的独特地势，催生了天下闻名的钱江涌潮。千百年来，为抗拒咸潮入侵，人们在河口两岸修筑了堪称天下奇观的古海塘。钱江潮与古海塘，成为自然景观与人文创造交相辉映的两大遗产。

钱塘江古海塘历时千年，绵延千里，现存海塘长达 400 多千米，明清及以前的古海塘实物及遗存百余千米，周边文物古迹密布，地域特色明显，文化内涵丰富，文化意境深邃，文化特质鲜明，成为中国古代伟大的建筑、科技和文化遗产之一。

因此，通过较为系统的调研，挖掘古海塘的多元价值，传承历史人文底蕴，可进一步增强对钱塘江古海塘历史文化内涵的全面认知与保护管理。将古海塘这一反映历史沧桑巨变的文化载体进行主题提炼，既可进一步提升其文化品位，也可为将来钱塘江古海塘申报世界遗产提供先期的理论基础和资源储备。

一、海塘概况

（一）遗存分布

古海塘沿钱塘江口分布，北岸在杭嘉湖平原南缘，南岸处宁绍平原北侧，塘线总长 523 千米，除去山体，实长约 486 千米。[①]

北岸古海塘含浙西海塘和江南海塘南段。浙西海塘西起今杭州市西湖区转塘狮子口，经上城、江干、余杭二区和嘉兴海宁市、海盐县境，东至平湖市金丝娘桥与江南海塘相接，实长 137 千米。江南海塘南段处于上海市境内，西端与平湖金丝娘桥相接，经奉贤县境，至南汇县南汇嘴全长 84 千米。

南岸古海塘包括萧绍海塘、百沥海塘和浙东海塘。萧绍海塘西起杭州市萧山区临浦镇麻溪山（麻溪坝），经滨江区，再入萧山区境，经绍兴市柯桥、越城、上虞三区至嵩坝止，实长 117 千米。百沥海塘起自上虞百官街道龙头山至夏盖山西麓，实长约 40 千米。浙东海塘西起上虞夏盖山，向东横穿宁波市余姚、慈溪两市境到镇海区甬江口，全长 122 千米。

---

① 钱塘江古海塘长度说法不一。据钱塘江志编纂委员会编《钱塘江志》（方志出版社，1998 年）第 441 页："现存明清以来修筑的老海塘塘线总长 317 千米，除去山体，海塘实长 280 千米。"由近年补充调查、确认，数据产生变化。今采用钱塘江管理局《钱塘江临江防洪潮古海塘保护研究》课题最新数据，各地数据同理引用。

由于钱塘江河口江道变迁，特别是近现代钱塘江围垦大规模开展以来，古海塘大多数已退居二线（甚至是三、四线）。但仍有部分明清古海塘雄踞一线，继续发挥着防洪御潮的功能。目前形制完整的钱塘江临江古海塘总长约 40 千米，主要分布在北岸嘉兴市的海宁、海盐两市县和南岸杭州市的萧山区境内，其中海宁 28.4 千米、海盐 6.3 千米、萧山 5.1 千米。除临江古海塘由于发挥着工程功能，管理和维护工作做得较好外，非临江的古海塘随着地方经济社会的发展，或废或存，保护状况堪忧。

（二）遗存特点

1. 线形基本连贯、主要段落保存完整

北岸海塘线形基本清晰连贯。南岸海塘迂曲回环，萧绍海塘、百沥海塘线形保存较为完整，浙东海塘断续衔接、保存较差。

北岸向来为海塘建设重点，海宁、海盐段鱼鳞海塘尤为完整，且多为一线临江。南岸潮灾较轻，历代工程规模较北岸为小，海塘保存也较零星或不连贯。由于南岸陆地不断北扩，古海塘多已退处内陆。但萧山西江塘等处南岸海塘同样临江且壮观雄伟。

2. 塘身构造及体系脉络清晰

古海塘构造虽历经变化，但现状保存仍可见脉络。

古海塘以断面区分为直立式与斜坡式两种形制。[①] 材质则有土塘、土石塘等，不同历史时期、不同地段，其结构有明显的差异。古代所建土塘现已遗存较少。现存较多的古海塘主要为明清时期的条石塘，且结构大体比较完整。有些塘上还保留条石的连接铁件——铁锔、铁笋、铁锭等，部分塘身中还埋有柴埽，塘外有条石坦水。

钱塘江潮海潮荡涤，对海塘冲刷极为严重。为减轻涌潮对海塘的冲刷，古海塘内外均有护塘设施，形成较为完备的体系。这些设施均有不同程度的保留。

3. 保存状况不一，受保护情况差别较大

从现存的古海塘遗存看，北岸海宁、海盐，南岸萧山、越城等段临江且构造完整，凸显了明清海塘的雄伟壮观，其他海塘多数退居二、三线，或平毁、或湮没、或改作乡村道路，遗产信息受到较大损害。

沿线各地对其保护差异较大，部分塘段已被列为省、市县级甚至国家级文物保护单位，如海宁盐官海塘、海盐鱼鳞塘、镇海后海塘等，大部分则未作系统全面而有效的保护和利用。

二、认知评估

钱塘江古海塘既是重要的水利工程，也是珍贵的文化遗产。对遗产的认知，理应不断放大视野、拓展内涵。古海塘遗产，应包括物质遗存、非物质遗产以及其他衍生遗产。全面评估古海塘遗产的内

---

① 海塘断面形制历史变化繁杂，说法不一，有漫坡式、直立式、坡塘式、斜坡式等。今采信钱塘江志编纂委员会编《钱塘江志》第 471～479 页相关说法。

涵价值，有助于我们更为全面、准确地理解遗产价值，保护遗产内涵。

（一）内涵认知

1. 古海塘物质文化遗产

（1）海塘本体文物

海塘本体即为现存古海塘塘段，已作为文物登记、公布并保护的有近20处。其中北岸海塘重要的文物遗存有：杭州市西湖区转塘段、上城区江城路及上仓桥路吴越钱氏海塘遗址、余杭区乔司段、嘉兴市海宁沿海海塘、海盐县城东门外鱼鳞塘、平湖市独山至水口段鱼鳞石塘等。

南岸海塘保存较差，分布断续，列为文物登记、得到保护的段落有：杭州市萧山、滨江二区境内的西江塘、北海塘遗迹，绍兴市越城区三江村段，上虞市萧绍海塘、百沥海塘、浙东海塘，宁波市余姚泗门镇水阁周村、慈溪浒山街道等大古塘遗址，以及镇海后海塘、巾子山海塘等。①

（2）海塘相关水利工程设施遗产

古代部分水利交通设施工程，如闸桥、涵洞等穿越海塘，或码头等依附海塘，如北岸海宁盐官镇鱼鳞海塘海运码头，长安镇盐仓村盐仓涵洞，黄湾镇尖山大临村大临涵洞，以及南岸绍兴市越城区斗门镇三江闸、上虞市曹娥街道西湖闸等。

（3）海塘相关文物

海塘周边或毗邻、或相关的遗产对象同样重要。

在海塘沿线，为记述筑塘经过、感怀筑塘事迹或人物等，常有碑刻留存。现立于海塘边或藏于海塘边海神庙、海神殿、张神殿等处的碑刻，已成为重要的史证参考。如杭州市江干区四季青碑，海宁市许村镇翁家埠乾隆御碑、盐仓老海塘上乾隆加固海塘碑，绍兴市柯桥区齐贤羊山公园潮灾碑记，宁波市镇海区后海塘嘉燮亭碑、鸿福亭碑及定海县增筑内城碑亭等。

为镇遏海潮、保佑民生而建的古塔，至今仍存海宁市盐官海塘上的占鳌塔、黄湾镇（今尖山新区）闸口村塔山塘安澜塔、海盐县武原镇天宁寺镇海塔等。

为护佑民生，钱塘江沿岸祀奉海神、潮神、妈祖等寺庙宫观类祭祀场所为数众多。主要遗迹有：杭州市上城区吴山伍公庙（祀吴国大夫伍子胥，后世奉为钱塘江潮神），海宁市盐官海神庙（为海塘沿岸海神、潮神集中祀奉之处），绍兴城外马臻墓、庙，慈溪市观海卫镇天妃宫，宁波市三江口庆安会馆、安澜会馆等。

其他祀奉为建设、管理海塘作出贡献的历史人物而建的寺庙，以及作为民间信仰之所、护佑海塘两岸生灵的地方小庙为数众多，如遍布萧绍一带祀宋代治水英雄张夏的张神殿（涨神殿、张老相公殿、镇海殿）等。

海塘沿线历史上有众多古城或寨堡等，或直接与海塘毗连，或间接与海塘相关，如北岸的海宁州城遗迹、海宁市黄湾镇尖山司城遗址、海盐古县城、平湖市全塘镇大营头城址，南岸的萧山固陵遗址、

---

① 本文中，两岸海塘本体专指海塘塘体，近年来各地相继选择部分塘段分别报审、公布为国家、省、市县级文物保护单位或文物保护点加以保护。

绍兴市越城区斗门镇三江所城东城门、宁波市镇海招宝山威远城等。

（4）海塘相关名胜古迹

海塘周边的相关名胜古迹当属遗产，如民间传说伍子胥死后被封为潮神，后人就在杭州西湖东南的吴山上建伍公祠，山又名胥山、伍公山。萧山区衙前与瓜沥镇之间的龛山，古称航坞山（杭坞山），为明末以前钱塘江在龛山与赭山之间出海口，称"南大门"（海门、鳖子门）。宁波市镇海城东北的招宝山（候涛山），为钱江海塘东缘，又有宝陀寺和威远城等，颇具山海之盛。建于南宋绍兴初的海宁盐官安澜园，明万历后复兴，称江南名园。清高宗弘历四次驻跸此园，赐名"安澜园"。盐官镇海塘上占鳌塔东侧天风海涛亭，旧名三到亭，1916 年 9 月，孙中山夫妇及蒋介石等在此观潮并摄影留念。塔西侧另有中山亭，为 1925 年浙江省政府纪念孙中山逝世而建。

2. 古海塘非物质文化遗产

（1）海塘传说故事

钱塘江两岸流传着关于钱塘江的一系列传说故事，著名的有造钱塘传说、潮神传说、钱王射潮传说等。两岸人们为祈福消灾，希望通过自身的力量建造捍海塘，通过树立潮神庙，对潮神顶礼膜拜而使潮水平息，如潮神伍子胥传说。或使用巫术行为镇压潮水，如钱王射潮传说。钱塘江传说内容丰富，涉及地名、人物、风物、俗语等，对于研究钱塘江两岸的民俗乃至传统文化都有重要参考价值。

（2）海塘祭祀崇拜

海塘沿线对于水神、海神、潮神的祭祀，对于治水名人的感念等，无疑是深厚的古海塘文化的积淀反映。

春秋时吴国大臣伍子胥因忤逆吴王被杀，据传抛尸钱塘江中，激起滔天浪潮，民间遂奉其为"潮神"，历代祭祀"潮神"之风盛行不衰。清代，中小门淤塞愈严重，海潮威胁北大门愈厉害，祭祀潮神伍子胥之风也愈盛。五代吴越开国君主钱镠修治海塘有功，民众感念，遂形成颇具特色而又有较大影响的节日民俗"元宵钱王祭"。三国时蜀国大将关羽，在宗教中有护法神名，相传其威能震慑江潮，由是民众在江边建造关帝殿，塑关帝镇海治潮。宋代河南人张夏，任两浙转运使期间置捍江兵士五指挥采石修塘，去世后，历朝感念其修堤功绩多次追封，民众则将其神化为潮神，纪念他的相公庙几乎遍及原绍兴府西部各乡，萧山更有"沿江十八庙，庙庙供张公"之说。

历史上，在海塘修筑过程中，涌现诸多人物，或为官一方，主持修筑海塘，或从事研究，为海塘修筑出谋划策，留下诸多事迹或突出成果。人们感念至今的海塘相关人物历代皆有，如东汉王充、宋代燕肃、谢景初，元代叶恒，明代杨瑄、汤绍恩、黄光升，清代汪仲洋、俞卿、陈诜、朱轼、嵇曾筠、李卫、庄有恭、连仲愚等。

（3）海塘民俗

海盐塘工在长期修筑海塘过程中，结合挑土填基、采石搬运、撬石打桩、砌石合龙等工序，创造了独特的"塘工号子"。而杭州、海宁等地钱塘江观潮历经 2000 余年，形成农历八月十八观潮节。历代修筑海塘抵御海患，同时启用巫术、宗教来镇潮、祭潮，连同民众对于潮神、海神的崇拜，成为典型非物质文化遗产。建有伍公庙、祀奉伍子胥的吴山，各种庙会四季不断，成为杭州规模最大、历史最久的庙会和重要文化景观。

（4）海塘风物

古海塘相关物产技艺也反映出钱塘江地域的文化特色，板盐制作技艺是其中突出代表。

3. 古海塘衍生文化遗产

（1）海塘文学

钱塘江沿岸风光秀丽，更有汹涌澎湃的钱塘江潮水，堪称世界奇观。历代文人墨客吟咏甚多，诗词文赋不胜枚举。这些诗文记述，包括诗篇、词作、曲目、楹联等，与钱塘江古海塘休戚相关，与古海塘文化须臾不可分割。

（2）海塘史料

历代与海塘相关的志书、论著、策议、奏疏、记述等成为重要的研究资料。自北宋《海盐图经》、南宋《海盐澉水志》后，海塘志书大批涌现，如清方观承修、查祥和杭世骏等纂《两浙海塘通志》，翟均廉纂辑《海塘录》，杨镕修纂《海塘揽要》等。此外，沿塘各县也多有相关海塘材料，如清汪仲洋纂辑《新办海盐县塘工成案》等。论著则有宋燕肃《海潮论》、宋吕昌明重定《浙江潮候（杭州）》、明黄光升《筑塘记》等。策议有清陈訏撰《宁盐二邑修塘议》等。各地修筑海塘时向朝廷奏议相关事项的奏折，有明吴昂《陈言海患疏》、仇俊卿《风潮大患疏》等。

（3）海塘科技

海塘建设过程中，人们对地形地貌地质，天文潮汐灾异，乃至工程材料、工程技术等的认识不断加深，海塘体系不断完善，工程技术不断提高。

1）海塘体系。塘外防护体系有始于五代的塘边涨柱，始于宋初、后代不断改良完善的护塘坦水与护坦，垂直于海塘、伸向江中的丁坝，以及明清以来为减弱潮能，常在海塘主体之外作抛石坝等。作为海塘塘基屏障的塘外滩涂，历代也通过植物护滩工程促淤保护滩涂、保护坦水，进而巩固塘基。塘内防护体系包括邕塘、备塘和备塘河等。邕塘垂直于塘身起顶托作用，备塘平行于塘身，设一道或多道。邕塘连接塘身及备塘，组成井字形，主要是顶托主塘、加固塘身，也起到江堤决口时的缓冲作用，平时也用于渔农生产。备塘之后，宋代以来，又常平行于塘身开凿备塘河，一旦江堤决口，潮水内灌，可用于引导疏排，避免咸潮倾泻内地，保障农业收成及城乡生命财产安全。

2）海塘工程。海塘构造历史上不断发展变化。最早是就地取用土料壅筑海塘。唐代，土塘修筑中加入柴幂、石料等，以加强整体性。宋元时期，海塘建筑开始大量采用石筑，主要用竹笼和石囤等裹挟碎石抛石筑堤塘。明代采用规整条石砌筑海塘，逐渐推广，至清代修筑海塘，已全面采用条石。民国时期乃至20世纪末之前，修筑海塘仍大量采用石料。海塘的构造由松散到整体，是一个渐进的过程。而在施工过程中，基础加固、形式选择、砌筑方法、塘身维护等也在不断探索与完善。

（二）价值评估

1. 文学遗产价值

与古海塘有关的诗、词、曲、赋、游记等自唐宋以来即不断涌现。其遗产价值体现在：题咏海塘或钱江潮的诗歌描绘了海塘的形制构造或相关景色，记述了海塘历史状况，由此吸引了人们对海塘的关注与向往；有些诗歌对海塘或钱江潮的成因或现象进行了初步的分析，包含了一定的科学道理，有益于人们对海塘或钱江潮的进一步探索；由于诗歌的传播，海塘或钱江潮的影响逐渐扩散，千里海塘与滚滚钱江潮在千年演进过程中由自然现象逐步发展成人文与自然相结合的综合景观；宋元以来题咏海塘及钱江潮的词曲创作不断出现、传唱与表演，丰富了对海塘及钱江潮的赞咏形式，进一步扩大了海塘与钱江潮的影响；各个时期的游记及其他文章对海塘及钱江潮影响的扩大同样起到了推动作用。

2. 民俗遗产价值

千年海塘在发展过程中，围绕海塘本身和沿线地域，孕育了丰富多彩的民俗文化，主要表现在传说故事、崇拜祭祀、生产习俗、禁忌风俗、特色物产、地名印证等方面：

（1）传说故事

为除海患、建海塘、镇压江潮，伴生了大量故事传说，反映了历史上人们的治水愿望和对治水镇潮历史人物的怀念，也反映了海塘发展的过程演变，具有较高的遗产价值。

（2）崇拜祭祀

人们纪念治水镇潮或修筑管理海塘的传说人物或历史人物，补充了海塘历史，丰富了海塘文化遗产内涵，也激励着后世人们更加积极主动而又科学合理地管治钱江潮、造福民生。

（3）生产习俗

修筑海塘需要科学的劳动组织，在劳作过程中，塘工生产习俗成为重要的历史陈迹和遗产内涵。海盐塘工号子作为这方面的重要代表，其内涵包括了劳动的组织程序，记载了建塘的历史；其唱词、腔调、旋律等成为文学、音乐乃至舞蹈的表现组成，成为优秀的综合文化。除建塘之外，围绕海塘周边晒盐、捕鱼等劳动形成的生产习俗，同样丰富了遗产的内涵。

（4）禁忌风俗

围绕海塘建设管理的生产过程和生活习惯，衍生而来的禁忌风俗反映了海塘周边人们适应自然、敬畏自然、改造自然、利用自然，与之和谐共生的理念。一些衍生习俗，如冲浪钱江潮的弄潮习俗，宋代以来多有记载描绘，反映出人们自强不息、拼搏向上的积极心态。端午祭及赛龙舟等习俗，同样反映出人们缅怀历史而又乐观向上的生活心态。

（5）特色物产

钱塘江沿岸，近傍海湾，滩涂遍布，晒盐向为重要产业，南岸的庵东，北线的海宁盐官、海盐澉浦等历史上都有著名的盐场。在晒盐产生特色技艺的同时，利用海盐，创制出斜桥榨菜、萧山萝卜干等著名特色物产。为纪念潮神伍子胥，嘉兴端午粽子也成为一方名产，五芳斋粽子驰名四方。

（6）地名反映

与海塘相关的地名，带塘字的地名表现最为直接。北岸海盐县，曾有海塘乡地名，而落塘头、塘湾、塘边等乡村地名至今仍普遍存在。围绕海塘体系的建设完善，海塘沿线，地名中带闸、坝、堰者不计其数。结合海塘沿线相关产业，晒盐遗留的团、场等地名星罗棋布。为管治海塘，祈求平安，盐官、救海庙、镇海口以及相关庙宇名称等直接用作了通俗的地名。因此，地名的产生、演变与保留等，同样见证了海塘的历史。

3. 科技遗产价值

海塘建设的历史也是海塘科技发展、成熟的过程，是重要的文化遗产。其遗产价值体现在治水理念、营造方略、建造技术、建造规范等诸多方面。

（1）治水理念

钱塘江涌潮汹涌澎湃，势难阻遏。钱塘江河岸河道反复变迁，游移不定。因此，建塘以来，两岸先民、历代官府均本着疏导、引导的原则进行海塘建设。早期，限于条件，主要建筑土塘，毁建周期较短，建塘主要以退避海潮为主。随着建筑材料与营造技术的改进，尤其是明清以来，塘身选址逐渐固定，退避潮水变为驯导潮水、固定海岸。清代尤其是民国以来，部分塘段，则在某种程度上采取围堰拓殖的思路，拓展海岸边界、建设防潮体系。

（2）营造方略

为提高海塘抵御能力，海塘营造由单线的堤坝逐渐演变为复线、乃至纵横交错的体系。钱塘江古海塘在千年发展变化的历史中，形成了完备的保护体系，包括塘身本体的加固、维护，塘身外侧的延展、保护和塘身内侧的防固、应急。

塘身建设方面，坝体断面选择与修筑时，将外侧迎水面建得较为直立，后坡背水面较缓，有利于抗潮护堤。土塘中石块的加入，增强了坝体的重量与牢固度。坝体外侧竹笼石塘的运用，使坝体的修筑得以在潮汐之间较快实施，外侧溇柱的树立，使塘身受潮水冲撞的力量减弱，保固了塘身。丁坝（含挑水坝及盘头等）、抛石坝（顺坝、潜坝等）同样减轻了江潮对塘身的直接冲撞。塘身内侧的岜塘、备塘、备塘河等形成的完备体系，顶托、加固了塘身，也是现代应急制度的古代体现，江潮漫溢，可随即引泄或挡水外排，使广大内地免遭潮患冲击及盐碱影响。通过种植棘草等生物固化手段，则有效保护了海塘。滨海大型防潮排水设施（如绍兴三江闸等）在各时期的修筑也与海塘一起构筑起更为宏大的防潮体系。

（3）建造技术

海塘工程技术在千年建设过程中不断发展。最早的海塘只是就地取用的土堤。宋元间，杭州及附近地区大量采用竹笼工和石囤筑塘护卫。明代砌石塘工开始在杭州湾与钱塘江交界的海盐境内推广，清代潮灾集中海宁之后，石塘开始向海宁延续。石塘发展的过程中，相继解决了塘体砌筑、基础工程、塘体消能和粉沙基础施工等关键技术，至清乾隆时规模巨大的"鱼鳞大石塘"重力型海塘终于成为护卫杭州湾的主要塘型，传统海塘工程技术至此达到最高水平，这些至今仍在使用的海塘被誉为海上长城。

由土塘向柴塘、竹笼塘、木笼塘、石囤塘的演进，为全面石塘的建设奠定了基础。在宋元尤其是明清以来的石塘建设中，技术不断改进，如根据不同地段的潮水冲击强度，选择建设鱼鳞石塘、丁由石塘等，并改进完善筑塘基础、塘身砌筑等项工艺，保护塘身。石塘的全面修建，塘身条石的纵横交错，使塘身的整体性得到加强。顶面条石的纵横布置及铁件扒固或铁水浇筑冷凝，使塘身顶面形成牢固的整体。石塘基础，从无到有，从有到坚，也是技术的突破。针对不同地质结构，采取不同方法，压桩加固，叠压塘身，使塘身生根固定，更利保存。

（4）建造规范

在海塘建设过程中，形成了较为系统的规范，如清代建鱼鳞大石塘有国家规定的营造法式可供遵循，《大清会典事例》对海塘的建筑规程包含了海塘的塘身、塘基、塘戗三部分结构，并对建筑材料和建筑尺寸也有专门的规定。清康熙五十九年（1720 年），工部为海宁县老盐仓、上虞县夏盖山等处海塘工程特定的营造规程，是塘体和塘基修筑的规范性条款。

（5）科技地位

钱塘江海塘与万里长城、京杭大运河并称我国三大工程，比较而言，钱塘江海塘的建设更为艰巨，科技含量更高，对后世的影响巨大。

4. 生态遗产价值

海塘建设与汹涌钱江潮，在千年发展历史中，互为攻守、互相依存，最终达成动态平衡，建构起和谐的生态体系。其生态价值表现在：

（1）生态护塘、固定海岸

早期，在海塘迎水面种植植物如芦苇、灌木等，依靠植物的根系和枝条消浪护滩护塘。如南宋乾道七年（1171 年）秀州华亭（今上海）海塘完工，"令所筑华亭捍海塘堰，趁时栽种芦苇，不许樵采"。① 这种现代称为"生态型"的护塘工程，在宋代已经作为海塘的主要工程设施并加以管理。明清以来，石塘成为海塘主体，塘身内侧的种植护塘成为普遍手段。

（2）促淤成滩、围垦拓殖

海塘外侧的坦水、挑头、盘头以及明暗抛石坝，使得岸线之外淤积加快，形成滩地。多线海塘的修筑，以及岸线的不断外移，使得土地的围垦拓殖成为可能。

（3）营造湿地、改善生态

海塘之外的滩涂，常淤积成为湿地，水草、水产、海鸟、候鸟等动植物麇集于此，形成良好的生态环境，对海塘形成很好的保护。

5. 文化遗产价值

海塘文化遗产主体分为物质文化遗产、非物质文化遗产和文献史料遗产等，其内涵丰富、形式多样、价值独特、意义重大。

（1）物质文化遗产（文物）价值

海塘塘身、海塘相关水利工程设施、名胜古迹等在海塘沿线密集分布，既有海塘文物，又有相关史迹，共同见证、保存或传承着海塘文化。海塘物质文化遗产价值体现在：一是保存海塘相关物证，使历史有载体；二是见证海塘建设的历史，使历史有佐证；三是延续海塘历史，使遗产可见、可用，文化可传承延续。

（2）非物质文化遗产价值

海塘非物质文化遗产包括故事传说、音乐舞蹈、祭祀崇拜、人物纪念、禁忌习俗、生产习俗、地方物产等，其中传说习俗等表现为纯粹的非物质形态，祭祀崇拜等依托于物质本体、组合成丰富多彩的海塘非物质文化氛围。这类遗产，记述了海塘的建筑与演变历史，阐发了人们对海塘的心理暗示与美好愿望，表现出与海塘海潮相关的生活心态与风俗习惯，抒发了对海塘人物的无尽怀念，承载了海塘的历史文化，表现出海塘文化的不朽活力。

---

① 《宋史·河渠志》，二十四史河渠志注释本，第 188～189 页。

（3）文献史料价值

有关海塘的志书、论著、策论、疏议、奏折、记述等文献论著传世甚多，其遗产价值在于：记述了海塘地域文化及海塘建设各项条件，有助于我们了解海塘建设的相关背景；记述了海塘工程建设背景及工程组织管理，有助于我们了解历代官府、民众对海塘建设的心态演变，了解海塘工程建设的组织管理程序；记述了海塘建设的科技手段与改良提升，有助于我们了解海塘技术的构成与演变；记述了海塘建设效果及经济社会发展，有助于我们了解海塘的功能、功效发挥，和对相关地域经济社会的推进过程；记述了海塘衍生文化的产生与发展，有助于我们了解海塘相关文化的孕育、发展、演变，继而充分体念海塘文化的内涵与价值。

6. 综合利用价值

（1）综合管理利用价值

古海塘作为海上长城，保障了沿海地区的经济建设，得益于严格的海塘管理，包括军事管理、行政管理、工程管理等，历代都有相关规章制度颁行实施。这些制度，有力保障了海塘，也给后世以参考利用价值。

（2）文化保护传承价值

作为我国重要的水利工程，钱塘江古海塘与万里长城、京杭运河齐名，海塘本身及相关古迹是重要的物质文化遗产，与海塘相关的民俗禁忌、故事传说、风物特产等又是非物质文化遗产，而千古奇绝的汹涌钱江潮更是声名远播。由钱塘江海塘衍生的史料记载、文学创作、音乐舞蹈、摄影绘画等，丰富了钱塘江海塘的文化内涵，促进了海塘文化传播与影响。钱塘江海塘连同钱塘江涌潮，足以成为我国重要的文化遗产项目，永续传承。

（3）旅游开发利用价值

滔滔钱江涌潮，巍巍海上长城，承载的千年历史，饱含的文化内涵，连同钱塘江两岸的其他丰富资源，成为旅游开发利用、文化保护传承的重要对象与载体，具有极高的旅游开发价值。钱塘江观潮已成千古奇观，古海塘理应成为旷世遗产。其旅游发展的辉煌前景可以想见。

三、保护管理

钱塘江古海塘遗存众多、遗产丰富，保护管理却不尽如人意。在全面认知其遗产内涵、深刻认识其遗产价值的基础上，理应加强保护利用，使这一持续千年、绵延千里的连续遗产，作为综合文化景观得到更好的保护与传承。

（一）更急迫地理解保护管理的现实需求

随着经济社会发展的快速发展，持续发挥着防洪御潮作用的临江古海塘，完整性、真实性日益受到冲击和扰动，遗产的保护管理面临较多的挑战。

1. 虽有研究，但不够综合

海塘保护了钱塘江河口两岸地域生命财产安全，使得两岸地区的经济社会文化等各方面保持了发展和繁荣。千百年来，围绕着海塘孕育了丰富的文化。历史上，人们对海塘的功绩赞颂不绝，同时对海塘的研究总结也未有停滞。唐宋以来，尤其是明清时期，与海塘有关的文化研究成果存留更多。民国以来，随着新海塘的建设发展和新筑海塘的借鉴需要，海塘历史研究不断深入展开。20 世纪中叶以来，钱塘江管理局等海塘主管部门从历史、构造、技艺以及利用发展等方面对海塘进行了持续研究，近来又主持开展临江古海塘保护措施和关键技术的应用研究，着力于通过试验积累经验来推广应用于古海塘的保护与延续。但古海塘作为综合遗产，相关研究毕竟不够综合与系统。

2. 虽有保护，但不够系统

20 世纪 50 年代以来，古海塘经历了比以往更大程度的变化，保护利用的问题更为突出。目前，一线临江海塘虽里程日短，但其重要性却日益突显。在当今文化遗产保护日益受到关注、重视的情况下，古海塘作为重要的水利设施及文化遗产，逐渐走入公众视野，关心海塘的各界人士，都围绕着海塘保护进行思考、总结，建言献策，对古海塘的保护利用提出设想。

作为钱塘江古海塘专管部门，钱塘江工程管理处（局）在清末即已建立、运作。民国以来，海塘保护不断加强。1973 年，省钱塘江管理局恢复建制。目前，钱塘江管理局机构健全，职责明确，并分别建立了杭州、嘉兴、绍兴等属地管理处，对两岸海塘进行全面管理，同时对所辖区域内的古海塘进行系统保护与有效提升。为满足经济建设与发展需要，临江、沿海一带，实施标准海塘建设，开拓垦殖土地的同时，进一步保护了古海塘。国土、规划、建设、市政等部门，依据海塘管理利用服从海塘总体规划及各专项规划的要求，精心保护古海塘，使其不被蚕食受损。文化、文物等部门，着眼于文化遗产的保护传承，对现存古海塘资源进行了全面的调查分析，将其列入文物名录，并将重要点段列为文物保护单位。钱塘江河口沿线地方政府，也逐渐加强对海塘的保护管理。

即便如此，仍与维持原状、加固塘身、永续利用的系统保护目标存在差距。

3. 虽有利用，但不够合理

钱塘江临江一线古海塘现存 40 余千米，包括北岸的海宁市、海盐县等段，以及南岸的萧山区西江塘段等，仍在抵御钱江潮，这是水利工程设施的沿用。其余塘段，尤其是南岸古海塘大多退居二、三线，多不直接临江，成为弃用塘段或遗产塘段，部分塘段上已覆盖乡村公路等，逐渐演变为道路交通设施。临江古海塘，尤其是萧山区西江塘段、海宁市盐仓至盐官段、海盐县城段等，既是临江防潮堤坝，又是著名景观。退居二、三线甚至更处内地的古海塘，多已不连贯保存，成为地方历史陈迹，其保护利用迫在眉睫。

（二）更系统地推进古海塘遗产相关研究

1. 已有研究需要进一步深化

研究保护古海塘具有重要的现实意义。钱塘江古海塘工程历史悠久，承载着钱塘江两岸人民与自然灾害奋斗的经验；古海塘工程建设的伟大成就，反映了古代浙江人民的聪明才智和高超建筑技术，具有显著的社会价值和科学价值；古海塘作为类型独特的文化遗产，与自然山水融为一体，产生独特的观赏价值；古海塘景观的现存面貌，反映了钱塘江的变迁，使人们了解钱塘江河口的演变，更加尊重自然，尊重人与自然协调的规律。钱塘江古海塘在工程技术、人类学、历史学、民俗学、生态学等一系列学科领域里都有重要研究价值。

钱塘江古海塘的修筑史，也是一部沿线人民与大自然抗争并最终赢得与自然和谐共处的历史，反映出"自强不息、坚忍不拔、勇于创新、敢为天下先"的精神，进而折射出中华民族祖先勤劳、智慧的民族品格，对其加以研究、阐发、引导，无疑具有积极意义。

2. 现状研究需要进一步拓展

钱塘江古海塘周边文物古迹密布，文化特质鲜明，地域特色明显，文化内涵丰富，文化意境深邃。对其研究应立足于基础调研，并进行汇总提炼，将钱塘江文化主要精髓梳理、概括。主要包括：一是了解钱塘江古海塘包含的丰富文化内涵，为古海塘文化的提炼提供充足的依据；二是了解钱塘江古海塘历史、构造、特征及其周边地域相关文化背景、特质，梳理古海塘文化脉络、提炼其深厚内涵、提升其文化品位；三是展现古海塘风貌、展示其特点、发挥其作用、提升其价值。

3. 未来研究需要进一步提升

（1）研究内容

一是研究古海塘本身历史、构造与特点：通过资料收集，建立较为完整的古海塘历史文化资料；通过实地勘察，验证钱塘江古海塘包含的丰富历史文化内涵。

二是研究古海塘周边地域相关历史文化：收集整理古海塘沿线地域相关文史资料，阐发该地区与海塘相关的深厚文化积淀；考察分析古海塘沿线地域相关文物古迹，加深对海塘历史的深刻体会和对海塘意义的深入挖掘。

三是研究古海塘及其文化的保护与传承：总结归纳古海塘历史文化，把握古海塘所处地域相关文化特征；提炼升华古海塘特点作用，保护好古海塘，进而更好地发挥其作用；提出古海塘保护利用对策，借鉴历代养护的成功经验，加以保护、传承和利用。

（2）研究途径与方法

一是文献收集与整理：通过图书和文博机构，以及其他研究机构等各种渠道和媒体网络等，收集海塘建设历史、相关地域文化等，作为研究基础。

二是实地勘察与验证：现场考察钱塘江沿岸海塘分布区域内的海塘遗存，了解其线形、构造、特征，调研相关史迹及风物传说，访谈历史、走访人物等，了解海塘变迁历史与海塘文化，收集相关史料，以充分印证、补充既有史料，归纳与提炼海塘文化。

三是归纳海塘文化内涵：对各类史料、材料进行甄别、筛选，继而提炼、提升，确定古海塘文化内涵，切合研究目的。

四是提出保护利用措施：吸收历史上古海塘建造、养护的成功经验，传承古海塘伴生发展的地域文化，以史为鉴、古为今用。

（三）更深入地挖掘提升古海塘遗产内涵

1. 深入评估古海塘遗产内涵与价值

古海塘蕴含的深刻内涵与价值，需要我们不断挖掘与深化，包括文学遗产价值、民俗遗产价值（传说故事、崇拜祭祀、生产习俗、禁忌风俗、特色物产、地名印记等）、科技遗产价值、生态遗产价值、文化遗产价值（物质文化遗产价值、非物质文化遗产价值、文献史料价值）、综合利用价值（海塘管理利用价值、文化保护传承价值、旅游开发利用价值）等各个方面。

2. 合理评估古海塘遗产的文化影响力

（1）古海塘文化的精神内质

历经沧桑的古海塘，俨然成为国人改造自然、造福人类的伟大坐标。在发挥保境安民作用的同时，也沉淀、积累着深厚的文化精神。如：

1）拼搏精神。钱塘江两岸先民，没有屈从于钱塘江潮的肆虐，持续发扬拼搏精神，不断改进工程技术，终于铸就海上长城，保障了一方水土的安全。勇立潮头、敢于拼搏的精神无疑是海塘留给我们的宝贵遗产。

2）创新精神。在海塘修筑的过程中，从官府到民众，从管理到技术，从使用到维护，从发展到提升，无不群策群力、集思广益、不断创新、不断提高，使海塘修筑技术、日常管理水平不断得到提高。

3）围垦精神。勤劳勇敢的百越祖先，开凿运河、疏浚西湖、弄潮钱江、兴筑海塘留下无数光辉业绩。兴筑海塘留下的"瑰宝"中，便有那前仆后继、艰苦卓绝、奔竞不息的围垦拓殖精神。精神来之不易，需要代代相传。

（2）古海塘文化的影响

1）工程历时悠久。钱塘江古海塘的建设起自东汉延至清末民初，持续了千年，殊为不易。而历时弥远，遗产亦日丰。

2）工程规模浩大。中国沿海的古海塘中，钱塘江海塘就占了近半。海塘修建相度地势，顺应水情，根据具体情况，采用不同形式。钱塘江古海塘，潮流强劲，土质松软，两岸变化剧烈，工程措施艰巨，耗工巨大。所建海塘，下承桩木，上叠巨石，前有坦水，后有土戗，一线相连。这样宏伟的海岸防护工程，国内仅见，也为其他各国所罕见。

3）文化影响深远。古海塘的成就在古代即已得到认可，人们通过诗文、碑刻、论著、史志等记述、传诵、探讨、传播，将海塘工程技术及文化影响传遍各地，对我国沿海的海塘建设和地方经济文化产生巨大推动。

（四）更全面地落实古海塘保护管理措施

1. 遵守科学的保护原则

（1）全面保护

钱塘江古海塘是由不同时期形成、不同形式表现、不同内涵反映的物质对象或景观意象构成的综合遗产体系，它所反映的时代特征、地域特色、文化现象均应是我们保护传承的对象或内容，因此，全面保护理应成为我们保护海塘的基本原则。

全面保护古海塘线形、遗存，保护古海塘历史变迁的线形格局；全面保护古海塘构造及其特征，完整反映古海塘（体系）创建、发展、完善的脉络，反映古海塘建筑工艺及其成就，反映古海塘的独有科技价值；全面保护古海塘文物及相关史迹，有利于对海塘的全面认识与把握；全面保护古海塘相关非物质文化遗产，丰富海塘文化的组成；全面保护古海塘所处生态环境，感知古海塘对生态环境的固化、维持和对环杭州湾沿岸地带的繁荣发展做出的贡献；全面保护古海塘史料记载，使丰富的史料成为海塘研究的重要参考。

（2）分层次保护

钱塘江古海塘因所处位置不同、现实功用不同、利用前景不同，各处塘段的价值存在差异。因此，古海塘的保护理应分出层次。

北岸海塘大部分地处临江一线，尤其是海宁、海盐段，形制完备、建筑雄伟、价值重大，应作为主体代表。南岸海塘，萧绍平原上虞及以西古海塘，保留相对完整，虽已退处内陆，形制仍较完整，理应得到保护。东线宁波余姚、慈溪、镇海等地，古海塘已存零星分布，可作点状保护。古海塘之外，各时期新修海塘则作为古海塘的保护塘或环境地带加以保护。除了古海塘本身，海塘相关文物、风俗物产等也是保护（传承）的对象与内容。

（3）重点保护

在古海塘本身及海塘古迹、海塘风物中，应重点保护临江一线古海塘遗存，尤其是已列为各级文物保护单位的塘段。此外，各类文物和已进入非物质文化遗产名录的风物传说等也应同样重视、同时保护。

2. 设定合理的保护框架

（1）廓清历史脉络

梳理钱塘江古海塘营建、发展的脉络，了解其营建背景、原因、条件，了解其发展的历史过程及其建造技术的演变，了解海塘相关史迹的产生背景，了解相关地域因海塘而产生的文化现象及其深刻内涵，才能深刻理解海塘文化的产生、发展，建构起古海塘文化的框架及脉络内涵，为海塘文化的继承发展提供先决条件。

（2）保护文化遗产

海塘相关文物是古海塘文化遗产的有机组成部分，海塘地域与海塘伴生而来的相关故事、传说、习俗、物产等是海塘文化重要的补充，因此，保护海塘文化遗产，注重海塘本体，也应注重产生海塘的背景环境。

（3）提升遗产价值

古海塘营建技术对新修海塘具有重要的参考借鉴作用，古海塘历史遗存在文物保护、旅游发展中有基础作用，古海塘相关传说故事、风俗物产等对新时期文化建设具有传承意义，古海塘的建设利用反映出来的拼搏意识影响了周边地域的人文精神。因此，古海塘遗产价值的诸多体现在新时期无疑具有积极意义。

3. 制定清晰的保护对策

（1）工程保护措施

古海塘的最大作用在于防潮护岸。目前，临江古海塘依然承受海潮撞击，担负着防潮作用。由于常年巨潮撞击，这些临江海塘不同程度存在结构隐患，成为相对薄弱的塘段。因此，加固塘身成为现实需要及重要课题。

加固古海塘的主要思路是：加固基础，主要是灌浆嵌实，稳基固本；加固塘身，嵌补勾缝，维护塘身；加固塘面，加强整体性能。在古海塘之外，抛石建坝，以阻潮减能，减弱江潮对塘身的直接冲撞。在古海塘之内，培土固塘，加大古海塘防御纵深等，使得古海塘结构体系和使用功能得以延续。

（2）文化遗产保护措施

1）物质文化遗产保护。要重点保护各处已列为文物保护单位的古海塘塘段及附属文物，同时保护各处尚未列入文保范畴的历史古海塘。列为文物保护的塘段及海塘文物尚少，不足以涵盖海塘文化内涵，随着认识的深入，尚未列入文物保护单位的海塘及其附属文物，应视为文物资源及文保单位储备资源。对文物保护单位，严格遵照"保护为主，抢救第一，合理利用，加强管理"的方针进行保护、整修和利用、管理。对古海塘进行加固、整修及环境美化，不得破坏性施工。对尚未列入文物保护范畴的古海塘，应参照文物保护单位管理相关要求，实施保护。各处古海塘的保护，除应遵循文物保护主管部门规定外，应充分采纳、吸收相关部门意见建议，进行多学科探索，实施更为科学有效的保护。各处古海塘及相关遗存，应在保护基础上，加大管理利用力度，使文化遗产真正发挥作用。

2）非物质文化遗产保护。保护海塘相关非物质文化遗产，应遵守国家相关法规，按照"保护为主，抢救第一，合理利用，传承发展"的方针，本着批判、吸收，创新、发展的思路，在保护基础上，重点做好传承工作。如塘工号子、观潮节庆等应列为重点，而吴越钱王、清代乾隆等筑塘相关传说也不该遗漏。

3）地域文化与人文精神传承。钱塘江北岸的杭嘉湖三地，北连碧波荡漾的太湖，南临奔腾咆哮的钱塘江，地域性格的发育成熟明显受到二者的影响，兼有江南婉约秀美的良好气质和猛进如潮的拼搏精神，在物质生活的创造和精神生活的提炼上，有传统继承，也有创新发展。南岸的宁绍地区，将江南文化与气质保留、传承，更受钱塘江潮的千年激发，有着与天地搏击的豪情，结合钱塘江南岸岸线不断北伸的大势，不断围垦江岸、造就良田、拓殖发展。因为钱塘江古海塘的护佑，钱塘江南北两岸成为富庶之地，进而成为文化之邦。有丰裕的物质财富作基础，钱塘江两岸文化发达，名人辈出。由此，欣赏、歌咏、记载钱塘江及古海塘的文献、文章层出不穷，为我们留下丰富的文化财富，也激发出我们的自豪感与进取意识。

4. 追求永续的传承利用

（1）古海塘保护利用

1）工程设施的加固沿用。海塘历经千年，残坏现象不可避免。对临江古海塘，通过技术加固措施的落实，使之继续发挥应有作用，具有重要的现实意义。清代，以铁件的浇筑连贯即在临江一线海塘普遍实施，至民国时期得到更多的推广应用。20世纪50年代以来，更多新技术应用于古海塘的维护，大大提升了海塘的科技含量与文化内涵。

2）景观设施的改造利用。千里海塘不但是沿岸生命财产的保障线，也是一道靓丽的风景线。海塘之上，为维护便利和观瞻需要，历代至今，兴建了不少景观设施。在新的历史时期，为更好的保障生命财产安全，更好地服务于各项开发事业，有必要对海塘景观设施进行合理改造与提升。

（2）古海塘文化传承

1）古海塘文化遗产的切实保护。钱塘江古海塘承载了千年工程技术和深厚文化内涵，其意义价值得到公认，因此，海塘迫切需要保护。古海塘的线形遗存，构造特征，古海塘文物及相关史迹、相关非物质文化遗产，古海塘所处生态环境，古海塘相关史料记载等，都应成为保护的对象和内容。为保护古海塘文化遗产，有必要呼吁有关单位加大力度、加强措施，从提升认识、保障管理、提升技术等方面给予保障。为拓展古海塘文化遗产的有效利用，有必要建立一个文化遗产综合保护体系。一是建立完善管理机构，更好地协调相关工作；二是建立完善规章制度，保障各项措施的落实；三是探索新型保护技术，实施对海塘的有效保护。

2）古海塘文化遗产的有效利用。建议将建设海塘文化博物馆、持续扩大宣传影响、申报世界遗产等各项工作联动实施。一是建设展陈设施。在古海塘各处重要节点，逐步规划建设一批展陈设施，满足开放、参观、旅游与教育等的需要。立足于现有场地设施，进行海塘历史文化与保护利用的参观教育及休闲娱乐。同时，积极筹建海塘文化博物馆，集中展示海塘文化。二是扩大宣传影响。传播古海塘博大精深的文化。三是申报世界遗产。兼具自然和人文两大奇观的钱塘江涌潮与古海塘理应成为浙江省重要遗产项目，应将其申报世界遗产，推向更宽广的舞台。

（3）古海塘文化提升

1）深入研究古海塘文化。应进一步加大对古海塘的研究，推动研究和保护工作的深入开展。一是建立学会基金，创办研究学会，长期、有序推动研究工作；二是建立交流平台，定期开展学术活动，各抒己见、集思广益，为古海塘保护利用提供长期的理论支持与技术保障；三是出版研究著作，对海塘历史、文化进行全面梳理与宣传。

2）有效提炼古海塘文化。对古海塘文化的研究应不断深化，对其科技内涵、人文意蕴、管理经验等方面的认识不断深化与提升：一是科技发展方面。认识古海塘建设的历史是一部具体而微的科技发展史，海塘的建设是认识不断加深、体系不断完善的过程，这需要我们不断总结提炼，为我们在古海塘的保护及新海塘的建设中提供科学的经验。二是文化发展方面。因古海塘的建设、发展而受益的钱塘江河口两岸地区，在奋斗与发展的历史中产生、创造了鲜明的地域文化和文化遗产，传承、发扬古海塘衍生而来的文化特色成为文化继承与文明传承的重要内容。三是管理文化方面。古海塘建设管理的历史经验和科学理念，可使我们充分借鉴、进一步积累，完善海塘建设管理，使千年海塘能永久护佑两岸人民，钱塘江河口两岸地区才会保持永续的发展。

3）不断提升古海塘文化。挖掘古海塘的历史价值，实现古海塘文化的传承与提升，使钱塘江潮自然景观与潮文化、古海塘文化资源和谐融合，进一步促进区域经济社会的可持续发展。一是提升旅游开发功能。钱塘江临江古海塘旅游文化资源的保护与开发，不仅有利于保护历史文化遗产，而且对丰富沿江城市历史文化内涵，开发新的人文景观等都具有重要意义。钱塘江古海塘遗存不仅是浙江省的宝贵文化遗产，同时也是中国乃至全人类的珍贵文化遗产，加强对钱塘江古海塘这一历史文化瑰宝的保护，我们责无旁贷。将钱塘江古海塘在保护的基础上加以整合、开发、利用，可弥补钱塘江—杭州湾沿岸地区的文化遗产种类缺憾，大大丰富钱塘江景观文化如观潮节等的内涵。建议沿江两岸结合自身特点，建设相应的海塘、海潮文化旅游产业带。二是提升经济促进功能。历史上古海塘对两岸生命财产的保障起到了关键的作用，尤其是北线海塘，极大地保障了太湖南岸地区千年经济文化的繁荣与发展。因此，保存、维护古海塘，借鉴古海塘的建设技术等应用于新海塘的建设，可保障、促进地域经济的持续、稳定发展。三是提升文化影响效能。海塘本身及其相关地域文化与海塘相互影响、促进，历史上如此，现代社会更是如此。阐发海塘文化价值，并加以保存、保护、展示、发展，可将海塘建设、管理的悠久历史所体现出来的各种文化内涵、文化活力及文化动力大为发扬。

　　钱塘江古海塘本身的建设、发展和变化，是一部渐进的工程技术史。结合其所处的环境，惠及其护佑的土地，发展成为一部地方经济史。自然的改造、经济的繁荣，促进了地域文化的催生、孕育、发展与升华，又可以说是一部文化发展史。千年古海塘是先人留给我们的丰厚物质遗产，也是宝贵的精神财富，因此，保护好、利用好、传承好古海塘文化的同时，也会给我们提供可资利用的优质资源。千里古海塘护佑着钱塘江河口两岸，是一道名副其实的生命线。千年文化发展与积淀，使之成为一道奇妙自然景观和丰富人文资源相结合的优质黄金线。保护好古海塘及其文化内涵，让这道靓丽的风景线永久地保留和传承，是我们义不容辞的责任。

参考文献

1. ［清］方观承纂：《两浙海塘通志》，浙江古籍出版社，2012 年。

2. 钱塘江志编纂委员会编：《钱塘江志》，方志出版社，1998 年。

3. 陶存焕、周潮生：《明清钱塘江海塘》，中国水利水电出版社，2001 年。

4. 朱锲：《江浙海塘建筑史》，《朱希祖、朱锲父子与故乡海盐》，西泠印社出版社，2013 年。

5. 郑连第主编：《中国水利百科全书》（水利史分册），中国水利水电出版社，2004 年。

6. 陈雄：《钱塘江历史水利研究》，光明日报出版社，2013 年。

7. 郭涛：《中国古代水利科学技术史》，中国建筑工业出版社，2013 年。

对杭州富义仓保护维修设计的思考

张书恒

一、历史背景

京杭大运河是中国历史上最重要的一条运河，是我国古代最伟大的人工工程之一，也是世界上开凿较早、里程最长的人工运河，体现了我国古代劳动人民改造自然，利用自然的伟大创举。全长约1800公里[1]贯通南北的运河，最早的一段干沟始掘于春秋末期，隋代开凿了以洛阳为中心，向东南、东北辐射的南北运河，成为朝廷连接东南、东北的纽带。元代建都北京后，在原有运河基础上进行了较大改线，利用天然河道加以疏浚沟通，形成北起北京、南达杭州，继续保持朝廷与江南的交通纽带作用，维系朝廷命脉和国家稳定的京杭大运河。

运河具有多种功能，但航运是其最主要的功能。航运又分漕运、商运、客运。漕运专指中国封建社会时期，统治者将各地的田租赋税由水路运抵京城以维持国家机器运转。明清时期，京杭运河的终点拱宸桥成为南北货物集散中心，可以说拱墅因运河而生，因运河而兴，因运河而盛。依托运河，自隋唐，经宋元，至明清、民国，日渐繁荣，持续发展，造就了"十里银湖墅"。

清咸丰十年（1860年）至同治三年（1864年），杭州及附近地区是清兵与太平军争夺的主战场，人口伤亡众多。如杭城，就有一次受屠14万人的记载[2]。五年间三次争战，太平军围城，粮道断绝，饥馑四起，城内有居民六十万人，饿死十余万人，城市遭到严重破坏。

战乱不久，光绪五年（1879年）秋谭钟麟巡抚浙江，着手灾后治理，派人清查土地，核实漕平，更定厘税，治浚河道，鼓励商运，修筑炮台，重建文澜阁并珍藏乾隆帝赐予的《四库全书》，名震一方。当时杭州经历太平天国运动不久，百废待兴，为保障城市粮食储备，据《富义仓记》载，谭巡抚"察吏之次，孳孳以时急令绅士出购谷十万石分储旧有两仓廒，不足则增之；仍不足，则购衙湾民地，庀材而创建之（富义仓）"；"经始于六年庚辰十二月，落成于十年辛巳之七月，费白金一万一千两已"。

---

① 据《中国大百科全书》和《中国水利百科全书》记载。

② 曹树基、李玉尚《太平天国战争对浙江人口的影响》转引佚名《东南纪略》，光绪年间刊本。转见《太平天国文献汇编》第5册，第232页。

二、富义仓的历史及沿革

富义仓位于杭州城北湖墅南路东侧霞湾巷内。霞湾巷东起吴家石桥，西至大兜路南端。明清时称衙湾巷，后音讹为霞湾巷，1966 年改名东新巷，1981 年复名霞湾巷（图一）。明清时期，是依托京杭大运河与余杭塘河水运码头，靠近湖墅路、卖鱼桥、江涨桥、与大兜路等形成的一条人口稠密的巷弄。巷北原保留明代陈宅，20 世纪 80 年代霞湾巷拓宽改造时，迁往下城区新华路吴宅附近，原址改为中策职业高中校舍，霞湾巷以南的富义仓得以保留。

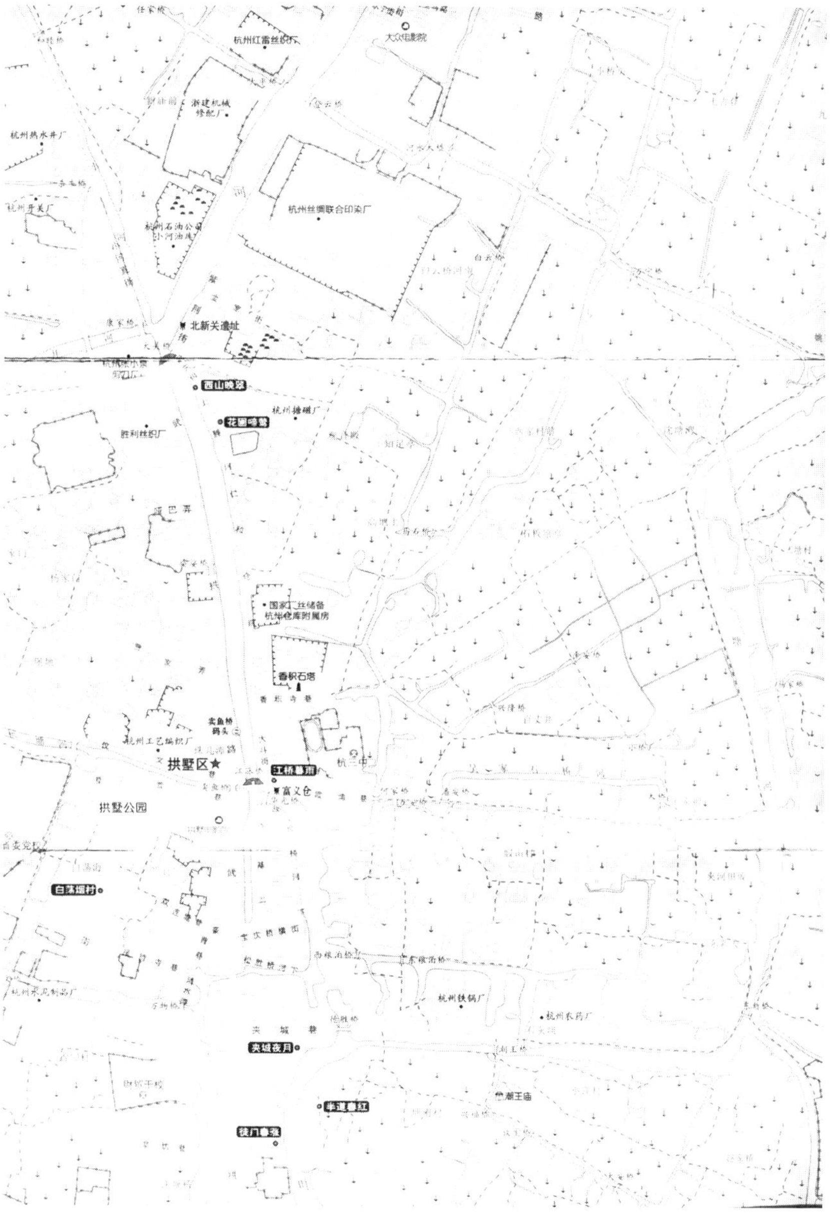

图一　富义仓区位图

富义仓西距京杭运河主河道数十米，此段运河宋代名为"新开运河"。据宋吴自牧《梦粱录》记载："新开运河，在余杭门外，北新桥北，通苏湖常秀润等河。凡诸路纲运及贩米客舟，皆由此达于杭郡。"自宋代起，城北余杭门外沿河两岸设有多处大型粮仓，有宋代的丰储仓以及明清的仁和仓、义仓、富义仓等。大兜路北侧有仁和仓巷，左家桥附近有仓基上，德胜桥附近东粮泊巷、西粮泊巷等地名沿用至今。其中丰储仓为南宋朝廷所置国家粮仓。《宋史·孝宗纪二》载："乙巳，置丰储仓。"又载："乙丑，增筑丰储仓。"宋楼钥《雷雪应诏条具封事》载："丰储仓：所以为中都之备，一时欲用，出圣断，排羣议，积贮为之一空。"明清时期形成米市，加工交易储运两旺。

光绪六年（1879 年），"浙江巡抚谭钟麟奏建富义仓于湖墅霞湾又增建永济仓廒，饬购谷十万石，以益之"。

据《杭州府志》记载："富义仓在北关衙湾，光绪六年建。"应宝时《新建富义仓记》载："衙湾，自宋以来为东南一大都会，岁计入城之米多至数百万斗。粤寇未扰以前或至其地设坊置砻为储备计，今惟会城永济仓、义仓颇有积贮。光绪己卯冬，茶陵谭公来抚浙，察史之次，孳孳以时为急令绅士出购谷十万石分储旧有两仓廒，不足则增之；仍不足，则购衙湾民地，庀材而创建之。凡地十亩，为仓四为廒八十，容谷可四五万石，其东筑楼三楹，属司事者居之；其西创屋一区，为砻场，驾马楗以转环之；向南茸屋为确房，则春揄簸揉之所在也。复峙一亭于其前，则舟楫之所舣而负戴之所休息也。经始于六年庚辰十二月，落成于十年辛巳之七月，费白金一万一千两已，而上其事於朝，使后之莅是邦者，散而积之，无亏其数，为民忧。岁之冬，公承陕甘总督之命，濒行锡之名曰富义仓。嘱宝时为之记。"详细记录了富义仓建造的背景、选址过程，还十分难得的记录了富义仓的规模、分区和建筑功能："其东筑楼三楹，属司事者居之；其西创屋一区、为砻场，驾马楗以转环之；向南茸屋为确房，则春揄簸揉之所在也。复峙一亭于其前，则舟楫之所舣而负戴之所休息也。"粮食经运河船运至富义仓，由搬运工人运至确房，经"砻场，驾马楗以转环之"搬至南确房，"春揄簸揉"，清除杂质，运至廒房，入仓收储，以备荒年。

1911 年，辛亥革命胜利，富义仓改为民国浙江省第三积谷仓。

1934 年 6 月，杭州地区久晴不雨，市区粮食供应发生困难。其时，杭州市每月约需米粮 8.5 万石左右，而杭州市农村自产年仅 7 万石，余者向来由苏皖及本省嘉湖等处输入。由于久旱，河道干涸，米船难至，粮价飞涨，面对粮荒，杭州商会为防止发生抢米风潮，呈请市府转函浙江省政府令积谷仓开办平粜。省府决定平粜由市政府主办，省仓协助。据统计，本次开办平粜共费钱 8411.88 元，购食平粜米者有 15570 户，每日大口一升，小口五合，以度荒年。

日寇占据杭州期间，富义仓成为日本人的驻地之一，用于存放弹药，其北部仁和仓被日军火烧。此后，周边只有寥寥几户农民，搭建草房，耕田就食。

1950 年，富义仓由杭州市粮食公司接收，充作民生仓库分库。稍后，又改为浙江省军区军械所、被服所。富义仓一分为二，北面房屋用作省军区家属宿舍，南面建筑拨给杭州造船厂为职工宿舍。

1953 年 5 月，杭州市粮食公司曾申请权属登记，但未发放权属证明，大部分由杭州船厂所用，浙江省工业设计研究院占用该仓一间房屋。浙江省工业设计研究院和杭州船厂 2000 年前后报告中均称富义仓内房屋由省机关事务管理局分配所得，但都未能提供分配和房屋产权取得的资料凭证。

20 世纪 70 年代随着大规模裁军，军所功能趋衰，逐渐改为宿舍，用于安置部队退役家属居住，产权关系因人事关系变动而更为复杂。

2003 年杭州市园文局［2003］82 号《关于重新公布首批市级文物保护点的通知》公布富义仓为市级文物保护点，正式认定为文物建筑。

浙江省人民政府浙政发［2005］18 号《浙江省人民政府关于公布第五批省级文物保护单位和与现有省级文物保护单位合并项目的通知》公布富义仓为省级文物保护单位。

2005 年 6 月 20 日，杭州市拱墅区人民政府向市政府报告《关于要求尽快审批富义仓遗址公园设计方案的函》，随即启动遗址公园建设。

杭州市政府开始与省军区等单位进行产权回收谈判，市政府拨款，从各产权单位收回富义仓产权，交由杭州市运河综合保护委员会进行管理。

2006 年 5 月 25 日，国家文物局发布《国务院关于核定并公布第六批全国重点文物保护单位的通知》，富义仓被公布为全国重点文物保护单位；随即，杭州市拱墅区运河分指挥部委托浙江省古建筑设计研究院编制《富义仓维修设计方案》；设计人员现场勘察、测绘，经与甲方多次商讨，按文物保护原则，完成编制方案。

杭运指拱分办［2006］19 号向省文物局上报《关于要求对杭州富义仓遗址修缮初步设计进行审查的函》与设计文件；浙文物发［2007］25 号《关于杭州富义仓修缮设计方案的批复》，批复同意设计方案；2007 年 3 月，杭州市运河集团再次上报《关于要求对富义仓遗址修缮初步设计方案进行审查的函》和维修施工设计文件。

2007 年 3 月 22 日，杭州市园林文物局《关于要求保留富义仓 13、14 号建筑的函》要求保护拆迁过程中新发现的 13、14 号建筑；2009 年 7 月 23 日，杭州市园林文物局下发《文物保护单位维修审批意见》，富义仓维修工程从 2009 年 5 月开始施工准备，7 月正式施工，10 月 1 日主体工程完工，对外开放。

三、总体布局

富义仓位于京杭大运河主河道东侧衙湾，南濒运河连接河道胜利河，北至霞湾巷，西到洗帚弄，东邻章庵弄，谭钟麟抚浙，征用民地建造富义仓（图二），"凡地十亩，为仓四为廒八十，容谷可四五万石"（图三）。

富义仓总平面呈长方形，四周建有高墙，南北东西各开一门，供出入。院内共有建筑物 14 幢，呈田字格分布，布局规整：南北长，东西窄的基地上划分为大小接近的院落三排，每院建有厚厚的夯土墙分割，一般南北各设一门，有的或东西再设一门；每排各两个院落并列，每院建有东西相向的仓廒各两列，每列各八间，"为仓四（疑为仓五）为廒八十，容谷可四五万石"（图四～七）；东北角院落的西北侧仅建二层三开间小楼一幢，其余大面积为空地，应为"其西创屋一区，为耷场，驾马犍以转环之"；南侧建有确房一列九间，明间开间略大，是连接码头、仓廒的主要搬运通道；左右各间为"则春揄簸揉之所在也"，正对明间临河"复峙一亭于其前，则舟楫之所舣而负戴之所休息也"，更遮蔽风雨，便于粮食搬运；亭前为两面坡条石码头，供靠船卸粮之用。

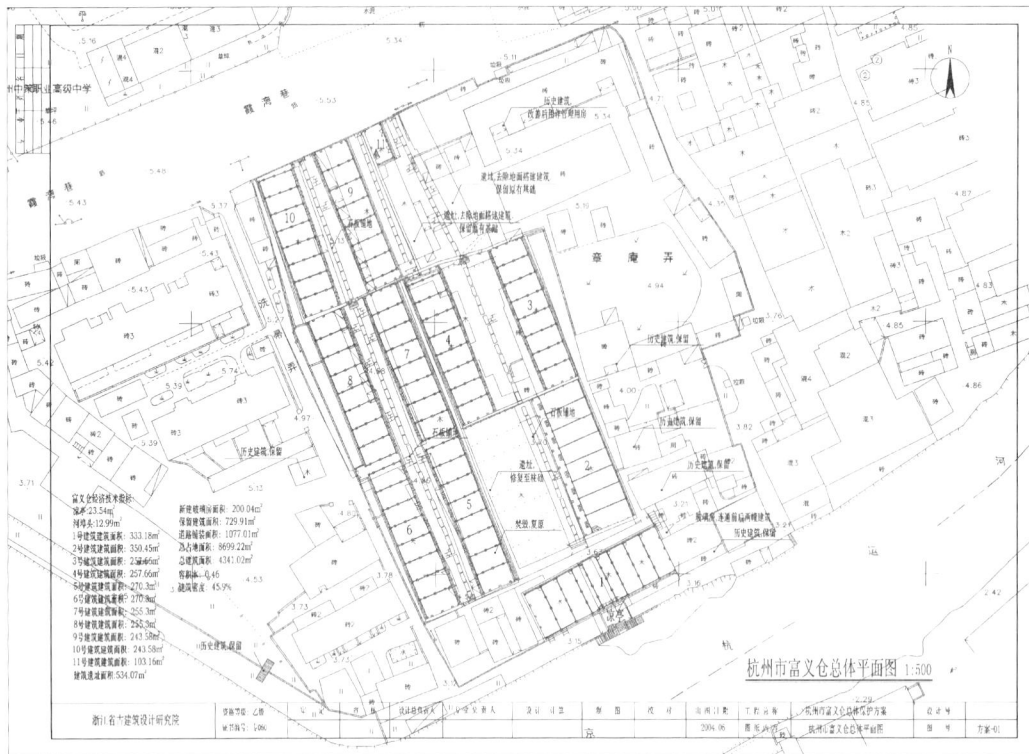

图二　富义仓总平面图

图三　富义仓鸟瞰图

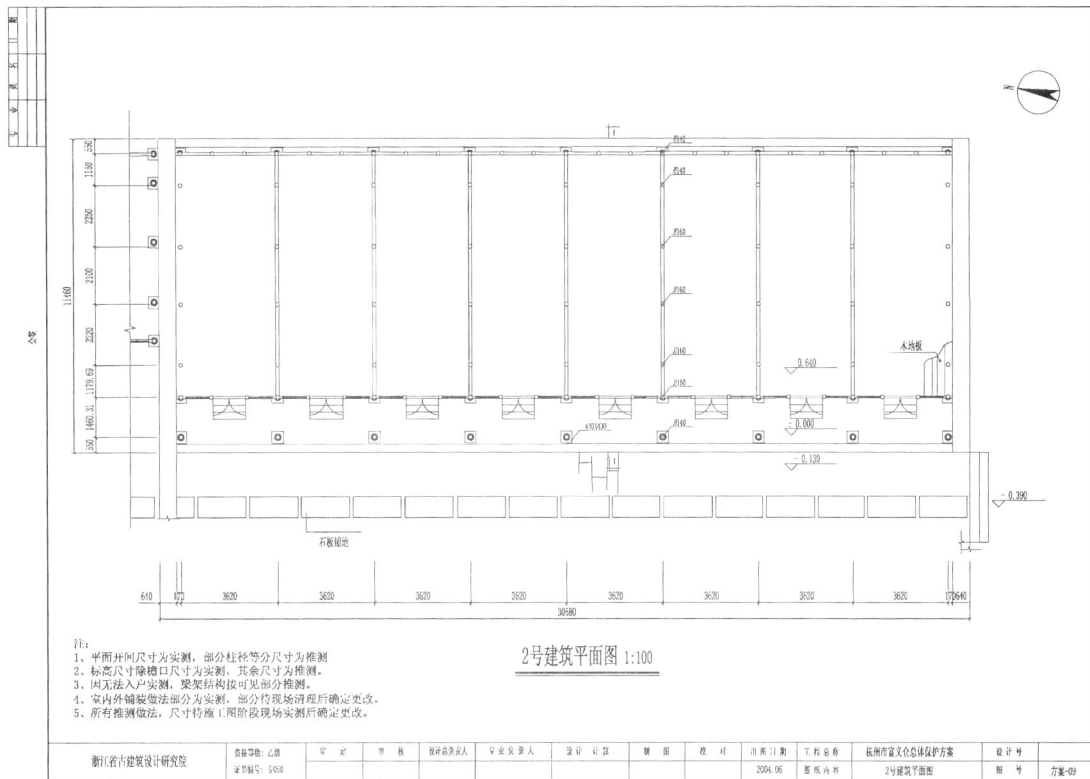

图四 2号建筑平面

图五 2号建筑与遗址

仓之西南角原为三角空地，地名为鱼家台；东南角紧靠仓墙建有小院，前后两进，均为三开间，第一进两层楼屋，第二进一层，"为其东筑楼三楹，属司事者居之"；为防火、防鼠害虫蚁，司事的生活区建于仓外，依仓东墙而建，单独成院，考虑周密。

在仓墙东侧与章庵弄之间原有长条形空地，单独成院，有大小不一的20世纪50年代后建筑三幢，

图六　2 号建筑维修后正立面

图七　2 号建筑维修后梁架

以空地为主，似原属富义仓，或未建空地，或用于晾晒粮食的晒场。

　　富义仓总体格局基本保存完整，与文献记载对应分析，具有如下特点：选址科学，便于粮食运输收储；规划整齐，院落划分大小适度，便于管理；四周高墙围合，防御功能强；内部道路网络化，既方便粮食搬运调度，又便于安全防范；仓房分区设置防火墙，独立成组，利于防火；功能分区明确，布局合理，满足粮食保管储运需要；生活设施置于仓外，十分重视粮食安全。

　　富义仓原为仓储建筑，布局规整，外观封闭，结构简练，用材简单，文化特色十分明显，基本特征仍保留（图八）。

图八　7、8号建筑维修前

四、现 状 分 析

富义仓解放后大部分被部队后勤部占用，先改为军械所，用于修理军械，第一次改变了储粮功能。随着功能的转变，根据需要对建筑装修进行了局部改动。

其后，改为被服厂，用于生产军用被服，生产规模与人员有所增加；根据生产需要，进一步改动原有仓廒建筑，同时在东侧空地上加建了四栋大小不一、类似部队营房的单层青砖建筑，似为管理人员办公与住房。20世纪70年代后，随部队生产任务消减，逐渐开始安置部队家属、转业军人居住，又随住户生活需要而分割、改造。此后，部分产权归属省级机关事物管理局，由管理局划拨给浙江省工业设计研究院和杭州船厂，分给职工作为宿舍使用，产权关系越来越分散。由于各单位不重视维护管理，住户个人无力维修，任其违章搭建、残损、坍塌，甚至多次酿成火灾，2号、4号两座十六间廒房被烧掉，明间两侧的六间确房倒塌。

其余现存分给居民的仓廒建筑，绝大多数为一间一户，前廊搭建厨房，正立面装修全改为部队营房常用的一门一窗，室内随人口增加，分为前后两间，普遍搭建阁楼，分隔改动十分严重，原建筑仅保留木构架与部分木地板和屋面（图九）。

2003年以后，拱墅区政府拆迁安置了杭州船厂、浙江省工业设计研究院等单位住户，因部队产权收购谈判艰难，保护维修工程受阻，导致已搬迁建筑长期空置，盲流出入，偷盗门窗、石板等建筑材料，风吹雨淋，十分破败。

富义仓用于粮食收储保管，功能单一，无生活设施。改为民居安置用房后，基础设施逐步增加，水电由住户私拉乱接，基本为明管明线，厨卫或占用天井违章搭建，严重损坏原有风貌与平面布局。

11号建筑，梁架破损，残缺严重 　　　　内部装饰杂乱，防火严峻 　　　　违章搭建物较多，大部分门窗遗失

庭院内部通道，石板错乱，两侧违章　　富义仓内部原有的墙体及门窗 　　　　富义仓沿霞湾巷部分立面
搭建物众多

图九　富义仓残损照片

五、设计定位

　　接受设计委托时，富义仓尚未被公布为文保单位，拱墅区政府重视运河文化的保护与利用，已将富义仓推荐省级文保单位。本着"保护为主，抢救第一，合理利用，加强管理"的方针，对富义仓进行保护性抢修。

　　根据甲方要求，我们全面调查了富义仓的历史文献与现状，分析价值，根据文物保护法规与工程管理办法，确定富义仓保护工程方案，首先抢修濒临倒塌的东轴线，维修被严重改动的西轴线，修补日益蚕食改变的周边历史环境，阻止历史信息的进一步流失。维修后的富义仓作为大运河重要遗产，与霞湾公园共同构成运河沿岸重要文化遗产展示点与市民休憩场所。

六、设计依据

1. 法律、法规、规章

（1）《中华人民共和国文物保护法》（2007年12月）；

（2）《中华人民共和国文物保护法实施条例》（2003年7月）；

（3）《文物保护工程管理办法》（2003年5月）；

（4）《浙江省文物保护管理条例》（2006年1月）；

（5）《古建筑消防管理规则》（1998年2月）。

2. 相关文件

（1）国务院《关于加强文化遗产保护工作的通知》（2006 年 2 月）；

（2）《国务院关于核定并公布第六批全国重点文物保护单位的通知》（国发［2006］19 号）。

3. 行业管理标准、规范

（1）《中国文物古迹保护准则》（2002 年）；

（2）《古建筑木结构维护与加固技术规范》（1992 年 9 月发布，1993 年 5 月实施）；

（3）《古建筑修建工程质量检验评定标准（南方地区）》CJJ70－96；

（4）其他现行相关建筑设计规范、规程及相关法律、法规、规章。

七、维 修 原 则

坚持文化遗产保护优先原则。富义仓是运河沿岸最重要的文化遗产，真实地见证了杭州清晚期粮食贮备管理制度与城市救灾保障体系，见证了大运河历史的价值，是研究当时社会、政治、经济、文化发展史的重要实物资料。这一地块原规划建设霞湾公园、拓宽道路等，对富义仓的保护有一定影响。本着这一原则，建议适当调整相关规划，以富义仓文物建筑为核心，建设富义仓遗址公园；以章庵弄、渔家台历史环境为烘托，建设沿河乡土绿化环境为特色的历史文化景观带。

保护文物建筑的"历史真实性"。富义仓建于太平天国运动平息后不久，功能单一，形象简朴，用材简陋，加工粗糙。内在功能与外观形式统一的"真实"历史信息，反映了太平天国运动后，城市经济衰退、人口锐减、地方政府财力紧张的历史背景。富义仓不宜过度"提升、美化"。对已毁建筑，如明间两侧确房，因其完整的保留平面柱网与地面铺装，保存部分梁架，东侧虽倒塌，但东山墙保留清晰的梁架举折痕迹，有科学复原依据，故进行修复，以抢救并传承这部分历史信息；个别早期倒塌建筑，如 2 号仓廒建筑，虽然地面遗迹保存，梁架与 1 号仓廒接近，但毕竟遗迹现象受到扰动，恢复依据不如确房确凿，故先清理保护遗址，不再复建。

注重保护历史环境的风貌完整性。富义仓周边河道、港湾、历史道路、地名、历史建筑同样蕴涵大量历史信息，适当保存历史环境，有助于研究当时的城市布局，见证当时的社会风貌。故应保留章庵弄、霞湾巷、胜利河口、渔家台及周边少量传统民居，共同构成周边历史风貌环境。对周边历史建筑允许改善基础设施，实行功能置换，用于补充完善服务设施。

对文物建筑的维修坚持"不改变原状的原则"，并应遵循文物维修，可读性、可逆性、可识别性和最低干预的原则，按照国内、国际法规和惯例实施保护维修。

八、设 计 思 路

1. 平面整饬

富义仓原有八个院落，建有四仓八十廒，西院岙场，东侧司事居所，其东侧为空地，原有平面格局虽有添建扰动，但多数为 20 世纪 50 年代后利用原有天井、空地进行搭建，且仓廒区内多为居民个人搭建，用材简陋，易于识别。整饬清除仓廒区后期加建部分，还原历史平面格局（图一〇）。

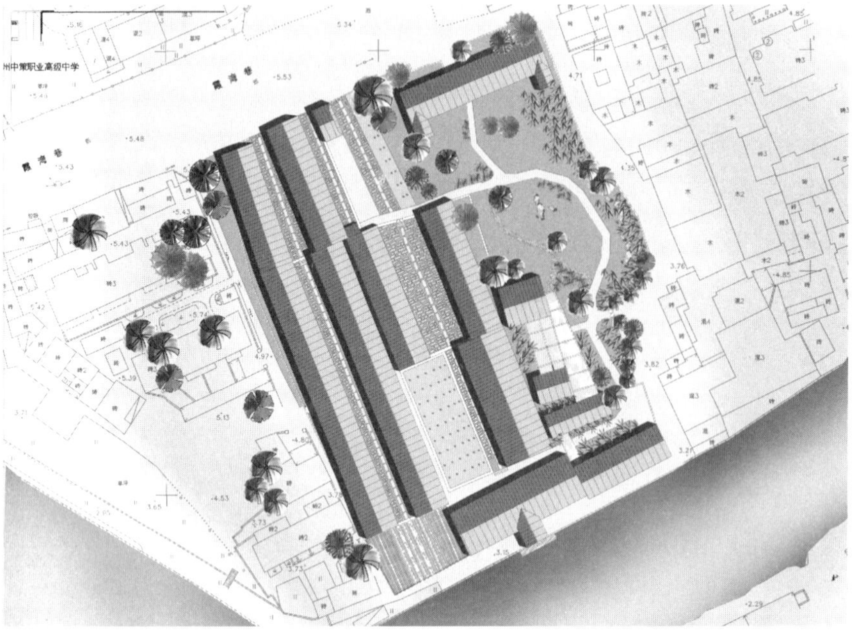

图一〇　富义仓设计总平面图

中院入口以埠头、凉亭、门厅为主入口，进入中路院落，由南侧确房和前后两组庭院组成。

A区第一组庭院，2号建筑清理保留地面遗址，根据柱顶石位置，补配柱础，反映原有建筑平面，解读遗址；对木结构以上部分不予复原。既反映富义仓历史沧桑变迁，又疏解原有过密的仓廒建筑空间，增加历史真实感与参观者对富义仓历史演变的想象空间。遗址对面建筑和第二组院落原廒房是富义仓所有建筑中保存原状较好的建筑，严格按照"不改变文物原状的原则"精心维修。修复后辟为富义仓陈列室，介绍仓储历史沿革与城市救灾保障制度，展示杭州仓廪主题文化，作为文化遗产实物标本，供社会各界研究、参观游览。

B区西路前后两组院落辟为"运河人家"，以收藏品展示、创意工作室为主，配有少量茶室休闲服务设施，弥补城北特色文化休闲场所的缺乏。

C区为风貌环境区，属50年代以后部队管理期间建造的管理与生活用房，部分多年废弃，少量有人居住，瓦砾堆积的空地上分布大小不一的菜地，经调查评估，没有文物价值。保留质量较好的建筑，通过适当建筑平面重组，改善设施，设管理、服务区，为富义仓进驻单位和参观者提供服务：C－1建筑改造为青年旅馆；C－2组群为"渔家台"酒楼和公共厕所等；D区为雕塑小品区，用倒扣的渔船与晾晒渔网共同构成运河沿岸船家生活场景（图一一）。

周边由富义仓遗址公园绿地陪衬，扩大休闲绿化面积，改善环境。

2. 建筑维修要求

富义仓内文物建筑不得落架，建筑与地面铺装不得改变原状，严格按原尺寸、原材料、原做法、原工艺修复（图一二、一三）。周边老建筑年代较晚，保留清水砖墙外观风貌和人字架主体结构，内

图一一　富义仓设计鸟瞰图

部平面仅用砖墙分割开间，生活设施十分简陋甚至没有，允许按使用功能重新进行平面设计，增加生活设施。老建筑之间根据业态需要增加的连廊，用明显有所区别的现代材料建造，弱化建筑形体，保持年代序列，减少对历史环境的干扰。

图一二　1号建筑维修后照片

3. 风貌环境保护思考

富义仓历史环境的整饬从材料到做法严格保持原历史做法，用原规格的各类石板材，按原不同部位的铺装方法，有依据的修复驳岸、码头、垄场、院落铺地和四周道路铺装等（图一四）。

周边环境注重保护运河两岸的地方特色，沿河形成一河二塍、一桃一柳夹岸风光。富义仓遗址公园树种宜选用柳树、桃树、香樟、柿树、桂树等杭州地方树种（图一五），造景宜简朴、自然，林下置少量休闲座椅，忌庭院化、园林化，更忌过度修剪造型的西式公园化。

图一三　11 号建筑维修后照片

图一四　富义仓环境修复照片

九、技术指标

凉亭：23.54m²

河埠头：12.99m²

1 号建筑建筑面积：333.18m²

2 号建筑建筑面积：350.45m²

3 号建筑建筑面积：257.66m²

4 号建筑建筑面积：257.66m²

5 号建筑建筑面积：270.3m²

图一五　富义仓修复后环境照片

6 号建筑建筑面积：270.3m²

7 号建筑建筑面积：255.3m²

8 号建筑建筑面积：255.3m²

9 号建筑建筑面积：243.58m²

10 号建筑建筑面积：243.58m²

11 号建筑建筑面积：103.16m²

建筑遗址面积：534.07m²

新建玻璃房面积：200.047m²

保留建筑面积：729.91m²

道路铺装面积：1077.01m²

总占地面积：8699.22m²

总建筑面积：4341.02m²

容积率：0.46

建筑密度：45.9%

附记：本文历史沿革部分引用《富义仓四有档案资料》和设计图纸，一并感谢参与富义仓维修设计和编制富义仓四有档案的同志。

文物修缮原则在文澜阁屋面修缮设计中的运用

陈慧珉

一、历史沿革

第五批全国文物保护单位——杭州文澜阁位于西湖孤山南麓、浙江省博物馆内西侧。文澜阁是清朝乾隆皇帝为珍藏《四库全书》而专建的七大书阁之一，七大书阁现仅存北京故宫文渊阁、承德文津阁、沈阳文溯阁和杭州文澜阁，而文澜阁是唯一书与阁一并保存下来的藏书楼。

杭州文澜阁的前身为圣因寺藏经阁。圣因寺原为清朝康熙皇帝的行宫，始建于康熙四十六年（1707 年），行宫初建时，规模宏大。据浙江图书馆藏《行宫图》所示（图一），行宫由宫殿和御花园（现孤山南半坡）组成，园内亭台楼阁，小桥流水。

康熙之后，行宫闲置，雍正五年（1727 年），抚臣李卫奏请改为圣因寺。

乾隆四十七年（1782 年），《四库全书》修成，先抄四部，藏于特建的"内廷四阁"——北京紫禁城文渊阁、圆明园文源阁、热河（河北承德）行宫文津阁、奉天（辽宁沈阳）行宫文溯阁之中。此

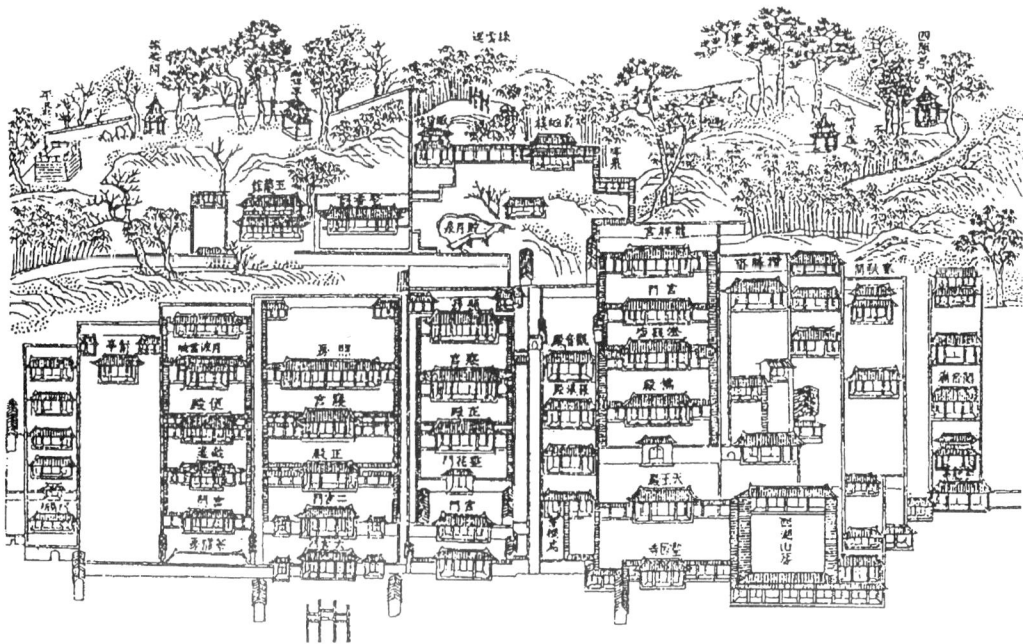

图一 行宫图（原载《南巡盛典》）

后不久，乾隆皇帝"因思江浙为人文渊薮，允宜广布，以光文治"，特发内币银两，雇觅书手，再行誊写三份，分贮扬州大观堂之文汇阁、镇江金山寺之文宗阁、杭州圣因寺之文澜阁。为此乾隆颁诏："杭州圣因寺后之玉兰堂著陈祖辉、盛住改建文澜阁"。但因位于御花园内的玉兰堂逼近山根，地势潮湿，难以藏书，后改在玉兰堂之东迤下、藏经堂之后兴建文澜阁（图二）。

文澜阁仿北京文渊阁式样建造，为六开间重檐歇山式建筑，从乾隆五十二年（1787年）夏开始，陆续颁发的《四库全书》由两浙盐政领运，藏于书阁中。其中，第一层中间存放《图书集成》，后面和西边存放经部，第二层存放子、集两部。

咸丰十一年（1861年）九月下旬，太平军攻入杭州，文澜阁因无人管理，以至阁存而栋宇半圮，书籍大量散失在外，有的甚至被撕裂当做包装纸。当时学者丁竹舟、丁松生兄弟不懈访求，终将部分

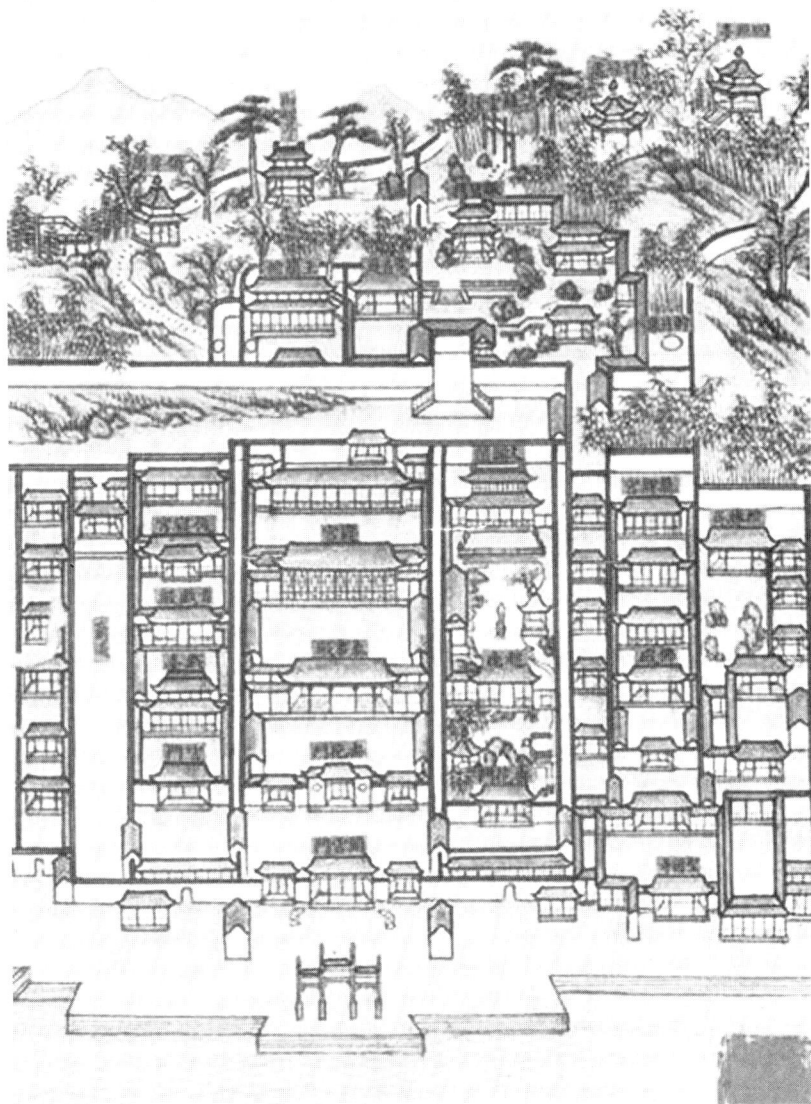

图二　西湖胜迹图

散失的图书寻回，并暂运上海保存，同治年间这批图书迁回杭州，藏于杭州府学尊经阁内。

咸丰庚申年间，文澜阁毁于战乱。

光绪六年（1880年），浙江巡抚谭钟麟在丝织款项中动用巨额，于五月十八日动工，在原文澜阁的基址上重建书阁，添建了厅、亭、假山和太乙分清室等附属建筑，并按原样收藏阁书。

1911年，《四库全书》迁至浙江图书馆"青白山居"中保存。

民国时期，文澜阁被改为西湖博览会会址，西博会闭幕后，保留陈列品于文澜阁，永留纪念。民国十八年（1929年）十一月浙江省政府第二六六次会议决议，以文澜阁为馆址成立了浙江省西湖博物馆，由省政府直辖，并在门前建造了牌楼式入口，其正中嵌有"西湖博物馆"匾额；1931年更名为省立西湖博物馆，1953年更名为浙江博物馆，1963年更名为浙江省博物馆。因此，文澜阁还是浙江省博物馆的诞生之地。

文澜阁整组建筑坐北朝南，前临西湖，背依孤山。主轴线上由南至北依次分布有门厅、假山、御座房、水池及文澜阁，东路次轴线由南至北分布有罗汉堂和太乙分清室两座建筑（图三）。

二、设计原则

文澜阁修缮方案从现场测绘、编制、施工设计到施工指导，一系列的程序走下来，可谓一路艰辛。作为文物保护单位的修缮，"设计和修缮遵循：'不改变文物原状、保持原有文物的历史信息'的原则"。如何把握、运用好这一原则直接关系到文物保护单位修缮的指导方向，关系到修缮是否到位。笔者通过文澜阁屋面修缮浅析修缮原则在工程中的运用，请专家批评指正。

（一）从文物原状来分析、阐释

《中华人民共和国文物保护法》第二十二条之规定："古建筑保护单位在进行修缮、保养、迁移的时候，必须遵守不改变文物原状的原则。"何为原状？争论一直没有停止过，马炳坚老师为我们做了更深的一步的阐释，[1] 在此不做赘述。2007年在北京召开了"东亚地区文物建筑保护理念与实践国际研讨会"，会议形成了木结构古建修缮的指导性国际文件《北京文件》，正式确立了东亚地区木结构文物建筑的保护原则。明确指出："在修复中充分认识到遗产的特殊性，并保证在保护和修复过程中不改变遗产的历史、有形与无形等特征，这是至关重要的。""保留文物古迹的历史完整性必须保证体现其全部价值所需因素的相当一部分得到良好的保存，包括意义重要的建筑物历史层次（沿革与积淀）"，以及"环境"的真实性与完整性。

那么文澜阁的真实性（原状）到底应是怎样的呢？历史沿革中已做阐述，是清乾隆皇帝为珍藏《四库全书》而专建的北四、南三的七大书阁之一，可见乾隆时期建造的是文澜阁的原状。作为江南三阁仅存的一阁，文澜阁有着重要的历史意义。

---

[1]　马炳坚：《保护领域若干问题的思考》，《古建园林技术》2008年第1期。

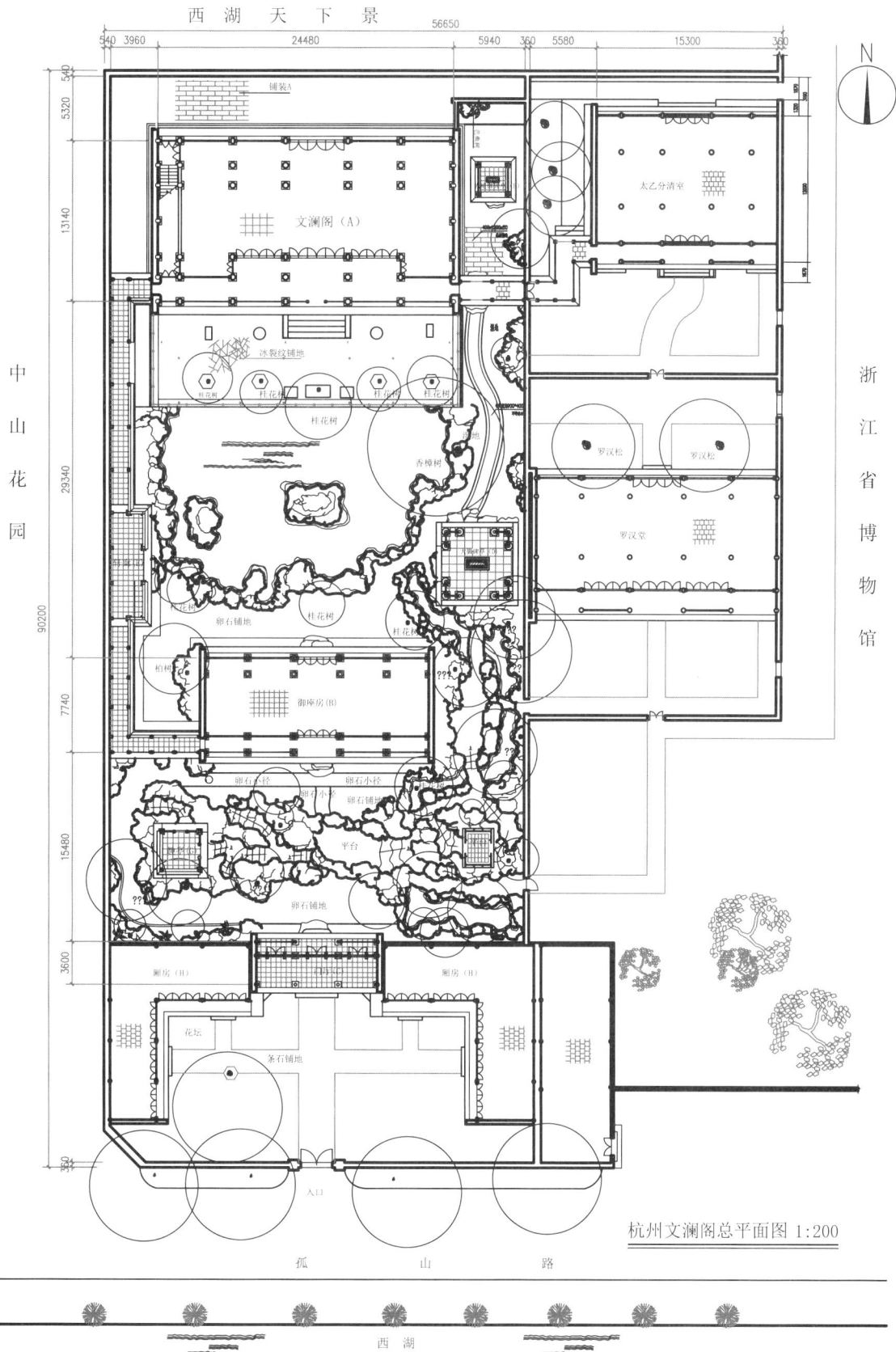

西　湖　天　下　景

中山花园

文澜阁（A）

太乙分清室

铺装A

冰裂纹铺地

香樟树

罗汉松

罗汉松

罗汉堂

卵石铺地

御座房(H)

卵石小径

卵石小径

平台

卵石铺地

厢房(H)

厢房(H)

花坛

条石铺地

入口

浙江省博物馆

杭州文澜阁总平面图 1:200

孤　山　路

西　湖

图三　文澜阁维修设计图

（二）从文澜阁历史资料来分析

《清史稿》上记载，乾隆四十七年"九月丙申，建浙江文澜阁"。[①] 不仅有月，而且有日，然此说未当。据四十七年九月初二圣旨称："现在盛住奏请陛见，且俟伊到京后询明该处情形，将文澜阁式样带去，再行办理。"[②] 再据闽浙总督富勒浑四十七年十二月初九日奏折："令盛住将玉兰堂后地盘形势详细绘图，并将需用工料先行估计，俟赴京时奏请训示。"[③] 盛住赴京汇报请示尚在十二月中旬以后，故文澜阁兴建至少在四十八年春。

何时建成？据军机处乾隆四十八年十一月二十二日档载："杭州西湖添建文澜阁，所有碑刻匾额，现奉旨发下墨宝四张，贵督即遵照卷幅背面所开办理可也。"[④] 此时文澜阁尚在建造之中。乾隆帝第六次南巡时是四十九年正月，到杭州时为三月，此时文澜阁已建成。

光绪二十四年出版的《〈文澜阁志〉卷上·文澜阁》中关于维修的记载："……每岁约钱二百四十千文漆作大小牵计每岁约八十千文金钩明瓦玻璃工料第岁约钱五十千文比上统其连遇闰之年数地千串之则按季由……"《〈文澜阁志〉卷下·文澜阁》中记载："……咸丰庚辛……沿湖之金碧台榭悉成煨尽，而是阁归然尚存，栋柱非苍苍者留其余绪，以有有待兴，克复后，寅（国子监典籍侯选训导臣邹在寅）从事湖局，日往来湖堤上，每当钟声催暝，见碧琉璃瓦鳞鳞然，与雷峰之夕照遥相掩映……光绪己卯茶陵谭公奉合抚浙公昔当守杭念知丁氏……回忆曩昔鸿规钜制兢兢焉惧弗克胜又未敢崇饰侈丽致伤财费也……"说明当时文澜阁屋面仍有琉璃瓦件。另据文澜阁御碑背面碑铭："……浙江巡抚臣谭钟麟恭录：'光绪七年十月十六日内阁奉上谕：谭钟麟奏修复文澜阁请颁发匾额，方略，并将搜求遗书之绅士奖励等语。浙江省城文澜阁毁于兵燹，现经谭钟麟筹款修复，其散失书籍经绅士丁申、丁丙购不藏弄渐复旧观……'"[⑤] 从上述资料得知，文澜阁建成时是琉璃瓦屋面，每年需进行日常修缮；光绪时修复的文澜阁仍保持旧观，完整重现了乾隆盛世时的文澜阁，并在东侧加建了一组院落，以便士人观摩、誊抄（图四）。

（三）从皇家规制来分析

现存的北三阁正是严格按照皇家规制来建造的，与史料记载是基本一致的。在考察时，据故宫博物院古建部的工作人员介绍，北京文渊阁系原物，并无进行过大的修缮，屋面为黑琉璃绿剪边，为官式六样；承德避暑山庄的义津阁屋面原也是琉璃，后期维修改成了现在的灰筒瓦；辽宁沈阳故宫的文溯阁屋面是黑琉璃绿剪边。作为皇家藏书楼的文澜阁，是严格意义上具有皇家品位的建筑。"皇家藏书楼自有皇家的体制、礼仪，用材、色彩都有讲究，僭越不行，规格不到位也不行，文澜阁绝不能也不

① 赵尔巽等撰，清史馆编修：《清史稿》卷十四《高宗本纪五》，中华书局，1976年，第523页。

② 《文澜阁志》，清光绪二十四年钱塘丁氏嘉惠堂刻本。

③ 中国第一历史档案馆编：《纂修四库全书档案》，上海古籍出版社，1997年。

④ 马炳坚：《保护领域若干问题的思考》，《古建园林技术》2008年第1期。

⑤ 军机处为知会文澜阁御笔碑刻匾额墨宝致浙江巡抚咨文，见中国第一历史档案馆编《纂修四库全书档案》，上海古籍出版社，1997年。

图四　文澜阁图（选自《文澜阁志》）

该是例外"。① 从中也可看出，光绪年间渐复旧观从严格意义来说应是按原皇家规制重修的，书阁是一体的、完整的。

（四）从现存北三阁建造形制、作法及文澜阁的建筑特色来分析

文澜阁是由官方出资建造的七大藏书楼之一，仿北京文渊阁建造，而北京文渊阁又是仿当时著名的私人藏书楼宁波天一阁建造的，其间的传承脉络清晰可见。

文澜阁整组建筑在秉承了中国传统建筑布局，强调中轴线和主从序列关系的基础上，采用了不对称的园林化的平面布局。而且在运用官式做法的同时，又结合了江南建筑的灵巧多变，依其身为藏书楼的特点进行了适当的调整，是江南官式建筑的典范。在建造时针对其"对外开放的皇家藏书楼"的自身特点，一方面承袭了"天一生水、地六成之"的设计理念，另一方面又进行了一定的变革和发展，使藏书楼的建筑形式更趋完善。

（五）从文澜阁的屋面存留的琉璃板瓦及获得的残件来分析

编制修缮方案之初，浙江省博物馆提供了民国年间文澜阁的卷轴画（图五）；据浙江省博物馆前馆长（1947～1950 年在任）潘锡九的女儿潘杭青回忆，"文澜阁为绿色琉璃瓦，通往阁前的是鹅卵石

---

① 陈文锦：《文澜阁该盖什么瓦》，《浙江文物》2006 年第 2 期。

图五　文澜阁卷轴画照片

图六　存留的黑琉璃瓦

走路……"；又据 1955 年文澜阁维修资料记载，屋面仍为琉璃瓦。①

　　文澜阁屋面经过多次大修仍存有近十平方米的黑琉璃板瓦（图六），可见文澜阁使用琉璃瓦的情节尚在，冥冥之中等待着辉煌时刻的再现。1993 年文澜阁维修时，在其前鱼池内清理出来的琉璃残件，分别有黑色筒瓦与板瓦、绿色滴水及云纹、黑褐色勾头（可能被火焚烧后形成的颜色）和黄色云纹正脊等（图七）。此次修缮施工开始后，又在地面挖掘及水池清理过程中发现了不少的琉璃瓦件，为恢复文澜阁琉璃瓦屋面提供了直接的实物依据。

（六）从修缮前的保存现状来分析

　　中国的传统建筑以砖木结构为主，以木构架为主体，极易损毁，屡建屡毁，不复存在的案例更是不胜枚举。

　　文澜阁从建造之始至今近 300 年历史，经历了始建、被毁、重建及多次修缮，至 1955 年局部还留存有琉璃瓦屋面实属不易。后又经历几次修缮，仍留有近十平方米的黑琉璃瓦。

　　文澜阁几经修缮，主体构架尚存，屋面已然面目全非（图八）。现存的灰筒瓦规格从直径 13 厘米到 17 厘米不等多达近十种，质量良莠不齐。屋面基层改成了 80 年代最为常用的油毛毡，与望板脱离，支离破碎，水泥砂浆层成粉状（图九）；鸱吻改为张着血盆大口的龙纹样（图一〇），垂吻改为武将士

---

① 梅丛笑：《文澜阁相关史实考证》，《东方博物》第二十五辑。

绿琉璃滴水 　　　　　　　　绿琉璃脊云纹 　　　　　　　黑琉璃筒瓦正面

黑琉璃筒瓦反面 　　　　　　黑琉璃板瓦正面 　　　　　　黑琉璃板瓦反面

黄琉璃勾头 　　　　　　　　　黄琉璃脊云纹

图七　水池内清理出的琉璃瓦

图八　维修前现状

图九　现状屋面

图一〇　现状鸱吻

（图一一），已然斯文扫地。这样的现状保存价值已然不大。

（七）从文澜阁的历史人文情结来分析

北四阁建阁藏书是仅供"御览"，而南三阁从四十七年续抄始，乾隆更是三令五申要求"俾江浙士子得以就近观摩誊录"。光绪年间阁存而栋宇半圮，书籍大量散失在外，幸寻回部分散失图书。又据清宣统间阁董张荫椿记载，"近年赴阁传抄者络绎不绝"。浙江图书馆就收有多部传抄文澜阁本之书，① 对江南地区文教事业的发展起到了积极的推动作用，故南三阁《四库全书》在文化传播上卓有功绩。文宗、文汇阁本止于咸丰之年，唯独文澜阁本劫后重生，持续其传播，更说明文澜阁在南方

---

① 童正伦：《文澜阁与藏书》，《图书馆研究与工作》2006 年第 2 期。

文人心目中的地位，恢复旧观可谓人心。

三、结语

文澜阁地处杭州西湖这个大园林、大景观之中，里西湖、孤山南坡、左白堤、右西泠。孤山地势高敞，揽西湖全胜。远山青黛，水光潋滟，是绝佳的藏书、读书之所。西湖景观因文澜阁增加了文化的内涵、底蕴和人文情怀，而文澜阁也为西湖增添了一大胜景。

文澜阁是江南现存唯一的园林式的皇家藏书楼，也是江南不可多得的皇家园林，它既具备了一般园林的要素与特性，又有别于一般的园林。

图一一　现状垂吻

图一二　文澜阁恢复琉璃屋面后的效果图

图一三

图一四

　　建筑平面布局上具有自身的特点，既强调中轴线和主从序列关系，又不失中国传统园林的不对称设计。文澜阁主楼前西侧布置流廊，东侧建御碑亭，通过假山、水池的运用，使整组建筑错落有致，富于变化。辅以四季花卉和树木，营造出清静自然的庭院空间，加之身处孤山、西湖独特的自然山水之中，使文澜阁与周边环境达到了完美的结合。园中的狮虎假山更被誉为杭州西湖最美假山之一，与阁后的孤山形成真假对比，遥相呼应。水池中的"仙人峰"也是江南少有的奇石之一，池水与西湖潜通，源远流长，池中游鱼可数。

　　建筑形式更是突显出了其特殊性，与宁波天一阁一脉相承，根据需要结合了江南建筑灵巧多变及其身为藏书楼的特点，进行了适当调整，但在细部式样统一运用了官式做法。

　　文澜阁不仅是皇家的藏书楼，还是清皇家行宫的重要组成部分，它与今天的中山公园、西泠印社等共同展示着皇家行宫当年的风貌，反映着西湖孤山曾经的历史。在功能上，它既可观赏景致，又可藏书和博览群书，宜情宜性。

　　文澜阁是乾隆时期建造的皇家藏书楼，也是江南园林的典型代表，按原皇家建筑规制进行修缮，恢复为琉璃瓦，符合"皇家"藏书楼的需要，突出"皇家"园林的特性（图一二），是符合文物修缮原则的（图一三、图一四）。

嵊县古城墙的保护与修复

冯宝英

嵊县古城墙位于浙江省嵊州市城区，现存城墙主要为明清时重建。嵊县古城西南至东南由剡溪环绕，西北傍鹿胎山，上千年变化不大，其城墙依势建造，南侧以剡溪为天然护城河，西北侧沿山蜿蜒筑城。

一、嵊县古城墙的历史沿革及保存现状

1. 历史沿革

嵊县历史悠久，三国时期已建城，宋元时期屡修城池。嘉泰《会稽志》载："旧经云，县城周十二里，高一丈二尺，厚二丈。孔晔《记》云：县治本在江东，吴贺齐为令，始移，今县城盖齐所创也。南临大溪，溪流湍暴，至庆元初，为水所啮，存者才二三尺。知县叶范累石为堤百余丈，城赖以全。"① 明洪武初，汤和毁城，移原城墙砖、石筑临山卫城，为历史上对嵊县城墙最大的破坏。嵊州城墙历史上最大规模修建也发生于明朝，明嘉靖年间，日倭屡次侵犯浙东，因原城墙在明初几乎全毁，嵊县在宋元原址重新修筑城墙，在天台黄岩屡次陷失的情况下，嵊县因有城墙可守而未曾失守。此次筑城，在万历《绍兴府志》有载："嘉靖时，倭患作，三十四年，知县吴三畏乃力请筑县城，高二丈有奇，厚一丈有奇，周围共一千三百丈有奇，为门四：东拱明，南应台，西来白，北望越，门上各有楼，有月城，东有陡门。"② 这之后，明清两朝有近二十余次对城墙进行修缮，据相关史料较大规模的修筑有：崇祯年间重修时增添城堞，清初顺治年间重修时城堞增高至五尺，同治年间为最后一次重修城墙、城堞（图一）。

因县城西南至东南为剡溪，城墙除防卫功能外，一直兼有防洪功能。进入民国后，城墙的防御功能式微，各城楼倒塌后不再修复，原纯防御功能的城墙段渐被破坏或拆除，据当代《嵊县志》载："民国24年（1935）增开襟带门，27年拆除沿山城墙，35年拆除南门瓮城。1950年新开解放门，1959年拆除自东门经北门至百道岭的城墙，移建为自东门起与东圃堤相接的防洪墙。现存城墙1150米

---

① ［宋］沈作宾等修、施宿纂，嘉泰《会稽志》卷第十二，该书为《宋元浙江方志集成》第二册，杭州出版社，2009年。

② ［明］萧良干等修，张元忭等纂，万历《绍兴府志》卷二，该书为《中国方志丛书》第520号，成文出版社有限公司，1983年。

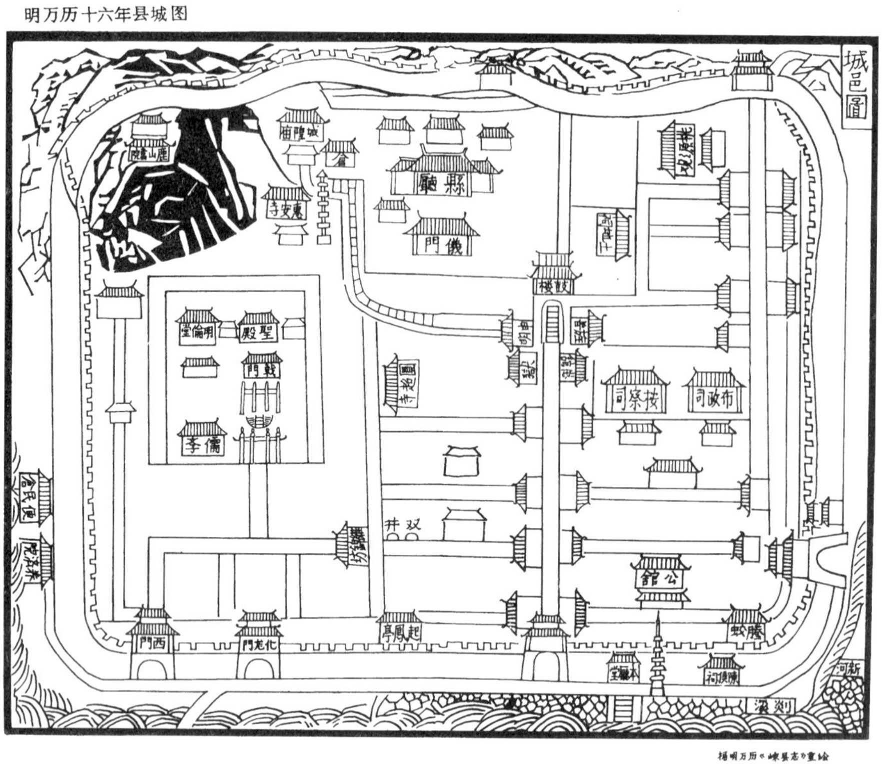

图一　明万历年间县城（复印于 1989 年《嵊县志》）

左右，用以防御水患。"① 之后几年，又对原兼具防洪功能的城墙西、南、东南段按防洪堤要求做了大规模修筑，各城门或拆除或增筑挡水闸，城墙外侧条石层缝间灌压水泥砂浆填补缝隙，坍塌处用水泥砂浆重新浆砌修补，但城墙主体构造基本没变。

2. 2000 年前后保存情况

进入 20 世纪 80 年代大规模城市建设时期后，加上剡溪南段人为改道，大部分城墙失去其最后的作用——防洪。除仍有防洪作用的西门段外，其余城墙被当做占有空间、阻碍交通的障碍物或拆、或自然坍塌、或炸成道路豁口等，被大肆破坏。至 2000 年，残存的古城墙一为自西后街西端经西门、化龙门、南门、解放门至建设门之间，还屡有间断；二为鹿胎山东南麓残存的百来米残墙，共约千米。嵊县古城墙收分明显，高 3 米多，城顶宽 4 ~ 5 米。墙体外侧主要以条石砌筑，部分兼有青砖砌筑；内侧砌块石，中间夯土。城墙顶部用条石压边，城堞等已全毁。

1988 年古城墙成为嵊县县级文保单位，但因多种原因，城墙一直没能很好地保护和管理，大规模的房地产开发、道路建设仍在不停地蚕食和破坏城墙。20 世纪初此种矛盾激化，为达到拆除城墙的目的，各利益部门通过客观造成的城墙局部坍塌危机而文物部门又无力修缮的实际情况，在公众中进行城墙占地占道等舆论误导，终引发了一场当地保与拆的激辩，甚至被作为正式提案提交至县人大讨论（要求撤销古城墙文保单位的称号并拆除），所幸最终在各级文物部门及有识之志的竭力奔呼下保住了古城墙。2005 年嵊县古城墙被公布为浙江省省级文物保护单位（图二）。

① 　嵊县志编纂委员会：《嵊县志》第九编第一章，浙江人民出版社，1989 年。

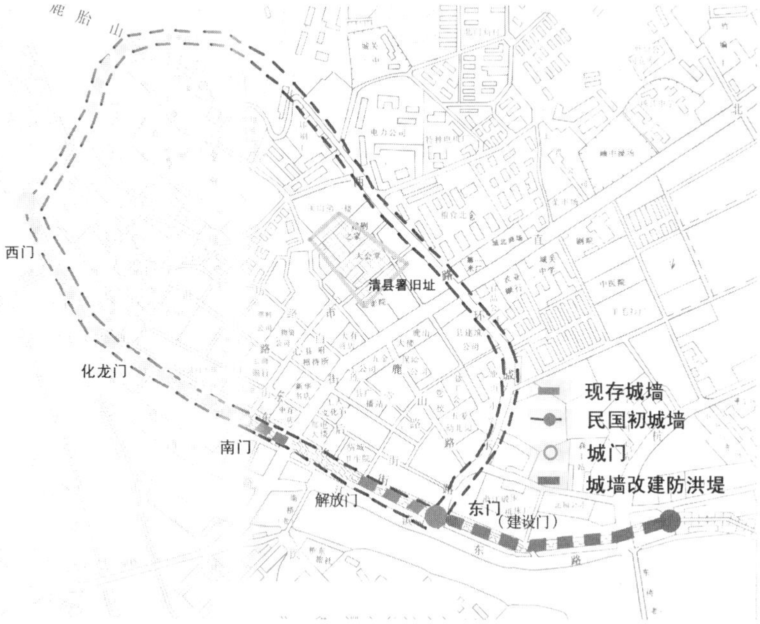

图二　嵊县古城墙（遗址）变迁

2001 年嵊州计划建造市民广场，古城墙的南门段将成为广场的组成部分，当地政府决定对古城墙进行全面调研，出台保护利用的整体规划后，再决定对南门段采取何种保护与利用措施（笔者参与了规划制定，后因种种原因，没有正式成文）。

二、嵊县古城墙保护利用的初步规划思路

1. 确定古城墙的保护范围和建设控制地带

因多种原因，嵊县古城墙一直无法公布确切的保护范围和建设控制地带。保护范围与建设控制地带是文物保护单位的生命线，有了法律依据，各种对城墙的侵蚀、破坏行为才能被制止。通过调研及史料研究，城墙内外历史上曾皆有过马道，为探明现状，通过对广场南门段西侧豁口局部解剖，在现城墙基根外侧三米左右尚能找到零散的碎裂竖砖铺地，证明原城墙外侧应有马道，但具体宽度已不可考。为此，计划将保护范围划定到现城墙根基内外五米，建设控制地带根据现地形，扩展至保护范围外三十米至五十米不等。城墙成为省级文物保护单位后，已划定保护范围和建设控制地带，虽范围比规划思路要小得多，但有了这个法律依据，保护工作终有了底气，对周边新的建设活动有了管理权限。

2. 确定古城墙的保护与修复原则

首先，对嵊县古城墙无论修复或合理利用，都必须遵循《文物保护法》及相关的法律法规，在城墙保护范围和建设控制地带进行各式建设活动时必须依法履行报批程序。

其次，嵊州城墙历经上千年历史变迁，已凝聚了丰富的历史信息，见证了城市的历史演变。除对城墙现存本体保护外，还应对其原有历史环境和遗址进行保护。如城墙根内外五米范围内虽不一定留存原有马道，但在城墙周边今后有新的建设活动时，文物部门亦应及时现场跟进与清理指导，以第一时间掌握新情况，避免处理的被动性。

3. 针对各分离的城墙段实际保存情况，分别采取不同的保护、利用和修复方向

鹿胎山段：鹿胎山东南麓的残墙及墙基已孤立，且破坏较严重，故并未列入文物保护单位的本体内。通过调查，该段城墙表面虽亦被水泥等涂刷，但内部应是清后期原物。对此，提出在保护条件许可的情况下，列入文保单位本体内。

东南段（解放门至建设门段）：此段城墙为解放后作为防洪堤重新加固，外部改造较多但墙体安全性较好，除必要的防洪修筑外，作为城墙在不同时期产生变迁的实物信息，保持现状暂不作整修。

广场南门段（以南门为中心两侧各约百米的孤段）：按清末民国初的历史原状进行全面修复，并按开放需要，在文物保护允许的范围内遵循可逆原则添加少量附属设施。此段修复工作当年按规划思路进行，由笔者设计，次年实施。

化龙门段（化龙门至广场南门段豁口以西）：此段城墙局部坍塌，局部被居民开辟为菜地或沿城墙搭建住房造成城墙渗漏加剧，其保存现状是整个城墙中最差的。但因众多亟待改善居住条件的城区百姓在短时期无法搬迁，部分民众还因城墙影响其出行、采光而对城墙保护有抵触情绪，故保护难度是最大的。对此，提出局部抢修加固、暂时现状保护、积极争取保护经费以及加强对城墙根居住百姓进行保护宣传的保守保护措施，避免破坏加剧，待时机成熟时即加紧整修。

西门段（西门以西残存部分至化龙门）：保存相对较好，西门原城门洞、城台、登城步道仍存，且因外侧临江，受再度破坏的因素较小，文物部门所受的保护难度、压力也较轻。初定对此段城墙采取全面实地查勘，对有坍塌危险的城墙区块进行抢险加固，对危害城墙的后期构筑物拆除等措施，以现状保护为主的手法进行休眠式保护，待保护条件成熟时再行全面整修。该段与化龙门段城墙工程，2013 年经设计后进行了全面修缮。

三、广场南门段城墙的保护与修复措施

1. 城墙现状及残损情况

维修时广场南门段城墙已成为以南门为中心、东西两侧各延伸约百米的一段孤立城墙，两端与其余古城墙已分离。

南门段城墙离当时地面（北侧东前街）残高约 3.9～4.4 米，断面为常见的正梯形状，内壁以 9%～10% 收分，外壁收分为 10%～11%；城墙底部宽约 5.5～6.2 米；城墙顶部宽 3.8～4.5 米，用 16×（50～80）×（80～120）厘米的条石纵向压边，压条石伸出城墙壁约 5 厘米，城墙延伸至城台时渐加宽，顶部宽度达到 5.5 米左右。内外壁石筑，内侧用 30～55 厘米的灰黑色当地产不规则块石犬牙状垒叠，外侧用（25～35）×（30～45）×（60～110）厘米的青灰色条石层层横向叠压砌筑，内外壁之内又有 50～90 厘米厚的较小块石防护层夹护墙芯。墙芯是黄泥间杂小石子简易夯打的填土层。每层块石墙、块石墙与条石墙、块石墙与墙芯之间基本无联结构件。

因城墙无明显沉降，底部砌体保存较好，维修时对城墙基础不予更动，故没有对原有基础进行详细的勘察，仅在城墙断口处施行了简易断面解剖：基础约 2 米深，上部做法与城墙砌法类似，其内外壁用条石砌筑，至地下深 1 米时厚约 160 厘米，深 2 米处厚约 200 厘米，自上至下厚度逐渐加大，内部块石和黄土夯筑。

城墙顶部原来是否有防排水系统已无考。维修时城墙顶部原铺地俱失，大部分压顶石移位松动，又长年缺乏管理，裸露的墙芯黄土填层上长满了杂草和树木，雨水灌入墙芯黄泥填土层中又向外壁流淌。加上树根漫张，导致内外壁砌石层多处坍塌或缺失，余下的也或松动或扭曲，致使内壁块石上部鼓腹严重，外壁条石横向开裂严重。

南门城台在19世纪五六十年代被拆，仅存部分城基。内外侧的马道、排水系统也无存（图三）。

图三　修缮前的南门段城墙

2. 维修指导思想

维修时严格遵循"不改变文物原状"的基本原则及《中国文物古迹保护准则》、《中国古城墙保护准则》（简称"南京原则"）等准则条例，结合古城墙的性质特点、残损程度及所处的地理环境，采取以下指导思想：

（1）以现状加固为主，辅以少量局部复原。为保证安全，对城墙采取一定的措施进行现状加固整修，对后期改动较大的城墙顶部、南门城台等局部复原。

（2）合理利用，适度展示。该段城墙将成为嵊州城区最核心城市广场的重要组成部分，对城墙除保护外，还考虑了城墙与城市的发展、周边环境的有机结合。嵊县古城墙中，所有的城楼、宇墙、女儿墙、垛口都已经圮毁，通过大量资料、论证，恢复南门段城台、宇墙、女儿墙、垛口，可向世人展示原城墙的整体面貌，凸现城墙在嵊州整个城市中的地位（图四）。

（3）遵守可逆和可识别性原则。城墙原有砌筑方法虽较松散，维修时仍按原做法修整，不足部分尽可能收集散落在城墙附近的原城墙材料，或选用规格、材质、色泽相近的当地材料。如局部需结构加强的尽量采用传统手法，如切实需要使用新材料、新工艺的，措施必须可逆和隐蔽，新方法用于城墙内部，外壁与原做法相协调，视觉感观基本一致。新复原部分如城砖皆烧制铭文，强调可识别原则（图五）。

3. 修复具体做法

（1）修补墙体时针对各类残损情况，采取不同手法维修：

仅壁体或内部防护层局部风化、塌落、鼓腹的归位补砌，若内部块石防护层裂缝较大时，先采用

图四　西门

图五　铭砖

较小的丁石伸入缝隙上、中、下（左、中、右）部位，再用块石弥合防护层缝隙，外部条石层按原砌筑方法重砌（图六）。

部分壁体或防护层鼓腹、坍塌及扭曲严重的，拆除重砌。这部分城墙其内部填土层也大多或酥碱或膨松，故重新砌筑城墙外层前先补充、拍实填土层，砌筑外层时再在防护层中添加少量低标号石灰砂浆，既加强防护层严密度，也加强对内壁的挤压。同时为加强内外墙联结，在块石防护层中每隔 5 米用超长石条丁砌、拉结，外部按原做法封护。

城墙顶面铺地，通过对现存城墙的实地调查，原应为夯打的灰土面，故此次顶部亦恢复为灰土夯

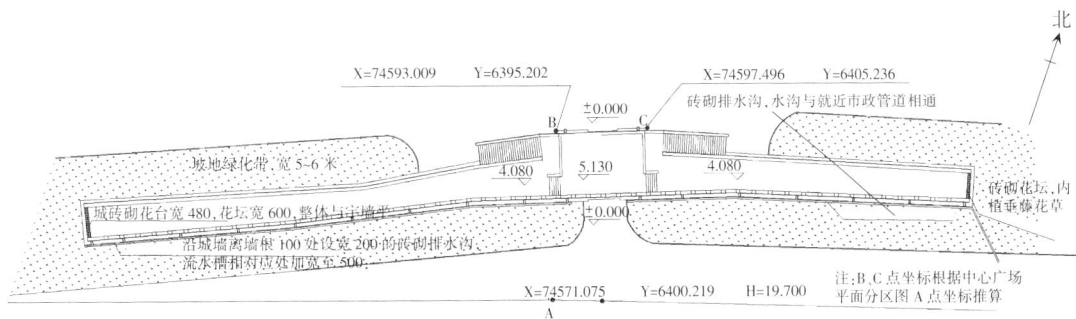

图六　南门段城墙平面

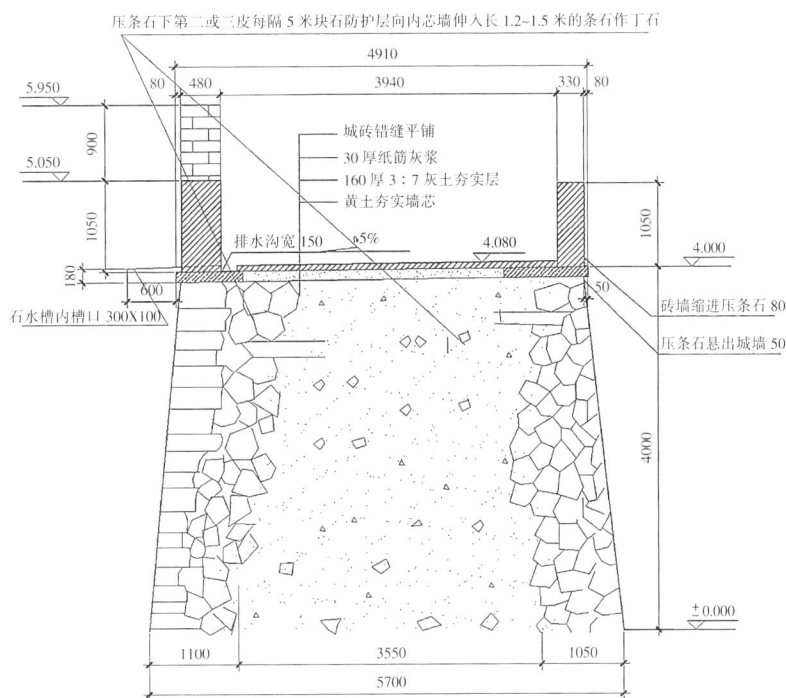

图七　南门段城墙剖面

实层（图七）。并要求施工时手工操作，不得重力碾筑。

（2）城墙复建部分建立在大量资料及现状调查的基础上，采取的措施尽量做到可逆，主要做法有：

为减少城墙顶部灰土层因开放参观造成的破坏，在其上加铺青砖地面，同时为减少顶部排水，城墙顶部由内向外做散水，沿跺墙内侧的压条石上留排水明沟，并用添加糯米汁的纸筋灰封合缝隙。在外侧石壁沿口每8米砌一挑出压条石的石质水槽，以泄城顶之水。城墙根相对位置设砖砌排水暗沟通市政管道。

为保证开放参观的安全，并探索全面复原明清时期古城墙风貌，复原了宇墙、女儿墙、南门城台等。宇墙、女儿墙、跺墙做法与用材基本相同。城台做好新旧基础交接，城台南侧（外侧）与城墙齐平，北侧（内侧）凸出城墙，南北侧外壁皆用条石砌筑，墙芯黄土掺少量碎石夯实。城台、登台步道等则参照西门或化龙门现存实物仿制。城台顶部面宽12米，进深9米，比城墙高0.9米。城顶之上做

图八　修缮后南门段城墙俯视

法同城墙。登城步道位于城台内侧两端，城门洞条石发券，表面清水做法（图八、图九）。

复原所用的砖块规格皆为从古城墙各处采集到的清中晚期有铭文的城砖作为样本定烧，宇墙与铺地砖选用了不同规格。砖上皆烧制当代铭文，城门洞内壁块石上嵌《重修城墙重建城门碑记》。

复原也有所保留，对现有资料确实较少的城楼没有复原。完全复原古城墙周边环境也不实际，为保护城墙，在城墙根内外设置了5～6米宽的浅根系绿化隔离带。两端断口处采用块石挡土墙封护，但外壁砌筑成残缺状，以示城墙到此并没有完结。

4. 十年后的现状

该段城墙修缮至今已历十年，从现存情况看，仅有极少数外壁块石或条石缝隙增大情况，城墙砌体无其余明显伤残。（图一○）城墙两侧外墙洁净，无雨水流淌水渍，说明当时城墙顶部采取的排水措施还是有效果的。城墙平时完全开放，已成为当地市民健身休闲之处，或跑步或利用城垛健身，还有学生或行人的胡乱涂鸦，即或如此，其砖砌体表面虽污损，但砖砌体松动、残破并不明显，侧面说明了当时砌筑用材与施工当较严谨。正因此，现正在施工的两段城墙，几乎完全沿用了笔者十年前的设计手法。

图九　修缮后南门段城墙

图一〇　2013 年南门段城墙

四 、结 语

嵊县为浙江省内最早建城的县城之一，古城墙历经了两千多年的变迁，已成为现嵊州市重要的文化景观和城市组成部分，其保护、利用工作有重要的社会效益和历史价值。制定详细的保护规划，是保护该古城墙的首要任务，只有确定了整体保护、利用的目标和方向，才能使城墙保护具有连续性，避免分期实施的保护修复工作脱节或各自为政，从而降低嵊县古城墙的文物价值。

浙江温州泽雅纸山村落及建筑特色探析

朱穗敏

在中国传统手工造纸生产的众多遗迹中，位于泽雅的"四连碓造纸作坊"①，是目前为止唯一承载我国古代造纸技术且活态的全国重点文物保护单位，也是浙江乃至全国唯一的关于"中国传统造纸技术传承与展示"的示范基地。

泽雅纸山包括的范围除了原温州瓯海的西岸乡、泽雅镇、五凤垟乡、北林垟乡以及瞿溪、郭溪、潘桥的部分村庄外，还包括鹿城区的藤桥及瑞安湖岭和永嘉、青田交界的一部分区域。目前手工造纸集中在泽雅地区的18个村落，如垟川社区的洋坑村、横垟村、外水良村、水碓坑村，西岸社区的唐宅村、下良村、西岸村、黄坑村等。

泽雅山区一带造纸源远流长，最早有明确时间及名称记载的是蠲纸，这是一种质量上乘的加工纸，在北宋列为贡品，明宣德年间停止生产。此后，价格低廉的竹造屏纸开始在泽雅山区蓬勃发展起来。在几百年的造纸历史中，虽然出现过很多纸的名称，但是造纸原料、工艺并没有太多的变化。据资料记载，清末永嘉地区造纸以南屏纸为大宗，用途多种，如写字、卫生纸、民俗祭祀等；20世纪30年代一直到90年代，则主要造卫生纸；之后，以生产祭祀用纸为多。

在几百年传统造纸的过程中，纸农们利用当地资源，积极地改造、利用环境最终与环境和谐共处，创造出独树一帜的山地村落空间布局和简朴实用的建筑特色，呈现出"水碓纸槽共一溪，竹林深处有人家"的拙朴景观。

一、泽雅纸山村落

造纸村落从选址到营造都与造纸资源、造纸工艺等密切相关。

造纸资源主要有两大类，一是水资源和水力资源，二是竹子资源和石灰、柴火等辅料资源。山区盛产竹木，水资源及水力资源则显得尤为关键。泽雅手工造竹纸，从腌刷到烹槽的八个过程都需要用水，每百斤湿刷大约需要4吨水才能制成纸浆捞纸。造纸不仅水的需求量大，而且水质直接影响到纸的质量。因此，对水资源和水利资源的需求决定了造纸村落一般选址在海拔较高，靠近溪水源头的山区，"择其水源清洁，澄潭急湍，便于漂洗地方，而后槽所立焉"。② 从生产和生活平衡考虑，纸农们

---

① 温州四连碓造纸作坊包括四连碓、横垟造纸作坊群、唐宅造纸作坊群。
② （明）王宗沐《江西省大志·楮书篇》。

会选择溪边空间较大的谷地，但这样的地方水流落差小，而一般引水渠要形成 3 米的水流高差才能带动水碓，纸农们要花费更多的精力和财力来引水筑碓。① 水碓是大型的造纸工具，一般以家为单位合伙建造，这种合作方式由来已久，泽雅镇唐宅村的一座水碓的石墙上仍嵌着一通立于清乾隆五十五年的《唐宅曹碓路下驮潭创造水碓碑》，碑文表明，水碓是由 7 人合伙建造的。② 村中水碓所在区即是主要作坊区，一般一个村会有 1～2 处，主要作坊区有水碓、纸槽、腌塘、纸镬等造纸设施，如唐宅（图一）和水碓坑村。还有部分水碓建筑在聚居区外，如泽雅四连碓（图二）、瑞安六连碓，这些地方水流落差大，构筑水碓非常有利，但山地太陡，峡谷太窄，溪边没有足够空间容纳其余的作坊设施，更不用说生活空间了。纸农们也会在自己的房前屋后，设置 1～2 处腌塘、纸槽，既解决了用地不足的矛盾，也充分利用时间多造纸。水碓和纸槽建筑简单搭建，用料随意，两面或三面通透，勉强遮风避雨。水碓和纸槽建筑情况显示了纸农工作环境的恶劣。

图一　唐宅作坊群

除作坊区外，纸山村落土地利用类型还可分成居住区、山林区、农田区。居住区尽量选在向阳一面沿山而建，拾级而上，村中小路多紧靠溪沟，建筑选址也靠近溪沟，方便引水入后院。纸山一带的山头溪边，房前屋后随处都可见葱翠的竹子，造纸常用的品种有温州水竹、绿竹、单竹等。成片的梯田多分布在居住区附近的向阳山侧（图三）。

纸山村落临溪水而建，水多桥亦多，最具特色的当属横垟村的贤师桥群，共三座桥，分别为明代的汀步桥、晚清的漫水桥、20 世纪 80 年代的水泥桥。在溪沟比较深的地方，多建造石拱桥。如水碓坑村，村头村尾各有一单券石拱桥，石拱桥附近各有一民俗建筑。不同于农业为主的平原地区村落，纸山地区不太着意村口景观的营造，满足基本的实用功能即可。

总的来说，泽雅村落山势陡峭，空间狭仄，选址在满足造纸条件时，伴随的是耕地资源贫乏、居住空间不足等诸多问题。

---

① 林志文、周银钗编著：《泽雅造纸》，中国戏剧出版社，2010 年，第 81 页。
② 吴明哲编：《温州历代碑刻二集（上）》，上海社会科学院出版社，2006 年，第 140 页。

图二　四连碓

图三　水碓坑村梯田

二、泽雅纸山建筑

1. 民居建筑

纸山传统建筑多为清末民国时期建造，建筑多呈一字形，院落矮石墙围合。

纸农建筑大多素朴简单，仅在黄坑村见到三处建筑略有不同。以保存较为完整的黄氏老宅为例，该建筑建于清代中期，门口有旗杆石，显示了建造者的身份。建筑山墙为砖墙，围墙较高，也是砖墙砌筑。围墙大门砖雕斗拱，瓦当滴水有花纹装饰。该建筑做法较为精细、考究，区别于纸农建筑，与瞿溪镇老街上的建筑相同。可见，纸山纸农建筑有其独特之处，与城镇建筑不同，也与居于此地的士、商建筑有所差别。泽雅纸农民居建筑多就地取材，用材不是特别讲究，比较注重实用性和经济性，与纸农的经济状况和思想意识一致。

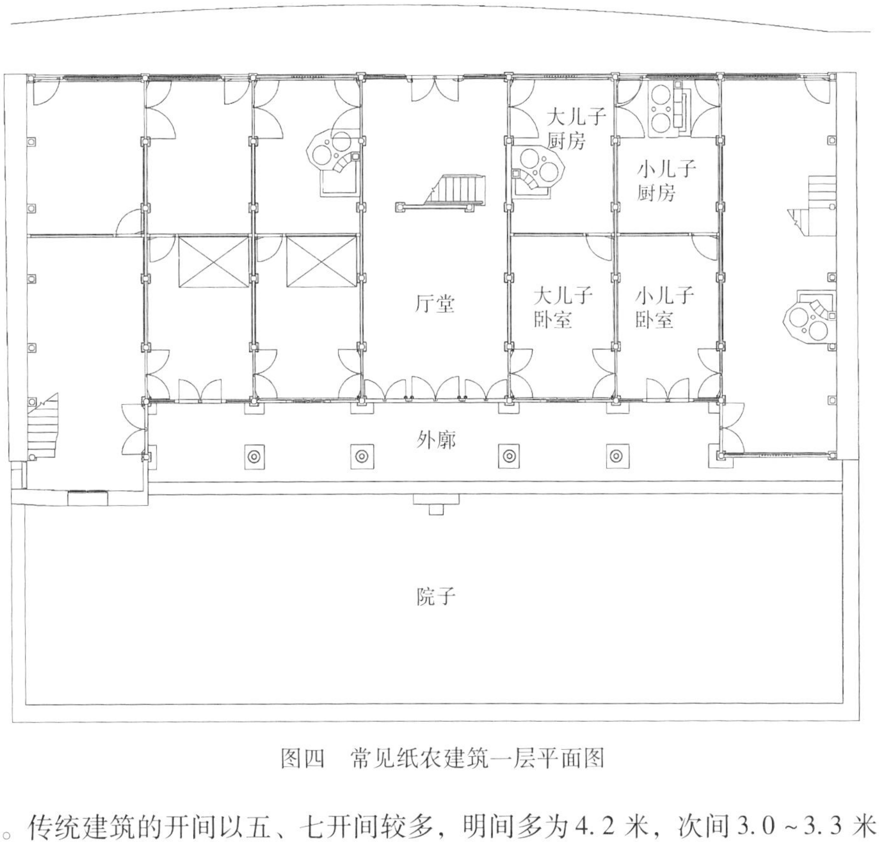

图四 常见纸农建筑一层平面图

建筑平面。传统建筑的开间以五、七开间较多，明间多为 4.2 米，次间 3.0～3.3 米。一层中间是厅堂，是一家人聚会以及办红白喜事的地方，厅堂屏门后面有一跑楼梯到二楼（图四）。一层两侧是各个小家庭的空间，每家一间，前面是卧室，后面是各家的厨房，大儿子住在靠近厅堂的位置，其余按长幼依次住下。辅助房间如牲畜窝棚、柴房一般是在主体建筑之外另外搭建。二楼的中间是祖先牌位，突出墙面。二楼层高较低，主要是堆放谷物和杂物之用。

建筑立面。主体建筑多为悬山、两重檐形式，山墙的材料或砖或块石，块石居多。建筑尽间屋顶稍低于中间，再加上辅房，形成屋面的高低错落之感，丰富了建筑立面效果。

建筑结构。屋架主体为穿斗结构，一般民居多为四柱九檩，明间檩条设随檩枋，其余各间不设，穿枋做成有一定弧度的板材形式，尽间梁架多为五柱九檩，檩条大小相对于其余各间要小，且檩条两端大小相差较大。石砌山墙紧贴木结构，檩条伸出山墙，端头挂瓦片起防水之用。

建筑细部。建筑一层外廊是整个建筑中做法略为考究之处。廊下做船篷轩，外廊柱上施圆形大斗，廊步梁头、大门上环板上略有雕刻装饰。整体而言，仍是非常朴素。

2. 民俗建筑

"好事鬼，多淫祠"是瓯越文化的一个显著特点，此风绵延相续不绝，明代温州"神祠几遍于境中"。① 据历史文献及田野调查，从空间上看，泽雅纸山地区的民间信仰与温州其余地区相差不大；从时间而言，明清以来，祭祀的对象也一直延续，如东瓯王、杨府爷、平水圣王、石马爷、三港爷、陈十四等，这些"历史人物的事迹值得后人敬仰，可教化育人，成为人们心中的英雄楷模，故立庙塑像加以纪念"。② 中国造纸的行业神一般认为是蔡伦，但是在有"千年纸山"之誉的泽雅，"并没有发展出有特色的行业神灵，对造纸行业神没有明确的概念和意识"。③

虽然泽雅地区的很多人出外务工或者迁居城市，但是在调研中，我们经常可以看到宫庙中张贴的捐赠功德碑红榜以及民俗活动通知，可见当地的民俗活动仍是非常活跃的。

建筑特征。泽雅纸山每村都有 1～2 处民俗建筑，如源口村有三宝庙和石马庙，庙后村有杨府庙和太阴宫，水碓坑村有十二宫和十二宫上宫，其中一处民俗建筑规模会较大、装饰较为精美，如上述的石马庙、太阴宫和十二宫。主要民俗建筑多为四合院，前进大厅与戏台相连，戏台或突出前厅或直接以前厅明间为戏台。两旁走廊，其上设楼并与戏台相通，作为演员服务后台。后进为主殿，陈列神主。民俗建筑多设斗拱层，主体抬梁结构。建筑内部遍布油饰彩绘，这是当地民俗建筑的显著特征。目前，传统建筑彩绘的保存情况不容乐观，民众的保护意识也不强，常被粉饰一新。在纸山，传统彩绘保存较好的建筑为水碓坑村的十二宫，该建筑建于清晚期。建筑木柱、梁枋刷红色油漆，雕刻部分縢金或随形赋彩。戏台吊顶一般做斗八藻井式，其余则多为覆斗状藻井式，均做彩绘，供奉神主的小木作亦华丽多彩。纸山的民俗建筑在建筑用材、雕刻绘画等装饰上的精良、华丽与简朴无华的纸农民居建筑形成鲜明的对比。

神主繁多。据清光绪十六年至十九年（1890～1893 年）《浙江全省舆图并水陆道里记》中的"永嘉县五里方图"统计：各类宫、庙、寺、庵共 135 处，各类祠庙名称多达 70 种。除了土地神、城隍神、盘古等全国性神主外，最多的仍是杨府爷、刘大侯王等地方诸神。泽雅地区祠庙的命名或取村庄之名，如黄坑村的黄坑宫，西岸岩门村的岩门宫，北林垟黄山村的黄山宫以及北林垟屿山村的屿山庙；或以主要神主命名，如源口村的石马庙，林垟村的杨府庙，庙后村的杨府庙、太阴宫等。

泽雅地区庙宫不仅名字繁多，而且里面供奉的神主也具有多样性。一般一个庙宇不会只供奉一座

---

① （明）王瓒、蔡芳编纂，胡珠生校注：弘治《温州府志》，上海社会科学院出版社，2006 年，第 397 页。

② 木人本：《纸山民间信仰》，《瓯海文史资料》第 12 辑《纸山文化》，2007 年。

③ 匡娜，周元雄：《民间信仰的多样化与实用性》，《横垟村民俗文化调查》，上海印书馆，2009 年，第 90 页。

神，如泽雅源口村的石马庙供奉了五位神主，水碓坑的十二宫则供奉了三座。陈靖姑（太阴圣母）、杨府爷、石马圣王、刘府爷等是民间祭祀的主要对象。神主的数量主要由建筑的开间决定，一般一开间置一神，但是也不尽然，例如庙后村的杨府庙，因为中间一开间较大，放置了三座神。三神或者五神（表1）是较为普遍的。

表1　泽雅纸山民俗建筑供奉神主列表

村庄名字	民俗宗教建筑	供奉神主（从左到右顺序）
泽雅镇潘宅村	镇（真）武宫	大威神君、太阴圣母、玄天大帝、刘大侯王、关圣帝
泽雅镇源口村	三宝庙	土地公公、三世佛、阎罗王
	石马庙	三官大帝、太阴圣母、石马圣王、胡公大帝、土地公公
西岸水碓坑村	十二宫上宫	天仙圣母、三官大帝、刘大侯王
	十二宫	天仙圣母、三官大帝、刘大侯王

功能多样。民俗建筑是村落的精神中心。人们在痛病危机、结婚生子、求职求官时，都会去庙里诉求、祈祷。泽雅地方碑刻显示（"奉宪勒石"），当地纸农不仅在当地要被流丐、恶棍之类欺凌，"近有外来流丐结党强讨，甚至擅取行窃，一经查获，即肆诈赖"，[1] 而且在卖纸的时候还要遭受伢行和纸商们价格上的欺诈和盘剥。此类事件，屡禁不止。他们往往都会通过祭奉神主来消灾祈福，获得心灵的安慰。

民俗建筑中的戏台，是村民酬神、娱乐看戏、交易的场所。旧时每个庙宇都要举行一年一度的庙会活动，庙会的文艺活动对民间信仰起着强化作用。至今，仍然流行着唱"鼓词"、"灵经大传"等。在泽雅坑源村有盘古圣庙，据朱建波的《瓯海坑源盘古信仰调查》，"盘古王庙专门成立了头家管理小组，并对该庙的日常事务进行了分工合作。信徒问神要有师公和跳神者共同配合。在庙会期间，村里要演大戏，此外，如一些农具、草药、笋干、土豆干等农副产品都被村民摆上商品柜台，借机进行交易"。[2]庙后村的杨府爷庙会、农历二月二泽雅的刘大侯王出巡等，都是十分隆重的庙会活动。

庙宫中的彩绘、楹联多具有教化作用。有的宣传儒家的忠孝思想，如"岳母刺字"，有的表达佛家善恶果报的道理和一些朴素的价值理念，还有很多绘画内容源于小说《封神演义》、《三国演义》中的情节故事以及传统的花鸟画。

三、小结

调研显示，浙江省历史上重要的古纸产业集聚区如衢州龙游、常山以及杭州富阳、萧山等地大部

---

① 吴明哲编：《温州历代碑刻二集（上）》，上海社会科学院出版社，2006年，第174页。

② 朱建波：《瓯海坑源盘古信仰调查》，《瓯海文史资料》第12辑《纸山文化》，温州市瓯海区政协文史资料委员会，2007年。

分工艺流程已经机械化甚至凋敝。从造纸工艺上而言，泽雅地区造纸工艺与明代科学家宋应星在《天工开物》中的记载完全吻合，有些工艺甚至更为古老。除此之外，造纸作坊遗完整，伐竹、做料、水碓捣料、操纸等一系列工艺设备完善。纸山区域的造纸村落与建筑也保存完整。综合而言，泽雅纸山为浙江省境内古代纸业全面保存的仅存硕果和活态化石，这也是"泽雅四连碓"会成为浙江省唯一的纸类全国重点文物保护单位的原因。

作为泽雅纸山文化的一部分，泽雅造纸村落呈现出一种独特的村落文化景观，它"包含了人类与自然环境之间交互作用的多种表现形式，通常反映出可持续土地利用的先进理念和具体技术，同时折射出建立这些文化景观所处的自然环境的特点和限制。"① 造纸工艺和造纸资源极大地塑造和制约着泽雅造纸村落整体规模与形态，资源和收入的有限性使得纸农们形成了简朴、实用的村落和建筑营造价值观念和实物遗存。

---

① 单霁翔：《乡村类文化景观遗产保护的探索和实践》，《中国名城》2010 年第 4 期。

桐庐历史建筑的保护工作调查

陈慧珉　陈淑珍

2007 年 4 月~2011 年 12 月的第三次全国文物普查，浙江省地面不可移动文物——古建筑占 70% 以上，而历史建筑在古建筑中约占 60% 左右，数量庞大。由于传统文化的没落、经济体制的冲击、保护制度的缺失以及自然灾害等诸多原因，历史建筑正在迅速消亡。相关部门最新的统计数字显示，我国的自然村十年前有 360 万个，现在则只剩 270 万个，每一天消失的自然村大概有 80 个到 100 个，那些位于农村的历史建筑当然也就随着自然村的消失而消失了。如何让那些尚存的历史建筑得到妥善的保护和利用而重发生机？我们在桐庐县调查历史建筑保护工作时，取得了一定的收获和经验，在此与同行分享和探讨，谬误之处敬请指正。

一、大环境之下的文物保护现状对文化遗产越来越重视

1. 国家当前的大环境

2007~2009 年，在完成清洁乡村的基础上，从新农村建设向"美丽乡村"提升，建设"美丽中国"。投入大量的资金改造乡村的环境、道路和卫生设施，改善民生、促进经济和提升文化品质。

第五次全国文物工作会上，提出新时期文物保护工程既是保护中国优秀文化遗产和悠久灿烂文明的主要手段，也是改善民生、推动经济社会全面发展的重要途径。

2. 杭州市当前的环境

杭州市早些年已对市区内距今有五十年历史的建筑进行了保护，并出台了相关保护条例和试行办法。

从杭州市区向大杭州辐射。"三普"野外实地调查结束后，2010 年在调研各县、市历史建筑保有量的基础上发布了未来五年的历史建筑保护和修缮计划。

3. 桐庐县当前的小环境

桐庐县将生态县创建与新农村建设、新城镇建设有机结合，成为"绿色名县"。

着力推进农村生态人居体系、农村生态环境体系、农村生态经济体系和农村生态文化体系的建设，重点推进 32 个中心村建设，在努力建成 50 个杭州市美丽乡村"精品村"的同时，与县文管办协调历史建筑的修缮与利用。

县政府一向重视历史建筑的保护，2006 年印发《桐庐县加强古建筑保护的实施意见》、《桐庐县农村历史建筑维修工程招投标管理办法（试行）》，用于指导农村历史建筑保护工作，使保护落到实处。

对历史建筑保护性修缮给予了充分的经费支持。

2010 年县政府下发《关于开展农村历史建筑保护工作的实施意见》，明确提出指导思想、保护范围和措施、修缮主体、资金补助标准。并在工作中要求加大各执法单位对偷盗、拆除等破坏农村历史建筑的违法犯罪行为的惩处力度，为农村历史建筑保护工作保驾护航。

保护历史建筑不仅仅是保存一个个历史遗迹，以满足人们对历史文化的怀念，更是为了从物质层面上延续我们的文化甚至生活本身。但是，处在乡村的历史建筑更有着复杂的状况。

二、保护为主

1. 摸清家底

保护的前提是对全县文物资源的全面了解。历史建筑中原有申屠氏宗祠（含保庆堂）等省级文物保护单位，珠山徐氏家山头徐氏宗祠等 15 处县级文物保护单位。第三次全国文物普查为全面摸清家底提供了可能。此次普查地区的到达率100%，调查文物1916 处，其中重点登录1107 处，新发现文物点959 处，复查 148 处。

历史建筑共 1400 处。其中明清宗祠类建筑 108 幢，民国宗祠类建筑 20 幢。

历史建筑新增省级文物保护单位嘉欣园、咸和堂等 2 处，新增县级文物保护单位何家何氏宗祠等48 处。

2. 宣传带头

野外普查时，普查员统一挂牌进入，与户主交流并宣传文物保护知识。

设计"桐庐县第三次全国文物普查民间信息采集表"，召开各乡镇文物普查动员培训，既收集到了信息，又普及了文物知识，宣传了文物保护工作。

每普查完一个乡镇，将普查信息及时反馈。对保存较好，并具有一定文物价值的历史建筑进行挂牌、立碑，设立文物保护监督举报电话，让乡镇、村民自发地参与到历史建筑的保护工作当中。

遗产日期间到各乡镇举办文物宣传展，宣传文物普及知识。

3. 要保护先分类

《桐庐县加强古建筑保护的实施意见》给古建筑保护制定"保护范围，保护原则，保护办法和保护措施"。明确职责，分类保护，因地制宜，合理利用，对公共建筑的修缮工作全面启动。但历史建筑因历史原因，产权较为复杂，因此前期未提上日程。产权有下列几种状况：

一是宗祠、大厅等公共建筑类，基本不存在产权问题，平时储存各类杂物，在村里有各类大规模活动时使用；

二是产权清晰的祖传建筑类；

三是产权单一的建筑类。

以上三类保护工作相对比较容易开展。

多产权的建筑类最难保护，各家想法不一，纠纷较多，建筑保存状况欠佳。

除公共建筑类外，一些无人居住的产权单一的空置建筑也不利于保护。

4. 保护方式、方法

普查期间，对录入国家文物数据库的历史建筑，协助乡镇管理与监督，主要防止偷盗、买卖和拆除重建等问题的发生。

在各乡镇张贴公布文物保护监督电话，宣传文物保护"十六"字方针，让村民参与其中。

将价值相对比较高、保存较好的历史建筑及时公布为县文物保护单位，给予定性，明确保护。

普查后，县政府成立了农村历史建筑工作领导小组，由县文管办从普查名录中排出五年计划，将每个年度拟修缮的历史建筑名单下发乡镇，由乡镇召集村民召开会议进行讨论、征求意见并收集信息；或拟定需调整的维修名单上报县文管办，再由县文管办现场踏看、核查后，在产权方同意的原则下，报县文广新局备案纳入计划。

维修前期，由县文广新局、县文管办至社区发出公告，与产权所有人签订维修保护协议书，让村民参与监督维修全过程。

5. 经费安排

对 2010 年前由乡、镇和村民自行集资进行修缮的，验收合格后报县财政，根据保护级别按比例予以补助。

2010 年后由县财政专项资金全额承担修缮费用，县文管办直接统筹管理，验收合格后，一部分由杭州市专项资金支付。这增加了乡镇对历史建筑维修的积极性，也加强了对历史建筑的保护意识。

6. 保护修缮管理模式

2010 年以前由乡、镇、村民自行管理与监督，县文管办业务指导维修。

2010 年以后改为县文管办统一管理，乡镇配合，特别是对个别文物修缮持不同态度的村民，乡镇干部充分运用同乡情感做思想工作，村民也比较能接受。

历史建筑维修纳入了县、乡、镇干部的年度考核内容，一定程度上提高了工作积极性，也保证了历史建筑的保护与维修。

三、抢救第一

1. 具体措施

2006 年县政府出台的《桐庐县加强古建筑保护的实施意见》，按照"政府主导、群众主体、社会参与"的要求，采取"社会集资，政府财政补助"的方式，鼓励民间参与古建筑维修保护。使祠堂、大厅类公共建筑得到了有效的保护。

2010 年县政府配合杭州市农村历史建筑保护工作印发适合本县的《农村历史建筑保护工作的实施意见》，进一步加大了历史建筑的维修保护力度，实行统一维修，用五年时间对历史建筑进行抢救性维修保护，财政实施全额补助。以往对保存状况不佳、但价值较高的历史建筑，由原来因产权单位或个人不同意维修而听之任之，转变为由乡镇干部出面做通思想工作和协调，及时安排，尽快落实维修。

2. 修缮前期

历史建筑数量众多，需要合理、统筹安排。经过三年的"清洁桐庐"等农村环境卫生整治工作，乡村卫生已有很大改善。在此基础上，由县文管办主持维修历史建筑，县农办紧接着开展"美丽乡村"行动，为历史建筑改善生存环境。

县农办在本着尊重历史建筑面貌的基础上，遵循县文管办提出的以粉墙黛瓦、水墨沟勒门窗线条等为乡村的主色调，既清新雅致、又保持了纯朴的乡土文化气息。

逐村统计需要维修的历史建筑，现场根据保存现状填写情况表，记录面积、相应的残损情况、维修大致所需经费等，逐一分类并定好维修基调。

制定了《桐庐县2010~2014年农村历史建筑维修计划及资金测算表》（表1）。

表1　桐庐县2010~2014年农村历史建筑维修计划及资金测算表

维修年份	重点历史建筑维修数量	维修资金预算（万元）	一般历史建筑维修数量	维修资金预算（万元）	维修资金总预算（万元）	县财政投入（万元）	产权所有人投入（万元）
2010	27	618.34	108	99.39	717.73	600	143.55
2011	27	568	403	661.81	1229.81	600	245.96
2012	29	509.3	233	382.63	891.93	250	178.39
2013	28	518.5	305	500.88	1019.38	330	203.88
2014	28	513.5	213	353.08	866.58	250	173.32
合计	139	2727.64	1262	1997.79	4725.43	2030	945.1

注：维修资金差额部分最初由县文广新局向杭州市财政争取，现按杭州市财政规定，市、县财政1:1配套。

3. 修缮类型

以抢救性修缮为主，分重点修缮和日常保养。

重点修缮。公共建筑或保存较差、价值较高、具有一定代表性的历史建筑，主要针对结构上有安全隐患、影响功能和使用的部位进行重点修缮。

日常保养。保存较好、价值较高、具有一定代表性的历史建筑和普通的历史建筑，以翻漏屋面为主，保证建筑的不坍、不漏，只恢复影响使用功能的部位，梁架、地面、装修等保持原状。

4. 修缮程序与办法

维修历史建筑，从设计、招标到施工，均按照政府规定的程序。历史建筑的维修与现代建筑不同，存在不可预见性。在维修过程中需要专业人员参与和把控。这就很大程度上考验了当地文物干部的专业水平。

普通历史建筑修缮不同于省、市级文保单位。其一，当地自行审批程序；其二，维修经费不高但数量众多；其三，维修施工资质自行选定；其四，维修方式自行制定。

维修经费不高，重点修缮建筑设计费在40元/平方米左右，重点维修设计最多也就十几张图纸，一般屋面翻漏建筑设计费在600元/幢左右，只出一张屋盖平面图，基本不出施工大样。

维修施工工程量从几千元至几十万元不等，这就对维修操作带来一定的难度。重点修缮工程量大，多有工程单位踊跃投标，而日常保养工程量偏小，难以招到施工单位。

起初尝试将日常保养工程打包，无文物保护资质的施工单位也可竞标，但效果不甚理想。后及时改进了做法，按历史建筑地域性分区块，以工程总量（或者一定维修金额）分成几个等量包，进行统一设计、招标、维修，在施工招标上明确要求有文物保护资质。比如有八九个左右的重点维修加上几个或几十个日常保养的历史建筑打包，这样既保证了重点历史建筑的修缮，又保证了普通历史建筑的不坍不漏。

维修工程有诸多不可预见性，基本以招标预算为主。施工进场后，如实际情况与图纸出入较大，需增加工程量，预算造价需按政府建设工程招投标相关规定执行，不超工程招标总价的10%；单项工程项目不得超过县发改、县财政、县审计等部门规定的额度（如超出额度需报县发改联席会议审核），以补预算或以工程联系单的形式把控增加的工程量。这样分别对待，做到具体问题具体分析处理，既保证设计、施工时间又简化报批手续。

四、合理利用

现已有不少历史建筑修缮完毕，合理使用的问题又摆在面前，特别是一些公共建筑（如宗祠类）该如何利用。宗祠建筑是我国传统建筑的重要组成部分，是中国传统文化发展的缩影，见证了传统村落家族的建立和发展历程，包含了建筑、历史、文化、风俗、宗教和民生等丰富的信息。现今在农村，宗祠建筑大部分失去了原有的功能，但它在传统村落中始终处于一个显赫的地位，是维系村落和谐发展、村民团结融洽的纽带。作为共同财产，以往一般是当做老年活动室，放几张牌桌，烧几壶水，让村里的老人有个去处，休闲一下。建筑虽然得到了使用，但不能充分体现传统的宗祠文化，对建筑本身也造成一定的消防隐患。现根据宗祠建筑自身的特点和文化内涵，开辟了农家书屋、陈列展示、基层远程教育中心、文化礼堂等活动场所，与文化建设相结合，加强了宗祠建筑的合理利用。

荻浦村申屠氏宗祠作为江南申屠氏的总祠文化展示地对外开放，又设立了江南传统农耕民俗文化陈列，同时也是青少年参观学习江南农耕文化的好去处。保庆堂是典型的江南戏厅、花厅式建筑，它独特的开放式建筑体现了宽容接纳外姓氏并与之和谐相处的格局，从建伊始就成为方圆十几里村庄村民慕名而来的场所。修缮后仍发挥原有的功能，成为村民组织庆祝丰收、演戏、看戏等活动的极为重要的公共文化娱乐场所。

莪山李氏花厅作为畲乡民俗馆对外开放，充分展示莪山畲族文化。

环溪爱莲堂成为县首个农村书社，并集电教于一体，成为省级文化示范点。爱莲堂取名源于北宋哲学家周敦颐的《爱莲说》，蕴含着深厚的文化内涵。

梅蓉村罗家大屋开辟为梅蓉村村史陈列馆对外开放，作为新中国成立前后至改革开放50多年以来梅蓉村发展变化的历史见证。

另外，绝大多数已进行维修保护的农村宗祠，与村老年活动室相结合，成为村议事中心，如引坑村钟氏大屋三星堂等。

总之，开展传统宗祠建筑的抢救性维修的同时，要注重加强合理利用，充分利用宗祠建筑在村民心中的重要主导地位，使宗祠建筑成为新农村精神文明建设的重要载体，推动农村文化事业建设的发展。

<h1 style="text-align:center">五、存在问题与相应的解决办法</h1>

文物保护最理想状态是做到不干预，但历史建筑年久失修，屋面漏雨是常态，进而霉烂、糟朽、坍塌，不干预是不行的。"两害相权取其轻"，做到少干预或最小干预是可行的，也是当前保护的理念。

桐庐县文物保护工作虽然不够完美，但有些问题也不是文物部门层面能解决的。积极的工作态度是关键，发现问题，解决问题，不断改进工作的方式方法，总结经验教训。

1. 政策导向非常重要

第一，倡导"美丽中国"，对农村的经济、文化已提到从未有的高度，政府重视，从上而下的政策对老百姓来说更有推动力。

第二，更应关注民生，"安居才能乐业"，进一步改善农村居民的居住条件。

第三，当今文化遗产事业进入一个全新的发展时期，文物工作者也应与时俱进，更新管理观念、实现职能转变成为必然选择。

第四，在当前各类行政程序纳入规范之列、尚未对一些特殊行业做出规范之前，套用一般规范，合法不合理的做法需待及时出台政策改进。

2. 历史建筑疏理

首先，大规模的屋面修缮使大量的历史建筑得到基本性保护，下一步，应从量的保护转到质的保护，需做必要的疏理。

其次，历史建筑多，整体环境保存较好的村落应优先做好保护规划，控制新建筑的体量、风格等。

第三，个别有代表性的历史建筑面临坍塌，虽尚未纳入计划也应尽快维修。

3. 当前修缮状况

一是前期大量屋面翻漏的工程由于设计费用低下，对必要的控制节点没有做详细的施工要求。

二是在施工单位的选择上招标没有规定必须有文物保护资质，首先导致施工时对专业术语无法解读，其次缺乏对历史建筑的基本审美，再者对文物保护的法律法规无知，因此造成维修质量低下。虽然后期对此做了及时的修正，但还是对历史建筑造成了一定的损害。

三是文物施工监理人员的人手短缺，专业知识的缺乏使施工单位很难信服，如同摆设。

4. 修缮传统工艺的缺失

历史建筑多数是农村的老房子，有现代化工具和知识的工民建施工单位修得连农民都不如。这是为什么？

传统建筑以木结构为主体，当地总有几个会建造大木的传统工匠，长期从事这种职业，具备一定的传统手艺和审美素养。传统建筑只要做到不漏雨，保持木构的干燥，基本上能保证较长时间的完好保存，而每年"理瓦"三年更换屋面，更是普通农民都知道的基本道理。诸如屋椽霉烂等小损伤，工匠基本都能随叫随到，及时按原样更换，不至于使病态扩大。

以上这些传统方式是目前修缮工程在合乎规范的程序的前提下无法做到的。传统匠人要么进入正规的施工单位，要不就面临失业。传统工艺也因得不到现代年轻人的喜爱而面临失传，历史建筑修缮则面临因传统工艺失传而失真的状况。

5. 如何解决当前当地工匠的生存、工艺延续问题

"三普"后大批量的维修工程上马，控制质量首当其冲，更何况要做到少干预或最小干预是技术难题，把握起来有一定的难度。

首先，历史建筑一般修缮最好用当地工匠。一方面当地工匠对本地的建筑形式、风格、审美有一定的认识基础，容易把握，不至于走形。另一方面也能使他们在修缮工程队伍中占得一席之地，使传统工艺得到传承。上述条件如不能成行，那么设计、施工单位必须有文物保护资质，在一定程度上保证施工的规范性，而在施工过程中最好也有当地工匠的参与。这些当然需要政府部门的政策支持。

其次，需要科研技术力量的介入，帮助文管办制定适应当地的规范及标准，从源头上控制工程的质量。

6. 村民对政府出资修缮的态度不一

大量修缮经费政府买单，一方面说明政府重视，另一方面也说明经济富裕了。但村民的表现不一：

有表示感激政府政策的，多为经济条件一般的人和老年人。有村民则认为国家的钱不用白不用，想尽法多占多用，一不满足就上诉，无休止的无理取闹助长了依赖性，给文物部门造成巨大的压力和负担。要解决依赖思想，有些地方的做法可借鉴，如让村民按自身的经济能力或多或少承担一些修缮经费，让他们以主人翁的姿态自觉地参与维修中来，承担一定的责任，那么也会善待修缮后的建筑。

也有村民抱着无所谓、甚至反对的态度，这种多数是不在家住户和多产权住户。更有甚者，任原建筑坍塌，然后便可利用地基重建新屋。针对这类历史建筑，需进行入户问卷调查，找出原因并提出相应的解决方法。

7. 修缮后的历史建筑的利用问题

目前存在几种不同情况：

公共建筑已基本得到充分的利用。

单一产权祖传家产与单一产权的还是由原住户居住。

单一产权中不在家住户的建筑比较难管理与利用。空关着会使建筑败坏得更彻底，需出台一些倾向性政策，最好能置换出来。有几种途径：A. 政府部门置换，由政府统一进行保护利用；B. 置换给经济条件差而无力建屋的同村村民居住；C. 由乡镇出面进行认养措施，并签订一系列相关保护管理条款。

多产权的住户由于意见不统一最难管理与利用，鼓励村民自行支付相应的金额，对等置换。

六、结束语

历史建筑如果不加强保护，就会不可避免的毁坏。老人村、空心村的出现不是偶然的，年轻一代

接受高等教育或外出打工后，有的因旧观念、就业等原因选择摒弃故土、家园，成为城市中漂泊不定的人群或选择定居，不愿再回到土生土长的地方；有的在外赚钱后回乡重建民房，给对历史建筑带来毁灭性的打击。村落的主体是历史建筑，保护这些历史建筑政府和文物工作者责无旁贷。

　　当前国家已把提高农民的经济生活水平提上日程，打造"美丽乡村"，改善村落环境与居住条件，提升村民的文化品质，激发广大农民的主动性、创造性，动员社会力量参与乡村建设，倡导"自己的家园自己建"。与此同时，保留了历史建筑的村落，多了份历史的沧桑感和文化的韵味，"特色村"、"中心村"、"精品村"随之呈现，这些历史建筑在"美丽乡村"中犹如珍珠般闪烁。整体改造完成后的乡村，如深澳、荻浦等村落，集观光、采摘、访古、探险、运动、休闲、养生和养老等农业特色产业于一体，与历史建筑相结合，互促发展。越来越多的城市人群走出喧闹、欲望的都市，到乡村田野寻找清静、质朴，洗涤自己的心灵，寻找心中久违的故土乡音。

浙江省省级以上文物保护单位
"四有档案"整理记录

吴梦愚

（浙江省文物考古研究所）

在文物保护单位管理中，"四有档案"是一项非常重要的基础性工作。它记录着文物保护单位的历史信息，为不可移动文物的管理、研究、修缮提供追根溯源的依据。浙江省从 20 世纪 80 年代开展省级以上文物保护单位"四有档案"工作，制作按照全国重点文物保护单位记录档案规范执行。在经过若干批次的审核与修改后省考古所作为业务单位接收这批档案资料，在对这些档案资料经过若干个月整理后，基本摸清了浙江省文物保护单位"四有档案"的制作状况，为今后工作的开展做出参考。

一、文物保护单位公布批次与"四有档案"制作数量

"四有档案"制作数量与文物保护单位公布数量密切相关。浙江省自 20 世纪 60 年代以来，国务院公布 7 批 231 处全国重点文物保护单位，省政府公布 6 批 771 处省级文物保护单位，其中有 147 处省保单位在不同批次中升为国保单位，目前浙江省共有 1002 处文物保护单位（图一）。对这些已公布的文物保护单位中的前五批国保、省保进行了档案制作，共计 515 处。2011 年以前通过审核的"四有档案"325 处，占总数的 63%，其中全国重点文物保护单位记录档案 117 处，占总数的 87%；省级文物

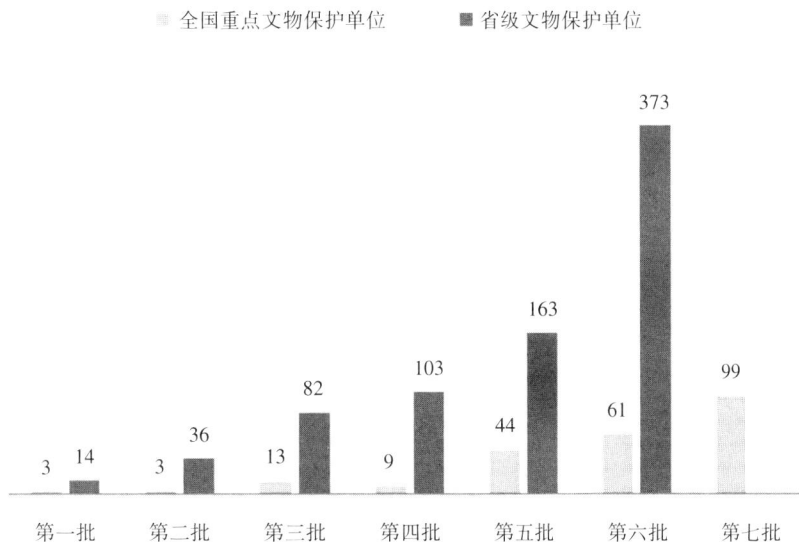

图一　浙江省国家级、省级文物保护单位公布的批次和数量

保护单位记录档案 208 处，占总数的 54%。

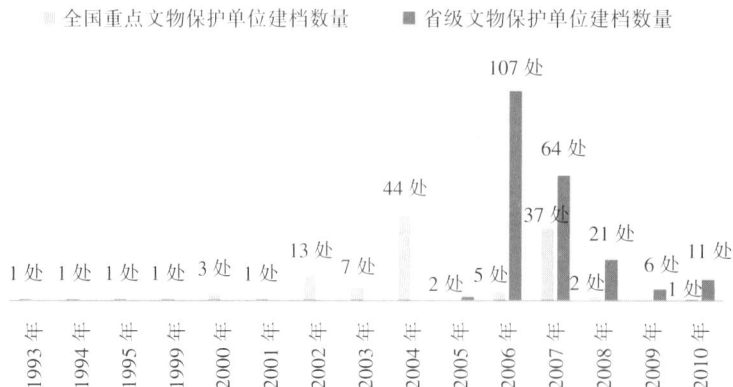

全国重点文物保护单位建档数量　　省级文物保护单位建档数量

图二　文物保护单位的建档时间及数量

浙江省自 20 世纪 80 年代开始"四有档案"建档工作，由于各种原因如专业人员稀缺、建档规范不明确等，直到 90 年代才开始重视"四有"建档工作，但进展缓慢，成效不明显。直到 21 世纪，特别是 2003 年国家文物局召开"四有档案"建档会议，举办"四有档案"培训，制定"四有档案"建档规范后，浙江省建档工作进展迅速（图二）。2007～2011 年因开展第三次全国文物普查，建档工作有所减少。2011 年起在逐步完善前期档案的同时又开展了对第七批国保、第六批省保的建档工作。

二、"四有档案"的现状

1. 保管现状

由于场地原因，建档年限较早的记录档案多存放在临时性场所。由于保管环境不佳，部分档案盒长期遭受挤压后变形、纸张受潮后发霉、页面被污损，严重影响了档案的使用质量（图三）。整理过程中对发霉、污损的档案做了分类处理，档案盒变形严重的则向主管部门申请后重新装帧。第三次全国文物普查结束后公布的文物保护单位数量剧增，随之而来的是记录档案数量的增加，现有

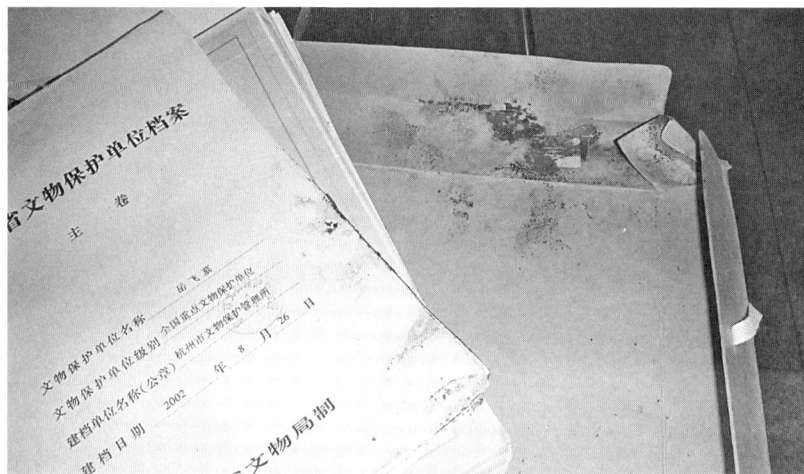

图三　污损的"四有档案"

的存放场所已经不能满足需要。而保存空间的环境对档案"寿命"起着决定性作用，恒温、恒湿、闭光、远离污染物的环境有利于纸质材料的保存。因此，改善档案存放环境是目前最迫切需要解决的问题。

2. 收录现状

图四统计了浙江省各地区记录档案的制作状况，全省共有117处全国重点文物保护单位记录档案和208处省级文物保护单位记录档案。从地域分布而言，文保单位数量上不占多数的嘉兴、绍兴、湖州、金华、衢州、台州和舟山等县市完成建档工作最多。从档案盒数量看，117处国保中档案盒10盒以内的72处，10~20盒之间的44处，超过20盒的1处；208处省保档案中档案盒10盒以内的192处，超过10盒的13处，最少的1盒。档案盒数量较多的类型一般为地面建筑，如杭州碑林52盒、西泠印社34盒、凤凰寺21盒，这些建筑历史记载丰富、历史遗存多（壁画、彩画、碑刻、造像多在一处建筑内）、修缮次数多，因此在档案制作中收录内容也多；遗址类文保单位如钱山漾遗址信息量少，在档案收录方面也较为简单。

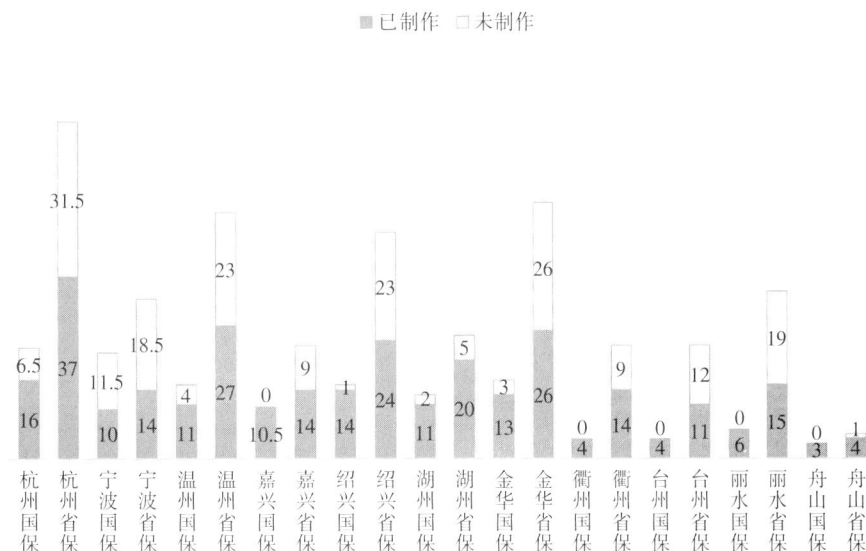

图四　各地区记录档案制作统计

3. "四有档案"规范性与完整性

根据相关要求，文物保护单位记录档案的制作必须严格按照国家文物局公布的标准执行。[①] 记录档案的组成在形式上分为主卷、副卷和备考卷。主卷以记录保护管理工作和科学资料为主，包括文字卷、图纸卷、照片卷、拓片及摹本卷、保护规划及保护工程方案卷、文物调查及考古发掘卷、文物保护工程及防治监测卷、文物展示卷、电子文件卷、续补卷。副卷、备考卷收录相关的行政管理文件和工作情况，记载与该文物保护单位有关的参考资料、图书资料为主。

规范性。记录档案规范明确了文物保护单位"四有档案"要统一使用由国家文物局监制的卷盒、

---

① 1991年国家文物局发布的《全国重点文物保护单位保护范围、标志说明、记录档案和保管机构工作规范（试行）》。

专用纸，规格为 8 开本，卷内纸张均采用 B4 规格。根据归档的实际需要，案卷可采用装帧和不装帧两种。虽然在工作规范中明确了卷盒、专用纸等一系列标准，但仍然出现如卷盒封面内容不完整、书写随意、任意涂改、无立卷工作结束时间、未盖公章等现象。卷盒脊背内容也有未按标准书写文物保护单位名称、代码、案卷题名、保管期限及数量。在装帧盒选用上也比较随意，尺寸有过大过小的状况，也有一小部分档案甚至不用档案盒装帧。而电子文件卷中欠规范的案例则更多，以目录卷、文字卷、照片卷为例。

目录卷规范的如图五所示，欠规范的如图六所示。

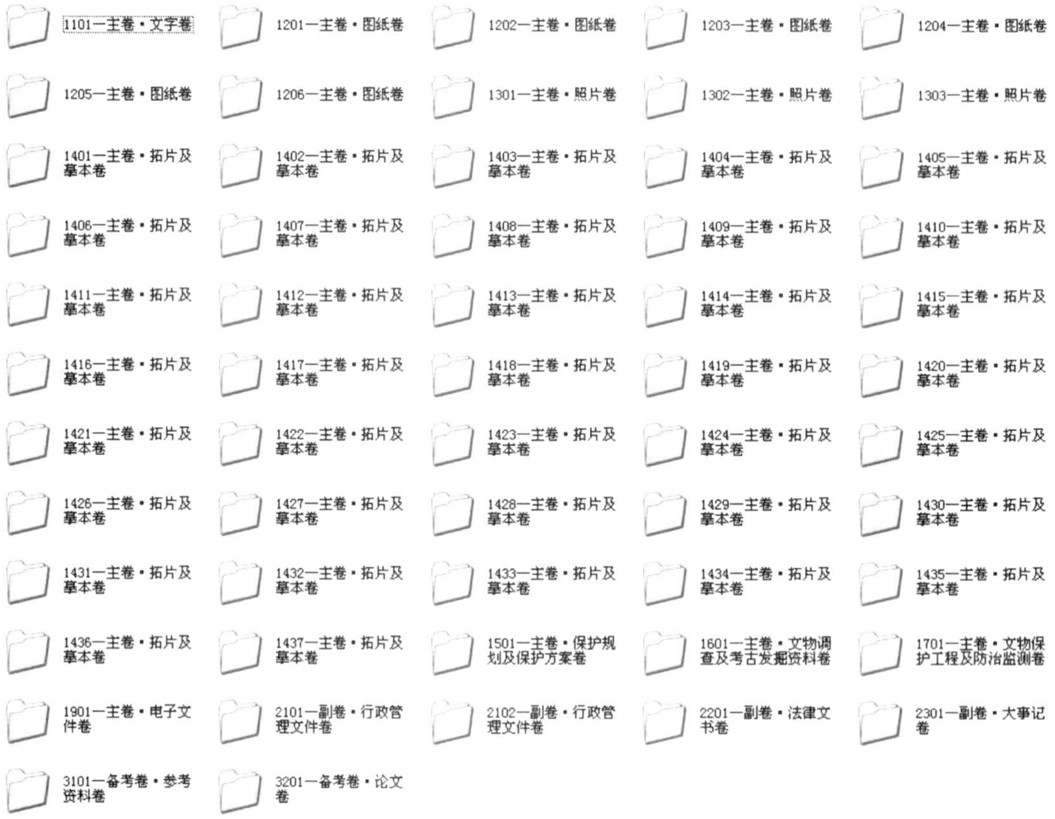

图五　规范的目录卷格式

欠规范的：

图六　不规范的目录格式

文字卷规范的如图七所示，欠规范的如图八所示。

图七　规范的文字卷格式

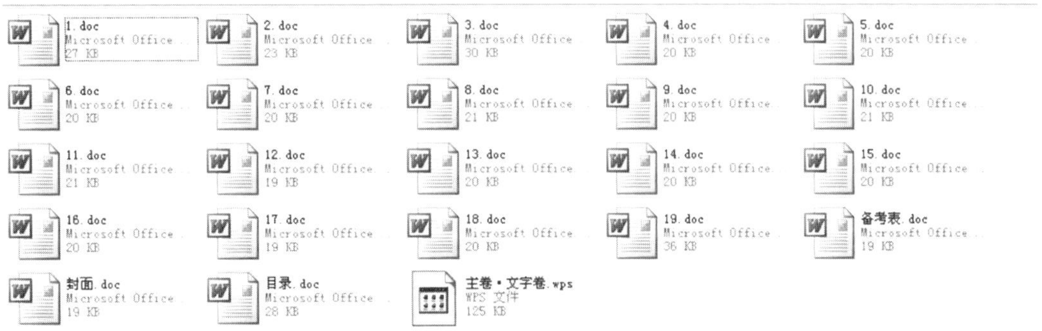

图八　不规范的文字卷格式

照片卷规范的如图九所示，欠规范的如图一〇所示。

图九　规范的照片卷格式

图一〇　欠规范的照片卷格式

文字说明与照片目录内容做到一致，装入电子文件卷内比较直观，便于查找与比对如图一一所示。

图一一　图文对应的电子档案

在照片卷备注内要详细说明照片来源及相关资料情况，如图一二所示。

序号	题　　　　名	拍摄时间	页号	备　　注
1	盐官海塘	2004.9	1	
2	海塘底桩情况		1	从申报材料上翻拍，原底片已失。
3	填海铁牛	2004.9	2	
4	占鳌塔	2004.9	2	
5	天风海涛亭	2004.9	3	
6	盐官海塘旧照		3	翻拍于国保单位申报材料中。
7	原填海铁牛	1990.8	4	
8	海神庙全景	2004.9	4	

图一二　照片卷备注表

这些细节的疏漏虽然不影响档案的使用，但规范统一的制作格式是确保档案严肃性的前提。

完整性。从目前统计的情况看，记录档案的纸质卷宗完整程度较高。主卷中文字卷最完整，图纸卷、照片卷其次，但也存在少量的缺卷、少卷现象。电子文件卷缺失现象最严重，国保档案电子化率为57%，省保档案电子化率为93%。电子文件卷是记录档案的电子化文件，以光盘形式存放在主卷内，目的是便于档案的保存与管理。在建档工作早期，计算机应用并不普及，文字记录方面采用的是传统手抄方法（如上林湖越窑窑址、它山堰等）和针打打字机的方法（如镇海口海防遗址、良渚遗址等），对电子文件卷则没有做出要求，1993年建档的前四批全国重点文物保护单位都没有配套的电子文件卷。1991年国家文物局公布《全国重点文物保护单位记录档案工作规范（试行）》中，对电子文件卷内容限定为与本处文物保护单位有关的各类电子文件，如声像、数字化文字等，作为档案的辅助材料。随着记录档案规范的出台及电子信息技术的普及，2003年与之配套的《全国重点文物保护单位记录档案著录说明》中，对电子文件卷内容要求又更进了一步，把文本文件、图像文件、图形文件、声像文件、多媒体链接、程序文件、数据文件全部纳入进去。在编制第五、六批国保及一至五批省保单位时记录档案的电子文件卷基本普及，光盘收录内容以文字卷、照片卷及部分声像资料为主，从发展的眼光来看，这远远不能满足档案的要求。同纸质文件内容相同的电子文件应单独成册，纸质档案和电子档案同时存在是非常有必要的。完整的电子文件卷为记录档案的查询和借阅工作带来方便，也有利于纸质档案更好地保存。不足之处在于：首先，电子文件卷中的光盘使用年限尚不确定，整理过程中已发现有光盘无法读出数据的现象（如荥阳侯夫人墓），针对这一状况，目前暂时将数据备份至移动硬盘内；其次，这些数据不能获得及时的动态更新。此外，在光盘保存方面需做到防晒、防划、防潮、防尘，最好放在光盘盒中。

三、对"四有档案"档案工作几点思考

第三次全国文物普查结束后公布的文物保护单位数量骤增，新一轮的建档工作也即将展开，该如何提高尚未完成的或即将开始的文物保护单位记录档案制作水准，使之成为历史文献的集大成者，现代研究成果的及时收录者，文物信息的分享者呢？

1. 提高"四有档案"制作质量

记录档案中存在的一些问题，原因有许多，譬如建档工作刚开始时著录规范没有明确提出，硬件设备配置不足，专业人员调动频繁等等。所有的因素中档案制作人员的素质是最为重要的，他们的专业素质直接决定了档案制作的水准。定期开展专业培训，增加业务交流是非常有必要的，脱离对档案制作人员的直接培训而制作出符合规范标准的档案显然是不切实际的。"四有档案"特殊性在于它不仅仅是一份纸质档案，更是对文物保护单位历史信息的全面总结，制作人员不但要熟练掌握符合国家标准的档案制作章程，还要对当地文物保护单位的各种信息有所了解。不可移动文物具有多样性、复杂性的特点，这就需要专业人员有一个长期积累的过程，专业人员频繁调动岗位，有的刚接手工作甚至连基本规范都不熟悉就开始参与制作档案，这对档案质量肯定是有影响的。在条件允许的情况下要固定档案制作人员，定期开展培训应当成为档案制作过程中的首要环节。2013年浙江省文物局召开浙江省文物保护单位"四有档案"培训班，对专业人员从著录规范到古建筑、近现代建筑、摩崖石刻、古墓葬、古遗址、古窑址等各类不可移动文物的相关基础知识和档案著录方法进行培训，建立了全省"四有档案"QQ群，方便各地区各单位业务人员随时在线上进行交流、专家答疑，提高了工作效率。

档案制作质量的提高与审核标准统一化、客观化应当相辅相成。国家文物局对"四有档案"著录规范有过详细的说明，而对收录内容方面并没有明确的规定，无论在制作过程还是审核阶段，人为的主观因素还是起着决定性作用。比如在收录方面研究成果、行政管理、保护工程的比例该如何分配？收录的重点应该放在哪个部分？是不是只要是研究成果就可以收录进去？研究人员与管理人员的工作重点不同，因此对档案收录标准也会不同。对什么样的记录档案是完整、达到标准的，什么样的记录档案资料性是不足的，都应该有具体说明，做到客观评价，减少主观因素的干扰，在审核过程中有据可循。

2. 提高"四有档案"的使用效率

"四有档案"工作开展至今已有若干个年头，文化遗产事业面临的社会环境发生了前所未有的变化。以计算机和移动互联网技术为平台的现代信息技术渗入到社会的各个环节，各行各业纷纷研发自己的软件、手机客户端，事实上信息存在的方式已经发生了改变。而当前"四有档案"工作中，信息存在与传播方式相对滞后，信息主体仍以传统的静态方式存在，所有制作完成的"四有档案"续补卷更新率为0，这就意味着从制作完成的那一刻起档案就停滞了信息的记录。今天的中国瞬息万变，高速发展的经济同文物古迹保护常有冲突，不可移动文物随时会有突发状况发生，纸质档案根本无法做到即时更新，这种缺失对研究工作、管理工作的开展是极为不利的。将现代信息技术引入"四有档案"工作中，建立文物保护单位数据库，第一时间为文保单位更新信息，及时跟进研究成果是十分必要的。

在物质生活日益丰富的同时，民众对文化事业参与热情超过以往任何一个历史时期，他们渴望了解文物，参与文化遗产事业。在互联网门户如"百度百科"上文物保护单位的相关信息都是由热心文化遗产事业的网民完成，他们中有很大一部分是年轻群体，这部分群体普遍受教育程度高，接受新生事物能力强，是未来社会的中坚力量。从长远看，这部分群体将会成为文化遗产在民间的传承者和接力者，应加大对这部分群体的文物保护宣传教育，将对不涉及文保单位机密的内容通过各种途径向社会公布，吸引各学科背景的人才加入，开拓文化遗产保护新思路，将民间研究与现状保护形成信息互动。

　　总之，我们在实践中充分体会到，文物保护单位记录档案工作同任何工作一样需要长期探索，要有严谨耐心的工作态度和丰富的专业知识。这项工作是开展不可移动文物研究与管理的基础工作之一，任何一处文物保护单位记录档案的残缺都会造成无法弥补的损失。在"四有档案"管理工作当中兼顾规范性、完整性的同时更要注重科学性、延续性，让档案发挥它应用的价值。

后　记

　　《浙江省文物考古研究所学刊》第十辑共收录文章 31 篇，主要内容包括考古和文保两大类。考古类共 18 篇，其中考古报告 14 篇，内容涉及旧石器时代至明清墓的发掘；考古研究文章 4 篇。另收录传统考古绘图、考古三维模型制作及考古数据库文章 3 篇。考古记录是考古研究的重要内容，也是遗产保护和传承的重要手段，以往这方面的研究不多，我们希望开展这一领域的探索与研究。文保类的文章共 10 篇，主要有文保单位保护修缮的个案研究、木建筑结构的分析、历史建筑的调查等。

浙江省文物考古研究所

2014 年 5 月 31 日

1．CP055 第一水平层 石制品出土全景

2．CP055 第二水平层 石制品局部

3．拼合组 CP055：45 和 58 之石核出土

4．拼合组 CP055：45 和 58 之石片出土

5．CP055：16 多台面石核出土

6．CP055：4 刮削器出土

1.吴家浜遗址发掘全景（北—南）

2.M5象牙梳的出土情况

1．M1

2．M2

3．M4

4．M5

1. M4 打破 M5

2. M6、M7、M8

1. M6、M7、M8

2. M9

1. M10

2. M11

3. M12

4. M13

1．M15

2．M16

1. 玉玦（M1:1）

2. 玉璜（M2:2）

3. 玉璜（T0405 ④:1）

4. 石钺（M2:1）

5. 豆（M5:1）

6. 石锛（M5:3）

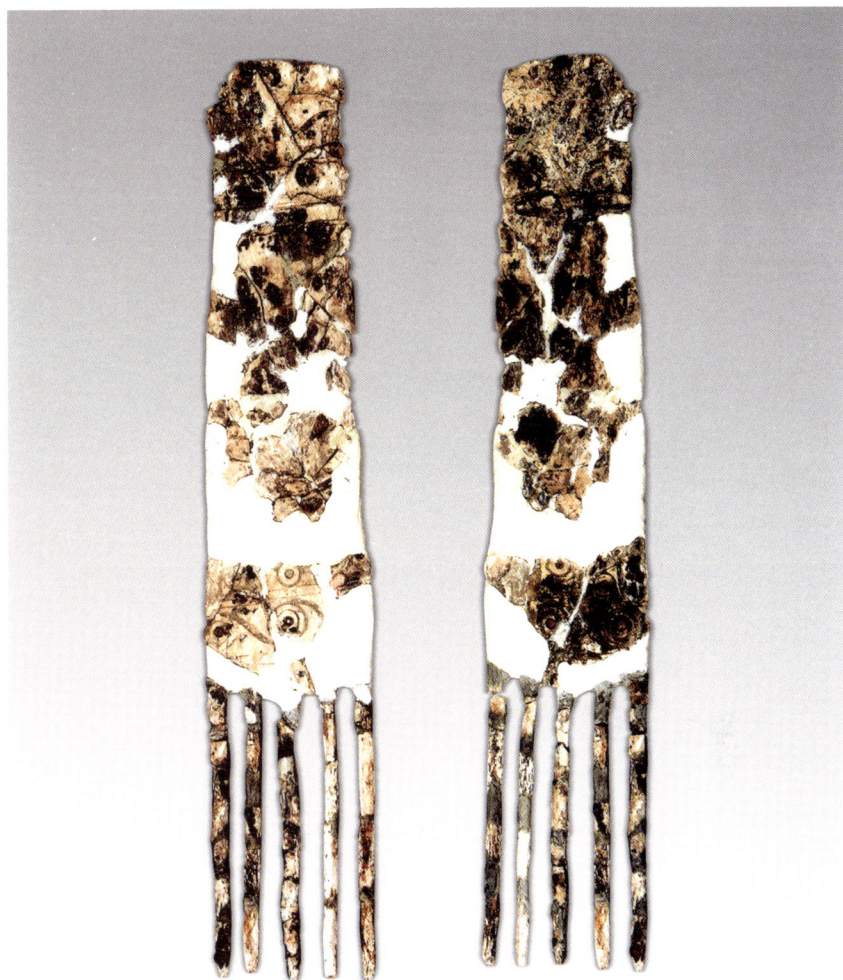

1.鹿角靴形器（M5：4）

4.象牙梳（M5：2）

2.鹿角靴形器（M5：5）

3.纺轮（M11：1）

5.豆（M12：1）

1.杨家角遗址远景

2.T0904 剖面

浙江省海宁市杨家角遗址的发掘

1.玉锥形器（M2：1）　　　2.玉管串（M2：2～7、9、11～21）　　　3.石钺（M5：1）

5.陶双鼻壶（M5：2）　　　6.玉管串（M5：3-1～30）　　　7.陶双鼻壶（M6：1）

4.陶双鼻壶盖（M2：8）

浙江省海宁市杨家角遗址的发掘

1．M3

2．M3 平剖面上显示的葬具痕迹

浙江省海宁市杨家角遗址的发掘

1. 玉管串（M3：1-1～15）

2. 陶盆（M3：2）

3. 石钺（M3：3）

4. 石锛（M3：4）

5. 玉锥形器（M3：6）

6. 陶双鼻壶（M3：5）

浙江省海宁市杨家角遗址的发掘

1．M4

2．M4 剖面上显示的葬具痕迹

3．M4 平面上显示的葬具痕迹

1.石锛（M4：1）

2.陶器盖（M4：2）

3.石镰（M4：7）

4.陶鼎（M4：3）

5.陶罐（M4：4）

6.陶簋（M4：5）

7.陶簋（M4：6）

浙江省海宁市杨家角遗址的发掘

1. M10

2．玉锥形器（M10∶1）

3．陶盆（M10∶2）

浙江省海宁市杨家角遗址的发掘

1. 玉管珠（M10：7-1、2、8、14、13）　　　　　　2. 陶器盖（M10：9）

3. 陶鼎（M10：11）　　　　　　4. 陶尊（M10：12）

浙江省海宁市杨家角遗址的发掘

1．M7

2．玉锥形器（M7：1）

3．石钺（M7：2）

4．陶尊（M7：3）

5．陶盘（M7：5）

浙江省海宁市杨家角遗址的发掘

1. M8

2.玉珠（M8：1）

3.陶圈足盘（M8：2）

4.玉锥形器（M8：5）

浙江省海宁市杨家角遗址的发掘

1.陶双鼻壶（M8：3）

2.石锛（M8：4）

3.石钺（M8：6）

4.陶簋（M8：7）

5.陶鼎（M8：8）

6.陶尊（M8：9）

浙江省海宁市杨家角遗址的发掘

1．M9

2．陶簋（M9：4）

5．陶双鼻壶（M9：2）

3．陶纺轮（M9：3）

4．陶圈足盘（M9：1）

6．陶鼎（M9：5）

浙江省海宁市杨家角遗址的发掘

1．M11

2．玉管（M11：3、4）

4．陶盆（M11：1）

3．玉锥形器（M11：5）

浙江省海宁市杨家角遗址的发掘

1. 陶双鼻壶（M11：2）

4. 陶鼎（M11：8）

2. 陶尊（M11：6）

3. 陶簋（M11：7）

5. 陶盆（M11：9）

浙江省海宁市杨家角遗址的发掘

1.陶双鼻壶（M12:1）

2.陶三足盘（M12:2）

3.陶簋（M14:5）

4.玉锥形器（M14:1）

5.M14

浙江省海宁市杨家角遗址的发掘

1. 陶双鼻壶（M15：1）

2. 石网坠（M16：2）

3. 陶双鼻壶（M17：1）

4. 陶双鼻壶（M19：1）

5. 陶双鼻壶（M21：1）

6. 陶簋（M21：2）

浙江省海宁市杨家角遗址的发掘

1.陶双鼻壶（M22：1）　　　　　　　　　2.石刀（M18：1）

3．M18

浙江省海宁市杨家角遗址的发掘

1.陶尊（M18：2）

2.陶簋（M18：3）

3.陶鼎（M18：4）

4.陶盆（M18：5）

浙江省海宁市杨家角遗址的发掘

1．M20

2．玉锥形器（M20：1）　　3．陶双鼻壶（M20：3）

4．陶盌（M20：4）

5．陶罐（M20：7）

6．陶盆（M20：6）

7．陶圈足盘（M20：2）

浙江省海宁市杨家角遗址的发掘

1.陶鼎（T0904⑤：4）

2.陶鼎（T0903④：1）

3.陶鼎（T0904⑤：11）

4.陶鼎足细部（T0904⑤：11）

5.陶鼎（T0904④：1）

6.陶鼎（T0904④：3）

浙江省海宁市杨家角遗址的发掘

1.陶鼎（T0904⑤：5）

2.陶鼎（T0904⑤：6）

3.陶鼎（T0904⑤：7）

4.陶鼎（T0904⑤：8）

5.陶鼎（T0904⑤：9）

6.陶鼎（T0904⑤：10）

浙江省海宁市杨家角遗址的发掘

1.陶盆（T0904 ⑤：13）

2.陶盆（T0904 ⑤：13）

3.陶杯（T0904 ⑤：17）

4.陶盆（T0904 ⑤：18）

5.陶豆（T0904 ④：2）

浙江省海宁市杨家角遗址的发掘

1.遗址环境（北—南）

2.东侧土台发掘现场（东—西）

余杭三亩里遗址发掘简报

1．M1（南—北）

2．M4（南—北）

1．J1（南—北）

2．G2（西—东）

余杭三亩里遗址发掘简报

1.陶鼎（M4：4）

2.陶鼎（T0405 ⑦ B：1）

3.陶豆（T0306 ⑦ B：1）

4.陶豆（M1：3）

5.陶豆（M3：4）

6.陶壶（M4：1）

1.陶圈足盘（H14：1）

2.陶盆（G3：1）

3.陶盆（M4：5）

4.陶杯（M4：2）

5.陶杯（G5：3）

6.陶杯（H32：1）

1．石钺（M2：1）

2．石钺（M1：2）

3．石锛（T0105 ④：1）

4．石镞（T0104 ⑥ B：1）

5．石犁（T0608 ⑤：3）

6．玉挂饰（D98：1）

1.陶器纹饰

2.陶器纹饰

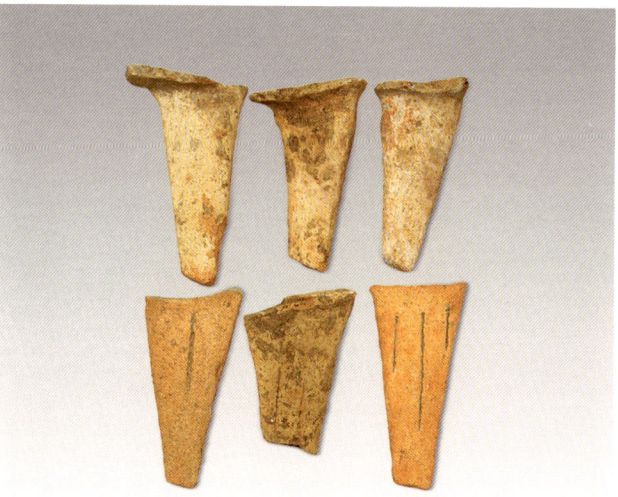

3.陶器纹饰

4.陶器纹饰

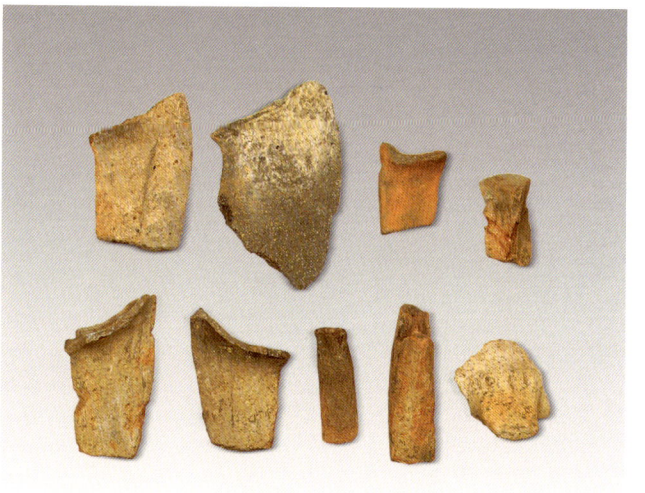

5.侧扁鼎足

6.其他形态鼎足

1. Aa 型陶鼎（T0509 ④ B：47）

2. Aa 型陶鼎（T0509 ④ A：45）

3. Aa 型陶鼎（T0509 ④ A：49）

4. Ab Ⅱ式陶鼎（T0509 ④ A：46）

5. Ab Ⅱ式陶鼎（T0509 ④ A：50）

6. Ab Ⅱ式陶鼎（T0509 ④ A：54）

1. A Ⅰ式陶豆（T0509④A：104）　2. A Ⅱ式陶豆（T0509④A：102）　3. A Ⅱ式陶豆（T0509④A：103）

4. B型陶豆（T0509④A：109）　5. A型陶圈足盘（T0509④A：44）　6. B型陶圈足盘（T0509④A：129）

7. A型陶杯（T0408④A：4）　　　　　8. A型陶杯（T0509④A：141、142）

9. 陶缸（T0509④A：51）　　　　　10. 陶纺轮（T0509④A：30）

1．A 型石锛（T0509④A：27）

2．B 型石锛（T0509④A：41）

3．Aa 型石镞（T0509④A：32）

4．Aa 型石镞（T0509④A：3）

5．Ab 型石镞（T0509④A：16）

6．Ba 型石镞（T0509④A：11）

7．Ba 型石镞（T0509④A：17）

8．Bb 型石镞（T0509④A：35）

1. 石刀（T0509④A：7）

2. 石刀（T0509④A：26）

3. 石耘田器（T0509④A：23）

4. 石犁（T0509④A：1）

5. 第 3 层出土的石锛（T0406③B：1）

6. 第 3 层出土的半月形石刀（T0909③C：1）

1 . 金山遗址环境（东南—西北）

2 . XJF1（东—西）

杭州市萧山区金山遗址和田螺山石室墓的发掘

1.陶纺轮（F1：7）

2.石钺（M4：2）

3.石斧（T4④：4）

4.石斧（T4④：5）

5.石镞（T4④：7）

6.石镞（T4④：15）

7.石镞（T4④：6）

杭州市萧山区金山遗址和田螺山石室墓的发掘

1.石镰（T4④：7）

2.石镰（T4④：17）

3.石凿（F1：1）

4.石犁（T7④：8）

杭州市萧山区金山遗址和田螺山石室墓的发掘

1. 石锛（M4：3）　　　　2. 石锛（T3④：2）　　　　3. 石锛（T4④：6）

4. 石锛（F1：3）　　　　5. 石锛（T7④：37）　　　　6. 石锛（T7④：4）

杭州市萧山区金山遗址和田螺山石室墓的发掘

1. 石刀（F1：5）

2. 石刀（F1：2）

3. 砺石（T3④：3）

4. 石纺轮（T7④：5）

5. 石英圆饼形器（T7④：18）

1.陶鸭形壶（M5：1）

2.陶豆（M5：2）

3.陶盉（T4③：8）

4.石耘冠（T8③：1）

5.石耜（T8③：2）

6.有肩石斧（T7①：42）

杭州市萧山区金山遗址和田螺山石室墓的发掘

1.石镞（T7③：12）

2.有肩石铲（T7③：13）

3.有肩石锄（T4③：2）

4.有肩石锄（T7①：9）

5.有肩石锄（T8③：3）

6.石锄（T7③：11）

杭州市萧山区金山遗址和田螺山石室墓的发掘

1.石锛（T8③：4）

4.砺石（T4③：1）

2.斜柄石刀（T7③：10）

3.斜柄石刀（T8③：5）

5.石网坠（T7③：19～34）

杭州市萧山区金山遗址和田螺山石室墓的发掘

1．M1（东—西）

2．M1（西—东）

杭州市萧山区金山遗址和田螺山石室墓的发掘

1．M3（西—东）

2．M3（东—西）

3．釉陶盘口壶（M3：2）

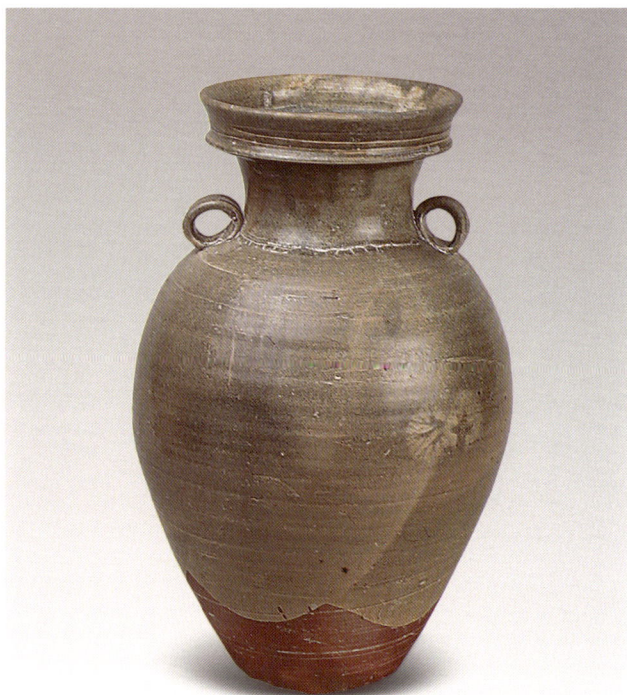

4．瓷盘口壶（M6：6）

杭州市萧山区金山遗址和田螺山石室墓的发掘

1．M2（东南—西北）

2．瓷盘口壶（M6∶6）底面

3．M2出土的仿斗拱砖构件

杭州市萧山区金山遗址和田螺山石室墓的发掘

1．2011 年Ⅰ区全景（西—东）

2．陶支座（ⅠTN3E1 ②：6）

3．陶甗（H2：1）

1. 陶盆（H6：5）

2. 陶罐（H12：1）

3. 陶鼎（J3：1）

4. 石镞（左：G3：1；右：ⅠTN1E1③：1）

5. 铜刀（H43：1）

6. 陶鼎（G2：12）

7. 原始瓷罐（J4：1）

1．水稻

2．水稻（局部带稃片）

3．水稻穗轴

4．粟

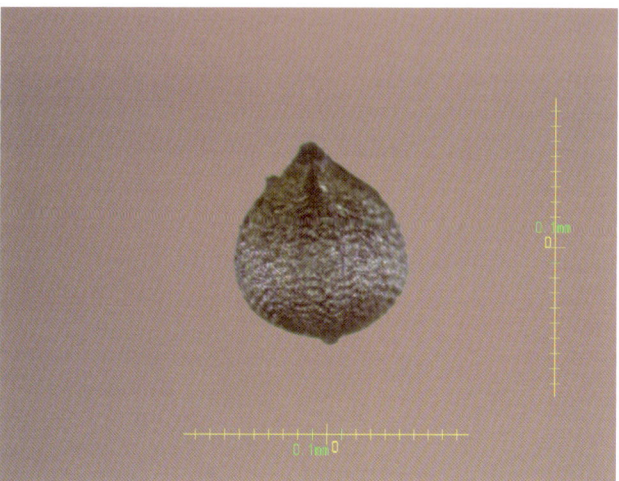

5．莎草科

6．黍亚科

董家桥遗址出土农作物遗存

浙江桐乡董家桥遗址 2011 年度浮选植物遗存分析

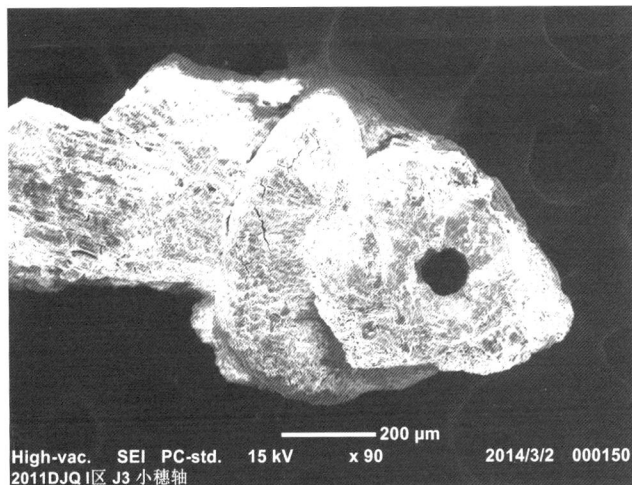

1

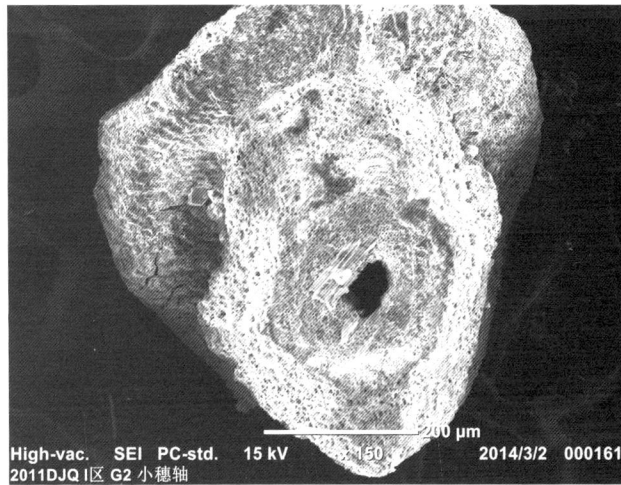

2

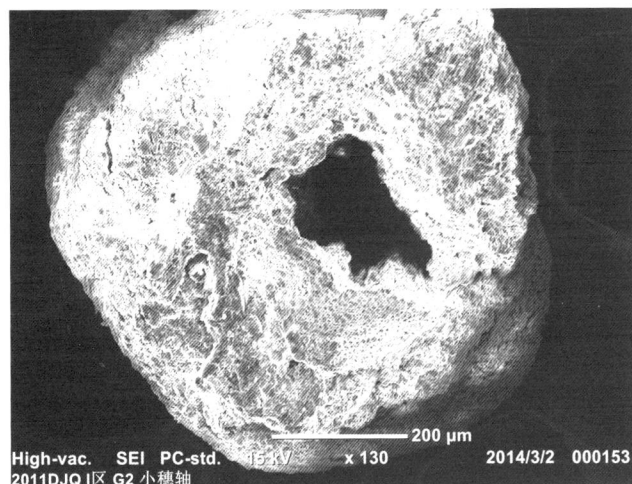

3

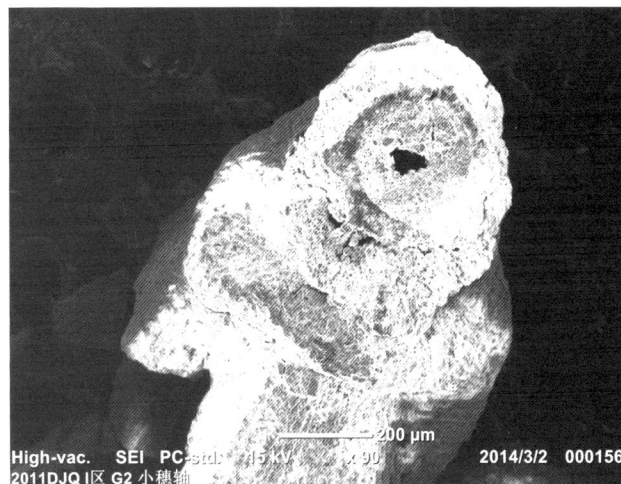

4

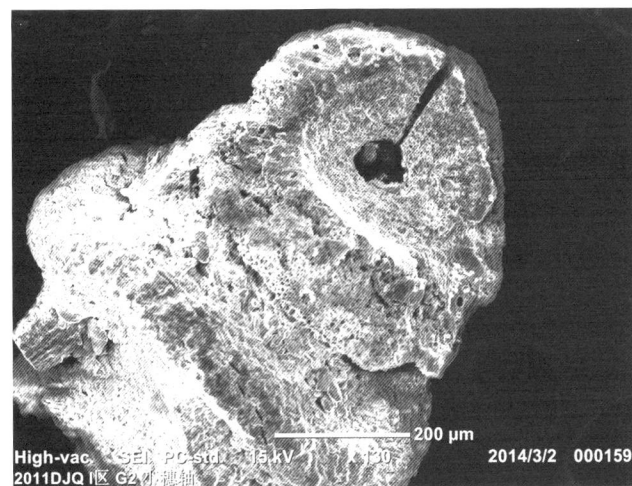

5

6

董家桥遗址水稻穗轴基盘脱落的 SEM 图像

浙江桐乡董家桥遗址 2011 年度浮选植物遗存分析

1.豆科

2.唇形科

3.泽泻科

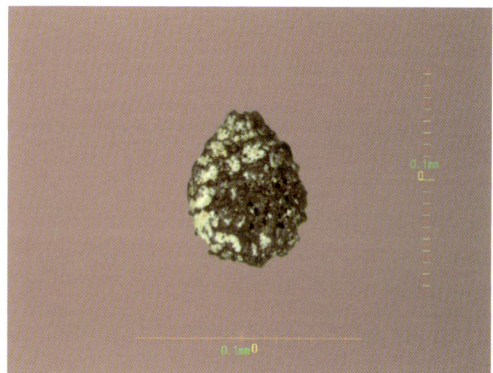

4.酢浆草科

5.蓼科

6.菊科

7.待测定植物

8.待测定植物

董家桥遗址出土杂草种子遗存

浙江桐乡董家桥遗址 2011 年度浮选植物遗存分析

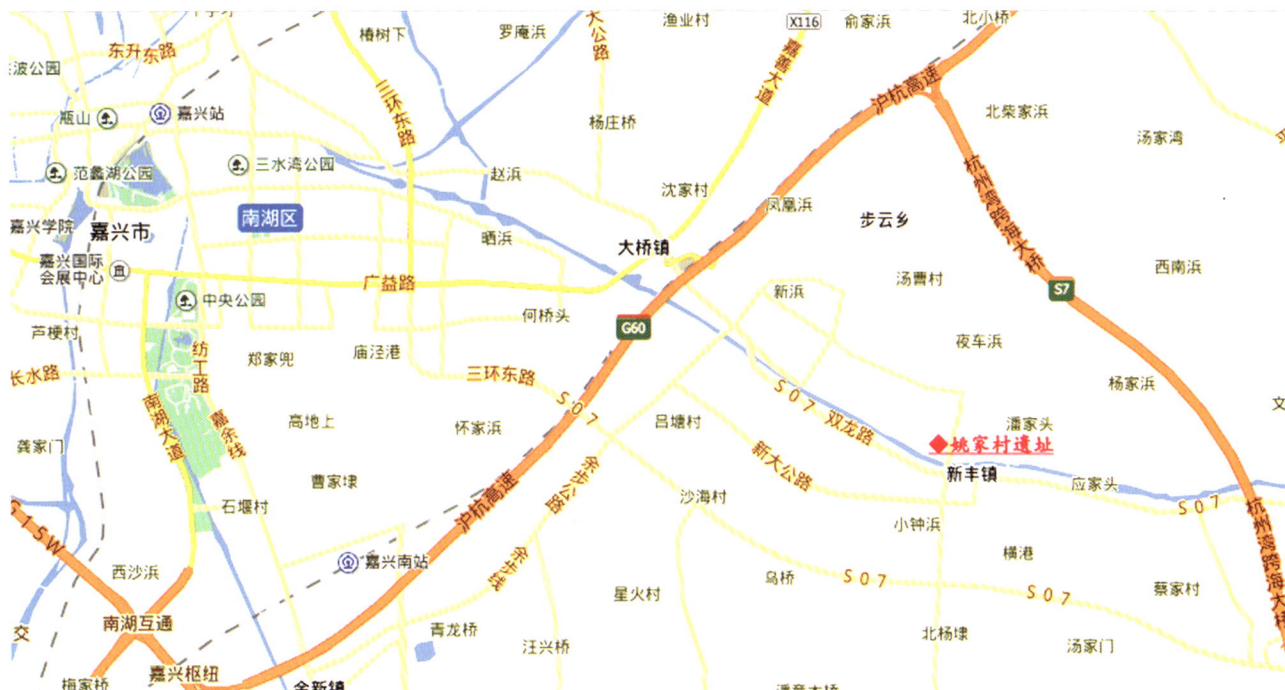

1. 姚家村遗址位置

2. 遗址地貌（北—南）

1.发掘区全景(南—北)

2.J1(南—北)

3.陶鬶(J1:01)

嘉兴姚家村遗址发掘简报

1．J2（南—北）

2．硬陶罐（J2：1）

3．硬陶罐（J2：4）

4．陶罐（J2：5）

5．陶罐（J2：6）

6．硬陶罐（J2：10）

1. J3 底部陶罐（南—北）

2. 陶罐（J3：1）

3. 陶罐（J3：2）

4. 陶豆圈足（J3：04）

1．H1（南—北）

2．H2 清理中（北—南）

3．石镰（H3：03）

4．H4（东—西）

1．H5（北—南）

2．陶三足盘（H5∶2）

3．硬陶豆（H5∶3）

1.陶三足盆（H5：7）

2.陶甂（H5：13）

3.硬陶澄滤器（H5：05）

4.陶豆盘（H5：010）

5.陶罐（H5：014）

6.陶罐（H5：015）

1. H6（南—北）

2. H7（北—南）

1.陶豆（H7：1）

2.陶罐（H7：2）

3.陶豆（H7：3）

4.陶器盖（H7：7）

5.陶豆（H7：9）

1. 硬陶罐（H7：03）印纹

2. 硬陶罐（H7：03）

3. 陶豆（H7：014）

1．H9（东—西）

2．陶澄滤器（H9：01）

3．陶澄滤器（H9：01）

1. H3、H10、H11（北—南）

2. H11 局部（北—南）

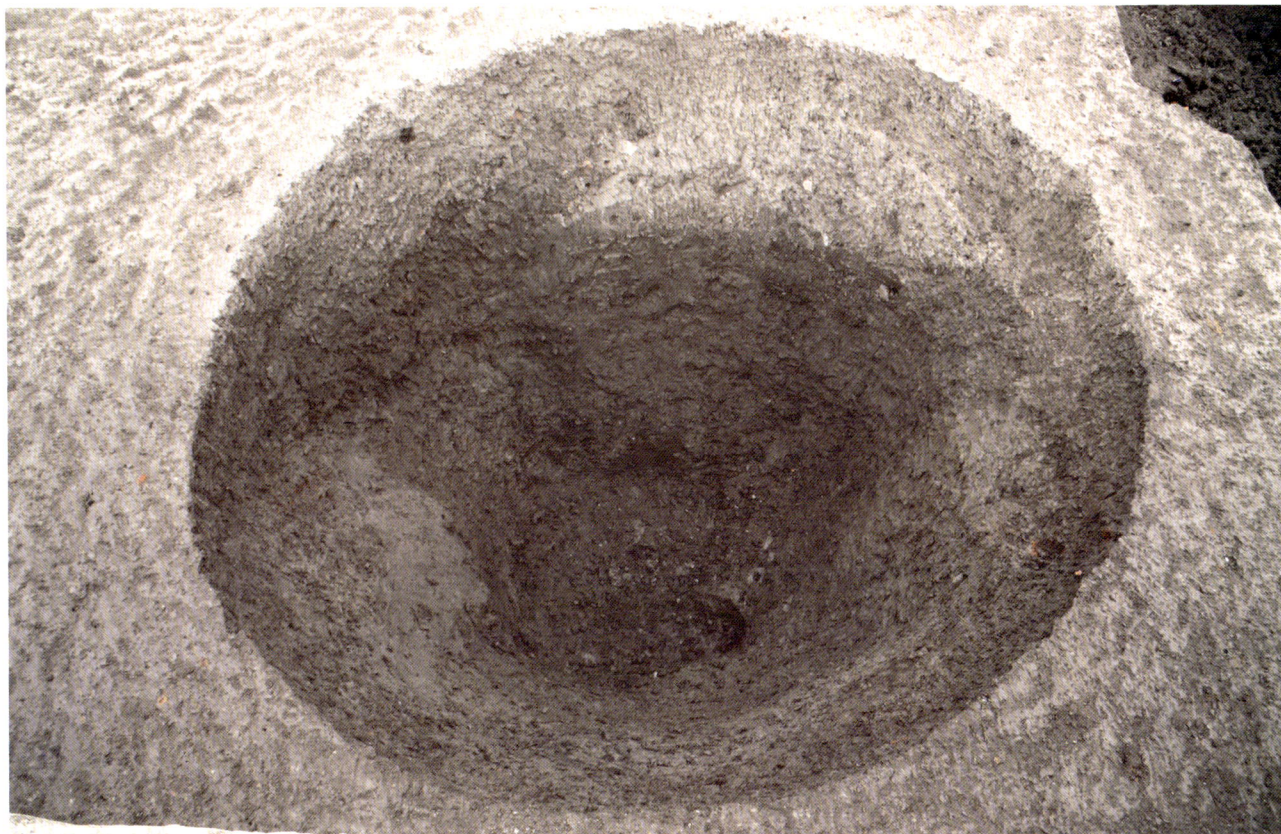

1. H12（南—北）

2. H12 剖面（北—南）

1. 陶罐（H12：05）

2. H13（南—北）

3. H14（北—南）

1. 陶羊角把鼎（H15:1）

2. H15（东—西）

1．H17（南—北）

2．H18（东—西）

1. 硬陶罐（H18：01）

2. F1（东一西）

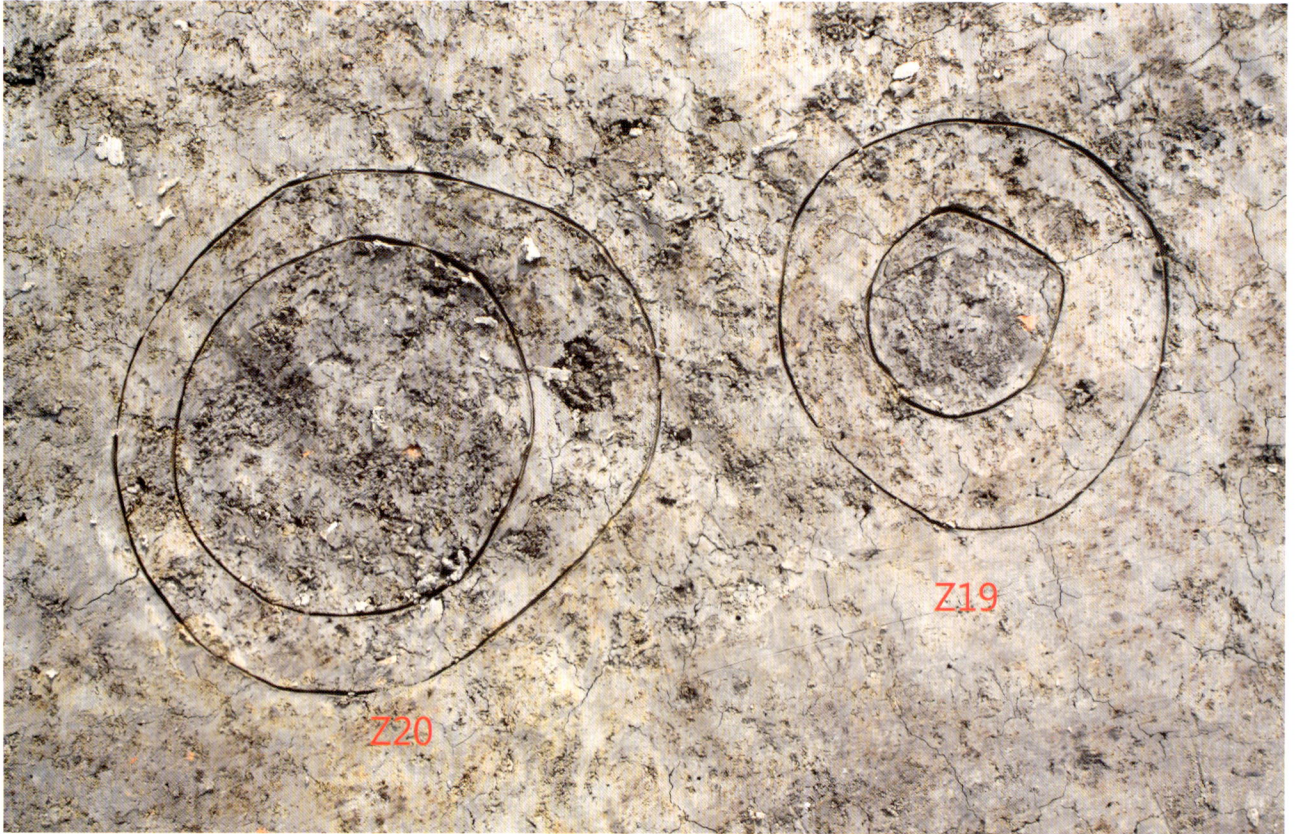

1．Z19、Z20 开口（北—南）

2．Z31 打破 H17（南—北）

1.陶圈足盆（T2②：13）

2.陶盆（T2⑥：082）

3.硬陶三足器（T1⑦：05）

4.陶三足盘（T4④：042）

5.陶三足盘（T4⑥：079）

6.陶三足盘（T3⑤：6）

1.陶三足盘（T4③：6）

2.陶三足盘（T3⑤：5）

3.陶鼎耳（T6②：15）

4.陶圈足罐（T3③：8）

5.陶罐（T3⑤：032）

6.陶罐（T2⑤：011）

1.陶罐（T4③：3）

2.原始瓷罐（T2④：040）

3.陶豆（T4⑥：061）

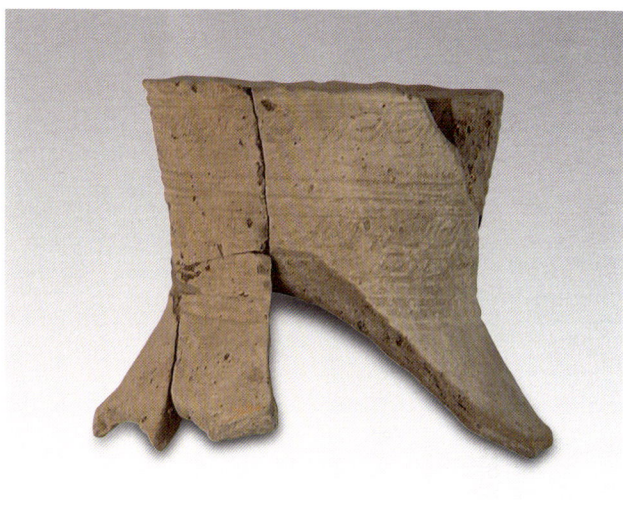

4.陶豆把（T1⑦：7）

5.陶豆把（T1⑦：9）

6.陶豆把（T1⑦：9）细部

1.硬陶钵（T6①：1）

2.硬陶钵（T6①：1）

3.陶圈足（T6②：017）残片

4.陶圈足（T6②：017）印纹

5.硬陶提梁（T1⑦：052）

6.陶尊（T1⑦：13）

1．陶器盖（T1⑦：050）

2．陶纺轮（T2⑥：14）

3．陶纺轮（T1⑦：12）

4．石镞（T4③：2）

5．残土器（T4⑥：09）

6．青铜镞（T3⑤：7）

1.残石刀（T4④:19）

2.青铜镞（T2⑤:3）

3.原始瓷碗（T6①:3）

4.原始瓷碗（T6①:8）

5.原始瓷碗（T6①:9）

6.原始瓷碗（T6①:16）

1.陶罐（T2③：4）

2.陶罐（T1③：3）

3.陶罐（J4：5）

4.陶豆（H1：2）

5.陶钵（H1：6）

6.陶鼎（T2③：1）

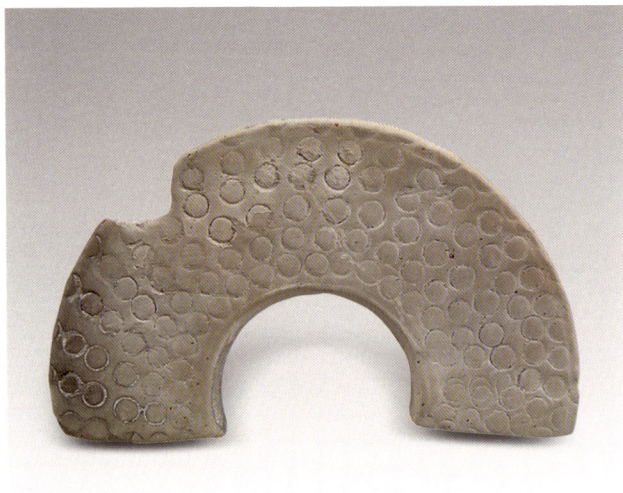

1.陶璧（T5③∶14）

2.硬陶盂（H5∶1）

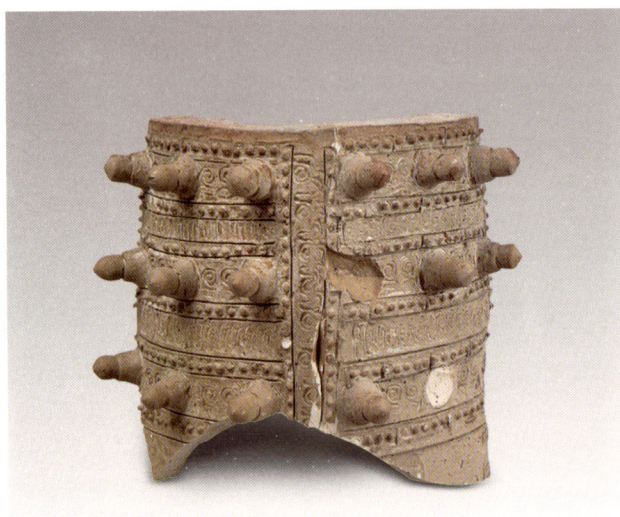

3.原始瓷甬钟（T301③∶8）

4.青铜矛（T102③∶4）

5.原始瓷杯（H2∶4）

6.铁镰（T302③∶5）

绍兴袍谷遗址第三次发掘简报

1.缸窑山窑址探方和遗迹

2.缸窑山窑址 y1 窑尾

1.缸窑山窑址匣钵墙和 y1 遗迹

2.碗（T2②：11）

3.碗（T2③：9）

4.缸窑山窑址 y2 遗迹

1.壶（T2③：31）

2.壶（T2③：36）

3.壶（T2③：35）

4.盏（T1④：10）

5.器盖（T1③：67）

6.五管灯（T1④：15）

富阳太平村缸窑山越窑址发掘简报

1.龙游白羊垅 Y1-y1

2.龙游白羊垅 Y1-y1 火膛

3.龙游白羊垅 Y1-y1 窑尾烟道

龙游白洋垅东汉窑址发掘简报

1. 硬陶罐（H1：3）

2. 硬陶罐（T3②：14）

3. 硬陶罐（H1：13）

4. 硬陶罐（H1：14）

5. 印纹硬陶罍（y1：36）

6. 陶坛（T3②：9）

1.陶壶（T3②：13）

2.硬陶圈足壶（H1：8）

3.硬陶器盖（y1：33）

4.釉陶钵（T3②：16）

5.釉陶钵（T3②：15）

6.釉陶残片

1. 支座（yl：25）平面

2. 支座（yl：25）侧面

3. 垫饼（yl：32）

4. 垫具（yl：29）

5. 垫具（yl：20）

6. 垫具（yl：31）

1. 铜镜（M29：1）

2. 铜镜（M32：1）

3. 铜镜（M12：1）

4. 铜镜（M24：1）

绍兴平水小家山汉六朝墓

1.铜镜（M12：5）

2.铜镜（M33：1）

3.铜镜（M32：6）

4.铜镜（M33：2）

1.瓷盘口壶（M9：1）

2.瓷罐（M9：2）

3.瓷罐（M9：3）

4.瓷盘口壶（M9：4）

5.瓷碗（M9：5）

6.瓷灯盏（M9：6）

温州市瓯海区丽塘唐墓发掘简报

1．M13

2.瓷碗（M3：1）

3.瓷碗（M10：2）

4.瓷罐（M13：4）

温州市瓯海区丽塘唐墓发掘简报

1.镇墓砖（M15：1）　　2.镇墓砖（M15：1）　　3.镇墓砖（M15：1）　　4.镇墓砖（M15：1）

5.瓷福寿瓶（M15：2）　　　6.瓷福寿瓶（M15：3）　　　7.瓷盖碗（M20：1）

温州瓯海区焦下明清墓发掘简报